HISTOIRE GÉNÉRALE DE DIEU

DU MÊME AUTEUR

Chez Robert Laffont

Requiem pour Superman, 1988
L'Homme qui devint Dieu :
1. *Le Récit*, 1988
2. *Les Sources*, 1989
3. *L'Incendiaire*, 1991
4. *Jésus de Srinagar*, 1995
La Messe de saint Picasso, 1989
Matthias et le diable, 1990
Le Chant des poissons-lunes, 1992
Histoire générale du diable, 1993
Ma vie amoureuse et criminelle avec Martin Heidegger, 1994
29 jours avant la fin du monde, 1995

En collaboration avec Bruno Lussato :
Bouillon de culture, 1986

Chez Julliard

Tycho l'Admirable, 1996

Chez d'autres éditeurs

Un personnage sans couronne, Plon, 1955
Les Princes, Plon, 1957
Le chien de Francfort, Plon, 1961
L'Alimentation-suicide, Fayard, 1973
La Fin de la vie privée, Calmann-Lévy, 1978
Les Grandes Découvertes de la Science, Bordas, 1987
*Les Grandes Inventions de l'humanité
jusqu'en 1850*, Bordas, 1988
Les Grandes Inventions du monde moderne,
Bordas, 1989
*Coup de gueule contre les gens
qui se disent de gauche et quelques autres
qui se croient de droite*, Michel Lafon, 1995
La Fortune d'Alexandrie, JC Lattès, 1996

GERALD MESSADIÉ

HISTOIRE GÉNÉRALE
DE DIEU

ROBERT LAFFONT

À W. v. H., sans qui ce livre n'eût pas été.

« [...] Suffoquant dans la cage à poules de la raison,
je me suis délivré en plaidant la cause des rêves. »
Eschyle, *Agamemnon*

Nota

Comme dans mes ouvrages d'histoire précédents, je m'en suis tenu dans les pages qui suivent à une orthographe française des noms et transcriptions phonétiques de mots étrangers. Il me paraît, en effet, absurde de reprendre l'orthographe anglaise de « Bouddha » ou de « Quoumrân », par exemple, c'est-à-dire « Buddha » et « Qumran », comme s'obstinent à le faire nombre d'auteurs français et non des moins éminents. L'orthographe anglaise est justifiée, puisque le son *u* s'énonce *ou* en anglais (la consonne *q* y est d'ailleurs tout aussi bien suivie d'un *u*, comme en français). Mais il est ridicule de la reprendre en français, qui comporte aussi bien le son *u* que le son *ou* ; car nous disons et nous écrivons ainsi « Luxembourg » et non « Luxemburg ». La graphie « Buddha » et « Qumran » en français est en contradiction formelle avec les prononciations locales de ces noms. Elle contrevient également aux règles de la langue française, à moins qu'il ne faille nous résoudre à écrire « qinzaine » et « qotidien ». Même quand nous désignons en français la transcription des caractères vietnamiens en caractères latins, nous écrivons « Quoc-ngu » et non pas « Qoc-ngu ».

Pratiquant (non sans une certaine exaspération occasionnelle) cette orthographe depuis bientôt quatre décennies, dont une grande partie dans une revue scientifique où je fus rédacteur en chef, je me suis parfois vu objecter que si l'on reprenait l'orthographe anglaise, c'était pour ne pas dérouter le lecteur anglais et par convention internationale. Dans un tel cas, il faudrait aussi nous résoudre à écrire « Moscow » et « Lyons » pour « Moscou » et « Lyon ». Je rejette donc cette « convention », comme manifestation de pédantisme intempestif.

Anglophone depuis l'enfance, j'aime et respecte et pratique quotidiennement la langue anglaise, mais ne vois aucune raison de lui sacrifier la langue française. Ni l'inverse d'ailleurs, et nous n'écrivons pas en France, sauf de manière satirique, *Zat is ze question. Caveat lector.*

Première partie

De la Grande Déesse préhistorique au Grand
Mécanicien de Platon

1

En guise d'avant-propos

L'irrépressible besoin de Dieu et l'horreur de
l'usage de Son nom

Les pages que voici ne prétendent pas être une histoire des religions ; il en est plusieurs et d'excellentes, réalisées par des équipes de spécialistes de la meilleure compétence. Or, les religions ne sont pas la divinité ; elles émanent des sociétés, alors que la divinité est un concept métaphysique. J'ai pour ma part tenté de décrire les grandes étapes dans l'histoire du sentiment religieux. Ces pages sont consacrées au cheminement du concept de la divinité dans les consciences depuis les origines humaines. Elles offrent donc une histoire du besoin de Dieu et de l'idée qu'on s'en fait.

On écrit au fond les livres qu'on voudrait lire et je n'ai pas trouvé le mien. Il existe déjà quelques ouvrages qui se présentent comme des histoires de Dieu, et je n'aurais pas prétendu rivaliser avec eux, n'était qu'ils ont tous été rédigés d'un point de vue presque exclusivement chrétien et européen. En cette fin de siècle, ce point de vue a été dénoncé par d'assez nombreux et illustres historiens et anthropologues pour qu'il ne soit pas utile d'y revenir : les médias en imposent l'évidence tous les jours, l'Occident n'est plus le roi du monde. À quelques heures d'avion, on trouve des peuples qui n'adorent pas le même Dieu que les habitants de New York, Paris ou Moscou. On les trouve parfois, littéralement, à sa porte. On les a présentés jadis comme « en voie de développement », autant dire moins pudiquement « sous-développés » et, par syllogisme, moins évolués en philosophie que les Occidentaux. Le point n'est cependant pas sûr.

Le Dieu de l'Occident ne gouverne plus qu'un cinquième des consciences de la planète, alors qu'il y a cinq siècles il en gouvernait la moitié et qu'il y à peine un siècle on croyait assuré qu'il les conquerrait toutes. Serait-ce parce que l'esprit missionnaire occidental, c'est-à-dire chrétien, aurait molli ? Parce que l'Occidental se serait montré trop tolérant à l'égard des « païens » ? Ou parce qu'il aurait perdu le pouvoir politique qui, voici à peine un demi-siècle, lui permettait de régner, c'est le mot, sur des territoires qu'il pillait avec arrogance ? Le Dieu des chrétiens ne serait-il plus le Dieu des armées ? Ou bien encore, faudrait-il penser que le royaume du Dieu des chrétiens n'est pas de ce monde, comme Jésus l'avait dit lui-même ?

Au respect forcé, l'angoisse est donc venue s'ajouter. Angoisse en grande partie politique, certes, car sauf pour les métaphysiciens, et encore, la notion de Dieu n'a jamais été étrangère au pouvoir séculier. La crise de l'Occident, régulièrement dénoncée et clamée depuis près d'un siècle — c'était à peine hier qu'Oswald Spengler intitulait courageusement un livre *Le Déclin de l'Occident* —, semble liée au sentiment obscur que son système de valeurs n'est pas ou, pis, n'est plus universel. Et surtout que son Dieu se serait détourné de lui, à en juger par les faveurs que les autres dieux déversent sur leurs fidèles. L'immense majorité des foyers occidentaux comporte des objets d'électronique ou d'optique fabriqués sous le signe du Bouddha asiatique et une part immense de la vie de l'Occident est commandée par le pétrole qu'Allah, dans Sa suprême miséricorde et prévoyance, a concédé aux musulmans ; et tout cela accroît la puissance de gens qui ne reconnaissent pas le Dieu des Occidentaux. Tant il est vrai que chacun s'imagine que son Dieu est le seul et que, s'il est prospère et si son équipe sportive a remporté un match, c'est parce que son Dieu est aussi le plus fort et qu'il en est, lui, le favori. Le besoin de Dieu est, en effet, rarement désintéressé.

Situation périlleuse : l'humain qui doute de son Dieu est un être déboussolé. À quoi donc croira-t-il, alors ? C'est ainsi que, depuis quelques décennies, on voit d'une part des gens se piquer de religions étrangères, de préférence asiatiques (sans y connaître grand-chose), invoquer des puissances immanentes mais innommées de l'univers (qui servent de fourre-tout à des superstitions disparates et des panthéismes hybrides) ou, pis que tout, s'enrôler dans des sectes, fondées trop souvent par des aigrefins illuminés, libidineux et parfois meurtriers. De l'autre, on voit des gens se figer dans des intégrismes de plus en plus rigides, pareils à ces capitaines courageux qui sombrent idéalement en uniforme et casquette à la dunette de leur navire. Cette dernière attitude n'est guère louable, l'expérience le démontre chaque jour, car elle attise les fanatismes religieux, lesquels mènent aux nationalismes, et ensuite aux guerres et à leurs atrocités ordinaires.

Ces deux excès témoignent à leur manière de l'irrépressible besoin de Dieu. « Il n'y a pas de société sans religion », écrit Henri Bergson, dans ses *Deux Sources de la morale et de la religion*. Mais quelle est la nature de ce besoin ? C'est l'un des objets de l'histoire que voici. Histoire qui, comme toutes les autres, est une enquête. Et une enquête qui m'a semblé urgente. Le concept de Dieu devient, en effet, de plus en plus opposé au principe de transcendance idéale, essentiel à l'épanouissement de l'individu et à la paix des sociétés et des peuples. Commencé il y a déjà trois ans à l'heure où ces pages paraissent, si l'on veut bien rectifier l'erreur fameuse de Denys le Petit, qui fit débuter le calendrier occidental alors que Jésus avait déjà sept ans, le IIIᵉ millénaire risque de trouver l'humanité dans un état de sauvagerie mondialisée, voisin de celui de l'hypothétique homme de Néanderthal, qui n'était, lui, armé que de sa pauvre massue. Dans les villes contemporaines, chrétiennes, juives, musulmanes, hindouistes ou autres, l'être humain est désormais à tout moment menacé, pour des raisons religieuses, de subir le sort du lapin ou du mammouth exposés aux instincts meurtriers du chasseur des débuts de l'ère quaternaire. Et encore ne sert-il même pas à l'alimenter.

Un exemple parmi d'autres, hélas innombrables, le démontrera. Un article dans *Le Figaro* du 27 juillet 1994, intitulé « Dans l'horreur des prisons iraniennes », rapportait les tortures auxquelles fut soumis un citoyen allemand soupçonné d'espionnage. Après l'avoir menacé de le battre jusqu'à ce que ses reins éclatassent, puis de tirer dans son cou et ses épaules des balles de revolver, afin qu'il se vidât de son sang, à moins qu'il ne signât des aveux, il signa. Mais il fut quand même battu sauvagement sur la plante des pieds avec un câble de cuivre. « Ils frappaient, ils frappaient comme des fous. » Au quartier 209 de la prison Evin, rapporte l'article, on torturait sans cesse. Le prisonnier, libéré à la suite d'interventions du gouvernement de son pays, rapporte avoir entendu des hommes et des femmes hurler des heures durant sous la torture. « Certains invoquaient Dieu, alors la torture empirait. »

Les autorités allemandes le prièrent toutefois, quand il fut libéré, de mesurer ses propos. On peut s'interroger sur ce qu'eût été leur teneur s'il n'avait pas suivi ce conseil. On peut et l'on doit surtout s'interroger sur ce qu'est l'idée de Dieu vers la fin d'un siècle qui ne semble pas avoir été beaucoup habité par la présence divine, au sens ordinaire qu'on donne à ces mots. Car c'est au nom de leur Dieu, le leur exclusivement, que les bourreaux du prisonnier pratiquaient leurs tortures. Et le fait que les torturés L'invoquassent leur était donc particulièrement insupportable. Dans leur logique, toute personne en désaccord avec eux ne pouvait pas croire en Dieu.

Réservons nos frissons et surtout tempérons nos indignations : les textes ont survécu pour témoigner que les défenseurs du Dieu des chrétiens en ont fait autant, voire pis et de façon systématique. Les villes et les campagnes d'Occident, de la Suède à l'Amérique, si les fantômes des torturés, brûlés vifs et étranglés existaient, seraient infréquentables. Ce ne sont certes pas là des preuves que Dieu ait créé l'homme à Son image.

Comme certains scientifiques et rationalistes parmi lesquels je

compte des amis, j'eusse été jadis enclin à penser que le monothéisme, et plus encore le monothéisme révélé, était seul responsable
de ces accidents. Mais les dernières décennies ont été promptes à
m'en dissuader. C'est ainsi qu'en 1993, alors qu'en ex-Yougoslavie
catholiques, orthodoxes et musulmans étaient déjà en train d'en
découdre sous diverses bannières prétendument politiques, c'est-à-
dire ethno-culturelles, en Inde, un incident incroyable mettait une
partie de ce continent à feu et à sang. Après avoir rameuté les campagnes, en effet, des hindouistes entreprenaient de détruire un édifice religieux du xvᵉ siècle, la mosquée Babri, à Bombay, sous le
prétexte qu'elle avait été érigée à l'emplacement d'un temple dédié
au dieu Rama. En Inde, où l'hindouisme est pourtant voué à la tolérance ! La réaction des musulmans ne se fit pas attendre et, dans la
première semaine, on compta cinq cent cinquante-sept morts, des
centaines de blessés et une dizaine de milliers de maisons détruites.
Les troubles s'étendirent à travers le pays, jusqu'à Ahmedabad. Et cela
pour la pseudo-découverte d'une profanation qui aurait daté de cinq
siècles.

Une fois de plus dans l'histoire, l'invocation de la divinité avait
servi à tuer des humains. Il s'en faut de peu qu'en Occident pareilles
horreurs finissent par blaser, car la télévision, qui en ranime périodiquement la réalité, les rend aussi irréelles : ce sont des images d'« ailleurs », conclut-on, cela ne se produirait pas « chez nous ». Dans le
reste du monde, hélas, elles semblent naturelles et héroïques, le
tenant d'un dieu estimant digne et méritoire de trucider le tenant
d'un autre, assuré que son crime le mènera sans tarder au paradis
des ardents. L'être humain couve toujours une Saint-Barthélemy au
fond de son cœur. Que de prêtres qui mijotent des fetwas, d'ayatollahs qui retiennent leurs bulles, de rabbins qui gardent l'index sur la
détente de leurs kalachnikovs et de hiérarques barbus, mitrés et couverts de gris-gris divers, qui n'attendent que l'occasion de faire couler
un sang impur !

De tout temps, des hommes se sont pourtant eux-mêmes délégués
de Dieu, par le truchement de voix célestes ou d'apparitions, pour
tuer d'autres hommes, sans pouvoir toutefois offrir un embryon de
définition plausible de ce qu'est Dieu pour eux, à défaut de l'être
pour les autres. Le mieux qu'on puisse obtenir de plus d'un, je le
crains, est une image apparentée à celle du Vieux de la Montagne,
Hassan Ibn Sabbah, chef de la secte des Haschichins, ces fumeurs de
haschich dressés au fanatisme dans l'intoxication, et qui produisirent
le mot « assassin » par le biais de l'étymologie : un individu âgé, de
préférence sédentaire et barbu, de race blanche, et de tempérament
à la fois atrabilaire et vétilleux. Même les Grecs, qui s'étaient bien
peu souciés de Jéhovah, avaient cédé à ce penchant, leur roi céleste

Zeus, dérivation à peine déguisée de *theos*, « dieu », étant effectivement d'âge mûr, barbu et atrabilaire.

Rien de tout cela ne répond pourtant à la question : qu'est donc le besoin de Dieu ? Une aspiration à l'élévation des cœurs et des esprits ? Ou bien le sentiment d'une protection suprême dans la conquête de la Terre ? Est-ce une pulsion irrationnelle, comme tant de discours chrétiens sur l'illumination de la foi tendent à le faire accroire ? Ou plutôt une émanation foncièrement logique de l'esprit, incapable d'imaginer que les choses n'aient pas de causes et, par-dessus toutes, une Cause suprême ?

Tels sont les thèmes de cette recherche, qui ne s'adresse pas aux seuls Occidentaux, mais même aux assassins.

Privilégié par des conseillers, sans maître et donc sans école, mais non sans méthode, il me semble devoir avertir le lecteur que j'ai tenté de me garder de quelques écueils communs qui ont entaché des travaux par ailleurs remarquables. Le premier est ce qu'on appelle en histoire le « débutisme » et qui consiste à croire qu'on peut découper l'histoire en tranches distinctes qui commencent à un certain événement et s'achèvent sur un autre. C'est là une habitude simplificatrice à l'excès et qui, si l'on m'autorise ce paradoxe, permet de ne rien comprendre à rien : il n'y a pas eu de « chute » de l'Empire romain, par exemple, mais une succession de transitions qui ont mené vers d'autres découpages politiques et d'autres empires, tout comme le « vandalisme » ne fut jamais un crime des Vandales et qu'il n'y a pas eu non plus de « Moyen Âge », idée moyenâgeuse des temps modernes.

Le deuxième écueil est celui des « ismes » réductionnistes, qui inciteraient le lecteur à croire que l'auteur aurait détecté des lois de l'histoire. Le respect dû à l'éminent historien des religions que fut Georges Dumézil n'empêche ainsi pas de constater que son hypothèse des trois fonctions ne peut s'appliquer à toutes les religions du monde, et le respect qui est également dû à Claude Lévi-Strauss n'interdit pas de constater non plus que, si le langage est bien, dans certaines circonstances, générateur de mythes, il ne l'est pas toujours. Sans quoi, il faudrait s'étonner que le XXe siècle ait produit si peu de mythes. Bien entendu, la psychanalyse, ou plutôt le « psychanalysme », qui a permis de faire parler tant de morts, n'a joué aucun rôle dans cette recherche. Depuis Malinowski, dans les années vingt, tout voyageur s'est avisé qu'il serait imprudent (ou hilarant) d'aller analyser les Hindous ou les Samoans : ils ne connaissent ni Œdipe, ni son complexe[1].

Il me semble qu'en histoire la meilleure façon d'éviter de trop grossières erreurs est d'interroger tout ce qui nous reste d'époques disparues, c'est-à-dire les textes. Travail laborieux et souvent sans gloire. En ce qui concerne les esséniens, par exemple, sectateurs très prisés de notre temps, certains auteurs pourtant respectables en sont venus à proférer des assertions inattendues, tout en négligeant des données contradictoires des fameux Manuscrits de la mer Morte. Saisis d'un accès de débutisme fiévreux, ils donneraient à croire, en effet, que les esséniens auraient soudain été créés *ex nihilo* pour former Jésus et fonder le christianisme, idée qui a déclenché une cascade de malentendus. D'autres professent ailleurs que les Juifs auraient été monothéistes depuis la Genèse. Heureusement, les textes sont donc là, quand ils le sont, ce qui est déjà une chance (mais il faut aussi dire qu'ils sont souvent trafiqués jusqu'aux limites de la crédulité). Comme me le dit jadis Henri Massé, directeur de l'École des langues orientales : « Tout le monde a des idées, trop de gens y croient. »

Comme on le voit, débutisme et systèmes se tiennent la main. Je me suis efforcé de ne pas entrer dans la ronde. Je me suis également gardé de décrire l'évolution de l'idée de Dieu sous l'angle de la philosophie, sinon de manière exclusivement descriptive. Deux raisons l'expliquent. La première est que la philosophie mène incontinent à la théologie et que je ne suis pas théologien. La seconde est que j'eusse alors dû renoncer à mon travail sur-le-champ. Dieu est, en effet, une idée définie par un mot et, en dépit des progrès de la neurologie contemporaine, nous ne savons absolument pas ce qu'est une idée, parce que nous ne savons pas plus comment fonctionne le cerveau que nous ne savons ce qu'est l'intelligence. Nous ne savons donc pas ce qu'est un mot, pas plus que, en dépit des efforts de psycholinguistes célèbres, tels que Jean Piaget et Noam Chomsky, nous ne savons comment l'enfant apprend à parler et parfois à maîtriser, moyennant quelques corrections, l'usage des verbes irréguliers.

Même en se gardant obstinément de la philosophie et, à plus forte raison, de la théologie, il est évidemment difficile de retracer l'histoire de Dieu sans aborder les idéologies qui lui sont hostiles. Je me suis toujours étonné de ce que le rationalisme scientifique fût si obstinément réservé à l'esprit religieux et, au-delà, à l'idée de Dieu. Car cette idée-là, contrairement à ce qu'on suppose, est intrinsèquement rationnelle, comme j'espère le démontrer dans ces pages. Et je crois que les rationalistes s'illustreraient en admettant que l'« irrationnel », dont la foi religieuse est pour eux un exemple, est un produit de la logique primitive.

Le besoin de logique est tissé dans le besoin de Dieu. C'est pourquoi tant de logiciens et mathématiciens, tels Newton et Cantor, faisaient au fond de la « théologie mathématique ».

La réserve des rationalistes à l'égard de la foi semblerait surtout occidentale, mais l'histoire actuelle comme l'ancienne démontrent qu'il n'en est rien. Les tenants musulmans de la laïcité dans l'Islam, par exemple, répugnent tout autant au fondamentalisme islamique

que les scientifiques occidentaux aux propositions, il est vrai radicales, des diverses confessions chrétiennes.

Sans doute cette réserve s'explique-t-elle en Occident par le fait que si les religieux reprenaient le pouvoir que Joseph Bonaparte leur retira en abolissant le prototype de toutes les polices totalitaires, je veux dire l'Inquisition, une part appréciable de la science serait au chômage. Le darwinisme, tardivement légitimé par l'Église, serait punissable de mort, comme la génétique, la science de l'évolution, l'astrophysique et j'en passe. À la fin du siècle dernier, ce fut dans la semi-clandestinité de son monastère de Brno que le moine Gregor Mendel, par exemple, jeta les bases de la génétique en étudiant la transmission des caractères héréditaires chez les petits pois. De telles recherches étaient à l'époque sulfureuses. Or, si l'on en revenait à l'époque ténébreuse achevée avec le vote du Parlement espagnol, les Cortès, tranchant les têtes de cette hydre qu'avait été l'Inquisition, c'en serait fait de la science, des techniques et de l'industrie.

Dans les territoires islamisés, la réserve des scientifiques à l'égard de la religion et surtout celle des religieux face à la science découlent de causes à peine différentes. En Orient, Proche et Moyen, et en Asie, la leçon politique de l'époque moderne avait été dure et décisive : l'Occident n'avait pu imposer sa tutelle que grâce aux sciences et aux techniques. Des canonnières au fusil Chassepot, et des véhicules blindés aux ouvrages d'art, le chrétien n'avait pu dominer et coloniser des nations entières que grâce à son arsenal scientifique, c'est-à-dire logique ; c'était grâce à cela qu'il avait réussi là où les Croisades avaient échoué et qu'il avait enfin pu créer ses empires ; ce n'était pas le signe de la Croix qui avait triomphé, c'étaient les laboratoires, les mathématiciens et la sidérurgie. Les élites formées par le goût de l'efficacité avaient donc, dès le début du XXe siècle, opté pour la laïcité occidentale, la logique et la démocratie. Tout retour à la théocratie eût représenté une régression vers la servitude politique.

Inversement, les religieux alarmés par le déclin des valeurs traditionnelles qu'ils croyaient constater dans les sociétés occidentales firent barrage à la culture scientifique, qui allait pour eux de pair avec la mini-jupe et les discothèques. Leur raisonnement était simple : puisque la science et la technique contrariaient le besoin logique de Dieu et mettaient en péril ses injonctions de vertu, et, au-delà, les sociétés et les nations islamiques, il fallait les rejeter à l'extérieur des frontières. C'est ainsi qu'on vit en 1996 les talibans afghans casser les « boîtes du Diable », c'est-à-dire les téléviseurs, et leurs ennemis paradoxaux, les ayatollahs iraniens, interdire les antennes paraboliques de télévision qui permettaient de recevoir les émissions par satellite. Pendant ce temps-là, il était, dans le Maghreb, interdit d'enseigner le darwinisme et la mécanique quantique.

Ici et là, donc, et fût-ce pour des raisons opposées, la logique menait à la politique avant d'aboutir à Dieu. Les laïcs prétendaient servir leur pays en plaçant Dieu à l'extérieur de la sphère politique et les religieux en l'y installant comme maître (et en s'y installant eux-mêmes comme Ses régents). Dans les deux cas, la logique des discours était imparable : pour les laïcs, Dieu n'a rien à voir dans le discours politique et, pour les religieux, il n'y a pas de politique possible sans Dieu. Mais la contradiction n'est qu'apparente, les uns et les autres étant également incapables d'offrir la moindre définition cohérente et universelle de ce qu'ils entendent par le mot « Dieu », quelle qu'en soit la déclinaison, Yahweh, Theos ou Allah, et tous les deux obéissant au même impératif de la logique immanente : le monde n'est pas concevable sans cause.

Il n'est évidemment pas question ici de renvoyer les deux parties dos à dos. Car s'il fallait arbitrer le conflit décrit plus haut, dans le respect de la première des lois élémentaires de l'humanité, « Tu ne tueras pas ton prochain », les religieux seraient condamnés sans rémission. Aucun scientifique n'a jamais voué à la mort un dissident scientifique, mais de l'Inquisition très catholique aux ayatollahs et autres fanatiques les cadavres se comptent par dizaines de milliers. Aux yeux de l'histoire, le plus grand ennemi de Dieu n'est pas le scientifique, athée ou rationaliste, mais tout homme qui prétend en être le délégué.

Le divorce de la science et de la foi s'est certes aggravé avec l'émergence des monothéismes, puis encore avec l'essor relativement tardif de la science occidentale dès la fin de la Renaissance. Mais la nature du conflit demeurait la même, et c'est aussi ce qu'il m'est apparu nécessaire de mettre en lumière, en me tenant à bonne distance des schémas d'interprétation hérités du XIXe siècle : aussi bien ceux qui entretiennent l'illusion d'un progrès constant de la raison, et qui aboutissent à l'illusion (et à la désillusion) marxiste, que ceux qui s'inscrivent dans le courant du désenchantement cher à Max Weber et à Oswald Spengler et qui mènent à considérer l'histoire comme une succession de décadences causée par la perte de l'innocence religieuse.

Le besoin de Dieu me paraît être resté identique dans l'histoire connaissable de l'humanité, et ce n'est pas parce qu'il a changé de forme qu'il aurait perdu de son intensité. On peut le comprendre encore mieux si l'on veut bien admettre que, lorsqu'on emploie le nom de Dieu, on ne sait pas de quoi l'on parle. Et si l'on parvient à se libérer de la méfiance traditionnelle, si ce n'est de la franche hostilité qui séparent la raison et la foi ; si, religieux, on cesse de voir en tout scientifique un mange-curés éventuel, capable de soumettre l'hostie consacrée à l'analyse spectrographique pour démontrer que ce n'était que de l'amidon, bref un placebo ; et si, rationnel, voire rationaliste, on cesse de considérer toute personne animée par la foi religieuse comme un déplorable illuminé.

Une telle pratique de la tolérance n'est certes pas facile, surtout pour les religieux. Dès le XIXe siècle et le début du XXe, quand Graf, Wellhausen, Renan, Migne, Loisy, Bultmann et bien d'autres appliquèrent aux textes fondamentaux les techniques de l'analyse scientifique, historique, linguistique, épigraphique, et qu'ils démontrèrent que les deux Testaments avaient subi une longue succession de ratures, de falsifications et d'interprétations erronées mais parfaitement humaines, ce fut le tollé. Un déluge d'accusations d'impiété s'abattit sur les « coupables ». Ce fut pis encore lorsqu'on démontra que le personnage et l'histoire du fils présumé de Dieu, Jésus, s'expliquent par l'Histoire et non l'immanence. Et je peux témoigner de l'âcreté des vapeurs sulfureuses jaillies de certaines têtes tonsurées en présence de toutes les tentatives d'étude historique de Jésus. Ainsi en était-il une fois de plus, et la science semblait à jamais brouillée avec Dieu, révélé ou pas. En l'état des choses, peut-être n'est-ce pas plus mal : les discours de ceux qui ont cru distinguer le Créateur dans les vibrations originelles de l'hypothétique Big Bang ne sont que le produit d'un regrettable mélange des genres.

Ces réactions d'intolérance étonnent autant qu'elles détonnent. En effet, qu'y aurait-il donc de scandaleux dans l'idée que la divinité soit essentiellement rationnelle et logique ? Elle dérive de l'irrésistible besoin d'expliquer. Car dans un monde qui lui paraît sans finalité, donc absurde, l'homme se désespère ou se croit sot. De Platon à Sartre, le problème a finalement peu varié, à cet égard du moins. C'est pourquoi les esprits religieux répugnent à avouer leur ignorance, alors que les scientifiques, eux, répugnent (dans le meilleur des cas) à spéculer sur ce qui se trouve au-delà des barrières de leur petit jardin. Que le savoir humain est petit, disent-ils en substance, comparé à la connaissance de Dieu ! Voilà qui est mal récompenser la modestie des scientifiques, eux qui cessent d'expliquer dès qu'ils ne savent plus, alors que les religieux savent d'abord tout et l'expliquent d'autorité. Mais, comme on voit, la différence est superficielle ; elle tient à la proportion d'explications.

J'entends bien que les rationalistes et scientifiques s'en prennent surtout au concept d'un Dieu révélé. En effet, outre l'étrangeté d'un concept qui voudrait que Dieu ne se soit manifesté que sur Terre et, plus encore, dans le Moyen-Orient, alors que l'Univers est vaste, ils y voient une source permanente d'affrontements sanglants. Et force est de se ranger à leur avis, quand on mesure la persistance et l'ampleur des massacres causés par la révélation. Mais il me semble que l'anthropologie culturelle a négligé l'étonnante rationalité des religions non révélées. J'espère contribuer, fût-ce modestement, à en informer plus loin le lecteur.

C'est donc l'histoire que je me suis ici proposé d'écrire. Ou plutôt, de décrire.

On m'opposera que les péripéties atroces de leur histoire ne changent rien à l'élévation des religions révélées, et je m'en laisserais convaincre, en effet, à écouter les chœurs admirables des moines de Saint-Athanase, en Bulgarie, ou *La Passion selon saint Jean*, de Jean-Sébastien Bach, ou encore à relire les textes de Houssein Mansour el Hallâj dont j'admirais, dans ma jeunesse, les savantes célébrations qu'en faisait au Caire Louis Massignon. Les rosaces de Notre-Dame de Paris et l'élan étrangement « gothique » du temple de Prembanang, à Java, la splendeur ascétique de la mosquée d'Ibn Touloun et celle, toute orientale, de Sainte-Sophie, à Istanbul, voilà donc qui me consolerait de lacs de sang versé. Mais de celui qu'on versera encore, non.

Mais vous, que croyez-vous ? me demandera-t-on. Je ne crois pas à l'athéisme, mais je ne crois pas à la révélation. Les athées sont des désenchantés et les tenants de la révélation des assassins en puissance. Je crois à ce Dieu inconnu auquel les Athéniens avaient la sagesse de réserver un socle sans statue. Et je m'adresse à tous ceux qui, comme moi, s'efforcent de suivre le sentier difficile qui chemine entre les déserts de la négation et les abîmes de la certitude. Ce n'est pas là de la modération, mais une autre foi, et tenace.

Bibliographie et notes critiques

1. À ce point-ci de notre exploration dans l'histoire universelle de Dieu, il semble opportun d'informer le lecteur de quelques difficultés, c'est-à-dire de théories, c'est-à-dire encore de partis pris idéologiques qui commandent, orientent ou désorientent les travaux, débats et recherches en ethnologie et en histoire sur le sentiment de la divinité. Car Dieu est, après tout, on en conviendra sans doute, un sujet riche en résonances idéologiques ; bien peu, s'il en est même, l'affrontent sans habitudes intellectuelles, celles qu'on nomme désormais « culturelles ». Certains les entretiennent à leur insu, d'autres à leur su, mais tous choisissent leurs méthodes en fonction de celles-ci. Ces méthodes sont les « outils de travail » ; la courtoisie sinon l'honnêteté exige qu'on les soumette au lecteur. Je prie donc celui-ci de bien vouloir excuser une note exceptionnellement longue consacrée à cet exposé. Dans une première version de ce livre, elle faisait l'objet d'un chapitre indépendant ; après consultations, l'éditeur et moi-même avons jugé que ce chapitre s'inscrivait plus aisément dans les notes.

Généralement réservée aux initiés, la discussion sur les théories et méthodes de l'histoire me semble devoir être, en effet, portée à la connaissance des principaux intéressés, c'est-à-dire le public. Celui-ci n'a pas toujours le désir ou le loisir d'étudier des textes souvent abstraits, parfois abstrus. Ceux des lecteurs qui voudraient bien s'y intéresser seront mieux à même de juger des conclusions qui leur sont offertes, si souvent, ô combien souvent, sous le sceau de l'autorité érudite ou savante.

Les portraits en disent souvent plus long sur le peintre que sur le modèle, et l'un des paradoxes les plus savoureux de l'ethnologie et de l'histoire des religions est que, telles qu'elles sont pratiquées depuis environ un siècle, elles renseignent au moins autant sur leurs auteurs, c'est-à-dire sur l'idée de Dieu, son émergence et son évolution en Occident, que sur les systèmes de croyances des civilisations « primitives » et antiques. Comme l'ethnologie est, avec l'histoire, la seule source d'informations que nous ayons sur les croyances des sociétés primitives, il est impératif d'étudier aussi bien la manière dont elle traite ses richesses que ses changements d'humeur. Car elle en a eu. Et l'on voudra bien, incidemment, me pardonner quelques impertinences : elles sont dues à l'impatience inévitable en face d'un travail qui a absorbé pendant quelques années le meilleur de mes énergies.

Le précédent chapitre l'a montré et les suivants le confirmeront : la recherche du sentiment divin dans l'humanité commence par la préhistoire et se poursuit par les sociétés dites « primitives », en fait celles qui n'avaient pas d'écriture. Celles-ci n'avaient pas non plus de religions constituées au sens occidental, avec dogmes, lieux de culte et célébrants, mais des ensembles de croyances plus ou moins cohérents entretenus par la tradition orale et par des rites. Il s'agit, par exemple, des cultures de l'Afrique, de l'Océanie, de certaines régions de l'Amérique du Sud.

Or, on s'avise assez vite que le culte des forces naturelles et des esprits, le naturisme et l'animisme antiques des cultures « primitives » n'étaient au regard des Occidentaux de la première moitié du xxᵉ siècle qu'un tissu de naïvetés, une barbarie et en tout cas une erreur, pour parler clairement. Il suffit pour s'en convaincre de relire l'ouvrage du grand Émile Durkheim, au titre déjà révélateur, *Les Formes élémentaires de la vie religieuse* (Quadrige, PUF, 1960), consacré au système totémique en Australie. L'adjectif élémentaire en disait des volumes, selon l'expression anglaise ; il sous-entendait d'emblée qu'il existerait des formes évoluées de la même vie religieuse, qui, n'étant pas celles des « primitifs », étaient forcément celles des observateurs occidentaux, auxquels appartenaient les ethnologues. Passons sur l'étonnante mais inévitable tautologie du raisonnement dans lequel l'observateur s'érige à la fois en juge et partie. Le système australien, incidemment, n'est pas fondamentalement différent de celui des Peaux-Rouges, des Océaniens, des diverses cultures dites primitives de l'Asie ou, en l'occurrence, des Africains.

La coïncidence ne me semble pas en être une : les cultures étudiées étaient justement celles des anciennes colonies européennes : française, anglaise, italienne, allemande. À l'époque où beaucoup de pionniers défrichaient l'ethnologie, ces civilisations « primitives » étaient encore sous la coupe des colons. L'ethnologue des puissances coloniales expliquait donc tacitement pourquoi, au fond, les colonisés l'avaient été. Je ne suis pas sûr qu'il n'en ait pas été conscient, mais je voudrais également être sûr qu'il l'ait été. À tout prendre, je préférerais quelqu'un qui se sait partial à un autre qui l'est innocemment.

Après avoir exposé avec sa clarté habituelle ce qu'est le naturisme, c'est-à-dire le culte des grandes forces cosmiques et naturelles, Durkheim attaque (aux deux sens du mot) l'animisme, qu'il qualifie un peu vite de « religion » (on pressent qu'il était près d'utiliser le terme de « superstition ») des esprits. Durkheim se fait là le continuateur, sinon le porte-parole de Burnett Tylor (l'ouvrage le plus célèbre de l'Anglais Sir Edward Burnett Tylor est *Primitive Culture*, Oxford University Press, 1911 ; il faut également citer *Anthropology, an Introduction to the Study of Man and Civilization*, Oxford University Press, 1927). Pour Burnett Tylor, en effet, l'animisme serait « la définition minimale de la religion ». Autant dire que ce serait « à peine » de la religion, sans rien de commun avec nos religions révélées à nous, donc le christianisme réformé ou pas et, accessoirement, le judaïsme.

C'était déjà oublier l'intuition qu'il faut bien qualifier de géniale du philosophe Herbert Spencer (1820-1903), qui était pourtant loin à son époque de disposer de la masse de travaux ethnologiques publiés depuis : l'animisme est le culte d'un dieu qui est, en fait, le chef mort. Il est le culte de héros grandis par la mémoire et donc mythifiés. Et comme le relèvera en 1898 déjà le contemporain de Spencer, Andrew Lang, dans *The Making of Religion* (Lang et son collègue Wilhelm Schmidt, auteur de *The Origin of the Idea of God*, consacrèrent une grande partie de leurs efforts à démontrer que l'idée originelle de la divinité avait été celle d'un Dieu unique), c'est là le schéma de la religion grecque : elle aussi est faite du culte de héros mythifiés, comme Héraklès ou Jésus. Il n'y avait donc aucune raison de traiter l'animisme comme un paquet de pratiques de « sauvages » qui s'imaginent que l'âme de leur grand-père les attend à l'orée du bois.

Puisqu'on traite des esprits, on peut ici exciper du « mauvais » et se demander ce que penserait un ethnologue de Tanzanie ou de Woolla-Woolla, en Australie, s'il faisait une étude anthropologique de l'Écosse, par exemple, Golconde des châteaux hantés, avec revenants de toutes catégories. Ou encore de la France du xviiᵉ siècle, avec la fameuse Bête du Gévaudan.

Néanmoins, insistons sur ce point, il faut se restituer dans l'époque : elle est donc coloniale, et l'on enseigne aux enfants français des écoles à calquer sur leurs atlas

Vidal de La Lablache les territoires qui appartiennent dans le monde à l'Empire français, l'Afrique occidentale et équatoriale française, le Sénégal, le Gabon, Madagascar, la Cochinchine, les cinq comptoirs français de l'Inde, Saint-Pierre-et-Miquelon... Les petits Anglais en font autant : l'Inde, le Soudan anglo-égyptien, le Kenya, l'Australie, la Nouvelle-Zélande, etc. Les Hollandais ont la vaste Insulinde, les Belges le Congo, les Portugais la Guinée portugaise, l'Angola et le Mozambique, etc. Les Russes, eux, sont assez occupés avec la vaste Sibérie et les Allemands n'ont plus rien depuis 1919 : les Alliés vainqueurs leur ont pris le Cameroun et les îles Bismarck. L'Europe possède quasiment l'actuel Tiers-Monde ; d'où une attitude pour le moins condescendante à l'égard de ses cultures.

Les administrateurs coloniaux et les missionnaires, exclusivement chrétiens, catholiques ou protestants, qui détiennent, rappelons-le, la quasi-exclusivité de l'enseignement dans ces pays infestés de microbes et d'insectes et où les indigènes vont quasi nus, rapportent des témoignages véridiques sur l'horreur des « peuplades » primitives qui sacrifient des chiens et les mangent, lors de rites atroces (c'est le cas des Fons, en effet, lors des cérémonies initiatiques de la puberté). L'ethnologue ne saurait rester indifférent à cet environnement culturel.

C'est donc dans ce contexte que Durkheim, entre autres, interprète avec une condescendance innocente les conceptions qu'il imagine : « L'idée d'âme aurait été suggérée à l'homme par le spectacle mal compris de la double vie qu'il mène normalement à l'état de veille, d'une part, pendant le sommeil, de l'autre. En effet, pour le sauvage, les représentations qu'il a pendant la veille et celles qu'il perçoit dans le sommeil ont, dit-on, la même valeur : il objective les secondes comme les premières. » L'« erreur » du « sauvage » aurait donc été de n'avoir rien compris à l'âme. Mais qu'est-ce que l'« âme », et où réside l'erreur du sauvage naturiste et animiste ?

Pour situer son propre système de références, Durkheim évoque alors les idées de Leibniz et Kant en la matière, puis il conclut en décrivant l'âme comme l'« expression symbolique de la personnalité ». Définition que pas un seul moraliste ou psychologue n'oserait aujourd'hui reprendre, sauf à titre de spécimen. « Bien qu'étroitement unie au corps, poursuit Durkheim, elle passe pour en être profondément distincte et pour jouir, par rapport à lui, d'une large indépendance. [...] Bien loin qu'elle en dépende, elle le domine de la dignité la plus haute qui est en elle, [...] cette autonomie que tous les peuples ont prêtée à l'âme n'est pas purement illusoire. » Relevons au passage une expression aussi peu scientifique que celle qui veut que l'âme « passe » pour être distincte du corps. Relevons aussi que les jugements que voilà sont de nature purement philosophique et subjective, puisque aucun d'eux n'est vérifiable. L'âme étant présumée ressortir à l'activité du cerveau, son étude reviendrait à la neurologie. Or, en neurologie, le terme d'« âme » est inconnu et l'on ne savait même pas, en 1996, ce que serait la conscience, ni où elle siégerait dans le cerveau. Relevons enfin que les opinions de Durkheim sont valorisées, notamment lorsqu'il évoque « la dignité la plus haute ». C'est là une conception spécifiquement chrétienne et catholique à ce jour : « Le terme âme désigne [...] ce qu'il y a de plus intime dans l'homme et de plus grande valeur en lui. » — « Chaque âme spirituelle [...] est immortelle : elle ne périt pas lors de la séparation du corps dans la mort » (*Catéchisme de l'Église catholique*, § 363, Mame Plon, 1992). Durkheim applique donc à l'étude des « primitifs » des critères culturels européens, qui risquent de transformer toute analyse en tautologie, puisque l'étude d'un phénomène étranger ramène aux principes fondateurs du système analytique : tout ce qui n'est pas décrit est faux et tout ce qui est vrai est déjà décrit.

Pour parler bref, il s'agit là de l'exercice d'une pensée éminemment « coloniale », à laquelle n'a même pas échappé un esprit aussi généreux que Jean-Paul Sartre, pourtant attaché au respect des peuples colonisés et adversaire tenace de tous les colonialismes. Claude Lévi-Strauss l'a démontré dans les pages où il dénonce le dilemme où peut réduire un ouvrage tel que la *Critique de la raison dialectique* du même Sartre : dans une situation coloniale, dit Lévi-Strauss, ou bien l'humanité entière a commencé à intérioriser le drame des peuples colonisés, ou bien grâce à l'ethnologie, par la grâce de l'ethnologie faudrait-il dire, l'humanité entière (sous-entendu occidentale-industrielle) dispense aux peuples colonisés la conscience d'un sens de l'histoire. « Dans les deux cas, observe Lévi-Strauss, on laisse échapper la prodigieuse richesse et la diversité des mœurs, des croyances et des coutumes ; on oublie qu'à ses propres yeux chacune des dizaines ou des centaines de milliers de sociétés qui ont coexisté sur la Terre ou qui se sont succédé depuis que l'homme y a fait son apparition s'est prévalue d'une certitude morale. [...] il faut beaucoup d'égocentrisme et de naïveté pour croire que l'homme est tout entier réfugié dans un seul des modes historiques ou géographiques de son être... » (« Histoire et dialectique », *in La Pensée sauvage*, Plon, 1962).

Incidemment, il est piquant de voir un ethnologue de l'envergure de Lévi-Strauss taxer l'ethnologie du même défaut que celle-ci adresse à son objet, la naïveté des croyances des « primitifs », donc. Et tout aussi incidemment, il faut signaler que les ethnologues ne sont quand même pas moins avisés que les Africains : un autre maître de l'ethnologie, Marcel Mauss, avait déjà alerté ses collègues sur « le risque tragique qui guette toujours l'ethnographe », qui est d'« être la victime d'un malentendu ». « L'appréhension subjective à laquelle il est parvenu ne présente avec celle de l'indigène aucun point commun, en dehors de sa subjectivité même » (Introduction de Claude Lévi-Strauss à l'œuvre de Marcel Mauss, *in Sociologie et anthropologie* de Marcel Mauss, Quadrige, PUF, 1950).

En d'autres termes, s'il fallait appliquer à l'étude des autres cultures, notamment les « primitives », les seuls critères de l'histoire et de l'ethnologie occidentales, on se contraindrait soi-même au mépris de ces cultures. À l'époque où Lévi-Strauss exprimait ses doutes, les ravages et finalement l'échec du marxisme africain n'avaient pas encore offert au monde leurs spectacles désastreux et sanglants ; ils l'eussent conforté dans ses doutes, et eussent vérifié sa prescience aux yeux des autres. Le tort du marxisme fut de prendre l'Afrique pour un terrain vierge où il pourrait se développer à loisir dans les injustices, les inégalités flagrantes, la misère, la corruption entretenue par des tyranneaux, des roitelets stipendiés par les anciennes puissances coloniales et des potentats qui croyaient échapper à l'archaïsme grâce à des vareuses kaki et des lunettes noires. Lourde erreur : l'Afrique était habitée par ses dieux, même s'ils avaient été délabrés par le christianisme et l'islam.

Lévi-Strauss avait vu juste : c'est, en effet, et le plus paradoxalement du monde, par le biais d'études ethnologiques et historiques réductionnistes que se sont forgés quelques-uns des racismes les plus tenaces de ce temps. On conçoit les déceptions et les rages engendrées chez les anciens colonisés par ce système, et l'on concevra peut-être plus clairement l'importance fondamentale de l'ethnologie et de l'histoire, notamment dans l'étude des religions.

Or, même un esprit aussi distingué que Durkheim était tombé dans le piège que voilà. « Une âme n'est pas un esprit », précise-t-il en décrivant les notions des primitifs, en l'occurrence australiens, en matière d'âme : « En effet, elle est internée dans un organisme déterminé ; quoiqu'elle puisse en sortir à de certains moments, normalement, elle en est prisonnière. Elle ne s'en échappe définitivement qu'à la mort. [...] L'esprit, au contraire, bien qu'il soit souvent uni par des liens étroits à un objet particulier, à une source, à un rocher, à un arbre, etc. [...] peut s'en éloigner à volonté pour mener dans l'espace une existence indépendante. Mais, poursuit le savant, pour le *sauvage* [mes italiques, car le terme mérite d'être distingué], l'âme n'est pas un esprit, elle est attachée à un corps, alors que l'esprit ne l'est pas. » Terminologie périlleuse, observons-le au passage : en effet, on a vu plus haut que l'Église catholique, elle, parle d'« âme spirituelle », c'est-à-dire d'une âme qui est aussi esprit. L'« erreur » du primitif aurait-elle donc été, pour Durkheim, de distinguer entre âme et esprit ? Mais alors, le spiritualisme des primitifs ne se rapprocherait-il pas d'autres croyances de l'Église chrétienne, qui postule qu'il y a, en effet, des esprits, les uns bons, qui sont les anges, les autres mauvais, qui sont les démons ?

Bizarrement pourtant, Durkheim lui-même indique quelques pages plus loin que le « sauvage » a des idées identiques à celles des Occidentaux civilisés : « Les Mélanésiens croient que l'homme possède une âme qui quitte le corps à la mort ; elle change alors de nom et devient ce qu'ils appellent un *tindalo*, un *natmat*, etc. » Mais seuls les tindalos des hommes remarquables, ceux dont émane la vertu du *mana*, concept très voisin de celui de la grâce dans la culture chrétienne, méritent qu'on leur rende un culte. Ces tindalos deviennent donc des esprits. Et Mauss, l'un des rares dans le sillage de Spencer et de Lang à résister à ce qu'on pourrait appeler « la négrification du Noir » et en tout cas du primitif, rappelle que le rang élevé de tindalo, auquel parviennent, selon les Mélanésiens, les âmes des héros, est comparable à celui des héros grecs, Ajax ou Achille. On ignore ce que pensait Mauss des Occidentaux chrétiens qui croient, eux aussi, que l'âme quitte le corps mort. Mais ce genre de comparaison est généralement considéré comme déplacé, sinon blasphématoire.

Comme on le voit, les sauvages ne sont pas si sauvages que cela ou, du moins, ils sont à maints égards, et en tout cas celui des choses religieuses et héroïques, très proches des Occidentaux. Comment ne pas évoquer, en effet, les saints chrétiens, hommes et femmes remarquables, qui ont justifié la création d'un culte et dont le mana continue d'exercer dans nos églises et ailleurs ses effets après la mort ?

Pressé toutefois, semble-t-il, de condamner l'animisme, Durkheim, encore, écrit que celui-ci réduit la religion à des hallucinations : c'est un sommeil de la raison, « un rêve systématisé et vécu ». Au-delà du caractère sommaire de cette critique, le plus intéressant est l'objet même du présent livre : comme la majorité des ethnologues et sociologues de la première moitié du xxe siècle, Durkheim implique par son constat que la religion doit être philosophique et logique. Dans un élan qu'on hésite à qualifier, élevation intellectuelle ou naïveté, mais qui reste déconcertant, il écrit, toujours à propos des religions primitives et pour leur donner cette fois l'estocade : « Il est inadmissible [...] que des systèmes d'idées comme les religions, qui ont tenu dans l'histoire une place si considérable [...] ne soient que des tissus d'illusions. »

Nouveau jugement de valeur, on le voit. Durkheim estime « insupportable » que les religions ne soient que des « tissus d'illusions », se référant donc à un système de vérités qu'il juge définitif. Quel regard porta donc Durkheim sur les religions du Livre, et notamment sur le christianisme ? Quelle différence fondamentale faisait-il entre celui-ci et sa croyance officielle aux possessions démoniaques, par exemple, et les « tissus d'illusions » qu'il dénonçait ?

L'ironie semblerait aisée à l'égard de telles imprudences de jugement, même venant de maîtres par ailleurs aussi respectés et respectables que Durkheim. Elle me paraît toutefois nécessaire pour mettre en garde le lecteur et l'amateur, car l'arrogance inconsciente qu'elle reflète est très répandue. On la retrouve, et dès le titre, *La Mentalité primitive*, chez un autre maître, Lucien Lévy-Bruhl, l'un des pères fondateurs de l'ethnologie.

Lévy-Bruhl a certes abondamment analysé la richesse et la complexité de la « mentalité primitive ». Notons incidemment que le terme de « mentalité » a fait depuis près d'un siècle l'objet d'abus qui paraissent à la fin extraordinaires. Il a presque toujours reflété, en effet, le rejet par celui qui l'utilise d'une culture à laquelle il ne souscrit pas et qui, le plus souvent, aurait été dénuée de logique. Justice me semble avoir été faite par Geoffrey E.R. Lloyd dans son remarquable ouvrage *Demystifying Mentalities* (Cambridge University Press, 1990, paru en traduction sous le titre *Pour en finir avec les mentalités*, La Découverte, 1993). S'il a bien exprimé du respect à l'égard de ses sujets d'étude, Lévy-Bruhl estime quand même que le « primitif » témoigne d'une aversion pour la pensée logique qui tient à ses « habitudes mentales ». Ce concept d'« habitudes mentales », *i.e.* de « mentalité », est heureusement passé en un demi-siècle de réflexion sur « les autres », fameux enfer des ethnologues, du statut de constat solennel incontournable à celui d'hypothèse de travail pour finir dans la poubelle des préjugés commodes. Nous avions eu la mentalité juive, puis la protestante, puis l'allemande, puis la slave, puis l'africaine... C'était un mot bien commode : il permettait de sauter à pieds joints par-dessus le concept de culture, beaucoup plus délicat à cerner. Sa connotation organique présentait surtout un avantage impondérable : une mentalité présente un caractère inéluctable, sans doute héréditaire, qui veut que les Noirs soient de « grands enfants » (tout comme les Américains, d'ailleurs), les Allemands des gens méthodiques, les Anglais des flegmatiques, les Russes des mystiques fatalistes, les Méridionaux des expansifs et ainsi de suite.

En bon français, le « primitif » a donc de mauvaises habitudes, et c'est pourquoi il ne maîtrise pas la logique. J'ai dit que cette opinion est très répandue, mais elle n'est pas inévitable et, même, elle tend à être un peu plus souvent évitée. Ainsi, l'un des plus grands spécialistes de la Mésopotamie écrit avec une justesse qu'on vérifiera plus loin dans ces pages : « Il est pratiquement impossible d'établir une classification "rationnelle" des dieux mésopotamiens, car notre logique n'est pas la même que celle des anciens... » (*La Mésopotamie*, Le Seuil, 1985). Les guillemets sont explicites : il est vain de vouloir imposer les schémas de pensée occidentaux contemporains à des cultures anciennes. Mais trop de jugements restent inspirés par la conviction que la logique (dont le rôle est évoqué dans la troisième partie de cet ouvrage) est exclusivement occidentale et moderne et qu'elle serait une sorte de propriété occidentale industrielle.

La critique, implicite mais réelle, adressée au « primitif » par un Lévy-Bruhl (mais bien d'autres aussi) n'est pas d'ignorer les travaux de logiciens tels que Cauchy, Bolzano, Weierstrass, Church, Gödel ou Turing, mais de mal maîtriser les rapports de cause à effet, qui fondent la logique pratique et formelle. « Il n'est pas du tout certain que le rapport de cause à effet soit senti et pensé de la même manière quand il s'agit de faits *intra naturam* [observés dans la vie courante] et quand la catégorie du surnaturel est intéressée » (Lévy-Bruhl, *Carnet II*, PUF, 1949). Lévy-Bruhl aussi reconnaît donc aux « primitifs », Africains compris, une certaine capacité de raisonnement logique, mais seulement quand il ne s'agit pas de surnaturel, c'est-à-dire de religion ; car c'est la religion qui brouille tout. En d'autres termes, ils se débrouillent bien dans la vie courante, mais, quand ils parlent de la divinité, ils déraillent. Sous-entendu, c'est pourquoi leur idée de la divinité est ridicule.

Le non-dit chez Lévy-Bruhl, comme chez Durkheim, est au moins aussi important que le dit : Durkheim se refuse à admettre que l'origine des religions occidentales puisse se trouver dans les religions « primitives » ou tout au moins leur ressembler, et Lévy-Bruhl rejette, lui, la légitimité « logique » de ces dernières. Aucun des deux n'envisage de comparer les religions primitives avec les religions révélées du point de vue de l'illogisme supposé. L'un et l'autre se rangent aux côtés de celui qu'on appelle le père fondateur (mais il y en a tant !) de l'anthropologie culturelle, expression anglaise qui désigne le domaine qu'on appelle en français l'ethnologie, Burnett Tylor donc (1832-1917).

Darwinien, Tylor a appliqué l'évolutionnisme à la sociologie ; il estimait que les comportements sociaux évoluent comme le reste. Il n'utilisa pas le terme spécifique de « comportement », mais ceux de « développement humain ». On le situera au confluent de Hegel et de Darwin : pour lui, non seulement le comportement humain évolue, mais il y a un sens de l'histoire. Les « primitifs » doivent donc être effectivement considérés comme des primitifs, car ils se situent selon lui à un stade préliminaire du « développement humain » (*Primitive Culture, op. cit.*). C'est là, incidemment, l'un des meilleurs exemples de pièges de l'histoire : l'extrapolation d'une théorie scientifique à des domaines où elle n'a que faire. Ni la psychologie ni le sens logique, qui sont des traits fondamentaux de l'esprit humain, ne semblent avoir varié beaucoup de l'homme de Cro-Magnon à l'utilisateur d'Internet. Ce point sera d'ailleurs analysé dans la dernière partie de ce livre : il n'y a pas d'évolution humaine.

Animé d'un optimisme qui paraît, hélas, naïf, lui aussi, en cette fin de siècle, Tylor écrivait encore ceci dans *Primitive Culture* : « Dans la longue expérience du cours de la société humaine, le principe du développement de la culture s'est si bien enraciné dans notre philosophie que les ethnologues de toutes écoles ne doutent guère que, par le jeu du progrès ou de la dégradation, la sauvagerie et la civilisation sont reliées l'une à l'autre comme les stades inférieur et supérieur d'une formation. » Ce sont là de ces attitudes typiquement occidentales du début du siècle, où l'on estimait que le Blanc chrétien « caucasoïde » représentait le pinacle de la Création ; Dieu n'avait travaillé que dans cette perspective, c'était le « Point oméga » de Teilhard de Chardin. On eût aimé savoir ce que Tylor eût dit des goulags, des camps nazis et des massacres entre chrétiens en Yougoslavie et en Tchétchénie, pour ne parler que de ceux-là. Mais enfin, les idées de Tylor auront la vie dure.

On en trouvera, en effet, vers le milieu de ce siècle, le prolongement dans les théories du psychologue Jean Piaget, selon lequel l'enfant est d'abord animiste, « preuve » éloquente s'il en fut que l'animisme « primitif » est enfantin et donc promis à l'évolution. Et on en retrouvera un autre écho, plus redoutable celui-là, dans les théories du chercheur E.O. Wilson, en fait spécialiste de la sociologie animale, selon lesquelles l'intelligence est héréditaire et que les « primitifs » n'auront donc que des enfants au QI médiocre, idée sans l'ombre de fondements scientifiques (en dépit d'un gigantesque appareil de références) que tentèrent de ressusciter des chercheurs américains mal informés en 1994 dans un ouvrage rapidement réduit en poussière, *The Bell Curve* ou *La Courbe en cloche*.

Mais c'est évidemment du darwinisme social que découle l'attitude « supérieure » des ethnologues du début du siècle. Reste que le reproche adressé par Lévy-Bruhl aux religions primitives et la séparation qu'il opère entre logique pratique et logique religieuse sont déconcertants. On l'a vu, en effet, dans le premier chapitre, la croyance africaine exerce bien le rôle de la *religio* antique : elle est le lien qui relie les membres de la tribu entre eux et avec la nature ; l'Africain sans religion se retrouve sans clan, donc sans tribu, donc sans identité, autant dire qu'il est perdu. S'il voit qu'un grain semé germe sous l'effet de l'eau, il établit parfaitement un rapport de cause à effet grain-terre-eau-soleil-germination. Il est tout aussi bien capable que le paysan de la Beauce ou du Minnesota, en effet, de juger sa pratique sur les résultats et de s'aviser que certaines graines germent mieux dans telle saison que dans telle autre. Les catégories mentales qu'il établit entre différents objets l'intéressent par leur utilité : Lévi-Strauss rapporte les rires par lesquels fut accueilli un botaniste qui demandait les noms d'herbes qui n'intéressaient pas les indigènes : pourquoi se seraient-ils souciés de les connaître ? Ils étaient toutefois, dans cette ignorance volontaire, bien plus logiques qu'on l'eût pensé. Le paysan de la Beauce n'a que faire, lui non plus, de la dionée gobe-mouches et de la brugmansia. Mais Lévi-Strauss rapporte aussi un exemple des erreurs commises par ceux qui ne connaissent pas le « terrain » ou milieu ; ainsi, à propos des parcs naturels qui ont été créés en Afrique pour la faune, mais dont l'efficacité est douteuse, il observe que les animaux, éléphants ou gorilles, se moquent parfaitement des hectares de gazon ombragé qu'on leur assigne ; ils vont chercher ailleurs des plantes plus riches en protéines et saccagent des plantations.

Grand cas, enfin, est fait par les ethnologues, notamment dans les premières décennies du xxᵉ siècle, de l'importance des rêves chez les « primitifs ». Ils s'émerveillent et se désolent tout à la fois de ce que les « primitifs » fondent sur tel et tel rêve des décisions importantes pour l'individu et la communauté. Pour les « primitifs », africains, mélanésiens, américains ou autres, le rêve est un message envoyé par la divinité. Il en a été ainsi pour les Hébreux et les Grecs, par exemple (il n'est qu'à lire *L'Odyssée* et l'Ancien Testament), mais c'est chez les primitifs que la place du rêve semble aux ethnologues le plus importante. Ceux-ci nuancent certes leur étonnement, et Lévy-Bruhl note ainsi que « les Cafres, comme tous les peuples qui règlent leurs actes sur les songes, ont été conduits à distinguer entre les bons et les mauvais rêves, entre ceux qui sont véridiques et ceux qui sont mensongers ». Condescendance exquise, qui suggère au lecteur qu'enfin les « primitifs » ne sont pas complètement demeurés, puisqu'ils ne tiennent pas tous les rêves pour révélation divine. Ces rêves apparaissent aux psychanalystes et anthropologues comme un terrain inépuisable d'études et, justement, un anthropologue psychanalyste tel que Geza Roheim consacre un épais volume à l'étude des rêves des « primitifs » (*The Gates of the Dream*, International Universities Press, Inc., 1952), qui connaît un vaste retentissement. Pour Roheim, comme pour son prédécesseur Tylor, « les dieux sont issus de l'animisme et l'animisme du rêve » (Roger Dadoun, « Les ombilics du rêve », *Nouvelle Revue de psychanalyse*, n° 5, printemps 1972).

Difficulté supplémentaire dans l'utilisation des données ethnologiques : c'était là, justement, ce que refusaient Durkheim et Lévy-Bruhl.

En quelques décennies, l'Occident a donc changé de cap à cent quatre-vingts degrés. Après avoir jugé, dans les années dix à trente, que des cultures qui prennent les rêves pour des réalités sont véritablement inférieures et que l'importance qu'elles attachent aux rêves est une pathologie, il estime désormais que les rêves du monde entier, et pas seulement des Africains ou autres primitifs, méritent analyse. Judaïsme, christianisme, islam ressortissent désormais à l'étude des rêves. Un revirement aussi radical s'explique par deux facteurs.

Le premier est l'engouement quasi passionnel que l'Occident témoigne à des auteurs tel que Sigmund Freud et Carl Gustav Jung, qui tiennent le rêve pour le révélateur de l'autre « pensée sauvage », l'inconscient ou le subconscient, le point n'a jamais été établi (il est notoire qu'il est impossible de trouver une explication unitaire des différences qui existeraient entre l'inconscient et le subconscient, deux postulats de Freud dont on connaît le succès et, pour emprunter un terme au jargon cher à notre époque, l'« invérification »). Bref, la clef du comportement, individuel pour Freud, collectif pour Jung, résidait en partie dans le rêve.

Pendant plus d'un demi-siècle, l'influence du surréalisme et de la psychanalyse aidant, les « primitifs » et leurs croyances vont, aux yeux de l'Occident, d'un certain Occident en tout cas, passer du stade d'ébauches inachevées à celui de détenteurs d'un secret originel. L'Occident aurait perdu ce secret par la faute de l'expansion démographique et de la mondialisation de la civilisation. Répondant, en effet, à une question de Georges Charbonnier, postulant que « toutes les positions que l'on considère habituellement comme des positions de générosité [...] sont toujours vaines, toujours complètement inutiles », Claude Lévi-Strauss répond : « Ne croyez-vous pas que cette espèce d'impuissance de l'homme devant lui-même tient, dans une très large mesure, à l'énorme expansion démographique des sociétés modernes ? » (*Entretiens avec Claude Lévi-Strauss*, Les Lettres Nouvelles/Plon/Julliard, 1961). Après la négrification du Noir, on en arrive à celle du Blanc.

Le second facteur qui rend l'interprétation des données ethnologiques si difficile est ce qu'on peut appeler l'« optimisme missionnaire », où les ethnologues se proposent de supplanter les prédicateurs-convertisseurs d'antan. Le moteur en est essentiellement américain, mais certes pas exclusivement américain : dès les années quarante, Margaret Mead, qu'un livre d'anthropologie culturelle quelque peu infondé, *Coming of Age in Samoa* (Morrow, New York, 1928) a rendue célèbre, estime que le « *social engineering* » permettra de faire tomber les barrières entre les peuples (par l'enseignement des langues, la réforme des crèches, etc.) et donc d'accélérer le « développement humain des populations ».

Après avoir passé neuf mois, ce qui était un peu court, aux Samoa, où elle avait été envoyée par son maître, le célèbre Franz Boas, aux fins d'étudier comment s'y déroulait la puberté et d'établir si cette période était le plus influencée par les contraintes physiologiques ou les règles sociales, Mead rédigea un rapport idyllique de la société samoane, toute faite d'amour et de plaisir, donnant à croire que c'était une sorte de paradis terrestre ou tout au moins rousseauiste. Au terme d'une quinzaine d'années de vérifications, son collègue David Freeman (*Margaret Mead and Samoa*) démontra qu'elle s'était fait duper par les jeunes filles qu'elle avait interrogées et que la puberté se passait difficilement dans une société marquée en réalité par le puritanisme. Ses trois études sur trois sociétés différentes de la Nouvelle-Guinée-Papouasie (*Sex and Temperament in Three Primitive Societies*, Routledge and Kegan Paul, Londres, 1935) laissent également quelque peu sceptique.

Membre de l'Église épiscopalienne, Mead proposa néanmoins en 1942 de mettre l'anthropologie culturelle au service de l'Amérique en guerre. Ce projet surprenant, qui ressortissait lui aussi au *social engineering*, devait permettre de gagner la guerre en connaissant les motivations psychologiques et culturelles de l'ennemi. La tentation d'une utilisation politique de l'anthropologie fut durable, puisque, en 1975, Jacques Soustelle présenta un rapport invitant à recruter des ethnologues pour étudier les travailleurs immigrés et les milieux propices à la délinquance en France.

Mead conçoit donc l'anthropologie comme un succédané de l'esprit missionnaire, et cela dans l'optique déjà dénoncée plus haut, celle d'une « évolution psychologique et sociale ». L'ennui est que son étude la plus répandue ne tient pas debout et que Mead avait nourri une image idéalisée jusqu'à l'utopie de la société des Samoa, par exemple. De plus, son maître, Boas, avait donné dans le même travers : C. Meillassoux a démontré que Boas lui-même avait idéalisé la société kwakiutl (*Terrains et théories*, Anthropos, Paris, 1977).

On en est encore là, même si l'Occident, puisqu'il domine le terrain en matière d'ethnologie, concède encore leurs dieux aux « primitifs », on veut bien admettre que les premiers dieux soient, en effet, nés dans les songes des peuples sans écriture, dans les clairières des jungles, au bord de ces mers chaudes où les clubs de vacances envoient leurs adhérents. Mais c'est aussi que les dieux de l'Occident ont perdu leur bras séculier. Les missionnaires de jadis baptisaient à portée des canonnières, or, il n'y a plus de canonnières. Les ethnologues, eux, n'ont plus tant d'endroits où ils puissent aller étudier les structures de la parenté sans risquer une balle perdue. De plus, comme l'avouait Lévi-Strauss, ils commencent à avoir mauvaise conscience.

Tout le monde a fini par voir, grâce à la télévision, que les comportements de guerriers du centre ou de l'est de l'Europe même, oui, de la vieille Europe colonisatrice et chrétienne, à deux heures d'avion de Paris ou de Berlin, n'étaient pas moins sauvages que ceux des Hutus et des Tutsis, pour ne parler que d'eux (mais il y avait bien d'autres vrais sauvages dans le monde, des assassins khmers rouges aux fous du Sentier lumineux au Pérou). La Bosnie, qu'on sache, n'est pas en Afrique. Mais l'Afrique est beaucoup moins « porteuse », parce que les « primitifs », eux, ne sont pas responsables. On a vu au moment des conflits en ex-Yougoslavie se constituer des mouvements d'opinion morale et politique incitant quasiment à la formation de nouvelles brigades internationales pour aller rétablir la paix entre les diverses factions. Dans le même temps, les massacres entre Hutus et Tutsis, où l'influence occidentale n'était pourtant pas entièrement innocente, ne provoquaient que l'écœurement, mais aucun mouvement de solidarité.

Et d'ailleurs, le problème n'est plus tant celui des origines de la divinité, le Tiers-Monde, celui où se recrutent donc les « primitifs », posant bien d'autres problèmes, la faim, la soif, la maladie et l'agitation politique ; les velléités de construire une arme atomique ou de s'emparer de champs de pétrole. Le siècle finissant est celui des sectes et des assassinats au nom de Dieu. Partagé entre une conscience malheureuse, qui lui fait cet humanitarisme tiède, offrant un vedettariat quelque peu suspect (et gênant pour une âme sensible) à des religieux médiatisés à outrance et faisant désormais figure d'autorités philosophiques, et un cynisme affairiste qui lui fait vendre des armes aux gens mêmes qui s'entre-égorgent, l'Occident, vraiment, n'est plus terriblement soucieux de savoir d'où lui vient son idée de Dieu.

On peut juger là des difficultés que posent les documents ethnologiques : encore n'ont-ils été utilisés que pour le chapitre qu'on vient de lire, les suivants recourant essentiellement aux documents historiques. Si ceux-ci posent en principe moins de problèmes, ils ne sont pas pour autant exempts de partis pris et donc de chausse-trappes, même quand ils sont anciens. On sait, par exemple, que l'aversion de l'historien romain Tacite pour Néron a conditionné jusqu'au XXe siècle l'image épouvantable qu'on s'est faite de cet empereur ; ce n'était certes pas un homme estimable, mais des études récentes l'ont disculpé d'un bon nombre des méfaits que lui imputait sournoisement Tacite, allié de la classe sénatoriale qui haïssait Néron ; ainsi, il n'est pour rien dans l'incendie de Rome, qui l'a affligé lui-même considérablement.

La philologie et l'épigraphie, qui sont les sciences du langage et des textes, ont également fini par débusquer dans des écrits anciens des ajouts, sinon des modifications frauduleuses, comme les mentions de Jésus dans Flavius Josèphe et les tripotages et censures systématiques des historiens romains du 1er siècle (cf. « Sur la manipulation des manuscrits du 1er siècle à Staline », postface de *Jésus de Srinagar*, de l'auteur, Robert Laffont, 1995). Dans un passé plus récent, on a vu des historiens modernes de l'Antiquité se livrer à des interprétations tellement abusives qu'elles frisaient la propagande (tel Jérôme Carcopino assurant que le peuple romain sous l'Empire, décidément doué d'une prescience admirable, aspirait au... christianisme qu'il ne connaissait pas encore !). D'autres, dont la rigueur et l'objectivité étaient inattaquables, se laisser pourtant aller à des jugements définitifs... et faux. Ainsi d'Erman et Ranke, qui trouvent que l'évolution (encore !) de la religion égyptienne l'a menée au monothéisme sous la XVIIIe dynastie (l'épisode fameux parfaitement falsifié du culte du Soleil par Akhnaton), et qu'ensuite elle a sombré dans la « décadence ». Déroutés sans doute par la complexité de la religion égyptienne, les mêmes auteurs la trouvaient d'ailleurs d'une « confusion sans pareille » (*La Civilisation égyptienne*, Payot, 1963, p. 332. V. chapitre 8 du présent ouvrage, « Les dieux secrets et mortels de l'Égypte »). On peut alors s'émerveiller d'une « confusion » qui a duré quelque trente siècles et qui a contribué à la cohésion de la nation égyptienne, tout comme on peut s'étonner que ces auteurs ne se soient pas interrogés sur ce phénomène sans précédent.

Il s'en faudrait que ces détournements soient motivés, sauf exceptions, par la mauvaise foi ou le prosélytisme. Mais il faut rappeler que les travaux d'ethnologie et d'histoire sont presque tous financés par des institutions, et donc assujettis à des prescriptions sociales tacites ; ils sont de plus réalisés par des individus qui sont eux-mêmes des produits de culture dont les marges d'indépendance sont beaucoup plus restreintes qu'on veut le croire. Intellectuels et autorités religieuses à l'envi sont très attentifs aux implications de l'anthropologie et de l'histoire sur les sociétés et leurs principes religieux (J. Milton Yinger, « *The Influence of Anthropology on Sociological Theories of Religion* », *American Anthropologist*, vol. 60, n° 3, juin 1958).

On l'a constaté maintes fois ces dernières années, notamment en ce qui concerne les Manuscrits de la mer Morte. On l'a aussi vérifié dans les choix de nombreuses bibliothèques municipales à travers le monde, où certains ouvrages d'histoire ou d'ethnologie sont bannis ; on l'a vérifié encore en France en 1996, où des bibliothèques ont interdit, par exemple, des ouvrages sur le racisme ou le rap. Les restrictions et les interdits sont particulièrement rigoureux dans le domaine des religions. On l'a également vérifié en 1996, quand la plus haute autorité de la communauté juive de France a refusé que la télévision française diffusât une émission sur un personnage biblique célèbre, Abraham (l'émission était « Enquête sur Abraham », il s'agissait d'une production franco-israélienne ; le rabbin Josy Eisenberg l'a refusée le 14 juin 1996, arguant que, remettant en cause « l'historicité de l'existence d'Abraham », elle constituait « un véritable réquisitoire contre l'État d'Israël »). Mais les

Parisiens gardent également en mémoire les échauffourées suscitées par un film de Martin Scorsese sur Jésus. Contrairement à ce qu'on suppose aisément, l'intolérance est très équitablement répartie dans le monde...

Il est donc difficile pour les ethnologues et les historiens de s'écarter trop visiblement du consensus de l'époque et surtout des directives implicites de l'organisme de financement. Sauf exception, toute idée novatrice en histoire des religions ne peut être formulée que si elle est soutenue par un groupe de pression.

De plus, et très paradoxalement, le cœur de toute recherche sur l'histoire des religions, c'est-à-dire la nature même de l'hommage rendu à la divinité, est d'autant plus confus qu'on prétend le cerner. « James H. Leuba a vu au moins quarante-huit définitions de la religion », écrit un chercheur malais, Syed Hussein Alatas (« Les difficultés de définir la religion », *Revue internationale des sciences sociales*, Unesco, vol. XXIX, n° 2, 1977). Tout le monde est prêt à se quereller et même à verser le sang, mais personne n'est d'accord avec personne sur ce qu'est la religion, sans parler, bien entendu, de ce qu'est son objet.

Historiques autant qu'ethnologiques, les documents disponibles exigent donc qu'après l'interprétation proposée par l'auteur on procède à un second déchiffrage, un déchiffrage du déchiffrage en quelque sorte. Sur quels repères, alors ? D'abord, sur la connaissance des courants idéologiques auxquels appartiennent les travaux ; ensuite sur un effort de compréhension des sujets et sur le double rejet de l'évolutionnisme psycho-culturel cher à l'Occident et de la notion méprisante de « sauvages » ; enfin, sur la pratique de l'analyse conjecturale, qui consiste à évaluer les autres schémas d'interprétation possibles de ces données.

Exemples simples : quand Erman et Ranke jugent confuse la religion égyptienne et qu'ils en élisent un épisode pseudo-monothéiste comme le point culminant, il convient d'écarter radicalement leurs conclusions, visiblement colorées par la conviction de la « supériorité » absolue du christianisme ; reste à en chercher d'autres. Et quand une mode fait un peu rapidement des Esséniens les précurseurs du christianisme, il convient de rechercher qui étaient leurs précurseurs à eux.

Cela toutefois est plus vite dit que fait. Mais enfin, le lecteur sera assuré de n'avoir ici qu'un travail étranger à toutes les théologies et toutes les idéologies, visant seulement à savoir quelles formes prit le besoin humain de Dieu, et dans quelles conditions il s'exprima. Et aussi à savoir pourquoi nous seuls, chrétiens, aurions le seul vrai Dieu. Et quels sens, en fin de compte, nous donnons à ce mot. Nous avons certes besoin de Dieu, mais qu'entendons-nous par là au juste ?

2

Dieu fut d'abord une femme

Sur l'origine spécifiquement orientale du monothéisme et de la représentation d'un Dieu unique masculin — Sur le premier signe écrit représentant la divinité — Sur l'art des cavernes et les dangers des interprétations et des orientations culturelles contemporaines — Sur la signification cynégétique des gravures rupestres — Sur les femmes adipeuses et les « jolies filles » de l'âge de glace — Sur la répugnance des cultures et des scientifiques à admettre la prédominance ancienne de la déesse-mère — Sur les faits et les systèmes — Sur la symbolique des sexes — Sur l'origine climatique, démographique et économique de la féminité des premières divinités.

Dieu est-il un homme âgé ? Ainsi posée, la question peut surprendre. Pourtant, paré de toutes les qualités dans les trois monothéismes, judaïsme, christianisme et islam, il ne revendique pas celle de la féminité. Le genre des adjectifs qui lui sont accordés dans toutes les langues ne laisse aucun doute : il est bien sexué et masculin. C'est d'ailleurs comme homme qu'il apparaît à Abraham, dans l'Ancien Testament, matrice des trois monothéismes[1].

Il ne revendique pas non plus la jeunesse, qu'il pourrait pourtant avoir éternelle. Mais comment le concevoir autrement, puisqu'il est notre Père depuis la première génération d'humains ; il est donc infiniment âgé. Ce n'est pas Mathusalem, mais enfin, les trois religions semblent l'avoir tacitement situé entre cinquante et soixante-dix ans, l'âge de l'autorité patriarcale incontestable. C'est d'ailleurs ainsi que Michel-Ange l'a représenté dans la seule religion qui tolère la représentation de la divinité : un patriarche grisonnant en tunique rose, donnant naissance au premier être humain (alors âgé d'une vingtaine d'années, soit dit en passant, donc privé d'enfance).

Ce concept d'un dieu masculin âgé semble avoir existé de tout temps. Or, il a moins d'une trentaine de siècles, alors que l'homme moderne, tel qu'il circule dans les rues des métropoles et qu'il commande des machines, existe depuis quelque quarante mille ans. Il convient, en effet, de le rappeler d'emblée : la notion contemporaine d'un Dieu unique et masculin est orientale, puisqu'elle est née en Iran quelque six siècles avant notre ère, comme on le verra plus loin. Elle resta orientale avec le judaïsme, le christianisme et l'islam, et toujours fondée sur la Genèse. Or, celle-ci a été adaptée de textes babyloniens vers le XIIIe-XIIe siècle avant notre ère[2], à l'intention du peuple des *Habiru*, devenus Hébreux. L'homme moderne, *Homo sapiens sapiens*, descendant de celui de Cro-Magnon, déjà formé de longue date, était le seul qu'on connût et l'on ignorait évidemment son véritable ancêtre. Sans quoi, nul n'eût eu l'audace d'écrire que Dieu avait formé l'homme à son image. En effet, avant celui de Cro-Magnon, il y avait eu l'homme de Néanderthal, popularisé dans l'imagerie courante (et scientifique) par une grosse tête au prognathe avancé, aux bourrelets frontaux épais, au nez épaté à peine différencié de celui de son cousin le singe. C'était bien un homme, possédant peut-être sa culture et sa technologie, mais il ne fût venu à l'esprit de personne de pieux que Dieu eût eu ce faciès-là.

Pendant quelque trente-huit mille ans, l'humanité ne crut-elle donc à rien de céleste ? Il s'en faudrait. Le premier signe écrit connu qui représente le concept de la divinité est une étoile à huit branches ; il est sumérien. Cet idéogramme est bivalent, puisqu'il signifie à la fois « étoile » et « dieu[3] ». Mais il ne date que de quelque cinq mille cinq cents ans, même si son origine est peut-être plus ancienne, puisque certains experts supposent qu'il dérive d'un pictogramme antérieur. On ne sait quelle étoile ni quel dieu il représente, ni même s'il contient autre chose que le double concept divinité-étoile. Et il n'est pas sexué. Mais on n'a guère de peine à en imaginer la gestation. Quand nuit après nuit, année après année, dans le ciel encore pur de l'Orient, des hommes virent que les mêmes étoiles se levaient et se couchaient, suivant le même parcours, ils en déduisirent qu'elles étaient éternelles. Elles possédaient donc la vertu de défier le temps.

> « Seuls les dieux vivent à jamais sous le soleil,
> quant à l'homme, ses jours sont comptés ;
> quoi qu'il fasse, ce n'est que du vent ! »

est-il écrit dans l'Épopée de Gilgamesh[4].

La divinité fut donc identifiée aux astres, sinon au cosmos. La fascination des astres a perduré dans l'histoire des religions : de l'étoile de David, à six branches, à la croix, qui est finalement un astre à quatre branches, et du swastika hindou, qui est une croix gammée, au croissant de lune des musulmans, les croyances ont voulu s'ancrer à ces symboles de l'éternité. Mais la question est ainsi posée : les humains n'adoraient-ils que des astres ? N'y avait-il pas eu de dieu avant Dieu ? Dieu n'était-il donc qu'oriental ? Et le reste du monde ?

L'on connaissait les religions grecque et romaine, puis l'égyptienne, surtout depuis l'expédition napoléonienne, et les conquêtes coloniales familiarisèrent l'Occident (puisque tout semblait commencer par là) avec les religions asiatiques, africaines, américaines. Mais le sentiment général était que ces religions n'avaient été que des précurseurs imparfaits du monothéisme, ou bien alors des religions rudimentaires et, pour tout dire, barbares. Avec l'essor de l'archéologie au XVIIIe siècle, puis de l'histoire des religions et de l'ethnologie, cette question mit en jeu des idéologies puissantes.

Certains, en effet, se refusèrent à l'admettre, à moins que la première civilisation n'eût été, elle aussi, orientale ; à quelques nuances
près, l'idée de Dieu, en tout cas d'un dieu masculin, ne pouvait être
qu'universelle. Ils se fondaient pour l'avancer sur le fait que l'obsession humaine du temps et de la puissance surnaturelle est sans doute
aussi ancienne et internationale que l'être humain lui-même. Par
conviction intime, ils assuraient que le Dieu de la Genèse ne pouvait
pas avoir attendu quarante mille ans pour se manifester à sa créature.
D'autres, en revanche, objectaient sur la foi des documents historiques que c'est en Iran et là seulement qu'apparaît donc, au VIᵉ siècle
avant notre ère, la notion d'un dieu central et masculin du Bien,
Ahoura Mazda, antinomique de celui du Mal, Ahriman, et cela par le
fait d'un réformateur religieux nommé Zoroastre. Ce qui n'empêcha
pas de nombreux esprits de chercher la preuve d'une étincelle divine
qui eût habité les hommes et femmes des premiers millénaires. Le
narcissisme humain en ce domaine est tel, en effet, qu'il paraît inconcevable aux Occidentaux modernes qu'on n'ait pas partagé leurs
idées dès l'origine des temps.

Le débat, à vrai dire, ne prit pas ouvertement cette allure formelle.
Étalé sur des décennies, depuis le XIXᵉ siècle, il se poursuivait au fil
des écoles, des découvertes, des travaux. À un moment donné, qu'on
peut situer au début du XXᵉ siècle, les historiens des religions prirent
la préhistoire pour arbitre. La mort, qui passe pour le seuil du surnaturel et sans doute de la divinité, avait dû être depuis toujours,
postula-t-on, l'une des grandes affaires des vivants. L'étude des céré-
moniaux de sépultures depuis le châtelperronien, il y a trente-cinq
mille ans, devait en attester. Sauf en temps de guerre, où les passions
l'aveuglent, l'homme n'aurait jamais considéré le cadavre de son semblable, du moins le parent ou le membre de la tribu, comme celui de
la bête ; la preuve en était qu'il le mettait dans la tombe avec les
signes du chagrin, les bijoux et les ornements qui témoignaient de
la révérence, les fleurs et les graines, qui symbolisaient l'espoir de
résurrection. Peut-être aussi avec le sens du mystère.

L'hypothèse en était séduisante, mais elle pouvait inspirer des falsifications patentes dont le grand préhistorien André Leroi-Gourhan
crut donner un exemple fameux, celui de la découverte d'un crâne
féminin dans une sépulture au site du Mas-d'Azil. On s'était empressé
d'avancer que c'était un crâne de « jeune fille », ce qui était évidemment invérifiable. Comme on avait trouvé ce crâne sur un tas de détritus où figuraient une corne de bison, un bois de renne et une
mandibule de bovidé, on avait également conclu que, dans l'arrangement funéraire originel, ce crâne « regardait vers la corne de bison ».
Or, ce n'était, écrit le savant, qu'« un tas de détritus culinaires sur
lequel gisait une relique humaine probablement désaffectée et en
tout cas déplacée[5] ». Il semble, quelques décennies plus tard, que

Leroi-Gourhan ait été, là, excessivement — et très honorablement — prudent. D'autres spécialistes se sont demandé, en effet, si la juxtaposition d'une corne de bison, d'un bois de renne, d'une mandibule de bovidé et d'un crâne humain « désaffecté » était vraiment accidentelle et si les débris animaux constituaient vraiment des « résidus alimentaires ». Ce n'est pas tous les jours, surtout à la préhistoire, qu'on mange du bison, du renne et un autre bovidé au même repas[6].

La préhistoire abonde en chausse-trappes, en effet. Je n'en donnerai qu'un exemple, de circonstance : quand, dans l'été 1856, des ouvriers travaillant dans la vallée de la Neander, près de Düsseldorf, mirent au jour les premiers ossements connus de squelettes préhistoriques, dont un crâne, ceux d'hommes de Néanderthal[7], comme on s'en doute, le monde savant allemand et international se récria d'horreur à l'idée que ce pussent être des vestiges d'humain. Avec ces arcades sourcilières basses et ces épais bourrelets frontaux, ce front fortement bombé, ce prognathisme marqué au menton fuyant et vu la posture lourde et voûtée reconstituée d'après le squelette, non, ce ne pouvait avoir été un humain. Un professeur Franz Mayer, de Bonn, déclara doctement que c'étaient les restes d'un « cosaque mongol » qui s'était réfugié dans une grotte, alors qu'il était sur le chemin de la Prusse, en 1814, à la poursuite des armées napoléoniennes ! Le Pr Mayer gagna dans le bêtisier de la science une place de choix auprès du Pr Peter, de l'Académie de médecine de Paris, celui qui avait assuré que le vaccin de Pasteur inoculait la rage. Or, ce genre d'erreur se perpétue de nos jours, même si c'est de façon moins éclatante et moins immédiatement visible.

La question demeurait néanmoins : le fait d'enterrer cérémonieusement les morts signifiait-il qu'on les déléguait à un Esprit supérieur, et donc que l'homme de la haute préhistoire crût à la divinité et qu'il eût une religion, aux sens actuels que nous donnons à ces mots ? Question ardue. Comme l'écriture n'existait pas encore, il était bien difficile d'interpréter avec un minimum de véracité les quelques signes qui nous sont parvenus de ces époques reculées.

Jusqu'au milieu du XXe siècle, Leroi-Gourhan se refusa avec la même prudence à toute spéculation sur un « culte des ossements » ou un « culte de l'ours » pratiqués par l'homme de Néanderthal ou de Cro-Magnon, postulés par quelques chercheurs sur la base de traces extrêmement minces à la vérité ; après tout, en effet, la présence d'un seul crâne d'ours des cavernes sur une haute pierre au fond d'une grotte ne signifie pas que ce crâne ait été révéré comme l'emblème d'une divinité quelconque ; peut-être un chasseur l'avait-il posé là dans l'idée de le reprendre plus tard pour en tirer des armes ou des ornements.

Qu'on veuille bien pardonner l'apparente trivialité de la comparaison : un archéologue du IV ou V[e] millénaire futur qui trouverait dans

les ruines des halls de châteaux occidentaux des trophées de cerfs ou
de sangliers, ou bien dans celles d'HLM des téléviseurs trônant dans
les salles de séjour, pourrait être tenté d'en déduire qu'aux temps
anciens certains Occidentaux des classes riches pratiquaient le culte
du cerf et du sanglier, tandis que les classes travailleuses, elles, pratiquaient celui d'images électroniques, copies ritualisées de la réalité.
On imagine très bien le mémoire de cet archéologue sur la division
des religions selon les classes sociales des Occidentaux du IIe millénaire...

Ce fut pourtant le même Leroi-Gourhan, qui, en dépit de sa
louable prudence et après avoir étudié deux mille figures animales
dans une soixantaine de grottes, avait le plus encouragé l'interprétation religieuse de l'art préhistorique en observant que 90 % des
bisons et des bovidés sauvages, censés selon lui symboliser la femme,
étaient situés au centre de ces grottes, alors que 70 % des figures
censées être masculines, ours et animaux à cornes, y compris le rhinocéros, étaient placées aux entrées, représentant de la sorte, avançait-
il, des gardiens magiques[8]. Ce lexique systématique sexuel posa plus
de problèmes qu'il ne permettait d'en résoudre, car on se demande
alors où situer le cheval, le sanglier, l'hyène, la panthère, le hibou,
ou encore le saumon des Eyzies. Mâles ? Femelles ? Androgynes ? On
se demande également ce que désignent bien d'autres signes, où certains ont voulu voir des habitations, et quel put être encore le symbolisme des mains tracées « au pochoir » qu'on retrouve dans tant de
grottes.

Néanmoins, l'élan était pris, et certains critiques d'art se laissèrent
aller à comparer avec chaleur les grottes de Lascaux et d'Altamira à
des « cathédrales de la préhistoire ». La découverte à Pont-d'Arc, en
France, en 1995, d'une grotte du paléolithique aux parois couvertes
de peintures d'animaux inspira au préhistorien Henri de Lumley un
commentaire parallèle : « La manière dont les animaux sont dessinés
est la preuve de quelque chose de sacré[9]. » On pouvait s'interroger
sur le passage un peu abrupt franchi par le savant de l'intuition à la
« preuve » : le simple fait de dessiner ne serait-il pas en lui-même,
après tout, un acte magique ? Et quelle serait alors la « manière » qui
ne serait pas sacrée ?

Il était tentant, il est vrai, de penser que c'était pour des raisons
rituelles et symboliques que des hommes étaient allés dessiner des
animaux sur les parois d'une grotte. Mais peut-être faut-il se défier
des évidences. Et se demander encore une fois quelle différence symbolique séparerait le hobereau moderne qui fait naturaliser la tête de
son premier cerf pour l'accrocher dans sa bibliothèque et l'« homme
des cavernes » qui dessine le même cerf sur la paroi de son habitat.
Il se peut qu'il n'y en ait absolument aucune. Fier d'avoir abattu un
cerf, un ours ou un bison, il les a représentés tout simplement, et

peut-être n'est-ce pas une « célébration mythique » de l'« esprit du cerf » ou de « l'esprit de l'ours » ou du bison qu'on voit à Lascaux, à Altamira ou à Pont-d'Arc, mais simplement des récits d'exploits cynégétiques.

Oui, mais il y avait les grottes et, dans le subconscient culturel, ces anfractuosités évoquent des lieux de culte ; le mithraïsme puis le christianisme primitif ont choisi des lieux souterrains pour capelles. Le choix de grottes pour les tracés de gravures rupestres indiquait « à l'évidence » la nature religieuse de ces tracés. Or, tout préhistorien digne de ce nom sait bien que les grottes étaient des abris naturels précieux : il y a vingt mille ans, pendant la glaciation dite Würm II, par exemple, il faisait très froid et très sec sur la plus grande partie de la France, et le sol était gelé ; les grottes permettaient de garder un peu de la chaleur obtenue quand on faisait du feu. Mais les grottes font néanmoins beaucoup rêver certains, et c'est ainsi qu'« on a prétendu que les paléolithiques inhumaient fréquemment leurs morts dans les grottes », écrit Leroi-Gourhan ; « cent ans de fouilles montrent que le contraire est seul exact[10] ».

Les grottes n'étaient pas non plus des lieux obligés de culte, ni les seuls lieux à cet usage ; une preuve en est que les gravures rupestres du Tassili ou du Nouveau-Mexique, par exemple, sont situées sur des roches en plein air. Idem pour les gravures de Piedras Blancas, de Siega Verde et de Domingo Garcia, en Espagne, celles de la vallée de la Côa et d'Albaguera, au Portugal, celles de Fornols-Haut, dans les Pyrénées-Orientales. Il est possible que le choix de grottes pour les peintures rupestres ait été dû au fait qu'il pleuvait beaucoup, par exemple, et que l'artiste s'était dit que sa fresque ne durerait pas longtemps s'il la faisait en plein air.

Ces gens n'avaient pas de peintures capables de supporter les intempéries et savaient certainement que les tracés au noir animal et à l'ocre étaient fragiles et ne tiendraient pas le premier orage. Connaît-on beaucoup d'artistes qui s'aventureraient à tracer au fusain des fresques exposées au plein air ?

Enfin, l'inventaire et les interprétations mêmes de Leroi-Gourhan sur les « symboles féminins », bisons et bovidés sauvages, au centre des grottes et les animaux à cornes près des entrées, dont ils auraient été les « gardiens magiques », laissent perplexe : les bisons et autres bovidés sauvages ne sont-ils donc pas des bêtes à cornes ?

On voit là les périls des interprétations sur des systèmes et des cultures dont on ne sait rien de certain. Ce fut le préhistorien américain Alexander Marshack, réputé pour les découvertes qu'il a faites en se servant du microscope pour l'étude des vestiges préhistoriques, qui fournit, en 1995, la clef de ces peintures. Marshack avait, le premier, expliqué la signification d'une gravure représentant un mammouth, sur un fragment d'ivoire de cet animal découvert en 1864 à la Madeleine, en France ; ce fragment datait de quinze mille à dix mille ans avant notre ère. Et il comportait une singularité : la représentation du mammouth possédait trois ou quatre dos supplémentaires, deux queues et bien plus de défenses que la nature n'en a accordé à cet ancêtre de l'éléphant. Sur cette même image, par ailleurs, on pouvait déchiffrer de nombreuses images de flèches. Et l'évidence s'imposa : cette image avait bien une valeur symbolique : les gens qui s'en servaient « tuaient » l'animal en effigie, comme les rancuniers de nos contrées modernes « tuent » le méchant voisin en plantant des clous dans une poupée qui le représente. Mais là, l'effigie était utilisée plusieurs fois de suite, vraisemblablement dans un but cynégétique, et chaque fois les célébrants la modifiaient, en redessinant le dos et en ajoutant des défenses et des flèches.

Marshack analysa de la même manière les peintures de la grotte Chauvet. Ainsi que l'auront relevé ceux qui en ont vu des photos dans la presse, ces peintures comportent des superpositions nombreuses, comme si c'était un cahier d'esquisses retouchées. On y voit, par exemple, quatre têtes de chevaux, quasiment les unes sur les autres, ce qui est singulier. On eût pu supposer que l'artiste d'il y a trente-sept mille ans avait dessiné un troupeau, mais ce n'était pas le cas, car la technique et les pigments différaient d'une tête à l'autre. De plus, Marshack nota que les animaux n'étaient pas toujours représentés de la même façon : certains chevaux portaient leur pelage d'hiver, car à l'âge de glace, comme de nombreux autres animaux et comme le font ceux qui vivent de nos jours encore dans les neiges, ils changeaient de robe. C'était également le cas des rhinocéros représentés dans les peintures.

À l'évidence, ces animaux avaient été « tués » de manière symbolique, comme le mammouth de la Madeleine ; ils avaient aussi été « tués » dans des saisons différentes, d'où les changements de robe précisés par l'artiste, selon qu'on chassait l'hiver ou l'été. Les peintures de la grotte Chauvet ont donc bien une signification symbolique, mais celle-ci est tout autre que ce qu'on avait cru : elles constituaient les images d'un théâtre de chasse et un support pour l'envoûtement de l'animal. L'indication de magie était certaine, celle de rite également, mais de divinité, point. L'interprétation vaut pour l'ensemble des peintures pariétales, que ce soient celles de Lascaux, d'Altamira, de la grotte Cosquer et des autres. Qualifier les grottes préhistoriques de « cathédrales » ou de « chapelles » était pour le moins prématuré, sinon sacrilège, car on ne sache pas qu'on pratique des rites magiques à Notre-Dame de Paris.

Pour confirmer la thèse de Marshack, adoptée depuis par de nombreux préhistoriens, et selon laquelle les représentations d'animaux de l'âge de glace étaient en fait des supports d'exorcismes, on cite les sculptures d'animaux de l'âge de glace ; par exemple, la tête de lion en terre cuite de Dolni Vestonice : les marques de blessures y sont représentées *avant* la cuisson ; il ne restait plus qu'à glisser des pointes de flèche dans les entailles chaque fois qu'on partait à la chasse au lion ; l'objet avait donc bien été fabriqué pour qu'on y plantât des flèches, comme un pique-cierges est fabriqué pour qu'on y pique des cierges. Mais il est également possible que les divers animaux représentés sur les parois des grottes aient été, dans d'autres contextes, des symboles de saisons, voire de caractères humains, un peu comme le sont les totems des Peaux-Rouges[11].

Les gens de la préhistoire pratiquaient donc la magie et avaient établi des rituels. Ce n'était toutefois pas une preuve de religion ou de croyance religieuse organisée, et cela ne concernait que les représentations animales. Il eût été plus qu'aventureux de trouver là l'origine d'un sens religieux précurseur du Dieu unique et résolument masculin des trois monothéismes.

Mais il y avait bien plus et plus troublant : les dizaines de figurines humaines préhistoriques, sculptées ou gravées dans l'os, l'ivoire ou la pierre, retrouvées de la Russie orientale et de la Sibérie à l'Anatolie, et des îles Orkney, au nord de l'Écosse, à l'Espagne, à la Sardaigne, et à Malte, à la Palestine. Et encore, les découvertes ne sont-elles pas achevées. Assez curieusement, les femmes y prédominent par une majorité écrasante. Ce sont celles qui, tout aussi curieusement, ont été qualifiées de « Vénus », Vénus de Gagarino, Vénus de Lespugue, Vénus de Chiozza, Vénus de Willendorf et l'on en passe (pourquoi pas Junon ou Proserpine ? s'énerva Leroi-Gourhan), naines boursouflées et trapues, aux seins hypertrophiés de façon pathologique et aux ventres distendus jusqu'à l'absurdité anatomique. Certains « commentaristes » ont allégué que, les graisses étant une forme de richesse à l'époque où l'on ne mangeait pas tous les jours, ces figurines représentaient donc la richesse, l'abondance et la fertilité. C'étaient, assurait-on, des stylisations ; fort bien et, de fait, la stylisation s'accentue jusqu'à oblitérer toute réalité anatomique, comme dans la célèbre Vénus de Lespugue, qui évoque une sculpture de Brancusi, toute en rondeurs abstraites sans plus trace de réalisme. Mais par quelle singularité des artistes qui avaient représenté des animaux divers avec tant de fidélité et de réalisme s'étaient-ils donc laissé emporter par le génie de la stylisation quand ils avaient abordé les formes féminines ? Ou bien les femmes de la préhistoire auraient-elles toutes été des tas adipeux ? Et pourquoi représenter tant de femmes et si peu d'hommes ?

Le mystère des grosses femmes était d'autant plus épais qu'on avait aussi découvert, en France, dans l'estuaire du Danube, en Bulgarie, en Moldavie soviétique, en Sibérie, à Malte, des figurines représentant cette fois des femmes aux jambes longues et au ventre plat[12]. On eût pu alors croire que l'évidence s'imposait sans ambiguïté : les artistes

Cro-Magnon savaient fort bien ce qu'est une jolie fille au sens moderne du mot, ils savaient les représenter et nul archéologue n'eût pu dire en son âme et conscience lesquelles des deux, les jolies filles ou les pouffiasses, auraient été des « déesses » et convoyé le mieux le sens du sacré.

Mais on s'avisa à partir des années soixante que les « jolies filles », dites en jargon archéologique « *stiff ladies* », « dames rigides », car elles présentent, en effet, une posture raide, avaient été trouvées dans des cimetières et qu'elles étaient systématiquement sculptées dans des matériaux très clairs, os, albâtre, ivoire, pierre claire, or ; en fait, elles étaient immanquablement des représentations de la mort[13], et la blancheur recherchée par les artistes indiquait la pâleur de la mort et la couleur de l'os. Ces jolies filles étaient en fait la représentation de la « Dame blanche ». La minceur, si prisée du XXe siècle, symbolisa donc la mort autrefois ; par opposition, l'obésité représentait la vie. De plus, ce qu'on avait pris pour l'obésité n'était pas l'obésité : les figurines boursouflées, elles, représentaient en fait des femmes enceintes, symbole de la fertilité, donc de la vie. Plusieurs d'entre elles, en effet, ont été représentées en train d'accoucher. On mesure une fois de plus le danger des interprétations hâtives irrésistiblement basées sur des critères contemporains.

Il convint alors de reprendre les raisonnements antérieurs et de remiser les réserves excessives des paléontologues. Si les femmes maigres représentaient la mort, les grosses représentaient donc la vie. Et de considérer qu'à l'âge de pierre Dieu fut d'abord Déesse et, même, qu'il fut une grosse femme. Pourquoi n'y avait-on pas pensé auparavant ? Les Vénus stéatopyges (aux fesses grasses) sont, en effet, connues depuis le début du XXe siècle. Mais l'idée d'une déesse originelle, antérieure à tous les dieux, ne convenait pas à tous. « Ce qui a été dit des déesses de la fécondité est strictement banal et n'explique rien, écrivait en 1964 Leroi-Gourhan, avec une impatience discernable. Considérer la fécondité comme un phénomène souhaitable est de toutes les religions ou presque et faire de la femme son symbole n'a rien de particulièrement original[14]. » À cette différence près que toutes les religions que nous connaissons n'ont pas trente mille ans ou plus, et que toutes n'ont pas fait de la fécondité leur objet majeur de culte.

De plus, d'un point de vue strictement biologique (et en tenant sévèrement à l'écart les bavardages fumeux de l'idéologie du *New Age)*, il faut observer que la femme présente un caractère génétique exceptionnel : elle seule transmet à son enfant des éléments génétiques spécifiques, les mitochondries. Contrairement à certaines explications simplistes de l'hérédité, notre capital génétique, l'ADN, ne provient pas en parts égales de notre père et de notre mère : la mère, elle, nous transmet une portion supplémentaire de ce capital enclos dans de petites poches qui se trouvent dans les cellules, les mitochondries. En gros (en très gros), nous sommes donc à 60 % les enfants de nos mères et à 40 % ceux de nos pères[15].

Cela n'implique évidemment pas que les gens de la préhistoire aient fait de la génétique avancée, mais cela incite à se demander si des observations empiriques ne leur avaient pas suggéré que l'enfant est plus dépendant de l'hérédité de la mère que de celle du père.

En fait, ce n'était pas le principe même de la déesse-mère qui pouvait indisposer les interprètes, c'était plutôt la sexualité qui y était attachée. Car qui dit fécondité dit exercice de la sexualité. Or, l'idée que les religions de l'humanité eussent pris racine dans des rites sexuels, probablement orgiaques, avec des copulations erratiques, était difficile à admettre. Historiens et ethnologues à l'envi partageaient déjà (et partagent encore) la même répugnance à l'évocation des prostituées sacrées des religions orientales ; il eût été pour le moins hardi d'aller soutenir que l'idée de la divinité primordiale avait été cultivée dans des partouzes du paléolithique.

Quelle que fût la répugnance, l'évidence était indéniable : la divinité avait d'abord été féminine, si toutefois elle avait été divinité. Or, elle l'était devenue. L'existence de déesses dans le monde préchrétien ne fut certes pas une surprise pour ceux qui découvrirent les déesses de la fécondité. L'immense majorité des Occidentaux savait depuis au moins le XIXe siècle que les Grecs et les Romains, dont nos États démocratiques sont censés s'inspirer, avaient leurs lots de déesses, Junon-Héra, Minerve-Athéna, Vénus-Aphrodite, Diane-Artémis et d'autres. Ces déesses faisaient l'objet de cultes, que la Grèce et puis Rome, après ses adoptions du panthéon grec, avaient beaucoup tempérés. En Grèce, les seuls débordements érotiques d'inspiration sacrée étaient les mystères dionysiaques et éleusiens, et encore ne duraient-ils pas toute l'année. À Rome, à l'exception de Vénus-Aphrodite, déesse de l'amour, les déesses n'incitaient pas vraiment à la licence.

Mais enfin, un présupposé moderne, invérifiable comme tous les présupposés, voulait que ces fantasmes ridicules fussent produits par la nature libidineuse du paganisme (terme creux, soit dit en passant, « païens » voulant dire « paysans » et les païens de l'un étant toujours les croyants de l'autre). Et l'influence féminine, comme chacun sait, est débilitante et immorale. Il n'est qu'à relire les lamentations de l'historien Jérôme Carcopino en 1939 sur le désastre que furent, à Rome, l'« affaiblissement de la puissance paternelle » et la reconnaissance du droit du sang, qui légitimait les bâtards, par lesquels « s'achève l'évolution qui avait miné l'antique système des successions civiles et qui, finalement », ruinent « les conceptions fondamentales de la famille romaine[16] ». On n'avait pas encore, à l'époque de l'éminent académicien, fait les découvertes archéologiques dont il est question dans ces pages ; jusqu'alors, il fallut donc supposer que les trente-cinq mille ans qui menèrent du paléolithique au néolithique, puis à l'époque moderne, ne furent qu'une interminable et languissante décadence, puisque la femme régnait sur la terre comme au ciel.

Autant dire que la totalité du système de références philosophiques, religieuses et civiles de l'Occident actuel est patriarcale. Ni les historiens ni les paléontologues n'y ont échappé ; et plus d'un parmi eux peut rerendre à son compte l'admonition de Mohammed : « Allah ne tolérera pas l'idolâtrie : ce sont les païens qui prient des femelles », est-il écrit dans le Coran. Discours inévitable de la part d'un prophète né dans un monde patriarcal.

Quand on en vint donc aux évidences archéologiques de déesses antérieures aux dieux et, à plus forte raison, à un Dieu unique, masculin et révélé, même chez les auteurs modernes, l'objectivité scientifique se trouva en déroute et les partis pris s'affichèrent, eux, dans la plus indécente nudité. Ainsi, évoquant le culte de la déesse-mère, un spécialiste américain réputé, R.K. Harrison, afficha enfin la couleur quand il écrivit : « L'un de ses caractères les plus marquants était l'indécence, la dépravation et la nature orgiastique de ses procédures culturelles[17]. » Or, on ignore, d'abord, de quels éléments ce spécialiste dispose sur un culte pratiqué il y a quelque trois millénaires et demi, pour émettre sa condamnation ; ensuite, on est en droit de s'étonner d'une censure morale exercée sur des faits historiques. Pourtant, un autre spécialiste, W.F. Albright, reprit cette attitude, évoquant un « culte de nature orgiastique, la nudité sensuelle et une mythologie grossière[18] ». Définira-t-on donc à cette occasion ce que serait une mythologie raffinée ? Mais il est vrai que parfois les historiens et ethnologues[19] se prennent volontiers pour des moralisateurs.

Contrairement aux espérances, la science n'est donc pas toujours servante de la vérité, surtout si celle-ci est, selon la tradition, féminine et nue : elle est orientée par la culture qui la produit[20]. Ce fut avec une répugnance évidente qu'elle admit le principe de la déesse-mère. Pourtant les preuves à l'appui de ce fait ne manquaient pas : chez les Indo-Européens, de même que chez les Égyptiens, par exemple, la légitimité découlait des femmes. Le pharaon ne pouvait revendiquer sa couronne que s'il s'était marié, parfois réellement et donc incestueusement, à sa sœur, et chez les Celtes « on n'accède au trône qu'en couchant avec une des trois Macha. Parfois la déesse apparaît comme une horrible vieille et demande à partager la couche d'un jeune héros. Mais dès qu'il s'étend à côté d'elle, la vieille s'avère être une jeune fille singulièrement belle. En l'épousant, le héros obtient la souveraineté[21] ». De plus, chez les Indo-Européens, les mêmes déesses avaient des fonctions multiples : elles représentaient à la fois la fécondité, la guerre et la fortune[22].

Les structures sociales de l'Europe préhistorique ont été matristiques, et s'il fallait appliquer le principe selon lequel les mythologies reflètent des idéologies, le dilemme était simple : ou bien c'était la mythologie qui était fausse, ou bien l'idéologie. On le verra plus loin encore mieux qu'on ne l'a vu plus haut : les mythologies sont fondées sur des réalités sociales et des personnages transformés en héros.

Quelle importance, arguera-t-on, que Dieu ait d'abord été une femme (ou des femmes) ? Elle est immense, parce qu'elle définit l'origine de la divinité selon qu'on se place du point de vue de l'ethnologie ou de celui de l'histoire. L'ethnologie, en effet, postule que les stades « primitifs » des sociétés humaines n'ont été que l'ébauche des sociétés ultérieures. L'histoire, elle, tient au contraire que les vérités les plus anciennes sont les plus fondamentales[23]. La recherche des origines se confond avec celle de la nature profonde, et c'est pourquoi nous avons si longtemps ânonné dans nos écoles que nos ancêtres étaient des Gaulois (alors qu'ils descendaient de bien d'autres souches, notamment orientales). Aucun théoricien ni philosophe à ce jour n'a tranché ou su trancher : les panthéons anciens sont-ils habités de nos dieux originels véritables, ou bien ne sont-ce que des brouillons de Dieu ? En d'autres termes, l'image fondamentale de Dieu ne serait-elle pas féminine ?

En tout état de cause, Dieu en tant que potentat unique et masculin n'a pas existé de tout temps, du moins dans l'esprit des hommes. Aucune image masculine de l'âge de pierre n'évoque cette idée-là. L'homme a été, à l'origine, largement sous-représenté dans l'imaginaire collectif[24]. La raison en a été remarquablement résumée par l'anthropologiste américain William Irwin Thompson[25], qui observe que le principe masculin est caractérisé par l'intermittence cyclique ; ainsi, l'érection sexuelle est passagère. Le principe masculin est en cela comparable au serpent qui, après une période d'activité, semble mort parce qu'il hiberne, d'où le fait que, dans de très nombreuses cultures de l'histoire, comme celles de la Mésopotamie et de la Grèce, ce principe ait été identifié à la végétation qui se développe et meurt : Attis, Tammouz, Adonis, Pan, Silvanus, Faunus, Narcisse, Hyacinthe, par exemple, sont des dieux et des héros mythiques qui meurent à l'arrivée de l'hiver et renaissent au printemps. Le principe féminin est, en revanche, permanent. La terre, vaisseau de la fertilité, est toujours présente, et cette permanence a été perçue comme un signe de puissance supérieure à celle de l'homme. C'est en elle que la végétation prend racine ; elle est donc la composante essentielle de la vie.

Les représentations d'hommes de l'âge de pierre sont essentiellement des personnages qui semblent être des sorciers, nus et masqués (avec des masques de bison ou d'oiseau), des démons de la fertilité, en érection, ou bien des créatures mi-hommes mi-bêtes, qui préfigurent les images de Pan et des centaures, comme l'étrange petite terre cuite de Vinca, datant de quelque cinq mille ans avant notre ère, qui représente une chèvre à visage humain[26]. Cela prouve qu'il y avait donc des cultes de la fertilité, dont l'objet était une entité plus ou moins précise, la Terre-mère, peut-être jamais nommée, certainement parée de nombreux qualificatifs, et dont les hommes n'étaient que les célébrants. La réalité de ces cultes est attestée par de nombreuses gravures, dont la grande composition du paléolithique supérieur dans la grotte d'Addaura, à Montepellegrino, près de Palerme, en Sicile ; on y voit douze hommes-oiseaux qui se livrent visiblement à une pantomime, autour de deux personnages couchés au sol, les chevilles liées à leur cou[27]. On en ignore la signification. Mais on peut imaginer une scène de torture infligée à des célébrants qui représentent le principe masculin, parce que les prisonniers enchaînés sont, en effet, ithyphalliques.

Le culte de la Terre-mère était si fortement enraciné qu'il a duré jusque récemment, proportionnellement aux périodes de l'histoire du monde en jeu ; en Lituanie, aux XVIIe et XVIIIe siècles, on disait encore des prières à la Terre-mère Zemyna, équivalente de la grecque Gaïa et de la Sémélé thracophrygienne, deux déesses incarnant donc la terre fertile dans la Grèce ancienne ; parmi les qualificatifs qu'on lui adressait, « celle qui fait fleurir » et « celle qui fait pousser les boutons » ne laissent aucun doute sur la nature du culte. Jusqu'en plein XXe siècle, on a célébré encore dans de nombreux pays d'Europe, Écosse, Irlande, Lituanie, Prusse-Orientale, Malte, la Terre-mère ; on lui offrait, le 15 août, transformé en fête catholique de l'Assomption et récupéré au bénéfice d'une femme, des bouquets d'épis de maïs, de fleurs et branches[28]. Et jusqu'au début du XXe siècle, on pratiquait dans de nombreux pays d'Europe des rites qui étaient les rémanences tenaces d'un culte à la Terre-mère. Dans les dolmens et dans les stèles mégalithiques, observait au début de ce siècle Pierre Sébillot, il y avait des trous ronds, qui symbolisaient le sexe féminin et auxquels on attribuait un pouvoir de régénération. On y passait la tête, ou le corps si c'était possible, d'enfants chétifs ou malades, avec la conviction que cela rétablirait leur santé[29].

On peut pousser encore plus loin le thème de la rémanence de la déesse-mère dans les époques historiques : jusqu'à la cour de Louis XIV. La reine de France, épouse du roi de droit divin, était tenue d'accoucher publiquement. N'importe qui, louant un chapeau et une épée aux portes de Versailles, pouvait assister à la sortie des enfants du déduit de la reine divine : elle était une lointaine cousine de la déesse-mère, elle incarnait la prospérité de la France.

Des sceptiques argueraient peut-être que quelques figurines de grosses femmes datant d'une trentaine de millénaires ne signifient pas, comme le voulaient Leroi-Gourhan ou Harrison, que la fécondité occupât la première place dans un système de croyances dont, par ailleurs, on ne sait rien. Mais la structure des temples et des tombeaux

du paléolithique, en Pologne, à Malte ou en Irlande, est assez éloquente : ils sont conçus sur le modèle des « Vénus » stéatopyges
décrites plus haut. On y entre par un corridor étroit qui est le vagin,
et l'on accède ainsi à l'utérus, puis après un second couloir, plus
large, aux seins disposés symétriquement le long d'un axe[30]. On rendait ainsi le corps sans vie aux entrailles de la Terre-mère ; si elle était
bien disposée, elle en rendrait un autre plein de vie dans les entrailles
d'une femme.

Les représentations de la déesse-mère sont extrêmement variées :
elles vont d'une figuration simple de la vulve ou du triangle qui représente le pubis à des images l'associant avec l'ours, le cerf, l'oiseau,
l'oiseau de proie, la grenouille, le serpent, l'abeille, le papillon ; il en
est même qui montrent la déesse en train d'accoucher, dotée d'une
vulve démesurée[31]. Elle recouvrait donc un grand nombre des mythes
européens, maîtresse des esprits animaux, de la chasse, de la santé, à
la fois Cérès, déesse grecque des moissons, Artémis, déesse également
grecque de la chasse, et Aphrodite, évidemment. Elle incarnait également l'esprit de la guerre, plus tard transféré dans les dieux Mars-
Arès, mais ce point a été à peine effleuré dans l'étude des images
paléolithiques.

L'agriculture céréalière, apparue vers le IXe millénaire[32], en Mésopotamie, soit quelque six mille ans après la dernière glaciation, garantissait des réserves et écartait donc le spectre de la stérilité ; elle eût
dû entamer le déclin de la déesse-mère. Or, il n'en fut rien. Après
avoir présidé, depuis le paléolithique supérieur, à la chasse et à la
cueillette, sans parler de la sexualité qui assurait la descendance des
tribus, la déesse-mère protégea l'agriculture. Elle était la Grande Donneuse de tout, de la vie, de la mort et de la régénération, changeant
de forme dans l'imaginaire humain, comme en attestent les outils et
gravures qui nous sont parvenus : ours, daim ou cerf en tant que
donneuse de vie, elle se change en femme-vautour, femme-hibou et
femme-serpent quand elle est donneuse de mort et, en tant que régé-
nératrice, elle est représentée sous forme de vulve. On la reconnaît
dans ses formes plus familières, Ishtar, Astarté, Inanna, Cybèle, Cérès,
Aphrodite, gardiennes de l'amour, des chasses, des moissons, éternellement fécondes, éternellement vierges. Elle a joui d'une exceptionnelle longévité, peut-être la plus grande dans l'histoire de tous les
mythes.

Cette Mère-nature est également ambivalente, représentant aussi
bien la mort que la vie, le bien que le mal. On ne lui connaît pas de
coloration éthique : une divinité est bienfaisante si on la respecte,
malfaisante si on la méprise.

La symbolique mentionnée plus haut a évidemment évolué selon
l'état des sociétés ; au Xe millénaire, la représentation du sexe féminin
est, par exemple, associée à celle de graines sauvages[33], ou bien à des

oiseaux aquatiques[34], images symboliques de la cueillette et de la chasse. Au VIe millénaire, alors que l'agriculture s'est installée dans le bassin méditerranéen et a gagné progressivement le nord de l'Europe, la représentation de la déesse-mère est progressivement confondue avec les récipients de terre cuite dans lesquels on fait cuire la nourriture ; elle est le récipient même ; ordinaire ou réservé aux cérémonies, ce vase ventru est à la fois contenant et contenu. Les aliments qu'on y cuit, céréales ou gibier, font partie d'elle-même. Les personnifications de la déesse se diversifient et se font de plus en plus précises, jusqu'à l'Artémis d'Éphèse du Ve siècle avant notre ère (qui causa tant de souci à l'apôtre Paul, et qu'une interprétation erronée a décrite comme recouverte d'une multitude de seins, alors qu'il s'agit, en fait, de testicules de cerf).

Pendant trente-cinq mille ans, les sociétés humaines de la Sibérie à l'Espagne vécurent donc au rythme des règles, et, vu la concordance de celles-ci avec le cycle lunaire de vingt-neuf jours, il est évident que la Lune prit une place grandissante dans l'imaginaire humain. Le sens de l'allégorie n'a pas été le privilège de l'humanité rhétorique, et les cornes que la Lune dardait dans le ciel à son premier et à son dernier quartier frappèrent promptement les observateurs : c'étaient les cornes des bovidés, et ce fut ainsi qu'on symbolisa la femme par ces ornements osseux. Ce fut aussi de la sorte qu'on se méprit pendant de longues années sur le culte des bucranes observé dans la ville de Çatal-Hüyük, en Anatolie : on crut d'abord que c'était un culte viril, prélude emblématique, sans doute, des corridas. Or, c'était un culte lunaire, donc féminin. Toute l'Europe le pratiqua et l'Égypte y sacrifia, plaçant le disque lunaire entre les cornes de la vache Hathor, animal sacré de la déesse Isis, fille de la terre et du ciel, ainsi que sur la tête du cobra royal, celui qui conférait la légitimité royale.

Pendant les quelque trente-cinq premiers millénaires, les représentations de l'homme et du sexe masculin dans l'ancien continent et la Méditerranée orientale restent nettement minoritaires. Il existe bien des divinités masculines, qui se définissent par les trois fonctions suivantes : protecteur des animaux sauvages et des forêts, présentant alors une apparence d'homme, barbu et assis sur un trône, protecteur de la maison, représenté sous la forme d'un serpent, d'un phallus ou d'un personnage ithyphallique, et dieu de la végétation qui meurt et renaît, représenté comme un taureau ou un bouc, ou bien alors comme un vieillard triste. On y reconnaîtra au passage les matrices, si l'on peut ainsi dire, de certains personnages de la mythologie grecque, Pan, Hermès, Adonis. Mais l'écrasante variété des figurations de la déesse-mère confirme que c'est elle qui domine les panthéons primitifs et donc les consciences. Pour les premières sociétés de ces régions, le souci principal était la survie, et celle-ci dépendait des richesses du sol et puis, quand l'agriculture vint, de sa fertilité. Les taux de mortalité infantile pendant ces millénaires sont inconnus, mais on peut estimer qu'ils n'étaient guère inférieurs à ceux de la France au XVIIe siècle, où un enfant sur trois avait des chances de parvenir à l'âge adulte et où l'espérance de vie ne dépassait guère quarante-cinq ans. La fertilité des femmes était donc aussi précieuse que celle de la terre pour la survie de ces sociétés. La déesse-mère fut le reflet d'un état socio-économique, qui dictait l'idéologie et la religion.

De l'apparition de l'homme de Cro-Magnon, héritier de celui de Néanderthal, sur les croyances duquel on ne sait quasiment rien, jusqu'aux deux derniers millénaires avant notre ère, l'Europe et les pays de la Méditerranée orientale ont représenté leurs divinités sous une forme féminine assez clairement sexuée pour évacuer toute ambiguïté, en dépit des suggestions d'hermaphrodisme évoquées par certains : on n'a jamais encore vu d'hermaphrodite accoucher. Il faut attendre le VIIIe siècle avant notre ère pour que les panthéons européens commencent à se masculiniser, sans pourtant jamais éliminer les déesses et surtout pas la déesse de la terre.

Qu'en fut-il dans les autres régions du monde, en Afrique, aux Amériques, en Océanie ? En ce qui concerne l'Afrique, il est difficile d'en juger, si ce n'est par l'Égypte, qui porta le reflet des influences africaines charriées par le Nil. Dans l'Égypte préhistorique, les peuples du Sud adoraient une grande déesse, Nekhebt, représentée sous la forme d'un vautour, qui devint au cours des siècles Noût (également appelée Neith ou Nît), celle qui existait avant que l'univers fût créé, qui plaça Râ, le Soleil, dans le ciel et puis donna naissance au monde. Pour les peuples du Delta, la grande déesse était un cobra, nommé Ua Zit. La religion égyptienne consacra, d'ailleurs, jusqu'au déclin de la puissance de l'Égypte ancienne, une place considérable aux divinités féminines, d'Isis, amante et sœur incomparable dont le culte fascina jusqu'aux Romains, qui tolérèrent des temples isiaques à Rome même, à la redoutable Pakhet ou Sekhmet, la déesse-lionne de la vengeance, la Déchireuse, en passant par Hathor, Demeure d'Horus, Nephtys, la Dame de la demeure, et Heka, la Magie, parmi de nombreuses autres divinités féminines[35].

Dans les pays voisins, Éthiopie, Libye, du temps de Diodore de Sicile, soit un demi-siècle avant notre ère, ce chroniqueur rapporte que la déesse Neith, la même qu'adoraient les Égyptiens, était tenue en égale révérence.

On ne peut juger, faute de documents une fois de plus, de ce qu'il en fut dans l'Éthiopie des millénaires précédents. Diodore parle de femmes guerrières, ce qui donnerait à penser que les déesses occupaient une place importante, sinon primordiale, dans le panthéon de la région. De nos jours, dans les populations non christianisées, telles que les Oromos, qui constituent un tiers de la population de l'Éthiopie, et les Gurages du Sud, il existe une divinité féminine majeure, Atete, créatrice du monde et déesse de la fertilité (plus tard paradoxalement identifiée à la Vierge Marie, mère de Jésus[36]). La même incertitude règne sur les mythes originels du reste de l'Afrique, qui sont d'une diversité considérable, vu le nombre des ethnies et des cultures, des Dogons aux Zoulous et des Masaïs aux Bochimans. Les mythes évoluent et se réorganisent en fonction des avatars politiques et socio-culturels. Or, en plus des guerres intertribales, les mythes africains ont subi au cours du dernier millénaire le double choc de la christianisation et de l'islamisation. Tout ce qu'on peut en dire succinctement est que les divinités masculines (ou parfois bisexuées) n'ont pas éliminé les féminines, mais qu'elles les dominent en nombre et en valeur.

Le cas de la déesse andine Pachamama et du dieu inca Viracocha indique qu'il en va de même pour les Amériques : ils ont tous deux disparu dans le choc culturel avec l'Occident chrétien. Terre-mère, déesse de la fertilité, Pachamama est aujourd'hui identifiée, elle aussi, à la Vierge Marie des chrétiens (bien que ce soit « une marâtre irascible et vindicative[37] »), et l'image du grand dieu Viracocha « a été totalement effacée de la conscience religieuse andine[38] ». Chez les Indiens d'Amérique du Nord, la divinité féminine a toutefois conservé son ascendant (ou du moins l'a conservé jusqu'à une époque récente), en entier ou en partie, on l'ignore : « Le Grand Esprit est notre Père, mais la Terre est notre Mère », disent-ils. Le maïs, qui assure la base alimentaire des Indiens de l'Est et du Sud-Ouest américains, est placé sous l'égide d'une divinité féminine, la Mère du maïs, cependant que les Pueblos et les Iroquois, par exemple, invoquent plutôt les Trois Sœurs, Sœur Haricot, Sœur Maïs et Sœur Courgette, ce qui démontre clairement, s'il en était besoin, l'influence des contingences matérielles sur les images des divinités[39].

Les divinités anciennes de l'Océanie sont quasiment inconnaissables, du moins pour le moment. D'abord, les vestiges archéologiques y sont extrêmement rares[40]. Ensuite, les schémas de son peuplement sont extrêmement incomplets[41]. Enfin, cette région est un cas encore plus accusé de courants croisés culturels, sillonnant les deux grandes régions de la Mélanésie et de la Polynésie, se disséminant puis se reformant avec une diversité qui défie les efforts d'histoire analytique[42]. L'ethnologue Jean Guiart a expliqué la plasticité des mythes et religions de l'Océanie par un trait fondamental : l'Océanien est prompt à échanger une divinité contre une autre qui lui semble plus efficace. Mais il faut ajouter à cette explication le fait, si souvent, si obstinément oublié, que l'écriture n'existe pas encore, aux temps du peuplement de l'Océanie. Elle n'est pas là pour fixer les mythes fondateurs, qui ne survivent que par la tradition orale, laquelle est, comme on sait, infiniment variable au gré des individus et des circonstances. Il serait aussi méprisant que faux de prendre l'Océanien, l'Africain ou d'autres « primitifs » pour des pusillanimes ou des têtes de linotte, travers ordinaire de l'Occidental qui les considère à travers plusieurs millénaires et plusieurs milliers de kilomètres de distance : ils ne connaissent ni nos catégories ni nos signes fixes.

D'où l'impossibilité d'avancer que, avant l'arrivée de l'homme blanc et de sa religion basée sur le principe masculin, la Grande Déesse commanda ou pas les croyances océaniennes. Le mythe australien des sœurs Wawilak, entités à fortes connotations sexuelles, pourrait le donner à penser, certes, mais il n'autorise pas à conclure pour cette région-là du monde. Il inviterait même à penser que la Grande Déesse ne fut pas la reine des panthéons dans certaines régions du monde : ce furent celles où le climat était beaucoup plus clément que dans celles où elle domina. Ce point fait l'objet du chapitre suivant.

Les indications que voilà sont forcément cursives. Un épais ouvrage suffirait à peine à démontrer la prépondérance de la Grande Déesse sur les dieux masculins dans les régions qu'elle domina. Reste à savoir quand, où et pourquoi la Grande Déesse perdit son statut, et comment la divinité changea de sexe et la femme obèse se métamorphosa en un vieillard jaloux.

Bibliographie critique

1. Genèse, XVIII, 1-2. Il s'agit de l'un des passages les plus déconcertants, bien que des plus charmants, de la Genèse, car on y voit, en effet, Dieu en train de manger des pâtés, assis près des térébinthes à la porte de la tente d'Abraham.

2. Vraisemblablement en akkadien et puis en cananéen, avant d'être retranscrite en hébreu. Milton Fisher, « Literature in Bible Times », *in The Origin of the Bible*, Tyndale House Publishers, Inc., Wheaton, Ill., 1992.

3. I.S. Schklovskii et Carl Sagan, *Intelligent Life in the Universe*, Hodder and Stoughton, New York, 1968.

4. Version babylonienne ancienne, III ; IV, 6-8, *in Ancient Near East Eastern Texts Relating to the Old Testament*, édité par J.B. Pritchard, Princeton University Press, New Jersey, 1969, 3e édition.

5. *Les Religions de la préhistoire*, Quadrige, PUF, 1960.

6. On a découvert en 1977, dans la grotte de Foissac, dans l'Aveyron (sépulture n° 1), quatre squelettes remontant à la fin du IIIe millénaire. À droite du crâne et sous la jambe gauche de l'un d'eux, celui d'une femme, avaient été disposés des restes de porc (S. Cours, H. Duday, A. du Fayet de La Tour, M. Garcia, F. Rouzaud, « La grotte de Foissac », *Archaeologia*, juillet-août 1984). Là aussi, on peut évoquer l'hypothèse d'une juxtaposition accidentelle du squelette et de vestiges alimentaires ; mais enfin, ce genre de juxtaposition est assez fréquent pour qu'on se demande si les gens du paléolithique prenaient leurs repas près des cadavres ou si ce sont vraiment des juxtapositions.

7. On distingue généralement dans l'évolution du genre *Homo* vers l'homme moderne deux stades ultimes, celui de Néanderthal et celui de Cro-Magnon. En gros, le néanderthalien présente de nombreux traits anatomiques qui le rapprochent des grands singes : front fuyant, bourrelets susorbitaires forts, prognathisme (mandibules proéminentes), capacité crânienne faible, crâne allongé à la façon d'un chignon ; le Cro-Magnon avait, lui, tous les traits de l'homme moderne. Le néanderthalien occupait déjà l'Europe lorsque débuta la dernière période glaciaire ou Würm, il y a soixante-quinze mille ou quatre-vingt mille ans ; il disparut il y a quelque quarante mille ans, pour céder la place au Cro-Magnon. On admet depuis 1995 que les deux espèces ont coexisté quelque temps. Toutefois, les choses sont plus complexes quand on regarde l'évolution de la race humaine dans le reste du monde. On a, en effet, trouvé en Libye, en Palestine, en Angleterre (Swanscombe), en Afrique (vallée de l'Omo), des crânes dont l'âge eût donné à penser qu'ils étaient néanderthaliens, mais dont les caractéristiques ne l'étaient pas ou pas entièrement. On admet que l'évolution du néanderthalien vers le Cro-Magnon a commencé plus tôt en Afrique,

sans doute pour des raisons climatiques. On envisage même la possibilité qu'il y ait eu divers stades de transition entre le néanderthalien et le Cro-Magnon. William H. Howells, « L'homme de Néanderthal », *La Recherche*, juillet-août 1974.

8. *Les Religions de la préhistoire, op. cit.* Leroi-Gourhan avait distingué les animaux symboliques masculins des féminins selon les signes qui leur étaient associés, les pointes, signes barbelés et bâtonnets représentant les premiers, les ovales, triangles et rectangles représentant les seconds. Cette théorie, d'inspiration explicitement freudienne, est loin d'avoir fait l'unanimité des spécialistes, et cela d'autant plus que les grottes ont parfois été décorées au cours de décennies, voire de siècles, et qu'il serait surprenant qu'une telle conception d'ensemble ait prévalu pendant les trente mille ans que dura l'art préhistorique.

9. « Behold the Stone Age », *Time*, 13 février 1995. On peut également relever, à propos de la préhistoire, les amalgames parfois aventureux qui s'opèrent tout naturellement dans le langage entre des termes tels que « sacré », « rituel », « religieux », certes apparentés, mais pas forcément solidaires. Ainsi, l'amour maternel est sacré ; est-il pour autant religieux ? L'ordonnancement des soupers de Louis XIV était rituel ; était-il pour autant religieux ? La lecture de *L'Équipe* est rituelle ; est-elle alors religieuse ? Et l'on a vu par ailleurs des rites religieux assez distants du sacré, comme ceux de la circoncision en islam.

10. Rendons ici hommage à l'indépendance obstinée de Leroi-Gourhan : c'était à l'époque, pas tout à fait révolue, d'ailleurs, où un certain savoir occidental entendait imposer ses structures de déchiffrement aux signes prélevés dans la recherche archéologique ou ethnologique, et où l'on s'aventurait volontiers dans la psychanalyse, par exemple, d'un pharaon ou d'Alexandre le Grand. Conclure que les grottes n'étaient pas des chapelles funéraires religieuses alors qu'une vaste part du monde savant entendait y voir des « signes évidents » requérait du courage.

11. Alexander Marshack, « Images of the Ice Age », *Archaeology*, juillet-août 1995 (v. bibl.).

12. Jacob Bronowski, *The Ascent of Man*, Little, Brown & Co., Boston/Toronto, 1973. Incidemment, l'on commence, en cette fin de siècle, à se défaire de critères esthétiques dans l'appréciation de l'« art » du paléolithique tout au moins : il n'y avait à l'époque pas d'art et d'esthétique au sens actuel de ce mot encore moins. Était beau ce qui était nécessaire et signifiant, et les grosses femmes, qu'en 1978 l'excellent historien des religions Mircea Eliade trouvait « terrifiantes » et « démoniaques », devaient donc satisfaire à ces deux critères. Terrifiantes, peut-être, démoniaques, alors dans le sens où elles représentaient des *daimones*, alors, c'est-à-dire des esprits.

13. Marija Gimbutas, *The Language of the Goddess*, Harper & Row, San Francisco, 1989.

14. *Les Religions de la préhistoire, op. cit.*

15. Béatrice Pellegrini, *L'Ève imaginaire — Les origines de l'homme de la biologie à la paléontologie*, Payot, 1995.

16. *La Vie quotidienne à Rome à l'épogée de l'Empire*, Hachette, 1939. M. Carcopino fut élu en 1955 à l'Académie française.

17. *Ancient World*, English Universities Press, Ltd., Édimbourg, 1971.

18. *Yahweh and the Gods of Canaan*, Athlone Press, Londres,

19. Il existe bien sûr des exceptions, tel Jean Rouch, ethnologue et cinéaste. Dans son film *Les Maîtres fous*, Rouch a, en effet, et sans doute pour la première fois, révélé dans sa violence le mélange d'horreur et d'admiration obsessionnelles du Noir du Ghana à l'égard des fastes coloniaux britanniques. Il suffit de voir, filmés par Rouch, les Noirs en transe qui se mettent en cortège et imitent le bruit d'une locomotive, pour comprendre le traumatisme culturel subi par l'Africain, depuis la traite de l'ébène au XVIIIe siècle, jusqu'au port du col dur-cravate. Ou encore Marcel Griaule, dont le dévouement à l'ethnologie de terrain scrupuleuse lui valut des honneurs

funéraires exceptionnels, puisqu'il fut inhumé chez les Dogons selon leurs propres rites funéraires, à l'instar de l'un des leurs.

20. Le cas le plus éclatant en est celui de Georges Dumézil, qui s'efforça durant sa carrière d'appliquer à de nombreux phénomènes historiques la structure qu'il avait conçue. Selon lui, la mythologie reflétait une structure idéologique, et celle des peuples indo-européens, qui peuplèrent l'Europe à partir de l'Inde du Nord, comportait trois classes : souveraine, guerrière et agricole. Ces classes s'incarnaient, toujours selon Dumézil, dans une triade de divinités représentant le détenteur du pouvoir divin, celui de la force physique et celui de la prospérité, roi, guerrier, agriculteur. Dumézil reléguait donc au troisième rang les déesses de la fertilité, donc de la prospérité dans l'ancienne Europe. Cette schématisation était pour le moins déconcertante par son déni des faits, car chez les peuples indo-européens comme chez les autres, d'ailleurs, ces déesses avaient occupé le premier rang. Et dans certains cas, comme en Grande-Bretagne à l'époque romaine, la triade, lorsqu'il y en avait une, était entièrement composée de déesses-mères. De plus, et toujours en contradiction avec l'hypothèse de Dumézil, chez les Germains, la divinité de la guerre était une femme (elle le fut également à Rome et en Cappadoce, d'ailleurs, sous le même nom de Bellone, comme l'a démontré Jean Gricourt, dans « Epona-Rhiannon-Macha », *Ogam*, n° 6, 1954).

21. Mircea Eliade, citant A.C.L. Brown, *The Origin of the Grail Legend*, *in Histoire des croyances et des idées religieuses*, 2 vol., Payot, 1978.

22. Helmut Birkhan, *Germanen und Kelten bis zum Ausgang der Römerzeit*, Österreichische Akademie der Wissenschaften, Vienne, 1972.

23. Ce conflit indiquerait que les ethnologues sont, en général, dégoûtés par leur sujet, alors que les historiens, eux, en sont amoureux. Malinowski exécrait ses Trobriandais et Lévi-Strauss trouvait ses tropiques tristes, alors que Jacqueline de Romilly aspire visiblement à avoir vécu au siècle de Périclès et que Jean Botéro circule en esprit dans les rues de Babylone. Il faut toutefois reconnaître que les conditions de vie des ethnologues sont beaucoup plus éprouvantes que celles des historiens...

24. Sous-estimé ne signifie pas ignoré. Ainsi, on a trouvé en Corse une grande quantité de pierres sculptées du paléolithique représentant des sexes féminins de manière explicite, mais on y a aussi trouvé nombre de représentations, également sculptées et non moins explicites, de sexes masculins. Rosé Ercole, *Un peuple de sculpteurs — Le paléolithique corse — Art industrie*, chez l'auteur, Ajaccio, 1977.

25. *The Time Falling Bodies Take to Light : Mythology, Sexuality and the Origins of Culture*, St. Martin's Press, New York, 1981.

26. M. Gimbutas, *op. cit.*

27. *Id.*

28. *Id.*

29. P. Sébillot, « The Worship of Stones in France », *The American Anthropologist*, n° 4, 1902. Cité par Gimbutas.

30. M. Gimbutas, *op. cit.*

31. *Id.*

32. La cueillette de céréales sauvages, telles que les blés dits engrain sauvage et amidonnier, est en tout cas antérieure de quelque mille ans à l'agriculture.

33. Galets ovales gravés d'une fente longitudinale de Mallaha, Israël, et gravures rupestres paléolithiques, France, v. X^e millénaire, *in* M. Gimbutas, *op. cit.*

34. Sculpture d'ivoire de Mesna, Ukraine, associant l'oiseau aquatique, la vulve et la déesse, *in* M. Gimbutas, *op. cit.*

35. Claude Traunecker, *Les Dieux de l'Égypte*, Que sais-je, PUF, 1992. Merlin Stone, *When God Was a Woman*, Dorset Press, New York, 1976.

36. Jacques Vanderlinden, « Les mythes de l'Éthiopie », *in Mythes et croyances du monde*, t. III, *Afrique noire, Amériques, Océanie*, sous la direction d'André Akoun, Brepols éd., Turnhout, Belgique, 1985.

37. Henri Favre, « Mythes et croyances des Andes », *in Mythes et croyances du monde, op. cit.*

38. *Id.*

39. Philippe Jacquin, « Mythes et croyances des Indiens d'Amérique du Nord », *in Mythes et croyances du monde, op. cit.*

40. Quelques rares gravures sur pierre et statues de pierre anciennes, mais d'âge encore indéterminé, ont été repérées aux îles Marquises, par exemple.

41. Et cela d'autant plus que les données archéologiques changent sans cesse. Jusqu'au début des années quatre-vingt-dix, par exemple, on supposait que les plus anciens peuplements de l'Océanie étaient ceux de Nouvelle-Guinée-Papouasie et qu'ils remontaient à une quarantaine de milliers d'années. Mais on a trouvé en 1995, en Australie, des artefacts qui ont bouleversé les chronologies en reculant à soixante-dix mille ans la date de première occupation de l'Océanie (ce qui pose une difficulté de plus car, si ces datations sont vérifiées, il faudrait en déduire que l'Australie fut d'abord occupée par des Néanderthaliens). Or, et pour le moment, historiens et ethnologues ne disposent dans ces régions d'aucunes traces aussi « parlantes » que les peintures pariétales, par exemple, et de presque pas d'objets antérieurs à la colonisation, soit trois siècles tout au plus ; de surcroît un nombre incalculable d'objets et d'artefacts des religions antérieures à la colonisation a été détruit par les missionnaires comme « détritus du paganisme ». Et les rapports des premiers explorateurs, qui se doublaient souvent de missionnaires chrétiens, ont été le plus souvent déformés ou mal interprétés.

Documents rares et hétérogènes, croyances composites, historien, ethnologue, ethnoarchéologue sont donc fort en peine de reconstituer les systèmes de croyances antérieurs à l'arrivée de l'homme blanc. Impossible d'affirmer que là ou ailleurs régna le culte de la Grande Déesse et qu'il y régna sans partage. Tout ce qui pourrait permettre d'avancer une analyse structurale des religions de l'Océanie (si elle était jamais réalisée) est que celles-ci, d'après ce qu'on en connaît aujourd'hui, semblent modelées sur le principe des antagonismes garants de l'équilibre ; de fait, le principe féminin, représenté par des divinités de la Terre, de l'Eau, de la Fertilité, etc., y balance ou complète le principe masculin, représenté par des divinités de la Chasse, de la Médecine, de la Guerre, etc.

42. L'un des cas célèbres de déformation inconsciente fut celui des « preuves » de « quasi-monothéisme » chez les aborigènes australiens retrouvées par l'anthropologue Andrew Lang en 1887 et dont, en 1907, un autre anthropologue, Carl Strehlow, démontra l'inanité : les discours monothéistes des Australiens n'étaient que le reflet des prêches des missionnaires chrétiens à quelques kilomètres de là (Carl Strehlow, *Die Aranda-und-Loritja Stämme in Zentral-Australien*, Francfort, 1907-1908).

Comme pour bien d'autres régions du monde exposées aux chocs avec des civilisations qui possédaient à la fois la puissance militaire et le pouvoir commercial, les influences occidentales ont déferlé sur les habitants de l'Océanie avec la violence d'un cyclone. Deux autres exemples le démontrent. Le premier est un cas d'appropriation assez frappant d'une divinité étrangère : lors d'une guerre entre deux tribus de Maoris, Nouvelle-Zélande, en 1835, « l'un des clans avait adopté Jésus-Christ comme dieu de la guerre » (Jean Guiart, « Les Maoris », *in Mythes et croyances du monde, op. cit.*). Le second, lui, démontre la plasticité étonnante des mythes océaniens : à la fin du XIXe siècle, on vit apparaître, dans la cosmogonie des îles Fidji, le mythe d'un combat entre, d'une part, le dieu Denggei, « ancien » créateur du monde et père de Kokimautu, autre dieu qui fit surgir les terres des océans, et, d'autre part, Jéhovah !

3

L'avènement des dieux masculins

Sur les Indo-Aryens, leurs origines et leurs invasions de l'Occident — Sur l'introduction par eux et les Celtes, leurs descendants, des premiers dieux masculins — Sur les raisons climatiques, puis politiques de l'avènement de dieux masculins — Sur l'apparence physique, le racisme, le mépris des femmes et l'esprit aristocratique des Celtes — Sur leur religion, leurs héros et leur monothéisme sous-jacent — Sur leur caractère, inquiet, héroïque et brutal — Sur une observation de Jules César à leur sujet — Sur l'origine celtique du principe de royauté de droit divin — Sur l'invention du christianisme par les Celtes et sur le dieu Odhin crucifié.

Deux changements d'importance incalculable ont dicté à l'homme la face de ses divinités : l'évolution du climat et la naissance de l'agriculture. Ils ont été solidaires dans une très large mesure.

Les humains d'il y a quelque trente-cinq ou quarante mille ans, époque estimée de l'apparition de l'homme de Cro-Magnon, notre ancêtre direct, ont vécu ou plutôt survécu dans un monde extrêmement froid, hostile, où la nourriture était rare. Au cœur de juillet, quelque dix-huit mille ans avant notre ère, c'est-à-dire au pic de la dernière glaciation, la température oscillait entre 12 et 15 °C[1], et l'hiver, car il y en avait évidemment un, elle était probablement de 10 °C inférieure à ce qu'elle est de nos jours, par exemple en Eurasie[2] ; ce qui implique des températures de − 10 à − 40 °C. À peu près les conditions dans lesquelles vivaient au siècle dernier les populations du cercle polaire arctique et dans lesquelles vivent encore quelques autres de Sibérie.

Presque exclusivement carné pendant de longs mois, le régime était donc déséquilibré. Mais en plus il était famélique : tuer un bison, un mammouth ou un ours n'était pas une mince affaire ; quand on avait trouvé la bête, il fallait s'y mettre à plusieurs et les nombreuses traces de fractures osseuses retrouvées sur quelques squelettes des âges de glace semblent indiquer qu'on y risquait sa peau. L'hiver, le petit gibier était rare, et seul le printemps permettait d'enrichir sa diète de fruits sauvages et de volatiles plus tendres que la carne de caprins, de porcins ou d'ovins sauvages. Entre-temps, la malnutrition exposait tout le monde à la maladie et les femmes en particulier à la stérilité et aux fausses couches. Ni le rapport entre la fécondité, l'équilibre stéroïdien et les réserves de graisse, ni la septicémie ou le scorbut n'ont été inventés aux temps modernes[3]. Quand l'enfant était né, il était menacé de rachitisme. Le principal souci était de se tenir en vie, de conserver une famille suffisante et une tribu capable de défendre les siens contre les agressions des bêtes sauvages. Enfin, ni le machairodonte, ou tigre aux dents de sabre, ni l'ours n'étaient des ennemis négligeables : la faim dont ils souffraient eux aussi les rendait dangereux.

On comprendra peut-être un peu mieux, dans notre époque de régimes amaigrissants, que la mort ait été représentée dans l'art de la préhistoire comme une femme maigre et la déesse comme une femme adipeuse. Et l'on comprendra aussi que la fécondité et la fertilité, notions devenues parfois brumeuses alors que le choc entre les économies et les démographies impose le contrôle des naissances, aient été élevées au rang de valeurs suprêmes. Sans les Dodues-Mafflues de l'époque, l'humanité n'existerait sans doute pas. On ignore quelle était alors la moyenne de vie. Mais on conçoit aisément que, épuisées de grossesse en grossesse, les femmes ne faisaient pas long feu. La femme même représentait donc un bien, une valeur à la fois matérielle et immatérielle ; elle le demeura d'ailleurs bien après la dernière période glaciaire.

Il y a quelque dix mille ans, le dernier âge glaciaire prit fin (il y en eut un autre, qui dura près de trois siècles et qui culmina vers 1750, et il pourrait peut-être permettre de comprendre, incidemment, le goût d'un Rubens ou d'un Jordaens pour les femmes bien grasses). Les glaces reculèrent, avec des effets divers, asséchant certaines régions, du fait que les cours d'eau n'y coulaient plus, déclenchant des inondations ailleurs. Cette diversité des effets ne doit sans doute pas être interprétée de façon trop schématique, mais il semble néanmoins certain qu'il y eut bien un lien entre la fin de l'ère glaciaire et l'apparition de l'agriculture. Car ce fut bien à cette époque à peu près qu'au Proche-Orient, dans le Croissant fertile justement nommé[4], on cultiva de l'orge et deux variétés de blé.

Là, pour la première fois, l'homme commença à regarder le blé nouveau avec autant d'anxiété que le ventre de sa femme.

L'agriculture ne naquit pas partout en même temps : il semble qu'aux Amériques elle ait eu deux millénaires de retard, puisque les premières cultures américaines de gourdes et d'avocats ne semblent remonter qu'à sept mille ans avant notre ère. Mais il est vrai que la fin de la glaciation fut, par exemple, plus tardive en Amérique orientale qu'en Eurasie.

La chance participa, certes, à cette naissance, comme à toutes les naissances. La plus jolie démonstration en fut faite en 1966, lorsque Jack Harlan, professeur d'agronomie à l'université de l'Oklahoma, collecta sur les pentes d'un volcan de Turquie orientale, le Karacadag, un blé sauvage comme celui qui avait pu intéresser les chasseurs-cueilleurs primitifs et futurs agriculteurs. C'était de l'engrain mûr : se servant d'une lame de faucille en silex vieille de neuf mille ans, il en récolta en une heure 2,8 kilos qui, une fois la balle enlevée, lui laissèrent 2 kilos d'un grain de 50 % plus riche en protéines que le fameux « blé d'hiver » actuel, américain et canadien[5]. Les gens de l'époque ignoraient sans doute ce qu'étaient les protéines, mais ils ne pouvaient ignorer que ce grain-là était plus nourrissant. Dix hommes en dix heures en recueillaient donc 200 kilos. C'était beaucoup plus sûr que d'aller courir le lièvre avec un arc et des flèches.

Ce fut également à partir de cette époque qu'on commença à domestiquer les animaux sauvages : la chèvre égagre, le mouflon, l'aurochs, le sanglier, le cheval, le loup, ancêtre de tous nos chiens. Le chien les a tous précédés, puisqu'il semble domestiqué avant même la fin de la glaciation, vers 13500-12000 au Levant, suivi de loin par la chèvre, qui apparaît dans le Croissant fertile vers 9500 avant notre ère ; le porc et le bœuf, descendants paisibles et un peu dégénérés du sanglier et de l'aurochs, apparaissent sous leurs formes domestiquées à peu près en même temps au Levant vers 8000, le chat vers 8000 aussi, mais on ne sait pas exactement où, le cheval vers 5800 aux bords de la mer Noire, l'âne vers 5000 en Mésopotamie et dans la vallée du Nil[6]. On les éleva pour la viande, la laine, le lait et la force. Plus besoin d'aller chasser le petit gibier élusif, ou le grand gibier pour les peaux. Et un aliment nouveau était apparu, le lait.

Révolution gigantesque : l'être humain est, pour la première fois, producteur de nourriture. Il n'est plus le mendiant qui va quêter sa subsistance auprès de la nature, il ne va plus arracher ses vêtements au dos des bêtes, il est devenu le maître qui produit par son travail ce qu'il lui faut pour vivre.

On peut juger là que le précepte théoriquement donné par un Dieu vindicatif à Adam, « Tu gagneras ton pain à la sueur de ton front » (littéralement, « à la sueur de tes narines tu mangeras ton pain, jusqu'à ton retour à la glèbe dont tu as été pris », Genèse, III, 19), se situe historiquement après la naissance de l'agriculture : en effet, il n'y avait tout simplement pas de pain avant l'agriculture. Mais Dieu avait au moins raison sur un point : le travail de la terre, surtout au Xe millénaire avant notre ère, restait, aux temps où la Genèse fut écrite, un travail éreintant, et il le resta quasiment jusqu'à l'apparition des machines agricoles, c'est-à-dire au XIXe siècle. Si l'urgence impérieuse de la fécondité et de la fertilité s'était un peu atténuée, elle n'avait certes pas disparu : une sécheresse, une intempérie, des rongeurs trop avides, et voilà une moisson perdue. La Grande Déesse avait sans doute laissé quelques plumes dans la sélection par l'homme des graines d'orge et de blé qui donneraient les meilleures moissons, mais elle demeurait reine du ciel et surtout de la terre. En attestent les innombrables représentations qu'en firent les populations du Proche-Orient, puis du Moyen-Orient et de l'Extrême-Orient. On avait aussi de la viande, mais il fallait se méfier des épizooties, tout comme il fallait, pour le grain, se méfier des rats et des charançons.

C'était toujours une grasse matrone qui régentait le monde ; après avoir été principalement déesse de la sexualité, elle devenait celle des moissons et des chasses.

Qui dit agriculture dit sédentarisation. Il était, en effet, impérieux d'habiter près des terres ensemencées, afin de recueillir le fruit de sa peine et d'éviter que d'autres ne vinssent en profiter. On bâtit donc aux lisières des champs des maisons en pisé. Si les premiers centres d'habitation permanente ne coïncident pas toujours exactement avec les débuts de l'agriculture, il n'en reste pas moins qu'il était impossible d'élever des animaux et de cultiver des champs si l'on ne résidait pas sur place. On engrangea et l'on eut des troupeaux. Avec ces deux richesses, le commerce s'établit d'un village l'autre : certains avaient trop de porcs et d'autres trop de moutons ; on troqua donc. L'industrie minière et la métallurgie y gagnèrent un nouvel essor. La rapine aussi. Les gens d'un site pauvre, paresseux ou défavorisés, entreprirent des razzias sur les villages riches. Tandis que l'instinct maternel retenait les femmes auprès des enfants, les hommes allaient en découdre avec les voleurs de bétail. Le chef de village ou de tribu ne fut plus seulement celui qui possédait le plus d'expérience, mais celui qui avait le plus de force et d'adresse à manier l'épieu. Le dieu Mars était né. La cité allait désormais connaître deux fonctions suprêmes, celle qui donne naissance à la vie, attribuée à la déesse-mère, et celle qui la protège, dévolue au nouveau dieu de la guerre.

C'est une notion qui fut parfois perdue, bien que le protestantisme l'ait renouvelée bien des millénaires après l'invention de l'agriculture : la divinité était censée protéger les biens matériels. La métaphysique est spécifique des gens qui ont des greniers pleins.

Le déclin de la déesse-mère universelle fut cependant tardif et jamais entièrement consommé dans aucune religion jusqu'à l'avènement du judaïsme. La déesse-mère dut « simplement » partager son pouvoir avec un dieu. Le premier système de croyances où un dieu partage officiellement le pouvoir avec la déesse-mère qui soit apparu en Europe et qui corresponde à l'idée actuelle d'une religion, c'est-à-dire d'un système de croyances définies, sinon structurées, se situe entre 1000 et 500 avant notre ère (exactement, selon les données actuelles, entre 850 et 450, période paléontologique dite de La Tène) ; ce fut celui des Celtes, branche indo-européenne des Indo-Aryens. Nomades, sans panthéon organisé, ils adoraient les cours d'eau, symboles de la purification et de la régénération, placés sous l'égide des déesses Clota (qui donnera son nom à la rivière anglaise Clyde), Sabrina (qui donnera son nom à la Severn), et Sequana (qui donnera son nom à la Seine), trois déesses sœurs, les Matrones (qui donneront leur nom à la Marne et qui ne sont autres que les lointaines descendantes de la déesse védique triple Kali). Symétriquement, ils adoraient un dieu masculin, Lugh, le Soleil, probablement à l'origine du mot latin *lux*, lumière (qui donnera, lui, son nom à Laon, Lyon, Leyde, Carlisle — ex-Caer Lugubalion[7]). En Asie et dans le reste du monde, on le verra plus loin, il y avait un millénaire au moins que les ancêtres des Celtes avaient déjà des religions. L'Europe est venue tard à la divinité masculine conçue comme entité distincte et donc nommée.

Le terrain était prêt pour cette conquête masculine : exceptionnelles au paléolithique supérieur, les représentations de phallus et de personnages ithyphalliques se multiplient à partir de la fin de la glaciation, par exemple, en France, au magdalénien tardif. « Le site d'Audoubert, dans les Pyrénées, est couvert de phallus gravés[8]. »

Ces représentations symboliques de la fertilité masculine portaient-elles des noms ? Étaient-elles des divinités dotées d'entités distinctes, ou bien ne s'agissait-il que de célébrations grossières de la vie ? Nous n'en savons rien, une fois de plus : pas d'alphabet, pas de nom ! Un seul fait est à peu près certain : c'est avec les Celtes que nous trouvons en Europe pour la première fois des dieux masculins à peu près distincts, « personnalisés ».

Le chemin qui conduisit les dieux masculins envahisseurs arrivés dans les bagages des Indo-Aryens, puis de leurs descendants celtes, jusqu'aux confins de l'Europe fut assez long, puisqu'il venait du nord de l'Inde, via l'Iran. Or, ce n'était pas un hasard que cette intrusion de dieux masculins, pour la plupart guerriers : elle était, elle aussi, motivée par un bouleversement climatique.

L'Inde, en effet, à l'instar de la plus grande partie de l'hémisphère Sud, est sortie un millier d'années plus tôt de la dernière glaciation, qui l'avait affectée comme le reste du monde ; elle en est même sortie de façon abrupte : il y a neuf mille ans, les étés y étaient plus chauds et plus humides qu'aujourd'hui (les hivers, eux, étaient plus marqués[9]), ce qui signifie que la transition, loin d'être graduelle et modérée, s'effectua en quelques siècles. Ce phénomène a évidemment entraîné des bouleversements de la faune et de la flore. Le gibier abonda, les fruits, baies et noix également, et les populations du sous-continent indien purent aisément subsister sur le régime de la chasse, de la pêche et de la cueillette. Certes, la fécondité et la fertilité revêtaient toujours un sens profond pour ces populations, mais elles ne revêtaient plus la même urgence qu'aux époques où il fallait sortir, même dans le froid rigoureux, chercher du lapin, de l'écureuil et autres rongeurs si l'on ne voulait pas que sa famille mourût de faim.

L'un des résultats les plus évidents de cette transition est le développement de l'invincible instinct de découverte. Ce fut peut-être alors que s'ébaucha la distinction entre les fonctions respectives des sexes, les femmes protégeant leur progéniture et les hommes, poussés par la production supérieure d'adrénaline, caractéristique de leur sexe, se livrant à leurs exploits devenus habituels : l'exploration de nouveaux territoires et la compétition physique et bientôt guerrière. Le principe masculin s'affirmait : il n'allait pas tarder à se refléter dans les cultes, puis les mythes avant les religions.

Le même changement affecta d'ailleurs l'Afrique, septentrionale, équatoriale et tropicale, et il y a de bonnes raisons de penser que le Nil, par exemple, suivit un cours à peu près transversal qui le mena vers l'ouest, avant que commençât la transition vers les températures actuelles. Dans les régions tropicales et subtropicales, déglaciées avant les autres, les principes de fécondité et de fertilité s'exprimèrent alors dans des divinités masculines, et cela avec la même fréquence que dans des divinités féminines, sinon avec une fréquence supérieure. « L'image colossale du dieu ithyphallique Min de l'Égypte prédynastique date de 4500 av. J.-C.[10]. » C'était l'époque où le Sahara était verdoyant et où des affluents du Nil venaient depuis le Niger.

L'influence du climat sur la représentation de la vie et, par conséquent, de la divinité est ainsi évidente dans le fait que le culte du phallus ou *linga* s'est perpétué sans interruption en Inde après la brusque transition climatique décrite plus haut et le plus probablement depuis le néolithique[11]. Associé au culte du vagin ou *yoni*, il reflète l'universalité des deux fonctions, masculine et féminine, dans le culte de la fécondité et de la fertilité.

Ce qui est décisif est que l'évolution se soit produite en Inde près d'un millénaire avant l'Europe. En dix siècles, en effet, l'Inde avait eu le temps de passer du symbole au mythe. La plus ancienne religion connue de l'Inde est le shivaïsme, culte du dieu danseur et phallique (mais également féminin jusqu'à l'ambiguïté), l'archer Shiva. On ne peut certes pas en situer avec certitude l'origine dans l'espace ni le temps : la plus ancienne représentation d'un dieu phallique qui nous soit parvenue de l'Inde est le sceau du milieu du IIIe millénaire représentant Pashupati, seigneur des animaux, et il est de la civilisation de Mohendjo-Daro, qui appartient plus spécifiquement aux civilisations de la vallée de l'Indus. Mais plusieurs historiens de l'Inde considèrent que le shivaïsme est bien la plus ancienne religion indigène de l'Inde.

Ce ne furent cependant pas les Hindous qui introduisirent les dieux masculins en Europe et façonnèrent les bases de l'Occident tel qu'il est encore aujourd'hui : ce furent les Aryas. Leur influence est gigantesque. La population actuelle de l'Europe, en effet, est en gros le produit de trois grandes vagues d'invasions dont la première est l'indo-aryenne, celle des Aryas proprement dits, venue de l'Iran et du nord de l'Inde au IVe millénaire avant notre ère. Partis vers l'ouest, l'Europe donc, ceux-ci s'installèrent dans la région comprenant les bassins du Dniepr et du Donetz, la basse vallée de la Volga et les steppes du Kazakhstan ; la deuxième invasion, qualifiée d'indo-européenne, se fit à partir de ces territoires vers le VIIIe siècle avant notre ère ; la troisième eut lieu au Vᵉ siècle et consomma la fin de l'Empire romain, affaibli par d'autres causes. Il y eut toutefois diverses invasions plus récentes, comme on sait. Les Occidentaux et leurs cultures descendent donc d'une population originaire du nord de l'Inde et d'Iran. La distinction entre les trois grandes vagues décrites plus haut n'implique d'aucune façon que les populations soient entre-temps restées statiques ; en effet, l'infiltration indo-aryenne se poursuivit en continu, comme l'indique l'ampleur de l'occupation de la Gaule ou celtique.

De très nombreux indices montrent que les Aryens ne sont pas originaires de l'Inde, mais qu'ils y sont descendus, d'Iran, de Bactriane (actuel Afghanistan) ou de Mésopotamie, à la suite de nouveaux changements climatiques survenus au cours ou à la fin du Vᵉ millénaire (peut-être l'assèchement des plaines). Ce ne sont pas non plus des Iraniens de souche, car les hauts plateaux de l'Iran qu'ils occupèrent au IVᵉ millénaire étaient déjà habités par d'autres populations, non identifiées et non aryennes. Comme on le voit encore en cette fin du IIᵉ millénaire de notre ère, de nombreuses incertitudes subsistent sur les origines des groupes ethniques du monde. Aucun anthropologue ou historien ne peut affirmer que la souche des Aryens se situe dans telle ou telle partie du monde[12] ; le seul point sûr est que leur langue est la mère de toutes les langues européennes. Tout au plus peut-on avancer l'hypothèse que les Aryens se seraient constitués en ethnie distincte dans les bassins du Dniepr et du Donetz au cours de la halte qui suivit leur première invasion, au IVᵉ millénaire. Leurs caractéristiques anthropologiques particulières, et notamment leur teint clair et leurs yeux bleus, s'expliqueraient alors par un isolement génétique ; le gène des yeux bleus est, en effet, un gène récessif que favorise l'isolement[13].

Les Aryas[14], avec lesquels le grand réformateur religieux Zarathoustra ou Zoroastre allait en découdre intellectuellement au VIᵉ siècle avant notre ère, méritent à coup sûr l'attention du point de vue de l'histoire des religions, puisqu'ils sont les introducteurs de la divinité masculine. Ils la méritaient déjà largement du point de vue historique tout court, puisqu'ils ont exercé l'influence idéologique la plus profonde de toute l'histoire de l'humanité sur l'ensemble du monde. Auprès du leur, l'empire d'Alexandre, d'ailleurs indo-aryen de fait, est un feu de paille, et l'Empire romain un interlude. Ils sont, en effet, très anciens : l'Égypte connaissait déjà leurs dieux dix-sept siècles avant notre ère. En Asie, leur emprise politique a duré plus de vingt siècles et leur influence idéologique se perpétue jusqu'à nos jours dans tout le sous-continent asiatique, du Pakistan à l'Indonésie. Mèdes, Thraces, Scythes, Parthes furent leurs instruments. En Europe, ils ont tout fait, langues, cités, religions, mœurs. Anatoliens, grecs, romains, celtes ou gaulois, germains, vikings, ils sont tout. Il n'est rien, en cette fin du XXe siècle, qui ne porte leur marque. Nul autre peuple ne peut se targuer d'avoir changé la face du monde comme ils l'ont fait : ils sont aujourd'hui cette face-là.

Leur influence sur l'ensemble de l'Europe, qui a suscité bien des mythes douteux (mais aussi des démentis excessifs[15]), se mesure au fait que non seulement toutes les langues occidentales actuelles dérivent de la leur, à l'exception du basque, mais encore parce qu'ils nous ont imposé un système théologique qui a profondément modifié le mode de pensée occidental, en plus des systèmes de croyances précédents.

S'ils ont bien occupé l'Inde du Nord, les Aryas n'en ont absorbé que partiellement et tardivement les religions originelles, dont le shivaïsme, qui furent alors incorporées dans l'hindouisme. Ce sont eux qui ont exercé une influence sur l'Inde, pour commencer, et elle fut considérable. Ils semblent, en effet, arrivés porteurs d'un système social, religieux et linguistique très élaboré. Outre le système des castes, qui dure jusqu'à ce jour, ils y enracinèrent leur langue, dont le sanscrit descend directement. Leur religion, mythologie et philosophie comprises, nous est connue par ce millier d'hymnes rédigés entre le XIIIe et le IXe siècle avant notre ère, le Rig Veda. C'est la première grande composition poétique de toutes les langues indo-européennes et la matrice de tous les poèmes épiques.

Quand au IVe millénaire avant notre ère ils déboulèrent donc en Europe sur de petits chevaux rapides, par les défilés du Caucase, ils y trouvèrent des populations qui restent encore mal connues, descendantes des Maglémosiens et autres Kundas du Nord, lointains ancêtres des Allemands, Polonais, Danois et Scandinaves qui avaient survécu aux glaciations de l'Europe septentrionale. Des populations, mais non des civilisations : en effet, les premières grandes civilisations occidentales dignes de ces deux adjectifs, la minoenne et la mycénienne, ont fleuri dans la Grèce orientale quelque trois mille ans avant notre ère, dans un périmètre circonscrit par le Péloponnèse, les Cyclades et la Crète ; ces civilisations, postérieures à la première invasion indo-aryenne, pratiquaient encore le culte de la déesse-mère. En témoignent les célèbres et énigmatiques statuettes cycladiques, très stylisées, presque toutes représentent des femmes. Mais les caractères sexuels secondaires, seins et organes sexuels, y sont très atténués ; parfois le sexe n'y est même pas indiqué et c'est à de légers renflements sur la poitrine et surtout à l'absence d'organes sexuels masculins qu'on peut déduire qu'il s'agit d'une femme. Par ailleurs, les étonnantes figurines en faïence retrouvées à Cnossos et qu'on peut admirer au musée d'Héraklion, en Crète, comportent plusieurs traits indiscutables d'images connues de la déesse-mère au paléolithique : les seins sont nus, débordant par-dessus des gorgerins élaborés, et ces femmes, sans doute des prêtresses, sont ceintes de serpents, symboles de fertilité chtonienne, ou bien les manipulent, autre trait caractéristique de la déesse-mère, maîtresse des serpents, emblèmes transparents de la fertilité.

La religion minoenne pourrait informer l'homme de cette fin du XXe siècle sur ce que furent les religions primitives, mais elle comporte encore de vastes zones obscures. On ignore ainsi ce qu'il y avait au sommet des collines, et dans les grottes à stalagmites où les Minoens se rendaient pour sacrifier des animaux et danser. Le culte du taureau, qui était très répandu, a laissé penser que cette religion comportait des thèmes virils ; mais le taureau, dont les cornes, on l'a vu, symbolisent le croissant de la Lune, astre féminin, peut avoir une tout autre symbolique que celle que nous lui prêtons de nos jours. On s'est autrefois interrogé sur les acrobates nus qui affrontaient des taureaux, encore, dans des enceintes closes : n'y avait-il pas là une allégorie masculine ? Vraisemblablement pas, car on a découvert depuis que ces acrobates étaient des femmes !

Toutefois, le caractère débordant de la sexualité au paléolithique et au néolithique, qui avait offusqué certains critiques du XXe siècle, s'est là aussi considérablement atténué. À part le sein assez volumineux qu'on voit à l'une des prêtresses sur les vestiges de fresques de Théra par exemple, les attitudes et les tenues sont devenues plus décentes : les femmes sont vêtues de jupes et elles sont maquillées.

La peur de la faim, du froid et de la mort, lisible dans la violence de l'art de l'âge de pierre, s'est alors apaisée ; et cet adoucissement a indéniablement favorisé la culture et le raffinement : la Méditerranée et le monde sont arrivés aux portes de la Grèce. Entre la chute de Cnossos, presque certainement due à un tremblement de terre vers 1450 avant notre ère, et la Grèce préclassique du VIIIe siècle avant notre ère, il ne reste plus qu'un intervalle pendant lequel l'idée du dieu-roi se développera. Mais cela se produira sur le continent d'abord, et sous des influences étrangères.

Un point en ressort : l'avènement de dieux masculins est, on peut en juger, une affaire climatique.

Pourquoi les Aryens, seuls à l'époque, adoraient-ils des dieux masculins ? Les croyances religieuses qu'ils trouvèrent en Asie et en Europe étaient centrées sur la déesse-mère ; comment les changèrent-ils ? Deux grands facteurs peuvent l'expliquer. Le premier est leur nomadisme conquérant, lié au cheval. Les Aryas entretenaient, en effet, des troupeaux de chevaux (dont ils faisaient de fréquents sacrifices), et il est possible qu'ils en aient fait commerce. Mais à la différence du nomadisme pastoral ou du commercial, qui s'exercent dans des territoires déterminés, celui des Aryas, exceptionnel au néolithique[16], les lance vers des territoires inconnus. L'image qu'ils projettent est celle d'un peuple constitué de nombreuses tribus, qui s'installait dans une région pendant de longues périodes de temps, puis, ayant épuisé la fertilité de ses terres et saisi par l'impatience des limites, se lançait dans de vastes expéditions de conquête, schéma de comportement qu'on retrouvera plus tard, par exemple, chez les Thraco-Cimmériens, les Scythes, les Mèdes, les Sakas.

Un facteur annexe qui aurait contribué à développer le nomadisme conquérant des Aryas est justement la fréquentation intense des chevaux. Certains ont objecté qu'il y avait d'autres élevages de chevaux dans les steppes de la Russie méridionale et que tous ceux qui élevaient des chevaux n'étaient pas des nomades conquérants[17]. On objectera à l'objection qu'il y a beaucoup de motocyclistes dans le monde, mais que c'est surtout en Californie qu'on a vu se former des bandes organisées de motards « prédateurs » telles que les Hell's Angels.

Le nomadisme conquérant, en effet, implique des conflits avec les peuplades rencontrées ou affrontées. Donc une organisation semi-militaire commandée par des hommes. Et de fait, le guerrier était un personnage héroïque de la société aryenne. Dans l'hymne aux Maruts, dieux du vent au service du dieu de la guerre Indra, on lit : « Vaillants guerriers qui étincellent de leurs lances, secouant de leur force formidable même ce qui ne peut pas être secoué... » Le terme « Marut » serait, selon certains, l'origine du nom de « Mars ». Dans l'Hymne de l'Homme ou Purusa-Sukta, sorte de Genèse du *Rig Veda*, il est dit que l'Homme, créé par les dieux des restes démembrés du géant Purusa devint brahmane et que ses bras devinrent ceux du guerrier[18]. Calenders (fils de rois) et guerriers, il faut quand même admettre que Gobineau n'avait pas été tellement dans l'erreur à propos des Aryens. Reste qu'il fut imprudent d'en faire une « race ».

La seconde raison de leur adoration des dieux masculins est le « racisme » même des Aryas. On en trouve un reflet révélateur dans la *Bhagavad-gita*, poème de sept cents vers qui fait partie du vaste cycle épique du *Mahâbhârata*, et qui est pour les Hindous ce que Homère ou Shakespeare sont pour les Européens. C'est un dialogue entre le héros aryen Arjuna (qui se prononce « Aryuna ») et son ami et conducteur de char Krishna, incarnation de Dieu sur la Terre. Arjuna est tourmenté par la bataille fratricide imminente entre les Pandavas et les Kauravas et se lamente en pensant à toutes les morts dont la victoire sera payée. Il propose de s'offrir en sacrifice afin d'éviter le massacre. Mais Krishna l'exhorte à avoir foi en Dieu et à se battre quand même, quelle que soit l'issue du combat. C'est, comme on le voit, à la fois la première référence à une divinité centrale masculine et une leçon d'honneur et d'héroïsme. Toutefois, quand il envisage à haute voix, en présence de Krishna, les conséquences de son sacrifice, Arjuna se demande si ce sacrifice ne va pas être interprété comme une défection et s'il ne va pas compromettre les structures de la société. Cet acte d'abnégation pourrait, en effet, entraîner « la corruption des femmes » et mener au « mélange des castes[19] ».

Rien ne saurait démontrer plus clairement que, dans la philosophie aryenne, le système raciste des castes et la certitude de l'infériorité constitutive des femmes sont inéluctablement liés. Pour les Aryas, les femmes ne sont tenues en bride que par les castes, et c'est leur sujétion à ce système qui garantit la stabilité de la société et la pureté des mœurs. De toute façon, le *Rig Veda* démontre tout aussi clairement le peu d'estime où les Aryas tiennent les femmes : « L'esprit de la femme ne supporte pas la discipline. Son intellect est de peu de poids. » On trouve là, douze siècles donc avant notre ère, et dessinée avec une netteté sans défaut, l'association du machisme et du racisme qui va caractériser l'ensemble des cultures occidentales et mener progressivement à la conception d'un Dieu masculin.

Il commençait à faire moins froid, on l'a vu : l'humanité adolescente faisait à la fois fi de ses réserves et de la réserve.

Les Aryas modelèrent le monde à l'est autant qu'à l'ouest. À l'est : quand, vers 3200 avant notre ère, ils ont déferlé pour la première fois sur l'Inde, dans le Gandhara, entre autres territoires orientaux[20], les Aryas y ont trouvé le culte de la déesse-mère[21] ; ils l'y ont retrouvé lors de leur défaite en 3102 avant notre ère, puis encore lors de leur deuxième invasion vers 1900, soit un millénaire environ après la guerre du Mahâbhârata (plutôt une révolution sociale déclenchée par les Dravidiens, excédés de l'arrogance aryenne). Ce culte fut vigoureux, puisqu'il florissait encore vers 1400, quand les premiers royaumes aryens ont été créés en Asie occidentale, et il était encore présent en 1100, quand les Aryens ont gagné l'ensemble du Punjab et qu'ils ont occupé la vallée du Gange ; il subsistait vers l'an 1000 avant notre ère, lorsqu'ils ont pénétré le Gujerat.

Mais au fur et à mesure que leurs conquêtes s'étendaient et s'affermissaient, qu'ils imposaient leurs idées et leurs systèmes de gouvernement, ce culte s'étiolait. Il ressurgit çà et là, mais, vers 500 avant notre ère, les assauts répétés des dieux mâles l'avaient réduit au rang de culte secondaire. L'univers appartiendrait désormais aux hommes, du ciel jusqu'aux enfers. Dieu serait un homme, et son ennemi le Diable aussi, les femmes n'étaient plus que le repos des guerriers et les procréatrices de leurs rejetons.

Ce n'est pas que les Aryas eussent trouvé faible partie dans les territoires qu'ils conquéraient, bien au contraire, on l'a vu. En Asie, par exemple, la célèbre civilisation de l'Indus, dont Mohendjo-Daro fut le pinacle, témoignait d'un développement social, urbain, technologique et militaire au moins égal, sinon supérieur, au leur[22]. Mais, pour d'autres raisons que celles qui ont été décrites plus haut, l'ensemble de l'Occident alors connu, c'est-à-dire l'ancien continent ou Eurasie, avait, aux environs de l'an 3000 avant notre ère, atteint un stade critique éminemment favorable aux Aryas.

Les technologies du fer et du cuivre s'étaient développées, à l'instar de l'agriculture, et les populations étaient devenues de plus en plus sédentaires ; de ce fait, et par l'établissement d'une certaine constance dans les croisements, elles s'étaient différenciées génétiquement ; plusieurs d'entre elles commençaient à se fixer autour de grands centres commerciaux, généralement situés à des carrefours d'échanges. Les rivalités commerciales et puis militaires se développaient. Les dieux de la guerre, éperonnés par l'essor de la métallurgie, flambaient dans les cieux.

On trouve un exemple simple de la collusion entre la métallurgie et la guerre dans la comparaison entre les épées minoennes, qui mesuraient environ un mètre de long, dont le manche était mal fixé, à la lame trop lourde, et qui étaient donc difficilement maniables, et les épées mycéniennes qui leur succédèrent lors de l'occupation de la Crète par les Mycéniens, donc, longues d'une soixantaine de centimètres, plus légères et plus maniables. Pour être roi, il fallait avoir de bons métallurgistes.

Or, les Aryas n'étaient pas seulement riches de leur idéologie héroïque, mais aussi de leur technologie. Ce fut ainsi qu'ils subjuguèrent intellectuellement et militairement les peuples avec lesquels ils entrèrent progressivement en contact : leurs dieux s'imposèrent au fil de l'épée. Ainsi les Hurrites, qui n'étaient pas indo-européens, se soumirent quand même au commandement des Aryas et adoptèrent leurs dieux, Mithra, Varouna et Indra. Ainsi des Hittites, dont Diodore de Sicile écrit que les femmes y « détenaient le pouvoir suprême et l'autorité royale » : en 2300, ils adoraient encore la déesse-mère solaire Wurusemu et observaient le code de lignage matrilinéaire, en effet, mais, dix siècles plus tard, ils avaient adopté le panthéon hourrite, attribuant à chaque souverain un dieu masculin protecteur[23]. Ce qu'avait vu Diodore de la prédominance féminine n'était plus qu'un vestige.

Ce qui s'était produit à l'est se répéta avec encore plus de force à l'ouest. Lorsque la deuxième vague indo-aryenne déferla sur l'Europe en transitant par le Danube, vers 2800 avant notre ère, les envahisseurs trouvèrent des populations sédentaires, qui enterraient leurs morts dans des dolmens et pratiquaient le culte de la déesse-mère, avec une cruauté d'ailleurs assez effroyable. On sacrifiait à celle-ci des humains, exécutés par matraquage, pendaison, strangulation, noyade ou égorgement ; ce serait une erreur de penser, en effet, que le culte de la fertilité consistât en douces mélodies[24].

Tacite a décrit les cultes rendus par les peuples qui vivaient au Danemark au Ier siècle, Reudignes, Avions, Angles, Varins, Eudoses, Suardones, Nuithons, à la déesse de la terre, Nerthus. Celle-ci était censée vivre dans un bosquet sur une île en pleine mer. On l'en sortait sous escorte solennelle, à certaines époques de l'année, au printemps ou à l'automne, on ne sait, et on la promenait sur un char d'apparat tiré par des vaches, que seul le prêtre avait le droit de toucher[25]. Bien entendu, il n'y avait personne sur le char qu'un esprit supposé. « Le prêtre seul peut sentir la présence de la déesse », précise Tacite. Le char était promené de village en village, donnant le signal des réjouissances. Pendant ce laps de temps, les guerres devaient s'arrêter. Puis la déesse était censée s'ennuyer au bout d'un certain temps dans la compagnie des hommes, et le char et les prêtres qui avaient célébré la cérémonie étaient eux-mêmes jetés dans un lac et noyés, déesse comprise. « Croyez-le si vous voulez », commente Tacite. Il est possible que les cadavres des tourbières aient été justement des célébrants des sinistres promenades de la déesse.

Le culte de la déesse fut donc tenace, mais l'influence indo-européenne, dite à partir de là proto-celte[26], se manifesta dans au moins deux innovations religieuses ; la première, qui date du IIe millénaire avant notre ère, est la pratique des puits rituels, censés faire communiquer les vivants avec les divinités souterraines, dites aussi chtoniennes. La seconde est le culte des têtes coupées : pour les proto-Celtes comme plus tard pour les Celtes mêmes, la tête était le réceptacle d'une force divine dont il convenait de s'emparer pour accroître sa propre force. D'où l'accumulation extraordinaire de crânes et représentations de têtes coupées dans les vestiges proto-celtiques et, plus tard, celtiques. Ce sont là des traits nouveaux qui n'appartiennent plus à la religion de la Grande Déesse[27].

La « révolution celtique », ultime exploit aryen, se produisit véritablement à partir du VIIIe siècle avant notre ère et démontre une fois de plus la maîtrise technologique de la souche indo-aryenne. Point majeur, les Celtes tracèrent, les premiers, des routes rudimentaires pour y faire circuler leurs chariots à quatre roues et leurs chars à deux roues, invention remarquable, car les roues étaient faites d'une jante à un seul tenant cerclé de fer, ce qui la rendait à la fois plus solide et plus légère. La circulation des marchandises, et donc des idées, est un fait celtique, inspiré par la mobilité qui est l'une de leurs caractéristiques. Ensuite, passés maîtres en métallurgie (leurs ancêtres, les peuples des Champs d'urnes, avaient été les premiers à moissonner avec des faux de bronze), ils révolutionnèrent l'agriculture à l'aide de socs et faux en fer (ils ont même créé le prototype de la moissonneuse[28]) ; ils purent donc, les premiers aussi, pratiquer une agriculture intensive.

Maîtres des technologies nouvelles, commerçants, guerriers et entrepreneurs, ils occupaient le terrain, mais aussi le maîtrisaient : dès 500 avant notre ère, ils étaient présents de l'Espagne à l'Europe de l'Est. En 400, ils envahissaient l'Italie et s'installaient en Gaule cisalpine ; dix ans plus tard, ils mettaient Rome à sac, puis gagnaient les îles Britanniques ; en 279, ils envahissaient la Grèce à son tour ; en 275, ils fondaient la Galatie en Turquie septentrionale. Au début du Ier siècle, Strabon recensait, rien qu'en Celtique, c'est-à-dire la France actuelle, soixante tribus dominantes et apparentées : les Pétro-cores travaillaient le fer, les Cadurques tissaient le lin, les Ruthènes et les Gabales exploitaient leurs mines d'argent, et les Séquanes fai-saient une excellente charcuterie dont les Romains étaient friands. Les régions du Rhin et des Ardennes pullulaient de Celtes[29]... Il ne leur restait plus qu'à imposer leur religion dans les régions nouvelle-ment conquises, ce qui se fit sans effort.

L'interdiction de l'écriture chez les Celtes fait que nous ne dispo-sons sur leur religion que des informations fournies par les Romains, notamment Tacite, Tite-Live et Jules César ; ce qui est déjà appré-ciable, même si ce n'est pas scientifiquement fiable. Leur panthéon n'est pas comparable à celui des Grecs ou des Égyptiens : les dieux y sont des concepts abstraits, et plus des images mentales que des représentations anthropomorphiques. On ne connaît pas de statues de dieux celtiques ni de lieux de culte. Tacite, avec sa perspicacité ordinaire, note que pour les Germains, par exemple, « enfermer les dieux entre les murs ou les représenter sous quelque apparence humaine leur semble peu convenable à la grandeur des habitants du ciel ». Ils avaient néanmoins des sanctuaires, ce que ne dit pas Tacite. S'il fallait employer, pour les décrire, un langage contemporain, ce serait à nos risques et périls ; mais enfin, voilà des théistes, métaphysi-ciens et sans doute mystiques. Ils croient qu'il y a des divinités dans le ciel, qu'ils estiment imprudent ou déplacé de représenter, mais ils croient également que les arbres et les crânes possèdent des esprits.

Peut-être ne sont-ils pas vraiment religieux ? C'est l'idée qu'on a voulu s'en faire un moment, tout comme on a attribué un esprit irréli-gieux à ces autres Indo-Européens qu'étaient les Vikings. Grave erreur, car c'était là confondre leur réserve à l'égard des dieux avec de l'indifférence ; Jules César, qui n'était pas après tout un mauvais juge, assure que les Gaulois, des Celtes donc, étaient « un peuple éminemment religieux ». César nous a, de fait, laissé dans *La Guerre des Gaules*[30] la description la plus longue dont nous disposons sur la religion celtique. « Mercure est le dieu qu'ils honorent le plus : ses représentations sont les plus nombreuses, on en fait l'inventeur de tous les arts, le guide des routes et des voyages ; on pense que, pour les gains d'argent et le commerce, c'est lui qui a le plus d'efficacité. Après lui, Mars, Apollon, Jupiter et Minerve. Sur ces divinités, ils ont à peu près la même opinion que les autres peuples : Apollon chasse les maladies, Minerve transmet les rudiments des travaux et des métiers, Jupiter règne dans le ciel, Mars conduit la guerre. [...] Les

Gaulois se disent tous issus de *Dis Pater* et disent que c'est là la révélation des druides[31]. »

Les équivalences sont le fait du général romain. Celui qu'il appelle Mercure est en fait Lugus chez les Celtes continentaux, Lug chez les insulaires d'Irlande, habile en tout, en effet, le descendant direct du Soleil Lugh, évoqué plus haut. Mars est Ogmios-Ogma (cités ici selon l'ordre continentaux-insulaires), dieu des rois, de la guerre et de la magie, Apollon est Mapanos-Diancecht, dieu de la médecine, Jupiter est Taranis-Dagda, qui préside au sacerdoce, enfin, celle que César prend pour Minerve est Brigantia-Brigit, tout à la fois la mère, l'épouse-sœur et la fille des dieux[32], ce qui est assez différent de Minerve, qui n'est que la fille de Jupiter ; ou encore Sul, déesse du Soleil honorée en Angleterre méridionale. Il fallait, il est vrai, être général romain pour penser que les dieux de Rome étaient universels et ne faisaient que changer de nom selon la géographie.

Qu'est-ce que ce panthéon celtique présente donc de neuf ? D'abord, la déesse-mère a été rétrogradée : elle n'est plus la créatrice et dispensatrice universelle d'antan, et les dieux s'en sont affranchis. Ensuite, la religion celtique semble conceptualisée, ou plutôt intériorisée. Le mot « dieu » convient mal à son panthéon, celui de « puissance tutélaire » ou de principe régent semble plus indiqué. On viendra plus bas à l'intrigant Dis Pater cité par César.

Quatre dieux, c'est à vrai dire une description réduite : ils en ont bien d'autres puisque, après la création du monde par les trois frères Odhin, Vili et Vé, les dieux se partagèrent en deux groupes, les Ases et les Vanes, qui s'installèrent au centre du monde, commencèrent par se quereller, puis se réconcilièrent, les principaux dieux Vanes allant s'installer chez les Ases. Ils n'auraient su oublier les chevaux, dont la tutelle, chez les Gaulois, revient à Epona, « la Grande Jument », autre avatar, avec Brigantia-Brigit, de la déesse-mère. Puis le mystérieux Sucellus, le dieu au maillet et à la bourse, toujours accompagné de son chien comme saint Roch, et qui semble être le dieu des morts. On n'aurait garde d'oublier le grand Cernunnos, « le cornu » gaulois aux cornes de cerf, qui, de sa lointaine ascendance asiatique — car c'est quand même un dieu aryen —, a gardé une pose de bouddha. C'est à lui qu'est échue la charge jadis féminine de la fécondité : il en a repris le sceptre de la nature prospère, qualité généreuse dont le christianisme ne lui saura pourtant aucun gré, puisqu'il en fera tout bonnement le Diable, à cause de ses cornes[33].

Maints autres dieux apparaissent dans les épopées celtiques, de Midir l'Irlandais, seigneur du fabuleux pays de Mag Mor, à Mimir le Scandinave, gigantesque démon qui habite dans un puits et qui confère à son eau le pouvoir d'enseigner la sagesse ; de Thor le Germanique, dieu de la foudre et de la fertilité, protecteur des troupeaux et du mariage, à Ullr, également germanique, patron des archers et des skieurs, protecteur de la justice.

Les dieux celtiques, scandinaves, irlandais, germaniques, gaulois et autres sont si nombreux, si variables, si interchangeables (c'est ainsi que Thor héritera chez les Germains du maillet-marteau du Sucellus gaulois) d'une tribu, d'une culture et d'une époque à l'autre, que leur inventaire, leur annuaire plutôt, occuperait plusieurs volumes ; c'est un cauchemar d'employé d'état civil. Un tel inventaire n'aurait d'ailleurs que le mérite de révéler des mythes, non des identités et encore moins des dogmes. Car en fait les Celtes, comme l'avait donc relevé Jules César, sont tous les enfants de Dis Pater, Le Père tout simplement. Leur panthéon est un kaléidoscope qui présente les apparences du polythéisme, mais, à bien y regarder, il est peuplé de héros mythiques plus que de dieux au sens égyptien ou grec du terme. En dépit des apparences, rien n'est plus éloigné du polythéisme grec que l'apparent polythéisme celtique : le panthéon grec est démocratique, comme le relève Nietzsche, aucun dieu ne réfutant l'autre. Or, la philosophie celtique est fondée sur le principe de la royauté de droit divin, comme on le verra plus bas. Leurs dieux sont en réalité des héros mythiques, ils n'ont pas de pouvoirs spécifiques, comme Apollon ou Arès. Ils ne se reconnaissent qu'un créateur, Dis Pater.

Le rôle des druides n'est pas de propager un enseignement théologique, mais d'entretenir un état d'esprit par le récit des mythes héroïques, comme celui de Thiassi, le géant occis par Thor et dont les yeux furent jetés dans le ciel, où ils devinrent des étoiles ; comme celui du loup Fenrir, le fils du dieu malin Loki et d'une géante, que Tyr, le dieu juriste, parvint à enchaîner à l'aide d'un fil invisible ; comme celui de Jörnungan, le serpent cosmique qui enlace le monde et qui menacera d'y mettre fin au jour terrible du *ragnarök*, l'équivalent de l'apocalypse chrétienne. Toute la culture nordique des siècles ultérieurs, de l'Irlande aux îles Britanniques et de l'Allemagne à la Scandinavie, s'est nourrie de ces mythes et légendes propagés par les bardes après les druides. Shakespeare et Schiller, Beethoven et Sibelius sont incompréhensibles s'ils sont extraits de l'héritage celtique.

Cette hiérarchie des divinités dans la religion celtique comporte déjà les prémices du monothéisme. Tout se passe comme si les Celtes avaient conservé, bien des siècles après que leurs ancêtres eurent quitté l'Inde, un obscur souvenir de la *Bhagavad-gita* et de ce dialogue entre un héros aryen, Arjuna on s'en souvient, et le dieu Krishna. Dialogue qui laisse entendre qu'il n'existe qu'un Dieu, unique et masculin, dont Krishna serait l'incarnation sur la terre ; c'est le Dis Pater qui frappa Jules César. On peut même pousser plus loin la comparaison avec le monothéisme chrétien, puisque c'est de lui qu'il s'agit et qu'il constitue le non-dit de ce chapitre : les Celtes ont jeté en Occident les fondements du christianisme avant même que celui-ci fût né. Ils l'ont presque inventé. Ils ont, en effet, introduit dans l'Europe la notion des fins dernières de l'homme, c'est-à-dire de ce qu'on appelle l'eschatologie dans la terminologie chrétienne. Ce sont eux qui, les premiers, ont développé la notion d'apocalypse dans les croyances occidentales. Mircea Eliade l'a clairement défini : le poème germain *Volüspa* fournit « tous les clichés bien connus de toute littérature apocalyptique : la morale décline et disparaît, les hommes s'entre-tuent, la terre tremble, le soleil s'obscurcit, les étoiles tombent ; délivrés de leurs chaînes, les monstres s'abattent sur la Terre ; le Grand Serpent émerge de l'océan, en provoquant des inondations catastrophiques[34] ». Ils sont les inventeurs de l'angoisse moderne, et sans doute les précurseurs à la fois du mysticisme et du nihilisme, produits de l'impatience métaphysique.

Seul Nietzsche, quelque trente siècles après l'irruption des croyances celtiques en Occident, dénoncera ce système autodestructeur, dans sa critique des origines de la métaphysique : « Le besoin métaphysique n'est pas la source des religions, comme le veut Schopenhauer ; il n'est qu'un *rejeton* de ces religions. Sous l'empire des idées religieuses on s'est habitué à concevoir un "autre monde" (arrière-monde, sur-monde ou sous-monde) et, le jour où cette chimère s'écroule, on éprouve un vide angoissant, une privation[35]... » Le mépris celtique de la mort, qui en fit de si redoutables guerriers et des aventuriers si intrépides, était dû à la certitude d'un au-delà magnifique. « La mort héroïque devient une expérience religieuse privilégiée », écrit Eliade[36]. Le modèle des fanatiques contemporains est tracé : « Ils massacraient les hommes et ni le feu ni l'acier ne pouvaient rien contre eux[37]. » On imagine aisément l'épouvante des Romains quand ils virent déferler les Harii, qui se peignaient le corps en noir et portaient des boucliers noirs, pour faire croire qu'ils étaient des morts[38]. Il faut dire aussi que les Celtes croient aux morts, aux revenants et à la métempsycose. Leurs descendants y croient encore de nos jours[39].

Les images qu'en donnent leurs contemporains ne trahissent rien de ces dispositions. Elles indiquent seulement que les Celtes constituent, de tribu en tribu au travers du monde connu, un réseau de chefferies viriles et joyeuses, sur le modèle postérieur des *Männerbunde* : c'est le reflet fidèle des compagnonnages des Aryas. Diodore de Sicile rapporte qu'ils « boivent avec excès » et du vin pur, ce que les Romains ne font jamais ; cette recherche de l'intoxication évoque inévitablement les orgies de *soma*, potion hallucinogène que consommaient les Aryens pour atteindre à l'extase divine. Diodore rapporte aussi qu'ils sont des soldats farouches et primaires, et que leur race tout entière « adore la guerre et est toujours prête à l'action » et que, naïfs, on peut toujours les vaincre par la ruse.

Mais si l'on déchiffre ces observations, on s'avise que les Celtes ont, en fait, inventé un monde héroïque et sans limites, fait de violence, d'extase et de volupté : l'ère moderne a commencé avec eux et elle ne s'est pas encore achevée. Jan de Vries relève qu'il n'y a pas chez eux de « contradiction entre les concepts de "dieu des batailles" et de "dieu de droit[40]" », autrement dit que la raison du plus fort est toujours la meilleure, car la victoire ne s'obtient que par droit divin. C'est le fondement de la monarchie de droit divin, investie d'une force supraterrestre, sacrée, et d'une autorité morale en même temps que politique. En Irlande au XIIIe siècle, le roi est considéré comme le dieu du ciel, et son pouvoir se concrétise dans son mariage symbolique avec la Terre-mère, ce qui donne lieu à une cérémonie grotesque autant que révoltante : il s'accouple avec une jument blanche qu'on assomme et qu'on cuit par la suite, et la viande est partagée entre le roi et les hommes[41]. Or, cette conception, la sujétion au chef donc, est aussi le déni intégral de la démocratie : elle s'inscrit dans le cadre exact de la féodalité. L'aristocratie et les ordres de chevalerie suivront. Les dictatures également.

On retrouve là encore l'arrogance des Aryas et leur amoralisme profond, contre lequel s'éleva Zoroastre. Si les Celtes n'avaient pas été vaincus par César au terme d'une guerre qui dura sept ans, de 58 à 51 avant notre ère, on peut imaginer qu'ils auraient offert à l'Europe un Christ glorieux, avatar blond de Krishna, fils de Dieu lui-même, celui dont le héros celtique Cuchulainn en était l'annonciateur, et puis qu'ils l'auraient eux-mêmes mis à mort pour déclencher le ragnarök.

Ils en cultivaient d'ailleurs le modèle dans le mythe du dieu Ase Odhin, tel qu'il est décrit dans le poème *Havamal*, c'est-à-dire « Dit du Très-Haut ». On y voit Odhin sacrifié à lui-même, concept étonnamment prémonitoire, percé par sa propre lance et suspendu neuf nuits à l'arbre Yggdrasil, « le cheval d'Ygg », qui s'élève au centre du monde. Ce supplice est assimilable à une crucifixion, et d'ailleurs, remarque Eliade, le gibet s'appelait le « cheval » du pendu. C'est au prix de cette mort rituelle qu'il s'est infligée, évocatrice du rituel d'initiation chamanique des Indiens, qu'Odhin acquiert la science occulte et le don de la poésie. Il assure qu'il peut désormais ressusciter les morts et faire descendre un pendu de son gibet pour s'entretenir avec lui[42]. Tout parallèle avec le christianisme serait superflu. Huit siècles à l'avance, le décor est tracé et les voies sont pavées pour l'avènement du christianisme. Celui-ci n'aura que peu de peine à s'implanter dans les territoires celtiques ; et les premiers missionnaires verseront tout naturellement les mythes celtiques dans les ciboires chrétiens[43].

La révélation et le salut ne sont plus garantis que par l'héroïsme des hommes, sur le modèle des Grands Surhumains qui veillent dans les cieux. Les fils du Père devront être dignes de lui. Les Celtes étaient presque monothéistes, en effet. Ce fut à ce prix-là qu'ils vainquirent la déesse-mère au terme de quelque quarante mille ans. Toutes les religions de ce monde qu'ils occupaient allaient être désormais masculines. D'abord rivale de l'homme, la femme commençait à en être l'ennemie, avant d'être enfin identifiée au Mal, annihilée jusque dans son essence même, être acéphale selon saint Paul, « vase d'impuretés » selon saint Augustin, exclue du service divin des chrétiens, astreinte au port du voile chez les musulmans, sorcière en puissance durant le Moyen Âge, où la quasi-totalité des maniganceurs de maléfices sont, bien évidemment, des femmes.

Et ce monde-là serait l'ensemble du monde occidental. En effet, l'angoisse et le dynamisme que la culture celtique scellait ensemble depuis quarante siècles, et qui avaient précipité leurs tribus dans les premières grandes migrations transcontinentales, devaient en faire les premiers colonisateurs. Par deux fois au moins avant la découverte de l'Amérique[44], des navigateurs celtiques étaient partis vers l'ouest, à la poursuite du soleil, la première au VIe siècle quand des Irlandais menés par le moine Brendan avaient atteint sans doute l'Amérique centrale, la seconde au IXe siècle quand des Vikings conduits par Leif Eriksson avaient atteint l'Amérique du Nord et avaient fondé de petites colonies au Vinland. Il ne pouvait exister de *finis terrae* pour les Celtes ; ils ne resteraient pas longtemps immobiles, à scruter les horizons océaniques.

Virilisée, la divinité devenait aussi convulsive. Parallèlement, l'Occident disait aussi adieu à la Grèce et à son idéal démocratique, et le principe de pouvoir allait désormais hanter l'imagination du monde.

Bibliographie critique

1. Richard Leakey et Roger Lewin, *Les Origines de l'homme*, préface d'Yves Coppens, Arthaud, 1977.

2. « Climate and Weather », *The New Encyclopaedia Britannica*, 1994.

3. Certains anthropologues, tels que Richard B. Lee, de l'université de Toronto, ont observé que, par exemple, les Bochimans Kungs du Kalahari, région semi-désertique à très faible pluviosité, qui vivaient encore de chasse et de cueillette, se portaient raisonnablement bien sur la base de 2 140 calories par jour (leur taille moyenne est de 1,50 mètre). Cela indiquerait que le régime de chasse et de cueillette n'est pas nocif en soi. Leur situation n'est toutefois pas comparable à celle des gens du paléolithique, qui n'étaient même pas assurés de trouver régulièrement cette ration calorique et encore moins de la compléter comme les Kungs par des aliments d'origine végétale, noix de mangetti ou de mungongo, racines, tubercules, baies et melons.

4. Il s'agit de la zone, affectant plus ou moins la forme d'un croissant, en effet, qui va de la vallée du Nil aux contreforts des monts Zagros, en Iran, incluant Israël, la Jordanie occidentale, le Liban, la Syrie occidentale, les contreforts du Taunus et une frange de l'Irak.

5. Jonathan Norton Leonard et les rédacteurs des éditions Time-Life, *Les Premiers Cultivateurs*, Time-Life, Nederland B.V., 1973.

6. Daniel Helmer, *La Domestication des animaux par les hommes préhistoriques*, Masson, 1992. Le chameau à deux bosses n'apparaît que vers 3000 avant notre ère, en Russie méridionale, en même temps que le dromadaire à plusieurs milliers de kilomètres de là, dans l'actuelle Arabie Saoudite. L'abeille est aussi domestiquée à la même époque, dans la vallée du Nil. L'oie semble être l'un des animaux le plus tardivement domestiqués : vers 1500 avant notre ère seulement, en Allemagne.

7. John Sharkey, *Celtic Mysteries*, Thames and Hudson, Londres, 1975.

8. On trouve, en effet, très peu de représentations du sexe masculin au paléolithique supérieur, comme l'amulette phallique avec gland et testicules de Dolni Vestonice, en Moravie, artefact de la culture gravettienne de 30000 avant notre ère, ou l'homme à tête d'oiseau et au phallus dressé de Lascaux. Alain Daniélou, *Le Phallus*, Pardès, Puiseaux, 1993.

9. Il y a eu sur la planète quatre glaciations (Günz, Mindel, Riss et Würm) qui, d'un million d'années à 10000-9000 avant notre ère, ont maintenu le climat des zones dites actuellement tempérées entre 12 et 16 °C au maximum en juillet. L'hiver, des températures de − 20 et − 30 °C n'étaient pas exceptionnelles dans ces mêmes zones, la majeure partie de l'Amérique du Nord, le nord de l'Europe et de nombreuses

régions de l'Asie centrale. La déglaciation provoquée par le recul des glaciers était à peu près achevée vers 10000 avant notre ère (de façon non uniforme, toutefois), et le climat commença à se réchauffer pour atteindre les valeurs actuelles. Puis se réalisa un phénomène décrit en 1920 par le savant serbe Milutin Milankovitch : l'axe de rotation de la Terre changea, comme il le fait tous les quarante et un mille ans ; jusqu'alors, ç'avait été l'hémisphère Nord qui avait reçu le plus d'ensoleillement ; là, il s'ensuivit que ce fut le tour de l'hémisphère Sud. Le réchauffement accéléré des terres australes associé à la libération de masses considérables d'eau douce par la fonte des glaciers créa « soudain » un climat tropical (« Climate and Weather », *The New Encyclopaedia Britannica*, 1994).

10. Philip Rawson, *Primitive Erotic Art*, Weidenfeld & Nicolson, Londres, 1973.

11. Joseph Campbell, *The Masks of God : Primitive Mythology*, Arkana, New York, 1959.

12. L'ensemble des données actuellement admises par les préhistoriens et anthropologistes, avec une certitude raisonnable, indique que les Indo-Aryens auraient établi un foyer d'invasion dans le Kourgan, au nord de la mer Noire et du Caucase (le mot « kourgan » désigne, en fait, un tumulus). Cette thèse ne réalise cependant pas l'unanimité, étant donné que nous ne connaissons quasiment rien de ce qu'aurait pu être la langue du Kourgan, le proto-indo-européen, donc. Il est vrai qu'il n'est pratiquement pas une thèse d'anthropologie historique, surtout dans ce domaine, qui ne fasse l'objet d'un affrontement, témoin les débats plutôt acharnés sur l'origine et la portée de la culture des haches de combat. Sur l'aire géographique originelle des Aryas, il n'existe pas moins de quatorze hypothèses (une par auteur), proposées depuis 1960. Schmid situe cette aire sur les rivages de la Baltique, Renfrew en Anatolie, Hodge en Palestine, etc. Le débat n'est donc ni clos ni près de l'être.

Restent des faits anthropologiques à peu près certains qui me paraissent plaider en faveur du Kourgan, dont voici les cinq principaux : les Indo-Aryens étaient de teint clair ; ils s'étaient donc différenciés de la population dravidienne de l'Inde, de teint foncé, en formant un pool génétique séparé par croisements intertribaux répétés. Ils n'avaient ni la culture ni la religion de la déesse-mère, prédominantes en Eurasie à l'époque où ils commencèrent leurs invasions à l'est et à l'ouest, ce qui renforce la thèse de l'isolement génétique, associé à un isolement géographique et culturel. Ils semblent avoir pratiqué, en plus du nomadisme pastoral, un nomadisme conquérant, qu'on peut situer approximativement entre le IVe et le IIe millénaire et entre les bassins du Donetz et du Dniepr et l'Asie occidentale (Iran, Afghanistan, Inde du Nord), ce qui ne fut pas le cas des populations dravidiennes, où le nomadisme semble avoir été surtout pastoral et commercial.

Il faut ici préciser que le nomadisme pastoral, comme celui des Kazakhs, dont les déplacements sont commandés par les nécessités de la transhumance, suit les mêmes chemins de saison en saison. Le nomadisme commercial, tel que celui des Sulubbas, des Bédouins Roualas d'Arabie, qui tirent leur subsistance du commerce des chameaux, dont ils élèvent de vastes troupeaux, ou encore des gitans du monde entier, suit des itinéraires variables, mais d'un centre urbain à l'autre pour y vendre des produits ou des services (« Nomads », *Encyclopaedia Britannica*). Le nomadisme conquérant des Aryas, lui, se caractérise par l'instinct de découverte qui les fit rayonner par étapes de l'Inde du Nord et de l'Iran jusqu'en France ; il évoque à cet égard les Masaïs du Kenya, qui s'estiment trop nobles pour cultiver la terre et qui obtiennent leurs subsistances de tribus voisines vassalisées par la guerre.

L'expansion de leur langue, celle du Rig Veda, le védique donc, qui devint le sanscrit, correspond d'ailleurs à leurs déplacements géographiques, jusqu'à la conquête de l'Europe. Les caractéristiques culturelles des Indo-Aryens se retrouvent, en effet, amplifiées dans les populations issues de leur souche qui occupèrent l'Europe ; on se demande de qui ils les auraient tenues, sauf à reconsidérer la totalité des acquis de l'archéologie et de l'anthropologie. Les Indo-Aryens ne sont donc pas une fiction, c'était un groupement ethnique autonome, on peut les suivre dans leurs déplacements, et aux changements opérés dans leurs aires d'occupation. En fonction de ces données, le Kourgan semble un centre transitoire plausible où ils pouvaient se regrouper.

13. Un certain Poesche, cité par Mallory, a suggéré que le teint clair des Aryens aurait été dû à un gène de l'albinisme ! Il est vrai que Mallory lui-même met en doute ce teint clair, pourtant attesté par la littérature ancienne et l'évidence étymologique même, le terme « caste », en sanscrit, se disant *varna*, qui signifie « couleur » (J.P. Mallory, *In Search of the Indo-Europeans*, Thames & Hudson, Londres, 1989).

14. Le terme *arya* signifie « fidèle » ou « noble » en sanscrit ; il semblerait dériver de la racine *ar*, qui signifie « ouvrir la terre », et il désignerait donc, selon certains (Louis Frédéric, *Dictionnaire de la civilisation de l'Inde*, Robert Laffont, 1987), des populations agricoles sédentaires, considérées comme supérieures aux nomades. Il semble pourtant plus probable, sinon quasiment certain, que les Aryas aient été des semi-nomades ; cela n'exclut d'ailleurs pas qu'ils aient pratiqué l'agriculture, ce qui fût allé de pair avec la domestication des chevaux, domaine dans lequel ils semblent avoir été des précurseurs. Et cela expliquerait même qu'ils aient eu quelque raison de s'estimer supérieurs aux Dravidiens autochtones : s'ils avaient maîtrisé l'art de l'agriculture avant les Dravidiens, ils auraient été plus indépendants et plus riches. Il est également possible que cette supériorité économique se soit trouvée renforcée, dans leur esprit, par les caractéristiques physiques des Aryas, à la peau claire, « grands, aux yeux bleus, dolichocéphales », donc physiquement distincts des Dravidiens de peau sombre qui formaient la population de l'Inde ; et de fait, il existe plus d'un témoignage selon lequel les brahmanes, dans le système des castes de l'Inde, qui fut spécifiquement établi par les Aryens, se considéraient comme étant de souche aristocratique, parce qu'ils étaient de teint clair. Des lois strictes interdisaient d'ailleurs les mariages avec des Dravidiens (Giuseppe Sormani, *India ; The Bhagavad Gita*, Penguin, Londres, 1971). Les Aryas semblent donc avoir introduit le premier racisme connu dans l'histoire de l'humanité. L'ouvrage qui, à ma connaissance, jeta le jour le plus net sur le racisme aryen est *When God Was a Woman*, de Merlin Stone, Dorset Press, New York, 1976.

Par ailleurs, pour Mallory, *op. cit.*, le terme *arya* ne signifierait que « compagnon » et, citant O. Szeremenyi, « Studies in the Kinship Terminology of the Indo-Europeans Languages », *Acta Iranica*, n° 7, 1977, il conclut que ce ne serait même pas un terme indo-européen. Néanmoins, il est difficile de ne pas remarquer la similarité du mot *arya* avec le sanscrit *raja*, roi (qui a donné le latin *rex*, l'irlandais *ri* et le gaulois *rix*). On ne peut pas exclure l'hypothèse que le mot *arya* signifiât d'abord « cultivateur », puis « compagnon », et que les Aryas se soient définis entre eux comme « compagnons », de même que les rois de l'époque moderne étaient tous cousins, ce compagnonnage revêtant des caractéristiques élitistes.

15. Ainsi, de Mallory qui, dans *In Search of the Indo-Europeans*, *op. cit.*, en arrive à pulvériser toutes les notions admises sur les Aryens, au nom de l'antiracisme et d'une réfutation anachronique des excès proférés depuis Gobineau jusqu'aux théoriciens du racisme tels qu'Alfred Rosenberg.

16. Un coup d'œil comparatif sur des cartes de l'Eurasie au Ve et au IIIe millénaire (*cf.* Colin McEvedy, *The Penguin Atlas of Ancient History*, Penguin Books Ltd., 1967) montre nettement le caractère exceptionnel de la mobilité indo-aryenne ; ainsi, en un millénaire et quart, les Danubiens, en fait des Indo-Aryens, ont envahi la quasi-totalité de l'Europe, jusqu'au-delà de la mer Caspienne ; au IIe millénaire, les Celto-Ligures, leurs descendants, ont occupé la France et les îles Britanniques. « Dans le cas des Danubiens, écrit McEvedy, il est facile de comprendre la raison de la rapidité de leur progression : comme ils dégageaient leurs champs en incendiant les terres vierges, ils ne les cultivaient que pendant les quelques années où les récoltes restaient rentables, puis se déplaçaient. »

17. « On ne comprend pas très bien ce qui faisait du peuple du Kourgan des guerriers si efficaces », écrit, en effet, Colin Renfrew dans *Archaeology & Language*, Cambridge University Press, New York, 1988.

18. *The Rig Veda, an Anthology*, trad. Wendy Doniger O'Flaherty, Penguin Books, Londres, 1981.

19. *The Bhagavat Gita*, trad. de Juan Mascaro, Penguin Books, 1962.

20. L'expansion aryenne, dite indo-européenne, ne s'est pas faite vers l'ouest seulement. Outre l'occupation progressive de l'Inde, les Indo-Aryens ont occupé la Bactriane, la Drangiane, l'Arachosie, la Gédrosie, le Kaméoja, le Cachemire, c'est-à-dire l'ensemble des territoires qui correspondent actuellement à l'Afghanistan, au Pakistan et à l'Iran.

21. L'antériorité du culte de la déesse-mère en Anatolie, par exemple, est une fois de plus attestée par la découverte de l'archéologue James Mellaart à Çatal-Hüyük d'une statuette de femme accouchant assise entre deux félins, remontant à 2300 avant notre ère, représentation de la fertilité féminine qui se situe dans le droit-fil des cultes paléolithiques décrits dans le chapitre précédent. Par la suite, les souverains hittites, qui avaient occupé l'Anatolie, adoptèrent le cerf, animal symbolique favori des princes aryens. Il faut préciser que la transition de la déesse-mère au dieu-roi ne se fit que par étapes, souvent à travers des syncrétismes. C'est ainsi que la déesse sumérienne Ishtar, vénérée par les Hittites, passait chez eux pour la déesse de la guerre aussi bien que de l'amour.

22. Sir John Marshall, *Mohenjo Daro and the Indus Civilization*, Probsthain, Londres, 1931.

23. James Mellaart, *Earliest Civilizations of the Near East*, Thames & Hudson, Londres, 1965 ; J.G. MacQueen, *Les Hittites*, Armand Colin, 1985 ; Pierre Garelli, *Le Proche-Orient asiatique*, P.U.F., 1969.

24. L'habitude des sacrifices demeura d'ailleurs jusque fort tard : on a retrouvé de nombreuses victimes, étrangement intactes après deux mille à deux mille quatre cents ans, selon les cas, dans des tourbières de Grauballe, dans des marais du Schleswig-Holstein, du Jutland, du Borremose et d'autres sites.

25. « La Germanie », XL *(in Œuvres complètes*, la Pléiade, Gallimard, 1990). On a reconstitué l'un de ces chars, visible au musée de Copenhague, à partir de vestiges retrouvés dans des tourbières.

26. L'appellation « Celtes » est généralement réservée aux peuples de la deuxième vague indo-européenne (et la troisième indo-aryenne), qui s'est produite vers 800 avant notre ère. Les peuples des cultures de la Hache, des Poteries campaniformes et des Champs d'urnes sont dits proto-celtes. Ce terme est utilisé ici pour désigner toutes les peuplades qui se sont différenciées à partir de l'invasion indo-aryenne du VIIIe siècle avant notre ère, principalement Gaulois, Germains et Scandinaves.

27. L'idéal celtique était un idéal guerrier, à l'instar de celui des Indo-Européens, et la coutume de décapiter l'ennemi pour ramener sa tête chez soi comme trophée (imprégnée d'huile de cèdre, attachée au cou des chevaux ou bien clouée sur la maison) est attestée par trop de vestiges archéologiques (portique de Roquepertuse, linteau de Nages, sculpture d'Entremont et de Bavay...) et de textes (dont Diodore de Sicile) pour qu'elle puisse être remise en doute. L'auteur de l'épopée irlandaise de Cuchulainn décrit d'ailleurs la salle des trophées, « où les têtes des vaincus sont fichées à la pointe des piques ou accrochées aux harnais par la mâchoire ». C'est le trophée qui fait du guerrier un héros aux yeux des siens.

Il faut ici préciser qu'entre la première invasion indo-aryenne et l'invasion celtique du VIIIe siècle la sédentarisation et le partage des territoires firent que les cultures se différencièrent. Les peuples du Campaniforme (ainsi appelés en raison de la forme de cloche qu'ils donnaient à leurs poteries), dont le territoire originel était la péninsule Ibérique, développèrent la métallurgie du cuivre, le peuple de la Hache de combat introduisit l'usage de la roue, et le peuple des Champs d'urnes, celui qui occupa le plus vaste territoire, n'enterra plus les morts dans des tumuli, mais les incinéra, coutume originaire de l'Inde, et plaça leurs cendres dans des urnes. Ces trois cultures étaient proto-celtiques. On sait très peu de chose de leurs croyances religieuses.

28. C'est ce qu'indique sans confusion possible le bas-relief du IIᵉ siècle, retrouvé au Luxembourg et actuellement conservé au Rheinisches Landesmuseum de Trèves.

29. Duncan Norton-Taylor et les rédacteurs de l'équipe Time-Life, *Les Celtes*, Time-Life, 1975. Il faut préciser que l'expansion celtique connut un grand échec, celui de l'occupation des Balkans. Installés depuis le début du IVᵉ siècle dans le bassin des Carpates, les Celtes tentèrent d'occuper les Balkans en suivant le Danube, mais se heurtèrent à la résistance thrace et macédonienne. Ils furent définitivement battus à Lysimaque, en Thrace, en 278-277 avant notre ère. Une partie de leur armée traversa alors le détroit des Dardanelles pour s'installer en Asie Mineure, créant un nouveau groupe ethnique, les Galates. Miklos Szabo', « Les Celtes dans les Balkans », *La Recherche*, mars 1992. En tout état de cause, ce furent les descendants des proto-Celtes, donc de leurs ancêtres, qui leur infligèrent cette défaite.

30. La Pléiade, Gallimard, 1971, VI, 17-18.

31. Une fois de plus les faits, c'est-à-dire la description de César, ne correspondent guère à la structure des triades de Dumézil.

32. Vladimir Grigorieff, *Mythologies du monde entier*, Marabout, Alleur, 1987 ; et Manfred Lurker, *Lexikon der Götter und Dämonen*, Alfred Kramer Verlag, Stuttgart, 1984.

33. V. *Histoire générale du Diable*, de l'auteur, Robert Laffont, 1993. On voudra bien me pardonner d'avoir omis dans ces pages les analyses structurales du modèle introduit par Georges Dumézil, pour des raisons analogues à celle indiquée au chapitre 1 de ces pages. Trop souvent, me semble-t-il, les historiens des religions postérieurs à Dumézil s'efforcent de faire entrer les faits dans le cadre idéologique d'une structure universelle des croyances, notamment celle de la triade.

34. *Histoire des croyances et des idées religieuses, op. cit.*

35. *Le Gai Savoir*, trad. Alexandre Vialatte, Gallimard, 1939, p. 114-115.

36. *Histoire des croyances et des idées religieuses, op. cit.*

37. *Id.*

38. Tacite, *La Germanie*, XLIII, 6, *op. cit.*

39. Dans une note de *La Mort chez les anciens Scandinaves* (Les Belles Lettres, 1994), Régis Boyer rapporte que lorsque, il y a quelques décennies, des ingénieurs entreprirent de construire la route circulaire qui existe en Islande, les habitants s'opposèrent résolument à ce que le tracé passât par ici ou par là, parce qu'un ancêtre y était enterré ; le déranger reviendrait à faire de lui un revenant.

40. *La Religion des Celtes*, Payot, 1963, et *Altgermanisches Religiongeschichte*, 2 vol., Walter de Gruyter, Berlin, 1956. V. aussi E.O.G. Turville-Petre, *Myth and Religion of the North*, Weidenfeld & Nicolson, Londres, 1964.

41. Proinsias Mac Cana, *Celtic Mythology*, Newnes Books, Londres, 1983 ; Frank Delaney, *Legends of the Celts*, Grafton Books, Londres, 1991.

42. *Id.*

43. L'imagerie chrétienne primitive incorpora plus d'un mythe « païen » dans un contexte christianisé. Par exemple, la statue d'Apollon en Bon Pasteur se trouva reprise telle quelle comme l'image de Jésus, exceptionnellement représenté imberbe. Et les évangiles de Bernward, de Hildesheim, représentèrent la déesse-mère, *Terra Mater*, sous l'image du Christ en majesté. Pour une étude détaillée des transformations de la déesse-mère, v. *The Goddess Obscured*, de Pamela Berger, Beacon Press, Boston, 1985.

44. Certains auteurs admettent l'hypothèse de traversées transatlantiques effectuées par les Phéniciens plusieurs siècles avant notre ère. V. Robert A. Kennedy, « Small Boats Upon the North Atlantic », *in Man Across the Sea*, University of Texas Press, Austin et Londres, 1971.

4

Ruines et énigmes
des croyances africaines

Sur les difficultés de reconstituer l'histoire de l'Afrique, en grande partie perdue, et sur les partis pris excessifs de ceux qui prétendent le faire — Sur la fragilité des systèmes africains de croyances — Sur les influences étrangères subies depuis des siècles par les cultures et les croyances africaines — Sur l'idée d'un Dieu créateur du monde dans les croyances africaines et la paradoxale persistance de l'animisme — Sur les croyances des Dogons du Niger et la multiplicité des influences exercées sur cette région — Sur la nature sociale des croyances africaines et la raison pour laquelle il n'y pas de prédominance du principe divin mâle ou femelle.

Il faut une intrépidité considérable, intellectuelle autant que physique, pour sonder l'Afrique et ses religions. Dans les années soixante-dix et quatre-vingt de ce siècle, on la définissait par les termes de « continent noir ». Elle est devenue la bouteille à l'encre. Y chercher une image originelle de la divinité évoque irrésistiblement les premiers vers de Dante : « Au milieu du chemin de ma vie, je me retrouvai dans une forêt obscure, parce que j'avais quitté le droit chemin. Quant à dire ce qu'est cette forêt, sauvage, âpre et féroce... »

La difficulté tient à trois raisons. La première est la thèse de l'origine africaine de la race humaine (car il n'y en a qu'une). On a, en effet, pensé jusqu'en 1996, pour les meilleures raisons scientifiques du monde (et plus elles sont bonnes, plus elles sont sujettes au changement, car seules durent les idées fausses), que le tronc d'évolution qui, en gros (en très gros), a donné d'une part les grands singes et de l'autre l'espèce humaine avait fait souche en Afrique, apparemment en Afrique orientale. Ç'aurait été à une époque que les paléontologistes ne cessaient de reculer, et qui avoisinait les trois millions d'années. On serait donc, toujours dans cette optique, passé de divers types d'Australopithèques à l'homme de Néanderthal, *Homo sapiens*, puis à celui de Cro-Magnon, *Homo sapiens sapiens*, ancêtre direct de l'humanité telle que nous la connaissons.

Dans ce scénario, l'homme de Néanderthal était apparu il y a quelque deux cent mille ans, celui de Cro-Magnon, il y a une quarantaine de milliers d'années « seulement ». Selon les hypothèses les plus courantes, les premiers hommes, Néanderthal donc, auraient, il y a quelque cent mille ans, gagné le nord-est du continent africain, puis le Moyen-Orient, avant de se répandre en Asie et en Europe (on ignore dans quel ordre), autant d'ailleurs qu'en Afrique même. Puis serait apparu, on ignore dans quelles circonstances, l'homme de Cro-Magnon et les deux humains, Néanderthal et Cro-Magnon, auraient coexisté jusqu'à la disparition du premier il y a une trentaine de milliers d'années. Pourquoi la race de Néanderthal s'est éteinte, on l'ignore toujours ; certains se demandent s'il n'aurait pas été exterminé par l'homme de Cro-Magnon, mais on prête volontiers aux hommes préhistoriques des sentiments peut-être plus belliqueux qu'ils n'en avaient.

Au terme de son long périple, l'homme de Néanderthal était arrivé sur les rives du Pacifique et là, on ne sait pas non plus comment, il aurait gagné l'Australie, puis le reste de l'Océanie. C'était il y a soixante mille ans, et Cro-Magnon n'était pas encore né ; quand il le fut, il emboîta selon toute vraisemblance le pas à son prédécesseur et occupa à son tour l'Australie et l'Océanie, puisqu'il y est encore. Lors de diverses conversations que j'ai eues avec des anthropologues français, australiens et américains, leur conviction était formelle : l'homme de Néanderthal ne pouvait pas avoir occupé l'Australie avant soixante mille ans à l'extrême limite. Certains estimaient qu'il était plus raisonnable de situer cette occupation à quarante mille ans.

C'était donc en Afrique qu'il fallait chercher le reflet des premières croyances de l'humanité, ou du moins ce qu'il en restait.

Puis, tel un coup de tonnerre dans un ciel bleu, éclata en septembre 1996 une nouvelle confondante : des anthropologues australiens avaient découvert dans les territoires nord de l'Australie des gravures rupestres qui remontaient à cent seize mille ans, et une herminette de silex remontant, elle, selon les premières datations, à cent soixante-seize mille ans. C'est-à-dire à vingt-cinq mille ans « à peine » après l'apparition de l'homme de Néanderthal. Conclusion : tout le scénario de l'émergence de la race humaine sur lequel se fondait l'anthropologie était à revoir. L'idée de la divinité sinon celle de Dieu aurait donc pu prendre naissance en Australie ou en Asie du Sud-Est.

Lors d'une conversation avec André Langaney, anthropologue au musée de l'Homme à Paris, celui-ci m'a fait observer, bien avant la nouvelle australienne, qu'on peut faire beaucoup de chemin en mille ans. À plus forte raison en vingt-cinq mille. Vu et considéré ce qu'on croit savoir de l'homme de Néanderthal et de sa relativement faible capacité crânienne, vu aussi qu'il semble avoir mis cent mille ans à quitter son lieu de naissance présumé, l'Afrique, on ne peut s'empêcher d'être soit sceptique, soit admiratif, à l'idée qu'il aurait, « peu après » sa naissance, migré aussi loin que l'Australie (comment franchit-il l'Indonésie d'île en île pour traverser ensuite la mer de Timor qui sépare cet archipel du nord de l'Australie est un autre mystère : si jeune et déjà capable de fabriquer des embarcations qui tiennent la haute mer[1] !).

Il en ressort que l'Afrique ne serait donc pas le premier berceau de l'idée de Dieu et en tout cas pas le seul.

La deuxième raison de la difficulté évoquée plus haut est que les croyances africaines changent tout le temps. La troisième est qu'elles sont en cours de disparition. Un coup d'œil sur les publications récentes d'ethnologie africaine montre qu'elles se raréfient à partir des années 1970, l'âge d'or de cette discipline se situant entre les années 1930 et 1970. On peut en deviner les raisons. Les Noubas, que popularisa (pour des raisons d'ailleurs esthétiques) la cinéaste et photographe allemande Leni Riefenstahl dans les années quatre-vingt, ont perdu leurs territoires. Et l'on peut se demander ce qui restera d'ici peu de temps des croyances des Hutus et des Tutsis...

Une assez vaste quantité de documents et d'études a toutefois été amassée par les ethnologues pour qu'on tente de déchiffrer ce que furent les croyances africaines en matière de divinité, au cours du siècle écoulé tout au moins.

Les deux seuls instruments disponibles pour une telle recherche sont l'histoire et l'ethnologie. Or, elles y ont débarqué tard ; telle est la raison pour laquelle, dans un apparent paradoxe, ce chapitre est le quatrième de ce livre, au lieu d'être le premier ; nous en savons bien plus sur les trois ou quatre millénaires précédant notre ère que nous n'en savons sur les premiers siècles historiques de l'Afrique (à l'exception de l'Égypte, qui est, en effet, une exception, car elle disposait de l'écriture). Il a fallu attendre le XIXe siècle pour que les puissances européennes commencent à étudier les cultures et donc les systèmes de croyances de cette Afrique dont, depuis des siècles, elles avaient commencé par grappiller, puis accaparer l'or, les diamants, l'ivoire et la main-d'œuvre gratuite des esclaves, ensuite le pétrole, la main-d'œuvre à bon marché et les influences politiques. Dans le dernier tiers du XXe siècle, les découvertes de l'anthropologie, et notamment la conviction que l'humanité était née en Afrique, suscitèrent d'abord une consternation incrédule, puis un regain d'intérêt pour ces ancêtres tout frais découverts, comme les géniteurs perdus dans un mélodrame ancien. Quand les ethnologues arrivèrent donc, le terrain n'était plus vierge. D'autres humains y avaient débarqué des siècles auparavant, armés de nouvelles croyances.

L'arrivée des chercheurs, il est vrai, se fit en désordre, car les masques de l'ethnologie, comme ceux de toute science et particulièrement des sciences dites humaines, dissimulent mal grimaces et naïvetés. Parallèlement aux enthousiasmes un peu hâtifs d'explorateurs blancs qui croyaient que l'Afrique avait été un paradis, se manifestèrent les condescendances des spécialistes pour lesquels l'Afrique recelait les derniers vestiges de ce qu'avait été « la pensée prélogique », c'est-à-dire la pensée d'avant Descartes, magma de superstitions et de sottises cruelles qu'il convenait d'opposer à la « pensée scientifique ». Dans le domaine des religions, on vit presque en même temps des Noirs revendiquer à l'excès les mérites des cultures africaines et prétendre, tel l'universitaire américain Martin Bernal dans son étonnante étude en deux volumes, *Black Athena*, que la Grèce était sortie tout armée de l'Afrique, et d'autres, tel M. Félix Houphouët-Boigny, tenter de faire croire que l'Afrique était un fief de la chrétienté, en faisant construire, tout de marbre, une déconcertante copie de la basilique Saint-Pierre de Rome en pleine brousse. Peu d'esprits demeurèrent assez froids pour garder leurs distances à l'égard d'un nouveau saccage de l'histoire africaine. On défendit les éléphants et les gorilles, mais on ne fit quasiment rien pour empêcher le massacre d'un demi-million de gens au Ruanda. Ces moments, grotesques, atroces ou déchirants de la chronique, sembleraient étrangers à l'étude de la divinité en Afrique ; ils ne le sont pas. Aucune science n'est immunisée contre les passions de son temps.

Toujours est-il que, pour étudier l'émergence de l'idée de Dieu, les religions africaines constituent un domaine irremplaçable ; en dépit des saccages de la colonisation et des vicissitudes de l'ethnologie, c'est le seul réservoir de croyances originelles, même si celles-ci ont été adultérées par le contact avec les colonisateurs.

Ces croyances sont dites « primitives » par les ethnologues, parce que l'Occident a toujours considéré que la civilisation ne pouvait se définir que par la technique, le monothéisme et l'écriture. Toute autre forme de culture privée d'un de ces patrimoines ne pouvait, selon un préjugé qui a perduré jusque bien avant dans le XXᵉ siècle, être qu'une ébauche plus ou moins grossière de la culture industrielle, indissociablement liée au monothéisme. Les croyances des peuples conquis avaient été nécessairement « inférieures » et absurdes, puisque ces peuples avaient été asservis, sans quoi la lumière céleste eût guidé leurs pas vers des lendemains chanteurs et colonialistes et les fusils Chassepot eussent été tenus, sous une autre marque, par d'autres que les Blancs. Tel est, en effet, le narcissisme des conquérants.

L'ethnologie souffrait déjà du sien : ceux qui, à la fin du siècle dernier et au cours de celui-ci, recueillirent les témoignages de ces croyances lointaines le firent dans un esprit le plus souvent dénué de sérénité. Dans *L'Afrique fantôme*, Michel Leiris note : « Cafard terrible, le matin, à en pleurer[2]. » C'est Claude Lévi-Strauss qui donne la clef de ce dépaysement dépressif : « Chaque fois qu'il est sur le terrain, l'ethnologue se voit livré à un monde où tout lui est étranger, souvent hostile. Il n'a que ce moi, dont il dispose encore, pour lui permettre de survivre et de faire sa recherche ; mais un moi physiquement et moralement meurtri par la fatigue, la faim, l'inconfort, le heurt des habitudes acquises, le surgissement de préjugés dont il n'avait pas le soupçon[3]. » On conçoit que les témoignages obtenus dans ces conditions ne soient pas toujours le fruit d'un esprit au meilleur de ses capacités d'observation.

Pis, les biais de l'ethnologie s'aggravent de lacunes historiques presque toujours définitives. C'est ainsi que nous ignorons tout de ce que purent être les systèmes de croyances des Africains avant leurs contacts avec l'Occident. La transmission orale survit difficilement, en effet, à l'invasion des techniques et des religions « modernes » telles que l'Islam. En particulier, et à l'exception de l'Égypte pharaonique, il ne nous est pas parvenu de traces de systèmes religieux organisés autour d'un panthéon comparables à ceux des religions de Mésopotamie ou de la religion grecque, reflet des gouvernements terrestres qui régissent le comportement des humains. C'est-à-dire que nous n'avons pas connaissance, en Afrique, de religions dans la mesure où ce mot est défini par une théologie, des célébrants, un rituel et des lieux de culte. Il y en a peut-être eu, mais, comme on n'en retrouve plus de trace, ils se sont à coup sûr modifiés ou bien ont disparu sous l'influence des missions chrétiennes qui sont descendues très tôt le long des côtes orientale et occidentale.

À l'est, l'ancienne Éthiopie, devenue Abyssinie, a été christianisée dès l'an 340. Dès le VIIe siècle, l'Islam y étendait son influence, d'une part en suivant le chemin de la vallée du Nil à travers Égypte et Soudan, de l'autre, à travers la mer Rouge. À l'ouest, les missions portugaises essaimèrent le long des côtes dès le XVe siècle, christianisant les territoires des Ashanti et du Bénin (Ghana, Dahomey et Nigeria modernes) à la suite des navigateurs Cadamosto et Gomez en 1456, et puis les territoires du Cap à la suite de Diaz en 1487. De vastes régions avaient été conquises par les missions chrétiennes au Fouta en 1460 (Sénégal et Guinée-Bissau actuels), à l'embouchure du Congo en 1501 (Gabon, Zaïre, nord de l'Angola actuels), au Monomotapa en 1505 (Mozambique actuel), au Gondar en 1520 (nord-ouest du Soudan).

Certes, l'enseignement chrétien a été réassimilé et modifié, au point qu'il y a aujourd'hui quelque six mille sectes messianiques et prophétiques chrétiennes en Afrique, mais, en cette fin de siècle, christianisme et Islam ont complètement infiltré l'ensemble des peuples africains et transformé irrémédiablement le paysage culturel.

Qui, à l'époque, se fût soucié des croyances de ces « sauvages » qui allaient nus, se battaient à coups de lance et ne parlaient aucune langue chrétienne ? Il faut une grande sérénité pour supporter le spectacle d'un autel Éwé, par exemple, sorte de socle de terre que les sacrifices répétés depuis des années ont imprégné de sang, dont l'odeur fétide monte sous le soleil et que recouvre un amas indéfinissable de plumes, de poils et de petits os épars. Dans l'épouvante et la hâte, dans l'ignorance aussi, navigateurs et missionnaires s'empressèrent d'enseigner aux « sauvages » la décence et les évangiles. L'ethnologie n'était pas née et des pans entiers de l'histoire des croyances humaines sombrèrent ainsi dans le néant, n'étant sauvegardés ni par l'écriture ni par les mémoires. Un peu plus tard, le commerce de l'« ébène », c'est-à-dire la traite des Noirs, déjà pratiqué par les Africains eux-mêmes, allait pendant des siècles arracher des centaines de milliers d'Africains à leurs territoires pour les envoyer, en qualité d'esclaves, les fers aux pieds, cultiver le coton, la canne à sucre ou l'ananas sur les terres du Nouveau Monde, donc pour enrichir les Blancs. Ainsi les chrétiens pratiquaient-ils l'amour d'autrui et l'enseignement de Jésus. Ce qui eût pu subsister de leurs souvenirs chez ces déracinés devait rapidement tomber en poussière, et d'autant plus que les esclaves étaient installés dans des régions où d'autres croyances avaient fleuri, celles des Indiens d'Amérique du Nord et du Sud, sans parler de ceux des Caraïbes, comme les Arawaks ou les Karibs. L'ignorance ou l'arrogance occidentale en matière d'ethnologie religieuse fit supposer au siècle dernier que les Hottentots, aujourd'hui christianisés, n'avaient jamais eu de religion jusque-là. En fait, ils en avaient bien une, qu'on put reconstituer de manière très fragmentaire ; l'un de leurs héros mythiques est Tsui-Goab, dont ils racontaient les exploits et qu'ils priaient pour obtenir la pluie et bonne chasse. Mais on ne sait quasiment plus rien de leurs croyances.

Voilà donc comment un continent a saccagé l'histoire d'un autre. Il est ainsi bien difficile de savoir quelles influences subit l'Afrique, même si elles furent plus pacifiques. Car lorsque la reine légendaire Hatschepsout d'Égypte envoya en 1493 avant notre ère (presque exactement la date symétrique de la découverte de l'Amérique) une expédition commerciale au pays de Pount (sans doute le Mozambique), en quête d'ivoire et de pierres précieuses, ses émissaires durent faire forte impression sur les Africains ; qu'en resta-t-il ? Nous l'ignorons.

Vers 600 avant notre ère, les Phéniciens entreprirent la circumnavigation de l'Afrique par voie de mer, descendant le canal qui unissait la Méditerranée à la mer Rouge (précurseur trop souvent ignoré du canal de Suez) par les lacs Amers du delta du Nil ; ils revinrent par les Colonnes d'Hercule, notre actuel détroit de Gibraltar, dans le sens Atlantique-Méditerranée, ayant ainsi bouclé ce qui fut sans doute le premier des grands tours africains. Difficile d'imaginer qu'ils n'aient fait maintes fois escale, s'entretenant avec les populations côtières ; que laissèrent-ils comme traces dans les croyances locales ? Nous l'ignorons.

En 425 avant notre ère, encore, le Carthaginois Hannon, lui, franchit les Colonnes d'Hercule d'est en ouest et, longeant également l'Afrique, atteignit l'embouchure du Sénégal, à l'endroit de l'actuel Saint-Louis des Français. Ces pionniers ne s'étaient pas engagés avec un seul bateau dans pareilles aventures ; ils étaient partis à plusieurs, petites flottilles s'en tenant au cabotage. Ils laissèrent à coup sûr des récits et des mythes dont nul ne peut mesurer de quelle manière ils essaimèrent dans l'imagination africaine, prompte justement à la mythification. Mais quels récits, quels mythes, nous l'ignorons une fois de plus.

Par ailleurs, une thèse souvent évoquée veut que les rites africains de la circoncision présentent de trop grandes ressemblances avec ceux du judaïsme pour ne pas leur être redevables dans une certaine mesure. Tout cela pour dire le vaste nombre des influences qui se sont exercées sur les cultures africaines depuis une trentaine de siècles. Et encore, nous sommes loin de tout savoir. Comment débrouiller dans cet écheveau incomplet l'origine de l'idée d'un Dieu unique que croient discerner certains[4] ?

Le Sahara sépara sans doute l'Afrique méditerranéenne de l'Afrique noire, mais il fut loin de constituer une barrière étanche, surtout pas à la circulation des idées religieuses. Pendant des siècles, des caravanes du Nord descendaient vers le Soudan occidental pour s'y approvisionner en or du Bambouck, du Bouré, du Bito, en ivoire, en peaux et en esclaves ; elles y amenaient le sel du Sahara, d'Idjil, de Teghazza, de Bilma, et des produits du Nord, « blé, dattes, chevaux, vêtements de laine et de soie, cuivre, argent, verroteries. [...] Ces activités commerciales jouèrent sans doute un rôle dans la naissance des premiers royaumes noirs du Soudan, vers les VIIIe et IXe siècles[5] ».

Une reconstitution historique des croyances africaines est d'autant plus difficile que les guerres tribales et les migrations modifièrent déjà les cultures de manière considérable. Rien qu'au XIXe siècle, dans la région du Cap, les guerres de conquête du chef zoulou Chaka entraînèrent la disparition de plusieurs tribus de Bochimans et de Hottentots, ainsi que d'innombrables migrations, et pour finir la création de nouveaux États, tels que le Matabélé de Mzilikazi (1821-1837) dans l'ancien Transvaal central et occidental. Chaque fois, des croyances disparaissaient, comme lorsque Shoshangana asservit les Tsongas du Mozambique et fonda le royaume Gasa et que Sebetwane, rassemblant des hordes de réfugiés Sothos du Sud, fonda le royaume Kololo. À la fin du XIXe siècle, la colonisation blanche détruisit la plupart de ces royaumes et acheva l'équarrissage des cultures tribales. En effet, ces cultures, très fragiles, résistèrent mal au choc.

C'est ce que relevait justement Lucien Lévy-Bruhl en 1922 : « Au contact prolongé des Blancs, les idées et les sentiments des indigènes, au sujet des Blancs eux-mêmes et de ce qu'ils apportent, ne tardent pas à se modifier. [...] Trop souvent, la société indigène ne peut survivre à cette crise ; les maladies et la démoralisation apportées par les Blancs la font disparaître en peu de temps. Lorsqu'une adaptation se fait, on a remarqué qu'elle commence lentement pour s'accélérer ensuite[6]. » D'autres ethnologues ont relevé les mêmes phénomènes, ce qui incite à soupçonner que plusieurs parmi les systèmes de croyances africains actuels, sinon la majorité ou la totalité, se sont reconstitués en quelques années ou quelques dizaines d'années sous l'influence occidentale ou musulmane, en incorporant les éléments marquants apportés par les Blancs ; c'est le phénomène classique du syncrétisme. On en verra plus bas des exemples.

En dépit du volume considérable d'études ethnologiques africaines, personne ne peut se targuer de savoir ce que furent les systèmes étudiés avant le contact avec l'Occident : les informations recueillies ne renseignent que sur une période relativement brève. Ainsi des arts africains, essentiellement rituels, et dont quelques collectionneurs se sont montrés si friands au cours de ce siècle par un malentendu déconcertant ; la vogue de ces objets est, en effet, due bien plus à l'exotisme et à l'esthétisme (et au snobisme) qu'à l'intérêt réel pour les cultures africaines et la signification des objets mêmes. Par ailleurs, une idéologie confuse mélangeant le « primitivisme » et le « modernisme » a promu des objets rituels, soumis à une sémantique rigoureuse, au rang d'« objets d'art », alors qu'il n'y a pas d'« art » africain. Les objets recueillis ont bien peu de chances de refléter des mythes antérieurs aux colonialismes : les pièces les plus anciennes n'y sont pas plus vieilles que le siècle ! Les autres sont tombées en poussière. Façonnés le plus souvent dans le bois (à l'exception de quelques admirables pièces de bronze, telles que celles de l'ancien royaume du Bénin), les objets rituels africains étaient éminemment périssables. Dès 1932, où le patrimoine de ces objets était pourtant bien moins dévasté que de nos jours, les ethnologues Michel Leiris et Marcel Griaule ne pensaient déjà plus pouvoir recueillir grand-chose dans l'Oubangui-Chari[7].

Ce qui pouvait subsister, au cours des siècles, des croyances traditionnelles de l'Afrique se cantonna à l'intérieur de l'Afrique noire, entre les fleuves Congo, Orange et Zambèze, jusqu'à la région des lacs, ainsi qu'à quelques poches de résistance. Mais à partir du XIXᵉ siècle, les contacts avec l'Occident, fort du prestige de ses armes et des séductions de son commerce, n'ont presque plus rien laissé d'intact, pour ces régions-là comme pour les autres. Ainsi, il est plus que douteux que la croyance actuelle des Pygmées Mbutis du Congo, de la région de l'Ituri, dans un créateur, dieu des forêts, des éclairs et des tempêtes, qui serait un vieil homme à la longue barbe nommé Tore[8] n'ait pas été empruntée à une culture occidentale. Et cela d'autant plus que les Pygmées entretiennent un mythe rival, celui de la Lune créatrice du premier homme. Il n'y a guère de longues barbes chez les Pygmées et ce Tore ressemble beaucoup trop à Thor, le dieu germanique des tonnerres et des éclairs, lui aussi, et pas seulement phonétiquement. Et force est de soupçonner que ce Tore aurait été greffé tardivement sur les croyances pygmées, lors de l'occupation allemande de l'Afrique occidentale, à partir du Cameroun dès 1882.

Il est encore plus douteux que le mythe de la création en six jours par le dieu suprême Wélé, des Bantous du Kenya, de la Tanzanie et du Malawi, qui se reposa le septième jour après avoir créé l'homme, la femme et les animaux, soit un mythe africain originel[9]. C'est, en effet, une décalcomanie de la Genèse presque mot pour mot. Où en auraient-ils trouvé le modèle ? Cela n'est pas difficile à imaginer : dès 1503, les explorateurs portugais avaient installé des missions tout le long de la côte orientale de l'Afrique, à Zanzibar, Malindi, Mombassa, Pemba, Kilona, Mozambique, Tété, Séna, Sofala...

Or, quand les colonisateurs apportaient leur Dieu, ils apportaient aussi une vision unitaire du monde en même temps qu'un sentiment tragique de la vie ; et même quand ceux-ci avaient été repoussés et s'étaient désagrégés, leur empreinte, elle, demeurait, donnant naissance à ses syncrétismes[10].

De nombreux ethnologues relèvent ainsi qu'on croit un peu partout dans l'Afrique noire en un dieu suprême : Mulungu en Afrique orientale ; Leza chez les tribus Bantous dans le nord du Zimbabwe, l'ancien Kalahari septentrional ; Nyambé, du Botswana au Cameroun et chez les Akans du sud du Ghana, Nyamyé en Afrique occidentale ; Ngewo chez les Mendes de Sierra Leone ; Amma chez les Dogons du Mali ; Olorun chez les Yorubas, Chukwu chez les Ibos, Soko chez les Nupes, tous du Nigeria[11], Xangwa et Gaua chez les Bochimans, Gaunab chez les Hottentots, Gamab chez les Bergdamas (ces trois derniers étant sans doute des variantes du même nom, qui peut paradoxalement désigner dans certaines versions un ennemi de l'Être suprême[12])...

Et là encore, la réserve s'impose, pour les raisons évoquées plus haut. Si l'on prend, par exemple, l'étymologie du nom même de Mulungu, « âme ancestrale », souvent aussi dit Mungu[13], on relève qu'elle reflète autant les mythes ancestraux qu'une image de Dieu selon les notions occidentales. Leza est défini par plusieurs mythes dont l'un fait de lui la « mère des animaux ». Nyambé, Nyamyé chez les Baoulés, est à coup sûr celui qui se rapprocherait le plus de ces notions ; c'est un dieu androgyne, mi-Soleil, mi-Lune, créateur de toutes choses et « infuseur » de l'âme dans l'embryon et maître des destinées.

Mais l'idée d'un dieu maître des destinées humaines est étrangère aux systèmes des croyances africaines, qui sont fondées sur l'accord de l'individu au cosmos qui l'entoure et sur les rites qui permettent d'y parvenir ; elle est fondamentalement tragique, au sens occidental de ce mot, et elle ne correspond aucunement à ce qu'on sait des cosmogonies africaines et des philosophies ou moralités qui en découlent. Nyambé paraît avoir été influencé par les enseignements des missions non seulement portugaises, mais encore anglaises qui s'établirent dès le XVIe siècle au Ghana.

Enfin, si les Hottentots actuels révèrent bien Tsui-Goab, cité plus haut, des auteurs anciens rapportent que le dieu originel des Hotten-

tots était la Lune. Une modification profonde des croyances hotten-
totes s'est donc produite à une période qu'on peut situer entre le
XVIIe et le XIXe siècle. Ce dieu suprême réside parfois au ciel, avec sa
femme et ses enfants, parfois sous la mer, comme l'Olokun, du Bénin.
Il se manifeste parfois de manière cohérente, comme Mulungu,
quand celui-ci jette la foudre sur Terre, mais il est parfois incompréhensible ou indifférent, comme Leza.

Quelques systèmes de croyances africains semblent avoir conservé
une certaine authenticité au cours des âges, étant donné que, d'une
part, on n'y retrouve pas d'éléments spécifiquement chrétiens ou
musulmans et que, de l'autre, on y trouve des thèmes plus spécifiquement africains ; ainsi de ceux des Dogons des falaises de Bandiagara,
au Mali, des Éwés d'Abomey, des Bambaras. Variant le plus souvent
de clan en clan, selon ceux qui veulent bien les révéler aux Blancs, ces
systèmes se caractérisent par trois traits : ils dérivent de mythologies
cosmogoniques, ils sont polythéistes et ne comportent pas de révélation. Le système des Dogons est assez particulier, et c'est sans doute
pourquoi il a particulièrement retenu l'attention depuis une soixantaine d'années, car il commande une théocratie rigide.

Le système dogon se reflète dans deux cosmogonies, l'une simplifiée, l'autre complexe[14]. Toutes deux, qui sont des poèmes épiques
autant que des cosmogonies, semblent, à première vue, avoir échappé
aux influences occidentales ; leur « africanité » s'impose d'emblée. À
l'analyse, on y distingue sept thèmes majeurs : un, celui d'une autorité
suprême, Amma, qui représente l'équilibre ; deux, celui d'un élément
perturbateur et négatif, Yurugu ; trois, l'importance accordée à la
sexualité, avec interdit de l'inceste dans certaines versions, mais description du même inceste comme événement fondateur dans d'autres ; quatre, celui de la parole fertile, qui fait que, lors d'une
cérémonie très importante, les Dogons frappent le grain pour en faire
sortir la parole de force[15] ; cinq, la condamnation de l'esprit de
révolte, dont Yurugu est le symbole, mais qui définit aussi le clitoris
de la « termitière » ; six, la domination du principe féminin par le
masculin. Enfin, sept, le principe de gémellarité, de complémentarité
des contraires et d'androgynat qui s'applique à toutes les créatures.
Une moralité s'en dégage, qui est le respect de l'ordre cosmique,
garant de l'ordre terrestre[16].

Au second regard, la certitude d'« africanité » originelle perd de sa
force. En effet, Amma apparaît chez les Dogons comme le dieu
suprême garant de l'ordre cosmique et par conséquent de l'éthique
terrestre. C'est un dieu unique, dont l'apparentement avec le Dieu
révélé des monothéismes orientaux est évident, même s'il ne partage
pas les humeurs et les aventures que l'Ancien Testament prête à ce
dernier. Les Dogons lui offrent des sacrifices sur des autels, ressemblance avec les pratiques de l'Ancien Testament qui laissent rêveur.

Mais le fait le plus frappant est qu'il crée le monde par la parole, ce qui évoque singulièrement le début de la Genèse : « Au commencement était le Verbe. »

Des parallèles aussi étroits incitent à supposer, jusqu'à plus ample informé, que le système de croyances des Dogons serait en fait une forme de syncrétisme entre des croyances originelles spécifiquement dogons et l'enseignement de missionnaires chrétiens, diffusé selon des cheminements inconnus. Et cela d'autant plus que les entretiens de l'ethnologue Marcel Griaule avec le pêcheur aveugle Ogotemmêli, qui sont l'une des sources d'information les plus riches sur les Dogons, se situent entre 1931 et 1948, soit plusieurs siècles après les premiers contacts de l'Afrique avec l'étranger. Et que le territoire des Dogons se trouve dans le coude du fleuve Niger, à distances presque égales du Liberia, de la Côte-d'Ivoire, de l'ancienne Côte-de-l'Or, actuellement le Ghana, du Togo et du Dahomey.

Or, le Niger, le Nigris de Pline, le Nigeir de Ptolémée (qui a peut-être changé de cours avec le temps), le « Nil des nègres » comme l'appelait le voyageur arabe Ibn Batouta, et dont l'autre voyageur et géographe arabe Idrissi disait qu'il prenait avec le Nil sa source dans les monts de la Lune, a attiré beaucoup de curiosités. Et d'explorateurs. Il a été l'un des fleuves les plus discutés au monde : nul ne savait dans quel sens il coulait. Assez bizarrement, en effet, il semble prendre source près de la mer, mais il naît en fait dans les monts Loma, à la frontière de la Guinée-Bissau, et suit une grande boucle pour aboutir à un vaste delta au sud du Nigeria actuel, au terme d'un périple compliqué de quelque quatre mille kilomètres.

Dès le début du xvᵉ siècle (1405-1413), le Français Anselme d'Isalguier alla s'installer dans la ville de Gao, sur la rive nord du fleuve, en plein Mali actuel, entre les scorpions et les chants des bateliers, sous un soleil d'enfer ! Folle aventure, rivale de celle de Christophe Colomb et auprès de laquelle celles des Lawrence contemporains font bien pâle figure. Il écrivit le récit de son voyage, jamais publié, aujourd'hui perdu, regrettons-le vivement quand on sait le caractère aventureux des déplacements dans certaines régions d'Afrique, où il faut parfois embarquer son bagage à dos de chameau pour traverser des gués imprévisibles et des humeurs aussi soupçonneuses qu'accueillantes (en 1828, soixante ans exactement avant que la France fît flotter son drapeau sur ces territoires occupés de fait par les Anglais, un autre Français, René Caillié, devait en faire l'expérience ; il fut le premier à revenir vivant de Tombouctou).

Donc, l'année suivant la mort de Jean sans Peur, et l'année même où Tamerlan était mort, avant d'entreprendre sa « guerre sainte », encore une, contre la Chine, en plein cœur du Grand Schisme qui divisait l'Europe en deux camps ennemis, un natif d'Angoulême allait résider là[17]. Or, c'était à quelques centaines de kilomètres de Tombouctou, au-dessus justement du territoire des Dogons, les falaises de Bandiagara, dans un port que fréquentaient tous les bateliers des pays avoisinants. Les Dogons étaient-ils déjà présents ? Car leur territoire fut précédemment occupé par les Tellems, ethnie disparue.

Comment exclure alors que les aspects bibliques des croyances modernes des Dogons soient étrangers aux récits de sa propre religion que fit Anselme d'Isalguier, prophète et missionnaire malgré lui ? Car on ne peut croire qu'il partît sans une Bible et ne parlât pas de sa religion.

Et que dire de ce personnage encore plus extraordinaire que fut El Hassan ibn Mohammad el Wazzan el Zayati, plus connu sous le nom de Léon l'Africain, Arabe de Grenade converti de force au christianisme par le pape Léon X, auquel on l'avait présenté comme esclave, et qui mourut de nouveau musulman à Tunis en 1554 ? Car avant sa conversion, en 1513, Léon l'Africain essaya lui aussi de déterminer dans quel sens coulait le Niger. Lui aussi navigua dessus, séjourna sur ses rives, fréquenta les riverains. Il les intrigua considérablement, à coup sûr. Les Africains sont toujours curieux de la nouveauté, surtout quand elle se présente sous la forme d'humains à la peau blanche. En 1983, une équipe de cinéma partie pour Tombouctou afin d'y tourner un film de télévision rencontra des gens qui n'avaient encore jamais vu de Blancs : geste connu des familiers de l'Afrique, ils leur frottaient la peau pour vérifier que ce n'était pas de la peinture. On imagine ce que ce put être quatre siècles et demi auparavant pour Léon l'Africain. D'où venait-il ? Que savait-il ? Que croyait-il ? Pouvait-il, ainsi interrogé, ne pas réciter l'une des premières sourates du Coran :

> « Il a créé pour vous tout ce qui est sur terre,
> puis Il s'est élevé aux ciels,
> harmonisés par lui en sept ciels,
> Il sait tout, Lui[18]. »

Cette même boucle du Niger fut décidément un pôle d'attraction, car l'une des trois grandes pistes de caravanes citées plus haut, qui traversaient le Sahara, y aboutissait justement, et l'on sait que des marchands arabo-berbères séjournaient sur place, servant d'agents commerciaux aux exportateurs du Maghreb[19]. On n'arrêta pas d'explorer ce Niger, qu'on prit un moment pour un affluent du Nil, puis qu'on méprit pour le fleuve Sénégal, jusqu'au moment où, en 1883, l'occupation du Soudan équatorial français clarifia enfin les idées des géographes. Or, il avait passé bien du monde dans la région. Et les Africains, Dogons compris, étaient loin d'être sourds aux paroles de ces étrangers pleins de savoir, de livres et d'armes à feu. Comment jurer qu'ils n'incorporèrent pas dans leurs croyances ce que disaient tous ces voyageurs à la peau couleur de lune ?

Qu'en déduire ? Qu'au cours des siècles les Africains ont été dans la même situation que les Hébreux, sommés par les prophètes d'abandonner les dieux étrangers pour confesser leur allégeance inconditionnelle au Dieu unique. Mais les missionnaires n'étaient pas des prophètes et aucune comparaison n'était de mise entre le dessein politique des prophètes et l'aspiration des Africains à la divinité. Plusieurs cultures africaines adoptèrent bien l'idée d'une divinité suprême, sorte de monarchie spirituelle sous-jacente (ou plutôt « surjacente »), mais l'adaptèrent à leurs mythes. Deux caractéristiques des monothéismes échouèrent à pénétrer réellement l'Afrique : la révélation et le péché originel. Ni l'une ni l'autre n'étaient dans l'ordre du monde. La révélation impliquait une rupture gratuite, incompréhensible de cet ordre, puisqu'elle supposait qu'auparavant il n'y aurait eu que désordre, et la seconde était à leurs yeux encore plus inacceptable : si le péché originel dérivait de la sexualité, comme durent le proclamer les missionnaires chrétiens, épouvantés par cette nudité omniprésente et fidèles aux enseignements de saint Paul, alors le monde ne devait pas exister et tout enseignement était vain.

En d'autres termes, le monothéisme théocratique ne prit jamais racine en Afrique. Dieu était partout et à personne.

Car le plus singulier de cette présence diffuse d'un Dieu unique, créateur universel, est qu'elle ne semble pas avoir de rôle formateur dans les systèmes de croyances africains[20]. Les ancêtres morts sont, pour les Éwés d'Abomey ou les Nüers du Soudan, beaucoup plus terrifiants que le Créateur ; d'où l'abondance des masques d'ancêtres parfois changés en génies tutélaires. Chefs fondateurs des clans et des tribus, chargés de pouvoirs surnaturels considérables, les ancêtres morts commandent la plus grande partie de la vie de la tribu : ce sont eux qu'on consulte pour les achats et ventes de terrains, les mariages et les guerres, comme ce sont eux qu'on prie pour avoir de la pluie et de belles récoltes. Mais de très nombreux autres dieux, génies, esprits, exercent une pression bien plus immédiate sur l'imaginaire africain. Tout voyageur qui a dépassé l'enceinte du quartier bâti pour les étrangers et les fonctionnaires, avec ses hôtels climatisés et ses boutiques, comprend rapidement que l'Afrique est essentiellement animiste. C'est-à-dire qu'elle pense que tout a une âme, disposition qui, au XIXe siècle, inspira à Sir Edward Burnett Tylor la plaisante idée selon laquelle l'animisme serait la « définition minimale de la religion ».

La prédominance de l'animisme se conçoit du fait que la population africaine, avant la formidable refonte effectuée par l'Occident, avec son urbanisation massive et désordonnée, et l'implantation de ses réseaux commerciaux omnipotents, était constituée en royaumes divisés en tribus, elles-mêmes partagées en clans. La survie de ces structures dépendait d'abord de la terre et de l'eau, puis de son bétail, dont les forces vitales étaient « expliquées » par des puissances surnaturelles qui les commandaient ; elle dépendait également de la santé, et de l'oncerchose ou cécité des rivières au paludisme et autres parasitoses invalidantes, en passant par la lèpre, le choléra et des viroses fulminantes, comme l'hépatite et la fièvre d'Ebola, l'Afrique a été particulièrement sujette aux endémies et pandémies ; ces maladies, qui font souvent d'un être sain un individu invalide, repoussant ou menacé par la mort avec une déconcertante soudaineté, sont aussi incompréhensibles pour un Africain analphabète qu'elles l'étaient pour les Européens du Moyen Âge ; ces derniers attribuaient les épidémies au péché, les Africains les mettaient au compte de génies malfaisants, souvent agités par des humains malveillants ou bien d'ancêtres offensés ou restés sans sépulture. La survie dépendait encore du succès à la chasse, commandé par les esprits du gibier et leur duel avec le bon ou mauvais vouloir des esprits qui veillaient sur les chasseurs.

La sexualité africaine, qui a fasciné autant qu'épouvanté un Occident soumis à des interdits encore plus nombreux et stricts dans ce domaine, est pour l'Africain la mise en jeu de sa faveur personnelle auprès des puissances invisibles et de la survie de son clan ; telle est la raison de son exaltation et de sa présence souvent dérangeante dans la société africaine. Mais contrairement à ce qu'imagine souvent encore l'Occidental, elle est très loin d'être un terrain d'activités débridées et erratiques motivées par la recherche obsessionnelle du plaisir ; elle est ou plutôt était, bien au contraire, soumise à des règles extrêmement rigoureuses.

La sexualité n'est pas considérée sous l'angle exclusif de l'orgasme, mais de sa signification cosmique, et c'est pourquoi, chez les Ashantis, les enfants impubères n'ont pas droit à des funérailles, ni à un enterrement dans le cimetière des adultes ; ceux-ci, qui sont considérés comme des individus sexués parvenus à maturité, ne sauraient dormir leur dernier sommeil aux côtés d'êtres inachevés, sous peine de troubler l'ordre cosmique et d'infliger la stérilité à leur mère[21]. Chez les Samos de Côte-d'Ivoire, par exemple, dès l'annonce des premières règles d'une jeune fille, les parents doivent cesser tout commerce sexuel jusqu'à l'achèvement des rites de puberté de la jeune fille. Car les parents, censés avoir une activité sexuelle régulière, sont considérés comme des personnes « denses », dont l'influence risque de troubler l'évolution d'une personne « légère » telle qu'une fille en cours de puberté[22]. C'est une croyance répandue dans l'ensemble de l'Afrique et, chez les Thongas d'Afrique du Sud, par exemple, une femme stérile est tenue pour responsable de son infirmité en raison d'interdits qu'elle aurait transgressés[23]. Le nombre d'influences surnaturelles qui peuvent s'exercer sur tous les aspects de la vie sexuelle a donc inspiré une quantité de traditions et rites, placés sous les auspices de nombreux esprits, qui déconcerte le profane et parfois même le spécialiste occidental.

Pendant les siècles qui précédèrent et suivirent l'occupation de l'Afrique par l'Occident (et parfois des pays de la Méditerranée), le continent fut déchiré par des guerres civiles sans fin, qui opposaient des tribus à d'autres ; le sens de l'identité était donc indispensable aux Africains (comme on l'a vu à la fin du XXe siècle dans les massacres réciproques des Hutus et des Tutsis du Ruanda), et elles se forgeaient dans le culte des ancêtres, propriété inaliénable et intrinsèque des clans. La nécessité de solidarité des membres de tribus appelés à défendre des territoires imposait aussi des rites initiatiques, parfois très éprouvants, comme ceux du passage de l'adolescence à l'âge adulte ; ces rites étaient pratiqués de façon stricte, au nom des génies ou esprits du clan ou de la tribu, le plus souvent associés aux ancêtres. Leur célébration était assurée par de très nombreuses sociétés secrètes.

Les croyances africaines constituent donc le ciment des tribus, entre les individus et entre les tribus et le cosmos. Leur grande diversité et la multiplicité de leurs pôles éliminent donc d'emblée tout monothéisme centralisateur à l'image de celui des religions révélées. La divinité en Afrique est répandue dans l'ensemble du monde et du cosmos ; elle est diversifiée à l'infini, dans des dieux différents. Elle ne peut pas être réduite à un sentiment diffus tel qu'un théisme, comme on l'a souvent supposé, elle est au contraire constamment présente : tout en Afrique est religieux, mais il n'existe pas de « religions » africaines au sens où une religion est un corps de croyances organisées et immuables. Il n'y a pas non plus de dissociation homme-Dieu, comme dans les religions révélées. Pour l'Africain, l'être humain est inséré, de sa naissance à sa mort et au-delà de ces limites terrestres, dans des cycles qui sont le fait même de la divinité. Il ne tient qu'à lui de les respecter, comme le musicien qui suit scrupuleusement la partition de l'orchestre auquel il appartient. Seulement, dans ce cas-ci, il n'y a pas de pontife, même lorsque le roi se déclare l'incarnation de tel dieu ou déesse. Même le roi peut être détrôné par le peuple s'il ne respecte pas l'ordre cosmique. Les croyances africaines se suffisent à elles-mêmes et telle est la raison pour laquelle on ne connaît pas de prosélytisme religieux africain.

Ce sentiment cosmique peut également répondre, au moins partiellement, à la question : comment se fait-il que les religions de l'Afrique ne fassent pas prédominer le principe mâle, ou bien le femelle ? Pourquoi les religions noires ne portent-elles pas de reflet du culte de la Grande Déesse ? C'est qu'à la différence de l'Européen des trente ou quarante premiers millénaires, qui luttait contre le froid et la séche-

resse, la fertilité lui était donnée. L'Afrique ne connut pas de glaciations. La vie semble jaillir à foison de sa terre, plantes, insectes,
animaux. Loin de s'échiner à l'entretenir, parce qu'elle est avare, il
faut au contraire la dompter. Le principe mâle est aussi important
que son symétrique, et l'on ne conçoit pas de rivalité entre eux.
L'homme crée dieu à son image et celle-ci dépend aussi du climat.
Le culte de la Terre-mère, grande déesse de la fécondité, fut le fait
de gens du Nord, qui se souciaient sans relâche de leur subsistance,
alors que l'Africain, lui, ne se préoccupe que des rituels d'insertion
dans la nature, le monde et les rythmes du cosmos. Les puissances
surnaturelles, les esprits des ancêtres, régnaient sur la totalité du
monde ; pourquoi se serait-on occupé de les imposer aux autres ?

Ce fut ainsi que les croyances africaines ne furent jamais conqué-
rantes. Elles étaient données ou elles ne l'étaient pas, et nul étranger
n'a jamais été, par exemple, invité à un vaudou[24] comme les Occidentaux s'invitent mutuellement, par-delà les confessions et les rites, à
des baptêmes, des bar-mitsva ou au Aïd el Kébir : c'est une cérémonie
secrète. L'Africain n'est pas prosélyte. Pudeur ou orgueil, leurs dieux
sont leur affaire, ils ne s'exportent pas. Et quand on exporte l'Africain, il les emmène avec lui.

Bibliographie critique

1. Ce qui complique ou simplifie le problème, selon le point de vue où l'on se place, est que les étapes d'une évolution des grands singes à l'australopithèque et de celui-ci à *Homo sapiens* en Afrique sont indiscutables. Si elle n'a pas été *le* berceau de la race humaine, l'Afrique en a toutefois été *un*. La découverte australienne remet toutefois en vedette une théorie, également fondée sur des traces paléontologiques certaines, c'est que l'hominisation se serait faite en plusieurs points séparés de la planète et notamment à Java. L'existence de l'homme de Java (basée sur la découverte d'un crâne qui aurait une soixantaine de milliers d'années), qui a suscité tant de scepticisme il y a seulement quelques années, reprend donc, si l'on peut dire, « du poil de la bête ».

2. *L'Afrique fantôme*, Gallimard, 1934. Leiris n'est certes pas le seul à souffrir de l'exil qu'est tout travail ethnologique et du détachement qu'il peut engendrer. En témoigne le journal, étonnant de candeur, du grand ethnologue que fut Bronislaw Malinowski, alors qu'il étudiait les indigènes des Trobriand : « Le type d'indigène mi-acculturé que l'on trouve à Samarai est pour moi *a priori* un être repoussant et inintéressant. » Et encore : « Quant à l'ethnologie : je vois la vie des indigènes comme entièrement dénuée d'intérêt ou d'importance ; comme quelque chose qui m'est aussi étranger que la vie d'un chien. » Mieux encore : « Pour dire vrai, je vis loin, très loin de Kiriwina, tout en détestant cordialement les *niggers* » (*Journal d'ethnographe*, Recherches anthropologiques, Seuil, 1985). On conçoit que les témoignages recueillis dans un pareil état d'esprit ne soient pas toujours fiables.

Dans une étude souvent savoureuse, Francis Affergan (*Critiques anthropologiques*, Presses de la Fondation nationale des sciences politiques, 1991) rappelle également les crises dépressives de Franz Boas qui, en 1884, dans l'île de Baffin, trouve tout « très déplaisant ». Alfred Métraux, lui, souffrait au cours de ses itinéraires anthropologiques de crises de neurasthénie.

3. *Anthropologie structurale deux*, Plon, 1973.

4. Louis-Vincent Thomas et René Luneau, *Les Religions d'Afrique noire*, Arthème Fayard, 1969.

5. Hubert Deschamps, *Traditions orales et archives au Gabon*, 1962, cité par Honorat Aguessy, « Visions et perceptions traditionnelles », *in Introduction à la culture africaine*, Unesco/10-18, Paris, 1977.

6. *La Mentalité primitive*, PUF, 1922 ; Retz-CEPL, rééd. avec une préface de Louis-Vincent Thomas, 1976.

7. *L'Afrique fantôme, op. cit.* J'ajoute que la grande vulnérabilité des productions « artistiques » de l'Afrique au jugement profane occidental est d'avoir toutes l'air

« primitif », donc étrange. Cela fait qu'on parle de l'« art africain », alors qu'il y a autant d'arts que de cultures, et autant de différences entre la production des Senoufos et celle des Tchokwés qu'entre l'art grec et l'art égyptien. D'où la stupeur de l'Occidental quand il découvre le réalisme « occidental » de l'art Ifé du Bénin, ancien Nigeria.

8. *World Religions from Ancient History to the Present*, sous la direction de Geoffrey Parrinder, Facts on File, The Hamlyn Publishing Group Limited, Newnes Books, 1983.

9. Vladimir Grigorieff, *Mythologies du monde entier*, Marabout, Alleur, Belgique, 1987. Ce même dieu était aussi connu des Bochimans sous les noms de Cagn, Huwé, Hishé (« Africa », *Encyclopaedia Britannica*).

10. Un exemple de syncrétisme célèbre chez les ethnologues africains est celui des Bwitis du Gabon, secte fondée par les Mizogos et considérée comme hostile à l'activité des missionnaires ; c'est pourquoi cette secte fut démantelée en 1927. Or, les Bwitis se servaient de symboles chrétiens, autels, croix, chapelets, cierges, pour pratiquer des exorcismes et, au cours de cérémonies sanguinaires, vouer leurs ennemis à l'extermination. Gert Chesi, *Les Derniers Africains*, Arthaud, 1977.

11. Parrinder, *op. cit.*

12. Grigorieff, *Mythologies du monde entier, op. cit.*

13. Manfred Lurker, *Lexikon der Götter und Dämonen*, Alfred Kramer Verlag, Stuttgart, 1983.

14. Selon la cosmogonie dogon simplifiée, le dieu Amma engendra la Terre et l'épousa, mais le « clitoris-termitière » de celle-ci voulut rivaliser avec le pénis d'Amma et le fruit de la première union, Yurugu, Renard-pâle (dit aussi Chacal), fut donc imparfait. Amma abattit donc la termitière, c'est-à-dire qu'il excisa la Terre, qu'il féconda à l'aide de sa pluie. De cette seconde union naquit un couple de jumeaux, un mâle et une femelle, le Nommo. Yurugu se trouva jaloux des jumeaux et désirant une compagne, commit un inceste avec sa mère la Terre, dont naquirent les génies de la brousse.

Selon la cosmogonie complexe, ésotérique, Amma engendra par sa parole l'infiniment petit, qui se développa jusqu'à être un œuf à deux placentas. De l'un de ceux-ci naquit avant terme Yurugu, qui vola les graines créées par Amma et un morceau du placenta de l'autre moitié de l'œuf, dans lequel il espérait trouver sa jumelle Yasigi. Mais de l'autre moitié en question étaient déjà nés les jumeaux du Nommo, auxquels Amma confia Yasigi. Ce qui fit que Yurugu se retrouva seul avec le morceau de placenta dérobé, qui devint la Terre. Il commit ainsi le premier inceste en s'unissant avec celle-ci. La Terre fut donc stérile. Pour mettre fin à cette stérilité, Amma sacrifia l'un des jumeaux du Nommo, qu'il démembra et dont il jeta les quartiers aux quatre points cardinaux ; ce fut ainsi que la végétation fut régénérée et que le jumeau sacrifié renaquit sous la forme humaine. Cela fait, le Nommo dessina deux êtres androgynes, l'homme, qui reçut la verge, masculine, et le prépuce, féminin, et la femme, qui reçut le vagin, féminin, et le clitoris, masculin. Le Nommo circoncit ensuite l'homme, qui s'unit à la femme, non excisée. De cette union naquirent deux jumeaux mâles. Le clitoris de la femme tomba au cours de ce premier accouchement, effectuant ainsi une excision naturelle. Des unions successives donnèrent six autres enfants, qui furent les huit ancêtres célestes du peuple dogon.

Tout cela se passait dans le ciel. Ce fut alors qu'Amma plaça les jumeaux Nommo et les huit ancêtres, avec toute la flore et la faune, dans une arche constituée du placenta céleste et descendit celle-ci sur la Terre. Les ancêtres purent enfin contrôler les désordres, stérilité, nuit, engendrés par Yurugu, qui était resté sur la Terre. Celle-ci restant toujours impure, les Nommo en pénétrèrent le sexe-termitière, qu'ils remplirent de leur présence, lumineuse, humide et sonore. Les huit ancêtres en firent de même en parlant à la Terre, qui s'en trouva rafraîchie et régénérée. Mais ce fut le septième ancêtre qui, par sa perfection, réalisa la parole d'Amma et instruisit l'homme. Cela fut fait par l'entremise d'une fourmi, chargée de transmettre le travail de la parole effectué par un métier à tisser issu de la bouche du septième ancêtre. La navette de celui-ci symbolisait par ses allées et venues le mouvement de la vie. Ici on trouve une identification fondamentale de la parole au tissage.

Le huitième ancêtre prétendit remplir avant l'heure le rôle du septième. Ce dernier, irrité, se transforma en serpent et menaça d'avaler les autres ancêtres. Ce fut alors que le premier ancêtre, qui était le forgeron, enjoignit aux humains de décapiter le serpent et de lui en confier la tête, qu'il cacherait dans sa forge, sous son siège. La fourmi, entre-temps, n'avait pu achever la tâche qui lui avait été assignée, puisqu'elle n'avait livré que la trame du tissage. Pour renouer le fil de l'instruction humaine, Lébé, le plus ancien des humains, accepta de mourir et d'être enterré près de la tête du serpent. Celui-ci l'avala et le recracha sous forme de pierres qui se disposèrent dans l'ordre du squelette humain. L'ordre ou structure des choses humaines était ainsi établi et parachevé : les indications de ce qu'il fallait faire et ne pas faire étaient données.

Parmi les variantes de ce récit existe une version occulte dans laquelle Amma viola la Terre après l'avoir créée, pour engendrer le Nommo.

Ces versions de la cosmogonie dogon ont été établies sous forme résumée d'après *Dieu d'eau, entretiens avec Ogotemmêli*, de Marcel Griaule, ouvrage fondamental de l'ethnologie africaine (Fayard, 1966).

15. Marcel Griaule, *Dieu d'eau, entretiens avec Ogotemmêli, op. cit.*

16. Parmi les thèmes secondaires, il faut relever en premier lieu celui du forgeron, le Hogon, personnage sacré et dominant de la théocratie dogon, chez lequel nul n'entre que pieds nus, car il se sert du feu, qui a été volé au ciel. Celui-ci illustre par excellence le thème de Prométhée. Mais ce n'est pas la seule ressemblance avec les mythologies étrangères : l'auto-inceste se retrouve, en effet et à quelques variantes près, dans le mythe grec de Gaïa la Terre engendrant son fils Ouranos et s'unissant avec lui, lequel évoque à son tour celui d'Adam s'unissant à Ève qui est sortie de lui. Les mythes de Gaïa et de Prométhée sont-ils d'origine africaine ? Ou bien, à l'inverse, les mythes dogons furent-ils implantés par des voyageurs étrangers ? Autre mystère ethnologique.

17. Charles de La Roncière, *Découverte de l'Afrique au Moyen Âge*, Institut français d'archéologie orientale, Le Caire, 1927.

18. *Traditions orales et archives au Gabon, op. cit.*

19. Le Coran, traduit et présenté par André Chouraqui, Robert Laffont, 1990.

20. La superficialité des apparences de monothéisme dans les croyances africaines se mesure à l'absence de personnage équivalent au dieu du Mal, que j'ai démontrée dans l'*Histoire générale du Diable*. La polarisation des croyances selon un axe Bien-Mal est, en effet, notoirement étrangère à l'Afrique. V. aussi David Forde, *African Worlds, Studies in the Cosmological Ideas and Social Values of African Peoples*, Oxford University Press, Londres, 1960.

21. Françoise Héritier, « L'identité samo », article cité par Marc Auger et Claudine Herzlich, *Le Sens du Mal, anthropologie, histoire, sociologie de la maladie*, Éditions des archives contemporaines, 1984.

22. M. Auger et C. Herzlich, *op. cit.*

23. Henri A. Junod, *The Life of a South African Tribe*, 2 vol., MacMillan, Londres, 1927.

24. Une opinion diffuse a longtemps voulu que le vaudou (le mot signifie simplement « esprit ») fût haïtien et qu'il fût le vestige transatlantique de cultes africains perdus. Il n'en est rien : originaire de la tribu des Fons, il est pratiqué de nos jours, de manière traditionnelle, par les Éwés du Togo méridional et du Ghana du Sud-Est. Cette cérémonie, qui consiste à provoquer la possession des participants par des esprits, est destinée à les remettre dans l'ordre du cosmos pour guérir des « maladies », ce terme incluant aussi des déboires personnels.

5

L'hindouisme, religion sans Église et pôle de l'Inde

Sur les deux peuples qui occupèrent l'Inde les premiers, les Mundas, il y a dix mille ans, et les Dravidiens, il y a huit mille ans — Sur Shiva, dieu de l'amour et de la mort, de la danse et de la dispersion — Sur la première occupation de l'Inde par les Aryas et leur échec — Sur la légitimité des dieux selon leur appartenance politique — Sur la deuxième occupation aryenne de l'Inde et la fondation du système des castes et de l'hindouisme — Sur des dieux qui sont multiples, un et nuls — Sur l'élection des dieux au suffrage universel — Sur la sexualité qui permet d'accéder à la conscience suprême — Sur des dieux qui sont le Tout et son contraire — Sur la nature essentiellement populaire et indestructible de l'hindouisme.

« Aurore, toi qui détiens le prix de la victoire, porte-nous cette puissance aux couleurs vives par laquelle nous établirons nos enfants et nos petits-enfants[1] », chante l'auteur inconnu du Rig Veda, cette collection d'hymnes aryens qui, selon la tradition, commencèrent à être écrits il y a trente-deux siècles et dont la rédaction s'acheva trois siècles plus tard, alors que l'Europe ignorait encore l'écriture. Les divinités exaucèrent la prière. L'aurore vint trois siècles plus tard, ce fut celle des grandes religions sur l'héritage desquelles nous vivons, souvent à notre insu. Mais elle fut sans doute différente de ce qu'avait escompté l'auteur de la prière citée plus haut. Les Aryas, en effet, n'avaient pas encore affronté l'Inde.

Du choc titanesque entre les envahisseurs aryas et les Hindous allait naître l'une des grandes religions du monde, l'hindouisme, dont la vitalité est d'autant plus étonnante pour l'Occidental qu'elle est sans Église, sans pape, sans magistère, sans dogmes mais non sans morale, sans orthodoxie et donc sans hérésie, entretenue par une ferveur disparue de bien d'autres religions. Religion de fêtes qui scandent la vie des Hindous, l'hindouisme déborde très largement les centres de culte pour occuper tout l'espace social. Les images des dieux s'affichent à tous les coins de rue, dans les boutiques et les maisons, non par prosélytisme, car nul n'est hindouiste que par naissance, mais par célébration spontanée.

L'histoire du monde a commencé en Afrique, celle de la philosophie en Inde. C'est là que l'idée de Dieu a été soumise, il y a vingt-six siècles, à l'analyse première et dernière qui se résume dans les deux pôles suivants : il n'existe pas, puisque nous n'en savons rien : c'est le pôle bouddhiste et dans une certaine mesure jiniste ; il existe puisque nous existons : c'est le pôle hindouiste. Le résumé est certes bref, parce que ces pôles ne sont pas aussi distinctement opposés. Le bouddhisme a depuis lors beaucoup emprunté à l'hindouisme, lequel avait déjà beaucoup emprunté aux religions précédentes, dont le shivaïsme. Il ne reste plus actuellement en Inde que quelque deux millions de jinistes et cinq de bouddhistes sur quelque huit cents millions d'humains ; c'est dire que la polarisation s'est considérablement affaiblie.

La Grèce était à peine née que le sage Aruni se demandait : « Au commencement, très charmant, ce monde n'était qu'Être sans dualité. Certains, il est vrai, affirment qu'au commencement ce monde n'était que non-Être sans dualité, que l'Être sortit du non-Être. Mais comment cela serait-il possible ? Comment l'Être pourrait-il sortir du non-Être ? Au commencement ce monde doit avoir été l'Être pur, unique et sans second[2]. » Pour mémoire, les « certains » auxquels se réfère Aruni sont les jinistes et les bouddhistes.

Pourquoi la philosophie naquit-elle en Inde ? Peut-être par la grâce des lieux et la conjonction fortuite entre les changements climatiques, les combinaisons génétiques qui avaient créé des peuples distincts et des ambitions de conquête. Les fleuves étaient géants et chauds, et l'eau qui tombait aussi du ciel en abondance pendant les moussons contribuait encore plus à fertiliser la terre. Les manguiers ployaient sous les fruits au-dessus des rizières d'émeraude, et l'odeur du santal gonflait les narines. Les dieux durent en être satisfaits. On se plairait à imaginer aussi que, lorsqu'il y fut parvenu au terme du périple commencé en Afrique cinquante mille ans ou soixante mille ans plus tôt, selon certains, l'homme s'arrêta, prit le temps de souffler et, en quelques siècles, conçut l'idée de se pencher sur ses fins dernières.

Mais quel homme ? Car on ne sait pas quels humains furent là les premiers. Celui de Néanderthal ? Il était déjà présent en Asie, en effet, et en Chine en tout cas, comme l'attestent des ossements. Ou bien fut-ce celui de Cro-Magnon qui occupa les lieux le premier ? La question comporte bien plus qu'un intérêt académique, puisqu'on emporte toujours ses dieux dans ses bagages. Et que, si l'on avait pu reconstituer l'occupation de l'Inde, on eût un peu mieux compris par quel miracle l'hindouisme naquit là et là seulement.

Tout ce qu'on sait de certain est que les deux populations les plus anciennes, les Dravidiens et les Mundas, ne sont pas de souche indienne. L'une des vingt langues dravidiennes, le brahui, semble bien originaire du Nord-Ouest ; on le parle d'ailleurs encore au Bélouchistan, et les Dravidiens seraient donc des immigrants, arrivés à une période hypothétiquement fixée au Xe millénaire avant notre ère.

Quant aux Mundas, dits aussi Kolariens, qui sont plus anciennement enracinés que les Dravidiens, leur langue (qui est l'indice par lequel on les définit) est trop proche de celle des Khmers et de celles du groupe linguistique non khmer, ainsi que d'autres ethnies du Sud-

Est asiatique et même des aborigènes australiens, pour qu'ils ne leur soient pas apparentés[3]. Ils semblent, eux, venus de l'est, et guère plus spécifiquement autochtones que les Dravidiens.

Les Mundas ont refusé dans leur ensemble de se convertir à l'hindouisme, religion dominante de l'Inde. On sait relativement peu de chose de leur croyance, ou plutôt de leurs croyances (qui diffèrent d'une tribu à l'autre), et ce qu'on en saurait serait de toute façon douteux, parce que leurs croyances auraient été probablement altérées par le temps et par leur statut minoritaire ; de plus, ils sont tenus à l'écart ou se tiennent à l'écart, l'un va avec l'autre. Alors qu'ils occupèrent, il y a plusieurs millénaires, des territoires immenses, allant jusqu'au Cambodge, il n'en reste, en effet, que quelque cinq millions, divisés en groupes tribaux, d'accès parfois difficile. À Ceylan, par exemple, en 1973, il me fallut beaucoup de persuasion pour arriver à visiter un site où habitaient des Veddahs, rares et derniers représentants des Mundas sur l'île. La visite, dans les montagnes, à quelque distance d'Ella, fut pauvre en informations. Ils souffraient, d'ailleurs, d'une réputation exécrable et je me serais même attendu, d'après les commentaires locaux, à voir des hommes des bois, sinon des yétis. Excessivement barbus et aussi peu amènes que vêtus, ils ne témoignaient guère d'enthousiasme au contact avec l'étranger, non seulement blanc, mais même bouddhiste, comme l'était mon interprète. On concevra que les connaissances sur l'ensemble des Mundas soient sporadiques et souvent anciennes.

Les religions des Mundas, car il y en a donc plusieurs, sont essentiellement animistes, et fondées sur le culte de la fertilité, avec des nuances assez barbares. Les Nagas, par exemple, peuple également peu commode du nord de la Birmanie, le Nagaland, sont aussi amateurs de têtes que les Celtes et pour les mêmes raisons ; ils estiment, « logiquement », que les têtes représentent une réserve de pouvoir spirituel : plus on en aura (en en coupant dans les tribus voisines, évidemment), meilleures seront les récoltes ; ce qui mène à des récoltes de têtes avant les autres[4]. Comme les Celtes aussi, ils pratiquent le culte des arbres, dont ils pensent qu'ils sont le siège de grandes puissances[5]. Il ne semble pas qu'il y ait chez eux déséquilibre entre le principe mâle et le principe femelle de la fécondité ; les deux sont également vénérés. Chez les Nagas, on érige côte à côte les pierres symbolisant les sexes, l'une arrondie pour le principe femelle, l'autre phallique : on retrouve là un reflet direct du culte du lingam et du yoni évoqué plus haut, à propos de la virilisation de la divinité. Les Mundas de l'Inde eux adorent le Soleil et ne pratiquent pas l'incinération des morts.

Venus plus tard[6], donc, les Dravidiens ou Tamouls actuels seraient les fondateurs ou cofondateurs de la première religion proprement dite de l'Inde, le shivaïsme. Apparu vers le VIe millénaire, ce culte du dieu Shiva ou Çiva est d'une grande complexité pour l'esprit occidental. L'Inde, il est vrai, met souvent le cartésianisme à l'épreuve par sa tendance à concilier les contraires. Pour commencer, le nom du dieu n'en est pas un, c'est un adjectif qui signifie « favorable » ou « bon », et qui aurait été créé pour éviter de prononcer le nom divin, qui aurait été An[7]. Le souci d'éviter le nom céleste fut fécond, car on recense 10 008 appellations de Shiva, « Avec la lune dans les cheveux », « Porteur de crânes », « Au cou bleu », « Roi du yoga », etc. Ce dieu serait apparu sur terre pour enseigner aux hommes la sagesse.

Shiva fut à l'origine une divinité complète et le demeure pour les sectes strictement shivaïtes, surtout dans le sud de l'Inde, qui le considèrent comme l'unique créateur du monde ; il est, en effet, à la fois la vie et la mort, puisque la vie se consume pour aboutir à la mort, la thèse et l'antithèse de tout, mâle et femelle, symbolisé dans l'union de l'un et de l'autre : le phallus ou lingam dans le vagin ou yoni[8]. Il est donc le dieu de l'amour, ensemble créateur et destructeur, tantôt paré de toutes les beautés et tantôt effrayant, mais souvent obscène au regard de l'Occident, car l'une de ses représentations les plus fréquentes est celle d'un adolescent nu, courant dans les bois en état d'érection et séduisant les femmes. Il est également le dieu de la danse, qui est la vie et la destruction selon le rythme cosmique. Il est évidemment aussi identifié au dieu du temps, Kâla.

Shiva est vénéré sous huit aspects, alternativement bienveillants ou malveillants, le feu, l'eau, la Terre, le Soleil, le sacrifice, l'espace, le vent et la Lune. Mais il possède également cinq visages[9], dix bras et puis encore quatre. On lui connaît vingt-huit incarnations ou *avatara*. Il habite avec sa femme Parvâti et ses deux enfants les plus connus, Ganesha, à la tête d'éléphant, et Subrahmaniya (dit aussi Skanda ou Karttikeya), sur le mont Kailasa. Shiva est le héros d'une grande quantité de récits épiques rédigés à des époques différentes[10]. À la limite, il évoquerait pour l'Occidental ce qu'est une particule physique en mécanique quantique, car il est ici et ailleurs, il est ceci et simultanément cela, c'est une fonction d'onde.

Le trait majeur de Shiva est son absence de coloration morale : il n'est ni essentiellement bon ni essentiellement mauvais, il est les deux à la fois ou alternativement, selon ses dispositions et la vénération de ses fidèles. Gouverneur omniscient de l'Être cosmique, il n'est accessible que par la transcendance qui mène à la révélation. Celle-ci s'obtient dans l'ivresse orgiastique et sexuelle, concept que reprendront partiellement les Aryas, pourtant fortement hostiles au shivaïsme et notamment à son culte du phallus. L'être humain ne peut s'accomplir dans sa totalité que par la conscience de sa nature à la fois terrestre et cosmique. Shiva n'est pas l'inspirateur des lois terrestres et sa visite sur terre, perdue dans la nuit des temps, n'est pas une révélation. Le shivaïsme se rapproche à cet égard d'une métaphysique : il n'impose pas de tabous et ne prescrit que l'adoration du dieu et la recherche de la transcendance. Culte plutôt que religion, essentiellement tolérant, adapté dès l'origine à des masses de populations si vastes et tellement disséminées qu'elles échappaient à tout système politique, il était évidemment fédérateur, et c'est ainsi qu'il a survécu quelque huit mille ans et jusqu'à ce jour, et qu'il a influencé tant de cultures et d'autres religions.

Et c'est également ainsi qu'il s'est imposé en Occident sous le nom de Dionysos, par exemple, dont Bacchus est la version romaine. Car ce dieu qu'on eût cru spécifiquement grec est en fait le *Theos-Nysa*, le dieu de la ville de Nysa, près de Djelalabad, en Afghanistan ; là s'élevait un sanctuaire à Shiva. Homère l'indiquait déjà quand il parle de Lycurgue l'Édonien qui pourchassait les nourrices de Dionysos près de la « montagne sainte de Nysa ». C'était au VIIIe siècle avant notre ère. Cette version à peine hellénisée de Shiva avait donc atteint les Balkans et la Méditerranée, sans doute apportée dans les bagages des Indo-Aryens. Les mystères dionysiaques (et les bacchanales romaines, sans parler de notre carnaval) sont des versions occidentales des orgies shivaïstes ; c'est dire la puissance persuasive du shivaïsme. Reste à expliquer comment Shiva en vint à être adopté par les Indo-Aryens, car ce n'était pas l'un de leurs dieux.

Quand les Aryas, venus de l'Iran, déboulèrent dans le Gandhara, vers 3200 avant notre ère, ils trouvèrent deux systèmes de croyances, celui des Mundas, qui était un animisme, et celui des Dravidiens, qui était le shivaïsme. Parmi ses nombreux attributs, Shiva porte depuis une période indéterminée celui de « maître des esprits » ; or, le principe des esprits est étranger au shivaïsme ; c'est une idée aryenne ; il faut qu'il y ait eu syncrétisme entre les croyances aryennes et les dravidiennes. Il se produisit, en effet, mais ne s'effectua pas dans l'harmonie. Les Aryas, en effet, étaient porteurs de leur propre théologie, et elle s'accommodait mal ou pas du tout de religions que, dans le vocabulaire contemporain, on qualifierait de « laxistes ».

Les premiers contacts furent, en effet, fracassants. Les semi-nomades arrogants qui descendaient par petites bandes sur des chevaux rapides s'offensèrent de constater que les Dravidiens résistaient à leur ascendant spirituel. Ils le prirent donc de haut et, dans un de ces retournements rhétoriques qui ne peuvent surprendre que ceux qui ne sont pas familiers avec l'histoire des religions, ils déclarèrent que les dieux qui préexistaient aux leurs sur place étaient des anti-dieux, c'est-à-dire des démons. Exactement ce que les chrétiens politiquement triomphants allaient faire quelque treize siècles plus tard avec la religion gréco-romaine. Alors qu'eux, les Aryas, adoraient les vrais dieux et savaient organiser des sacrifices, les « barbares », c'est-à-dire les Dravidiens, « constructeurs de cités maudites et experts dans les arts magiques » (A. Daniélou), adoraient donc les antidieux.

Comble de paradoxe : les antidieux devaient être détruits, non pour leurs vices, mais pour leurs vertus ! C'étaient, en fait, de saints prêtres ! Dans la cosmogonie aryenne, ils tentèrent de se rebeller, mais leur rage fit que la fortune les abandonna. La vérité est peut-être plus prosaïque : suivant les chemins connus de l'intolérance, les Aryas avaient simplement décrété que les dieux des Dravidiens étaient des antidieux, les Asuras. Quand les Dravidiens, militairement conquis, s'accommodèrent enfin du pouvoir aryen, on distingua entre les anciens Asuras, qui étaient éclairés et qu'on mélangea d'abord aux prophètes védiques, et les Asuras récents qui, eux, devinrent de vrais démons, de ceux qui courent la nuit (« Errants-de-la-nuit ») à la recherche de mauvais coups. La vertu des dieux dépendait donc de leur camp politique. Ce n'allait certes pas être le seul exemple de ce genre dans l'Histoire. Le védisme lui-même allait être soumis peu de siècles plus tard à une réforme politique.

Les croyances des Aryas sont abondamment décrites dans leurs hymnes, les *Veda*, dont le *Rig Veda* (c'est-à-dire *Les Révélations*), le plus ancien d'entre ces recueils, à condition d'avoir l'attention soutenue : 1 028 hymnes d'une moyenne de 10 vers chacun représentent 10 280 vers, dont beaucoup ne sont pleinement appréciables qu'à l'aide d'un appareil critique triple ou quadruple de leur volume. Ce qui fait que la traduction intégrale de Louis Renou, la plus fidèle, qui était presque complète à sa mort, compte déjà 17 volumes...

La religion des Aryas, le védisme, présentait au moins un point commun avec les religions anciennes de l'Inde en ce qu'elle défiait le principe logique qui stipule qu'on ne peut pas être une chose et son contraire : en effet, elle était à la fois polythéiste et monothéiste, du moins selon les sens, évidemment restreints, qu'on prête à ces termes en Occident. Comme l'observe Mario Piantelli, « la vision indienne du divin a toujours causé l'embarras des chercheurs » et l'hindouisme a été successivement qualifié de monisme, de mono-théisme, d'hénothéisme, de polythéisme. « Un passage célèbre de la *Brhadâranyakopanisad* (III, 9, 1) réduit le nombre symbolique des dieux de 333 et 30 003 à 33, puis à 6, à 3, à 2, à 1,5, enfin à 1 seule-ment[11]. »

Qui plus est, les Aryas arrivaient avec de pleins chariots de dieux, les *devas* ou « lumineux » ; ils n'avaient guère de place pour d'autres dieux. Le terme de « dieu », une fois de plus, doit être entendu ici dans une acception différente de celle des Occidentaux : c'étaient pour les Aryas les forces motrices du monde. La théologie aryenne était, en fait, une théosophie panthéiste. Mais, à la différence de l'hin-douisme, qui est volontiers hénothéiste, c'est-à-dire que les dieux y partagent leurs personnalités et se changent volontiers les uns en les autres, ce qui en fait une sorte de démocratie céleste, le brahmanisme aryen était autoritaire et rigoureusement hiérarchisé : au sommet des trente-trois forces ou dieux terrestres présidaient quatre dieux célestes, le feu, Agni, le ciel, Indra, le vent (leur dieu favori), Vayu, et le Soleil, Surya[12]. Au-dessus encore régnait une triade constituée de Rudra, dieu destructeur et maître des forces centrifuges, et Vishnou, dieu préservateur et maître des forces centripètes, présidés par Brahma, l'omniprésent, le père. Brahma, âme universelle autosuffisante, « seigneur des créatures » ou *Prajapati*, « faiseur de tout[13] » ou *Visvakarman*, englobait tous les dieux. Telle fut la substance du brahmanisme originel. C'est ainsi que, tout à la fois, les Aryas furent polythéistes, panthéistes et monothéistes, professant une doctrine comparable au Tout dans le Tout qui a embarrassé plus d'un chercheur occidental.

Les Aryens arrivèrent aussi armés de tout un système de prescriptions, rites et cérémonies obligatoires, ainsi qu'avec le système de castes évoqué au chapitre 3 de cet ouvrage. Cette hiérarchie était particulièrement contraignante, puisque la division en quatre castes rigides et hermétiques (qu'on ne trouve pourtant nulle part dans le *Rig Veda*) institutionnalisait l'inégalité entre les humains. C'est ainsi que, selon le Code des lois de Manu, les offenses et dommages infligés par les deux plus hautes castes, celles des brahmanes, les prêtres, et des kshatriyas, les guerriers, étaient sanctionnés avec indulgence, tandis que les punitions devenaient de plus en plus sévères pour les membres des castes inférieures qui offensaient les castes supérieures. Le système aryen prétendait donc imposer un ordre social et politique (il en serait de même, d'ailleurs, au VIᵉ siècle avant notre ère, avec la réforme de Zoroastre). La réaction fut du même ordre.

Les Dravidiens n'étaient déjà pas imbus de la nouvelle religion, difficile à comprendre, austère et abstraite, et notamment du caractère neutre de Brahma. La désaffection de Shiva était déjà désolante ; alourdie d'un système de préceptes moraux et sociaux, elle devint insupportable. « La vie entière, écrit Alain Daniélou, devint une entreprise rituelle ; les interdits de toute sorte paralysèrent les relations humaines ; les sacrifices devinrent parfois des hécatombes[14]. » Le système de castes rendit inévitable la révolte dravidienne. La guerre de la Mahâbhârata (« Grande Histoire », nommée d'après le poème épique célèbre, rédigé bien plus tard, qui la commémore sous une forme mythique[15]) éclata. La date à laquelle elle eut lieu est très variable : la tradition hindoue la situe aux environs de l'an 3000 avant notre ère (exactement le 18 février de l'an 3102), les historiens occidentaux, vers 1500 ou 1000 avant notre ère[16]. La chronologie historique de l'Inde est, en effet, fertile en marges d'imprécision considérables. La première occupation aryenne de l'Inde s'acheva donc dans un désastre, du moins dans les régions occupées par les Aryens, qui étaient celles du Nord. L'Inde dravidienne rejetait le brahmanisme abstrait des Aryens.

Fausse victoire pour les Dravidiens ou fausse défaite pour les Aryens, car à leur deuxième invasion, vers 1900 avant notre ère selon la tradition, au moins cinq et même dix siècles plus tard selon les historiens, une fois de plus[17], les Aryens se montrèrent disposés à composer : à la place de Rudra, ils substitueraient Shiva, dont le culte était, on l'a vu, très populaire. Le changement n'était que patronymique et la concession symbolique, Rudra ayant déjà été le dieu de la destruction. De plus, le caractère abstrait du brahmanisme originel, qui correspondait mal aux habitudes culturelles des Dravidiens, était atténué : les dieux anciens resteraient en place ; et l'on enseignerait que c'étaient des dieux, certes, mais soumis aux mêmes lois que les hommes : s'ils commettaient des erreurs, ils seraient astreints à la réincarnation qui est le sort commun.

Concession plus importante : les trois membres de la triade divine suprême des Aryens seraient dotés d'épouses. Shiva conservait donc sa *shâkti*, Parvâti (capable de se transformer, comme son mari, en une déesse effrayante, Kali, « la Noire »), Vishnou se voyait attribué Lakshmi, « Beauté », et Brahma lui-même était marié d'office à Vach ou Sarasvâti, déesse de la parole et de l'enseignement[18]. Le caractère exclusivement mâle de l'ancienne triade brahmanique était donc, lui aussi, tempéré selon le goût du peuple.

Il s'en faudrait que ces quelques indications rendent compte de l'immense transformation opérée dans le védisme originel par les cultures dravidiennes. Mais on saisira sans doute mieux la portée de l'évolution du brahmanisme védique en hindouisme à la lumière de cette généralité : les cultures dravidiennes avaient obtenu que les divinités et les cultes continuassent à participer à tous les aspects de la vie quotidienne, au lieu d'être cantonnés dans une abstraction aristocratique comme ç'avait été le cas pour les divinités védiques. Il peut suffire, pour le comprendre, de se référer à l'extraordinaire exubérance de l'imagerie religieuse hindouiste (dont dérive, incidemment, la vitalité du cinéma hindou) : la vivacité de l'imagination hindoue, le besoin constant de sensations, de célébrations et de dépassement de soi dans l'exaltation imposaient donc une religion qu'en Occident on qualifierait de « populaire ».

C'est là un des exemples les plus clairs dans l'histoire de la théologie par référendum, ou de l'élection des dieux par la *vox populi*. Incidemment, c'est aussi le seul cas connu de mariage des dieux décidé par consentement populaire. Les Aryens avaient toutefois imposé le système des castes, qui demeure à ce jour. Ils avaient aussi laissé leur langue, le védique, dont dérivent le sanscrit classique ainsi que toutes les langues du nord de l'Inde, les prakrits, comme le hindi, le bengali, le gujerati, le marathi, le punjabi, le sindhi. Victoires à très long terme, donc. Mais vers le IVe-IIIe siècle avant notre ère, la période védique ayant pris fin, la plupart des anciennes divinités védiques étaient entrées dans l'ombre. Un équilibre s'était établi, par fusions réciproques, entre les croyances aryennes et les dravidiennes.

Le caractère populaire de l'hindouisme n'en avait certes pas éliminé le caractère hautement spéculatif. La lecture des *Dix aspects-de-la-connaissance-transcendante* (Maha Vidya), la Grande Science des philosophies tantriques hindoues, peut en effet déconcerter, elle aussi, plus d'un Occidental par ses postulats. Consacrée à la connaissance des dix aspects du cycle du temps qui constituent les énergies de Shiva, notion déjà étonnamment abstraite, puisqu'elle identifie le temps à l'énergie quelque vingt-cinq siècles avant la naissance de la Relativité einsteinienne, elle déclare dans la connaissance du Deuxième-Objet : « Toutes les divinités sont des aspects du vide[19]. » Déclaration nihiliste qui préfigure le bouddhisme et le jinisme en plus d'un point, alors qu'elle émane, au contraire, d'une croyance dans l'omniprésence de la divinité.

Le brahmanisme modifié, « dravidianisé », dira-t-on, est quasiment indiscernable de ce qu'on appelle actuellement « hindouisme » (ce dernier terme date du XIXᵉ siècle). Le terme originel qui définit ce dernier est Sanâtanadharma ou « Loi éternelle » ; il est, en effet, fondé sur un certain nombre de concepts incréés et inaliénables du fait même de leur éternité. Fixé dans sa forme classique au Vᵉ siècle, l'hindouisme est devenu la religion majeure de l'Inde, ou, plutôt que religion, ensemble de croyances. S'il peut être comparé dans une certaine mesure à un panthéisme, il n'est cependant pas une « religion de la Nature », car il postule l'existence d'antidieux, lesquels ne sont toutefois pas des démons au sens occidental du terme : ce sont ceux qui empêchent l'individu d'atteindre à son épanouissement et que l'ascèse permet de vaincre.

Car l'ascète, dans ses efforts de purification, affrontera bien des tentations ; celles-ci ne sont pas inspirées par le Mal, qui n'existe pas, mais par la jalousie des dieux, qui délèguent les antidieux pour l'empêcher de s'élever à leur niveau. Les dieux, en effet, tentent de maintenir l'humanité dans un état de sujétion par la non-conscience. Le principe directeur de l'hindouisme est que l'individu doit élever sa conscience individuelle, l'atmân, vers le Soi suprême, le *brahmân* (aussi appelé *nishkalâ*), pourtant inconnaissable, parce qu'il n'est jamais ni ceci ni cela *(vneti neti)*. On vérifiera ici que l'hindouisme n'est donc nullement ce qu'ont prétendu certains critiques, un paganisme du contentement, mais un volontarisme héroïque inspiré par la notion de salut. Aussi familiers soient-ils à leurs fidèles, qui s'efforcent de se concilier leurs bonnes grâces par d'innombrables cérémonies et sacrifices, aussi aimés soient-ils, les dieux sont quand même considérés comme des féodaux contre lesquels la dignité humaine exige que l'on s'insurge.

L'hindouisme est donc un mysticisme. Le salut individuel dépend de l'effort d'atteindre l'inconnaissable, et cependant il n'y a dans cet effort ni paradoxe ni désespoir. Dans la longue histoire des systèmes de croyances, l'hindouisme est le seul à avoir surmonté les pièges de la logique qui, dans leurs extrêmes, devaient mener au manichéisme, puis à la négation de l'être humain et finalement à la notion de l'abjection fondamentale de l'être humain. On peut mieux concevoir de ce point de vue l'ostracisme qui frappe tout étranger : il est possible de se convertir à l'islam ou au christianisme, mais on ne peut être hindouiste que de naissance. L'hindouisme est fermé à l'étranger, d'où son peu de prosélytisme ; il est ce qu'on mange, pour reprendre la formule d'un des rares Occidentaux qui se soient « hindouisés » : un mangeur de vache, fils et petit-fils de mangeurs de vache, y a donc peu de chances.

Il faut, par ailleurs, se défier d'une autre erreur occidentale commune, qui consiste à interpréter l'hindouisme comme un spiritualisme diffus. « Un Occidental formé à la théologie chrétienne aura peut-être tendance à privilégier cette composante de la spiritualité indienne[20] », note encore Piantelli à propos de l'effort d'accession au brahmân. L'hindouisme, en effet, accorde une place considérable aux plaisirs terrestres, dont la sexualité, considérés comme moyens de dépassement de soi dans la mesure où ils procurent l'extase. La *Bhagavâta-Purâna* rapporte abondamment les exploits érotiques de Krishna, huitième avatar de Vishnou et de tous les autres dieux, d'ailleurs. Séduisant jeune homme au teint bleu-noir (symbolique qui en fait donc un Dravidien), paré de bijoux, il passe une bonne part de sa vie avec ses mille épouses, sans compter ses maîtresses, dont il a eu plus de cent quatre-vingt mille enfants[21]. Il est pourtant un personnage fort sage, qui occupe une place de premier plan dans le *Mahâbhârata*. Les illustrations de sa vie sont vendues dans les bazars, comme bandes dessinées, et comportent souvent des détails spécifiques qui n'offensent personne. D'innombrables sculptures des temples hindouistes témoignent de l'omniprésence de la sexualité sous toutes ses formes, y compris l'homosexualité[22]. Celle-ci s'exprime abondamment dans la littérature hindouiste, notamment lorsque l'Amour même, Kâma, en présence des pieds de Krishna, en tomba amoureux et perdit toute notion de virilité ou de féminité[23]. Il n'y a pas, dans l'hindouisme, de dissociation entre la matière et l'esprit, entre le corps et l'âme, et le propre de l'ascèse n'est pas de réduire le corps en sujétion, comme dans le christianisme, par exemple, mais de parvenir à la conscience suprême par la méditation. « L'interdépendance entre le ciel et la terre est [...] totale[24]. »

Habitué à considérer que, selon l'enseignement chrétien, la vie doit préparer à l'au-delà et que le salut de l'âme ne s'obtient qu'au prix de l'abandon de la matière charnelle, l'Occidental se trouve en peine de saisir une particularité fondamentale de l'hindouisme : c'est la faculté d'assumer pleinement sa vie physique, en parfait accord avec les dieux, sans pour autant enfreindre aucun interdit. D'où sa fascination pour les aspects hindouistes de l'ascèse, qui lui paraissent correspondre aux grands principes de l'ascétisme chrétien. Ceux-ci comportent, en effet, des formes de mortification très poussées, fla-gellations, tortures, jeûnes poussant l'individu aux limites de l'exis-tence. Mais dans l'hindouisme, ces mortifications spectaculaires ne visent pas tant à renoncer à l'existence corporelle en vue de s'affran-chir du Mal inhérent à la nature physique, qu'à triompher des turbu-lences du désir pour délivrer la félicité, *ananda,* qui était présente au fond de l'individu.

Lors du conflit entre les dieux hindous et les Asuras, comparables aux Titans grecs, Shiva rappelle ainsi aux dieux eux-mêmes que les Asuras ne seront détruits que « si chacun des dieux et des autres êtres assume sa nature d'animal[25] ». Le *Mahâbhârata* conseille le culte du phallus et le *Shiva Purâna* le décrit comme « la source de la conscien-ce » et assure que son culte « protège de l'adversité[26] ». L'hindouisme réalise donc, là aussi, une fusion des contraires apparents, faisant du plaisir charnel la source même de la connaissance spirituelle, incom-préhensible à l'immense majorité des Occidentaux qui ne conçoivent le choix existentiel que dans l'alternative logique ou bien/ou bien. Dans l'hindouisme, on peut être à la fois ascète et sexuel.

Le principe philosophique de non-exclusion qui caractérise l'hin-douisme (et qu'on retrouve étrangement dans les théories les plus récentes de la physique) explique pourtant sa vitalité millénaire et sa profonde popularité (quelque 750 millions de fidèles en 1995). Et cette immense vitalité peut à son tour confondre un observateur occi-dental, car elle semble émaner du peuple même, de manière auto-nome et sans intervention d'un clergé, encore moins d'un pouvoir central spirituel. Elle se définit pourtant par une généralité simple, l'un des rares éléments simples qui ouvrent à la compréhension de l'hindouisme : pour l'Hindou, l'univers existe en fonction de l'homme, et l'homme forge son destin par son désir[27]. C'est un sys-tème sans la Faute, mais avec le salut, avec le libre arbitre, mais sans l'anarchie. L'Hindou est foncièrement réaliste : les codes qui régis-sent le comportement selon les castes et les individus évoquent plus une sagesse des nations destinée à harmoniser le fonctionnement de la société que des impératifs kantiens[28]. Il existe des codes singuliers pour le paysan, le commerçant, le brahmane, le prince ; ce qui équi-vaudrait, dans une société occidentale, à prier le banquier de ne pas se comporter comme un mendiant, ni le soldat comme un moine. La preuve de ces spécificités est donnée dans la célèbre remontrance de Krishna à Arjuna, dans le *Mahâbhârata* : « Les vertus qui ne sont pas celles de votre caste ne sont pas des vertus. » Ce qu'on demande aux rois, par exemple, est l'esprit d'autorité, la décision et le courage, non la compassion et la dévotion ; ils doivent savoir pratiquer froidement et lucidement la violence ou *himsa*. Et l'exercice de l'État ne saurait se pratiquer comme la direction d'un couvent.

Tous les efforts politico-religieux pour modifier le système hindouiste ont abouti à l'échec relatif. Témoin ceux du roi Ashoka, bouddhiste fervent monté sur le trône en 274 avant notre ère, animé des meilleures intentions, mais dont la détermination mena à des résultats contraires : pour faire prévaloir sa vision d'un État fondé sur la bienveillance et le respect de la morale bouddhiste, il finit par instaurer l'inquisition et la délation. Il fut l'un des plus cruels de tous les monarques de l'Inde, allant jusqu'à faire crever les yeux de son fils Kunala, à l'instigation d'une épouse jalouse. Son pouvoir devint odieux ; à sa mort, en 232, son immense empire fut fragmenté et, en 180, le dernier de ses descendants et le dernier des Maurya, Brihadratha, fut assassiné.

L'Islam ne fut guère beaucoup plus efficace, en dépit d'une puissance militaire et d'une détermination sans défaut. Au XVIIᵉ siècle, le Grand Moghol, Aurangzeb, ennemi déclaré de l'hindouisme, fit détruire des temples hindouistes et sur l'un des plus célèbres d'entre eux, le Vishvanath shivaïste de Bénarès, la cité sainte de l'Inde, fit ériger en 1670 une mosquée portant son nom. En 1730, Bénarès brilla de nouveau de tous les feux de l'hindouisme, la domination islamique s'était achevée, l'hindouisme reprit sa croissance.

Les préceptes hindouistes peuvent, encore une fois, déconcerter l'observateur occidental, habitué d'une part à l'idée d'une morale universelle et, de l'autre, à la mobilité des rôles individuels. Mais ils sont constitutifs, organiques dirait-on, d'une population dont le territoire est aussi grand qu'un continent — c'est de fait un sous-continent —, et que les vicissitudes d'une longue histoire n'ont jamais dissociée. Il fallait à l'Inde à la fois une structure, et ce fut celle des castes, et un système de croyances qui fût assez souple pour être fédérateur. Peut-être n'y a-t-il pas, en effet, un, mais plusieurs hindouismes. Ce fut ainsi, au confluent de deux cultures à l'origine aussi dissemblables que possible, l'aryenne et la dravidienne, que se forgea une idée de la divinité. C'était bien une puissance supérieure, mais elle n'était ni le Dieu dissocié des religions révélées, ni le dieu au sens fort qu'il revêt dans la religion égyptienne ou grecque. Elle était inaccessible, mais restait proche des humains dans ses formes inférieures. Elle n'expliquait pas, puisqu'elle était incompréhensible. Elle n'était pas quiétiste, puisqu'elle invitait les ascètes à se dépasser, contre la volonté féodale des dieux. Elle était omniprésente, mais non contraignante, puisque chaque être humain participait de la divinité selon ses mérites et que chaque brin d'herbe avait été jadis un homme, selon les règles de la transmigration des âmes. Honorer la divinité équivalait à s'exalter soi-même. Elle vivait donc dans la société des humains.

Ce fut la notion de dignité humaine qui provoqua le premier rejet de la religion védique, ce fut encore elle qui inspira la réforme du védisme opérée par l'hindouisme. Le système était désormais assez fort pour supporter les coups de boutoir qu'au VIe siècle lui infligèrent le bouddhisme et le jinisme.

Ces dieux-là avaient été cooptés par le peuple. Ils étaient fondus dans le peuple et ne pouvaient donc pas entrer en conflit avec son mode de vie. Nul dans l'hindouisme ne détient l'exclusivité d'une connaissance de la divinité et nul dieu n'a l'exclusivité de la divinité, ni l'autorité de dicter une éthique exclusive. Toutes les portes sont ouvertes, à la condition qu'elles laissent entrer le vent céleste. Dans ces conditions, les dieux ne pouvaient que prospérer et croître avec le peuple. Telle est la raison pour laquelle il n'existe pas de déclin de l'hindouisme, pas de crise théologique, pas de schisme ni d'hérésie, pas de nécessité d'aggiornamento ni de révision des dogmes, puisque ceux-ci sont absents. L'hindouisme évoque cet arbre tropical, le banyan, qui laisse tomber les racines du haut de ses branches et reforme chaque fois un nouvel arbre sans jamais se désolidariser du tronc originel. Même la Grèce, dont la religion s'approche le plus de ce modèle, n'atteignit pas à ces résultats.

Bibliographie critique

1. « L'aube et les Asvins », I, 92, 13, *The Rig Veda — An Anthology*, Penguin Books, Londres, 1981.

2. *Chandogya Upanishad*, 6, 2, cité par Alain Daniélou *in Mythes et dieux de l'Inde*, Champs, Flammarion, 1992. Le Chandogya Upanishad fait partie des upanishads (« traités d'équivalence », en fait commentaires explicatifs) védiques, qui furent écrits dès le VIᵉ siècle avant notre ère et qui constituent les plus anciens textes philosophiques de l'Inde (Louis Renou, *L'Hindouisme*, Que sais-je ? PUF, 1974 ; Louis Frédéric, *Dictionnaire de la civilisation indienne*, Robert Laffont, 1987).

3. Les populations mundas, dites proto-australoïdes, survivent jusqu'à nos jours en petits groupes isolés, chacun disposant d'une zone de la forêt qui est son territoire de chasse. On compte parmi elles les Santals, les Bhils, les populations des îles Nicobar, les Khasis de l'Assam, les Hos et les Nagas, du nord de la Birmanie (Nagaland) et les Ahirs. Une hypothèse veut que, longtemps avant les Aryens, ces populations aient tenté d'immigrer vers l'ouest, Europe, bassin méditerranéen et Afrique, mais qu'elles aient été repoussées. Il existe, en effet, des ressemblances entre les Pygmées d'Afrique et les Mundas (Alain Daniélou, *Histoire de l'Inde*, Fayard, 1971). L'étude de leurs langues a montré qu'elles appartiennent à la vaste famille austrique, qui est parlée aussi bien sur l'île de Pâques et sur la côte occidentale de l'Amérique du Sud qu'en Nouvelle-Zélande et à Madagascar ; ses zones de diffusion coïncideraient donc, dans une certaine mesure, avec les aires de diffusion polynésiennes, dans le Pacifique au moins (E.J. Rapson, *The Cambridge History of India*, S. Chand & Company Ltd., Ram Nagar, New Delhi, 1987).

Les dates d'occupation de l'Inde, qui font remonter au XXXᵉ millénaire la présence des peuples parlant les langues mundas, les Nishadas, indiquent qu'ils auraient donc appartenu aux premiers Cromagnons. Il est impossible de déterminer si ces derniers sont venus d'Europe ou d'Anatolie, ni quelles étaient leurs croyances. Le fait le plus plausible est que la religion la plus ancienne de l'Inde, le shivaïsme, a été fondée par les Dravidiens ou sous leur influence, puisqu'elle est postérieure de quelque quatre mille ans à leur occupation de l'Inde. On retrouve le nom de Shiva à Mohendjo-Daro, cité de l'Indus fondée 2 500 ans avant notre ère (Alain Daniélou, *Histoire de l'Inde, op. cit.*).

4. Julian Jacobs, *Les Nagas — Société et culture*, Olizane, Genève, 1991.

5. À propos des ressemblances spécifiques entre certaines croyances mundas et celtiques, Daniélou *(Histoire de l'Inde, op. cit.)* rapporte les ressemblances dans les chants avec yodel du Caucase, du Tyrol, des Pygmées et des Gonds de l'Inde. Mais il

n'existe pas, à ma connaissance, d'étude comparative des langues mundas et indo-européennes.

6. La date reste indéterminée. Le terme « dravidien » fut créé en 1856 par le linguiste R. Caldwell pour désigner un groupe de « vingt langues parlées par 150 millions de personnes dans le sud de l'Inde » (Louis Frédéric, *Dictionnaire de la civilisation indienne, op. cit.*). Le terme même se rapprocherait, selon certains, du mot « druide » préceltique et celtique. Selon d'autres, ce serait celui d'une population lycienne préhellénique d'Asie Mineure, les Trammilis, que les Grecs auraient transcrit en *Termilaï*, puis *Drâmizâ*. « Ce terme évolua de deux manières : dans le nord de l'Inde, il devint *Drâmila*, puis *Drâvida* ; dans le sud, *Drâmiza* donna *Damiz*, puis *Tamil*. On sait les périls des déductions tirées de dérives linguistiques ; les caractéristiques anthropologiques semblent, pour le moment, un peu plus concluantes. Elles indiquent que les Dravidiens, dolichocéphales, de teint foncé et de cheveux lisses, ne seraient de souche ni sémitique ni aryenne, mais méditerranéenne, comme les Égyptiens de la période prédynastique » *(Cambridge History of India, op. cit.)*. Leur arrivée en Inde se situerait vers le Xe millénaire avant notre ère ; là, ils auraient trouvé les protoaustraloïdes locaux, les Nishadas, auxquels ils se seraient mêlés. On ne connaît pas le foyer ethnique dont ils seraient issus.

7. Ce nom serait à l'origine du nom celtique d'Anne.

8. Il convient de signaler que le caractère trinitaire de nombreux dieux de l'Inde, souvent interprété (à tort) comme une structure essentielle de la théologie, réside non dans trois personnalités distinctes, mais dans le fait que ces dieux se trouvent au centre des contraires. Shiva est ainsi le bien, le mal et le ni-bien-ni-mal, qui est l'équilibre cosmique.

9. Ces visages représentent le Seigneur absolu, l'Être suprême, le Non-Horrible, le Gentil et le Nouveau-Né.

10. Citons le *Shivadrishti*, les *Shivakavyas* et les plus récents, les *Shiva-âgamas*, qui traitent principalement du yoga. Les *Tantras* et les *Âgamas*, peu connus, le *Shilappadikaram*, et bien sûr les six *Purânas* shivaïtes, *Matsya, Kurma, Linga, Shiva, Skanda* et *Agni*, qui traitent abondamment des aventures de Shiva (J.N. Farqhar, *An Outline of the Religious Literature of India*, Oxford University Press, 1920).

11. « L'hindouisme », *in* « Grand Atlas Universalis des religions », *Encyclopaedia Universalis*, 1988.

12. « Brahmana » et « Brahmanism », *Encyclopaedia Britannica*. Il est certain que la triade semble triompher dans la théologie védique ; je voudrais observer qu'elle n'est pas, une fois de plus, constituée d'entités aux rôles différents, mais de forces antagonistes fédérées par un personnage central, équivalent à la notion de synthèse entre la thèse et l'antithèse. De plus, il faut relever que le principe d'un rôle interchangeable dans le quatuor des forces qui préside les dieux terrestres est douteux, aucune de ces forces n'étant complémentaire d'une autre.

13. La théologie aryenne comportait des imprécisions. C'est ainsi que l'épithète *Prajapati* est appliquée une fois au Soleil dans le *Rig Veda* et une autre fois à Indra et à Agni dans l'*Atharva Veda*, quatrième et dernier des *Veda*.

14. *Histoire de l'Inde, op. cit.*

15. *Maha*, en sanscrit, signifie « grand », et *Bharata*, qui désigne un roi, ancêtre des héros du *Mahâbhârata*, signifie « hindou » par extension, « Inde » se disant Bhârat ou Bhâratavarsha. Souvent considéré comme le « cinquième *Veda* », le *Mahâbhârata* aurait été composé par ajouts et transformations successives entre le VIIe-VIe siècle avant notre ère, pour prendre sa forme définitive vers le VIIe siècle de notre ère ; c'est le plus volumineux ouvrage autonome de toute l'Histoire. Composé de 106 000 vers, il raconte les démêlés de deux familles, les fils de Kandu et les fils de Kuru, dans une vaste suite de guerres auxquelles les dieux participent, à la façon de *L'Iliade*. On lui adjoignit tardivement un livre de 32 000 vers, le *Harivamsha*, censé préparer la transition vers le *Ramayana*, autre grand poème épique qui raconte la généalogie et la

naissance de Krishna (S. Lévi, *Le Mahâbhârata*, traduction J.M. Peterfalvy, introduction et commentaires de M. Biardeau, 2 vol., Flammarion, 1985).

16. *Histoire de l'Inde, op. cit.*

17. *Cambridge History of India, op. cit.* ; Daniélou, *Histoire de l'Inde, op. cit.* ; Hermann Kulke et Dietmar Rothermund, *A History of India*, Barnes & Noble, New York, 1986. Ce dernier ouvrage rappelle que les historiens doutèrent longtemps de la réalité de la guerre en question, mais que des découvertes archéologiques lui ont enfin prêté une base historique sérieuse. Pour Kulke et Rothermund, la guerre aurait eu lieu vers l'an 1000 avant notre ère.

18. *Târa-rahasya Kalyâna*, *Shakti anka*, cité par A. Daniélou *in Mythes et dieux de l'Inde, op. cit.*

19. « Brahmanism », *Encyclopaedia Britannica, op. cit.*

20. Mario Piantelli, *L'Hindouisme, op. cit.*

21. Le personnage de Krishna semble avoir inspiré plus d'un mythe étranger ; ainsi Krishna est tué par un chasseur qui le prend pour un daim et lui décoche une flèche ; celle-ci atteint la seule partie du corps de Krishna qui soit vulnérable, le talon ; ce qui évoque évidemment le mythe d'Achille. Par ailleurs, Megasthènes identifie clairement Krishna à Héraklès. Dionysos n'étant qu'un avatar hellénique de Shiva, il est, en effet, plausible que le modèle du mythe de Krishna ait inspiré celui d'Héraklès, comme on le verra dans le chapitre sur la Grèce. Le fait que Krishna soit l'incarnation terrestre de la divinité se passe également de commentaires.

22. Témoin celle qui représente la « salutation » d'un laïc rencontrant un moine, dans le temple Vishvânâtha, de l'Inde classique du Xe siècle, et qui est en fait la masturbation explicite du moine en érection par le laïc (reproduit par Alain Daniélou, *Le Phallus, op. cit.*). La tolérance hindouiste de l'homosexualité découlait de l'androgynie de Shiva, homme du côté droit et femme du côté gauche, et de manière générale, de l'union des contraires, qui postule qu'un être humain n'est complet qu'en tant qu'il unit en lui les deux sexes.

23. Karapâtri, *Lingopâsanâ-rahasya*, cité par A. Daniélou *in Mythes et dieux de l'Inde, op. cit.*

24. Madeleine Biardeau et Charles Malamoud, *Le Sacrifice dans l'Inde ancienne*, PUF, 1976.

25. *Anushâna parvan*, 14, 211-232, cité par A. Daniélou *in Le Phallus, op. cit.*

26. *Shiva purâna, id.* L'hindouisme est toutefois extrêmement varié, et il s'en faudrait qu'on puisse en offrir une image unitaire : une multitude de sectes y développent le culte de tel ou tel dieu, primaire ou secondaire, selon les régions et les traditions locales. Certaines sectes shivaïtes, telles que les Siddhas, entretenaient dans le Sud le culte des soixante-trois saints shivaïtes, les Nâyanârs, certaines, comme les Kapalikas, les Gorakshanâtis, les Pachupâtas, mettent l'accent sur l'ascèse et la discipline spirituelle et physique prescrite par le yoga, donnant même dans la magie, tandis que les Shaktas identifient Shiva à la déesse-mère et se livrent à des pratiques orgiaques et magiques, incluant les sacrifices humains. Dans les sectes vichnouites, les Madhvas enseignent un dualisme corps-esprit qui s'écarte des tendances fondamentales de l'hindouisme, et l'on trouve dans la Dhyana une école hindouiste bouddhique, ce qui est un paradoxe, comme on le verra dans le chapitre suivant. On a même vu, au XVIe siècle, des écoles syncrétiques tenter de fusionner le vishnouisme et le soûfisme, discipline mystique musulmane. Enfin, l'influence européenne et la colonisation britannique ont donné naissance, au XIXe siècle, à des courants de réaction tendant à la revitalisation de l'hindouisme, par le biais de l'action sociale et politique, revitalisation qui ne s'imposait toutefois pas, puisqu'il n'y avait nulle désaffection des croyances. Courants qui s'inscrivent dans le droit-fil de l'hindouisme. Le système des castes s'est imposé en Inde (pays qui n'a jamais connu de dictature, comme la Chine, par exemple) en raison de son efficacité.

Dans le Sud-Est asiatique, les destins de l'hindouisme ont été encore plus

complexes, cet enseignement adoptant des cultes locaux, se mélangeant au bouddhisme, à l'islam, ou donnant naissance à des syncrétismes nouveaux, tels que le
culte de Hari-Hara (Shiva-Vishnou). Un nombre considérable de lieux de culte, liés
à tel ou tel épisode des vies des dieux, des saints, des philosophes, et construits ou
reconstruits à des époques très différentes, entretiennent dans tout le sous-continent
un incessant mouvement de pèlerinages, de fêtes et cérémonies. Aucune autre religion au monde ne suscite autant de manifestations collectives que l'hindouisme :
tout y est prétexte à célébrations d'une divinité ou de l'autre, foires au bétail, où des
pèlerins se pressent par milliers, chacun muni de son pot de cuivre pour aller verser
de l'eau du Gange sacré sur le lingam de Shiva, ascètes couverts de cendres courant
en masse compacte se baigner dans le même Gange, festival du printemps dans le
Shekawâti, exorcisme collectif par des feux d'artifice sans fin, chargé d'expulser les
démons de la ville de Divali, festival de la mousson, du commencement à la fin de
l'année, de l'Himalaya jusqu'au cap Comorin et de Bombay, à l'ouest, jusqu'à Cal-
cutta, à l'est, le calendrier est plein, naissances, mariages, funérailles, tout est occasion à célébrer une divinité dans la musique, les chants, les fleurs, l'explosion de
couleurs.

27. M. Piantelli, *op. cit.*

28. Il existe, étant donné la diversité de l'hindouisme et l'impossibilité d'en appréhender tous les aspects de façon « systémique » ou unitaire, autant d'interprétations
de l'Inde qu'il en existe d'interprètes. Toutefois, certains commentateurs confondent
le caractère immanent des codes de comportement dans l'hindouisme avec l'impératif catégorique de Kant : celui-ci est universel et conditionne les consciences de
manière uniforme, comme dans l'injonction de ne pas tuer ; en revanche, l'immanence des codes hindouistes est celle d'une praxis. Ainsi, il n'est pas convenable
qu'un prince soit dévot ; et le meurtre est licite dans certains cas.

6

Bouddhisme et jinisme,
ou
les disciplines de l'inexistence

Sur le malentendu contemporain concernant le bouddhisme — Sur la légende de Bouddha, jeune prince saisi par le dégoût — Sur ce qu'on sait de sa vie — Sur sa doctrine de renoncement intégral à l'existence — Sur son étonnant dégoût du corps humain — Sur l'athéisme agnostique du bouddhisme — Sur la récupération du bouddhisme par le roi Ashoka et l'instauration d'une superpolice des bien-pensants — Sur les conciles bouddhistes, les réfutations des hérésies et la multiplication de celles-ci — Sur la légende de Vardhamana, réformateur du jinisme, jeune prince saisi par l'ascétisme au même âge que Bouddha — Sur le quasi-athéisme jiniste, sa doctrine d'inexistence et l'autorisation du suicide lent — Sur la singulière adoption du jinisme par les pouvoirs royaux — Sur les conciles jinistes, la réfutation des hérésies et la multiplication de celles-ci — Sur les raisons des récupérations du bouddhisme et du jinisme par les pouvoirs royaux — Sur les échecs parallèles du bouddhisme et du jinisme et le triomphe de l'hindouisme et de l'Islam.

Au VIᵉ siècle avant notre ère, l'histoire de Dieu, c'est-à-dire du sentiment religieux, connut une interruption extraordinaire. La conviction intime, poursuivie sans faille depuis des millénaires, qu'il y avait dans la nature, le ciel, le cosmos, des puissances maîtresses du jeu universel, les dieux, donc, subit comme une panne. Tout d'un coup, il n'y avait plus de dieux, mais un néant trompeur. Tout était néant. Un tel cataclysme ne devait plus se reproduire avant l'apparition de l'athéisme scientifique occidental et des États marxistes du XXᵉ siècle.

Cette interruption se produisit en Inde, creuset du sentiment religieux, on l'a vu. Elle se fit dans l'émergence de deux disciplines spirituelles, le bouddhisme et le jinisme.

Le bouddhisme est le mieux connu (ou plutôt, le mieux méconnu) des deux. Il exerce, en effet, et surtout depuis le début du XXᵉ siècle, une fascination exceptionnelle sur les cultures occidentales. Le sourire ataraxique de son maître et fondateur, Bouddha donc, évoque pour le grand public et plus d'un lettré une sagesse d'autant plus profonde qu'elle viendrait « de loin », et d'autant plus admirable qu'elle engendrerait la douceur et la tolérance infinies. L'imprécision des notions mises en jeu dans cet attrait est patente[1], peu de gens qui évoquent le bouddhisme se trouvant en mesure de dire si Bouddha fut hindou, chinois, tibétain ou japonais.

Originellement, le bouddhisme fut hindou et non pas tibétain, et il ne fut pas une religion, mais une éthique. Lorsqu'il fut transformé en religion et appliqué à l'échelon d'un royaume, il entraîna une insupportable tyrannie, d'où son échec. On s'étonnera, incidemment, de l'intérêt de l'Occident pour Bouddha et le bouddhisme, qui semble méconnaître l'autre système de croyance, ou plutôt de non-croyance équivalent, le jinisme, qui en fut contemporain et souffrit du même déclin. Les deux systèmes se développèrent à partir du VIᵉ siècle avant notre ère et achevèrent leurs grands parcours au XIIᵉ.

Le VIᵉ siècle avant notre ère fut, de l'avis de tous les historiens, le plus important dans l'histoire des religions. Trois personnages clefs y apparurent, qui changèrent les rapports d'une vaste partie de l'humanité avec la divinité : Siddharta Gautama, plus connu de l'Occident sous le nom de Bouddha (v. — 563-v. — 483), Vardhamana, également connu sous le nom de Mahavira, rénovateur d'une discipline ancienne, le jinisme (v. — 559-v. — 468), et Zoroastre (v. — 628-v. — 551). Tous trois furent à la fois des réformateurs et des théoriciens, le troisième œuvrant dans une direction diamétralement opposée à celle des deux premiers. Ce chapitre est consacré aux deux premiers, leurs doctrines constituant un pôle double étonnamment antagoniste de l'hindouisme.

La réaction de Bouddha et de Vardhamana est attribuée par quelques auteurs, au moins partiellement, au ritualisme excessif et à l'orgie de sacrifices du brahmanisme. Il est vraisemblable que ces deux éléments aient joué un rôle dans la naissance et l'extension du bouddhisme et du jinisme, mais ils ne sauraient être les seuls : l'abus de cérémonies religieuses me paraît insuffisant pour inspirer une proclamation du néant. D'autres raisons plus complexes semblent s'y être jointes. Les deux hommes ont, en effet, professé des doctrines très proches et qui constituent en elles-mêmes un événement extraordinaire dans l'histoire des croyances connues de l'humanité : c'étaient des doctrines de renoncement intégral, proches du nihilisme. Comment deux hommes en vinrent là, presque ensemble, là est la question.

En ce qui concerne Bouddha, d'abord, il faut distinguer les raisons qui le mobilisèrent lui-même de celles qui assurèrent le succès de son enseignement.

Nous savons relativement peu de choses certaines sur la vie de Bouddha, sinon les dates présumées de sa naissance et de sa mort et quelques éléments biographiques[2]. Il naquit à Kapilavastu, dans une famille princière du clan des Shakya[3], sa mère étant la reine Maya Devi et son père, Shuddodhana, chef de clan ; il appartint donc à la plus haute caste, celle des guerriers ou *kshatriya*, et la tradition précise qu'il en reçut, en effet, la formation. Alors qu'il était âgé de vingt-neuf ans, marié avec une jolie femme de haut rang (princesse, évidemment), Yashodhara, les rencontres d'un vieillard, d'un malade, d'un cadavre et d'un ascète le firent réfléchir à la condition humaine, stimulant apparemment une disposition philosophique et bouleversant sa vie. Il coupa ses cheveux avec un glaive et, ayant échangé ses vêtements contre ceux d'un moine errant, partit sur les chemins à la recherche de la Vérité. Il s'imposa pendant six ans toutes sortes de privations ; sa santé déclina au point qu'il faillit en mourir ; retrouvé inanimé par un paysan, il ne revint à lui que lorsque son sauveur lui fit couler dans la bouche le lait d'une chèvre. Il décida alors de poursuivre sa recherche sans donner dans les excès ascétiques et s'assit pour méditer sous un pipal. Il y resta six ans.

Mârâ, le prince des démons, essaya alors de le détourner de sa recherche par la tentation ; mais Bouddha tint bon. Puis il eut soudain la vision de la totalité de l'univers ; ce fut l'Éveil à la pleine conscience, ou *bodhi*, d'où son surnom de *Bodhisattva*, qui signifie « Éveillé ». Dans les sept semaines de méditation qui suivirent, il élabora la philosophie qui lui permettrait de supprimer la souffrance de l'existence.

La tradition ajoute ici un ensemble de légendes hagiographiques, de miracles tels que les guérisons de rigueur dans les vies merveilleuses, les conversions et les prodiges, tels que la traversée du Gange en crue par la voie des airs[4]. Quant à sa fin, Bouddha serait prosaïquement mort d'une crise de dysenterie après avoir consommé un plat de porc.

L'enseignement dit du « Bouddha historique[5] » peut se résumer assez simplement par le renoncement. L'appareil théorique est en apparence considérable, mais le sermon de Bouddha à ses cinq premiers disciples dans le « jardin des Gazelles », à Sarnâth, près de Bénarès, en livre la substance sans difficulté. On en extraira le passage suivant : « Voici, ô moines, la Vérité sur l'origine de la douleur : c'est la soif de l'existence qui conduit, de renaissance en renaissance, la soif de plaisir, la soif de désir, la soif d'impermanence (de toutes choses, rien n'étant éternel ici-bas). » Bouddha offre ensuite les moyens de se détacher de cette soif de l'existence, qui sont le Noble Octuple Sentier et les Dix Prescriptions. Le premier consiste à pratiquer une foi pure, à avoir une volonté pure, à user d'un langage pur, à poursuivre une action pure, à avoir des moyens d'existence purs, à s'astreindre à une application pure, à avoir une mémoire pure et une méditation pure. Les seconds prescrivent de ne pas détruire la vie, de ne pas voler, de ne pas forniquer, de ne pas mentir, de ne pas boire de boissons fermentées, de ne pas manger en dehors des heures prescrites, de ne pas se réjouir ostensiblement, de ne pas attacher d'importance aux parures, de ne pas user d'un siège ou d'un lit élevés et de ne pas recevoir d'argent.

C'est au prix de la stricte observance de ces règles et du renoncement intégral que le fidèle peut espérer atteindre au nirvâna, qui n'est ni un état de félicité, ni le néant, comme se le représentent parfois les Occidentaux, mais l'extinction totale des feux des sens. Cet état atteint, l'Éveillé met fin au circuit des réincarnations successives ou *samsara*.

Pour mettre son enseignement en œuvre, Bouddha fonde des monastères dont le principe préfigure singulièrement celui des ordres chrétiens : le candidat prononce trois vœux (« Je prends refuge dans le Bouddha, je prends refuge dans la Loi, je prends

refuge dans la Communauté »), qui le dégagent de toute appartenance à une caste. Après un noviciat dont la durée varie, le religieux
est ordonné une seconde fois et devient donc membre définitif de la
communauté bouddhique ou Samgha ; il pourra toutefois en être
exclu en cas de fornication, de meurtre, de vol, d'imposture ou autre
faute grave. La ressemblance avec les monastères chrétiens, qui naî-
tront quelque dix siècles plus tard, est accentuée par l'instauration
de retraites et de confessions générales bimensuelles, auxquelles nul
religieux ne saurait se dérober[6].

Conscient du fait que peu de laïcs pouvaient suivre ses commandements, Bouddha restreignit aux moines et moinesses (il avait également instauré des couvents, non sans réticence, semble-t-il)
l'observance stricte de ses préceptes. Les laïcs, eux, pour être bref,
feraient ce qu'ils pourraient, mais ne connaîtraient évidemment pas
le nirvâna ; tout ce qu'ils pouvaient espérer était de réduire le nombre
des réincarnations.

Pas la moindre mention d'un dieu dans tout cela. L'athéisme de
Bouddha est complet. Une aussi radicale éclipse du sentiment divin
et son succès encore plus sont d'autant plus déconcertants qu'ils se
produisent au sein d'une culture qui avait imprégné de religion tous
les aspects de la vie quotidienne.

Deux éléments peuvent contribuer à l'expliquer. Le premier est
que l'Inde, entrée dans la période épique (qui succède à la védique),
vit apparaître, de façon marginale il est vrai, un système de pensée
qu'on peut qualifier de matérialisme nihiliste, les *lokayata* ; ceux-ci
postulent que la perception est la seule source de connaissance et que
tout ce qu'elle peut savoir est matériel. L'intelligence est imparfaite
et les analogies et relations universelles qu'elle croit distinguer sont
aléatoires. La conscience est une fonction de la matière. Il n'y a pas
d'âme, pas de vie future, pas de métempsycose. La divinité est un
mythe que les hommes n'acceptent que par ignorance et incapacité.
Il n'y a pas d'éthique, parce que le vice et la vertu sont des conventions. Ce système est attribué à un philosophe nommé Charvâka, sur
lequel on sait très peu de choses (certaines histoires de l'Inde ne le
mentionnent même pas[7]), sinon qu'une secte hérétique, les charvâ-
kas, porta son nom. Cette secte dut fortement indisposer des ennemis
puissants : son livre principal, la *Barhaspatya-sûtra*, ne nous est connu
que par des citations tardives[8]. Il semble que les lokayata aient été
une dérivation extrémiste du shivaïsme, dirigée contre les catégories
et systèmes très complexes, on l'a vu au chapitre précédent, du brahmanisme.

Le second élément d'explication est l'existence même de cette
variante du shivaïsme. Celle-ci révèle, en effet, qu'une partie au moins
de la caste militaire était excédée par l'envahissement de la vie par
les rituels brahmanistes. Elle équivaut à un coup de semonce qu'en

langage familier on résumerait ainsi : « Trêve de balivernes ! » On peut supposer qu'il s'agissait de gens animés d'esprit de rigueur, car il est peu probable qu'une autre caste que celle de lettrés aurait proposé une philosophie aussi nihiliste et, en tout cas, austère. On est aussi fondé à supposer que ces rebelles appartenaient à la caste des kshatriyas, inquiets du pouvoir grandissant de la caste des prêtres ; il est, en effet, tout aussi peu probable que des brahmanes-prêtres aient sapé les fondements mêmes de leur pouvoir. Il est, par ailleurs, tout aussi révélateur que le matérialisme sans défaut des lokayata offre, à très peu de nuances près, le schéma général du bouddhisme originel. On verra plus loin ce qu'il en était des courants idéologiques existant avant l'instauration du brahmanisme et survivant à celle-ci, ainsi que le contexte général dans lequel le bouddhisme, le jinisme et d'autres mouvements doivent être considérés.

Exemple éloquent des contingences auxquelles sont soumises les divinités : les excès mêmes des prêtres avaient entraîné l'abolition des dieux.

On dispose déjà là d'un ensemble d'indices qui peuvent renseigner en partie sur les motivations de Siddharta Gautama, né dans la caste princière, ne l'oublions pas. Restent de grandes zones d'ombre. Les pieux récits du désarroi qui s'empara de lui après la quadruple rencontre avec un vieillard, un malade, un cadavre et un moine omettent, en effet, de dire les raisons de ce désarroi. Après tout, il y avait une religion dominante qui expliquait absolument tout, aux convenances de chacun, vieillesse, maladie et mort. N'en avait-il pas été instruit ? Dans quelle autre religion aurait-il donc été formé ? Le brahmanisme pratiqué par la caste des guerriers ne lui suffisait donc pas ? Or, Gautama se comporte (ou bien nous est présenté) comme s'il n'en savait rien, comme si personne n'avait pu lui expliquer ce qu'étaient la maladie, la vieillesse et la mort, et tempérer les excès de sa sensibilité. De plus, il quitte épouse et famille sans qu'aucun membre de sa famille, sans parler de l'épouse, prêtre ou ascète, ne tente de l'en dissuader, ce qui est singulier, sinon invraisemblable.

Du point de vue individuel (et nul ne revendique pour Bouddha de caractère surnaturel), tout se passe comme si le jeune homme avait été un Grand Mécontent, que ne satisfaisait aucune des consolations et explications suffisantes aux autres. La puissance, l'amour (on ne connaît pas de femme qui ait succédé à la sienne) et aucune jouissance ne présentaient pour lui d'attrait, il était dégoûté de tout[9] et dans une rupture de ban dont seul Jésus offrira, six siècles plus tard, un exemple comparable (mais pour d'autres raisons), il partit sur les routes pour satisfaire une inquiétude métaphysique. Le personnage représenté par la tradition évoque un enfant du siècle romantique dont les méditations auraient abouti à un nihilisme plus sombre encore que celui de Schopenhauer (qui reconnaissait en lui un maître[10]).

L'analyse psychologique trouverait à coup sûr, dans cette rupture, un sujet fertile, et les indications d'un caractère probablement teinté de névrose d'angoisse et d'égocentrisme autoritaire assez poussé. On peut relever, en effet, dans les propos de Bouddha des passages qui laissent perplexe, comme celui qui décrit la décomposition d'un cadavre : « Ce moine, comme s'il voyait un cadavre jeté sur un charnier, son squelette, auquel adhèrent encore des chairs sanglantes, étant relié par des tendons [...] son squelette, décharné et enduit de sang, nettoyé de sa chair, étant relié par des tendons [...] ses os, dont les attaches ont disparu, dispersés dans toutes les directions[11]... » Le dégoût du corps est par ailleurs très marqué dans les propos du Bouddha : « Par des couleurs belles et variées, on orne et pare ce corps immonde et puant[12]. » Et encore : « Le corps ne se montre pas tel qu'il est [...] rempli par le mucus nasal et la salive, par la sueur et la graisse, par le sang et la synovie, par la bile et le lard, par ses sept courants l'impureté coule toujours, de l'œil l'excrétion oculaire, de l'oreille l'excrétion auriculaire, [...] par la bouche on vomit à la fois la bile et le flegme. [...] Ce bipède impur et qui sent mauvais[13]... » Effrayant réalisme ! On se demande quel put être le choc qui déclencha chez Bouddha une vision aussi systématiquement et exagérément atroce du corps.

Le dégoût de la femme n'est pas moins prononcé : l'apologue de la conversion du jeune Yashaskâra, qui servit de modèle au récit d'un épisode de la vie même de Bouddha, décrit l'épouvante, il n'est pas d'autre mot, qui saisit ce « fils de bonne famille » quand, à son réveil, il aperçut les courtisanes qui l'avaient diverti plus tôt, en train de dormir, appuyées l'une sur l'épaule d'une autre comme sur un oreiller, leurs cheveux en désordre ou couchées à l'écart, ronflant, grinçant des dents, « leurs instruments de musique lâchés par elles en désordre... ». Le spectacle eût, à d'autres, paru charmant, à moins que les courtisanes en question n'aient été d'inquiétantes grognasses. Mais pour Yashaskâra, « la frayeur fit se dresser les poils sur tout son corps, une pensée de dégoût surgit en lui et il n'eut plus le moindre désir de leur société ». Parti dans un deuxième palais, il y trouva d'autres courtisanes, ses poils se dressèrent à nouveau, etc. Et il se rendit chez le Tathâgâta (un des titres de Bouddha, dont l'interprétation est controversée) pour devenir moine[14]. Apparemment, le principe de la compassion avait ses limites.

Relevons également la nature étonnamment simple, pour ne pas dire simpliste, du prédicat : le désir de vivre est cause de souffrance, cessons donc de vivre ; ce que propose le bouddhisme, en effet, l'apparente à une religion révélée[15], c'est un suicide à long feu. Le christianisme justifie l'immolation non sanglante par le salut de l'âme et l'accession à la félicité éternelle auprès du Créateur. Bouddha, lui, ne propose rien de tel : le nirvâna n'est surtout pas la félicité éternelle. Qu'y a-t-il donc au-delà ? Il ne le dit pas. Sa définition implicite de la Vérité cachée derrière la fausse réalité est le néant. Ses non-dits laissent entendre qu'il n'y aurait rien d'autre après la vie terrestre que la noria interminable des transmigrations d'âme, sauf pour l'individu qui s'est délivré de lui-même et de la vie, devenant ainsi un *arhant*. Un tel extrémisme évoquerait aussi un thème de la psychanalyse, qui est le deuil. Ni l'analyse psychologique ni la psychanalytique ne sont cependant l'objet de ces pages. Et les questions que voilà sont peut-être opportunes dans le cas spécifique de Bouddha ; elles ne sauraient pas l'être dans le cas des prophètes du jinisme qui, on le verra, sont absolument tous issus de la caste des guerriers.

Mais force est de se demander si les idées de Bouddha n'étaient pas, dans une partie au moins, redevables à l'enseignement hérétique de Charvâka, au moins en ce qui concerne l'absence de divinité et d'au-delà, ainsi que du caractère imparfait de l'intelligence. Car c'est Bouddha même qui invite ses moines à se défier « des sensations, des perceptions, des compositions mentales et de la conscience[16] », recommandation qui évoque de très près le scepticisme de Charvâka. Ce dernier n'est toutefois pas le seul, à cette époque, à professer ce nihilisme, qui est le produit le plus singulier de l'Asie ; il y a aussi Vardhamana, dont il sera question plus loin.

Il n'en reste pas moins qu'il serait léger d'attribuer à la seule influence de Charvâka sur deux jeunes gens saisis par l'angoisse existentielle la naissance de deux grands corps de doctrine, et encore moins leur succès. Il faut qu'il y ait eu un terrain social propice.

L'enseignement du Bouddha connut, en effet, un grand succès ; après sa mort, Bouddha lui-même devint l'objet d'un culte, assimilé par certains à une religion ; ses reliques, dents, cheveux, etc., furent conservées dans des édifices caractéristiques, les stupas ; les lieux où les événements marquants de sa vie s'étaient produits devinrent des centres de pèlerinage. Les fidèles s'y rendaient pour déposer des offrandes, fleurs, lampes allumées, huile, encens, et chanter les louanges du Gautama. Le pèlerinage annuel au temple de Kandy, dans l'actuel Sri Lanka, où une relique supposée être la dent du Bouddha est conservée, est l'occasion d'une fête, la Perahera, qui dure trois jours et mobilisa chaque année, jusqu'à la guerre civile, toutes les provinces de l'île. Des délégations de danseurs et chanteurs entourant des éléphants caparaçonnés défilaient nuit et jour au son des orchestrions.

Mais une dénaturation majeure se produisit dès la fin du IIIe siècle, quand Bouddha fut divinisé par les courants, groupes, sectes et écoles issus du bouddhisme originel. Au début de l'ère chrétienne, un nouveau bouddhisme était apparu, celui du « Grand Véhicule » ou

Mahayâna (par opposition au bouddhisme originel, dit de façon plutôt méprisante « Petit Véhicule » ou Theravâda), qui rejetait plusieurs préceptes de l'ancien, telle l'injonction de délivrance individuelle, qui n'était qu'égoïsme. On en vint à prétendre que Bouddha avait été précédé dans le temps par d'autres bouddhas et qu'il serait suivi par d'autres, tel « le Bouddha à venir », Maitreya. Toute une mythologie de bouddhas et de bodhisattva commença à s'élaborer. À partir du Ier siècle de notre ère, le bouddhisme « historique » avait donc été oublié et servait de base à des variantes, souvent très éloignées, inspirées par des cultures locales.

Comment le bouddhisme se propagea-t-il ? Dans l'Inde même, selon certains[17], le bouddhisme n'aurait jamais atteint les classes populaires ; selon d'autres, il y eut un bouddhisme populaire, celui-là même qui transforma l'enseignement de Bouddha en religion[18]. Cette dernière hypothèse semble la plus plausible ; en effet, le bouddhisme devait exercer une attirance sur les déshérités et notamment les « bas de caste », toujours très nombreux en Inde. En enseignant le dédain de ce monde, et en assurant l'illumination et le savoir suprêmes aux plus ardents, il offrait à ses adeptes pauvres une revanche sur les castes supérieures, guerriers et brahmanes, dont l'opulence et le pouvoir se teintaient d'arrogance. Le succès du bouddhisme fut à cet égard comparable à celui du christianisme.

Il est également probable, mais nous disposons de peu de documents sur l'époque[19], que la caste des guerriers n'ait pas vu d'un mauvais œil un mouvement qui faisait échec à celle des brahmanes. L'hypothèse en est fondée sur le succès de Bouddha auprès des princes : Prasenajit, roi du Kosala, rendit lui-même visite à Gautama[20], par exemple, et Bimbisara (v. — 543-v. — 491), roi du Magadha, était lui-même pieux bouddhiste, ce qui lui permit justement de se défaire de l'emprise des brahmanes[21]. Mais le monarque dont le dévouement à la cause bouddhiste fut le plus grand et le plus connu est Ashoka, troisième empereur de la dynastie des Maurya, dont le règne dura environ de — 274 à — 237 ou — 232. Ayant étudié le bouddhisme à Taxila, il y fut converti par un moine nommé Upagupta[22], fit construire de nombreux stupas (un pèlerin chinois avança le nombre de vingt-quatre mille[23], ce qui est extravagant, car il n'y avait pas tant de reliques de Bouddha), et surtout instaura un puritanisme national d'obédience bouddhiste dont il est peu d'exemples : sous le couvert d'une bienveillance inspirée, clamant : « Tous les hommes sont mes enfants », il instaura une impitoyable police morale.

Il est peu douteux qu'Ashoka ait été animé de bonnes intentions ; ses édits, gravés sur des colonnes de grès ou des rochers en diverses parties de l'empire, en témoignent : interdiction des sacrifices animaux, que ce fût pour la nourriture ou les cérémonies religieuses, instauration de l'aide médicale obligatoire pour les nécessiteux, plantation d'arbres le long des routes, creusement de puits, rétribution correcte des religieux, œcuménisme religieux, obligation de la compassion et de la charité, exaltation des idées bouddhiques sur la vanité de ce monde et le but suprême de la vie, obligations de vérité, de pureté de pensée, d'honnêteté, de douceur, de gratitude, de contrôle de soi, de patience, de crainte du péché, de modération dans la dépense et le gain, de respect des parents, gens âgés, maîtres, moines (brahmanes compris), familiers, parents, serviteurs, esclaves, évitement de la cruauté, de la méchanceté, de la colère, de l'envie, obligation de tolérance[24]... Visiblement, Ashoka entendait faire de son empire (tout le nord de l'Inde et le Pakistan, Cachemire compris) un vaste couvent de végétariens (il devint, en effet, lui-même végétarien en — 257). Tout aussi visiblement, Ashoka entendait confondre en sa personne deux fonctions jusqu'alors distinctes dans l'organisation des sociétés, celle de chef militaire et celle de chef spirituel, entreprise qui témoigne de la source politique de l'expansion bouddhiste. Ashoka déclencha, en effet, un vaste mouvement missionnaire qui atteignit jusqu'à la Grèce et Java et conquit la quasi-totalité de l'île de Taprobane, plus tard connue sous les noms successifs de Serendib, Ceylan et Sri Lanka. Si l'on osait un raccourci, on pourrait dire que la doctrine du néant avait été institutionnalisée pour des raisons politiques.

Les prétentions pontificales d'Ashoka sont patentes dans sa convocation, dans la vingt et unième année de son règne, en — 247, du IIIe Grand Concile destiné à définir l'orthodoxie bouddhiste[25]. Celui-ci présentait un caractère nettement plus autoritaire que les précédents. Les interprétations de l'enseignement de Bouddha commençaient, en effet, à se diversifier au travers de sectes qui assouplissaient le bouddhisme originel, en le teintant de théisme et en le rapprochant d'autres religions, notamment de l'hindouisme ; ces courants réformateurs concouraient à la formation du Grand Véhicule ou Mahayâna, évidemment condamné par Ashoka, car il était bien trop souple pour asseoir son autorité. Le concile dura neuf mois et *le même moine* qui avait converti Ashoka rédigea une réfutation de toutes les hérésies, comme allaient le faire les Pères de l'Église quelque six siècles plus tard ; le *Kathâvattu* d'Upagupta en recensa dix-huit[26] ; seule était valable la tradition dite Shtaviravâda ou Theravâda, le Petit Véhicule mentionné plus haut. Le canon bouddhique fut fixé en langue pâli[27], et les textes fondateurs partagés en trois groupes ou « paniers » : les règles monastiques (qui furent déterminées à cette occasion), les paroles du Bouddha et la doctrine bouddhique.

Le bouddhisme prenait dès lors une coloration radicalement totalitaire. Elle était aisée à pressentir dans les persécutions des Mundas (populations traditionnellement shivaïtes) et dans les campagnes antibrahmaniques qui démentaient les assurances de tolérance

Deux des édits de ce monarque sont par ailleurs d'une inspiration nettement plus contestable que les autres : celui qui nomme des fonctionnaires pour le contrôle de la moralité publique et privée et l'adjuration aux « incroyants » de se convertir. C'était là une trahison de l'esprit du bouddhisme originel, qui était à la fois agnostique et donc tolérant par essence. L'inquisition et la police des « super-ministres de la vertu », *dharma-mahamatra*, furent donc chargées de faire régner la moralité bouddhiste. La délation s'instaura et la réaction s'enclencha. En faisant du bouddhisme une religion d'État, Ashoka précipita son déclin. À sa mort, son empire fut démembré[28], ses successeurs furent incapables de maintenir sa tyrannie, l'autoritarisme bouddhiste perdit son emprise, puis le bouddhisme s'effilocha. Dès le XIIIᵉ siècle, les actions parallèles de la conquête islamique et des syncrétismes bouddhiques avaient réduit le bouddhisme originel à l'état de relique. Actuellement cantonné à Sri Lanka, conservatoire d'élection de la Theravâda ou Petit Véhicule (67 % de la population), et dans les autres pays d'Asie (6 % de la population en Chine), notamment de l'Asie du Sud-Est (92 % de la population de la Thaïlande, 88 % de celle du Cambodge, 87 % de celle de la Birmanie), sous des formes diverses, le bouddhisme ne rassemble plus que 0,6 % de la population actuelle de l'Inde, pourtant sa terre natale, soit environ cinq millions et demi de fidèles de diverses dénominations, hérétiques et schismatiques confondus (bien qu'il ne comporte pas d'orthodoxie, puisque n'étant fondé que sur des préceptes et non des dogmes. Le bouddhisme connaît en effet des schismes, *sanghabheda*, et des hérésies ou *nikaya*, termes qui doivent être néanmoins pris dans des acceptions passablement différentes de celles qu'ils revêtent dans le christianisme[29]).

Un discours sur le bouddhisme contemporain en général serait périlleux. Il existe, en effet, plusieurs bouddhismes et, à quelques exceptions près, telles que la Thaïlande, où le bouddhisme répond aux définitions de la Theravâda, ce sont des cultes dérivés de la Mahayâna et plus ou moins métamorphosés par des syncrétismes avec le lamaïsme, le confucianisme ou le shintoïsme. Il ne sera pas traité dans ces pages des cultes dérivés et absorbés par d'autres systèmes de pensée : par le taoïsme confucianiste, comme en Chine, au Vietnam, en Corée du Sud, par le shintoïsme, comme au Japon, ou par la religion bon, comme au Tibet. Ce choix découle de l'objet même de cette étude, qui est l'évolution historique de l'idée de Dieu et non une histoire, et encore moins un recensement analytique des religions. Or, quelque forte qu'ait pu être l'influence du bouddhisme du Mahayâna, et elle fut considérable au Tibet, par exemple, elle ne comporte pas d'innovation essentielle. Les syncrétismes dérivés du Mahayâna représentent même le pôle opposé du bouddhisme : ils sont théistes, alors que le bouddhisme est athée. L'élément dominant dans ces bouddhismes de nom est le théisme des religions qui l'ont absorbé.

Le bouddhisme fut un moment unique, à coup sûr le plus paradoxal et le plus tranché de l'histoire des rapports de l'être humain avec Dieu : apparu comme la négation de tout concept divin et de toute aspiration à la transcendance, il se métamorphosa peu après la mort du Bouddha en un culte de celui-ci, comparable à une religion qui aurait été fondée sur le souvenir d'un athée ; le phénomène est aussi déconcertant que le serait de nos jours une Église nietzschéenne, avec clergé, chapelles et rites. Adopté par les déshérités, il fut récupéré par des tyrans. Il avait été la consolation des pauvres, auxquels il assurait que la puissance et la gloire n'étaient que songes, il devint le soutien des potentats. Doctrine du salut personnel, il fut transformé en religion d'État et, récupéré par les tyrans, il représenta l'asservissement que demandait le pouvoir temporel, soit exactement le contraire de ce qu'il avait été à l'origine, une discipline de libération.

Sa dénaturation en religion, c'est-à-dire son échec, n'en est pas moins exemplaire pour autant : elle constitue l'indice le plus éloquent de l'incompressible besoin humain de la divinité. La résurgence d'un de ses lointains avatars au Tibet, sous l'occupation chinoise, de même que la résistance des bouddhismes aux pouvoirs tyranniques au Laos, au Cambodge, en Birmanie (aussi bien que la résistance du christianisme orthodoxe en URSS, ou encore celle des cultes africains syncrétiques, tels que le candomblé au Brésil, aux pressions de l'Église de Rome), sont une démonstration encore plus vaste d'un fait inéluctable : les religions sont d'essence populaire et ne peuvent être durablement éliminées ni imposées par en haut. Tout aussi précaire, d'ailleurs, est l'imposition d'une religion par un pouvoir politique, comme celle que tentèrent les Aryas en Inde, ou comme les conversions forcées des juifs d'Espagne, sous peine de bannissement.

La comparaison de la trajectoire du bouddhisme avec celle du jinisme est irrésistible, et d'ailleurs justifiée. Comme lui, c'est un athéisme ou quasi-athéisme moraliste et une discipline d'inexistence : s'il existe des êtres surnaturels, postule-t-il, nous n'en savons rien, ils n'ont aucun pouvoir sur nos vies et il est donc futile de s'en soucier. Le jinisme n'est certes pas un système unifié, et certains textes mentionnent bien l'existence de dieux et déesses, les uns empruntés aux folklores pré-indo-aryens, les autres à l'hindouisme, et divisés en quatre groupes, dieux domestiques, intermédiaires, luminaires et astraux, mais leur empreinte sur le jinisme est pour le moins négligeable. L'essentiel est de se perfectionner en ce bas monde pour éviter le tourment des réincarnations successives, obsession des systèmes de croyance de l'Inde, que le jinisme partage évidemment, s'il n'en est d'ailleurs l'inventeur.

Pour le jinisme, le meilleur moyen d'éviter l'épreuve abominable de la réincarnation est de se soumettre à un certain nombre de règles que le bouddhisme aura rendues familières au lecteur : « [...] contrôler les organes des sens, se détacher des choses du monde et des communications avec les hommes. [...] mendier sa nourriture, vivre dans la forêt sans s'installer longtemps dans aucun endroit, [...] se maintenir dans la plus grande propreté, extérieurement et intérieurement, s'abstenir de faire du mal aux êtres vivants, être sincère, chaste, libre d'envie, bon, patient. » S'il y parvient, il deviendra « vainqueur » ou *jaïna*, de soi-même. Ce sont là les préceptes bouddhistes déjà vus ; en tout état de cause, les bouddhistes les adoptèrent sans quasiment rien y changer ; tout au plus tempérèrent-ils l'austérité du jinisme, qui admet une sorte de suicide passif, la *sallekhâna* : celle-ci permet au moine de se coucher sur un lit de ronces et de n'en plus bouger, sans s'alimenter jusqu'à sa mort. Cette autodestruction n'est pas censée permettre une libération de l'âme dans ces temps corrompus, elle facilite sa renaissance dans une autre vie[30].

L'influence éventuelle du jinisme sur Bouddha n'est pas établie ; mais il faut relever que l'ascète que Bouddha rencontra après le triple choc de la vieillesse, de la maladie et de la mort fut le même que celui qui forma Vardhamana, un moine de « basse extraction » nommé Gopala[31]. On ignore si c'était un jaïna ; c'est en tout cas une possibilité sérieuse, puisque le jinisme est antérieur au bouddhisme d'au moins deux siècles et demi et que si Vardhamana le choisit donc comme discipline, c'est qu'il était déjà constitué. Vardhamana fut, il faut le souligner, non le fondateur mais le réformateur du jinisme[32]. Bouddha et Vardhamana sont donc deux disciples d'un même maître, d'où les similitudes entre leurs enseignements. Nés à quelque cinq ans de distance, ils moururent à une quinzaine d'années d'intervalle.

L'histoire du jinisme éclaire d'ailleurs remarquablement bien la destinée du bouddhisme.

Comme Bouddha, Vardhamana était né dans la caste des guerriers ; comme lui, mais un an plus tard, c'est-à-dire à trente ans, il quitta sa condition pour devenir moine, puis le vingt-quatrième des prophètes du jinisme. L'une des singularités du jinisme est d'ailleurs que ses vingt-quatre « parfaits » prophètes ou *tirtankharas* (« passeurs de gué », terme qui s'explique par le franchissement de la rive de la vie tourmentée à celle du détachement) sont tous nés dans l'aristocratie militaire[33]. Cela semble être également une tradition qu'ils se marient avant de choisir l'ascétisme, comme Parshvadera, fils d'un roi de l'État de Bénarès, qui se maria et, toujours à trente ans, âge décidément fatidique, quitta le monde pour devenir moine. La principale différence entre Vardhamana et ses prédécesseurs est qu'il choisit, lui, la nudité intégrale de ceux qui sont « habillés de ciel » ; cette nudité intégrale avait été pratiquée avant lui, mais en la choisissant, lui, prophète, il déclencha d'ailleurs un schisme. Ce schisme dure jusqu'à aujourd'hui ; si l'on est jiniste, on est soit habillé de blanc, ou *svetambara*, soit nu, ou *digambara*.

Cette tradition de prophètes recrutés dans la caste militaire ne peut manquer de comporter une signification. On ne peut, en effet, imaginer que le fait d'appartenir à la caste des guerriers déclenchait automatiquement la nausée chez les princes, aux environs de la trentaine, et cela pendant des siècles. On ne peut imaginer non plus qu'ils aient tous eu, au même âge et après mariage, un dégoût des femmes, de la sexualité en général, de la nourriture, des parfums et de tous les autres plaisirs et biens de ce monde.

Pourtant la tradition est bien là, et elle est déconcertante. Elle contrevient, en effet, au système de castes introduit et généralisé dans l'Inde par les Indo-Aryens, qui veut qu'un prince ne se comporte pas comme un moine, ni inversement. De plus, elle fond deux castes en une, puisqu'elle produit des chefs religieux dotés du prestige de leur ascendance princière, ce qui contrevient également à la séparation des castes. De fait, cette tradition recoupe l'abolition des castes par le bouddhisme ; alors que les bouddhistes considéraient qu'un fidèle ayant rejoint leurs rangs sortait du système des castes, les jinistes, eux, proclamaient que le système des castes ne reflétait pas les lois de l'univers. Ce point est très important, puisqu'il reflète une rébellion contre l'influence brahmanique indo-aryenne. Bouddhisme et jinisme représentaient donc une résurgence des grands courants socio-religieux antérieurs au VIIIe siècle avant notre ère.

On pourrait supposer que la tradition du recrutement princier des prophètes ne suit aucune loi particulière, qu'elle est fortuite ou qu'elle est comparable au fait que le clergé catholique compta, en France, par exemple, beaucoup d'aristocrates, les cadets de famille n'ayant souvent d'autre espoir de faire carrière que dans les ordres. Mais ici il en va autrement : les prophètes sont tous des princes, alors qu'on n'a jamais vu dans l'Église catholique que tous les évêques ou cardinaux, par exemple, fussent de sang bleu ; bien au contraire, c'étaient plutôt eux qui ennoblissaient leurs familles. Plus significatif encore, dans le cas du jinisme, ces princes devenus religieux vont enseigner au peuple un détachement parfait à l'égard des biens de ce monde et une résignation sans espoir de rétribution présente ou future.

Il en ressort qu'un des principaux objectifs de la caste princière était de faire du jinisme un instrument idéologique propre à entretenir dans les castes inférieures un sentiment de renoncement, instrument d'autant plus convaincant que c'étaient justement des princes qui le propageaient, payant de leurs personnes et servant d'exemples. On connaît l'autre grand objectif, l'établissement de princes-moines servait à tenir en échec les castes de brahmanes, dont le pouvoir faisait ombrage aux princes[34]. Ce fut ainsi qu'à l'instar du bouddhisme le jinisme bénéficia de nombreux patronages royaux, à commencer par celui du propre grand-père d'Ashoka, Chandra Gupta, et du petit-fils du même Ashoka, Samprati, et plus tard des empereurs Gupta du Magadha, puis des Ganga du Karnataka, des Rastrakuta du Nord et plus tard encore (entre les XIᵉ et XIVᵉ siècles) des Hoysala du Karnataka.

Ces patronages impliquaient des subventions importantes pour l'entretien des moines et de leurs bâtiments, comme en témoigne, entre autres, le fait que la reine Satala Devi, épouse du roi Vishnou-vardhana, de la dynastie hoysala, et le général Chamundaraya, de la dynastie ganga, financèrent l'érection d'une statue gigantesque du fils du premier prophète, qu'on peut encore voir à Sravana Belgola, dans l'État de Karnataka. Plusieurs rois eurent, par ailleurs, des conseillers jaïnas.

Les effets de ces patronages royaux furent perceptibles dès l'époque de Mahavira : à la mort de celui-ci, le jinisme comptait quatorze mille moines et trente-six mille nonnes. Comme ils n'allaient pas tous sur les routes, mais qu'une grande partie d'entre eux vivait dans des couvents, cela suppose que le denier du culte fut généreux. Et il le fut parce que les princes y trouvaient leur intérêt.

S'il portait un œil sur le néant, la recherche de la vérité suprême et le perfectionnement des âmes par le détachement, le jinisme gardait cependant l'autre bien ouvert sur ce bas monde ; ses entreprises politiques sont, en effet, aussi liées aux pouvoirs temporels que celles du bouddhisme. En effet, au Iᵉʳ siècle, un moine jaïna nommé Kalakasharya causa le renversement du roi Gardabhilla d'Ujjain, et l'on sait que les jaïnas jouèrent dans les siècles suivants un rôle déterminant dans l'accession au pouvoir des dynasties Ganga et Hoysala[35], en stabilisant des situations politiques incertaines. Ils n'eurent pas cependant la main toujours heureuse, ainsi au VIIIᵉ siècle les svetambaras, ceux qui étaient habillés de blanc, se trouvèrent-ils beaucoup plus mêlés à des querelles dynastiques que leur enseignement ne le conseillait. On attendait des saint Vincent de Paul, ce furent surtout des Mazarin.

Autant dire, en résumé, que l'essor du bouddhisme et du jinisme fut favorisé, sinon motivé entièrement, par la volonté de la caste des guerriers de contrecarrer le pouvoir des brahmanes. Le schéma en est familier : l'histoire de l'Occident, par exemple, est fertile en révoltes de princes contre les prétentions temporelles de Rome. Des antireligions telles que celles-là étaient aptes, en effet, à mettre en échec leur autorité religieuse et, partant, séculière[36]. Le paradoxe voulut que le besoin naturel de la divinité transformât ces deux antireligions en religions[37].

Mais la transformation se fit trop tard. On compte actuellement deux millions de jinistes en Inde, contre cinq millions et demi de bouddhistes, quatre cent cinquante-huit millions d'hindouistes et quatre-vingts millions de musulmans[38]. Les échecs du bouddhisme et du jinisme dans leur pays d'origine, surtout confrontés aux succès de l'hindouisme et de l'islam, peuvent étonner. C'étaient des religions autochtones, issues de courants très anciens, alors que le brahmanisme et l'islam étaient des religions importées, l'une par les Indo-Aryens, l'autre par les Arabes. Toutes quatre furent soutenues par des mouvements politiques. Mais après des débuts prometteurs, le bouddhisme et le jinisme s'étiolèrent ; ils ne répondaient pas aux besoins du peuple ; même rénovés par Bouddha et Vardhamana, ces rameaux du tronc dravidien plusieurs fois millénaire étaient beaucoup trop arides pour séduire longtemps le peuple.

Peut-être la principale carence du bouddhisme et du jinisme fut-elle d'omettre des références convaincantes à l'Être autant qu'à l'être et de placer l'existence entre des parenthèses dérisoires. Être venu de rien pour aller nulle part n'est pas vraiment un programme de vie populaire. Et, pis encore, devoir se priver de désirs pour supporter l'intervalle entre les deux. En contraste, l'hindouisme est une succession de fêtes pour l'individu autant que pour le peuple ; il exalte la vie sous toutes ses formes. Or, il est difficile de prêcher le néant aux masses. Les représentations du *Mahâbhârata* sont des célébrations populaires, théâtre, mystère et messe mélangés ensemble, ses personnages sont aussi connus des assistants que le seraient pour des Français Jésus, Judas, Vercingétorix, Charlemagne, Saint Louis, Roland, Jeanne d'Arc, Cartouche, Danton et Polichinelle. Les enfants hindous connaissent tous Kartavirya, le guerrier fabuleux aux moustaches gigantesques, et le dangereux Baka, le démon tué par Bhima. Et bien que tout le monde la connaisse par cœur, chacun attend l'issue de la tragique bataille finale entre les Pandava et les Kaurava, dont seuls survivront trois hommes dans chaque camp. L'Islam est une religion héroïque, portée vers l'action et propre à enthousiasmer les cœurs aventureux. Bouddhisme et jinisme n'avaient pas de mythes à offrir, pas de contes héroïques, et ne laissaient pas la moindre place pour les superstitions[39]. L'homme vit de mythes et il a besoin de s'identifier à des héros. On ne peut toute sa vie se préparer au néant.

On eût pu croire que le chapitre était clos ; il n'en fut rien. Par un paradoxe de plus, les ébauches du nihilisme qu'avaient été le bouddhisme et le jinisme originels allaient, à plusieurs milliers de kilomètres de là, influencer la pensée grecque, à commencer par le plus pittoresque des antiphilosophes, Diogène.

Bibliographie critique

1. On a même vu un personnage éminent, le pape Jean-Paul II, qui dispose pourtant dans ses services de quelques compétences, traiter du bouddhisme tibétain, lointain dérivé du bouddhisme originel, comme si c'était l'unique bouddhisme actuel (il y a l'hindou et le japonais, par exemple), et prendre le dalaï-lama pour son représentant universel ; on l'a même vu s'interroger publiquement sur la possibilité que le bouddhisme fût une alternative au christianisme (dans son livre *Entrez dans l'espérance*, Plon-Mame, 1994) et conclure par la négative, parce que le bouddhisme serait « en grande partie un système athée » ; euphémisme délicat, car le bouddhisme est *intégralement* athée. Un certain nombre de péripéties médiatiques, films ou tribulations d'un « Bouddha incarné » dans un petit enfant, devenu otage de querelles politiques, entretiennent le malentendu sans souci des réalités.

2. La majeure partie des « vies de Bouddha » ressortissent plus à la légende qu'à l'histoire au sens occidental du terme. Depuis l'étude décisive d'Étienne Lamotte, « La légende du Bouddha », *in Revue de l'histoire des religions*, nos 134, 137-171, 1947-1948, peu d'historiens s'y aventurent. Il existe ainsi cinq dates supposées pour sa naissance (— 624, — 558, — 556, — 550, — 546 et — 540), et les Cinghalais situent sa mort en — 543 et les Japonais en — 549. « On fêta en 1964, dans les pays où le bouddhisme du Therâvâda est à l'honneur et la tradition pâli toujours observée, le 2 500e anniversaire de la naissance du Bouddha, ce qui placerait celle-ci vers — 564. » Bouddha mourut, en effet (les bouddhistes disent « entra en parinirvâna »), à l'âge de quatre-vingts ans (Louis Frédéric, *Dictionnaire de la civilisation indienne*). Incidemment, j'ai adopté dans ces pages l'orthographe qui transcrit le plus fidèlement la prononciation du nom Bouddha par ses... fidèles, au lieu de la graphie anglaise « Buddha », qui me paraît être un contresens en français, étant donné que la voyelle *u* se prononce *ou* en Anglais.

3. « Probablement le site de Piprâwa, près de Basti, dans l'Uttar Pradesh », selon L. Frédéric *in Dictionnaire de la civilisation indienne*, Robert Laffont, 1987.

4. Une très importante littérature a été consacrée à Bouddha et à ses doctrines. L'objet des pages que voici n'est ni de s'y substituer ni de les paraphraser, mais uniquement de résumer les aspects essentiels des relations entre les événements historiques et les doctrines bouddhistes. Je me limiterai à indiquer ici ceux des ouvrages qui m'ont été le plus utiles dans la connaissance de ces doctrines et qui ne sont pas spécifiquement indiqués dans ces notes :
— Pour le bouddhisme de l'Inde, *Les Religions de l'Inde* d'André Bareau, Payot, 1966 ; Louis Frédéric, *Dans les pas du Bouddha*, Hachette, 1957 ; l'*Histoire du bouddhisme indien, des origines à l'ère Saka*, d'Étienne Lamotte, Louvain, 1958 ; et les cha-

pitres de François Bizot (« Création initiatique dans le bouddhisme en Asie du Sud-Est »), et d'André Padoux (« L'Inde et ses religions »), *in Asie — Mythes et croyances du monde*, Brepols, Turnhout, Belgique, 1985.

— Pour le bouddhisme chinois, *Buddhism in Chinese History* d'A.F. Wright, Stanford University Press, 1959 ; *Buddhism in China, a Historical Survey*, de Kenneth Ch'en, Princeton University Press, 1964 ; « Le bouddhisme chinois », *in* l'*Histoire des religions* dirigée par Henri-Charles Puech, la Pléiade, Gallimard, 1970.

— Pour le bouddhisme japonais, *Les religions du Japon* de René Sieffert, PUF, 1968 ; les articles de Josef A. Kyburz (« Les avatars du bouddhisme au Japon ») et de Gérard Martzel (« Croyances et pratiques populaires collectives au Japon »), *in Mythes et croyances du monde, op. cit.*, et *Les Dieux nationaux du Japon*, de Jean Herbert, Albin Michel, 1965.

— Pour le bouddhisme tibétain, « Les religions du Tibet » d'A.-M. Blondeau, *in* l'*Histoire des religions, op. cit.*

Les chapitres consacrés au bouddhisme et au jinisme dans l'*Encyclopaedia Universalis* et dans l'*Encyclopaedia Britannica* m'ont été également d'un grand secours, ainsi que le *Dictionnaire de la civilisation indienne*, de Louis Frédéric, la *Cambridge History of India* d'E.J. Rapson, S. Chand & Company Ltd., Ram Nagar, New Delhi, 1987, l'*Histoire de l'Inde* et *Mythes et dieux de l'Inde* d'Alain Daniélou, *op. cit.*

Il est peut-être utile de signaler que plusieurs d'entre ces textes reflètent les préférences ou les appartenances idéologiques ou confessionnelles de leurs auteurs ; certains sont résolument prohindouistes, d'autres probouddhistes.

5. Le bouddhisme originel, dit encore « du Bouddha historique », « primitif », « des Anciens », fut également qualifié par ses contemporains de « Petit Véhicule », *Theravâda*, parce que peu de fidèles pouvaient y « monter » en raison de sa rigueur. On oppose à la Theravâda le Grand Véhicule ou *Mahayâna*, un bouddhisme plus tardif (v. le Ier siècle de notre ère), révisé dans le sens du théisme.

6. « Bouddhisme », *in Dictionnaire de la civilisation indienne* de Louis Frédéric, *op. cit.*

7. C'est le cas de la *Cambridge History of India, op. cit.*, et de *A History of India, op. cit.* L'omission est singulière pour un précurseur aussi marquant.

8. Comme on le voit, la censure religieuse s'est exercée dans de nombreuses religions. Cela étant, le *Dictionnaire de la civilisation indienne* de Louis Frédéric définit les Barhaspatyas comme « des disciples théoriques de Brihaspati, considérés par les hindous orthodoxes comme des gens sans religion, matérialistes et réalistes ». Brihaspati étant le nom sanscrit de Jupiter, il y a lieu de se demander si ce n'aurait pas été le pseudonyme de Charvâka. En effet, c'est un personnage célèbre des traditions shivaïstes : nommé Grand-Maître, Précepteur-des-dieux, ce fils d'un sage honora Shiva « pendant mille ans » et reçut comme récompense sa transformation en la planète Jupiter. Charvâka n'aurait été que son porte-parole (d'après A. Daniélou, *Mythes et dieux de l'Inde, op. cit.*).

9. Le terme « dégoût » est utilisé par Bouddha lui-même : « Le saint disciple, après avoir compris cette considération [que le monde n'est qu'illusion], est dégoûté de la matière. En étant dégoûté, il ne s'y attache plus. » « Sermon sur l'impermanence », *in Vinayapitaka des Dharmaguptaka*, édition de Taisho Issaikyo, n° 1428, cité par André Bareau *in En suivant le Bouddha*, Philippe Lebaud, 1985.

10. « Sachez d'abord qu'il n'y a eu dans le monde que trois philosophes qui méritent cette épithète : Bouddha, Platon et Kant. [...] Au fond, je ne suis pas panthéiste, je suis bouddhiste. » Entretien avec Frédéric Morin, *in Entretiens*, Criterion, 1992. Néanmoins, Schopenhauer se fait une idée entièrement erronée de l'enseignement de Bouddha, car il écrit plus loin : « [...] le bouddhisme et le christianisme sont les deux seules religions vraiment religieuses de l'humanité », ce qui est un parfait contresens s'il s'agit là du bouddhisme originel ; et encore : « Car tous deux ont glorifié le culte de la douleur, car tous deux ont les saintes amertumes, car tous deux

proposent des dogmes qui font frissonner toute chair vivante ! » Autre contresens, et de taille, le bouddhisme originel n'étant pas une religion, puisqu'il ne reconnaît aucune divinité et n'impose aucun culte, puisqu'il ne propose pas de dogme et vise justement à supprimer la douleur. Mais il est vrai que, dès lors qu'ils abordent l'Orient, les grands philosophes allemands, tel Nietzsche faisant de Zarathoustra un personnage sans aucun rapport avec l'original, tendent à créer des images exotiques.

Un philosophe contemporain, Roger-Pol Droit, s'est insurgé dans un brillant essai (*Le culte du néant — Les philosophes et le Bouddha*, Seuil, 1996) contre une interprétation restreinte du nirvâna par la philosophie allemande et française de ces deux derniers siècles, de Nietzsche et Hegel à Taine et Victor Cousin. « Anéantissement complet où a lieu la destruction définitive du corps et de l'âme », selon l'interprétation de Burnouf, fondateur des études bouddhiques en France, le nirvâna a, en effet, inspiré une vision nihiliste du Bouddha, sinon du bouddhisme, que Droit estime caricaturale. Elle l'est, en effet, si l'on prend le nihilisme au sens occidental, c'est-à-dire comme philosophie d'un désespoir destructeur et cynique, ce qui ne s'applique certes pas au bouddhisme, philosophie de compassion. Mais le refus catégorique de toute métaphysique et encore plus de toute eschatologie fait qu'il est décidément difficile de trouver au bouddhisme une autre définition que celle de nihilisme.

Et l'on est quelque peu tenté d'opposer à Roger-Pol Droit la conclusion d'un article qu'il consacrait à un autre ouvrage sur le Bouddha, « La voix du Bouddha » d'André Bareau (Philippe Lebaud, éd., 1996) : » (Le) refus de l'éphémère [que conseille le bouddhisme] est-il vraiment sage ? » (« Le Bouddha, l'éternité, l'instant », *Le Monde*, 19 juillet 1996).

11. « La conduite du moine modèle », *in Majjihima-nikaya, Sattipatthâna-sutta*, édition de la Pâli Text Society, vol. I, cité par A. Bareau *in En suivant le Bouddha, op. cit.*

12. « Histoire du moine Rastrapala », *in Rastrapâla-sûtra, Madhyama-âgama*, édition de Taisho Issaikyo, n° 26, cité par Bareau, *id.*

13. « Sutta de la victoire », *in Sutta-nipata*, trad. H. Saddhatissa, Curzon Press, Londres, 1985.

14. « La conversion de Yaçaskara », *in Vinayapitaka des Dharmaguptaka, op. cit.*

15. De fait, l'une des récupérations les plus déconcertantes de l'histoire des religions est celle de Bouddha sous le nom de saint Josaphat abbé, fêté le 27 novembre. Précédemment Sagamoni (Shakyamouni, nom de Bouddha) Burcan, converti au christianisme par l'ermite Barlaam, Bouddha fit donc son entrée au martyrologe romain en 1583... *La Sagesse de Balahvar*, traduit du géorgien, présenté et annoté par Annie et Jean-Pierre Mahé, Connaissance de l'Orient, Gallimard, 1993. Il est vrai que la profusion de références bouddhistes à la « Bonne Loi » et à la « Voie du salut » pouvait induire certains en erreur...

16. « Sermon sur l'impermanence », *in Vinayapitaka des Dharmaguptaka, op. cit.*

17. A. Daniélou, *Histoire de l'Inde, op. cit.*

18. Louis de La Vallée-Poussin, *La Morale bouddhique*, De Boccard, 1927 ; *L'Inde au temps des Maurya*, De Boccard, 1936.

19. C'est avec le bouddhisme que se développa le genre des chroniques, qui relataient les événements avec un souci d'objectivité et rompaient de la sorte avec les récits de légende.

20. Mal lui en prit, d'ailleurs, car pendant son absence son fils Vidudabha se fit proclamer roi. Le plus étrange est que ce dernier était le fils naturel d'une femme du clan des Shakya, auquel appartenait Bouddha, et qu'il était donc un cousin éloigné de celui-ci ; néanmoins, Vidudabha envahit le pays des Shakya et massacra toute la famille princière, femmes et enfants compris (L. Frédéric, *Dictionnaire de la civilisation indienne* et A. Daniélou, *Histoire de l'Inde, op. cit.*).

21. Là encore, un cousin de Bouddha, Devadatta, lui valut le pire : ce fut à son instigation qu'Ajatashatru, le fils de Bimbisara, tua son père. *Id.*

22. La conversion effective d'Ashoka ne fait pas l'unanimité. L. Frédéric dit qu'il

n'y en a pas de preuve, mais A. Daniélou et la *Cambridge History of India* citent plusieurs points des chroniques bouddhiques qui donnent le fait pour presque certain. Le bouddhisme était la religion préférée du père d'Ashoka, l'empereur maurya Bindusara, et Ashoka passa lui-même une année dans une communauté bouddhiste, avant d'entreprendre une série de pèlerinages. Le gouvernement même de cet empereur indique avec le minimum de doute possible son zèle bouddhiste. Enfin, ce fut son fils ou frère Mahinda (ou Mahendra) et sa fille Sanghamitra qui introduisirent le bouddhisme à Ceylan.

23. Cité par A. Daniélou, *in Histoire de l'Inde*.

24. *Id.*, L. Frédéric, *Dictionnaire de la civilisation de l'Inde* et *Cambridge History of India*, vol. I et II.

25. Le premier concile eut lieu en — 483, tout de suite après la mort de Bouddha, et consista en récitations des règles monastiques, des dits de Bouddha et des récits le concernant. Le deuxième, près d'un siècle plus tard, porta sur la condamnation des dix fautes qui violaient la règle monastique et vit la naissance du premier schisme.

26. Les condamnations d'Upagupta restèrent apparemment sans effet, puisque, quelque six et neuf siècles plus tard, des pèlerins chinois, Fa Hien au IVe siècle, et Hiuen Tsiang, au VIIe, recensaient dix-huit écoles de bouddhisme toujours existantes en Inde (« Buddhism », *Encyclopaedia Britannica*).

27. Ce point est toutefois contesté, parce que le texte disponible de ce canon ne fait aucune mention d'Ashoka ; cela signifierait que le canon même était déjà fixé lors du IIIe Grand Concile. Sans doute fut-il reconfirmé. On ne peut toutefois exclure que le texte ait été remanié pour en éliminer le nom d'Ashoka, considéré à Ceylan, par exemple, comme un monarque exécrable et sanguinaire.

28. Incidemment, Ashoka apparaît comme un despote passablement hypocrite, en dépit de sa profession de foi bouddhiste : il avait pris le pouvoir après avoir fait assassiner ses frères et sœurs, ce qui retarda son couronnement de quatre ans. Sa campagne militaire contre le Kâlinga, actuel Orissa, fut particulièrement sanguinaire pour un roi qui prétendait n'aspirer qu'au bonheur universel.

Tout aussi incidemment, le déclin du bouddhisme en Inde, précipité par la mort d'Ashoka, me semble résoudre un certain nombre de problèmes posés par l'anthropologie contemporaine sous l'angle du structuralisme, parfois en termes extrêmement complexes ; à savoir, et pour parler bref, si les rituels découlent du pouvoir du monarque ou si celui-ci n'en est que l'exécutant. À l'évidence, le bouddhisme fut d'abord propagé par les masses des déshérités, en réaction contre l'appropriation des rituels hindouistes par les castes supérieures, brahmanes et guerriers. Récupéré par les guerriers et devenu oppressif, il fut rejeté par le peuple. Pour ceux que ces considérations pourraient intéresser, il me semble que le dernier mot revient donc à l'anthropologiste américain Mort Sahlins, pour qui les différences culturelles dépendent des circonstances historiques.

29. Jean-Noël Robert, « Le bouddhisme », *in* Grand Atlas Universalis des religions, *Encyclopaedia Universalis*, 1988.

30. « Jaïnism », *Encyclopaedia Britannica*, éd. 1994. Il existe de très nombreux ouvrages et encyclopédies qui offrent des descriptions détaillées du jinisme ; on me pardonnera de ne pas reprendre celles-ci, car elles occuperaient plus d'un chapitre de dimensions ordinaires. Le jinisme est, en effet, extrêmement riche en catégories et postulats, des cinq parties qui constituent l'univers et des six substances qui le composent aux douze rayons ou âges qui constituent la roue du temps, des sept étages du monde habité aux deux étages du ciel, des cinquante-quatre Grandes Âmes du monde aux soixante-quatre déesses des directions ou *dikkumâris* qui veillent à l'allaitement du prophète dès sa naissance. Le jinisme semble structuré par une symbolique numérique d'autant plus délicate à saisir que son éthique est celle du renoncement au monde. Il m'a semblé plus utile de définir l'attitude de cet enseignement par rapport à la divinité, dont l'histoire est l'objet de ces pages.

31. A. Daniélou, *Histoire de l'Inde*, et *Cambridge History of India, op. cit.* Daniélou, qui écrit son nom « Gosala », rapporte qu'il se brouilla avec Vardhamana et fut plus tard le réformateur de la secte des Ajivikas. Cette secte adorait Vishnou sous la forme de Narayâna, « Celui qui marche sur les eaux », censé être l'une des incarnations de ce dieu. Narayâna est cependant une divinité prévédique. Détail qui éclaire le contexte idéologique de l'époque, Gopala et les deux autres théoriciens qui contribuèrent à la réforme des Ajivikas, Nanda Vacha et Kisa Sankissa, « rejetaient le système brahmanique des castes, se fondant sur les textes du *Samannaphala-sûtra* et du *Bhagavati-sûtra* » (L. Frédéric, *Dictionnaire de la civilisation de l'Inde, op. cit.*). Or, ceux-ci étaient des textes shivaïtes, effectivement antérieurs au brahmanisme. « Leurs vues donnèrent également naissance à une ancienne secte jaïna » *(id.)*. Cela tend à confirmer l'hypothèse exposée dans ces pages de l'apparentement shivaïte du jinisme, aussi bien que le fait que Gopala, qui forma à la fois Bouddha et Vardhamana, s'inscrivait bien dans le jinisme ancien.

32. Contrairement à ce qu'indiquent de nombreux ouvrages, qui n'en traitent que dans ses relations avec le bouddhisme, et n'en situent la naissance qu'au VIe, voire Ve siècle avant notre ère, sous l'emprise de Vardhamana (erreur dans laquelle je me suis laissé entraîner dans l'*Histoire générale du Diable)*, le jinisme semble indiscutablement plus ancien. La tradition jiniste fait de Vardhamana le vingt-quatrième saint prophète ou *Tirtankhara*, ce qui, à raison d'un prophète par génération, représenterait déjà quelque quinze siècles et en reculerait l'origine à la fin du IIIe millénaire ; cette tradition fait d'ailleurs remonter le jinisme à plusieurs millénaires avant notre ère. C'est peut-être excessif, mais cela ne justifie guère l'opinion de deux éditions successives de l'*Encyclopaedia Britannica*, selon laquelle l'existence historique des vingt-trois tirtankharas qui précédèrent Vardhamana serait sujette à des « doutes graves » (« Jains », édition 1962) ; « On a maintenant reconnu la réalité historique de Parshvadera, le prophète jaïna qui précéda Mahavira de deux siècles et demi », écrit Alain Daniélou dans son *Histoire de l'Inde, op. cit.*, se fondant entre autres sur l'*Encyclopaedia of Religion and Ethics* de James Hastings (12 vol. 1953-1959) et l'étude *Jaïna Sahitya aur Itihasa*, de Nathuram Premi (en hindi, non traduit, Bombay, 1942). L'*Encyclopaedia Britannica* reconnaît d'ailleurs la probabilité de la réalité historique de Parshvadera.

Il en découle que le jinisme fut certainement rénové par Vardhamana, mais que celui-ci n'en est certainement pas le fondateur.

33. *Cambridge History of India, op. cit.*

34. Les brahmanes comprirent fort bien la manœuvre, d'ailleurs, et plusieurs d'entre eux se rallièrent promptement au jinisme, se convertissant paradoxalement d'une religion théiste à un système athée et pratiquement agnostique. Les onze disciples que Vardhamana Mahavira comptait à sa mort étaient tous les brahmanes (« Jaïnism », *Encyclopaedia Britannica*, édition 1994).

35. *Id.*

36. Bouddhisme et jinisme n'étaient pas les seuls mouvements étrangers au brahmanisme. Les anciens textes bouddhiques, les premiers qui, en Inde, aient revêtu une valeur historique, mentionnent, à l'époque de Bouddha, pas moins de soixante-trois écoles différentes de philosophie, toutes probablement non brahmaniques ; on est en droit de penser qu'un certain nombre d'entre elles s'inscrivaient dans le courant shivaïte, comme les lokyata. Les textes jinistes en mentionnent également plusieurs. Mais ces courants ont disparu sans laisser de traces suffisantes pour autoriser une analyse. On ne peut que se ranger à l'avis des historiens qui estiment que ces courants constituaient, en fait, une forme de résistance au brahmanisme. *Cambridge History of India, op. cit.*

37. Le destin du jinisme est, en effet, comparable à celui du bouddhisme : les dissensions commencèrent dès la mort de Vardhamana, et quatre conciles successifs les transformèrent en schismes, comme il advient le plus souvent. La plus grave division fut celle qui sépara les hommes nus des hommes habillés de blanc ; ceux-ci

voulurent codifier le canon, jusqu'alors transmis oralement, ceux-là les accusèrent de corruption et refusèrent toute rédaction normative. L'occupation islamique du nord et de l'ouest de l'Inde au XIIe siècle régla ces querelles de casuistes en affaiblissant considérablement bouddhisme et jinisme. La disparition des prébendes et soutiens royaux ne fut cependant pas la seule cause de leurs déclins ; la résurgence de l'hindouisme joua également un rôle essentiel, et les conversions parachevèrent cette érosion, car on vit même des jaïnas se convertir à l'Islam et occuper des fonctions importantes dans l'Empire islamique de l'Inde.

38. Cette arithmétique comparative ne doit certes pas occulter l'influence remarquable des jaïnas sur la vie intellectuelle de l'Inde, influence qui se perpétue jusqu'à nos jours dans le domaine des lettres et de la recherche historique et scientifique. L'Inde a hérité et conservé de nombreux principes jinistes aussi bien que bouddhistes, tels que celui de la non-violence ou *ahimsa*. Les œuvres jinistes de charité, telles que l'aide aux pauvres et aux veuves, les contributions aux secours en cas d'épidémies ou de séismes, l'institution d'asiles pour animaux vieux leur ont conféré une place particulière dans la société de l'Inde, en dépit de leur petit nombre.

39. Il est plaisant d'entendre, dans les bas-fonds intellectuels de l'Occident, des adeptes autoproclamés de la réincarnation et du bouddhisme assurer qu'ils croient dans l'astrologie, alors que dans la *Tuvataka Sutta* (« La manière de bénir ») Bouddha spécifie qu'« il [le moine idéal] n'analyse pas les rêves ni les signes du sommeil et n'étudie pas les mouvements du Zodiaque » (« Le Chapitre des Huit », *Sutta-Nipata, op. cit.*). Il est vrai que ces fantaisistes prosélytes prennent la réincarnation pour un contrat d'éternité, alors que c'est une malédiction !

7

Zarathoustra
ou
la première apparition du Dieu unique

Sur le mazdéisme, premier modèle du monothéisme tel qu'il fut pratiqué par les religions révélées — Sur l'apparition du premier Grand Dieu masculin de l'histoire — Sur l'histoire de la Médie et les origines culturelles de Zarathoustra — Sur la religion védique qu'il réforma — Sur ses motivations politiques et psychologiques — Sur les doutes des chercheurs et le caractère révolutionnaire de la réforme de Zarathoustra — Sur les raisons pour lesquelles le mazdéisme devint religion d'État — Sur les ambitions politiques des mages et l'imposture de Smerdis-Gaumata — Sur le mazdéisme de la dynastie achéménide — Sur les chocs militaires et culturels infligés au mazdéisme par la Grèce — Sur l'adultération, la décadence et les raisons politiques de l'extinction du mazdéisme.

Dieu, le Dieu des juifs, des chrétiens et des musulmans, n'est ni juif, ni chrétien, ni musulman d'origine : il est iranien. Le moule des trois monothéismes a été, en effet, fondu au VIᵉ siècle avant notre ère. C'est celui d'une religion qui comporte, fait intégralement sans précédent, un dieu unique et bon, créateur du monde. Il représente la lumière. Il est assisté du Saint-Esprit. Son adversaire est le dieu du Mal, du mensonge, des ténèbres et de la destruction, qui siège aux Enfers, lieu abominable et putride. C'est là que les âmes des méchants séjourneront si, à leur mort, le pesage de leurs actions montre que les mauvaises sont plus lourdes que les bonnes ; mais elles n'y séjourneront pas éternellement, car elles sortiront au Jugement dernier et à la résurrection des morts, quand le dieu du Mal sera définitivement vaincu. Cette religion comportait même des anges gardiens. C'était le zoroastrisme ou mazdéisme, dont il ne reste quasiment plus rien.

Un Créateur unique et bon, un Diable méchant, un Saint-Esprit, le Jugement dernier et la Résurrection des morts, des anges gardiens... La surprise que l'étude du mazdéisme a réservée aux chercheurs a été si forte qu'elle a engendré du scepticisme. Plusieurs d'entre eux ont tenté de contester qu'Ahoura Mazda, « Seigneur de sagesse », eût été un Dieu unique opposé à un ennemi unique, que le mazdéisme se fût imposé aux populations, voire qu'il eût existé. La religion que voilà a cependant duré dix siècles ; elle fut fondée en moins d'un demi-siècle par un prophète nommé Zarathoustra (v. — 628-v. — 551). Des chercheurs ont parfois minimisé et d'autres ont même nié son rôle dans la mise au pinacle de ce Dieu tellement semblable à celui des trois religions du Livre. Était-il possible que le vaste système religieux érigé en vingt siècles par l'Occident, pour ne parler que du christianisme, eût déjà été créé en quelques décennies et six siècles auparavant par un prophète d'un pays disparu, autant dire chez les Barbares ? Les faits sont pourtant là, plus catégoriques que les objections dont témoignent les notes à la fin de ce chapitre. À l'exception du personnage de Jésus, le mazdéisme apparaît comme l'ossature des trois monothéismes.

Et encore ! Une légende veut que Zarathoustra soit né dans une grotte du lait céleste tombé dans les entrailles d'une vierge...

Le plus déconcertant pour l'observateur occidental est que cette religion est née sur des bases très anciennes, dans la Médie, près de la mer Caspienne. On sait peu de chose des Mèdes, sinon qu'ils sont apparus au IXe siècle avant notre ère[1]. Ils semblent avoir été fédérés par la volonté d'un chef de tribu, une de ces nombreuses tribus limitrophes de deux royaumes antagonistes, celui d'Ourartou, dit aussi royaume de Van, presque l'Arménie actuelle, et le vaste Empire assyrien. Le chef se nomme Daïakkou (c'est le Deiocès d'Hérodote) ; sans doute ces tribus sont-elles trop désunies pour inquiéter l'un ou l'autre de leurs voisins, mais elles sont quand même trop nombreuses et puissantes pour être négligeables. Ce sera son fils Kshatrita (qu'Hérodote nomme Phraortès) qui y parviendra à la fin du VIIIe siècle. La Médie est donc née.

Quand Zarathoustra naît, ce pays n'est pas très grand, mais il joue un rôle important dans l'équilibre politique du Moyen-Orient (et la politique à son tour va jouer un rôle considérable dans la naissance du mazdéisme). Il vient de s'affranchir du joug de l'empire d'Assyrie et son caractère national s'affirme : c'est un de ces pays intrinsèquement rebelles comme il en abonde dans la région jusqu'à nos jours, incapables de supporter le joug de quelque puissance que ce soit et n'hésitant pas à déclarer la guerre à des voisins beaucoup plus puissants et par trop conquérants.

Les rois mèdes vont ainsi donner du fil à retordre aux Assyriens. Zarathoustra n'a sans doute que deux ans en — 626, quand, sous le commandement de leur roi Cyaxarès (dit aussi Uvakishtar ou encore Cyaxare), les Mèdes, associés aux Scythes, grands nomades et guerriers, déferlent en Syrie et en Palestine. Les échos de l'expédition résonnent jusque dans l'Ancien Testament, chez Ézéchiel et Jérémie : « Déjà l'ennemi se hâte. Voyez ! Il s'élève comme les nuages, ses chariots chargent comme l'ouragan, ses chevaux plus rapides que les aigles... Malheur à nous ! Nous sommes perdus[2] ! »

Comment Zarathoustra n'aurait-il pas médité, dans le vacarme de ces chocs militaires et politiques qui se poursuivirent tout au long de sa jeunesse, sur l'importance de l'union ? Car c'était l'union qui avait transformé une poussière de tribus égaillée dans l'Iran oriental en un royaume puissant, capable de faire pièce à ses anciens suzerains. Le formidable Empire assyrien, justement, a été miné non par le manque de détermination, d'armées ou d'argent, mais par des querelles religieuses. Les fidèles adoraient chaque dieu à tour de rôle, comme s'il était le plus grand (c'est ce qu'on appelle l'hénothéisme), et la vie quotidienne avait fini par être écrasée sous le poids des interminables divinations des oniromanciens, devins et autres astrologues, qui passaient leur temps à rechercher les manifestations des volontés divines dans tout et n'importe quoi[3]. D'où l'apparition d'un pessimisme philosophique selon lequel les dieux sont injustes, qu'il n'y a pas de providence et que la piété n'est pas récompensée[4]. Trajet banal que celui qui mène de la superstition au désespoir, et de là à la désintégration nationale.

Il devient clair dans ce contexte que Zarathoustra conçut la nécessité d'une religion fédératrice, simple et forte, qui serait garante de la cohésion nationale. Cette prise de conscience préfigure celle du Prophète Mohammed au VIIe siècle. Et c'est en tout cas ce que démontre la destinée du mazdéisme après la mort de Zarathoustra.

Au milieu du VIIe siècle, les Mèdes occupent presque tout l'Iran[5]. Ils y deviennent donc maîtres d'une population indo-aryenne, qui pratique le védisme, religion étrangère aux Mèdes, qui ne sont pas venus, eux, avec la dernière vague des Indo-Aryens. Et c'est du choc entre le védisme et la culture mède que va naître le mazdéisme, avec Zarathoustra comme catalyseur. De cette réaction théologique fulminante entre deux religions, on ne connaît qu'un seul élément, le védisme ; en effet, on ne sait quasiment rien des croyances des Mèdes ; mais on reconstitue leur culture de façon fragmentaire, d'après celles des peuples voisins avec lesquels ils ont entretenu des rapports constants, les Cimmériens et les Scythes. Les premiers étaient des gens de la Russie méridionale, où Homère n'avait jamais mis les pieds, mais qu'il représentait comme un pays nuageux ; d'où sa description des Cimmériens comme des gens « qui vivent dans l'obscurité éternelle[6] », ce qui était quand même exagéré. Les Scythes, plus nombreux et mieux organisés, étaient les tourmenteurs des Cimmériens, qu'ils avaient repoussés jusqu'en Asie, où ils s'étaient livrés à leur occupation principale, les razzias[7]. Tous les trois avaient fini par parler la même langue indo-européenne, et la seule véritable différence entre eux était que les Mèdes, eux, étaient installés sur leurs terres, sédentarisés depuis au moins le IXe siècle, alors qu'au VIIe siècle avant notre ère encore Cimmériens et Scythes restaient, pour parler vite, des bandes de nomades vivant de rapines.

Si, comme on le suppose, la religion des Mèdes était apparentée à celle de leurs voisins scythes, ç'avait été une religion naturiste, dont le panthéon simplifié comportait évidemment une déesse de la fécondité, Tabiti ; un couple souverain, Papaios et Api, comparable selon Hérodote à celui de Zeus et de Gê (Gaïa) ; une sorte d'Apollon, Oitosouros ; une Aphrodite, Argimpasa ; et tout aussi évidemment qu'une déesse de la fécondité, un dieu de la guerre, qu'Hérodote appelle seulement de son nom grec Arès et qui, assez singulièrement, était le seul auquel ils élevaient des autels.

Parmi leurs symboles figurait celui de l'Arbre de vie, très répandu dans les mythologies orientales et extrême-orientales : il représentait la liaison entre les trois mondes, céleste, terrestre et infernal ; il reflète donc la croyance dans une vie au-delà de la mort et dans un séjour infernal (il est devenu, dans le judaïsme, le candélabre à sept branches). On peut imaginer un culte des ancêtres, mais ce n'est que par corrélation. En tout cas, les mages scythes pratiquaient un rite chamanique (encore en vigueur, semble-t-il, dans certaines populations sibériennes), qui consiste à jeter des graines de chanvre sur une pierre brûlante ; la fumée qui s'en dégageait intoxiquait les assistants et les rendait « si heureux qu'ils hurlaient de plaisir », rapporte Hérodote, qui semble prendre toutefois ce rite pour un bain de vapeur[8]...

Rien de très monothéiste dans tout cela, ni de moins apparenté au monothéisme mazdéiste. Ce n'est pas là que Zarathoustra aurait trouvé les sources de son inspiration. Ce qu'il semble devoir aux Mèdes, toutefois, est sa veine mystique. Le mépris des Scythes (et des Mèdes) à l'égard de la vie s'expliquait, en effet, par leur croyance dans l'immortalité de l'âme. Car les populations de ce qu'on peut appeler la Proche Asie, Sarmates, Lydiens, Ossètes, Arméniens, fluctuant d'une région l'autre au gré des batailles entre la mer Noire, la Caspienne et la mer d'Aral, glanant des croyances tantôt venues du Centre et du Nord asiatiques, et tantôt du Proche-Orient, Chaldée, Élam, croient toutes en l'immortalité de l'âme. Ainsi une plaque d'or scythe retrouvée en Hongrie montre une femme nue, représentant l'âme selon les spécialistes, enlevée par un aigle, symbole du ciel et du Soleil ; ce serait donc l'ascension vers le Paradis. On retrouve ce symbole sur une cruche en or, dite du trésor d'Attila, postérieure de plusieurs siècles. On sait aussi qu'à l'époque les Ossètes professent que l'âme du mort part à cheval au pays des héros, les Narts ; là, elle doit franchir un pont étroit, dit pont du Requérant ; si cette âme est droite, elle passera et, sinon, le pont s'effondrera et l'âme sera précipitée dans une région infernale. Or, on retrouve bien cette croyance-là dans le mazdéisme.

Scythes et Cimmériens pratiquent ce qui apparaît au XXe siècle comme une barbarie religieuse : quand un roi scythe mourait (ou était assassiné, ce qui advenait), on étranglait l'une de ses concubines, son échanson, son cuisinier, son valet, son messager, cinquante jeunes gens scythes de bonne naissance et cinquante chevaux, et l'on enterrait le tout sous un tumulus après avoir jeté sur ces cadavres les trésors du roi défunt et des coupes en or[9].

La religion védique que les Mèdes, et parmi eux Zarathoustra, prêtre et prophète, trouvent en Iran, célèbre un panthéon compliqué. Des phalanges de philologues ont passé leur vie à étudier les dieux des Veda, c'est-à-dire des « Révélations », ces plus anciens textes de l'Inde dont la rédaction commença au VIIIe siècle et s'acheva sans doute vers le IVe avant le nôtre. On se demande parfois si les fidèles eux-mêmes s'y retrouvaient, car la liste des divinités est si vaste qu'elle évoque un annuaire téléphonique. Il y a d'abord la caste des « dieux de majesté », les *asoura* (en avestique, *ahoura*), car les Aryas voient des castes même dans le ciel. On y trouve Ahoura Mazda, Mithra, Agni, Dyaus Pitar, Ousas, Roudra (qui deviendra en Inde Shiva). Puis il y a les *aditya*, qu'on peut définir comme des dieux de deuxième classe, mais qui représentent quand même le sacerdoce et l'empire ; viennent ensuite Savitar, dieu du Soleil, et les divinités atmosphériques comme la nuit, le vent, le ciel... Le cortège s'allonge avec les *maroût*, guerriers célestes, Pouchan, Vishnou, Agni, le dieu du feu... ceux-ci sont escortés, par ordre de préséance, par les *asvin*, artisans célestes, les divinités féminines (car il y en a), les génies, les démons et autres esprits. Les *deva*, qui sont des dieux, mais des dieux-démons, ennemis des dieux de majesté, ferment la marche[10].

C'est déjà touffu. Mais, de surcroît, le panthéon védique abonde en doublons ; ainsi Agni et Varouna président tous deux à la surveillance des hommes et ils sont tous deux garants de l'ordre et témoins de la vérité. Et d'un document l'autre, on voit bien que les rôles des divinités varient : l'Esprit saint, par exemple, Spenta Mainyou ou Ahoura Mainyou, semble divisé en deux entités, une bonne au service d'Ahoura Mazda et une mauvaise au service de son ennemi Ahriman.

Cette assez remarquable confusion n'est pas le fait du hasard : il est évident que les prêtres védistes, les brahmanes, trouvaient intérêt à multiplier les mythes, chacun prônant le sien. Sans Église ni théologie, les cultes proliféraient donc, rivalisaient et suscitaient une profusion de sacrifices et d'orgies.

La religion védique, en effet, se distingue par les deux. Les Aryas sacrifiaient une quantité impressionnante de chevaux et de bœufs, tout en buvant une boisson hallucinogène, à base d'amanite tue-mouches ou d'amanite phalloïde, la *soma*, dite en Inde *haoma*. Cette boisson met les célébrants en transe ; mais c'est grâce à elle, assurent les textes sacrés, que l'équilibre du monde est maintenu.

Voilà donc la situation au moment où Zarathoustra intervient. Il radicalise tout : avec une soudaineté confondante, il élimine tous les dieux, à l'exception d'Ahoura Mazda et d'Ahriman. Le premier est le créateur de l'univers, père de l'Esprit saint qui le seconde, et, point fondamental, il est le seul digne d'adoration avec ses émanations : outre l'Esprit saint, donc, la Justesse, Asa, la Bonne Pensée, Vohou Manah, et l'Application, Armaiti. L'autre est l'esprit destructeur et le dieu du Mal. Car c'est Zarathoustra qui a inventé le Diable[11]. Un combat sans merci se déroulera jusqu'à la fin des temps entre Ahoura Mazda et Ahriman. « L'humanité ne peut éviter de prendre part à cette lutte, puisqu'elle est aussi divisée en hommes bons, droits, pieux, et en méchants et athées », écrit Romain Ghirshman[12]. Les anciens dieux, tels Sraosa et Mithra, sont ignorés[13] ou ravalés au rang de démons.

Le mazdéisme s'empare du culte et le réglemente désormais de manière stricte : interdits, les sacrifices d'animaux chers aux Aryas, interdite, la consommation de haoma, qualifiée d'« ordure » avec un culot stupéfiant. Dans son invocation à Ahoura Mazda, Zarathoustra écrit, en effet : « Quand frapperas-tu cette ordure de liqueur ? » (Yasna 48, 10).

Zarathoustra fait quelque chose de bien plus révolutionnaire et qui, à mon avis, n'a pas assez été souligné : pour la première fois dans l'histoire des religions, l'univers est gouverné par un Grand Dieu masculin et unique, sans aucune atténuation féminine. Pour la première fois depuis l'apparition de la race humaine, il n'y a qu'un Dieu et c'est un homme. Le panthéon dont Ahoura Mazda était issu fourmillait pourtant de divinités féminines : elles ont toutes disparu. Le Dieu auquel Zarathoustra s'adresse dans ses hymnes est un homme et rien qu'un homme, sans aucune ambiguïté, androgynie ou gémellité. Le ciel est occupé par un phallus unique. C'est une formidable charnière dans l'histoire des religions. Si la Grande Déesse n'a pas encore été enterrée à l'époque dans toutes les religions du monde, il s'en faut, son déclin est entamé par le premier grand rival qu'elle ait connu depuis les origines.

Chacun sait qu'il n'y a pas de « début » en histoire, seulement des transitions qui s'effectent de manière plus ou moins rapide. Zarathoustra n'a certes pas créé les dieux masculins ; il en existait déjà. Mais il a indéniablement instauré le premier monothéisme masculin.

Cette extraordinaire radicalisation du panthéon védique ne s'effectue pas seulement dans le ciel, mais elle intéresse aussi la terre. Car Zarathoustra annule en plus le culte des anciens dieux védiques : le sujet du roi est obligé d'honorer Ahoura Mazda et lui seul, ce dieu qui « embrasse et protège avec ses ailes la terre avec le roi ». Autre nouveauté dans l'histoire des religions : voici non seulement un monothéisme, mais encore un monothéisme qui fonde le droit social. En effet, les hérétiques étant les ennemis d'Ahoura Mazda, ils sont du même coup les ennemis du roi. La religion étant devenue obligatoire, pas question de tolérance religieuse. Avec d'innombrables siècles d'avance apparaît le concept qui va inspirer toutes les guerres de religion : celui qui ne respecte pas la religion d'État est un ennemi de l'État. En France, au XVIIᵉ siècle, le corollaire de ce diktat sera que l'hérétique est un ennemi du roi. Chacun goûtera le vertige d'imaginer que la Révocation de l'édit de Nantes dérive d'une réforme iranienne qui a eu lieu vingt-trois siècles plus tôt.

Le rigorisme religieux s'installe en Iran. Le mouvement comme au Nord, en Margiane, pays riverain de la mer Caspienne, descend vers le sud-ouest jusqu'aux confins des actuels Afghanistan et Pakistan et

finit par gagner l'Iran occidental jusqu'au golfe Persique. Le mazdéisme finit par être la religion de tout l'Empire médique et quand
les princes achéménides perses de la rive asiatique du golfe Persique
auront occupé l'Empire médique, il deviendra la religion d'État de
l'Empire achéménide, dit aussi perse.

Zarathoustra dut être éloquent : l'une de ses premières recrues ne
fut certes pas un personnage négligeable : Hystaspe Ier (ou Vishtashpa), roi de Chorasmie, un territoire au sud de la mer d'Aral.
Converti vers — 588, c'était le père du troisième souverain achéménide, le grand Darius Ier[14]. Ce qui peut répondre aux interrogations
de certains historiens. Après la mort de Zarathoustra, les mages, qui
étaient les prêtres de l'ancienne Médie, se convertirent au mazdéisme
et firent l'œuvre de missionnaires grâce à laquelle la totalité de l'Empire perse devint mazdéiste. Pour Cyrus et sans doute son successeur
Cambyse, il est possible qu'Ahoura Mazda ait été une forme locale de
l'ancien dieu babylonien Mardouk. Cela signifierait que leur adhésion ou leur tolérance du mazdéisme fut surtout formelle, mais ce
point n'est pas prouvé, et les monarques dont l'adhésion à une foi
est profonde se comptent sur les doigts...

Pour Darius Ier, en revanche, les documents archéologiques ne laissent aucun doute. Car ce roi professera dans ses inscriptions le culte
pour « le grand dieu Ahoura Mazda, qui a créé cette terre, qui a créé
le ciel, qui a créé l'homme, qui a créé le bonheur de l'homme, qui a
fait Darius roi, ce seul homme qui règne sur des multitudes... ». Or,
ces attributions d'Ahoura Mazda ne correspondent pas à celles de
Mardouk. Ahoura Mazda est donc bien un dieu nouveau. Darius fera
même graver cette profession de foi dans le roc, entre Babylone et
Hamadân. Sur la façade de son futur tombeau, le monarque s'est
fait représenter devant un autel allumé, symbole caractéristique du
mazdéisme qui n'a plus de rapport avec Mardouk. Au-dessus du roi
volent le disque ailé et le buste d'Ahoura Mazda. Tous les tombeaux
royaux achéménides portent cette image[15], preuve formelle que les
successeurs de Darius embrassèrent aussi le mazdéisme. Celui-ci restera religion d'État jusqu'à la fin de l'Empire sassanide, héritier de
l'achéménide, tombé en 637 sous les coups des armées islamiques,
soit encore douze siècles après la prédication de Zarathoustra[16].

Quelles sont les raisons de son succès ? Et les motivations de Zarathoustra ? Quel est cet homme, à la fin, qu'on connaît mieux par
l'usage que Nietzsche a fait de son nom que par son œuvre ?

Les raisons du succès sont offertes par les circonstances : la création
de l'Empire médique et puis de l'Empire achéménide érigeait pour
la première fois dans la région un empire vaste et centralisé et où le
pouvoir politique devait détenir la haute main sur les religieux.
Quand Darius arrive au pouvoir en — 522, après de sombres intrigues
qui n'ont pu que renforcer en lui la détermination d'exercer une

autorité impitoyable sur les princes aryas et le clergé, il n'a d'autre raison personnelle d'imposer le mazdéisme que la conversion de son père Vishtashpa. Elle n'est pas suffisante. Le védisme, qui existait déjà, était une religion domestique, vouée à satisfaire les aspirations de l'individu et de sa famille, mais inapte aux exigences d'une religion d'État ; de plus, la multiplicité de ses cultes et les intrigues des prêtres le rendaient incontrôlable. Le mazdéisme, lui, est une religion simple et forte qui permet d'unifier le clergé. Il permet aussi de contrôler le peuple, car, selon Zarathoustra lui-même, cette religion tire sa légitimité du peuple. Le succès de la religion du Dieu unique Ahoura Mazda fut donc décidé par Darius pour des raisons politiques.

Et elles étaient sérieuses. Il faut rappeler que les prêtres aussi avaient, en effet, des ambitions politiques et Darius en avait été échaudé par l'« affaire Gaumata ». Certains historiens allèguent qu'« il n'y a rien à tirer de l'épisode Gaumata[17] ». Voire ! À la mort du grand Cyrus, dont l'héritier désigné est son fils Cambyse, l'Empire perse, tout neuf, se révolte. Les provinces, tenues sous le joug de Cyrus, trouvent là une bonne occasion de regagner leur indépendance. Les troubles, toutefois, ne surgissent pas spontanément, mais à l'instigation du frère de Cambyse, Bardiya, jaloux des prérogatives de ce dernier. Cambyse fait discrètement assassiner ce faux frère et part guerroyer en Égypte et en Nubie. Nul dans l'empire n'est, semble-t-il, au courant de la mort de Bardiya. Un imposteur apparaît qui se présente comme Bardiya et rallume la révolte. Il réussit à monter sur le trône et, là, fait détruire les autels des religions non mazdéennes et notamment les autels védiques des princes aryas. Or, cet extraordinaire intrigant est un prêtre mazdéiste, un mage du nom de Smerdis-Gaumata. Ses émissaires, des mages, essaient de soudoyer l'armée, qui demeure cependant fidèle aux princes et à la dynastie.

Le complot est clair et exemplaire : Smerdis-Gaumata essaie de s'emparer à la fois du pouvoir temporel et du religieux, et d'instaurer une théocratie, premier modèle de l'Iran contemporain des ayatollahs. Les mages prennent ouvertement son parti. Ils ont compris tout l'intérêt que présente une religion monothéiste centralisée : c'est un instrument incomparable de pouvoir, et voilà pourquoi ils ont embrassé la réforme de Zarathoustra avec un empressement étonnant. Un jeune aristocrate prend alors la tête d'un complot de sept princes, destiné à rétablir la situation ; c'est Darius, prince de Chorasmie. Il assassine de ses mains l'imposteur et monte sur le trône. Lui aussi a compris l'intérêt politique du mazdéisme. Il le récupère donc, mais pour amener la caste des mages à résipiscence, il en fait quand même exécuter quelques-uns ; c'est ce qu'on appellera « le Meurtre des mages ». Ceux-ci, d'ailleurs, se le tiendront pour dit[18]. Néanmoins, l'on se pressait pour entrer dans le clergé mazdéiste[19].

L'homme Zarathoustra et ses motivations sont évidemment énigmatiques. Selon le *Yasna* ou canon des enseignements de Zarathoustra, les *Avesta*[20], et selon les *Vendidad,* qui sont l'un des cinq livres des *Avesta,* la maison de son père Pourusaspa (« Au cheval tacheté »), où il naquit, s'élevait dans la province d'Airan Dej, quasiment à la frontière de l'Arménie, au bord de la mer Caspienne[21]. Nous sommes là dans l'ancienne Médie, pays des mages. Ces derniers constituent une tribu de prêtres au titre héréditaire. Ils sont spécialistes de l'astrologie, seule forme d'astronomie alors existante, et de la magie. Sans l'aide des mages, écrit Hérodote, il n'est pas licite d'offrir un sacrifice. Détail révélateur : ils n'enterrent ni ne brûlent les morts, mais les exposent aux oiseaux ; or, c'est exactement ce que recommandera Zarathoustra. Et ils sont dualistes, c'est-à-dire qu'ils interprètent le monde de manière utilitaire, selon qu'il est bien ou mal, identifiant ce qu'il faut conserver et ce qu'il faut détruire ; ce principe est, lui aussi, assez voisin de la théologie de Zarathoustra. Deux preuves de plus que Zarathoustra n'a pas inventé le mazdéisme de toutes pièces. Il a réorganisé et simplifié la religion des mages et le védisme. Ce révolutionnaire fut en fait un réformateur.

On ne se mêle pas à l'époque de religion si l'on n'y est prédestiné, c'est-à-dire si l'on n'appartient pas à une famille sacerdotale ; telle est la raison pour laquelle l'on s'accorde à penser que Zarathoustra fut élevé dans le milieu des prêtres. Il y aurait exercé les fonctions de *zaotar*, officiant chargé des invocations et de l'oblation. Puis, comme Mohammed, il entend l'appel mystique ; il s'isole dans le désert où vers sa trentième année, et dans une extase, il est investi par le Dieu unique, Ahoura Mazda, qui le charge d'épurer les croyances[22].

Il est significatif que ce soit un dieu masculin et celui-là seul qui investit alors Zarathoustra. Le prophète était né dans une culture de guerriers et, jusqu'alors, les rites religieux n'avaient jamais été au service des exploits guerriers. Le seul dieu qu'il puisse concevoir est un personnage doté de l'autorité alors réservée aux hommes.

Zarathoustra est évidemment un mystique. Si l'on veut tenter de le comprendre un peu mieux sans se jeter toutefois dans la psychologie spéculative, il faut relever deux de ses réformes les plus marquantes : l'interdiction des sacrifices et des orgies. Ce dut être une société assez épouvantable que celle où l'on sacrifiait sans arrêt des animaux, chevaux, vaches, boucs, moutons, etc. Car, dans ces régions, comme chez les Scythes, Cimmériens, Thraces, on sacrifiait pour « toutes sortes de motifs », pour des guérisons de blessures, des envoûtements, des malédictions... Et l'on sacrifiait également des humains, enfants, adolescents, vierges, serviteurs royaux, comme on l'a vu plus haut. De plus, les sacrifices donnaient des prétextes à l'intoxication collective organisée, par l'alcool et les drogues, chanvre, champignons hallucinogènes et autres. Bien évidemment, la folie sanguinaire combinée à l'intoxication menait aux orgies. Or, la sensibilité et le bon sens ne sont pas nés d'hier et l'on est en droit de penser que cet étalage effréné de superstitions, de stupre et de carnage, associé aux exhibitions de prêtres et de célébrants saisis par le délire, révolta un mystique tel que Zarathoustra. On peut ébaucher le portrait d'un homme sensible, bon et sensé, en plus d'un personnage habité par une profonde spiritualité. Rien n'est plus odieux aux croyants que les mascarades qui prétendent soutenir la foi. À la place de ces débordements, Zarathoustra imposa le culte du feu, symbole de la divinité éternelle.

Cela, certes, ne forge pas une théologie, mais l'interdiction de ces débordements insanes imposait déjà une intériorisation du sentiment religieux et une transcendance spirituelle entièrement nouvelles. Si l'on veut faire abstraction de l'injonction divine dans l'entreprise de Zarathoustra, force est d'admettre que l'observation politique suffisait à elle seule à mener à la conclusion suivante : il était urgent d'éliminer des rites qui prétendaient célébrer tout et n'importe quoi. L'anarchie religieuse de l'Iran avant la réforme mazdéenne risquait fort, on l'a vu, de conduire à l'affaiblissement intérieur qui avait été le lot de Babylone. Si sa réforme religieuse le met irrésistiblement en parallèle avec Luther, les intentions politiques évidentes de Zarathoustra le placent en revanche sur le même plan qu'un Mohammed.

Comme on peut l'imaginer sans peine, et comme ce fut le cas de tous les réformateurs, Moïse, Jésus, Mohammed, Zarathoustra ne rencontra qu'hostilité au début de sa campagne de réforme. Jusqu'à la conversion de Vishtashpa. Autre fait révélateur : ce fut un roi qui comprit le mieux et le premier l'intérêt de l'épuration et la soutint. Dès lors le mazdéisme avait pris racine. Zarathoustra n'en vit pas tout l'essor : il mourut, dit-on, massacré durant le siège de Balkh par les Achéménides en — 550, un an avant que ceux-ci n'occupassent l'Empire mède.

Ces explications conjecturelles n'écartent nullement la réalité du sentiment divin chez Zarathoustra. Elles montrent simplement que ce sentiment est modelé par la culture. En témoigne d'ailleurs le destin du mazdéisme après la mort du prophète. Car le mazdéisme évolua, comme toutes les religions après la disparition de leurs fondateurs, et, comme toujours, ce fut dans le sens d'une trahison. Les mages, qui se l'étaient approprié, le retaillèrent à leurs convenances. Leur trahison ne consista pas tant dans les légendes qu'ils brodèrent autour de Zarathoustra que dans l'altération de son enseignement. Passe qu'on en ait fait le fils même d'Ahoura Mazda, ainsi que Platon le rapporte quand il le décrit comme « le fils d'Oromazdes ». Passe encore qu'on ait raconté que, lorsqu'elle reçut le principe divin de Zarathoustra, le *xvarenah*[23], sperme céleste évidemment préexistant de toute éternité, sa mère fut enveloppée d'une grande lumière, que sa maison sembla en feu pendant trois jours, que la substance du corps de Zarathoustra fut créée au ciel et tomba sur terre avec la pluie, etc. Ces fables fabriquées par les mages sont pour ainsi dire classiques, car les prêtres n'aiment pas que l'homme dont ils professent l'enseignement ait été un mortel comme les autres : cela compromettrait leur prestige et pourrait inciter les contestataires à observer que cet homme-là n'était pas plus infaillible que les autres.

Mais quatre réformes introduites par les mages trahissaient plus gravement l'enseignement de Zarathoustra. La première a consisté à réintroduire des divinités qui avaient été délibérément écartées par Zarathoustra, comme Anahita, déesse de l'eau, et Mithra, sorte de Mars/Apollon, réapparus sous le règne d'Artaxerxès II, c'est-à-dire au IVe siècle avant notre ère[24]. De fait, tout se passera par la suite comme si Ahoura Mazda était devenu un gêneur et, au IIe siècle avant notre ère, sous la domination parthe, on verra même des temples consacrés à Anahita et Mithra, Ahoura Mazda ayant carrément disparu. La deuxième trahison consista à réintroduire les sacrifices sanglants, la troisième à avoir réintroduit l'usage du haoma et la quatrième à occulter la promesse d'une vie bienheureuse dans l'au-delà pour les âmes des justes. Ce fut Darius qui l'imposa : les monarques n'apprécient pas à l'excès qu'on fasse miroiter sous leur propre règne un paradis futur, puisque ce sont eux qui sont censés l'avoir créé sur la terre. Telle fut, incidemment, l'erreur des régimes athées. Incapables d'affronter le problème de la souffrance, les souverains achéménides entendirent bloquer les portes de sortie vers l'au-delà.

Cette dernière erreur peut expliquer les précédentes et la vulgarisation, puis le déclin du mazdéisme. L'enseignement originel de Zarathoustra avait été, en effet, beaucoup trop austère pour le goût du peuple, qui avait besoin d'une religion à divertissements. Les mêmes causes qui présidèrent à la dénaturation du bouddhisme, puis au triomphe de l'hindouisme, se manifestèrent donc en Iran. La réintroduction d'Anahita dériva du besoin d'une présence féminine dans le panthéon. Et le mazdéisme devint une sorte d'auberge espagnole.

Les mages commirent sans doute une cinquième erreur, qui consista à se laisser entraîner dans des débats métaphysiques qu'ils n'avaient pas l'envergure intellectuelle pour maîtriser. Le principal problème qui leur fut posé par les fidèles fut, en effet, le suivant : si Ahoura Mazda avait créé le monde entier, il avait donc créé le Mal comme le Bien ; comment pouvait-il ainsi être divisé contre lui-même ? C'était le problème qu'allaient affronter, sans beaucoup plus de succès, les religions ultérieures. Les mages s'en tirèrent en arguant que le monde avait en fait été créé par un dieu indifférent, le démiurge Zourvan, lointaine version du Prajapâti védique, qui avait donc engendré les jumeaux Ahoura Mazda et Ahriman. Ainsi naquit une branche du mazdéisme qui fut le zourvanisme.

Le déclin du mazdéisme fut toutefois long. Une première déchéance advint quand, après l'assassinat du dernier des Darius,

Alexandre incendia le splendide palais de Persépolis. Les dieux résistent souvent mal aux malheurs de leurs serviteurs. Les fastes des dynasties suivantes, la séleucide, fondée par un général d'Alexandre, l'arsacide, fondée par les Parthes, et la sassanide, la première depuis la mort de Darius qui fut persane, ne contribuèrent guère à relever le mazdéisme. La Perse parlait grec depuis longtemps, elle connaissait Zeus et Aphrodite, et, de toute façon, les dieux, uniques ou pas, n'étaient pas des remparts garantis contre les Mongols qui menaçaient à l'est. On eut beau condamner officiellement les « hérétiques », tels les zourvanites, le grand-prêtre Tansar eut beau multiplier les édits religieux, interdire les cultes étrangers et les manières cosmopolites, puis persécuter les premiers chrétiens de la région (le modèle des totalitarismes intellectuels est décidément monotone), le mazdéisme battait irrémédiablement de l'aile. Les *Vendidad*, rédigées sous le règne d'Ardashir Ier (226-241), exhalent des relents déplorables de casuisme, d'intolérance et d'absurdité. Les mages étaient devenus séniles, débordés par les eunuques grécophones. L'occupation par les troupes arabes des casernes de Shiraz, de Quoûm et de Samarcande mit un terme aux derniers soubresauts d'une décadence qui n'en finissait plus. Les Arabes se montrèrent, certes, tolérants à l'égard du mazdéisme ; ils le pouvaient, c'était une religion agonisante. Le modèle en était efficace, on l'a vu, mais, après avoir été propulsé au pinacle par le pouvoir politique, il avait été repris par les prêtres, qui l'avaient vidé de sa substance. Vieux de dix siècles, il s'éteignit de lui-même, démontrant que l'idée de Dieu est étroitement tributaire de l'épée.

L'idée, oui, mais pas le besoin. Et ce fut ainsi que l'Iran absorba avidement l'islam, porteur d'un Dieu nouveau.

Bibliographie critique

1. On sait très peu de choses sur la Médie et sa naissance. Il est généralement admis que les *Histoires* d'Hérodote à ce sujet fourmillent d'éléments folkloriques peu fiables (R. Peyton Helm, *Herodotus' Mêdikos Logos and Median History*, Iran, n° 19). Seules sont certaines les existences de Daïakkou et de son fils Cyaxarès, sous le règne duquel un royaume mède semble s'être effectivement constitué vers la fin du VIIIe siècle avant notre ère, incorporant divers pays tribaux de l'Iran occidental (un territoire occupé par une tribu finissait par être désigné sous le nom de celle-ci). Certains chercheurs pensent que ce royaume aurait d'abord été de courte durée et qu'il se serait défait peu après sa naissance ; l'identité mède se serait donc réduite à un système d'alliances tribales fluctuantes. Ce serait un siècle plus tard que les Mèdes se seraient finalement constitué un royaume assez cohérent pour inquiéter l'Assyrie. Si cette hypothèse était avérée, elle renforcerait celle du sentiment de la nécessité d'union nationale chez Zarathoustra (*The Archaeology of Western Iran*, sous la direction de Frank Hole, Smithsonian Institution Press, Washington et Londres, 1987).

Les origines ethniques des Mèdes ne sont pas plus certaines, mais une opinion très répandue chez les chercheurs est que plusieurs de leurs tribus, telles que les Gèles, les Tapures, les Caduses, les Amardes, les Utes, n'étaient ni indo-européennes ni iraniennes (« Media », *Encyclopaedia Britannica*), bien qu'elles parlassent des langues indo-européennes (Colin Renfrew, *Archaeology and Language — The Puzzle of Indo-European Origins*, Jonathan Cape Ltd., Londres, 1987) ; ç'auraient été des populations « autochtones » antérieures à l'occupation indo-européenne de l'Asie occidentale, du sous-continent indien et du Moyen-Orient (peut-être de souche ouralo-altaïque, mais peut-être bien quand même aussi de souche indo-européenne beaucoup plus ancienne...). La tradition des mages pourrait alors procéder d'un chamanisme ancien remontant au IIe millénaire.

2. Jérémie, VII, 13, « La razzia ».

3. On retrouve un écho de cette situation dans le Livre de Daniel, où les rois Nabuchodonosor et Balthazar interrogent inlassablement leurs prêtres-devins pour connaître la signification de leurs rêves et de signes mystérieux.

4. Sydney Smith et Hans G. Güterbock, « Babylonian and Assyrian Religion », *Encyclopaedia Britannica*.

5. Dès 612 avant notre ère, alliés aux Scythes, ils ont emporté les derniers lambeaux de l'Empire assyrien et ils ont rasé la grande Ninive. Puis les vainqueurs s'en partagent les dépouilles et la plus grande part de l'Iran et de l'Assyrie, la Mésopotamie du Nord, l'Arménie et la Cappadoce reviennent aux Mèdes. Zarathoustra a alors

seize ans environ. Cette épopée extraordinaire — et quasiment ignorée des livres d'histoire courants — n'a certes pas pu le laisser indifférent.

6. *Odyssée*, XI, 12-19. Homère semble les avoir confondus avec les habitants des régions arctiques.

7. Hérodote, *Histoires*, IV, 12. Pline l'Ancien avance que les Scythes descendent des Mèdes, mais le point est beaucoup trop complexe pour être ici exposé dans son intégralité, comme tout ce qui a trait aux mouvements et aux apparentements de populations en Eurasie au cours de la première moitié du IIe millénaire avant notre ère. Ce qu'il faut en retenir est que le Moyen-Orient et l'Europe orientale furent le théâtre de guerres tribales qui, d'une décennie l'autre, entraînaient des mouvements considérables de populations, d'occupations et de fusions entre Massagètes, Trères, Gètes thraciens, Neures slavons, Issédons, Androphages finnois, etc., et que ces gens vivaient principalement de « guéguerres » qu'on définit actuellement comme des « razzias ». À la faveur de ces conflits s'opéraient également des fusions de croyances et des mixages génétiques qui rendent souvent aléatoire la distinction entre une population et l'autre. Reste que Pline a raison : durant la seconde moitié du VIIe siècle avant notre ère, les Scythes occupèrent bien la Médie pendant vingt-huit ans avant d'en être expulsés ; bien des Mèdes durent donc être d'ascendance à moitié scythe et l'inverse. Les Mèdes ne leur en tinrent apparemment pas une rigueur excessive, puisque, par la suite, ils s'allièrent à eux contre l'Assyrie et leur empruntèrent une partie de leur religion et de leurs arts ornementaux.

8. *Histoires*, IV, 73.

9. V. Gordon Childe, « Scythia », *Encyclopaedia Britannica*.

10. Il n'est pas ici dans mon propos de reprendre les descriptions et analyses très nombreuses et hautement spécialisées qui ont été faites de la religion védique, et encore moins les études comparatives entre sa version indienne et sa version iranienne. Ceux qui souhaiteraient approfondir leurs connaissances trouveront profit à l'étude de Jean Varenne, « La religion védique », dans l'*Histoire des religions* de la Pléiade, Gallimard. J'omets donc, dans le même choix, de reprendre une théorie qui a connu un grand succès, celle des « trois fonctions », autorité spirituelle, pouvoir temporel et production des biens économiques, soit prêtre, guerrier, paysan, proposée par Georges Dumézil. Cette structure tripartite conditionnerait, selon cet auteur et ses disciples, la formation des mythes, sur le modèle des sociétés terrestres. J'avoue, en effet, ne pas saisir de quelle manière les textes védiques, qui professent eux-mêmes « la division de la société, par décret divin, en quatre castes fondamentales » (J. Varenne, *op. cit.*), refléteraient une structure tripartite. J'avoue saisir encore moins comment un couple indissociable, tel que celui des dieux Mithra-Varouna, représentant en réalité l'ambivalence de toutes choses, s'inscrirait dans une structure tripartite. D'innombrables exemples du contraire abondent en histoire des religions et en anthropologie et, de plus, il me semble qu'il est très malaisé d'analyser une culture en s'aidant d'un modèle qui est à la fois binaire, tripartite et quadripartite. S'il est certain que les mythes reflètent les réalités humaines, puisqu'ils sont produits par les esprits des humains, il me paraît beaucoup moins certain qu'ils obéissent tous à une structure universelle ; dans ce dernier cas, on se demande comment il faudrait interpréter le judaïsme, qui est intégralement monopolaire.

La structure trinitaire peut certes correspondre à un schéma mental universel (mais non exclusif), mais il ne semble vraiment pas que la Trinité chrétienne, Père, Fils, Saint-Esprit, puisse s'interpréter selon le schéma de Dumézil, à moins qu'il ne faille donner au Saint-Esprit la place du paysan...

11. V. *Histoire générale du Diable*, de l'auteur, Robert Laffont, 1993.

12. *L'Iran, des origines à l'Islam*, Albin Michel, 1976. Une hésitation évidente marque depuis de nombreuses années certaines interprétations et analyses de la réforme de Zarathoustra ; à les suivre, le rôle de ce dernier ne serait pas si net, plusieurs de ses réformes lui auraient en fait été antérieures, le dualisme aurait toujours marqué la

religion védique ; selon d'autres au contraire, tel Jean de Ménasce dans son article « Zoroastre » de l'*Encyclopaedia Universalis*, la réforme de Zarathoustra ne serait pas foncièrement dualiste. Or, ce dernier point est catégoriquement établi par un témoignage du IIᵉ siècle, celui d'Eudème de Rhodes, repris par Damascius, philosophe grec né à Damas en 453 et mort vers 533. Eudème de Rhodes décrit sans ambiguïté « la distinction entre un Bon Dieu et un Mauvais Démon, c'est-à-dire entre la lumière et les ténèbres ». Et il écrit : « Les mages [...] font une double classification des éléments les plus importants et donnent à Oromazes [Ormazd ou Ahoura Mazda] la régence de l'un et à Areimanios [Ahriman] de l'autre » (« Iranian religions », *in Encyclopaedia Britannica*).

Selon G. Dumézil, il y eut une vraie réorganisation du panthéon, les anciens dieux védiques passant au rang de démons (*Les Dieux souverains des Indo-Européens*, Gallimard, 1977), tandis que, selon Jean Varenne, Zarathoustra n'avait pas voulu de rupture avec la religion antique ; il l'avait d'ailleurs « réactualisée » par un contact direct avec Ahoura Mazda, et cet auteur soutient que ce ne serait pourtant pas lui qui aurait introduit le culte monolâtrique d'Ahoura Mazda. Autant d'assertions qui sont pour le moins contradictoires entre elles et entre elles et les textes, car il est difficile d'admettre, par exemple, que Zarathoustra « n'eut peut-être pas conscience d'abolir l'ancienne religion » (J. Varenne, *op. cit.*), alors qu'il interdisait clairement dans les Gâtha le culte de ses dieux et la pratique de ses rites.

Mircea Eliade rejette catégoriquement l'hypothèse que Zarathoustra ait introduit le culte d'Ahoura Mazda, étant donné, avance-t-il, que les princes achéménides, avant qu'ils occupassent l'Iran, révéraient déjà ce dieu (*Histoire des croyances et des idées religieuses*, t. 1, 2 vol., Payot, 1976). À quoi il faut objecter que ces princes révéraient certes Ahoura Mazda avant que Zarathoustra l'imposât comme dieu unique, puisqu'il figurait parmi les autres dieux du panthéon védique, mais que, curieusement, Cyrus, le fondateur de la dynastie achéménide à laquelle se réfère Eliade, révérait quand il vint en Iran Mardouk, dieu assyrien ; Cyrus aurait-il donc égaré Ahoura Mazda sur le chemin de l'Iran ? L'assertion d'Eliade est donc infondée. Mais cet auteur n'en est pas à sa première approximation ; c'est ainsi qu'il avance encore que Zarathoustra s'éleva surtout contre la consommation « excessive » de haoma, et que « le rituel du haoma aussi bien que le culte de Mithra ne furent pas complètement condamnés par le mazdéisme, pas même dans les Gâtha » (« Zarathoustra et la religion iranienne », *in Histoire des croyances et des idées religieuses, op. cit.*). Or, ces atténuations sont elles aussi infondées, car les Gâtha qualifient littéralement le haoma d'« ordure » et il est patent que le culte de Mithra ne fut réintroduit par les mages qu'un siècle après la mort de Zarathoustra.

Il faut également citer la conversion d'Hystaspe Iᵉʳ, le propre père de Darius, attribuée à Zarathoustra lui-même. Si le mazdéisme n'était pas une religion nouvelle, cette conversion n'aurait aucun sens.

Outre les innombrables preuves historiques de la fracture opérée par Zarathoustra dans la religion védique, il en est au moins une qui devrait faire justice du scepticisme que certains voudraient professer à l'égard de la révolution mazdéenne, et c'est la naissance du zourvanisme, branche dérivée du mazdéisme, qui reconnaissait elle aussi, et on ne peut plus clairement, l'existence de deux pôles antagonistes, Ahoura Mazda et Ahriman, donc.

On peut s'interroger sur les raisons pour lesquelles tant d'excellents esprits répugnent à admettre l'évidence de la révolution de Zarathoustra. Je n'en peux imaginer qu'une et c'est la déception de trouver le modèle à peu près intégral du christianisme six siècles avant la naissance de celui-ci. C'est la même répugnance qui s'est manifestée lors des premiers déchiffrements des Manuscrits de la mer Morte.

13. J. Varenne, *op. cit.*

14. Dans « L'Iran antique et Zoroastre » (*in Histoire des religions, op. cit.*, t. I), Jean Varenne écrit : « Le problème crucial pour qui cherche à situer le zoroastrisme dans

l'histoire est de savoir comment le rattacher aux Achéménides. » Pour Varenne, en effet (*cf.* note 12), il n'est pas prouvé que Zarathoustra ait été le fondateur du culte unique d'Ahoura Mazda. Mais la conversion du père de Darius Ier offre déjà une réponse, au moins aussi convaincante que le baptême du Franc Clovis...

15. R. Ghirshman, *L'Iran, des origines à l'Islam, op. cit.* Hors de tout esprit polémique, il faut rappeler que J. Varenne trouve toutefois ces signes « insuffisants ».

16. Il ne reste plus aujourd'hui que quelques dizaines de milliers de mazdéens, répartis entre l'Inde, où ils sont connus sous le nom de parsis (persans), et l'Iran, où ils sont connus sous le nom de zardoushtis (de Zardousht, nom iranien de Zarathoustra).

17. J. Varenne, *L'Iran antique et Zoroastre, op. cit.*

18. Certains historiens ont cru pouvoir mettre en doute le mazdéisme de Darius, sous le prétexte qu'il tolérait d'autres religions ; il fit ainsi de vifs reproches à Gadatas, gouverneur de Magnésie, qui avait imposé les paysans cultivant des terres consacrées à Apollon ; cela prouve plutôt que Gadatas était mazdéen et, comme tel, plutôt fanatique, et ensuite que Darius était assez intelligent pour ne pas se mettre à dos les populations qui adoraient d'autres dieux ; ses ambitions de conquêtes et les occupations qu'elles lui valaient étaient assez grandes (dix-neuf batailles en deux ans !) pour ne pas aller ouvrir par-dessus le marché un front intérieur avec des guerres de religion.

19. Cinquante ans après la mort de Zarathoustra, le mage Saena ouvrit une école de moines (J. Varenne, *op. cit.*).

20. L'enseignement de Zoroastre nous est parvenu en partie par une collection de fragments des *Avesta*, dits aussi *Zend-Avesta*, qui semblent avoir constitué un corpus cosmogonique, législatif et liturgique très vaste écrit de la main de Zarathoustra ; la version originelle en aurait été détruite lors de la conquête de l'Iran par Alexandre.

Les fragments qui nous sont parvenus furent reconstitués entre le IIIe et le VIIe siècle de notre ère, sous les rois sassanides. Ils contiennent cinq parties, dont la plus intéressante se trouve dans le *Yasna* ou canon : ce sont les *Gâtha*, hymnes zoroastriens qui sont censés être fidèles à la version originelle du prophète. Les quatre autres parties, le *Visp-rât*, constitué d'hommages à des chefs religieux mazdéens, les *Vendidad* ou *Videvdât*, qui contiennent la loi mazdéenne, religieuse et civile, les *Yashts*, constitués de vingt et un hymnes à divers héros, dont les anges ou *yazata*, et le *Khurda Avesta*, constitué de textes mineurs ; ces derniers ouvrages semblent moins fiables, parce que récrits, voire modifiés ou même entièrement rédigés par des prêtres mazdéens, comme l'indique le *Visp-rât*. La conviction que des scribes postérieurs à Zarathoustra ont remanié ces écrits procède des textes du *Yasna*, où l'on trouve la description détaillée des rites de préparation et de consommation de la boisson sacrée védique, le haoma. Zarathoustra en avait proscrit l'usage, mais les prêtres postérieurs le rétablirent.

21. Ce site se trouve donc dans la direction de l'Atropatène, dans le district d'Aran, sur la rivière Arax, à la frontière nord-ouest de l'ancienne Médie.

22. Jacques Duchesne-Guillemin, *Zoroastre*, 1948. On a pu se demander si Zarathoustra n'aurait pas été influencé par la connaissance du judaïsme ; en effet, il avait trente et un ans, les juifs avaient été emmenés en captivité à Babylone, en — 597 (ils ne devaient en être affranchis qu'un demi-siècle plus tard, quand Cyrus vainquit Babylone et les libéra, payant même de ses deniers la reconstruction du Temple de Jérusalem). L'hypothèse n'est pas absurde, car il n'y a que huit cents kilomètres (à vol d'oiseau) entre l'Arax et l'Euphrate et, contrairement à ce que semblent supposer bien de nos contemporains, les gens d'alors voyageaient beaucoup. Zarathoustra aurait très bien pu, par exemple, se rendre avec d'autres mages en délégation à Babylone, très friande des vaticinations de mages de toute sorte. Mais pour être plausible, l'hypothèse n'est pas *nécessaire* : tous les éléments du mazdéisme sont déjà présents dans le védisme que réforme Zarathoustra. On pourrait même dire que c'est

l'inverse qui s'est produit : c'est le mazdéisme qui introduira dans le judaïsme tardif et par là dans le christianisme, au IIIe siècle avant notre ère, les notions d'un Diable ennemi de Dieu, de la Résurrection des corps, de l'Esprit-Saint, absentes de l'Ancien Testament.

23. Le *xvarenah* était le fluide spermatique, igné, d'origine céleste, qui sourdait du front des dieux.

24. J. Varenne, *L'Iran antique et Zoroastre, op. cit.*

8

Les dieux secrets et mortels de l'Égypte

Sur le caractère révélateur de l'art égyptien, sa vocation funéraire, son réalisme, son humour et sa tendresse à l'égard des
dieux — Sur la solidarité des Égyptiens avec leurs dieux et la
dépendance de ceux-ci à l'égard des humains — Sur le rituel
d'Abydos et le baiser du roi au dieu — Sur la multitude des
dieux de l'Égypte, leurs fusions et confusions d'identités et le
fait qu'ils ne sont que les manifestations d'une seule divinité —
Sur leur séduction et la difficulté de les comprendre d'un point
de vue cartésien — Sur la prétendue réforme « monothéiste »
d'Akhnaton et les raisons pour lesquelles elle échoua lamentablement et fut vigoureusement effacée — Sur les raisons de la
longévité exceptionnelle de la religion égyptienne.

L'Égypte ancienne est une autre Afrique ou, plus exactement, elle est aussi l'Afrique. Le Nil grâce auquel elle existe naît au cœur de l'Afrique noire, en plein Ouganda, et son confluent le Nil Bleu naît lui dans les monts Choké de l'Éthiopie ; mais après leur jonction à Khartoum, au Soudan, le Nil Blanc poursuit son chemin en oubliant progressivement ses origines ; au Delta, répandu en sept branches, il regarde déjà l'Italie au nord et la Grèce à l'est, là où le soleil se réveille. Les animaux sacrés qui hantent le panthéon égyptien, hippopotames, crocodiles, cobras, chacals, cynocéphales, ichneumons, affirment de manière indiscutable sa nature africaine : ce sont tous là des animaux du limon, des savanes et des brousses de l'Afrique africaine, ceux que le voyageur ne se soucie pas trop de rencontrer. Mais l'art de l'Égypte, dont il serait banal de rappeler qu'il est exclusivement un art d'État monarchique et religieux, se dégage d'emblée des ténèbres de l'imaginaire africain ; il est historiquement le premier art réaliste du monde ; il ne recourt plus aux stylisations outrées mais tellement expressives des arts africains, et son répertoire de thèmes a exclu les terreurs et les fantasmes de la jungle et de la savane : il n'exprime plus que force et douceur. Il reflète aussi le plus exactement possible le monde tel que le perçoit un peuple assuré de sa puissance et de sa prospérité.

Ces caractéristiques, qui apparaissent pour la première fois dans la vallée du Nil, longtemps après que les souches humaines ont essaimé hors de l'Afrique natale, sont précieuses pour comprendre les rapports de l'Égypte avec la divinité. Le réalisme visuel témoigne du réalisme philosophique, et le culte de la beauté qui imprègne toutes les créations égyptiennes, temples, statues, bas-reliefs, exprime, lui, l'idéalisme. S'il croit donc à la beauté, c'est que l'Égyptien cultive l'abstraction divine, et s'il cultive le réalisme, c'est qu'il ne s'obnubile pas sur l'étendue de son esprit : il est matière et ne saisira que le matériel. D'où un certain pragmatisme et d'où aussi le fait que les dieux égyptiens sont secrets.

Mais les thèmes de l'imaginaire égyptien l'apparentent à l'Orient méditerranéen. La première grande cosmogonie de toutes les cultures connues est égyptienne : âgée (ou jeune) de quelque cinquante siècles à ce jour, elle dépasse en ampleur les mythes africains, pourtant ambitieux. La première vision de la formation du cosmos, que les Grecs ne cesseront de malaxer et de refaire à leur façon, est déjà présente dans les plus vieux documents égyptiens connus, les *Textes des Pyramides*, rédigés il y a quelque cinq mille ans. On y lit en résumé ce que les réalisations les plus ambitieuses de la technique occidentale, les télescopes montés sur des satellites et lancés dans l'espace intersidéral, les calculs prodigieux des ordinateurs les plus puissants n'ont pu que confirmer : le monde a été créé il y a bien longtemps à partir d'un magma informe, puis menacé par le désordre, ce qu'en égyptologie on appelle l'« anticréation ». Et il reste menacé par celle-ci. Là aussi, les Égyptiens avaient pressenti la réalité de l'univers : tous les astronomes savent désormais que, minés par des anomalies infimes dans leurs orbites, les planètes du système solaire s'en iront vagabonder catastrophiquement dans l'espace, et que, peu après, le Soleil s'éteindra. La fabuleuse horloge céleste décrite par Newton et ses pairs est viciée à la base : le chaos veille. Il est patient. Il vaincra. Pour le moment, c'est le dieu Amon Râ qui tient en échec le grand serpent du chaos Apopis ; c'est le dieu Osiris ressuscité qui protège le monde de son assassin, Seth.

Les Grecs, grands amateurs d'idées, rendirent hommage à la vision égyptienne. Le sage Solon serait allé, selon Hérodote, s'inspirer des lois égyptiennes auprès du pharaon Amasis, de son nom égyptien Ahmosis II, pour réaliser sa réforme de la constitution athénienne. La légende, il est vrai, est flatteuse pour l'Égypte mais suspecte : Solon fut archonte en — 594 et ne visita l'Égypte qu'après s'être heurté chez lui à une opposition menaçante et Ahmosis II régna de — 570 à — 526[1], soit un quart de siècle plus tard ; de plus, la monarchie égyptienne n'avait pas d'aréopage, principale invention de la constitution de Solon. Ce qui n'empêche qu'Ahmosis II fut quand même philo-hellène, puisqu'il épousa une princesse grecque, Ladice, fille du roi de Cyrène, et que les Grecs prisaient fort les Égyptiens : Thalès, Pythagore, Eudoxe de Cnide, Lycurgue et Platon y auraient séjourné. On a beaucoup, parfois trop prêté à l'Égypte ; ce ne fut pas à elle en tout cas que les Grecs empruntèrent le modèle de leurs rapports avec les dieux et encore moins avec Dieu. Tout au plus leur art doit-il à l'Égypte la découverte du mouvement ; leurs *kouroi*, ces éphèbes de l'art archaïque d'abord figés au garde-à-vous, ne commencent apparemment à marcher, au ve siècle avant notre ère, qu'à l'exemple des statues égyptiennes, qui mettent un pied devant l'autre.

Il n'y a pas de philosophes égyptiens, ce qui tend à démontrer que les Égyptiens avaient les idées assez claires — ce qui séduisit à coup sûr les Grecs — pour ne pas discuter de choses qu'ils ne savaient pas, car qu'est donc la philosophie, sinon une interrogation par définition interminable sur l'inconnu ? Tout aussi bien, ils avaient les idées assez claires pour ne pas élaborer de théologie, car à quoi sert la théologie, si ce n'est à codifier les idées sur des dieux dont tout le monde éprouve le besoin ? C'est-à-dire à énoncer des évidences ou des fables. Car ce n'est certes pas l'homme qui énoncera l'opinion des dieux.

Impressionné depuis quelque deux siècles, à vrai dire à partir de l'expédition d'Égypte de Bonaparte et la découverte d'une architecture colossale, puis au XXe siècle par un fatras exotique suspect (comme la découverte du tombeau de Toût Ankh Amon, encombré d'un mobilier et d'objets Second Empire avant l'heure), l'Occident n'a d'abord pas vraiment vu l'Égypte (à quelques très rares égyptologues près) : un pays de poètes qui trouvaient la vie trop courte et tentaient par l'art et l'imagination d'en prolonger les plaisirs dans l'au-delà. Le reste est en général romans de gare pour amateurs de mysticisme ferroviaire ou aérien. Il n'y a pas plus de « secret » égyptien que d'extraterrestres dans les pyramides. Excellents mathématiciens, certes, pour leur époque, les Égyptiens n'avaient cependant pas la science infuse : ils ne connaissaient pas la fraction, par exemple, parce qu'ils n'avaient pas bien compris la division et s'imaginaient que celle-ci doit toujours donner des nombres entiers. Quant à la géométrie égyptienne, sur laquelle on lit encore tant de fables, ils y ont cultivé quelques erreurs étonnantes, comme celle qui consistait à croire que tout triangle est un rectangle dont un des côtés serait égal à la base du triangle et l'autre serait égal à la moitié d'un autre côté du triangle... Bref.

Cette volonté de croire qu'on l'on continuera de festoyer dans l'autre monde est si évidente, à vrai dire, qu'elle risque d'échapper au regard innocent : tout l'art égyptien, tant prisé des muséographes, muséologues et muséomanes, est un art funéraire. Les pyramides sont des tombeaux et les admirables statues qui occupent des salles entières de musées, des mémoriaux aux disparus célèbres. Même les inscriptions que les pharaons font graver sur les murs des temples sont des *in memoriam anthumes* : « Il a fait ceci, il a conquis cela », etc., le tout saupoudré de beaucoup de vantardises, d'ailleurs. L'essentiel est de faire bonne figure dans l'au-delà. C'est pour cela que les Égyptiens ont perfectionné l'art de l'embaumement, que les *morticians* américains devaient reprendre quarante siècles plus tard, sans d'ailleurs l'améliorer beaucoup. Il fallait surtout ne pas arriver devant Thoth le Peseur d'Âmes en trop mauvais état, et c'est pourquoi les artistes des sépultures plaquaient des masques flatteurs sur les momies. Bref, l'Égypte antique est un vaste campo santo (à cette différence près, toutefois, que l'art égyptien ne donne jamais dans le pathétique et encore moins le sinistre) et la Vallée des Rois, réservée aux tombes royales, est devenue un lieu d'un savoureux paradoxe : on y voit des étrangers pâles venir s'y refaire une santé physique et morale, spectacle aussi déconcertant que des curistes au Père-Lachaise.

Il faut encore plus de discernement pour percevoir la poésie dans la culture de l'Égypte : nul art au monde n'a, par exemple, représenté les animaux avec autant d'exactitude, de finesse et d'humour. La nonchalance dédaigneuse des ibis (le dieu Thoth), la vigilance sourcilleuse des chiens (de la race armant, qu'on ne trouve plus guère, bizarrement, qu'à Ibiza, et en qui l'on voyait l'incarnation du dieu Anubis), la solennité bonhomme des faucons (le dieu Horus aux cheveux d'or, fils de la déesse Isis), la plénitude mafflue de la vache (la déesse Hathor, qui porte la lune placide entre ses cornes) ou la coquetterie maigre des chats, car on n'a jamais vu de chat égyptien gras, la souris et le mulot étant là-bas rapides et futés (la déesse Bastet, tardive vedette saïte), bref, les artistes égyptiens avaient un regard aiguisé.

S'il croyait ou feignait de croire à une vie prolongée dans l'au-delà, sorte d'assurance sur le remboursement de l'Emprunt russe, l'Égyptien de toute classe sociale savait assez bien que cette vie-ci au moins était certaine. Il n'en a certes pas boudé les plaisirs, comme en témoigne maint vestige et, entre autres, l'inscription funéraire d'une femme que la boisson emporta sans doute dans la tombe, sous le règne d'Aménophis III : « Donne-moi dix-huit gobelets de vin. Je désire boire jusqu'à l'ivresse. Mes entrailles sont aussi sèches que la paille[2]. » Au risque de paraître blasphémateur, je confesse ici quelque doute sur la vigueur de la croyance égyptienne dans l'au-delà, à en juger par la diligence avec laquelle les voleurs pillaient les tombes à peine murées, fussent-elles royales, et bravaient les malédictions les plus effrayantes destinées aux intrus. De plus, il faudra se demander un jour si les peuples qui ont produit de grands artistes n'auraient pas été au fond trop amoureux de la vie pour se consoler avec les seules et immatérielles visions de la vie éternelle. L'Égyptien regardait donc le monde, et pas seulement les animaux, avec ce qu'on appelait jadis en art la justesse et le sentiment. La justesse est un trait auquel l'Égyptien accorde une grande importance en tous domaines ; elle est même prescrite dans le rituel d'Abydos où, selon la traduction de Gaston Maspero, grand égyptologue du début de ce siècle, le récitant devait « n'avoir pas la voix fausse » et réciter les formules « sans faute d'intonation », condition essentielle pour repousser de la cérémonie les divinités dangereuses.

On ignore si quelque vertu comparable était requise des artistes peintres et sculpteurs ; il est permis de le présumer, à en juger par la combinaison de justesse et de tendresse qu'on retrouve dans la totalité de l'art égyptien. Témoin entre une infinité d'autres la sculpture d'une brasseuse de la IVe dynastie, dont les seins lourds pendent au-dessus de la jarre où, l'expression concentrée, elle malaxe les dattes fermentées de son vin[3]. Témoin encore les figurines peintes des charpentiers au travail, dans la tombe d'Ipy, avec l'artisan qui verse l'eau sur le plâtre à gâcher, tournant un visage furieux vers un contre-maître qui sans doute le tance[4]. Et il est difficile de retenir son rire devant le papyrus satirique du Combat des chats et des oies[5]. Même l'ornementation excessive de l'art de la XVIIIe dynastie, où les prêtres soulagés d'en avoir fini avec les excentricités théologiques d'Aménophis IV, le roi efféminé qui voulait faire du Soleil le dieu unique, se sont empressés de rétablir l'imagerie traditionnelle, n'a pas étouffé le sens artistique ; on peut en juger sur les exquises statues dorées des divinités tutélaires qui veillent sur le coffre-chapelle aux canopes de Toût Ankh Amon, au Musée du Caire. L'étole transparente et plissée qui recouvre leurs formes juvéniles glisse sur leurs dos fragiles comme l'eau sur les épaules d'une jeune fille qui se baigne. C'était censé être un monument funéraire, et c'est presque une célébration érotique de l'adolescence.

Cette tendresse exceptionnelle dans l'observation de la nature en dit long sur l'attitude égyptienne antique à l'égard des dieux. De l'Ancien Empire à la période ptolémaïque en passant par les périodes intermédiaires, le Moyen et le Nouvel Empire, ces caractéristiques demeurent, à quelques nuances près, à travers le pessimisme de la seconde période intermédiaire et les maniérismes et les afféteries de l'époque amarnienne. Comme les autres, le peuple égyptien avait un tempérament. Ainsi dans l'art. Africain malgré tout, l'Égyptien s'émerveille de l'animal, forme, démarche, regards, ruses, attachements ; il lui reconnaît une personnalité, presque une âme, et il n'hésite donc pas à imaginer les transcendances d'un dieu faucon, d'une déesse vache, d'un dieu cobra. À cet égard, il est étonnamment proche du Peau-Rouge : le monde est plein de vie, donc de souffle, *khâ*, la force vitale (qui n'est pas plus l'« âme » au sens occidental que ne l'est d'ailleurs le *ba*, esprit qui permet le passage harmonieux d'un monde dans l'autre[6]), et les animaux y participent comme les humains. Ces manifestations sont le réconfort de sa vie.

L'Égyptien a donc conçu des dieux vivants, qui l'accompagnent tout au long de sa vie, pleins de sollicitude et de chaleur. Ces êtres surnaturels et parfois banals remplissent la fonction pour laquelle tous les dieux de tous les temps ont été créés : ils consolent les pauvres mortels et leur offrent l'image revigorante de leur puissance[7].

Les rituels de Thèbes et d'Abydos offrent une image particulièrement éloquente de l'affection qui unit les mortels aux dieux. Dans le culte d'un dieu (qui varie selon la saison et les circonstances), le roi-prêtre ou le grand-prêtre se prosterne devant la statue du dieu et la prend dans ses bras, pour lui rendre son âme. Cette statue est articulée, la tête, les bras et les jambes se meuvent, c'est-à-dire que, lorsque le célébrant l'étreint, le corps du dieu semble s'animer comme les mannequins d'artistes modernes : ses bras se soulèvent quand ceux du pharaon étreignent le torse, peut-être les jambes mobiles esquissent-elles aussi les mouvements de l'affection. Le dieu est à ce moment-là vieillissant, affaibli, minéralisé ; en fait, il est réduit à l'état de la momie la plus ordinaire. L'étreinte de son fils-roi lui rend la jeunesse, la force et la vie. Puis les prêtres apportent le coffret des accessoires nécessaires à la toilette du dieu, fards, bandelettes, résines. Le roi accomplit cette toilette et parfume la statue que les prêtres viennent ensuite habiller[8]. Les jours de grandes cérémonies, le dieu est porté dans une « salle à manger », *sehit n qeq*, où le roi lui offre des aliments solides et liquides, pièces de viande, pains, fruits, vases de vin, de bière et de lait, des fleurs, qui sont brûlés sur un autel à feu portatif, afin que les fumées nourrissent le dieu (dans le rituel journalier, le dieu est nourri simplement en présence du roi[9]).

Une récitation suit la cérémonie : « Le Pharaon est venu vers toi, Amon [quand le rituel s'adresse à celui-ci], image d'Amon établi en tous ses biens en ton nom d'Amon, image du fils aîné héritier de la Terre par-devant ton père la Terre [Seb] et ta mère le Ciel [Noût], générateur de ton corps qui se lève en roi du sud et du nord, plus puissant que tous les dieux. »

Les hymnes des rituels démontrent que le dieu, « mis en possession des offrandes matérielles, a retrouvé toute sa puissance divine », celle qui est menacée par les attaques de son ennemi Seth et de ses acolytes typhoniens contre les puissances osiriennes. L'hommage du pharaon a restauré les forces du dieu ; en échange, le monarque demande humblement que « le dieu étende sur lui sa protection et ses bienfaits », car « la force divine qui lui permettait d'être prêtre n'était pas inépuisable[10] ». Roi et dieu sont donc solidaires dans le renouvellement de leurs puissances respectives.

C'est sans doute ce qu'en langage occidental, biaisé par des siècles d'usage péjoratif, on appellerait de l'idolâtrie. Pourtant la statue du dieu n'est plus une statue, mais un symbole, comme l'est d'ailleurs tout signe du langage et comme le sont tous les accessoires dans tous les rituels de toutes les religions. La signification en est déconcertante pour l'Occidental : les dieux ne survivent que grâce au culte qu'on leur rend ; et leur éternité est de toute façon éphémère. Le *Livre des Morts* dit : « Osiris connaît le jour où il ne sera plus[11]. » Chacun peut juger de la profondeur du concept, puisque des dieux qu'on n'adore plus n'existent plus, en effet. Quelque quarante siècles plus tard, on retrouve le même concept dans la bouche de Luther : « Dieu lui-même ne saurait subsister sans les hommes sages. »

Point essentiel du rituel : il est secret. Même les jours de grandes fêtes, où une foule considérable s'assemble dans les cours et les salles hypostyles des temples, l'entrée du sanctuaire même où s'effectue la ressuscitation du dieu est strictement réservée au roi ou à ses délégués directs, le grand-prêtre et les stolistes. Et le célébrant est toujours seul face à la statue du dieu. Celui-ci serait outragé si son secret était livré à la foule. Car les dieux égyptiens sont cachés, la divinité est secrète.

L'objet du culte est donc de tenir les dieux en vie, car ils sont les garants de la vie sur la Terre. On comprend dès lors la tendresse de l'Égyptien pour ses dieux et déesses et ses rapports quasi familiaux avec eux. On peut comprendre aussi qu'il leur ait prêté cette beauté souriante et érotique, longues jambes, corps élégant, lisse et plein d'aisance, seins menus ou pectoraux développés, visage adolescent. Un dieu égyptien est toujours beau, *nefer*, et paré de toutes les séductions : une odeur exquise se dégage du corps d'Amon Râ, par exemple, et c'est ainsi que la reine Hatschepsout le reconnaît quand il entre nuitamment dans sa chambre après avoir pris l'apparence de son époux Thoutmosis II. Parlant du même Amon Râ, les *Textes des Pyramides* parlent de l'« or de sa face », et ses cheveux sont en lapis-lazuli véritable... Ses dieux sont pour l'Égyptien des modèles, car ils sont tous mortels comme lui, à l'exception du démiurge Atoum qui s'autodétruira un jour, lui aussi, pour que recommence un nouveau cycle. D'ailleurs, c'est le seul qu'on représente parfois sous la forme d'un vieillard s'appuyant sur un bâton : c'est qu'il va mourir et qu'un nouveau cycle va commencer. Mais tous les dieux morts sont montés au ciel et l'Égyptien aspire à connaître leur sort.

Or, il y en a énormément, de ces dieux, ou, du moins, il semble qu'ils pullulent. D'Amon à la tête de bélier à Zenenet l'Exaltée, l'esprit logique et catégoriel occidental s'y perdrait s'il ne gardait en mémoire que deux grands principes dominent la religion égyptienne ; d'abord, la même image peut avoir plusieurs significations, et c'est ce qu'on appelle la polysémie (dans les autres religions, on l'appelle aussi hénothéisme), et l'image et le verbe sont des points d'émergence d'un courant, et c'est ce qu'on appelle leur caractère performatif. « Ainsi la fertilité du pays est contenue dans la crue, mais également dans le soleil qui en règle le retour », écrit Traunecker[12]. Il convient en outre de garder en mémoire que les dieux gagnent ou perdent en popularité du nord au sud du pays et selon l'époque. Dernière invitation à la réserve et non la moindre : les noms des dieux égyptiens ne sont pas des noms « individués », ce sont des qualificatifs qui découlent du caractère performatif cité plus haut. Ils définissent en effet la fonction du dieu à laquelle on fait appel. Et un dieu sans nom est de ce fait même sans pouvoir. C'est ainsi que « Sekhmet veut dire "la puissante", Nebtou "la maîtresse du terroir",

Moût "la mère"[13] ». C'est là un point fondamental des croyances égyptiennes, qu'on retrouvera plus bas.

Enfin, on se gardera aussi bien d'y faire des syllogismes que de pratiquer des distinctions tranchées : la déesse Sekhmet à tête de lionne est celle de la juste vengeance, mais le dieu Mahes à tête de lion est tantôt le dieu des étés brûlants et tantôt celui des massacres. Bastet, qui est devenue assez populaire en Occident comme déesse-chatte, fut d'abord, dans l'Ancien Empire, représentée en lionne et d'ailleurs identifiée à Sekhmet, puis au Moyen et surtout au Nouvel Empire on la représenta avec une tête de chatte et l'on en fit alors la mère d'Anubis, le dieu-chacal des embaumeurs[14]... Les confusions d'identités furent longtemps un casse-tête des égyptologues : sous le Moyen Empire, Ptah, Sokar et Osiris, qui avaient pourtant été tout à fait distincts sous l'Ancien Empire, sont désormais invoqués comme dieu unique. Si les grandes lignes de la religion égyptienne furent fixées très tôt, comme en témoignent les *Textes des Pyramides*, l'« annuaire » des dieux ne cessera, jusqu'à l'époque ptolémaïque et l'occupation grecque, puis romaine, d'évoluer sans craindre la contradiction, confondant tantôt des dieux distincts en une seule entité, puis les séparant avant de les réunir à nouveau, les mythes se contredisant les uns les autres sans embarras apparent et le tout évoquant pour une mentalité occidentale un désordre imparable.

Ce désordre n'est pourtant apparent qu'aux yeux de ceux qui prétendraient juger la religion égyptienne à l'aune des Grecs ou qui voudraient différencier l'Égyptien de l'Africain. Pour ce dernier, en effet, la divinité est omniprésente et les rapports avec elle sont constants et variables, à l'instar des relations avec les parents, les amis, les amants : la religion *est* la vie, sans contrainte (et l'égyptologie témoigne pourtant que l'Égyptien n'était guère plus angélique qu'un autre). Il n'y a jamais eu d'Église égyptienne, ni de dogmes, et encore moins de conflits religieux, chaque nome du pays cultivant sa dévotion particulière selon ses aspirations. Le plus étonnant est au contraire qu'en dépit de cette diversité confondante la religion égyptienne ait survécu plus longtemps qu'aucune autre. À l'exception de l'interruption amarnienne, qui sera décrite plus loin, elle n'a connu ni schismes ni hérésies et, bien au contraire, elle a accueilli les dieux étrangers avec les mains ouvertes, tous les dieux appartenant à la même famille. L'exemple est, d'ailleurs, riche d'enseignements pour le millénaire qui s'annonce.

Tous ces dieux s'inscrivent dans une cosmogonie dualiste qu'on serait tenté de qualifier de « classique » ; elle oppose, en effet, le chaos à l'ordre, l'incréé au créé, comme on l'a vu plus haut. Le monde créé se trouve dans une immensité incréée, « un infini uniforme et sans lumière » dont les limites inconnues « sont fixées dans l'inertie de l'Eau primordiale ». La lumière du Soleil n'y pénètre jamais[15]. Et les dieux négatifs de l'incréé forment des doublets avec ceux du créé : Noun, dieu du solide, est ainsi associé à Nounet, dieu du liquide inerte, Heh, dieu de ce qui est délimité, avec Hehet, dieu de l'infini, Kek, dieu de l'éclairé, avec Keket, dieu de l'obscur, et Amon, dieu de ce qui est reconnu, avec Amonet, dieu de ce qui est caché (viendront plus tard Niaou et Niaout, dieux du plein et du vide[16]).

Une fois de plus, le regard occidental (et jusqu'à il y a quelques décennies l'égyptologie fut pratiquée par des Occidentaux, donc des monothéistes cartésiens) serait tenté de recourir aux catégories ordinaires dans l'histoire des religions et de qualifier la religion égyptienne de polythéisme panthéiste. Mais s'il le faisait, il méconnaîtrait l'attitude fondamentale de l'Égyptien à l'égard du besoin de Dieu. Fondamentale non seulement parce que la religion égyptienne a duré quelque trois millénaires, ce qui est historiquement considérable, mais aussi parce qu'elle pose un problème que la plus grande partie de la philosophie occidentale s'efforce tantôt d'élucider et tantôt de contourner depuis le XVIIe siècle : Dieu existe-t-il en dehors de nous ? Ni le cri vengeur prêté à Nietzsche (et d'ailleurs mal compris et incomplètement cité[17]), « Dieu est mort », ni les constructions intellectuelles des Grecs, ni les adhésions de principe à un monothéisme ou l'autre n'y ont répondu. Or, pour l'Égyptien, la divinité est non seulement omniprésente, mais elle est fonction de la foi de l'homme. C'est ce que ni les Grecs ni les Occidentaux hellénisés puis cartésianisés n'y ont su déchiffrer. Jusque vers la première moitié du XXe siècle, la religion égyptienne est donc apparue aux égyptologues comme « confuse ».

Puis on s'est avisé que les innombrables dieux égyptiens étaient des manifestations, voire des métaphores, des « points d'émergence » comme les définit Traunecker, de la divinité insaisissable et inconnaissable. Loin d'être l'expression d'esprits naïfs, « primitifs », incapables de concevoir l'unité sous la diversité, leur multiplicité et leurs changements d'identité, la notion égyptienne des fusions et métamorphoses des dieux témoignait d'humilité intellectuelle ; les Égyptiens admettaient ainsi ne pouvoir appréhender du Grand Dieu que ses épiphénomènes, qu'ils coiffaient donc d'adjectifs-noms pour définir telle ou telle vertu, tel ou tel pouvoir. Le nom du dieu était un masque et, à cet égard, les Égyptiens étaient là encore apparentés aux Africains ; pour ceux-ci, en effet, le masque était une métaphore d'un pouvoir déterminé ; c'était une sorte d'adjectif matériel : masque du dieu de la fécondité, de la guerre, du dieu guérisseur, etc., et son port confère les pouvoirs magiques qu'il symbolise. Un être sans masque est nu et « être nu, c'est être sans parole », dit Ogotemmêli le Dogon à Marcel Griaule[18]. Un dieu sans nom était donc un dieu nu, et sans parole, c'est-à-dire sans pouvoir.

Tout ce qu'on peut deviner dans l'approche de ce Grand Dieu est la place accordée à Râ, qui a conquis la royauté des dieux et des hommes après la sortie du chaos et auquel il est peu de dieux qui n'aient été identifiés, même Sobek, avec sa forme de crocodile[19]. La preuve de cette attitude réside dans l'absence totale non seulement de philosophie, mais également de métaphysique. Il n'existe pas un seul texte égyptien qui se mêle de traiter de l'inconnaissable.

La tentation de définir ce système comme un monothéisme ressortirait au totalitarisme intellectuel. Non que les Égyptiens aient été des humains d'une variété à part, mais que le terme « monothéisme » recouvre dans le langage occidental la reconnaissance d'un Dieu unique, transcendant, monomorphe et univoque, éthiquement parfait, omniscient et omnipotent (toutes qualités qui furent d'ailleurs forgées assez tard). La divinité ne revêtait pour eux aucun de ces traits. « Les dieux ne paraissent pas être omniscients [...], car dans certains textes on les voit s'affliger d'un drame qu'ils n'ont pas prévu. Ils vont seulement utiliser leurs énergies pour essayer de réparer. Le seul dieu qui ait une connaissance entière paraît être Atoum, le démiurge, qui peut annoncer la destinée universelle. Lui qui a créé le monde en le devenant est aussi celui qui le détruira. Mais il ne semble pas que, s'il peut prévoir, il puisse agir selon sa volonté », écrit Derchain avec une concision sans reproche[20].

Les dieux ni le Dieu inconnaissable primordial ne sont non plus des autorités éthiques. Le Bien et le Mal sont des notions terrestres, contingentes, qui ne sont que les produits des conflits supérieurs entre le Chaos et la Création. Les codes de conduite terrestres sont des affaires sociales régies par l'administration (pléthorique) de l'Empire. Or, le Chaos n'est pas plus le Mal que la Création n'est le Bien. Quand le Grand Serpent Apopis surgit du Chaos pour répandre ses méfaits, famine, inondations, nuages de sauterelles, c'est l'assassin même d'Osiris, Seth, que Râ délègue pour réduire le monstre en servitude, ce qui prouve que l'ennemi peut être l'allié en certaines circonstances. Seth, d'ailleurs, n'a pas toujours été prince du Chaos, puisqu'il fut dans l'Ancien Empire un corégent céleste de Haute-Égypte avec Osiris. Inversement, le reptile n'est pas l'emblème du Mal qu'il est devenu en Occident, car c'est des plis du Serpent primordial Irto, *Celui qui fait la terre*, que la masse primordiale du monde est sortie, laissant échapper la terre nourricière[21]. Les dieux ne rendent donc pas la justice chez les hommes, et c'est sans doute ce qui peut expliquer l'affection que leur portent les Égyptiens, car, comme le dit Nietzsche, « un juge, même clément, n'est pas un objet d'amour[22] ».

Grand cas a été fait, dans les premières décennies du xxᵉ siècle, d'un épisode prétendument « monothéiste » organisé par un pharaon de la XVIIIᵉ dynastie, Amenhotep IV (ou, suivant l'orthographe grecque, Aménophis IV), rebaptisé par ses propres soins Akhnaton (ou Akhenaton, ou encore Akhen-aten), qui régna de 1352 à 1338 avant notre ère. On a voulu voir en lui un souverain « mystique », précurseur du monothéisme révélé (lequel n'existait d'ailleurs pas encore...) parce qu'il instaura le culte unique du disque solaire, *aton* ou *aten*. Sigmund Freud en fit même l'inspirateur du monothéisme juif, idée quelque peu littéraire, étant donné qu'en 721, soit six siècles après le bref règne d'Akhnaton, le polythéisme subsistait chez les juifs[23]. La réalité, déformée par le goût du bizarre et de l'exotisme moderne, sans doute aussi captivée par la beauté triste de la reine Nefertiti, dont le buste toise d'un regard las (et borgne) le visiteur du Musée égyptien de Berlin, cette réalité donc est assez différente.

Elle peut se résumer en trois points. Le premier est que le mot *aten* ne désignait nullement un dieu et était encore moins un terme d'usage religieux courant[24]. On ne l'utilisait que dans les louanges adressées à Amon Râ, identifié avec le soleil. Le panthéon égyptien était déjà fort riche, on l'a vu, mais une lubie de ce roi l'enrichit donc d'une entité jusqu'alors inconnue et, pis encore, prétendit substituer son culte à celui des autres divinités. Dans un geste d'intolérance troublant, Akhnaton fit, en effet, effacer les cartouches qui célébraient Amon Râ à Thèbes, la capitale de Haute-Égypte qui lui était dédiée. Passe encore pour un roi d'effacer les cartouches d'un prédécesseur qui lui porte ombrage, mais on n'avait jamais encore vu effacer le nom d'un dieu majeur. Or, ces sacrilèges furent accomplis avec un fanatisme sans pareil, car « les sectateurs d'Akhnaton pénétraient jusqu'à l'intérieur des tombes privées afin d'assouvir leur haine contre ce dieu [Amon] exécré[25] ».

Le deuxième point est que ce mot « aten » était un objet et non un symbole et qu'Akhnaton prétendait donc remplacer une antique religion par une monolâtrie, ce qui n'est pas un monothéisme. Divers auteurs ont avancé qu'Akhnaton aurait instauré en fait un culte du Soleil ou de la lumière solaire ; or, ce culte existait déjà, puisqu'il était célébré en l'honneur d'Amon Râ. Aménophis III, père d'Akhnaton, avait ainsi inscrit au dos de l'un des pseudo-colosses de Memnon (en fait, des statues qui le représentaient lui-même[26]) un hymne à ce dieu : « Quand tu te lèves à l'horizon du ciel, ton visage resplendit d'or, car il est tourné vers l'est, là où tu te lèves. C'est ton horizon pour ta disparition de ta vie. Quand tes rayons étincellent tous les matins, ta beauté est éternelle en ton sein. »

Et le troisième point est que cette pseudo-réforme était aberrante, parce que l'apparent polythéisme de la religion égyptienne asseyait la royauté ; en effet, la réalité polymorphe du monde n'étant que l'expression d'une vérité unique et le pharaon étant le fils d'Amon Râ et des autres dieux, il s'ensuivait que la puissance du pharaon recouvrait tous les aspects de la vie, se superposant de la sorte à la puissance divine. Pis encore, sans doute son méfait le plus grave et celui qui devrait définitivement faire justice des complaisances incompréhensibles, de l'Occident contemporain à son égard et de toute élévation au rang de précurseur du monothéisme, Akhnaton s'acharna à détruire les croyances les mieux enracinées de son peuple : celles dans une vie dans l'au-delà. Il s'attaquait donc à Osiris, le sage passeur des âmes dans les ténèbres de la mort. Aucune tombe du cimetière de sa nouvelle capitale ne porte, en effet, la moindre mention de ce dieu, ce qui serait aussi étrange qu'un cimetière chrétien sans croix[27].

Sans doute les élans lyriques d'Akhnaton vers ce disque solaire lui prêtent-ils un contenu plus vaste que celui d'un simple corps céleste. On cite volontiers ces vers d'un hymne d'amour, qui fait assez singulièrement écho à celui de son père :

> « Tes rayons ! Ils touchent chacun, tu remplis le Double pays de ton amour, les hommes vivent lorsque tu te lèves pour eux... Tu as fait que le ciel soit éloigné afin de te lever en lui, afin de contempler ta création, tu es l'Unique, mais il y a des millions de vies en toi... »

La religion égyptienne s'accommodait certes de beaucoup d'interprétations et modifications, mais celle-ci repoussait les bornes de la tolérance ; en fait, personne n'avait jamais songé à faire du Soleil un démiurge, celui-ci étant Atoum. Y aurait-il eu confusion dans la tête du monarque entre aten et Atoum ? Dans ce cas, fallait-il lui retirer la création de la Lune ? La puissance d'un pharaon pouvait à la rigueur garantir la création d'une nouvelle cité consacrée à Aton, Akhetaton, actuellement connue sous le nom de Tell el Amarna, mais elle ne suffisait pas à assurer la création d'un nouveau dieu, surtout aux dépens des autres. Pendant ces folies, l'empire périclitait et l'armée s'agitait, car il ne restait plus rien des provinces d'Asie, faute d'intervention militaire : le monarque passait son temps à composer des hymnes et à paraître demi-nu à des cérémonies en l'honneur de son dieu fétiche. Enfin, le peuple était mécontent.

On imagine aisément le soulagement de l'Égypte quand Akhnaton mourut. Le clergé s'empressa d'effacer toutes traces de sa réforme. Sans doute avait-il quelque raison de vouloir oblitérer le souvenir d'un monarque extravagant et suspect à maints égards[28]. Incestueux, difforme, quasiment parricide, puisqu'il avait fait effacer à Thèbes tous les cartouches portant le nom de son père, fanatique, scandaleux enfin, car il se montrait nu en public sous une robe transparente[29], quand il ne s'habillait pas comme une femme à l'exemple de son père[30], ce n'était en tout cas pas l'inspirateur désirable d'un monothéisme avéré. La religion égyptienne méritait plus de considération que ne lui en avait montré le prince Naphuria, connu plus tard sous le nom d'Akhnaton et qui présente tous les traits d'un hystérique monomane, vindicatif et destructeur.

Car c'était bien un destructeur de la religion égyptienne. Et il est à cet égard légitime de se demander quelles influences exercèrent sur lui sa jeunesse passée à l'étranger, en Syrie, ainsi que les origines de sa mère, Ty, semi-dravidienne, au moins informée du culte du feu solaire zoroastrien. Il existe en effet des similitudes singulières entre la religion proposée du disque solaire Aten et le culte zoroastrien du feu.

Une action aussi provocatrice et destructrice, entretenue pendant les quatorze à douze années de son règne, fit que sa réforme ne laissa pas de traces. Le système de croyances du peuple égyptien était trop profondément, organiquement lié à une histoire ancienne et glorieuse pour qu'un seul homme pût la changer. L'Égyptien considérait qu'une puissance divine l'environnait ; elle se manifestait parfois, mais ne se montrait jamais ; elle protégeait la vie, mais elle dépendait de l'amour des humains ; et elle l'accompagnerait avec compassion dans la mort. Sa religion dura aussi longtemps que dura le royaume : jusqu'en 525 avant notre ère, quand les Perses firent une province de la vallée du Nil ; c'était sous le dernier roi de la XXVIIe dynastie, Psammetichus III. Après, le pays fut gouverné pendant de brèves interruptions par des dynasties indigènes et les dieux sans doute crurent retrouver du souffle. Mais en 332 avant notre ère, le météore Alexandre conquit le pays. Râ, Amon, Horus, Isis, Osiris, Thoth regardèrent le demi-dieu blond d'un œil résigné, même s'il assurait qu'il était le fils d'Amon. Osiris sut que l'heure de mourir était venue. En 30 avant notre ère, les Romains conquirent l'Égypte et leurs aigles éclipsèrent le faucon royal. Le passé allait devenir de l'histoire.

Pareille religion surprend par sa souplesse, dans un régime qui fut somme toute autoritaire. Et pareille longévité est exceptionnelle dans l'histoire des religions, et cela d'autant plus qu'elle apparaît en Afrique, continent qui n'avait même pas produit d'ébauche de ces systèmes. Mais le facteur du climat et de l'environnement, évoqué dans les premiers chapitres de ce livre à propos des premières religions, s'impose ici une fois de plus. Après les bouleversements climatiques qui suivirent la fin de la dernière glaciation, et qui entraînèrent entre autres changements majeurs la désertification du Sahara, la vallée du Nil offrait à ses habitants une stabilité idéale. Le climat y subissait peu de variations d'une saison l'autre, et les rives alluvionnaires offraient, elles, une fertilité maximale, renouvelée par les crues annuelles. Les populations qui s'installèrent là jouissaient donc d'une garantie de subsistance peu commune. Telle est d'ailleurs la raison de la monotonie du paysage actuel : un défrichement intensif poursuivi pendant quelque cinq millénaires y a pratiquement exterminé toutes les espèces sauvages naturelles. On y fait jusqu'à trois récoltes de blé par an.

Cette richesse constante suscita des échanges commerciaux, lesquels suscitèrent à leur tour la construction de véritables villes. Nous n'en savons pas grand-chose, parce qu'il n'en reste quasiment rien. Ce n'est qu'à partir du Moyen Empire, soit approximativement de l'an 2100 avant notre ère, que les vestiges permettent de reconstituer à peu près les plans de certaines villes et de juger qu'elles témoignent d'une organisation sociale avancée. La vie religieuse s'organisa donc.

Elle ne s'organisa certes pas dans l'harmonie. La guerre civile qui mit fin à l'Ancien Empire divisa le royaume de Pépi II en monarchies indépendantes, interruption appelée Première Période intermédiaire, de 2475 environ à 2160 avant notre ère, soit trois siècles pendant lesquels le royaume fut envahi par des nomades asiatiques, destructeurs (ils rasèrent quasiment Héracléopolis). Puis les princes de Thèbes reconquirent le pays, mais leur pouvoir fut de courte durée et tellement affaibli que le royaume fut à nouveau divisé en principautés et que les Hyksos occupèrent l'Égypte presque sans coup férir. Nouvelle reconquête par Ahmosis Ier en 1580 avant notre ère. Les princes rebelles sont asservis. L'unité de la vallée du Nil est refaite et le roi portera désormais la double couronne de Haute- et de Basse-Égypte. L'Égypte est devenue un État militaire, instruit de ses déboires passés et fortement centralisé, avec une administration abondante. Entre-temps, des cultes se sont installés localement. Car la population de l'Égypte n'est pas homogène. Si les Égyptiens de l'époque traitent avec quelque dédain les étrangers, Nubiens, Asiates, Arabes, Libyens, il n'en reste pas moins qu'ils sont eux-mêmes les descendants d'envahisseurs installés là depuis l'époque préhistorique. Certains préfèrent tel dieu, d'autres tel autre, parce qu'ils leur rappellent ceux de leurs origines. D'où les particularismes religieux : à Thèbes, on honore Amon, à Denderah, Hathor, et à Bubastis, Bastet.

Or, ces cultes ont changé maintes fois de site et les mythes attachés ont été modifiés en conséquence. Jusqu'à la Ve dynastie, par exemple, la Haute-Égypte observe les deux cultes indépendants d'Osiris et de Seth, qui vivent en paix. Puis le roi décide de s'identifier au faucon Horus, et il en fait le fils d'Osiris et d'Isis. De ce fait, Seth devient un rival et l'on fabrique vers 2245 avant notre ère un nouveau mythe : celui d'un duel entre Seth et Osiris, où celui-ci est tué par Seth. Ce dernier est alors relégué dans le Chaos (en fait, il sera récupéré par les Assyriens, qui lui trouvent une grande ressemblance avec leur Baal). Dès lors, le culte d'Horus s'étend à l'Égypte entière. Comme on le voit, les dieux et leurs mythes changent une fois de plus au gré de la politique. Les rois et les clergés ont toutefois la sagesse d'éviter un effort de centralisation autoritaire ; les nomes conservent la liberté de respecter les traditions locales, souvent implantées de longue date, ce qui présente l'avantage d'assurer l'entretien des sanctuaires. D'ailleurs, tous les dieux étaient Dieu, aucun d'eux ne menaçait donc le pouvoir du pharaon. Cette souplesse antidogmatique explique la longévité de la religion égyptienne.

Ce fut la raison pour laquelle, longtemps après le dernier pharaon, il restait de la vie dans les statues souriantes du passé. Quand, au IVe siècle de notre ère, l'empereur chrétien Théodose le Grand s'efforça d'imposer sa religion en Égypte, il affronta l'échec. Les *fellahin* de Haute-Égypte continuèrent d'adorer Amon, Isis et Osiris. C'étaient leurs dieux à eux, ils étaient plus proches que ce monarque céleste impénétrable que voulaient leur imposer des étrangers.

Bibliographie critique

1. Le voyage de Solon auprès du roi Crésus de Lydie est tout aussi improbable : le règne de Crésus commença vers — 564, alors que c'était dans les dix années suivant son départ de Grèce, soit entre — 593 et — 584, que Solon eût dû rencontrer le roi fameux. Reste de la légende l'observation pessimiste de Solon : « Ne dis pas qu'un homme a été heureux jusqu'à ce qu'il soit mort. »

2. Cité par Philippe Aziz, *Moïse et Akhenaton*, Robert Laffont, 1980. Un volume entier suffirait à peine à recenser tous les témoignages offerts par l'égyptologie sur le plaisir de vivre de la civilisation égyptienne, qui ne portait certes pas le diable en terre, ainsi que certaines représentations modernes voudraient le laisser entendre.

3. Musée archéologique de Florence. Ceux qui, fût-ce au titre de simples exécutants, ont été chargés (comme l'auteur, jadis) de recopier sur calques des bas-reliefs égyptiens savent les pièges et périls de la tâche, où il faut non seulement être exact, c'est-à-dire respecter rigoureusement le document de base, mais encore être juste, c'est-à-dire respecter aussi l'esprit de l'artiste. Un trait de plume déplacé fait ainsi qu'un lotus, un œil ou un faucon perdent leur caractère, donc leur sens.

4. Tombe de la XIXe dynastie, à Thèbes.

5. *In* A. Erman et H. Ranke, *La Civilisation égyptienne*, Payot, 1976. Il s'agissait sans doute de l'illustration d'une fable, aujourd'hui perdue.

6. Claude Traunecker, *Les Dieux de l'Égypte*, Que sais-je ?, PUF, 1992.

7. En témoigne une histoire parmi d'autres : quand la déesse Isis dans ses voyages terrestres arrive dans une maison, une mère de famille, l'épouse d'un gouverneur de district, lui claque la porte au nez. Isis, en effet, est traditionnellement accompagnée par une phalange de scorpions qui épouvante la matrone. Une pauvre femme offre cependant son hospitalité à la déesse, mais les scorpions, vexés, complotent contre celle qui n'a pas voulu les accueillir. Ils délèguent l'un d'eux, Tefen, pour piquer le fils de la matrone, et mettent le feu à sa maison. La matrone s'en va clamer sa détresse dans les rues. Isis, loin de se réjouir de la vengeance ourdie par son escorte, s'en désole. Elle court au chevet du garçon qui se trouve alors entre la vie et la mort et elle ordonne au poison de se retirer de lui. Le garçon revit. Et Isis d'expliquer qu'elle a ainsi agi en souvenir du jour où elle trouva son enfant Horus mort et lui rendit la vie par la magie. E.A. Wallis Budge, *Egyptian Magic*, 1901, réédition Dover Publications, Inc., New York, 1971.

8. Alexandre Moret, *Le Rituel du culte divin journalier en Égypte, d'après les papyrus de Berlin et les textes du temple de Séti Ier à Abydos*, Paris, 1902, rééd. fac-similé Slatkine Reprints, Genève, 1988.

9. Ces descriptions et le symbolisme du cérémonial sont ici très simplifiés, car le

détail exige un volume entier. *Cf.* Moret, *op. cit.*, et Alexandre Piankhoff, *Le Livre des morts des Anciens Égyptiens,* Institut français d'archéologie orientale, Le Caire, 1950. Il faut préciser que ce rituel est presque identique au rituel funéraire, où le mort est à la place du dieu qu'il convient de ressusciter. En effet, le mort et le dieu sont unis dans le fait qu'Osiris est le premier être humain qui soit mort ; tout mort est donc semblable en ce point à Osiris.

10. Alexandre Moret, *op. cit.*

11. Gaston Maspero, *Histoire de l'Égypte,* in *Histoire des peuples de l'Orient ancien,* Paris, 1897.

12. *Les Dieux de l'Égypte, op. cit.*

13. Philippe Derchain, « La religion égyptienne », *in Histoire des religions,* I, sous la direction d'Henri-Charles Puech, Gallimard, 1970.

14. Manfred Lurker, *Lexikon der Götter und Dämonen,* Alfred Kramer Verlag, Stuttgart, 1984.

15. Claude Traunecker, *op. cit.*

16. *Id.*

17. Nietzsche évoque quatre fois la « mort de Dieu », dont deux fois dans *Ainsi parlait Zarathoustra* (trad. Maurice Betz, Gallimard, 1942) : à la fin du deuxième chapitre du prologue : « Ce vieux saint dans la forêt n'a donc pas compris encore que Dieu est mort ? » et la deuxième fois : « Dieu est mort ; c'est sa pitié des hommes qui l'a tué » (« Des Miséricordieux »). Ces deux déclarations sont expliquées dans les « Notes et aphorismes » : « C'est la théologie qui a étouffé Dieu, et la moralité, la morale » (59) et « La réfutation de Dieu : en réalité, il n'y a guère que le dieu *moral* qui soit réfuté » (62). Ce thème est repris de manière plus élaborée dans *Le Gai Savoir* (trad. Alexandre Vialatte, Gallimard, 1939) : « N'avez-vous pas entendu parler de ce fou qui allumait une lanterne en plein jour et se mettait à courir sur la place publique en criant sans cesse : "Je cherche Dieu ! " [...] Où est allé Dieu ? Je vais vous le dire. Nous l'avons tué... vous et moi ! C'est nous, nous tous qui sommes ses assassins ! » (Livre I, 125) et la seconde fois : « Le plus grand des événements récents — la "mort de Dieu", le fait, autrement dit, que la foi dans le dieu chrétien a été dépouillée de sa plausibilité — commence déjà à jeter ses premières ombres sur l'Europe » (Livre V, 343).

18. *Dieu d'eau, op. cit.*, 1966.

19. A. Erman et H. Ranke, *op. cit.*

20. *La Religion égyptienne, op. cit.*

21. Claude Traunecker, *op. cit..* Il s'agit de textes d'époque romaine retrouvés à Coptos.

22. *Le Gai Savoir, op. cit.*

23. V. ch. 10.

24. A. Erman et H. Ranke, *op. cit.*

25. James Henry Breasted, « Ikhnaton », *Encyclopaedia Britannica.*

26. Situés à Thèbes, capitale de la Haute-Égypte, ces deux colosses en ruine sont les seuls vestiges du temple funéraire gigantesque qu'Aménophis III se fit construire au nord-ouest de la cité. Réalisé en briques crues, il n'en est évidemment rien resté, à la différence du temple que ce roi érigea à Louxor. Les colosses, en revanche, sculptés chacun dans un seul bloc de quartzite rose de plus de sept cents tonnes, ont survécu. Dans la haute Antiquité, le réchauffement de la pierre par le soleil, après son refroidissement la nuit sous l'effet du vent du désert, provoquait le matin des sons singuliers causés par la désagrégation progressive de la pierre ; on les appelait pour cette raison « les colosses chanteurs ». Restaurés par Septime Sévère, ils devinrent muets...

27. *Ikhnaton, op. cit.*

28. Le contexte familial et privé d'Akhnaton est au moins aussi déconcertant, en effet, que son physique monstrueux, avec ses seins proéminents, ses hanches larges,

sa robe de femme et ses jambes grêles, sans parler de son visage d'une élongation morbide. Certains auteurs, tel l'égyptologue François Daumas, l'ont même soupçonné d'avoir été castré ; mais il faudrait alors trouver un père aux enfants qui lui sont attribués avec son épouse, la célèbre Nefertiti, et dont les noms nous sont parvenus : Meritaton, Meketaton, Ankhesenpaaton et Neferneferou-Aton-Tacheri. Vers 1920, on a également évoqué la possibilité d'une lipodystrophie progressive. Il y aurait plutôt des raisons de penser qu'Akhnaton souffrait d'une anomalie chromosomique, XXY par exemple, qui lui aurait donné son apparence gynoïde ; sans pour autant le rendre impuissant, cette anomalie aurait restreint sa descendance à des filles.

Dans *Oedipus and Akhnaton* (Doubleday & Company, Inc., New York, 1960), Immanuel Velikovsky relève un point souvent négligé des égyptologues, qui est qu'un des cartouches retrouvés à Tell el Amarna, dans le tombeau de Houya, père de Ty, la mère d'Akhnaton, représente une fille du roi, Baketaton, en plus de celles dont il est établi qu'il les a eues avec Nefertiti. Or, un autre cartouche dans le temple solaire de Nefertiti représente cette fois Akhnaton, sa mère Ty et la jeune Baketaton, sans les autres filles et sans Nefertiti, ce qui est hautement anormal ; tout semble, en effet, indiquer qu'Akhnaton et sa mère forment un couple qui aurait engendré une fille, Baketaton, donc. Au début de ce siècle, le célèbre égyptologue Gaston Maspero se déclara déconcerté par ces étrangetés, sans précédent dans l'histoire et dans l'art égyptiens. On supposa un moment que Baketaton aurait été en fait une sœur d'Akhnaton, fille de Ty et d'Aménophis III, mais, en 1924, un autre célèbre égyptologue, Flinders Petrie, démontra l'impossibilité du fait. Force est donc de conclure qu'Akhnaton vécut maritalement avec sa mère Ty et que celle-ci en conçut une fille (elle devait avoir une quarantaine d'années à l'époque, Akhnaton étant monté sur le trône alors qu'il n'était qu'adolescent). À l'appui de cette thèse, il faut rappeler qu'à la douzième année du règne d'Akhnaton Nefertiti quitta le palais et que son nom fut dès lors effacé des cartouches royaux. Sans doute, excédée d'un ménage à trois plus que scandaleux, elle s'en alla vivre ailleurs. Ses derniers portraits lui prêtent, en effet, une mine morose. On ne sait pas ce qu'elle devint. Son cercueil d'or est aujourd'hui disparu.

Velikovsky trouve dans ces éléments une explication au mythe grec d'Œdipe : celui-ci aurait été Akhnaton (le nom Oidipous signifie « pieds enflés » et Akhnaton avait, lui, les cuisses enflées, en effet) et Jocaste aurait été la reine Ty. Le mythe grec se situe à Thèbes ; ç'aurait fort bien pu être la Thèbes égyptienne et non la grecque, en effet. Justement, il y avait un grand sphinx dans la Thèbes d'Égypte. Enfin, coïncidence également troublante, le mythe grec accuse le père d'Œdipe, le roi Laïos, d'avoir introduit l'homosexualité à Thèbes (accusation d'ailleurs inattendue dans un mythe grec) ; or, il semble bien qu'Aménophis III ait prêté le flanc à ce soupçon (en tout cas à celui d'effémination et de travestissement), car il portait des vêtements de femme (Cyril Alfred, *Bulletin of the Metropolitan Museum of Art*, février 1957). Reste le parricide, accompli de manière symbolique dans la destruction par Akhnaton des cartouches qui portaient, en effet, le nom de son père. Mais peut-être le parricide ne fut-il pas que symbolique, car les circonstances de la mort soudaine d'Aménophis III restent obscures.

Si l'on ajoute à ce lourd dossier les relations étonnamment ambiguës qu'Akhnaton entretint avec son gendre Semenkherê, un séduisant jeune homme qu'il nomma pendant un an corégent (celui-ci semble d'ailleurs lui avoir brièvement succédé, sous la pression de l'armée, avant que Toût Ankh Amon montât sur le trône) et dont, à la perplexité générale, on retrouva la momie dans un tombeau censé être celui d'Akhnaton, on comprendra mieux l'aversion du clergé pour ce roi à la fin malsain et iconoclaste autant qu'impopulaire. V. Pascal Vernus et Jean Yoyotte, *Les Pharaons*, M.A. Éditions, 1988.

29. Immanuel Velikovsky, *op. cit.*
30. Bouriant, *in Moïse et Akhenaton, op. cit.*

9

La Chine ou le ciel vide

Sur la nature diffuse des divinités et sur l'importance des esprits dans les croyances de la Chine — Sur le mépris des mandarins pour ce qu'ils jugent être les superstitions du peuple — Sur le taoïsme, sagesse pragmatique, mais subversive — Sur la récupération du taoïsme par le pouvoir — Sur Confucius et son éthique individuelle — Sur l'irruption du bouddhisme en Chine, son succès, son mercantilisme, les persécutions qu'il subit — Sur la prise en main des pratiques religieuses populaires par l'administration impériale des Han — Sur les raisons géographiques et politiques de l'absence de dieux en Chine, le caractère pratique et social des croyances et le statu quo sous le communisme.

La première et la dernière impression d'un lecteur un peu attentif des textes sur les religions de la Chine est qu'il s'agit d'un pays exceptionnel : on n'y trouve pas trace d'un Dieu individuel et les traces des autres dieux y sont estompées. Sans doute la raison en est-elle que, depuis les temps les plus reculés jusqu'à l'époque moderne, les Chinois semblent avoir eu beaucoup plus peur de leurs seigneurs locaux et de l'empereur que d'une puissance suprême. Ils contrediraient presque le constat de Bergson cité en tête de ces pages, selon lequel il n'existe pas de civilisation sans religion.

Certes, les Chinois ont bien leurs divinités, mais elles sont toutes mineures et les hiérarchies compliquées instaurées entre elles au cours des temps et au gré des réformateurs ne dissipent guère l'impression que leurs rôles sont restreints. Ils ont aussi des esprits, et ils en ont même beaucoup puisque tous les ancêtres se changent en esprits, voire en démons, mais de dieu central agissant, point. Et l'on se prend donc à rêver à l'emblème du ciel qu'on trouve dans les musées et chez les marchands, ce disque de jade sans le moindre ornement, mais percé au centre.

Cette singularité s'explique dans une certaine mesure par l'histoire même du pays (les données sur la préhistoire renseignent certes sur son développement technologique et social, mais guère sur sa ou ses cultures, comme pour le reste du monde). En ce qui touche à la croyance dans la divinité, on l'abordera ici au vi^e siècle avant notre ère, cet extraordinaire vi^e siècle qui vit donc Bouddha, Vardhamana, Zarathoustra, Lao Tseu et Confucius. L'agriculture, la technologie et la culture y ont connu un bel essor. Le pays est soumis à la dynastie des empereurs Chou, des gens qui, incidemment, semblent avoir été assez médiocres et s'être surtout appuyés sur leur pléthorique administration. L'empire est grand, puisqu'il s'étend au sud jusqu'au Yang-tsé kiang et à l'est jusqu'au Sze Tchouan. Mais l'ineptie de ses dirigeants va aboutir à sa fragmentation.

La Chine se présente à cette époque comme une vaste collection de féodalités dont les seigneurs n'arrêtent pas de faire campagne, faisant et défaisant des provinces, modifiant les frontières, s'alliant, se désalliant, s'annexant et se divisant sans fin dans le fracas des armes, le tout sous l'œil indifférent du siège impérial. Non seulement les Huns du Nord et de l'Ouest font-ils le siège constant des provinces, mais encore les princes se font-ils donc la guerre entre eux. Intrigues, trahisons, prises de pouvoir, débauches et ruisseaux de sang composent le paysage des palais. On n'en donnera qu'une séquence, à titre d'exemple, tirée de l'histoire du XIe siècle avant notre ère : celle de l'insurgé célèbre, Wou-wang, qui profitant de l'impopularité du dernier roi de la précédente dynastie Shang, Cheou-sin, débauché cruel, rallia une bande d'insurgés, tailla en pièces l'armée royale et pénétra dans la capitale (Si'ngan). L'empereur se suicida alors d'une façon assez spectaculaire : paré de ses perles et de ses jades, il se jeta dans le feu. Wou-wang arriva au palais, saisit le Grand Étendard blanc de la dynastie, poignarda le cadavre impérial, lui trancha la tête avec la Grande Hache jaune et la pendit au Grand Étendard blanc. De quoi donner la nausée, évidemment. Mais jusque fort avant dans ce siècle, la Chine offrait des histoires qui n'étaient guère très différentes de celle-là[1]. Or, cet état de choses durait depuis des siècles[2].

La religion ou les religions qu'on y pratique alors semblent d'un assez faible niveau d'abstraction, d'après les quelques récits qui nous aient été transmis de la période dite Mythique et légendaire. On y retrouve évidemment les héros mythifiés et déifiés, Kansu et Shensi, le premier homme, P'an Ku, qui était doté de pouvoirs surnaturels, et des empereurs également mythiques du IIe millénaire avant notre ère, dont le célèbre Sui Jên, qui apprit à faire du feu en observant les étincelles que faisait jaillir un pivert piquant un arbre du bec... Mais ce sont là des mythologies, et l'on ne connaît pas de temples ou de cultes célébrant des héros. L'imaginaire sert d'exutoire aux infortunes des Chinois, comme en témoigne l'abondant répertoire de fables, légendes et moralités populaires chinoises plus ou moins anciennes et plus ou moins exemplaires, qui ne peuvent ressortir à la religion.

Si les textes chinois anciens contiennent de nombreuses références à une cosmogonie (création du monde par une puissance supérieure qui intervint dans un conflit originel entre l'ordre et le chaos), la religion populaire est entièrement consacrée à la conjuration des peurs. D'abord, celle des esprits errants. Parce que le corps a deux âmes, l'une, *hun* (ou *houen* ou encore *chen*), l'âme spirituelle qui pourrait aller au ciel, mais le voyage est si dangereux qu'on tente de l'en dissuader, l'autre, *po*, l'« âme corporelle » qui reste près du corps et qui, si elle est bien traitée, pourrait servir d'intermédiaire entre l'Être suprême, Shang Di, et les gens qui ne sont pas encore morts[3]. Toutefois, si elle ne l'est pas, l'âme po peut devenir une plaie, une *guei* (ou *kouei*).

En réalité, ces théories spiritualistes sont plus compliquées, car les Chinois soupçonnaient que, du vivant des personnes, leur po pouvait sortir de leur corps la nuit pour aller forniquer avec des cadavres, rendre des gens malades, tuer de proches parents ou des personnes avec lesquelles ils étaient en querelle, ou polluer le corps[4]... Les Chinois étaient donc hantés par les possibilités que des fantômes, âmes orphelines, pos impurs, démons, dieux négatifs (ce qui n'était pas la même chose que des démons) et autres entités immatérielles vinssent empoisonner leurs vies terrestres.

Cette conviction qu'on n'en avait donc jamais fini avec les esprits est la raison de la place considérable, voire prééminente, du culte des ancêtres en Chine. La construction des tombes et les rites funéraires y revêtent des proportions surprenantes. En fin de compte, ces tombes et ces rites ne servent pas tant au confort des morts qu'à celui des vivants : en effet, les choix des sites des tombeaux sont commandés par le souci d'assurer la prospérité et la chance de leurs descendants[5]. Le chamanisme, qui est une médiation entre les vivants et les morts[6], esprits et divinités, occupe également une place prépondérante dans les cultes chinois, ensemble avec la divination, la géomancie, la magie, les exorcismes et invocations, les horoscopes et tout un appareil de pratiques que les Occidentaux du XXe siècle qualifient de superstitions. La santé est au premier plan des soucis des Chinois, toujours anxieux de détourner les vengeances que des immatériels mécontents pourraient perpétrer sur leurs corps et ceux des membres de leurs familles. La médecine entre donc dans le domaine des exorcismes.

L'acteur de ces exorcismes est le chamane, personnage de la religion populaire chinoise qu'on pourrait dans une certaine mesure comparer à un prêtre : c'est lui qui fait connaître aux humains la volonté des esprits, afin de rétablir l'ordre du monde et la santé de ceux qui le consultent ; il interprète aussi les rêves, auxquels les Chinois (comme les « primitifs » évoqués plus haut) attribuent une grande importance. Les rêves passent, en effet, pour des messages adressés aux vivants par les esprits ; assez curieusement, ils jouent encore un très grand rôle dans les communautés chinoises contemporaines d'Occident et le rôle des chamanes semble avoir été repris par les astrologues[7].

Étant donné qu'il ne s'agit pas là de pratiques qui ressortissent au surnaturel, on serait tenté de parler de religion, le mot « métaphysique » étant décidément disproportionné. Or, les religions se réfèrent à des puissances célestes qui régissent la conscience des mortels dans les meilleurs des cas, leurs vies dans les autres. Et l'on fatigue en vain les textes chinois anciens dans la recherche de révérence, sinon à l'égard d'une puissance céleste créatrice (à part des références vagues à l'Être suprême, comme on l'a vu, dignes des discours théistes de la Révolution française), du moins à l'égard d'un Grand acteur, l'équivalent d'un Horus, d'un Héraklès, d'un Quetzalcoatl, mais on n'en trouve pas trace. Le Chinois du VIe siècle avant notre ère est pragmatique ; il semble surtout soucieux d'assurer sa survie convenable dans ce monde et d'être convenablement traité par ses successeurs dans l'autre. La tâche, d'ailleurs, n'est pas simple, parce que le pays est tantôt livré à la sécheresse, tantôt aux inondations, tantôt aux tremblements de terre et tantôt aux épidémies. C'est miracle d'avoir un porc et du riz à manger et, quant aux tombes, elles sont pillées sitôt scellées, car les gens ont l'habitude de s'y faire enterrer avec des trésors et bijoux.

On ne sait ce qu'en pensent la Cour et les féodaux de l'époque, s'ils en pensent quelque chose, car ils semblent surtout occupés de bamboches. Ce seraient plutôt des libertins, pour qui ces histoires de fantômes malveillants comptent beaucoup moins que les impôts qu'ils lèvent, ou bien ce sont des rustres qui craignent les présages, la dague et le poison, et qui, pour les conjurer, entretiennent à demeure astrologues, gardes et goûteurs. Or, il existe une troisième classe sociale apparue depuis quelques siècles, et ce sont les mandarins, car le développement de la culture a suivi celui de l'agriculture. Et ceux-là considèrent évidemment avec un certain mépris ce paysage intellectuel : d'une part un peuple rongé de superstitions et, de l'autre, des féodaux cyniques. C'est ainsi que naissent, presque simultanément, et c'est là un faux hasard révélateur, deux disciplines qui sont le taoïsme et le confucianisme.

Pour bien embrasser le paysage religieux chinois de l'époque, il convient de procéder par disciplines (on n'ose user du mot de « religions ») et par époques.

Le taoïsme et le confucianisme sont les deux plus anciennes disciplines de la Chine. Le premier a été fondé par un bibliothécaire ou archiviste, Lao Tseu (dit aussi Lao Tzu ou Lao Tse, ce qui signifie « maître Lao », car son vrai nom était Lao Tan[8]), né donc au début du VIe siècle avant notre ère. La réalité de son existence historique est discutée, mais sa doctrine, elle, existe bien : c'est un précis d'aphorismes connu sous le nom de *Tao-te king*. Au IVe siècle avant notre ère, Chouang-tseu (dit aussi Chuang Tzu et qui aurait vécu entre 399 et 295 avant notre ère) écrivit un autre livre qui porte son nom, *Maître Chouang*, donc. Un troisième maître, Yang Chou, parfois contesté (440-360 avant notre ère), occupa une grande place dans l'enseignement du taoïsme. Vers le IIIe-IVe siècle de notre ère, cet enseignement se diversifia en trois branches avant que sa forme philosophique déclinât et qu'il prît un tour religieux marqué.

Le *Tao-te king* n'a rien de vraiment religieux. C'est une anti-métaphysique toute en finesses.

> « Celui qui sait voyager ne laisse pas de traces.
> Celui qui sait parler ne fait pas de fautes.
> Celui qui sait compter n'a pas besoin de boulier.
> Celui qui sait garder n'a nul besoin de serrures
> Pour fermer, ni de clefs pour ouvrir.
> Celui qui sait lier n'utilise pas de cordes
> Pour nouer. »

Conclusion : « L'essentiel est énigme[9]. » Donc ne perdez pas de temps à tenter de le percer. Certaines maximes du *Tao-te king* évoquent celles qu'on insère encore de nos jours dans les confiseries chinoises :

> « Tout l'or et le jade qui remplissent une salle
> Ne peuvent être gardés par personne[10]. »

Le taoïsme n'est certes pas une doctrine héroïque, mais un enseignement de résignation et de détachement, prêchant la frugalité, l'humilité et la mesure.

> « [...] Être courageux sans compassion
> Généreux sans sobriété
> Chef sans humilité
> Mène à la mort[11]. »

Le contraste est saisissant entre l'enseignement de Lao Tseu et celui de Jésus par exemple : ils ont en commun de nombreuses attitudes à l'égard de l'éthique, dont les préceptes d'humilité et de pauvreté, mais le premier est un enseignement de vieux, le second, d'homme jeune.

Il apparaît d'emblée qu'étant constitué de préceptes, à l'instar du bouddhisme et du jinisme, le taoïsme est nettement plus une sagesse qu'une religion. Le *Tao-te king* enseigne la Voie ou Tao : c'est une doctrine de la spontanéité inactive. Le sage s'abstient de toute action ; il laisse les choses s'accomplir naturellement et n'intervient pas dans le cours des choses. Il exige qu'on soit naturel à tous les sens du mot : d'abord, qu'on laisse agir la nature et, ensuite, qu'on se dispense de toutes choses artificielles comme les lois, les règlements, les organisations et les cérémonies. Il met l'accent sur le non-être, la fusion dans le cours des choses, mais, paradoxalement, il n'est pas négatif comme

peuvent l'apparaître à certains égards le bouddhisme ou le jinisme :
un homme peut s'insérer harmonieusement dans sa communauté s'il
n'est pas intérieurement prisonnier de ses coutumes. L'une des trois
branches qui naquirent du taoïsme au IIIe siècle modifia le concept
du Tao invisible en y superposant celui du Wu. Le Tao avait été le
non-être, le Wu était l'Être pur qui transcendait les formes et les choses ; le sage n'était pas un ermite, mais un homme qui, par l'inaction,
wu-wei, pouvait agir politiquement et socialement. En fait, c'était là
beaucoup plus du confucianisme que du taoïsme, comme on le verra
plus loin.

Tel quel, sous ses diverses nuances qui ne modifient pas son détachement suprême et désabusé, le taoïsme pourrait évoquer une version chinoise du bouddhisme et du jinisme ; il n'en est d'ailleurs pas
éloigné. Par une concordance frappante, l'émergence en Inde et en
Chine d'une classe d'aristocrates guerriers suffisamment stable avait
produit chez les lettrés des deux vastes pays une réaction contre le
fracas des armes et les ambitions infinies. Le dégoût universel de
Bouddha et le nihilisme de Vardhamana font curieusement écho au
principe d'inaction de Lao Tseu.

Mais le taoïsme présente un trait supplémentaire : il est en fait une
doctrine subversive. Ce qu'il entend est que les puissants « sont perdus dans les filets de la fausse connaissance et de l'ambition[12] ». Il est
une critique directe de la société aristocratique et de son éthique
féodale. Et même une critique insolente, car non seulement il considère que les armes sont néfastes, injure suprême pour les reîtres féodaux dont le sabre est l'outil de travail, dirait-on, mais encore il décrie
des vertus telles que la fidélité et la loyauté, ciment de la classe féodale, et les qualifie d'objets de désordre[13] ! On croit par moments lire
du Nietzsche avant la lettre :

« La réprobation de l'égoïsme qu'on a prêchée avec tant d'opi-
niâtre conviction a certainement nui à ce sentiment (au bénéfice, je
le répéterai mille et mille fois, des instincts grégaires de l'homme),
et lui a nui notamment en ceci qu'elle l'a dépouillé de sa bonne
conscience[14]... »

Et Chouang-tseu se moque des vertus héroïques et de l'esprit de
sacrifice aristocratiques ; ce qu'il recherche, c'est l'authenticité de
l'être dans son devenir naturel[15]. Incidemment, ce défi valut au
taoïsme deux graves déboires ; le premier fut d'être assimilé par l'administration impériale : l'empereur s'étant octroyé les rites de l'immortalité et ayant décidé qu'il incarnait l'Homme parfait du taoïsme,
cette doctrine fut avalée par l'objet même de son mépris. Tout finit
toujours en Chine par l'administration. Le taoïsme proprement dit
devint marginal.

Le second déboire fut de déclencher l'un des épisodes les plus
infâmes de l'histoire de la Chine : en 213 avant notre ère, un ministre

impérial, Li Si, sans doute excédé par les ironies et les arrogances des taoïstes et des confucianistes aussi bien, proposa à l'empereur de brûler tous les livres, à l'exception de ceux qui traitaient « de médecine, de divination, d'agriculture et d'arboriculture ». Tous les détenteurs d'exemplaires de livres taoïstes, tels que le *Yi King*, et de livres confucianistes devraient les avoir brûlés dans les trente jours après la publication de l'édit, sous peine de travaux forcés. Les livres, arguait ce sinistre précurseur des gardes rouges de Mao, faisaient que les mandarins critiquaient toujours le présent au nom du passé. L'empereur Shi Houang Di accepta l'autodafé proposé. Ceux chez qui l'on trouva des exemplaires des ouvrages proscrits le payèrent de leur vie ; il y en eut quatre cent soixante. L'humanité perdit ainsi pour toujours des trésors de la pensée chinoise. Le nom de Li Si reste à jamais honni des intellectuels chinois. Ce ne fut qu'en 191 avant notre ère, sous la dynastie Qin, celle qui donna donc son nom au pays, Chine, que le décret infâme fut annulé.

On ne sait s'il existe un rapport de cause à effet entre cette persécution et la fièvre apocalyptique qui se répandit chez les taoïstes de la Chine du Sud au Vᵉ siècle de notre ère ; il est possible que cette fièvre ait aussi été causée par la révolte dite des Turbans jaunes[16] et l'effondrement de la dynastie Han : toujours est-il qu'une secte se mit à annoncer alors la fin imminente du monde sur la base d'une conjonction astrale extraordinaire qui correspondait à l'achèvement d'un cycle cosmique. Mais il est vrai que l'évangéliste Matthieu, lui aussi, attribuait une grande importance à la conjonction astrale à la naissance de Jésus. Le monde tel qu'il était fut décrit sous les couleurs les plus noires, et plus noires encore celles des calamités qui attendaient l'humanité : guerres, peste, phénomènes célestes, décidément liés à toutes les apocalypses, épidémies, bref l'horreur : ce serait le temps des Cinq Souillures[17].

Il faut aussi dire que l'impéritie de la dynastie Han sur son déclin fut considérable : la Chine connut une misère immense. Le *Poème des sept tristesses* de Wang Ts'an rapporte que « l'anarchie règne dans la capitale de l'Ouest, troublée par les tigres et les loups... Les ossements humains couvrent la plaine. Au bord d'une route, une femme affamée abandonne son petit enfant dans les herbes »... Tout cela était causé par l'infamie humaine et les cultes chamaniques, qui excitaient les démons porteurs d'épidémies. On vit même, fait extraordinaire, se développer un messianisme dont le héros Laozi, en fait Lao Tseu divinisé, devait gouverner la Terre après le Déluge prochain, un monde qui serait pacifique, lumineux et évidemment immortel.

Mais dans ces péripéties, il ne fut guère question de la croyance en une divinité centrale, même lointainement comparable à ce qu'avait été, en Égypte, Amon Râ, par exemple. Même dans ses développements les plus convulsifs et les plus tardifs, comme la fièvre apocalyptique décrite plus haut, le taoïsme ne franchit pas la frontière qui sépare une sagesse d'une religion inspirée par le ciel.

Il s'en faudrait qu'on ait ici un tableau complet du taoïsme ; il faut reprendre la formule du grand sinologue Marcel Granet : « Le taoïsme n'est pas connu[18]. » Sans doute est-ce parce qu'il est à la fois multiforme et secret. On y distingue trois périodes, qui varient selon les auteurs, le véritable taoïsme étant, paradoxalement, postérieur de sept siècles à l'enseignement même de Lao Tseu. Mais au-delà de ces considérations historiques, peut-être accède-t-on plus aisément à son esprit si on le considère comme une émanation organique de l'âme et de l'esprit du peuple chinois et l'expression d'une conscience sociale passive, mais non consentante.

L'enseignement de Lao Tseu apparaît donc comme l'un des exemples du conflit décidément éternel en Chine entre l'individu et l'administration. Il revendiquait et revendique encore le droit à la libre pensée et au respect de l'individu. Certains y voient une religion populaire, d'autres une société secrète. C'est selon : il est à la fois l'un et l'autre, populaire parce qu'il incarne l'esprit de résistance au pouvoir centralisé tyrannique, et il est quand même une société secrète, parce que les résistants s'y retrouvent, capables de prendre les armes comme dans l'épisode des Turbans jaunes. Mais c'était et cela reste avant tout une doctrine sociale et comme le disait encore Granet : « La religion n'est point, en Chine, une fonction différenciée de l'action sociale. » La transformation ultérieure du taoïsme en religion d'État n'y changera pas grand-chose, sinon qu'elle le videra de son contenu ; équipé d'un panthéon de divinités étonnamment compliqué et administratif, il devint une collection de rites invocatoires et d'exorcismes, de liturgies d'union avec le cosmos[19], soit exactement le contraire de ce qu'avait voulu Lao Tseu. Celui-ci fut divinisé et, à ce stade décidément périlleux pour les philosophes, il subit ce que la langue anglaise appelle *transmogrification*, car non seulement il devint dieu, mais encore il fut identifié au Vieux Jaune, l'empereur Houang-ti de la dynastie Han, patron de la magie !

Le confucianisme, dont l'influence est restée immense en Chine jusqu'à nos jours, est encore moins une religion que le taoïsme ; si l'un est une sagesse, l'autre est une pratique éthico-politique, un catéchisme constitué d'un code d'observation des rites et de l'étiquette, *li*, d'équité, *yi*, de bienveillance, *jen*, de sagesse, *tche*, et de loyauté, *tchong*, envers ses supérieurs. Ainsi décrite, la doctrine de K'ong-fou-tseu, que les jésuites latinisèrent en Confucius, pourrait paraître un manuel du parfait cafard ; il n'en est rien. D'abord, parce que *Le Livre des entretiens* est un chef-d'œuvre d'humour et d'authentique sagesse (par exemple : « La nature rapproche, la coutume sépare », XVII, 2). Ensuite, parce que sa lecture développe le sens des limites humaines. Bien qu'il soit destiné à la pratique sociale, le confucianisme est en réalité une discipline d'éthique individuelle. Visant à l'harmonie sociale, il postule que, si chacun atteint sa vertu propre, il fera convenablement son métier et que, dès lors, la société sera juste et prospère.

Témoin cet adage : « Quelqu'un demanda à Confucius : "Pourquoi ne prenez-vous aucune part au gouvernement ?" Le Maître dit : "Il est écrit dans les *Documents*[20] : 'Pratiquez la piété filiale avant toute chose, ainsi que l'amour fraternel, le gouvernement en bénéficiera.' Cela aussi, c'est une façon de faire de la politique ; il n'est pas nécessaire pour autant de prendre part au gouvernement[21]." »

Bien qu'on rapporte sa grande révérence à l'égard de son contemporain et aîné Lao Tseu, Confucius se situe souvent aux antipodes. En témoigne cet adage : « Le Maître dit : "L'homme peut agrandir la Voie, ce n'est pas la Voie qui agrandit l'homme[22]." » Autant dire, en termes courtois, que le Tao était une invention humaine. L'un est un subversif, l'autre un conciliateur, l'un prône l'« inaction active », l'autre, l'action obéissante. Trois grands points les unissent cependant : d'abord, l'aversion de la superstition : « Le Maître ne traitait ni des prodiges, ni de la violence, ni des Esprits[23]. » Ensuite, leur réserve à l'égard des idées religieuses. Enfin, leur pragmatisme : le Lao Tseu originel dit en substance : ce n'est pas la peine de vous agiter, laissez tourner la roue du destin, les imbéciles et les traîtres finiront par être vaincus. Confucius, lui, dit : ce n'est pas la peine de vous agiter, comportez-vous comme il faut et tout ira bien.

On pourrait ajouter un quatrième parallèle : lorsque Confucius mourut, on broda évidemment des légendes sur son personnage aussi ; par exemple, on raconta qu'une licorne vomit un livre brodé de pierres précieuses avant sa naissance et qu'une autre vint annoncer sa mort, bref le cortège ordinaire des fables que suscite la mort des hommes illustres.

Cette fabrication chinoise (et tibétaine, car ce fut surtout au Tibet que Bouddha fut intégralement déifié) de dieux à partir de personnages légendaires donnerait à croire que le besoin de Dieu existait aussi en Chine et que le ciel de ce pays ne serait pas aussi vide qu'il paraît. Encore faut-il définir le sens qu'on donne à ce mot. Or, dès qu'on se dégage des croyances au surnaturel, esprits, démons et « dieux » mineurs, on se trouve en peine d'identifier ce qui, en Chine, caractériserait ce mot au sens où l'entendent les Égyptiens, les shivaïstes, les mazdéens, les juifs, les chrétiens ou les musulmans : la transcendance.

Dans les textes égyptiens comme dans l'Ancien Testament, par exemple, on trouve sans cesse l'élan de la créature vers son Créateur. Le Dieu s'identifie avec l'idéal, même lorsqu'il est le Dieu des Armées destructeur de l'Ancien Testament. C'est ce Dieu qui mobilise l'énergie créatrice de son fidèle et celui sans lequel tout être humain serait incomplet. L'adoration se nuance certes au gré des cultures, empreinte de tendresse chez les Égyptiens, de vénération extatique chez les shivaïstes, de dévouement fervent chez les musulmans, par exemple, mais elle mobilise toujours la totalité de la conscience et plonge sans doute ses racines dans l'inconscient. Dans les cas extrêmes, elle produit l'embrasement mystique, comme chez le musulman Hallâj du Xe siècle ou chez saint Jean de la Croix.

> « Ô lampes de feu,
> aux lueurs de qui
> les hautes cavernes du sens,
> qui était obscur et aveugle,
> avec d'étranges ravissements,
> Chaleur et lumière donnent près de l'amant ! »

écrit ce dernier. Et Hallâj :

> « J'ai vu mon Seigneur avec l'œil du cœur,
> et lui dis : "Qui es-tu ?" Il me dit : "Toi !"
> Mais pour Toi, le "où" n'a plus de lieu,
> le "où" n'est plus quand il s'agit de Toi ! »

Or, pareils élans sont introuvables dans la littérature chinoise, à la fois par leur individualisme et leur transcendance. La divinité est un ancêtre, donc une entité tutélaire qui appelle toutes les révérences. Son culte garantit la dignité du fidèle, dans une mise en œuvre inattendue du commandement chrétien, « Tes père et mère honoreras — afin de vivre longuement », mais n'appelle aucune transcendance.

Le bouddhisme n'y changea rien. Il déclinait en Inde quand au Ier siècle il apparut en Chine, via l'Asie centrale ou Sérinde ; l'Empire du Milieu était alors sous la férule de la seconde dynastie Han. On apprend son existence en Chine par un édit impérial de l'an 65, où il est question d'un prince impérial, Ying de Tch'ou, qui entretient à sa cour de P'eng-tch'eng une communauté de moines indiens qui « sacrifient au Bouddha ». Car Bouddha, on l'a vu précédemment, était devenu un dieu, lui aussi. On n'en était plus à une divinisation près, car certains affirmaient que ce Bouddha n'était autre que Lao Tseu, qui serait parti convertir les barbares. Les bouddhistes n'apprécièrent d'ailleurs pas cette substitution d'identité, mais enfin, ils prospéraient : leur communauté est encore là en 193. Un haut fonctionnaire local, Tsö Jong, enrichi dans le commerce des céréales, leur a fait construire un temple magnifique abritant un Bouddha de bronze doré et capable d'accueillir trois mille personnes. On y fait bombance aux frais de Tsö Jong lors de cérémonies bouddhistes ; on y boit même du vin. On comprend le succès du bouddhisme dans ces conditions, et d'autant plus que c'est la doctrine du Grand Véhicule, la plus commode. Les textes bouddhistes traduits en chinois indiquent, en effet, que c'est le Grand Véhicule qui y prédomine[24].

À la fin de l'empire Han et pendant la période des Trois Royaumes (220-280), une fusion dans la confusion se produit par à-coups entre le taoïsme et le bouddhisme : tandis que les taoïstes pratiquent le yoga bouddhiste, appelé *dhyana*, et l'aumône aux pauvres, suivant un précepte spécifiquement bouddhiste, ils décrient le bouddhisme, qu'ils accusent de prodigalité et dont ils disent qu'il est contraire à la piété filiale. Ce qui n'empêche pas le bouddhisme de se répandre par le biais de traductions de plus en plus nombreuses et améliorées de textes du Grand Véhicule. Dans les convulsions des guerres, exodes et désarrois qui agitent la Chine du IVe siècle, les syncrétismes se multiplient : ainsi le moine Tche Min-tou soutient-il une théorie du « rien spirituel » selon lequel le « il n'y a rien » des taoïstes est confondu avec le vide intérieur prôné par le bouddhisme[25]. Bref, la Chine se « bouddhise » et le bouddhisme se sinise. À part une rupture de sept ans dans sa progression, 445-452, où un empereur de la dynastie turco-mongole des Wei du Nord décréta la mort de tout le clergé bouddhiste et la destruction de ses monuments, livres et images[26], et en dépit de conflits souvent violents avec le taoïsme qui allaient durer quelque dix siècles, le bouddhisme était installé en Chine. En 747, le Bureau des cultes impérial recensait cent vingt-six mille moines et nonnes bouddhistes répartis dans cinq mille trois cent cinquante-huit monastères ; et, comme l'observe le sinologue Paul Demiéville, le décompte n'incluait pas « les moines irréguliers et pseudo-moines qui devaient être très nombreux ».

On croirait à ces chiffres que la Chine est alors dévorée de fièvre religieuse : il n'en est rien. Pareil engouement ne doit rien au souci des fins dernières. D'abord, les moines bouddhistes sont devenus des commerçants, banquiers, propriétaires fonciers, marchands d'huile, soyeux... Ils achètent aussi des esclaves. C'est pour cela qu'ils achètent aussi leurs charges de moine comme on achète une charge de mandarin. Témoin de ces bonnes affaires, l'État de l'époque, comme le ferait un État moderne, décida d'ailleurs de prélever des impôts sur ces bénéfices, et la seule taxe sur l'« eau parfumée » que vendaient les moines, une sorte d'eau bénite, écrit Paul Demiéville, rapporta en dix jours dans une seule province la somme colossale d'un million de sapèques ! Et par-dessus le marché, les moines thésaurisaient : lors d'une réaction antibouddhiste, fomentée encore par les taoïstes, le ministère impérial limita à cinq millions de sapèques par monastère la somme qu'il était licite de confisquer ; or, si l'on se réfère au nombre de monastères évoqué plus haut, il faut convenir que le bouddhisme représentait une puissance économique appréciable, puisqu'il représentait au moins vingt-cinq milliards de sapèques. Les religieux bouddhistes ne semblent guère s'être demandé ce qu'eût pensé Bouddha de leurs activités ô combien terrestres et profitables : ils donnaient des fêtes, des concerts, des pièces de théâtre, des spectacles d'acrobates... Tout ce faste suscita d'ailleurs une vague d'anticléricalisme. Elle fut tenace : en 845, les autorités, tisonnées par les taoïstes, déclenchèrent un gigantesque iconoclasme du bouddhisme et, en 1223, le moine taoïste chargé par Gengis Khan de l'administration des religieux chinois fit encore saccager les monastères bouddhistes[27]. Comme on peut le constater, il n'y a pas que le sentiment de Dieu qui rende vindicatif.

Ce très bref survol historique n'a été ici présenté que pour démontrer que le souci religieux ne fut jamais dominant dans la Chine historique ; on pourrait le poursuivre, si cela n'était glisser dans le domaine de l'histoire des religions, qui est étranger au sujet de ce livre. Deux conclusions s'imposent : la première est que non seulement le monothéisme ne fut jamais même effleuré dans les religions et les disciplines religieuses et philosophiques de la Chine, mais encore son polythéisme apparent n'est-il qu'une interprétation dirait-on administrative des puissances de l'univers ; les dieux n'y sont pas individués, comme le sont même les dieux égyptiens, en dépit de leurs fusions fréquentes d'identités. La seconde conclusion reprend l'observation de Granet citée plus haut : les religions de la Chine, si l'on peut appliquer cette définition à des ensembles de cultes et de croyances, ne sont rien si elles ne sont pas sociales ; or, si elles sont sociales, elles deviennent rapidement administratives, comme on l'a vu. Et si elles sont administratives, on s'en méfie. Le peuple retourne donc à ses chamanes, ses horoscopes et ses devins de village.

Sous les Han, on s'en alarme, d'ailleurs : le peuple va-t-il avoir sa propre religion ? Cela n'est pas conforme à l'harmonie de l'Empire. Il convient donc de réglementer ces activités populaires, sans quoi, dans chaque famille, il y aura des sorciers et des astrologues, ce qui bafouerait le pouvoir administratif et impérial. Cela advint d'ailleurs[28]. Pour éviter l'anarchie dans les cultes, on institua donc deux types d'agents du culte, les uns préposés aux croyances populaires, les autres aux rites divins. Comme le délire administratif sévit aussi bien en Chine à l'époque Han que dans les démocraties occidentales du xxe siècle, on finira même par avoir six ministères : ceux du ciel, de la terre et des quatre saisons ! Paysans et illettrés à la fois, sans doute, les Chinois ne s'en laissèrent pas conter pour autant ; ils abandonnèrent ces fastes administratifs aux administrateurs ; rien ne les empêcherait d'aller sacrifier nuitamment un poulet à la nouvelle lune, avec le concours d'un chamane ami, sur la tombe d'un ancêtre qui leur paraissait mécontent.

C'est ainsi que Dieu ne s'arrêta pas en Chine.

On peut s'interroger sur les causes de ce phénomène sans doute unique dans l'histoire religieuse de l'humanité qu'est l'absence de Dieu, avec ou sans majuscule. La première qu'il faille invoquer est l'étendue même du pays et sa structure sociale. Ce quasi-continent de neuf millions et demi de kilomètres carrés comprend d'immenses étendues qui, trop froides, trop montagneuses ou trop arides, comme le Shandong, le désert de Gobi ou les monts Altaï, Tianshan, Kouen-lun, Karakoroum, ne se prêtent pas à l'agriculture et ne sont d'ailleurs pas habitées par des populations d'origine chinoise. La Chine fertile est constituée de dix-huit provinces où la population sédentaire est vouée à l'agriculture. Dès les origines, cette population s'est trouvée isolée des villes et de ses grands courants d'idées ; elle a pratiqué les cultes ancestraux décrits plus haut, sur lesquels les nouveaux courants religieux ont pu parfois se greffer, comme le taoïsme, mais qu'ils n'ont jamais modifiés.

Des origines à nos jours, la survie de la paysannerie chinoise a été précaire, d'abord en raison des sécheresses ou des inondations qui, en dépit des efforts réalisés au XXᵉ siècle, se poursuivent jusqu'à nos jours : ainsi les inondations de 1985 ont été responsables de vingt et un millions de personnes sinistrées ; la famine est de tout temps un fléau familier de la Chine. Cette survie a été également menacée par les exactions et impositions souvent élevées des féodaux, puis par les exodes entraînés par les guerres, sans parler des tribulations causées par des régimes « communistes » récents (la famine causée dans le Honan à la suite de la collectivisation forcée du Grand Bond en avant a fait plusieurs millions de victimes entre 1959 et 1961).

Là réside l'explication d'un trait commun à toutes les pratiques et croyances religieuses ou para-religieuses décrites plus haut : elles ne sont adoptées que si elles sont bonnes pour la survie. On aura relevé que l'un des traits principaux en est justement le souci de longévité.

La structure sociale et politique de la Chine a, de tout temps, été autoritaire, et même l'apparition d'une classe ouvrière au XXᵉ siècle n'y a rien changé : d'une part, un prolétariat agricole (et ouvrier depuis près d'un demi-siècle), de l'autre, des cadres dirigeants, fonctionnaires civils et surtout arbitraires, sans l'équivalent d'une classe « bourgeoise » modératrice entre les deux. La politique de ces cadres n'a guère changé ; Sun Yat-sen écrivait déjà, au début de ce siècle : « Garder les masses dans l'ignorance est le but constant du gouvernement chinois. » L'administration centralisée règne dans le pays depuis au moins les seconds Han. Il en est découlé, en quelque vingt-cinq siècles, une attitude fataliste et résignée, mais aussi méfiante à l'égard du pouvoir ; il y est même recommandé de ne pas briller à l'excès par sa vertu : « Méfiez-vous de l'homme parfaitement saint, il est de l'étoffe dont on fait les traîtres, car il est psychologiquement anormal », dit en substance un vieux diction chinois. Finalement, le ciel est régi par l'administration, l'omniprésente administration, et les morts, âmes physiques ou spirituelles, fantômes, spectres, revenants et autres, sont les seuls qui disposent de quelque liberté : ils sont le seul peuple qui agisse selon ses caprices. La liberté est pour les Chinois dans la mort. Et ce siècle sait que sa revendication y mène le plus souvent sur l'autel improvisé de la place Tien an Men.

On comprendra l'intérêt étrange des Chinois pour les morts. On comprendra aussi que les dieux et encore plus Dieu ne fréquentent guère des temples et pagodes. Le Dieu de la Bible n'aura jamais droit de cité en Chine, car, la religion étant « socialisée », il est impensable qu'il existe une autre autorité morale que celle de l'empereur ou du Parti communiste. Or, il ne peut y avoir deux empereurs, on l'a vu dans le cas du Tibet.

Le communisme chinois n'a guère changé les structures décrites plus haut. On déifiait autrefois des empereurs, ç'a été récemment au tour de Mao Tsé Toung (ou Mao Zedong) de l'être : un temple lui a été dédié aux côtés d'autres lieux de culte traditionnels sur la colline sacrée de Dongyang, au nord de la province de Shaanxi. Inauguré le 23 décembre 1993, soit un siècle après la naissance du Grand Timonier, il a été construit à l'initiative du secrétaire de parti du village, Wu, qui a déclaré : « C'est un temple dédié au plus grand empereur de tous les temps[29]. »

Toujours dans la plus pure tradition chinoise, le régime communiste chinois s'est gardé d'écraser le bouddhisme : « Depuis 1953, il patronne une nouvelle Association bouddhique... [qui] se targue de représenter un demi-million de moines et quelque cent millions d'adeptes laïcs, y compris les bouddhistes tibétains et mongols[30]. »

Certaines informations font état du renouveau en Chine de la foi catholique ou musulmane en cette fin de siècle ; en ce qui concerne l'une, il est notoire que le catholicisme est autorisé en Chine, à la condition que les croyants adhèrent à l'Association patriotique catholique, qui est gérée par le Bureau des affaires religieuses, c'est-à-dire par Pékin, sans quoi ils sont considérés comme clandestins et s'exposent à la persécution en tant qu'agents d'une « secte étrangère ». En ce qui concerne les musulmans, il est évident que, là comme ailleurs, l'islam entre dans le jeu de considérations qui sont essentiellement politiques et visent à établir une hégémonie islamique, dans laquelle la théologie ne joue qu'un rôle secondaire, si toutefois elle en joue un. Les mêmes informations[31] font état du renouveau de sectes. Or, les sectes ont toujours existé en Chine et cette constante incite à penser qu'il en existera sans doute aussi longtemps que ce pays. On les accablait jadis d'injures diverses ; quand elles deviennent encombrantes, elles sont désormais simplement qualifiées de « contre-révolutionnaires » ; l'adjectif même est un arrêt de mort.

Telle est la raison pour laquelle non seulement Dieu ne s'est pas arrêté en Chine, mais encore il est douteux qu'il s'y arrête jamais. Les conditions historiques et sociales ne l'y invitent pas. Le ciel de Chine restera donc percé d'un trou. Il est paradoxalement hospitalier : à la déclaration de la Seconde Guerre mondiale, quand les juifs fuyaient l'Europe parce qu'ils savaient les dispositions des nazis à leur égard, quand les pays qui pouvaient leur offrir un asile distribuaient leurs visas au compte-gouttes ou les refusaient, la Chine les accueillit sans rechigner. Une vingtaine de milliers de réfugiés d'Autriche, de Pologne, de Russie s'installèrent ainsi dans le district de Hongkou, près de Shanghai. Hongkou était pauvre ; les Chinois leur firent de la place. Ils s'associèrent avec des juifs, en épousèrent, se lièrent d'amitié avec eux[32].

Les « païens » se montrèrent ainsi plus chrétiens que des chrétiens.

Bibliographie critique

1. René Grousset, *Histoire de la Chine*, Fayard, 1942. De la révolte des Boxers à la Longue Marche et au procès de la Bande des Quatre, en passant par la fin de l'impératrice Tseu-hi, pour s'en tenir aux cent dernières années, les épisodes tragiques ou épiques ne font guère défaut, en effet, à l'histoire de la Chine.

2. Kenneth Scott Latourette et C. Martin Wilbur, « China, History », *Encyclopaedia Britannica*. La Chine connut à la fin du néolithique un essor social et technologique aussi soudain qu'étonnant. Des centaines de villages d'agriculteurs-chasseurs apparurent sur les terrasses dominant les vallées du Honan, par exemple ; une céramique peinte d'un raffinement inconnu ailleurs et une métallurgie du bronze avancée témoignent de la naissance d'une culture aux franges de la civilisation proprement dite. Celle-ci couvrait une vaste région, puisqu'elle s'étendait jusqu'au Kansu occidental, au Sze Tchouan, au Jehol et au Liaoning. Une grande rétrospective d'art chinois, empruntée aux musées de Taiwan et organisée au Metropolitan Museum de New York en 1996, montrait par ailleurs des artefacts de jade sculpté, dont un vase zhong de la même période (fin du néolithique) d'un raffinement inconnu dans les autres cultures contemporaines. L'évidence est que les changements climatiques qui suivirent la fin de la dernière glaciation favorisèrent l'émergence d'une culture aussi vigoureuse que raffinée. *Cf.* J.G. Andersson, « Researches into the Prehistory of the Chinese », bulletin n° 15 du Museum of Far Eastern Antiquities, Stockholm, 1943.

3. Anthony Christie, *Chinese Mythology*, Chancellor Press, Londres, 1968.

4. Jacques Lemoine, *Pratiques du surnaturel, L'Asie, mythes et traditions*, sous la direction d'André Akoun, Brepols éd., Turnhout, Belgique, 1985.

5. Francis L.K. Hsu, « China, Ethnology », *Encyclopaedia Britannica*.

6. On ignore les origines du chamanisme, et les descriptions qu'en donne Mircea Eliade semblent essentiellement tirées d'observations sur les chamanes contemporains de Sibérie ; il n'est donc pas certain qu'elles correspondent au chamanisme pratiqué dans d'autres régions de la Chine. On ignore également si les chamanes formaient ou non une classe sacerdotale, comme les mages d'Iran. Cette ignorance est due au fait que les textes anciens n'en parlent pas, les intellectuels et surtout les confucianistes témoignant évidemment d'aversion à l'égard des chamanes. Certains auteurs supposent que le chamanisme aurait été pratiqué par des femmes, *wu*, aussi bien que des hommes, *xi*, mais cela même n'est pas certain, car il est possible que des chamanes hommes se soient déclarés possédés par l'esprit d'une femme. *Cf.* Rémi Mathieu, « Chamanes et chamanisme en Chine ancienne », *L'Homme*, n° 101, janvier-mars 1987.

7. En 1990, une première enquête épidémiologique menée auprès des commu-

nautés chinoises de Californie établissait que les taux de morts par infarctus y étaient plus élevés que dans le reste de la population. Plusieurs hypothèses furent évoquées, hérédité, alimentation, etc., sans offrir d'explication plausible. D'autant plus que les victimes mouraient dans leur sommeil. Mais une seconde enquête réalisée sur vingt-huit mille Sino-Américains révéla que, dans les semaines précédant les décès, les victimes, très attachées en exil à leur culture et, partant, à leur astrologie, avaient consulté des astrologues qui leur avaient indiqué les jours les plus néfastes, selon un système particulièrement compliqué d'ailleurs. Ainsi, si une personne née en 1908 souffre du cœur, elle mourra vraisemblablement — selon le système en cause — dans une année de feu. Ajoutons que, dans le système complexe de l'astrologie chinoise, chaque année est dominée par un animal et chaque animal a son heure. Minuit, par exemple, est l'heure du rat. Il en découle qu'à chaque minuit d'une année de feu le malade du cœur né dans une année de feu et du signe du rat est saisi de vives appréhensions. Il s'avéra que la terreur provoquée par l'imminence théorique de leur décès avait déclenché chez les fidèles sino-américains un stress mortel, culminant dans un infarctus ou le précipitant... Les effets de la seule croyance dans l'astrologie se traduisaient donc par des différences (négatives) dans l'âge des décès. Un Sino-Américain qui ne croyait pas à l'astrologie et souffrant d'un cancer avait des chances de vivre jusqu'à deux ans de plus qu'une personne qui y croyait... (David P. Philips, Todd E. Ruth et Lisa M. Wagner, « Psychology and Survival », *The Lancet*, 6 novembre 1993 ; Gerald Messadié, « La preuve que les horoscopes abrègent la vie », *Science & Vie*, n° 916, janvier 1994.

8. Charles Oscar Hucker, « Lao-Tzu », *Encyclopaedia Britannica*.

9. *Tao-te king*, 27, Albin Michel, 1984.

10. *Id.*, 9.

11. *Id.*, 67.

12. Kristofer Schipper, « Le taoïsme », Grand Atlas Universalis des religions, *Encyclopaedia Universalis*, 1988.

13. *Id.*

14. *Le Gai Savoir*, 328, trad. Alexandre Vialatte, Gallimard, 1939.

15. *Chinese Mythology, op. cit.*

16. Secte de magiciens et guérisseurs taoïstes, comptant plusieurs centaines de milliers d'adeptes armés, qui se reconnaissaient au port de turbans jaunes, d'où leur nom. Ils avaient pris une importance politique considérable, suppléant dans de nombreux cas aux défaillances des autorités impériales, réparant des routes et des ponts et distribuant du riz aux affamés. En 184, cernés dans le Honan par les armées impériales, ils y furent massacrés, mais cela ne fit qu'accroître la misère du peuple. Grousset, *op. cit.*

17. Christine Mollier, « Le taoïsme : les apocalypses », Grand Atlas Universalis des religions, *Encyclopaedia Universalis*, 1988.

18. *La Religion des Chinois*, PUF, 1951.

19. A.P. Wolf, *Religion and Ritual in Chinese Society*, Stanford University Press, 1974.

20. Le *Livre des documents* ou *Shu jing*, l'un des « classiques » chinois, est constitué de deux parties, le « texte ancien », collection de documents et discours rattachés à des événements historiques ou pseudo-historiques, et le *Livre des chants* ou *Shi jing*, anthologie de poèmes dont quelques-uns, franchement licencieux, causèrent plus d'un problème aux disciples de Confucius, qui s'efforcèrent de leur trouver une signification... politique ! *Chinese Mythology, op. cit.*

21. *Les Entretiens de Confucius*, traduits du chinois, présentés et annotés par Pierre Ryckmans, préface d'Étiemble, Gallimard, 1987.

22. *Id.*, XV, 29.

23. *Id.*, VII, 21.

24. Paul Demiéville, « Le bouddhisme chinois », *Histoire des religions*, I, sous la direction d'Henri-Charles Puech, Gallimard, 1970.

25. *Id.* Il faut relever, à propos du syncrétisme chinois, que la fusion entre deux croyances ne s'effectue pas entre deux entités distinctes, comme entre le christianisme et les rites africains au Brésil pour ne citer que cet exemple : c'est plutôt une coexistence entraînant des interprétations telles que le commentaire confucéen de Lao Tseu, ou bien encore l'appropriation de termes d'une croyance pour définir un concept d'une autre. Le problème a, d'ailleurs, suscité ce qu'on appelle « la querelle du syncrétisme chinois ». Bernard Faure, « Le syncrétisme chinois », Grand Atlas Universalis des religions, *Encyclopaedia Universalis*, 1988. Reste à observer que le syncrétisme tao-bouddhique n'a pas éteint la violente hostilité des taoïstes à l'égard du bouddhisme.

26. Le prétexte fut qu'on avait trouvé une cachette d'armes dans un monastère bouddhiste. En fait, il semblerait plutôt que l'affaire ait été fomentée par un ministre taoïste.

27. Le bouddhisme tibétain, qui connaît une grande actualité en cette seconde moitié du xxe siècle, est né au viie siècle, après la quasi-extinction du bouddhisme en Inde. Il ne s'effectua d'abord pas harmonieusement, en raison de la divergence entre le bouddhisme et les croyances ancestrales des Tibétains (certains auteurs récusent la théorie d'une religion prébouddhique, qui aurait été la religion bön, culte des ancêtres mâtiné de magie et de chamanisme). Mais l'ensemble des auteurs s'accordent sur le fait qu'il a marqué profondément le Tibet et même sa langue ; telle est la raison pour laquelle, d'ailleurs, le clergé tibétain est quasiment identifié à l'âme du pays. Au xe siècle, le moine indien Atisa réforma le bouddhisme tibétain sur la base du Grand Véhicule, restaurant la vie monastique et introduisant le tantrisme. Par la suite, les écoles bouddhistes tibétaines introduisirent, elles, le concept de réincarnation, basé sur la théorie des Trois Corps de Bouddha. Considérablement diversifiées, elles ont toutefois vécu dans une tolérance réciproque, relative, les écoles rivales réglant souvent leurs comptes de manière « musclée »...

Ce qui différencie radicalement le bouddhisme tibétain du bouddhisme chinois est qu'il a donné naissance à une lignée de prêtres-rois, les dalaï-lamas, qui s'est poursuivie sans interruption depuis le xvie siècle jusqu'à l'éviction du quatorzième tenant de ce titre en 1959, sous la pression chinoise. L'hostilité de la Chine communiste au Tibet tient au fait que le régime de ce pays était une théocratie, comptant cinq cent mille moines, soit un tiers de la population masculine. *Cf.* Anne-Marie Blondeau, « Le bouddhisme tibétain », Grand Atlas Universalis des religions, *Encyclopaedia Universalis*, 1988. Sans ici aucun esprit de polémique, il est donc piquant de voir certaines démocraties laïques occidentales prendre la défense d'une théocratie dont elles honnissent toutes les manifestations dans d'autres régions du monde.

Par ailleurs, une certaine méconnaissance occidentale des religions asiatiques semble entendre que le bouddhisme tibétain serait un bouddhisme « originel ». En fait, c'est un syncrétisme de bouddhisme, d'hindouisme et de la vieille religion bön ; il est assez isolé dans le bouddhisme asiatique. *Cf.* Odon Vallet, « Idées fausses sur le Tibet », *Le Monde*, 10 avril 1997.

28. *Hanshu*, Ier siècle, Pékin, Zhonghua shuju, 1973, cité par Jean Lévi, « La bureaucratie céleste », *L'Homme*, no 101, janvier-mars 1987.

29. J. Lévi, *op. cit.*

30. « Chine : le retour aux religions », *Courrier international*, d'après *The Far Eastern Economic Review*, no 297, 11 juillet 1996.

31. *Id.*

32. Plus paradoxal encore est que les visas accordés aux juifs le furent par des officiers consulaires japonais, qui ne tinrent pas compte des ordres de leur ministère. Les réfugiés arrivèrent donc à Kobé, au Japon. Quand les Japonais entreprirent l'attaque de Pearl Harbor, ils déportèrent ces réfugiés dans des territoires alors sous contrôle japonais, tels que Hongkou (« To Shanghai with Thanks », *Newsweek*, 23 septembre 1996).

10

Les dieux des Hébreux et le Dieu des prophètes

Sur l'apparent polythéisme des Hébreux et de leurs rois — Sur les origines babyloniennes d'El, dieu d'Abraham — Sur la révision chronologique des Livres de l'Ancien Testament par Reuss, Graf et Wellhausen, et sur le fait que les Livres prophétiques ont précédé la Loi et la manière dont il convient de considérer le polythéisme des Hébreux — Sur la prééminence des Prophètes, leur revendication du pouvoir et les imprécations dont ils accablent leurs rois et leur peuple — Sur le Dieu de l'Anxiété de Job, le Dieu des Armées de Jérémie et les vengeances et les cruautés atroces que les prophètes attribuent à Dieu — Sur le fait que Jérémie traite les prophètes de menteurs — Sur le réformisme hellénistique et le rigorisme « essénien ».

L'une des surprises que réserve la lecture de l'Ancien Testament est l'abondance des références au polythéisme, paganisme ou idolâtrie des Hébreux. Depuis les « Juges », qui datent de la fin du XIe siècle avant notre ère, jusqu'aux prophètes d'après l'Exil, c'est-à-dire après le VIe siècle avant notre ère, les imprécations abondent sur la diversité des cultes que pratiquaient les Hébreux.

« Les enfants d'Israël font le mal aux yeux de Yahweh, ils servent les Baals. Ils abandonnent Yahweh, l'Elohim de leurs pères, qui les a fait sortir de la terre d'Égypte. Ils vont derrière d'autres Elohim, parmi les Elohim des peuples de leur entourage. Ils se prosternent devant eux. Ils irritent Yahweh. Ils abandonnent Yahweh, ils servent Baal et les Astartés... ils ont putassé derrière d'autres Elohim[1]. » Imprécations que reprend le Livre de Samuel[2]. On pourrait supposer qu'il s'agirait là de superstitions du peuple, sans grandes conséquences sur la religion centrale. Mais le Livre des Rois précise que « Salomon suit l'Astarté, divinité des Sidoniens, et Milkom, l'abjection des Ammonites[3] ». Pis, « il bâtit un temple pour Kemosh, l'abjection de Moab, sur la montagne qui est en face de Jérusalem, et pour Moloch, l'abjection des Ammonites ». L'exemple vient donc de haut et de loin, puisque le roi Salomon (environ 970-931 avant notre ère), fils de David, construit des temples pour des divinités étrangères.

Or, Salomon, le grand roi devenu symbole vivant de la justice, n'est pas le seul roi de l'Ancien Testament à construire des temples pour des divinités étrangères. Jéroboam, son successeur[4] (931-910 avant notre ère), élève deux veaux d'or dans les sanctuaires de Béthel et de Dan[5]. Béthel et Dan sont des lieux de culte de dieux cananéens. Béthel, Beth-El, « la Maison du Puissant », est consacré à un dieu cananéen, tout comme Dan, le centre du territoire dévolu à la tribu de Dan, cinquième des douze fils de Jacob. Et les statues élevées par Jéroboam sont des célébrations du dieu syro-babylonien Hadad (autre nom de Baal), dieu du tonnerre, de la pluie et de l'abondance, dont l'animal symbolique était le taureau[6]. Jéroboam, roi hébreu, érige donc des symboles formellement contraires au Décalogue, qui interdit la fabrication et l'adoration de statues. La raison pour laquelle il commet cette infraction caractérisée est qu'il entend s'attirer l'allégeance des dix tribus du Nord, le royaume d'Israël, sur les douze tribus, encore attachées aux croyances non bibliques, car, après la mort de Salomon, une scission de fait, mais non de droit, s'est créée en Palestine entre le Nord, pays d'Israël, et le Sud, pays de Juda. C'est, en effet, par une illusion d'optique qu'on pourrait croire que les douze tribus des Hébreux sont arrivées en Palestine dans l'allégeance à la religion actuellement connue comme judaïsme. Ces tribus ont, en fait, adopté le plus souvent les religions des occupants antérieurs, Cananéens ou Phéniciens, et les noms mêmes de Juda et d'Israël dérivent de ces premiers occupants[7].

Jusqu'au siège victorieux de Jérusalem par David au Xe siècle, d'ailleurs, le district de Juda était occupé par les non-Hébreux et Jérusalem par les Jébouséens (ou Jébusites), Cananéens d'origine partiellement amorrite et hourrite. Il n'est jusqu'au nom de Jérusalem, Ourou-Salem (« Que le dieu Salem pourvoie ! »), qui ne fût antérieur à l'arrivée des Hébreux. Il n'eût pas été réaliste d'ignorer ces gens-là, de débaptiser leurs sites et lieux, de mépriser leurs cultes ou de ne pas les aider à entretenir leurs sanctuaires. Les rois hébreux ne le firent pas, David comme les autres : en politique avisé, après la conquête de Jérusalem, il maintint les Jébouséens en place. Sans doute respecta-t-il également leur religion et leurs lieux de culte, aujourd'hui évidemment disparus.

En rendant hommage aux dieux étrangers des provinces du Nord, Jéroboam se comporte donc en homme politique, à l'instar de ses prédécesseurs. De plus, il se démarque par cette tolérance de Juda et du Temple de Jérusalem, « où Yahweh fait son Nom » ; c'est-à-dire de la ville où le Dieu El porte le nom de Yahweh (car, à l'époque, El et Yahweh sont le même Dieu). Mieux ou pis encore : Jéroboam maintient dans les sanctuaires cananéens le clergé qui les desservait et il fonde pour eux une fête annuelle, à l'époque des vendanges (« Il établit une fête au huitième mois, le quinzième jour du mois, comme la fête qui célébrait en Juda... », I Rois, XII, 32). Il n'est donc pas seulement tolérant des dieux étrangers, il les protège. Le besoin de Dieu, d'ailleurs, semble être au Nord un besoin de plusieurs dieux. L'époque est encore tolérante ; on adore le dieu du voisin aussi bien que le sien. Si un dieu est dieu, il l'est pour tous.

Quelques auteurs ont suggéré que Jéroboam ne serait coupable que de syncrétisme : il aurait identifié le dieu syro-babylonien Hadad à Yahweh. En en faisant adorer l'un, il aurait fait en somme adorer l'autre. L'hypothèse n'est guère soutenable, car le *Livre des Rois* précise bien que les prêtres qu'il choisit pour les sanctuaires de Béthel et de Dan n'étaient pas des Juifs. A posteriori (et l'on mesurera plus loin l'importance de ces termes), on n'imagine guère, en effet, les prêtres de Béthel sacrifiant à Yahweh, ni l'inverse. Et, de toute façon, l'Ancien Testament regorge de textes, malédictions et imprécations contre toute tentative de syncrétisme. Dieu est Dieu et il est le seul Dieu. Le tout est de savoir de quand datent ces imprécations.

Trois quarts de siècle plus tard, la scission de l'ancien royaume de David est consommée. Le Nord, devenu formellement royaume d'Israël, rassemble dix tribus, celui de Juda, au Sud, deux tribus. En 874, Israël en est à son sixième roi, Achab, époux de la célèbre et phénicienne Jézabel et père de la racinienne Athalie. Les rois d'Israël ne semblent guère s'être repentis car, pour satisfaire aux désirs de son épouse, Achab élève, lui aussi, des sanctuaires à Baal, le grand dieu syro-phénicien, et à Ashérah, mère des dieux, dans la capitale même de son royaume, Samarie. Lors des fêtes, on le voit « danser à cloche-pied des deux jambes[8] » (spectacle déconcertant, à coup sûr). Ce n'est pas qu'Achab soit un infidèle, car il célèbre également Yahweh et il entretient même au palais des prophètes yahwistes. Mais il est d'abord en contravention évidente avec les volontés de Yahweh, maintes fois exprimées par la voix des prophètes, de ne pas partager ses allégeances, et, ensuite, il est polythéiste avéré. Sa mémoire et sa famille seront donc maudites à travers les siècles, par le prophète Élie entre autres.

Ces rois ne sont certes pas les seuls frottés de dieux étrangers, sinon carrément apostats. Gédéon, le « Glaive de Dieu », héros légendaire et presque mythique de la haute époque, celle où les tribus d'Israël venaient de s'installer en Terre promise, s'appelait aussi Yerubaal[9], et Saül, premier roi d'Israël, celui sur qui l'esprit de Yahweh avait pourtant fondu, eut un fils nommé Eshbaal et un petit-fils nommé Meribaal[10]. Tous les noms se terminant par « baal » sont des symboles d'allégeance à la divinité de ce nom. On verra plus bas que ces infidélités sont considérablement plus complexes qu'il n'y paraît, et révélatrices aussi.

En fait, ces rois ne font rien d'autre que ce pour quoi une certaine mythologie française glorifie Clovis, roi des Francs, quand il se convertit au catholicisme : il épousait la religion majoritaire du pays (et du même coup devenait chef du clergé étranger et dessaisissait les prêtres locaux de leur pouvoir[11]). Il convient, en effet, de rappeler que la Palestine n'était certes ni juive ni monothéiste avant l'arrivée des Hébreux, et qu'elle ne s'était pas non plus convertie d'emblée à l'arrivée de ces derniers.

Ce sont donc des raisons politiques qui, au Xe siècle avant notre ère, semblent mettre ou mettent effectivement le monothéisme juif en échec. Les rois hébreux sacrifient aux dieux étrangers pour s'assurer l'allégeance de leurs sujets non juifs. La raison d'État a pris le pas sur la religion.

D'où procédait alors le monothéisme auquel tant d'Hébreux furent infidèles durant des siècles, et à quel moment, comment et pourquoi finit-il par s'imposer ?

La première référence disponible au monothéisme hébreu est attachée à Abraham. Fondateur de la nation des Hébreux, les mystérieux Habirus des textes mésopotamiens et égyptiens[12], il passe aussi pour le fondateur de tous les monothéismes. Comment l'idée du monothéisme vint-elle à un homme, vingt-quatre siècles avant Zarathoustra ?

Trois facteurs y contribuèrent. Le premier fut le pseudomonothéisme lunaire dont Abraham eut l'expérience en Mésopotamie. De très nombreuses cités du monde antique, pourtant polythéiste, étaient en effet consacrées au culte d'une divinité particulière. Ainsi, dans l'Égypte ancienne, le bœuf Apis était vénéré à Memphis, chez les Étrusques, la déesse Uni était la divinité tutélaire de Pérouse, Éphèse était la cité d'Artémis, etc. Il ne s'agit évidemment pas là d'un monothéisme, mais d'une monolâtrie locale. Les noms de plusieurs des enfants d'Abraham, Sarah, Micah, Terah, Laban, étaient d'ailleurs associés au culte de la Lune[13]. Ce dieu (car c'était un dieu, non une déesse), Sin ou Nanna, était adoré dans plusieurs centres, dont Ur, et, de fait, certains historiens en ont déduit qu'Abraham venait de cette ville, comme le rapporte l'Ancien Testament. Ce fut donc à Ur qu'une part immense des rapports de l'Occident avec la divinité fut conçue, puisque sa culture est fondée sur un Dieu unique que lui transmirent les Hébreux par le relais de Jésus.

Le deuxième facteur fut l'impératif d'identification. Les régions, les villes, les tribus s'identifiaient à et par des divinités précises. En tant que chef de tribu, Abraham éprouva sans doute, par exemple par ambition, plus que d'autres chefs le besoin d'imposer à sa tribu le sceau d'une divinité marquante, prédominante. Toutefois, si l'idée d'un Dieu unique fut inspirée à Abraham par Sin/Nanna, elle ne revêtait ni l'ampleur ni l'exclusivité du Dieu auquel il allait, à quatre-vingts ans passés, accepter de sacrifier son propre fils Isaac. Sin/Nanna était l'un des dieux d'un panthéon assez vaste ; et El, qui fut le premier nom de Dieu en hébreu et le resta longtemps, ne tolérait pas de rivalité.

Le troisième facteur aurait été, selon l'assyriologue Jean Bottéro, la raison[14]. Ce n'est pas à la Grèce ni au monde moderne, en effet, que revient le privilège exclusif d'avoir tenté d'établir des rapports de cause à effet ; ce fut aussi à la Mésopotamie (en fait, ces rapports furent recherchés dès les origines de la conscience). L'astrologie, par exemple, qui fut l'un des premiers arts du monde, fut d'abord une science divinatoire (comme l'est, incidemment, toute science) qui tentait d'établir des rapports entre les mouvements des astres (la cause) et les phénomènes terrestres qui leur correspondaient (les effets). Que les astrologues du Proche et du Moyen-Orient aient inclus dans ces effets des phénomènes qui n'avaient rien à voir avec le transit de Vénus ou le solstice d'été, qu'ils aient cru, par exemple, que l'arrêt apparent de Vénus à son zénith présageait de l'arrêt imminent de la pluie[15], ne préjuge nullement de la valeur de leur effort. Leurs catalogues de causes et d'effets étaient restreints et leurs instruments de vérification rudimentaires ; ils essayaient d'y voir clair, de mettre de l'ordre dans leurs perceptions du monde, cet ordre que les Égyptiens appelaient *ma'ât*, que les Hindous identifiaient au *dharma* et les Chinois au *tao* ; et c'était déjà méritoire. Rendons-leur incidemment un hommage de plus : leurs calculs chronologiques sont remarquablement exacts, ce qui n'est pas le cas pour d'autres civilisations.

Babylone et encore moins Athènes n'existaient à l'époque ; la première ne surgit qu'au début du IIe millénaire avant notre ère et la seconde quelque huit ou neuf siècles avant notre ère. Mais enfin, ce fut dans ces carrefours marchands entre l'Occident et l'Asie, dans ces échanges de savoirs et d'expériences, les uns prosaïques et les autres solennels, que se forgèrent les rudiments de leurs structures sociales, morales et scientifiques. Après tout, même Moïse puisa quasiment tels quels ses Dix Commandements dans le Code d'Hammourabi, qui date, lui aussi, de la fin du IIIe millénaire avant notre ère. Comme on le verra aux chapitres suivants, en particulier pour la Grèce, l'esprit humain va du complexe au simple ; Einstein, au XXe siècle, chercha (en vain) la formule d'un champ unifié ; les penseurs de Mésopotamie en faisaient de même et Abraham, pour sa part, aurait franchi l'itinéraire qui menait d'un panthéon complexe à un Dieu unique. Celui-ci était en tout cas un instrument de pouvoir plus efficace. Les hommes, et les Habirus comme les autres, éprouvaient le besoin de dieux ; soit ; on leur en imposerait un au lieu de laisser leurs ferveurs se disperser.

Abraham conçut-il donc de toutes pièces son Dieu, El, premier nom auquel sera plus tard préféré celui de Yahweh ? Tel ne semble pas être le cas. La signification du nom même, car les noms des dieux en ont souvent une, est imprécise. « Il vient probablement de la racine sémitique *yl* ou *wl* qui signifie "être puissant" ou peut-être simplement "puissance"... [et] n'est pas utilisé comme un nom personnel de D. », avance le *Dictionnaire encyclopédique du judaïsme*. Toutefois, d'autres experts pensent plutôt qu'il signifie « le premier[16] ». Et l'« on retrouve le vocable dans les dénominations bibliques *Eloha* et *Elohim*[17] ou encore joint à un qualificatif qui pourra lui-même devenir un nom propre : c'est ainsi qu'on lit par exemple *El Chaddaï* ("le Tout-Puissant"), [...] *El Elyon* ("Dieu Très-Haut") », précise le *Dictionnaire de la Bible* d'André-Marie Girard. Donc, c'est quand même un nom de Dieu.

D'où vient ce nom ? C'est celui d'un dieu d'Ougarit, cité cananéenne sur le site syrien actuel de Ras Shamra, dont l'âge d'or se situa entre 1450 et 1200 avant notre ère, mais qui existait déjà depuis au moins le VIIe millénaire et qui tomba ensuite sous une forte dépendance mésopotamienne[18]. El est décrit dans les textes retrouvés en 1929 à Ras Shamra comme le roi du panthéon et le père de tous les dieux, à l'exception de Baal. Il est représenté comme un homme vénérable avec une longue barbe et, parfois, des ailes, prototype d'un personnage qui durera plus de trois millénaires, jusqu'à finir en surprenante robe rose sur le plafond de la chapelle Sixtine. Les Hittites l'empruntèrent aux Babyloniens pour en faire leur dieu Ellel, auquel ils conservèrent son rang de père des dieux[19]. C'est un dieu qui semble intervenir rarement dans les affaires des dieux et encore moins dans celles des mortels.

Abraham n'a sans doute emprunté qu'un nom, mais il est vrai qu'en ce domaine les noms comptent au moins autant que ce qu'ils désignent et qu'aucun chrétien n'admettra que son Dieu est Allah, ni un musulman que le sien est Yahweh. Il l'a fait à bon escient, et pour deux raisons : la première est qu'El est un personnage patriarcal suprême, en qui les membres de sa tribu reconnaîtront d'emblée un chef ; la seconde est qu'il est l'ennemi traditionnel de l'autre dieu, Baal. Les mythes ougaritiques rapportent, en effet, un conflit céleste entre El et Baal, lequel voulait avoir un palais digne de son rang. Suit une de ces querelles de panthéon, où les déesses mettent leur grain de sel ou plutôt leur goutte de venin, et où Ashérah, épouse d'El, prend parti contre Baal (qui, dans un texte ougaritique, est pourtant son frère). Il en ressort de toute façon qu'El devient l'ennemi juré de Baal. Sacrifiant à la vieille loi de la psychologie qui veut qu'on se pose en s'opposant, Abraham prend donc parti pour El, le dieu le plus ancien et le plus légitime, ennemi de celui qui est le plus fréquemment vénéré par les Mésopotamiens ; c'est pour lui sans doute une façon de se distancier des cultes les plus populaires des Mésopotamiens.

Au cours des siècles, incidemment, les Hébreux perdront le fil de la querelle des dieux et du choix d'Abraham : Baal était entre-temps devenu roi suprême du ciel, par un de ces transferts d'identité courants dans les bureaux de naturalisation célestes du temps ; il a, en effet, revêtu l'identité de Melkart, « roi de la cité » à Tyr, puis il a été identifié à Héraklès et enfin à Zeus, comme le rapporte Hérodote. Les Hébreux le prendront donc pour le véritable roi du ciel, c'est-à-dire, en somme, pour El, et ils lui élèveront à Tyr justement deux piliers de vénération, l'un d'or et l'autre d'émeraude[20]. Gardons en mémoire que, si El signifie en somme « le Puissant », Baal signifie

« Seigneur », deux termes qui conviennent parfaitement à un Dieu unique.

Le moins qu'on puisse dire est qu'au IXe siècle avant notre ère, soit quelque onze siècles après le départ d'Ur d'Abraham et de Sarah, et de quatre à cinq siècles après le départ de Moïse d'Égypte, une certaine confusion règne dans les appellations et les conceptions du Dieu unique : celui-ci s'appelle bien El ou Eloha, mais dans la forme plurielle, Elohim, il « peut également se rapporter à une divinité païenne ou à une déesse[21] » ; par ailleurs, les Hébreux ou du moins certains de ceux-ci le confondent avec Baal et lui élèvent des temples, et cela au mépris de la révélation faite à Moïse, selon laquelle Yahweh sera le seul véritable nom de Dieu[22]. Donc, en dépit du fait qu'il existerait une définition claire et nette de Dieu et des injonctions radicales d'adorer ce Dieu-là et aucun autre, les Hébreux continueraient de s'égarer dans des pratiques païennes. Comble de scandale, on compte parmi ces impénitents le propre frère de Moïse, Aaron le pontife suprême, qui a fait fabriquer le Veau d'or[23]...

La contradiction et la transgression sont à première vue étonnantes, car dès l'« Exode », qui aurait été écrit par Moïse après la sortie d'Égypte[24], les Hébreux ont ou auront entendu l'avertissement solennel :

> « Vous jetterez bas leurs autels, et vous briserez leurs piliers, et vous détruirez leurs Acherim, car vous n'adorerez pas d'autre Dieu (car le Seigneur, dont le nom est Jaloux, est un Dieu jaloux), à moins que vous ne concluiez une alliance avec les habitants du pays, et quand vous putasserez devant leurs dieux et que vous sacrifierez à leurs dieux, et que lorsqu'on vous invitera, vous consommerez de la viande sacrificielle, et vous prendrez leurs filles pour vos fils, et leurs filles feront les putains pour leurs dieux et feront de vos fils des putains pour leurs dieux[25]... »

Les termes sont énergiques autant que menaçants. Et l'on se heurte là à une énigme : est-il possible que pendant des siècles rois et prolétaires juifs aient négligé les semonces, admonestations et injures dont les prophètes les vilipendaient abondamment et qu'ils aient continué à adorer des dieux étrangers ? L'idée est contrariante ; les Juifs auraient eu un Dieu qui les avait élus comme Son peuple et ils se seraient constamment détournés de Lui ? Dans ce cas, il faudrait se demander pourquoi les dieux étrangers auraient satisfait davantage leur besoin de Dieu que le leur.

Cette infidélité s'expliquerait-elle par le fait que les Juifs auraient interprété la déportation à Babylone et la destruction du royaume de Juda, au VIe siècle avant notre ère, comme un abandon de Dieu ? On serait tenté par cette hypothèse, à la lecture du psaume 137, d'une déchirante nostalgie :

> « Près des rivières de Babylone,
> Nous nous sommes assis
> et nous avons pleuré
> Quand nous nous sommes rappelé Sion.
>
> Aux saules dans son sein
> Nous avons suspendu nos harpes,
> Car là, nos geôliers nous pressaient de chanter
> et nos conquérants nous demandaient de la joie,
> "Chantez-nous un chant de Sion".
>
> "Mais comment chanterions-nous un chant de Yahweh en terre étrangère ? " »

Ce qui signifierait que les Juifs en exil s'estimaient séparés de leur Dieu, identifiant celui-ci avec leur patrie. Mais cette déréliction est amplement compensée par les autres psaumes, tels le psaume 104 (« Bénis mon être, Adonaï ! Adonaï Elohai, tu es très grand, de majesté, de magnificence vêtu ! ») ou le 111 (« Hallelou-Yah ! Je célèbre Adonaï de tout cœur dans l'intimité des justes et de la communauté... »). Un moment de faiblesse ne peut annuler les autres élans vers Dieu. Il faut donc chercher une autre explication.

Un spécialiste des études bibliques en eut l'intuition en 1833. Dans une conférence à l'université de Strasbourg, le Pr Eduard Reuss observa que les prophètes bibliques ne citent pas la Loi mosaïque et ne donnent même pas l'impression qu'ils en sont familiers. La Loi était donc plus tardive que les prophètes. Plusieurs exégètes avaient d'ailleurs relevé que beaucoup des textes législatifs semblent inconnus des prophètes. Autant dire que le Pentateuque avait été écrit après les autres Livres de l'Ancien Testament, donc qu'il n'était pas de la main de Moïse. C'était là une idée tellement révolutionnaire que Reuss attendit quarante-six ans pour la publier, en 1879 donc. Mais un de ses étudiants, Karl Graf, avait été tellement convaincu par les arguments de Reuss qu'il l'avait précédé. Il démontra que le Pentateuque avait été écrit *après* le retour d'exil, c'est-à-dire vers la fin du VIᵉ siècle avant notre ère[26]. Et qu'il convenait d'inverser la formule traditionnelle « la Loi et les Prophètes » et de lui substituer « les Prophètes et la Loi ». Les poètes avaient précédé les législateurs.

Les Hébreux n'avaient certes pas vécu sans lois, mais celles-ci n'avaient été que tardivement couchées de manière formelle. Il convient de rappeler que le Pentateuque ou Torah, sous sa forme actuelle, est bien postérieur à Moïse, puisqu'il ne date que de 622[27].

Et l'épisode de Moïse, au commencement de tout, descendant du Sinaï avec les Tables, était une légende destinée à légitimer son ascendant. Ces tables, d'ailleurs, avaient été puisées dans le Code d'Hammourabi, bien plus ancien, comme on l'a vu.

Cette révolution dans l'analyse biblique a suscité une nouvelle conception de l'Ancien Testament, parce qu'elle a clarifié certaines contradictions, répétitions et omissions qui déroutaient les exégètes, notamment donc dans le Pentateuque. Elle a aussi offert une nouvelle perspective de l'histoire d'Israël : le peuple hébreu était ancien, mais la nation, elle, était plus jeune que ces textes ne le laissaient entendre. L'essentiel, dans le cadre de ces pages, est qu'il n'y avait pas d'apostasies intermittentes comme les exemples de Salomon, Jéroboam, Achab et autres, cités en tête de ce chapitre, semblaient l'entendre : le nom de Yahweh comme nom du Dieu unique ne fut imposé qu'assez tard.

On comprend alors mieux les imprécations d'Élie contre les adorateurs de Baal quand il tance les Juifs en ces termes : « Jusqu'à quand sauterez-vous sur deux branches ? Si Yahweh est l'Elohim, allez derrière lui, si c'est Baal, allez derrière lui[28]. » Traduits en français, ces noms de Baal, El, Elohim, peuvent paraître distincts et, tel qu'il est décrit par les prophètes, Baal apparaît comme une divinité monstrueuse, une sorte de démon opposé à un Dieu de lumière. Mais, on l'a vu plus haut, El, Baal, Eloha, Elohim étaient quasiment synonymes. Ils avaient suscité des cultes locaux sous un nom ou l'autre, mais désignaient la même divinité suprême. Ce que les prophètes visaient était l'unification des noms par la suppression de ces cultes locaux, justement, parce qu'ils étaient assumés par des clergés non hébreux. C'était à eux que le pouvoir spirituel devait revenir, parce que c'était le pouvoir suprême, celui qui primait sur le temporel et même sur la royauté : en effet, il leur attribuait la haute main sur la Loi. D'où la colère de Moïse, premier de tous les prophètes, quand il voit que son propre frère Aaron célèbre un autre culte à la demande du peuple : c'est une usurpation.

Cette primauté absolue des prophètes se lit d'ailleurs sans peine dans leurs imprécations sans fin contre les rois. À les en croire, les Hébreux auraient été affligés d'une succession de rois épouvantables, impies, idolâtres et injustes, d'ailleurs justement punis par le Seigneur parce qu'ils n'ont pas respecté sa Loi, celle-là même qu'ils dictaient. Eux seuls ont le droit de tancer les rois, parce que ceux-ci n'oseraient jamais s'en prendre à eux. C'est le même schéma de lutte pour le pouvoir entre les papes et les rois qui caractérisera d'ailleurs, et jusqu'assez tard, l'histoire du christianisme.

La rédaction du *Livre des Rois* a pu être datée avec assez de précision : entre 560 et 538 avant notre ère[29]. À cette époque, le concept du Dieu unique et son nom ont été définis de manière formelle.

L'auteur du *Livre des Rois* raconte bien des histoires très anciennes, dont celle d'Achab, présenté comme un indigne apostat, mais ni cet auteur, ni son père, ni son aïeul n'ont pu connaître ce roi, qui a régné trois siècles auparavant ; il récrit donc l'histoire pour montrer tous les malheurs réservés aux Juifs qui ont adoré d'autres dieux que Yahweh. Et pour faire bonne mesure, il annonce anachroniquement que le roi apostat et sa femme Jézabel finiront mangés par les chiens.

Cette relative jeunesse du judaïsme n'a pas été détaillée ici pour des raisons historiques, mais parce qu'elle explique le caractère passionné de ses croyants dans leurs rapports avec leur Dieu. Bien que les auteurs de l'Ancien Testament lui prêtent une personnalité patriarcale, celle d'un homme mûr, leur Dieu n'est pas un de ces dieux très anciens, usés par le pouvoir et à la fin devenus quelque peu indifférents au destin de ses créatures : c'est un Dieu neuf pour un peuple dont l'identité est, elle aussi, neuve. Ses premiers dieux étaient anciens, mais Lui est une création nouvelle. D'où la constante jeunesse de l'Ancien Testament.

L'exclusivisme qui, après le retour d'Exil, va caractériser le jeune judaïsme n'existait certes pas aux origines : arrivant en pays étranger, Canaan, donc, les Hébreux n'avaient qu'un mince bagage idéologique ; leur législation n'était pas constituée et ils ne pouvaient, au XIVe ou XIIIe siècle avant notre ère, deviner, par exemple, l'interdit d'épouser des femmes étrangères qui leur serait imposé sept ou huit siècles plus tard[30].

Pareillement, les Hébreux invoquèrent des noms du Seigneur qui étaient les seuls qu'ils connaissaient, El, « le Puissant », et Baal, « le Seigneur ». Ce qui démontre que l'histoire moderne crée des distorsions optiques aussi bien qu'elle en corrige : pour Israël, comme pour la Grèce ou l'Égypte, les cultures de ces pays ne sont pas apparues d'un coup, en pleine maturité, comme on tend parfois à le croire dans des survols de synthèse.

Ce furent ses prophètes qui forgèrent donc Israël. Ils le forgèrent au regard d'un Dieu patriarcal dont ils estimaient qu'ils étaient les seuls hérauts, mandés par Lui pour informer Son peuple de Ses volontés et de Ses desseins. Ils étaient d'abord des visionnaires et des poètes, et il serait singulier de s'en étonner : seuls les poètes ont su parler de l'inconnaissable, de l'infini, de l'ineffable. On peut se demander ce qu'eût été la Mésopotamie sans l'*Épopée de Gilgamesh*, l'Inde sans la *Bhagavad-gita*, la Grèce sans Homère, Parménide, Pindare et sans Sophocle, Eschyle, Euripide, interprètes des trahisons, des colères et des rares bienfaits du destin, ce nom prosaïque de Dieu. C'est le sens poétique grec, en effet, qui a prêté l'immortalité aux dieux de l'Hellade, bien après que d'autres eurent imposé leurs autels et leurs rites. Nous continuons de vivre avec Aphrodite, Arès et Mercure, par exemple, vingt siècles après la Crucifixion !

La tradition distingue les grands prophètes et les mineurs : les premiers sont quatre, Isaïe, Jérémie, Ézéchiel et l'auteur inconnu du *Livre de Daniel* ; les mineurs sont douze, Amos, Osée, Michée, Sophonie, Habacuc... On les appelle « mineurs » non parce que leurs discours ont moins d'importance, mais parce que leurs textes sont courts. Leurs noms les désignent toujours comme des hommes, et on les imaginerait de préférence âgés, barbus et véhéments, mais il se peut qu'ils aient été jeunes et beaux, il se peut même que certains des textes attribués à des hommes aient été rédigés par des femmes. Car Israël admettait les prophétesses, à commencer par Myriam, la propre sœur de Moïse, Déborah, Judith... Une étude de deux érudits américains, David Rosenberg et Harold Bloom, donne par exemple de troublantes raisons de penser que l'un des quatre auteurs du Pentateuque cités plus haut, et connus donc sous la lettre J, aurait été une femme[31].

L'Ancien Testament en général se distingue de tous les textes religieux en ceci qu'il établit une intimité sans pareille avec Dieu. Les prophètes, eux, par le ton passionné qu'ils y mettent. D'où la coloration déconcertante de leurs discours : ils connaissent Dieu comme chaque humain connaît son père ; Il leur tient des discours étonnants par leur longueur. Dans quelles circonstances ? Et pour quelles raisons a-t-Il donc choisi ces mortels-là ? On l'ignore. Ont-ils bien entendu Dieu ? Et est-ce bien Dieu qu'ils ont entendu ? On l'ignore également. À la fin, d'ailleurs, un des leurs et un prophète majeur, Jérémie lui-même, finira par les traiter carrément de menteurs. Toujours est-il qu'ils s'entretiennent d'abondance avec Dieu. Cette familiarité apparaît dès les premières pages de la Genèse, le premier livre de l'Ancien Testament. Abraham, centenaire, est assis devant la porte de sa tente, dans la chaleur du jour, à Mambré. « Il voit trois hommes postés devant lui. » Il court et se prosterne devant l'un d'eux (on ne saura jamais qui sont les deux autres Elohim[32]) : c'est Dieu. Il leur offre de l'eau pour se laver les pieds. « Appuyez-vous sous l'arbre », dit-il. Il va leur chercher du pain et court sous la tente pour que Sarah fasse des gâteaux, puis sacrifie un veau. Puis il revient et leur offre les gâteaux. « Ils mangent », dit l'auteur de la Genèse, sans se rendre évidemment compte du caractère extraordinaire de la scène, Dieu mangeant des gâteaux sous un sycomore, en compagnie de ses deux mystérieux compagnons. Les visiteurs lui demandent : « Où est Sarah, ta femme ? » À cette question, elle sort. Dieu annonce à Abraham qu'il aura un enfant de Sarah ; elle en rit, car elle a de longtemps passé l'âge, puisqu'elle a quatre-vingt-dix ans, sans parler du fait qu'Abraham, lui, a cent ans[33]. Elle se défend d'avoir ri, mais Dieu insiste : « Tu as ri. » Ce sera Isaac, dont le nom signifie : « Il rira[34] ».

Voilà, dans sa certitude tranquille, prosaïque, presque fruste, la première description des rapports de Dieu avec ses créatures. Le héros de l'histoire, le Créateur et Maître de toutes les destinées, sera l'objet des spéculations théologiques et philosophiques de plus de vingt-cinq siècles, mais on a peine à croire que c'est le même qui a excité les cervelles de Platon, de légions de théologiens de Byzance, de Pascal, de Spinoza et de Heidegger. Dans sa force naïve, ce récit est évidemment infiniment plus réconfortant que les masses d'élaborations intellectuelles que voilà. Après tout, c'est un homme capable de venir manger des gâteaux assis devant votre demeure. Le désir irrépressible d'incarnation de l'Être suprême est accompli dès les origines. En fait, il faudra longtemps aux Juifs pour le ressentir à nouveau. Mais ce Dieu-là sera alors intellectualisé par l'hellénisme : aucun récit du Nouveau Testament ne conférera à Dieu cette présence immédiate. Le Père auquel se réfère Jésus est, en effet, une entité quasiment abstraite, siégeant très, trop haut, et surtout nimbée d'un respect qui frôle l'épouvante.

Ce Dieu, en principe plein d'affection paternelle pour Son peuple, présente toutefois d'autres apparences beaucoup moins aimables, celles d'un chef de tribu autoritaire, rusé, cruel, possessif. Sa ruse et sa cruauté vont se manifester dans deux épisodes célèbres, celui du sacrifice d'Isaac et celui des malheurs de Job. Dans le sacrifice, on voit se dessiner un Dieu qui, pour mettre à l'épreuve l'obéissance d'Abraham à Sa Loi, lui demande de sacrifier son fils unique, Isaac donc. Abraham s'apprête à sacrifier la seule chair de sa descendance, quand un messager du Ciel arrête le bras du patriarche. Non, non, c'était pour voir. L'histoire, intolérable pour un non-Juif, aurait « constitué un modèle pour les Juifs qui, innombrables, préférèrent le martyre plutôt que de violer la loi juive[35] ».

L'histoire des malheurs de Job est encore moins édifiante. C'est le jour du Conseil céleste qui se tient au Ciel en présence de Dieu[36]. Satan y participe. Dieu l'engage dans une conversation à bâtons rompus : « D'où viens-tu ? — J'ai traversé la terre de part en part. — As-tu remarqué mon serviteur Job ? Il n'est pas sur terre d'homme semblable à lui, intègre et droit. » Satan en convient, mais fait observer à Dieu que Job est comblé de bienfaits et que, si Dieu le mettait à l'épreuve, Job le maudirait. Dieu lui répond que lui, Satan, peut faire tout ce qu'il veut à Job, à la condition de ne pas attenter à sa vie. Satan fait donc perdre à Job ses enfants et tous ses biens, puis, faute de pouvoir mettre fin à la vie de sa victime, la frappe « d'un ulcère malin de la plante de son pied jusqu'à son crâne ». Là, Dieu a dépassé les limites astreintes à la mise à l'épreuve d'Abraham : là, les fils de Job sont bien assassinés. Et Job souffre dans sa chair d'un mal incurable. Il n'a pourtant commis aucune faute ; il n'est que la victime d'une volonté divine de mise à l'épreuve. La justice est bafouée. Dieu ne veut que savoir si Job lui demeure fidèle dans ses épreuves.

Ce poème lyrique, l'un des textes philosophiques et métaphysiques majeurs de l'Ancien Testament et de toutes les littératures antiques, a suscité une appréciable masse de commentaires. Saint Paul en entendra les échos, quand il dit que « la faiblesse de Dieu est plus forte que la sagesse des hommes[37] ». Le philosophe juif Ben Sira en reprendra les conclusions dans l'Ecclésiaste. Et le Coran reprendra le récit des afflictions de Job, mais en rejetant l'une des composantes essentielles : la responsabilité de Dieu[38]. Le Livre de Job pose, en effet, le problème théologique majeur du Mal : dépend-il de Dieu ? Ou bien est-il le fait d'un contre-Dieu ? Là, il dépend à l'évidence de Dieu, puisque c'est celui-ci qui autorise Satan à mettre Job à l'épreuve et qui fixe les limites de l'épreuve : en dernier recours, seule la vie de Job doit être sauvegardée. L'auteur de Job transforme le personnage de Dieu, au-delà des limites admissibles par les Sages ; il va, d'ailleurs, entraîner au Moyen Âge le rejet radical par les kabbalistes des interprétations traditionnelles des Livres. Selon le Livre de Job, en effet, Dieu n'est pas le Dieu bon, mais le Dieu absolu du Bien et du Mal (d'où le statut étonnant de Satan, qui siège dans le Conseil céleste[39]), idée que rejetteront les kabbalistes, pour lesquels c'est l'homme lui-même qui est la source de ses maux.

Le Livre de Job est donc une tragédie, comparable au *Prométhée enchaîné* d'Eschyle : l'être humain est l'esclave de dieux capricieux et aveugles. Mais c'est une tragédie à deux voix (si l'on excepte celle des comparses, tels Éliphas, Bildad, Élihou), et c'est ce qui constitue son caractère typiquement judaïque : Job et Dieu s'affrontent dans un dialogue d'une âpreté soutenue. À un moment donné, la patience de Job cède. Il ne sait où trouver ce Dieu qui l'a réduit à la plus basse abjection. « Je t'appelle, mais tu ne me réponds pas ; je me dresse, et tu me discernes. Tu te changes en être cruel pour moi ; tu m'exècres... » Et il accuse son ancien bienfaiteur de l'avoir jadis trompé par ses bienfaits.

La réponse de Dieu vient à la fin : « Ceins donc tes lombes, comme un homme. [...] Où étais-tu quand j'ai fondé la Terre ? Rapporte-le, si tu en as le discernement ! Qui a fixé ses mesures ? Le comprends-tu ? Qui a tendu sur elles le cordeau ? [...] Qui clôtura la mer à deux portails ? [...] As-tu jamais de ta vie donné des ordres au matin, assigné sa place à l'aurore pour qu'elle saisisse les bords de la Terre et en rejette les méchants d'une secousse ? » Autant dire : « Pauvre ignorant ! Ma puissance et ma sagesse sont infinies. Comment oses-tu me juger ? » La condition humaine est définie : elle n'est pas grand-chose sans Dieu. Job comprend son erreur et se repent « sur la poussière et sur la cendre ». Dieu lui pardonne et Job recouvre sa gloire passée, sa fortune redouble et il a sept fils et trois filles et il aura le privilège de voir leur descendance jusqu'à la quatrième génération.

On conçoit que ce livre ait posé des problèmes à la critique rabbinique : déplaçant le sujet, elle s'est même demandé si Job avait jamais existé et s'il était juif et juste[40]. En dépit du fait qu'il comporte une « fin heureuse » (si l'on fait exception des souffrances et des deuils atroces endurés par Job), sa coloration est sombre ; c'est un texte inspiré par le souvenir des épreuves de la déportation, et sa date de composition récente en témoigne[41]. Classé parmi les « Livres de sagesse » de l'Ancien Testament, il comporte une leçon : il serait erroné de croire comme les idolâtres que Dieu est capricieux et cruel : Sa sagesse est infinie et l'homme est trop petit pour en juger. Paradoxalement, cette leçon est quasiment identique à celle de l'islam : l'esprit humain ne peut comprendre Dieu, son seul recours est la reddition entière *(Islâm)* à Sa volonté.

C'est donc, en résumé, un livre qui s'inscrit très exactement dans l'histoire et dans la religion juives. Dans l'histoire, en raison de sa constante référence à des épreuves terribles et désespérantes, dans la religion, à cause de la relation personnelle d'une intensité sans précédent entre la créature et son Créateur. L'un de ses intérêts philosophiques majeurs (et paradoxaux) est qu'il suscite un problème de première grandeur auquel il ne répond pas plus qu'aucune des religions révélées, et qui est celui de la responsabilité du Mal. Ainsi, même la mort de ses fils, la ruine, une sorte de cancer et des années de souffrances ne représentent pas (ou plus) pour Job une expression du Mal, mais une expression transitoire de la volonté divine. C'est l'un des sommets de l'éloquence et du lyrisme religieux, non seulement juifs, mais encore universels, mais, philosophiquement, c'est donc un échec.

Dans son ardeur religieuse, en effet, le Livre de Job attribue à Dieu une caractéristique troublante : l'anxiété. C'est parce qu'il n'est pas sûr de la foi de Job qu'il envoie Satan l'accabler d'épreuves, et c'est pour en avoir le cœur net qu'il laisse son serviteur, celui-là même dont il faisait l'éloge à Satan, croupir dans la plus abominable des misères. Il n'intervient qu'*in extremis,* comme si Job avait été un animal de laboratoire dont on a poussé l'endurance à ses limites, mais qu'il ne faut quand même pas laisser succomber. Outre la cruauté dont elle témoigne, cette intention sous-entend donc que Dieu n'est pas omniscient et qu'il n'a pas pénétré le cœur de Job. Car, s'il avait lu dans ce cœur, il n'eût pas mis Job à la souffrance. On voit donc apparaître, pour la première fois dans l'histoire de Dieu, un Dieu de l'Anxiété. La leçon même du Livre de Job est infirmée : elle devait être que les desseins du Seigneur sont impénétrables et elle montre un Dieu qui n'est pas sûr de la dévotion de ses fidèles et qui souffre de l'inquiétude qui est le propre des hommes.

De plus, ce Livre ne répond pas à la question qu'il posait pourtant : Dieu se soucie-t-Il ou non des hommes ? Les protège-t-Il du Mal, ou bien, puisqu'Il est maître de Satan, est-Il Lui-même maître du Mal ?

Le Mal, dont les Juifs vont sans doute souffrir plus qu'aucun peuple au monde (les premiers massacres de masse commencent, on l'oublie souvent, en l'an 38, où, en une seule semaine, quelque cinquante mille Juifs trouvèrent la mort à Alexandrie[42]), demeure une énigme pour les prophètes : ils vont le situer à l'extérieur du judaïsme, car il est et demeurera pour eux tout ce qui est idolâtrie. Ils sont trop absorbés dans l'adoration de ce Dieu qui vient de resplendir, ainsi que dans la constitution du peuple juif, pour concéder au monde extérieur autre chose que du mépris ou de l'indifférence.

« Je t'appelle, Toi, mon Seigneur ;
Ô mon Rocher, ne sois pas sourd à mon cri,
Car si tu me réponds par le silence,
Je deviendrai comme ceux qui vont vers l'abîme ! »

s'écrie l'auteur des Psaumes[43]. Dieu est beaucoup trop étroitement lié à l'existence quotidienne pour qu'il soit même licite de réfléchir à des interrogations philosophiques. Car la sagesse n'est pas la philosophie, qui risque d'être subversive, et, comme disent les Proverbes, « le méchant ne sait parler que de subversion », et « le discours seul n'amène rien que pauvreté[44] ».

Les prophètes n'ont donc guère de loisir pour concevoir deux grands traits qu'ils attribuent à leur Dieu : comme tous les maîtres de tous les panthéons, c'est un Dieu de sacrifice et, de plus, Celui-ci est un chef de guerre, donc de souffrance, capable de traiter ses créatures comme si elles n'étaient pas humaines. Le Dieu de sacrifice sera analysé plus loin, car c'est un modèle universel[45]. C'est le chef de guerre qui est le plus spécifiquement juif.

« Maître des batailles », « Vainqueur de Pharaon », « Terreur des Philistins », Édomites, Moabites ou autres Cananéens, les qualifications guerrières de Yahweh sont nombreuses. Deux livres de poèmes guerriers en l'honneur de Dieu ont disparu, le « Livre des Guerres de Yahweh » et le « Livre des Justes[46] » ; mais il reste assez de références aux colères guerrières de Dieu dans les autres pour deviner leur teneur.

« Ô Seigneur, toi Dieu de vengeance,
toi Dieu de Vengeance, montre-toi.
Dresse-toi, juge de la Terre ;
punis les arrogants comme ils le méritent ! »

s'écrie l'auteur des Psaumes[47]. Car ce Dieu est sans pitié pour tout ce qui n'est pas juif et l'Ancien Testament le clame avec une candeur qui desservira les descendants de ses lecteurs au XXe siècle :

« Ô Seigneur, Dieu de nos pères, n'es-tu pas Dieu au Ciel ? Tu gouvernes tous les royaumes des nations ; dans ta main résident la force et la puissance, et il n'en est aucun qui puisse te résister. N'as-tu pas, ô Dieu notre Dieu, dépossédé les habitants de cette terre en faveur de ton peuple Israël, et ne l'as-tu pas donnée pour toujours aux descendants d'Abraham ton ami ? Ils y ont donc vécu et ils y ont construit un sanctuaire en l'honneur de ton nom, et ils ont dit : "Si le malheur nous arrivait, guerre ou inondations, peste ou famine, nous nous tiendrons devant cette maison et devant toi, car en cette maison est ton Nom, et nous crierons vers toi dans notre détresse et tu nous entendras et tu nous sauveras[48]." »

Laissons de côté la contradiction qui veut que le gouverneur de toutes les nations n'en favorise qu'une seule, Israël, ce qui confère à la notion de justice divine une signification inattendue ; l'essentiel est qu'on y lit le plus clairement du monde que Dieu a volontairement dépossédé les habitants de la Palestine, l'ancien Canaan, pour la donner aux Juifs. On sait trop bien les clameurs, scandales et résonances diverses que ces mots et leur évocation causent encore au XXe siècle. Ce n'est pas là notre propos. L'essentiel est que le texte des Chroniques n'est pas une exception dans l'Ancien Testament.

L'inspiration en est, en effet, ancienne. Si les Chroniques remontent au IVe siècle avant notre ère[49], Ézéchiel, lui, remonte au début du VIe siècle avant notre ère, voire à une vingtaine d'années avant la déportation des Juifs à Babylone[50]. Or, il écrit du pays de Seir, le même qui sera occupé un siècle plus tard par les Édomites :

« Voici les mots du Seigneur Dieu :

Ô pays vallonné de Seir, je suis contre toi :
j'étendrai mon bras contre toi
et je ferai de toi un désert désolé.
Je réduirai tes cités en ruine
et tu seras dévasté ;
tu sauras ainsi que je suis le Seigneur.
Car tu as entretenu une querelle immémoriale
et soumis les Israélites au glaive
à l'heure de leur défaite,
au moment de leur punition finale.

Donc, tandis que je vis, dit le Seigneur Dieu,
Je ferai du sang ta destinée et le sang te poursuivra ;
tu es certainement coupable du sang,
et le sang te suivra.
Je ferai du pays vallonné de Seir un désert désolé...

> [...] Je te ferai ce que tu as fait à Israël, ma propre possession...
> [...] Mais vous, montagnes d'Israël, vous étendrez vos branches
> et vous porterez vos fruits pour mon peuple Israël,
> parce que le temps de leur retour chez eux est proche...
> [...] Voici les paroles du Seigneur Dieu : dans le feu de ma jalou
> sie, j'ai parlé clairement contre le reste des nations et contre
> Édom en particulier. Car Édom, gonflé de dédain triomphant,
> a saisi mon pays et l'a exposé au mépris du monde[51]. »

Le crime du pays de Seir (ou d'Édom, car le texte est quelque peu anachronique, Édom n'ayant occupé Seir que plus tard) était d'avoir envahi Israël. Dieu n'est donc plus le protecteur de tous les hommes, mais seulement le roi d'Israël. En témoignent les mots : « Israël, ma propre possession, [Israël] mon pays ». C'est un Dieu coléreux, de surcroît. Mais est-ce lui qu'on entend bien, ou la voix des prophètes ?

C'est également un Dieu auquel les prophètes prêtent une intolérance sanguinaire : quand, dans le passage des Nombres cité plus haut, les Israélites commencent à « putasser » avec les femmes moabites, qui les invitent aux sacrifices offerts à leurs dieux, « Dieu se met en colère » : il ordonne à Moïse de tuer tous les Israélites qui ont forniqué avec les femmes moabites. Phinéhas, fils d'Éléazar, lui-même fils d'Aaron, donc petit-neveu de Moïse, va transpercer d'un javelot un couple qui forniquait. Mais la vengeance tourne au carnage : on tue vingt-quatre mille fornicateurs[52] ! Exagération poétique, sans doute, mais elle-même expressive, puisqu'elle met vingt-quatre mille morts, un massacre gigantesque, au compte des ordres divins.

Ce n'est pas davantage la pitié qui inspire les auteurs du Deutéronome quand ils mettent dans la bouche de Dieu les injonctions que voici : « Quand le Seigneur votre Dieu vous mènera dans le pays que vous allez occuper et qu'il chassera plusieurs nations devant vous, les Hittites, les Girgashites, les Amorites, les Cananéens, les Périzzites (ou Phéréséens), les Hivites et les Jébusites, sept nations plus nombreuses et plus puissantes que vous [...] vous devez les mettre à mort. Vous ne devez pas traiter avec eux, ni les épargner[53]. » Ce n'est certes pas là le Dieu de miséricorde du Nouveau Testament. Ce ne l'est pas non plus quand Dieu commande au roi Saül, par le truchement de Samuel, d'attaquer les Amalécites et de piller leurs possessions : « N'épargne aucun ; tue-les tous, hommes et femmes, enfants et nourrissons au sein, troupeaux et bestiaux, chameaux et ânes[54]. » Et quand Saül n'a pas le cœur de poursuivre cet atroce massacre et qu'après avoir trucidé ces gens, deux cent dix mille fantassins, il épargne le roi amalécite Agag et les troupeaux, Dieu le désavoue et le voue à sa perte, estimant que Saül lui a désobéi.

Peut-on croire qu'un Dieu ait commandé de tuer les enfants et les nourrissons au sein ? Peut-on croire que ce soit Lui qui d'une part clame : « Car je suis le Seigneur, je témoigne d'un amour infaillible, je rends la justice et je fais triompher le droit sur la Terre[55] », et qui dit d'autre part : « Je ferai de cette ville [Jérusalem] une scène d'horreur et de mépris, de telle sorte que chaque passant soit saisi d'horreur et de sarcasmes au spectacle de ses blessures. Je forcerai les hommes à manger la chair de leurs fils et de leurs filles ; ils se dévoreront les uns les autres dans la misère où leurs ennemis et ceux qui veulent les tuer les auront réduits pendant le siège[56]. » Et, toujours Jérémie, décidément l'un des plus riches en atrocités, demande : « Faut-il que les femmes mangent le fruit de leurs entrailles, les enfants qu'elles ont portés sereinement à la naissance[57] ? » Dieu condamnant des hommes au cannibalisme ? Était-ce vraiment ainsi qu'un prophète se représentait Dieu ?

Maints autres exemples de l'Ancien Testament témoignent de la férocité extraordinaire qui fut prêtée au Dieu de bonté. Leur énumération serait lassante. Force est de conclure que les prophètes avaient donné à leur peuple un Dieu qui n'était et ne pouvait être que celui des Juifs : en fait, c'était le leur. La dévotion amoureuse poussa le plus flamboyant d'entre eux, Ézéchiel, à voir Dieu lui-même, par-dessus les chérubins qui voletaient bruyamment (« Le bruit de [leurs] ailes pouvait être entendu aussi loin que la cour externe [du ciel], aussi fort que si le Dieu Tout-Puissant avait parlé ») sous un trône de saphir, dans le mystérieux tournoiement de roues de feu[58]. Oui, Ézéchiel avait vu Dieu en face. Ce qui contrevenait « aux lois rituelles du Lévitique et même à l'esprit de certains textes de la Torah[59] ». Ce qui lui valut par la suite la réserve des talmudistes. Un sort moins difficile fut réservé au Livre de Job, bien que plusieurs points en eussent laissé les commentateurs perplexes.

L'immense richesse des commentaires bibliques ne dissipe cependant pas toujours la perplexité du lecteur moderne devant la représentation de Dieu dans l'Ancien Testament. Car il n'est pas seulement un Dieu du Bien, mais aussi du Mal, comme en atteste sa déclaration à Isaïe : « ... Rien sauf moi, Yahweh et nul autre, le formateur de la lumière, le créateur des ténèbres, le faiseur de la paix, le créateur du mal. » (Isaïe, XLV, 7). Il est donc à la fois Dieu et notre Satan moderne. Comment concilier ces deux natures, et surtout comment bâtir dessus une éthique ?

Maître du Bien et du Mal, Dieu n'est pas non plus invincible : en attestent deux étonnants passages de l'Ancien Testament : d'abord, celui où Dieu court après Moïse dans la nuit pour le tuer, mais n'y parvient pas (Exode, IV, 24). Ensuite celui où, toujours nuitamment, il attaque Jacob, qui réussit à le vaincre (Genèse, XXXII, 25-29), ce qui vaudra d'ailleurs à Jacob un changement déconcertant de patronyme : Israël. Or, ce nom signifie : « Il se battra contre Dieu ». À quoi songeaient donc les prophètes ?

Dans leur anthropomorphisme passionné, les prophètes avaient créé une divinité infiniment plus terrible que celles qu'ils accablaient d'invectives, le Dieu Anxieux et Cruel de Job, le Dieu de Vengeance et Dieu des Armées de Jérémie, le Dieu Vindicatif de Saül, devant lesquels le Dieu de Justice faisait pâle figure. Et à la fin, il faut se demander s'ils n'avaient pas outrepassé leurs prérogatives, comme le dit Jérémie lui-même, plaçant ces mots dans la bouche de Dieu :

« J'ai entendu ce que les prophètes disent, les prophètes qui mentent en mon nom et s'écrient : "J'ai fait un rêve, un rêve !" Dans combien de temps changeront-ils leurs ritournelles, ces prophètes qui prophétisent des mensonges et déclament leurs propres inventions ? Par ces rêves qu'ils se racontent les uns aux autres, ces gens croient qu'ils feront oublier mon nom au peuple, comme leurs pères avaient oublié mon nom en faveur de celui de Baal. Si un prophète fait un rêve, qu'il raconte son rêve ; s'il a entendu mes paroles, qu'il les dise selon la vérité. Qu'est-ce que la paille peut avoir à faire avec le grain ? dit le Seigneur. [...] Je suis contre les prophètes, dit le Seigneur, qui fabriquent des messages et disent ensuite : "C'est Sa parole authentique." Je suis contre les prophètes, dit le Seigneur, qui rêvent de mensonges et les propagent, égarant mon peuple avec leurs mensonges éhontés et fous. Ce n'est pas moi qui les ai mandés, ni dirigés, et ils ne feront à ce peuple aucun bien. C'est la parole authentique du Seigneur[60]. »

Troublante autocritique mise dans la bouche du Tout-Puissant en personne ! Étonnante dénégation des révélations ! Les prophètes traités de menteurs et de fous ! L'on peine à comprendre cette dénonciation. Peut-être procède-t-elle de leurs excès. Leurs célébrations de Dieu s'étaient à la fin changées en appropriation abusive. Car leur Dieu ne pouvait appartenir à personne d'autre qu'aux Juifs et peut-être même à personne d'autre qu'à eux-mêmes, prophètes. La sagesse juive jugea bon de prendre quelques distances avec les plus audacieux des grands inspirés. Avec Ézéchiel, par exemple, qui avait prétendu l'impossible, avoir vu Dieu en personne ! Mieux valait ne pas s'interroger trop étroitement sur ses dires. Le Talmud rapporte qu'un jeune clerc inscrit dans une école rabbinique demanda la signification précise du mot *hashmal*, qui se rapportait à la description de la face de Dieu. Le feu tomba du ciel sur l'imprudent et le brûla vif. En fin de compte, le rabbin Hannanyah brûla trois cents amphores de la meilleure huile, durant ses veillées nocturnes, avant de conclure que les affirmations du prophète ne contredisaient pas la loi mosaïque.

La naissance d'un peuple avait donc suscité un Dieu qui ne pouvait être confondu avec aucun autre, qui était son Souverain exclusif et son Protecteur jaloux, guidant ses armées, ses massacres et ses conquêtes. Les déboires de l'histoire devaient donner un tour imprévu à ce formidable tête-à-tête. Vers le IIᵉ siècle avant notre ère, alors qu'Israël était réduit à une sujétion qui semblait éternelle, des Juifs se crurent abandonnés de ce Dieu parce que ses prêtres auraient été impies. On devait les appeler « Esséniens », terme vague, comme on le verra plus loin. Alors commençait une longue période d'épreuves pour les descendants de l'homme qui avait quitté Ur une vingtaine de siècles plus tôt. En 175 avant notre ère, des réformistes juifs hellénistes tentèrent de faire entrer leur peuple dans la communauté mondiale, l'*oikoumené*, et trouvèrent un allié inattendu dans le roi séleucide Antiochus Épiphane ; celui-ci jura d'abroger les lois mosaïques, « ennemies de l'humanité », et commit le sacrilège effrayant de sacrifier des porcs sur des livres sacrés juifs[61]. Les effets de ces résolutions et de ces défis ne furent pas concluants, car, en 133 avant notre ère, les conseillers de son successeur Antiochus Sidète, beaucoup moins conciliants, l'invitèrent à détruire Jérusalem et annihiler tous les Juifs, parce qu'ils étaient les seules gens sur terre qui refusaient de s'associer avec le reste de l'humanité.

L'effet de ces turbulences, réformistes d'une part, rigoristes « esséniens » de l'autre, fut immense. Car ce fut d'elles que surgit le Juif nommé Jésus. Celui-là devait donner au monde un Dieu universel. Ce fut et ce reste sans doute la raison pour laquelle on oublie si obstinément qu'il fut quand même juif.

Bibliographie critique

1. Juges, II, 11-17, d'après la Bible dans la traduction d'André Chouraqui, Desclée de Brouwer, 1985.

2. I Samuel, XII, 10, *id.*

3. I Rois, XI, 5-7, *id.*

4. Favori de Salomon, Jéroboam, membre de la tribu d'Éphraïm, complota pour prendre la succession de Salomon, soutenu dans ces projets par le prophète Ahiyya le Silonite. Salomon eut vent du complot et chercha à faire assassiner Jéroboam. Celui-ci s'enfuit en Égypte, où il épousa une princesse royale, attendant l'heure de son retour. Quand Salomon mourut, son fils Roboam devait lui succéder. Ce fut l'heure choisie par Jéroboam pour rentrer au pays. Tout Israël était réuni à Sichem pour proclamer le nouveau roi. Mais par un renversement extraordinaire de situation, Roboam fut rejeté par l'assemblée et ce fut Jéroboam qui fut élu à sa place. En fait, Jéroboam régna sur les tribus du Nord, préparant ainsi la scission du royaume de David en royaume d'Israël (nord) et royaume de Juda (sud). André-Marie Gerard, *Dictionnaire de la Bible*, Robert Laffont, 1989.

5. Selon Gerard, *op. cit.*, Jéroboam aurait fait adorer le Dieu d'Israël devant ces statues. Son infraction se serait donc limitée dans ce cas à la non-observance de l'interdit du Décalogue de fabriquer des statues ou autres figures de ce qui est dans le Ciel ou sur la Terre. Mais cette interprétation est contredite par le fait que Béthel était un dieu cananéen (Manfred Lurker, *Lexikon der Götter und Dämonen*, Alfred Kramer Verlag, Stuttgart, 1984) et, comme l'indique la référence de Jérémie (XI, 13), un dieu qui avait son sanctuaire sur le site éponyme. Le mot « Bethel » signifie certes en hébreu « Maison du Seigneur », mais il avait antérieurement la même signification en cananéen, langue dont dérive l'hébreu, et il désignait en même temps la pierre sacrée ou bétyle qui est le lieu de résidence de la divinité (Zimmern, *Die Keilinsschrift und das Alt Testamentum*, cité par Pierre Soisson, « Évolution de la nature du Dieu d'Israël après le schisme des dix tribus », *Cahiers du cercle Ernest Renan*, n° 194). Il se trouve donc que Jéroboam a bien fait adorer à Béthel une représentation divine non biblique. La preuve que le veau d'or avait une signification non biblique est d'ailleurs fournie par l'épisode célèbre où Moïse, descendant du mont Horeb, les Tables de la Loi à la main, trouve son peuple festoyant et dansant autour de la statue. Prévenu par Yahweh, il casse les Tables, fait brûler la statue en question et en fait boire les cendres aux juifs.

En ce qui concerne Dan, ce n'était guère un lieu plus orthodoxe, puisque déjà au temps des Juges (XVII) un autel schismatique s'y élevait ; ce fut cet autel que restaura Jéroboam et où il maintint, comme à Béthel, le clergé « païen ».

6. M. Lurker, *op. cit.*

7. L'importance du rôle que jouèrent les cultures implantées en Palestine avant l'arrivée des Hébreux peut se mesurer aux origines des noms mêmes d'Israël et de Juda. Comme le rapporte Sir James Frazer dans *Le Rameau d'or*, le nom même d'Israël serait d'origine phénicienne (en fait cananéenne), puisque ce serait un autre nom du dieu phénicien Cronus, signifiant « Que Dieu survive » (ezra-El), aussi bien en cananéen qu'en hébreu, l'hébreu étant un langage du groupe sémitique occidental et présentant de très nombreuses ressemblances avec le cananéen, et tous les deux comportant de très nombreux termes communs (au moins douze cents, comme l'attestent des documents égyptiens et babyloniens du XVIe siècle avant notre ère). Cronus avait un fils unique, Jeoud, ce qui signifie justement « seul conçu ». Juda était donc, pour les Phéniciens, le fils d'Israël (l'ancien district de Juda, entre la mer Morte et la plaine des Philistins, avec le Néguev au sud, se transforma tardivement en Judée, province aux contours variables).

Abstraction faite de toute considération politique, parfaitement déplacée en ce contexte, on mesure le caractère artificiel (et faux) de la tendance en vigueur quelque trente siècles plus tard : dans une ignorance assez vaste des circonstances de l'époque, certains historiens et un public nombreux se laissent aller à la tentation de ce qu'en histoire on appelle le « débutisme » : tel peuple arrive avec tel nom et tel dieu dans tel site et du passé l'on fait table rase.

8. I Rois, XVIII, 21.

9. Juges, VI, 32 et IX, 57.

10. I Chroniques, VIII, 33-34.

11. C'est l'analyse judicieuse avancée à propos du brouhaha relatif à la célébration du baptême de Clovis en 1996 par Paul-Marie Couteaux, professeur associé de droit européen à l'université Paris-VIII (*Le Monde*, 26 juillet 1996).

12. Il s'agit de peuplades plus errantes que nomades qui, à la fin du IIIe millénaire avant notre ère, descendirent de la Mésopotamie vers la Méditerranée, se livrant à l'occasion à des pillages. Le terme Habiru (ou Apiru) est utilisé de manière péjorative. Ce ne sont pas des nomades réguliers, comme les Bédouins ou les gens du désert, dont les itinéraires de transhumance étaient connus et avec lesquels les rapports étaient codifiés, mais des « non-résidents des villes », apparemment destructeurs. En effet, les pâturages étaient rares et l'eau comptée ; quand les Habirus s'installaient donc dans des terres fertiles pour faire paître leurs troupeaux, ils déclenchaient des conflits avec les transhumants réguliers. Ils s'engageaient parfois aussi comme mercenaires, ainsi que le firent les hommes de la tribu d'Abraham auprès du roi de Sodome (Genèse, XIV). Ils parlaient une langue sémitique occidentale, famille à laquelle appartient l'hébreu. Ils furent suivis dans la seconde moitié du IIe millénaire par les Araméens, qui, eux, devinrent toutefois sédentaires (Jean Bottéro, *Mésopotamie — l'écriture, la raison et les dieux*, Gallimard, 1987).

13. Salo W. Baron, *Social and Religious History of the Jews*, New York, 1952, cité par Paul Johnson, *A History of the Jews*, Harper & Row, New York, 1987.

14. *Mésopotamie — l'écriture, la raison et les dieux*, *op. cit.* C'est également l'hypothèse, sans doute un peu systématique, que Johnson (*op. cit.*) applique, lui, aux Juifs : « Les Israélites furent le premier peuple à appliquer systématiquement leur raison aux questions religieuses. À partir de Moïse et tout au long de l'histoire des Juifs, le rationalisme a été un élément central de la foi juive » (*A History of the Jews, op. cit.*). Peut-être la revendication de la paternité du rationalisme devrait-elle être étendue à toute forme de réflexion religieuse, comme je me propose de le démontrer dans la seconde partie de ce livre.

15. Ch. Virolleau, *L'Astrologie chaldéenne — Istar*, cité par Bottéro. Virolleau fut l'un des premiers déchiffreurs de l'écriture ougaritique.

16. M. Lurker, *op. cit.*

17. *Eloha* est un singulier, *Elohim* un pluriel. C'est un des points les plus singuliers

de l'histoire des origines du monothéisme que cet emploi apparemment indifférencié du singulier et du pluriel pour désigner un Dieu unique.

18. Claude F.A. Schaeffer, « Ugarit », *Encyclopaedia Britannica*, 1994.

19. « El », *Encyclopaedia Britannica*, 1994.

20. C'est le transfert imaginaire de ces piliers aux extrémités du monde connu, c'est-à-dire au détroit de Gibraltar, qui vaudra à ce goulet de la Méditerranée le nom fabuleux de Colonnes d'Hercule, Baal étant, comme on l'a vu, identifié à Hercule ou Héraklès. William Merritt Sale, « Baal », *Encyclopaedia Britannica*, 1962. Les Colonnes d'Hercule étaient en fait les colonnes de Baal !

21. « Noms de Dieu — Elohim », *Dictionnaire encyclopédique du judaïsme, op. cit.*

22. Exode, III, 13-14 et Genèse, II, 4. La référence à un intervalle de cinq à huit siècles est basée d'une part sur l'hypothèse, admise par un grand nombre d'historiens (mais non par tous, certes), selon laquelle Moïse aurait vécu sous la XVIIIe dynastie égyptienne, c'est-à-dire au XIVe siècle avant notre ère. Elle est basée, d'autre part, sur les faits cités au début de ce chapitre et qui indiquent que, du IXe au VIe siècle avant notre ère, des Hébreux et des rois juifs rendaient un culte à des dieux étrangers.

23. Exode, XXXII, 5. Il faut préciser que, dans un paradoxe apparent, Aaron entendait offrir dans le Veau d'or un symbole visible du Dieu qui avait fait sortir les Hébreux d'Égypte, dont Yahweh. En principe, il n'était donc pas infidèle et sa transgression se serait limitée à enfreindre l'interdiction de fabriquer des images. Mais on peut d'abord s'interroger sur l'extrême singularité qui voudrait que le propre frère de Moïse et le pontife suprême ait commis une faute aussi considérable ; on est ensuite en droit de penser que, pour Aaron lui-même, il n'y avait pas de différence entre Yahweh et l'ancien El mésopotamien, dont le symbole était justement un veau d'or.

24. La rédaction des cinq livres du Pentateuque, Genèse, Exode, Lévitique, Nombres et Deutéronome, est, par tradition (Talmud, Philon d'Alexandrie, Flavius Josèphe), attribuée à Moïse. C'est l'ensemble de ces livres qu'on appelle la Torah, la Loi, la Loi de Moïse ou le Livre de Moïse.

25. Exode, XXXIV, 13-16.

26. Jusqu'à la publication des thèses de Graf, c'est-à-dire jusque vers 1865, la critique biblique distinguait quatre groupes différents de textes pour le Pentateuque, nommés J (pour yahviste), E (pour les textes appelant Dieu Elohim), D (pour Deutéronome) et P (autre groupe d'Elohim) ; selon cette classification, P était la source la plus ancienne et D la plus récente.

Mais Graf releva qu'on compte dans les textes de la source P plus de deux cents mentions du Tabernacle, la tente que Moïse construisit pour abriter l'Arche d'alliance, alors que, dans ceux de la source E, on n'en compte que trois et aucune dans les sources J et D. Or, c'était incompréhensible, car les documents les plus récents eussent dû en comprendre plusieurs. Tout se passait donc comme si les textes les plus récents, théoriquement J et D, n'avaient eu connaissance ni du Tabernacle ni des textes P et E ; mais cette hypothèse était insoutenable. Graf démontra alors que la source P est la plus récente, et il en déduisit que le Tabernacle n'avait pas existé en des temps anciens et que c'était une invention de la source P. L'ordre réel des sources était JE, D et enfin P, la législation d'Ézéchiel en XL-XLVIII faisant la transition entre D et P.

Cette thèse, précédée et renforcée d'ailleurs par les travaux de deux critiques éminents, Vatke et George, déclencha un tollé. En effet, elle impliquait que les prophètes avaient précédé la rédaction de la Loi et que les Psaumes étaient venus en dernier. Donc, le Pentateuque n'était pas de la main de Moïse ou, tout au moins, ne l'était pas en entier. Toute une école de critique biblique et de philologie, divisée en deux camps, en débattit pendant plusieurs années. Vint en 1878 la publication de l'*Histoire d'Israël* d'un critique respecté, Julius Wellhausen, et le camp de Graf, Vatke et George, auquel s'était joint le célèbre critique hollandais Kuenen, l'emporta. Cette révolution modifia radicalement la vision d'Israël et du judaïsme, car elle démontrait le rôle prééminent des prophètes : c'étaient eux qui avaient forgé le judaïsme.

Il faut préciser *a)* que cette note résume de manière extrêmement succincte des débats dont l'ampleur occupe plusieurs volumes et *b)* que l'ordre chronologique indiqué plus haut ne doit pas être pris de façon radicale et aussi linéaire. Freedman a ainsi démontré que certains éléments de P sont très probablement anciens, d'autres reconstruits à partir d'éléments anciens.

George Buchanan Gray et Arthur Samuel Peake, « Bible » 4. « Higher and Historical Criticism », *Encyclopaedia Britannica*, 1964 ; Richard Elliott Freedman, *Who Wrote the Bible ?*, Summit Book, New York, 1987 ; *The Exile and Biblical Narrative*, Harvard Semitic Monographs, Decatur, 1981 ; Rolf Rendtorff, *Das überlieferungsgeschichtliche Problem des Pentateuch*, Walter de Gruyter, Berlin, 1977.

27. « Dans la dix-huitième année du règne de Josias (622 av. notre ère), un "livre de la Torah" (ou "livre de l'Alliance"), qui jusqu'alors avait été laissé de côté, fut découvert dans le Temple par le grand prêtre » *(Dictionnaire encyclopédique du judaïsme, op. cit.)*. On peut à juste titre s'étonner qu'un livre d'une telle importance eût été « laissé de côté ».

28. I Rois, 21.

29. E. Chouraqui, *op. cit.*

30. On en trouve un exemple frappant dans les Nombres. Dans un récit quelque peu contradictoire, en effet, on apprend que les Israélites avaient commencé à « putasser » avec les femmes Moabites ; Dieu ordonne donc à Moïse d'exterminer les Moabites. Puis, brusque changement d'ordre, Dieu dit à Moïse d'exterminer les Madianites qui l'ont troublé, lui Moïse, avec leurs séductions ; périphrase discrète pour dire que Moïse aussi a été séduit par une Madianite. Or, s'ils sont voisins dans l'Araba et la péninsule sinaïtique, les Moabites et les Madianites ne sont certes pas les mêmes. Et de l'allusion incluse dans le texte sur la séduction que les Madianites (évidemment les femmes madianites) ont exercée sur Moïse, on comprend que l'épouse de Moïse est justement une Madianite ; de fait et comme le précise l'Exode, c'est Sippora, la fille du prêtre madianite Jethro, celui qui a accordé son hospitalité à Moïse quand il avait fui l'Égypte, et cela au vu et au su de Dieu. Singulière façon, soit dit incidemment, d'exprimer sa gratitude !

31. David Rosenberg, interprété par Harold Bloom, *The Book of J*, Grove Weidenfeld, New York, 1990.

32. La mention de ces deux autres mystérieux visiteurs qui accompagnent Abraham doit être entendue dans une symbolique subtile : ce sont évidemment des personnages célestes, mais les anges n'existent pas encore dans la théologie juive, et ce sont donc des dieux. L'épisode indique que, voyant devant sa tente trois dieux, Abraham reconnaît d'emblée le seul vrai. S'il fut, en effet, le fondateur de la nation hébraïque, Abraham ne fut pas le fondateur de sa religion, comme le reconnaît un passage de Josué (XXIV, 2) : « Vos pères, Terah, père d'Abraham et père de Nahor [...] servaient d'autres Elohim. » Les dieux qui accompagnaient Yahweh étaient donc ceux du père d'Abraham ; celui-ci ne pouvait évidemment pas les congédier, par piété filiale, mais c'est Yahweh qu'il reconnaît quand même et le seul que nomme l'auteur de la Genèse.

33. Genèse, XXI, 5.

34. Ce Dieu est assez familier lui-même pour courir en personne après les humains afin de régler ses comptes. C'est ainsi que, se rendant sur l'ordre du Seigneur (et après une entrevue orageuse avec ce dernier) du pays des Madianites en Égypte, Moïse est attaqué nuitamment par Dieu en personne. La raison en est que son fils Israël n'est pas encore circoncis. C'est la mère de ce dernier, Sippora, qui résout le conflit en pratiquant la circoncision sur-le-champ avec un silex tranchant (Exode, IV, 24-26). On peut s'étonner de ce que le Tout-Puissant se soit déplacé exprès sur Terre et que Moïse ait échappé à sa colère, mais enfin, c'est le texte.

35. « Isaac », *Dictionnaire encyclopédique du judaïsme, op. cit.*

36. On ne sait quels sont les membres de ce Conseil. À titre d'exemple, la New English Bible (Oxford University Press, Cambridge University Press, 1970) traduit ainsi : « Les membres de la Cour du Ciel ». A. Chouraqui *(op. cit.)* traduit, lui : « Les fils d'Elohim ». Une version populaire (Reader's Digest, Paris, Bruxelles, Montréal, Zurich, 1990) dit que ce sont « les anges de Dieu [qui] venaient faire leur rapport au Seigneur ». Il y a autant de traductions de ces mots que de versions. On ne sait non plus quel est l'objet de ce Conseil, qui semble se réunir régulièrement. Visiblement, il s'agit en tout cas d'une mise en scène poétique, qui indique que Dieu tient au ciel des assemblées comparables aux conseils de tribu.

37. I Corinthiens, I, 19-27.

38. « Mentionne notre serviteur Job,/ Il crie vers son Seigneur : "Le Démon m'a atteint/ par une souffrance et un châtiment." » XXXVIII, 41-44.

39. V. *Histoire générale du Diable, op. cit.*

40. « Job », *Dictionnaire encyclopédique du judaïsme.* Ces doutes sont motivés par le fait que le Livre de Job comporte de nombreuses données qui sont d'origine édomitique (les Édomites, descendants d'Édom, fils d'Isaac, occupaient un territoire allant du sud de la mer Morte jusqu'au golfe d'Aquaba ; ils n'étaient apparemment pas juifs et, d'ailleurs, ils sont maudits par les prophètes parce qu'ils pillèrent Jérusalem après qu'elle eut été conquise par Nabuchodonosor). Job aurait été un Édomite et son histoire ne serait donc pas exemplaire. Il existe par ailleurs un texte comparable plus ancien, le « Job babylonien », monologue d'un roi pieux accablé de maux, mais ne comportant pas la leçon de philosophie de son homologue hébreu (Millar Burrows, « Job », *Encyclopaedia Britannica*, 1964).

41. Il n'est pas antérieur sous sa forme écrite au Ve siècle avant notre ère et il y a même de bonnes raisons de le dater du début du IVe siècle, mais il est probable qu'il en existait une version orale beaucoup plus ancienne (Burrows, « Job », *op. cit.*), ce qui expliquerait les mentions de Job par Isaïe et Ézéchiel. Il faut rappeler que, jusqu'en 400 avant notre ère, il n'y avait pas de canon, c'est-à-dire de corpus de textes certifiés, pour les Livres : ceux-ci variaient donc de forme et de contenu selon les scribes. Le canon n'apparaît paradoxalement chez le Peuple du Livre qu'en 200 (P. Johnson, *A History of the Jews, op. cit.*).

42. Philon d'Alexandrie, *Contre Flaccus*, 55-56 ; 66-68 *et seq.*, vol. III *(Contra Flaccum)*, The Loeb Classical Library, Harvard University Press, Cambridge, Mass., William Heinemann Ltd., Londres ; Flavius Josèphe, *Antiquités judaïques*, XVIII, 8, 1, XIX, 280 *et seq.*, The Loeb Classical Library, Harvard University Press, Cambridge, Mass., William Heinemann Ltd., Londres.

43. XXVIII, 1.

44. X, 32 et XIV, 23.

45. V. « La soif des dieux », 2e partie, ch. 4.

46. A.-M. Girard, « Guerres de Jahvé (livre des) », *Dictionnaire de la Bible, op. cit.*

47. XC, 1-2.

48. II Chroniques, XX, 5-10.

49. Girard, « Chroniques », *Dictionnaire de la Bible, op. cit.*

50. *Id.* « Ezéchiel ».

51. XXXV, 1-15 ; XXXVI, 5 et 8.

52. Nombres, XXIV, 8-9.

53. Deutéronome, VII, 1.

54. I Samuel, XV, 3-4.

55. Jérémie, IX, 24.

56. Jérémie, XIX, 9.

57. Lamentations, II, 20.

58. Ézéchiel, X, 3-7.

59. Pierre Carnac, *Prophéties et prophètes de tous les temps*, Pygmalion/Gérard Watelet, 1991.

60. Jérémie, XXIII, 25-32.

61. Diodore de Sicile, *Bibliotheca*, XXXIV, 1, 1 *et seq.*, cité par Johnson, *A History of the Jews*, op. cit.

11

Les monothéistes méconnus
de la Grèce archaïque

Sur les premiers occupants de la Grèce et leur culte de la Grande Déesse — Sur la naissance de la langue grecque et la royauté de Zeus, homme et maître de l'Olympe — Sur la force du sentiment religieux en Grèce — Sur les mystères et leurs épiphanies — Sur les premiers textes monothéistes et leurs ressemblances avec les textes chrétiens — Sur les penseurs dits présocratiques et le caractère préchrétien de leur monothéisme avoué, cinq siècles avant notre ère — Sur les Cyniques et les Stoïciens et leurs caractères également préchrétiens — Sur la Grande Boucle réalisée par la Grèce et les interprétations superficielles des dieux grecs.

Tous les dieux, dont les humains ont si grand besoin, sont des immigrés et ceux de la Grèce n'y font pas exception. Le pays que nous appelons d'ailleurs la Grèce, l'antique du moins, Macédoine, Épire, Thessalie, Acarnanie, Étolie, Phocide, Eubée, Béotie, Attique, Achaïe, Élide, Arcadie, Argolide, Messénie, Laconie, ne fut longtemps qu'un lieu de passage, pour les hommes comme pour leurs célestes inventions. Il existe des traces de présence humaine au VIIIe millénaire, mais ces tribus, si c'en était, ne semblent pas s'être fixées. Elles seraient venues de l'est, deux millénaires à peu près après le réchauffement qui suivit la dernière glaciation. C'était donc au paléolithique. En tout cas, ce n'est qu'au néolithique, vers 6500 avant notre ère, que des populations, soit des descendants des premiers envahisseurs, soit d'autres, s'y installent.

Les rares éléments dont on dispose sur les religions de ces envahisseurs ne peuvent surprendre le lecteur des chapitres précédents : la Grande Déesse figure parmi leurs divinités principales ou les domine, comme en attestent les sculptures de pierre réalisées par ces gens qui ne connaissaient encore ni la poterie ni le métal. Ainsi de l'effigie féminine massive et courtaude, découverte près de Sparte, qui se tient les mains sur la poitrine et qui a été sculptée au VIe millénaire avant notre ère. Dans les Cyclades, on retrouve des effigies d'un type différent, encore plus stylisées, dont la forme évoque celle d'un violon ; ce sont des images féminines, sans jambes, mais dont le pubis est nettement dessiné. Fécondité, fertilité et donc sexualité, les vénérations dans la « Grèce » d'avant la Grèce ne se distinguent guère du reste du monde.

Il ne viendrait à personne l'idée de penser que ces premiers sédentaires étaient les Grecs de Solon, de Thucydide et de Thémistocle. Près de quatre millénaires et demi s'écoulent encore avant une nouvelle vague de migrations, vers 1900 avant notre ère, vraisemblablement originaires de la civilisation dite du Kourgan[1]. Peut-être, sans doute, probablement, y en eut-il d'autres dans ce considérable intervalle, mais on n'en sait rien, et les historiens de la fin du XXᵉ siècle répugnent à abuser de la notion d'invasions pour tout expliquer. Tout ce qu'on peut dire est que ces nouveaux envahisseurs étaient des Indo-Aryens ou leurs descendants, des Indo-Européens. La langue aussi sert à l'archéologie et il est établi que le grec, en effet, est issu du formidable tronc linguistique indo-aryen.

Ce point est à l'origine d'une révolution considérable dans l'histoire de la Grèce antique, qui s'est effectuée au cours de la seconde moitié du XXᵉ siècle : c'est assurément dans ce bref laps de temps qu'on s'est avisé que la collection de dialectes apparus dans diverses régions de la Grèce à partir du début du IIᵉ millénaire avant notre ère appartient sans conteste au tuf linguistique grec. Les « envahisseurs de l'an 2000 » sont, en réalité, les ancêtres de la première grande civilisation du sol grec, celle des Mycéniens. Or, pendant longtemps, on avait exclu les Mycéniens de l'aire culturelle grecque. Jusqu'en 1950, on les qualifiait de « préhellènes » et on leur attribuait une culture et une religion complètement différentes de celles des Hellènes et, pourquoi pas, une origine mystérieuse. En 1952, coup de tonnerre ! L'amateur philologue anglais Michael Ventris et son collègue helléniste John Chadwick réussissent à déchiffrer des tablettes mycéniennes énigmatiques et... c'est du grec[2] ! Il fallut donc cesser d'appeler préhelléniques des gens qui parlaient le grec. Les fameux envahisseurs s'étaient donc hellénisés beaucoup plus tôt qu'on ne l'avait imaginé et les Mycéniens n'étaient pas des Martiens, mais des Grecs de Mycènes (entre autres lieux). Point qui, on le verra plus bas, revêt une grande importance dans la compréhension de la religion grecque.

On rendra ici un hommage de plus aux Indo-Aryens : entre autres richesses, et peut-être la plus précieuse, ils apportèrent une langue. Celle-ci contribua à l'extraordinaire développement ultérieur de la culture grecque. Plus tard, les Grecs empruntèrent leur alphabet aux Phéniciens, le remodelèrent et nous donnèrent la langue admirable que nous connaissons : elle fut le premier support de l'idée occidentale de Dieu.

Vers 1600 avant notre ère, ces immigrants affirmèrent leur présence en construisant des forteresses, à Argos, à Pylos, à Thèbes, à Sparte et à Athènes. La plus impressionnante est le palais de Mycènes, en Argolide. Ces gens avaient le goût du colossal, à coup sûr : les Grecs crurent voir l'œuvre de géants dans ces amoncellements de blocs de deux mètres de long et d'un mètre d'épaisseur qui s'élevaient jusqu'à vingt mètres. Le seul linteau de la fameuse porte des Lionnes, à Mycènes, dépasse vingt tonnes. Voilà des gens qui ont l'habitude du combat. Outre ces fortifications titanesques, leurs armures témoignent de leur souci de la guerre. La cuirasse de guerrier en plaques de bronze articulées, qu'on peut voir au musée de Nauplie, est conçue pour résister aux chocs de tous les glaives de l'époque.

Il en découle qu'il fallait se défendre constamment, ce qui ramène aux envahisseurs. L'historien cité par Thucydide et qui assure que, « depuis des temps immémoriaux, l'Attique n'a jamais été habitée que par un même peuple » ne croit pas si bien dire : l'Attique et l'Arcadie sont les deux seules régions qui n'aient pas été balayées par des bandes d'étrangers. La Grèce a été, en effet, inondée d'invasions. Après les Mycéniens vinrent les Achéens ou Héraclides, qui assuraient descendre d'un dieu-héros, Héraklès. Tandis que la civilisation mycénienne accomplissait sa parabole, de l'essor à la brutale décadence, des Anatoliens qui avaient déboulé en 2600 avant notre ère en Grèce du Nord, occupèrent d'abord la Macédoine et la Chalcidique, puis descendirent sur la Thessalie[3]. Arrivèrent ensuite les Doriens, en fait des Spartiates, inventeurs de l'étrange principe de monarchie bicéphale, qui étaient probablement originaires du Nord eux aussi[4] et qui, vers 1104 avant notre ère, auraient occupé l'ensemble de la Grèce. N'oublions pas les fameux Peuples de la mer ou Pélagiens, qui étaient sans doute des Phéniciens. Ni les invasions sporadiques de hordes balkaniques. Et tant qu'à évoquer des influences étrangères, il faut également citer les alliés des Grecs de l'âge de bronze, Hittites et Égyptiens. Autant d'influences culturelles dont il est impossible de démêler l'écheveau.

Politiquement, ce fut le chaos, que les historiens anglo-saxons désignent sous le nom d'« années ténébreuses ». Des bandes de pillards doriens allaient écumer les îles méridionales de l'Égée, puis fondaient des colonies en Asie Mineure, des réfugiés de Thessalie allaient s'abriter à Ténédos et à Lesbos, ou bien allaient aussi en Asie Mineure, et des Ioniens, eux, fuyaient leurs poursuivants doriens dans les montagnes de l'Achaïe et de l'Attique... L'on guerroyait à tort et à travers, mais l'on guerroyait sans cesse. Du XIIe au IXe siècle avant notre ère, la Grèce fut le théâtre d'invasions, de conquêtes et de mouvements de population incessants. « Les migrations étaient fréquentes, de nombreuses tribus abandonnant leurs foyers sous la pression de populations plus grandes », écrit Thucydide[5].

On conçoit que la religion n'occupait guère une grande place dans ce hourvari sanglant et ces exodes haletants. Deux grands traits se dégagent pourtant dans l'évolution des croyances religieuses au cours des quelque cinq millénaires qui s'étaient écoulés : la divinité masculine avait conquis sa place auprès de la Grande Déesse. Le courant oriental, dit ouranien, en référence à Ouranos, dieu grec du ciel, avait apporté des dieux mâles et s'était heurté au courant ancien des divinités de la terre, dit chtonien, presque toutes féminines. Un indice entre d'innombrables autres : les envahisseurs indo-européens venus de Macédoine en Thessalie au milieu du IIIe millénaire avaient apporté avec eux des statuettes masculines et phalliques, reproduisant le schéma exposé plus haut dans l'avènement des dieux masculins[6].

Quand, au IXe siècle, l'esprit grec commença à renaître, l'ordre s'instaura progressivement dans les croyances de ceux qui étaient en train de devenir les Grecs de la tradition, et cela grâce à l'héritage fabuleux de l'âge de bronze : les poètes épiques. À commencer par Homère et Hésiode, deux géants sans la lecture desquels il est difficile de comprendre la Grèce. Dans *L'Iliade* (écrite vers la fin du IXe siècle, peut-être au début du VIIIe), dieux et déesses semblent se partager les rôles, et, à partir du VIe siècle avant notre ère, les Panathénées peuvent bien célébrer en grande pompe la force et la vertu de la déesse Athéna : un siècle plus tard, il en va bien autrement, car la femme n'a pas le droit de vote et Aristote écrit : « L'esclave n'a pas de volonté ; l'enfant en a, mais elle est incomplète. La femme également, mais elle est sans force. » Il n'est qu'Aristophane pour rendre quelque importance aux femmes en leur faisant, dans *Lysistrata*, refuser tout commerce sexuel avec les hommes pour arrêter la guerre du Péloponnèse...

La *Théogonie* d'Hésiode[7], elle, ne laisse guère de doutes sur l'identité des vrais maîtres du monde : on voit, dans la bataille entre Zeus et les Titans, le premier campé avec les autres dieux sur le mont Olympe et les autres retranchés sur le mont Othrys. Les forces sont inégales, car Zeus a appelé à la rescousse les épouvantables enfants de Cronus, son propre père. Le maître de l'Olympe et ses alliés font donc pleuvoir sur les Titans des chapelets de foudre et des grêles de rochers. Les Titans sont évidemment subjugués et enchaînés dans les profondeurs de la Terre. Moralité : la conduite des affaires du monde est une affaire d'hommes. Il est probable que le mythe de cette bataille est une transcription symbolique d'un événement qui marqua profondément l'imagination des peuples de la Méditerranée, l'éruption du volcan de Théra, en 1470 avant notre ère. Le schéma d'interprétation est toutefois significatif : dans la fabrication du mythe, Hésiode ne met en jeu (sans doute à partir de récits de la catastrophe très anciens et devenus légendaires) que des forces masculines.

Voilà donc un premier acquis : le génie grec de transformation d'éléments étrangers et hétérogènes a suivi le même chemin que le reste de l'Eurasie : la prépondérance en matière de divinité est masculine. Zeus est bien marié à Héra, mais le roi de l'Olympe et le maître exclusif de la foudre, c'est lui ; elle n'est que son épouse et ne saurait décider des questions majeures. À eux deux, ils représentent une projection céleste de la société patriarcale, où les hommes dirigent la cité, font la guerre et du commerce, tandis que les femmes s'occupent au gynécée. Il est le protecteur de la Cité, donc le commandement lui revient.

Au Vᵉ siècle avant notre ère, Artémis, l'ancienne déesse-mère, la grande déesse des chasses, a depuis longtemps perdu son statut impérial : elle est descendue dans la mythologie grecque au rang décidément inférieur de l'un des nombreux enfants adultérins de Zeus, puisqu'elle n'est plus que la fille de la nymphe Léto et la sœur, aînée de neuf jours, d'Apollon. Comble de déchéance, elle est poursuivie par la fureur d'Héra, qui exècre évidemment les bâtards et bâtardes de son époux. La fécondité et la fertilité qui lui avaient été associées sont totalement oblitérées : c'est une vierge farouche qui exige la même continence de ses compagnes. Quant à Déméter, l'immémoriale déesse des moissons, jadis toute-puissante, si c'est bien la sœur de Zeus, elle est réchappée de la mort de façon peu glorieuse : elle a été tout simplement vomie. Cronus avait, en effet, la détestable habitude de manger ses enfants et sa femme Rhéa, excédée de ces manières d'ogre, lui fait un jour manger un rocher ; il le vomit et des vomissures s'échappe Déméter qu'il avait mangée, mais apparemment pas digérée[8].

Ces fables captivent l'imagination des poètes qui, à leur tour, en enchantent le peuple. Comme les Hindous, les Grecs se font de leurs dieux une image remarquablement humaine : ce sont des gens constitués comme tout le monde, avec des humeurs et des désirs tout à fait terriens, à cette différence près qu'ils sont, eux, immortels et beaucoup plus puissants. Mais les Grecs colorent cette image d'une impertinence qui friserait l'impiété. Vindicatifs, coléreux, coureurs de guilledou et criminels à l'occasion, leurs dieux ne donnent guère l'exemple de la vertu. Ainsi, quand Dionysos envahit la Thrace, Orphée, favori d'Apollon qui lui a offert une lyre, néglige de lui rendre hommage ; Dionysos délègue alors ses prêtresses, les Ménades, qui le dépècent et jettent sa tête dans la rivière Hébros (sur laquelle la tête flotte, chantant toujours, et dérive jusqu'à l'île de Lesbos). Apollon n'est guère plus aimable ; irrité par les éloges que les paysans font du talent de Marsyas à la flûte, il le convoque pour mettre ce talent à l'épreuve (il s'agit de jouer de la flûte et de chanter à la fois) et, comme Marsyas est vaincu, Apollon l'écorche vif et cloue sa peau à un tronc de pin. Le bel Apollon lui-même, qui a toujours refusé de se marier, court les garçons et les filles à l'envi, à l'instar de Zeus lui-même, d'ailleurs, quand il n'est pas en train de comploter pour détrôner celui-ci ; il se mêle de ressusciter les morts, ce qui contrarie le dieu des enfers, lequel va se plaindre à Zeus. Celui-ci foudroie l'humain ressuscité par Apollon, Asclépios, et, fou de rage, Apollon escagasse les Cyclopes, fidèles serviteurs de Zeus... Artémis ne cultive guère des humeurs plus paisibles : quand Brontês, l'un des cyclopes de l'île de Lipari, se met à genoux pour lui déclarer son amour, elle s'impatiente et lui arrache une touffe de poils de la poitrine. L'origine du monde n'est pas particulièrement convenable pour de chastes oreilles : quand Athéna veut partir en guerre, elle répugne à emprunter ses armes à Zeus et demande donc au dieu forgeron Héphaïstos de lui en en forger. Le dieu, qui est amoureux d'Athéna comme bien d'autres, lui assure qu'il le fera non contre paiement, mais par amour. Et quand Athéna vient prendre livraison de ses armes, Héphaïstos, fort excité, la prend dans ses bras et éjacule contre la cuisse de la déesse. Celle-ci essuie le sperme avec dégoût à l'aide d'un chiffon de laine et le jette en l'air ; le chiffon souillé retombe près d'Athènes, et c'est ainsi que la terre fut fertilisée[9]...

On serait tenté d'en conclure que le sentiment religieux des Grecs était tempéré, pour dire le moins, et que la religion grecque aurait tout au plus été, outre un trésor d'histoires divertissantes, un ensemble de rites à fonction sociale. Car comment vénérer des dieux qui composent une société aussi peu recommandable ? Les Grecs auraient donc été les seuls au monde à ne pas ressentir le besoin de dieu qui caractérise l'ensemble de l'humanité ?

Quatre faits contredisent formellement cette hypothèse. Je les cite par ordre d'importance croissante. Le premier est la vigueur de la superstition populaire dans le monde hellénique, comme dans le reste du monde méditerranéen, d'ailleurs. Or, qui dit superstition dit croyance personnelle dans des puissances surnaturelles, bénéfiques ou maléfiques. Le deuxième est l'importance de la célébration des mystères, éleusiniens, dionysiaques et orphiques, cérémonies religieuses qui ont revêtu une grande importance dans la culture hellénique. Le troisième est l'attitude des penseurs. Enfin, il est notoire qu'en démocratie ou en tyrannie les Grecs ne prenaient pas à la légère l'accusation d'impiété : quand Alcibiade fut soupçonné, seulement soupçonné, d'avoir participé à un complot à la faveur duquel on avait nuitamment castré les Hermès d'Athènes (sauf un), l'émotion fut vive. Ce n'avait peut-être été qu'une farce de mauvais goût, perpétrée par des jeunes gens ivres. Mais Alcibiade se trouva en danger. « Pour le comprendre, écrit Jacqueline de Romilly, il faut comprendre à quel point les traditions religieuses restaient fortes dans la démocratie athénienne. Toutes les manifestations politiques s'entouraient de prières, de sacrifices, de libations[10]. »

La croyance dans la magie et les présages a occupé une place considérable dans la vie quotidienne des Grecs, depuis un temps immémorial. Héphaïstos, dieu des forgerons cité plus haut à propos d'une histoire d'amour incontinent, est en plus le dieu des magiciens, que les autres dieux eux-mêmes redoutent : précipité du haut de l'Olympe par sa mère Héra, furieuse d'avoir enfanté un garçon aussi difforme (il était laid et boiteux), il lui envoie plus tard un trône d'or. Elle s'y assoit, mais ne peut plus s'en relever, car le fils vindicatif y a dissimulé un mécanisme qui tient sa mère prisonnière. C'est le symbole même du charme magique. Tout le monde en Grèce se méfie de deux puissances invisibles, la *hubris* ou confiance excessive en soi-même qui irrite les dieux et notamment la terrible Némésis, déesse de la vengeance, et le *phtonos*, qui est le mauvais œil, suscité par des succès trop éclatants. « Tout prenait valeur de signe. Chacun était un avertissement qu'il suffisait de savoir interpréter pour en tirer l'enseignement et la protection nécessaires[11]. »

D'où la place du *magos* dans la Cité, mot dont dérive le « mage » français. Sa fonction est de déchiffrer le signe et d'élaborer une protection. Est-ce un devin ? un sorcier ? un chamane ? Les interprétations en ont beaucoup varié et Claude Lévi-Strauss y a même vu un précurseur du psychanalyste[12]. Il s'apparente au *goes*, γοηξ, « magicien qui prononce des incantations lugubres » (chez Hérodote), mais aussi imposteur, et au *pharmakeus* ou *pharmacos*, φαρμακευξ, celui qui compose des préparations magiques, empoisonneur (chez Sophocle) et sorcier (chez Platon[13]). Il est un peu tout cela à la fois, mais il est surtout un intercesseur entre l'humain et les puissances surnaturelles. Et les Grecs font une consommation prodigieuse d'interprétations de songes, de philtres, d'amulettes, poudres et autres sortilèges. Même dans ce traité de totalitarisme civil qu'est *La République*, Platon laisse à la Pythie le soin des questions morales et religieuses. Et dans le *Phèdre*, il reconnaît à la divination un statut officiel.

Ce ne sont certes pas là des signes d'une conception supérieure de la croyance, mais ils traduisent néanmoins une reconnaissance instinctive, immédiate et quotidienne de puissances divines. Si les Grecs prêtent aux dieux de la religion populaire (car il existe donc une religion philosophique qui n'a que faire des faits divers de l'Olympe) des actes criminels et des exploits répréhensibles, c'est en quelque sorte à titre d'exorcisme. Leurs dieux sont en cela très proches des dieux hindous et celtiques : capables de tout et imprévisibles. Mieux vaut donc s'assurer leurs faveurs et s'efforcer de ne pas encourir leur déplaisir.

Mais il s'en faudrait que les Grecs ne puissent concevoir les dieux que comme des personnages de comédie ou de tragédie ; ils ont aussi leurs dieux abstraits, Tyché, la Fortune, Kronos, le Temps, Physis, la Nature. Certains iront même jusqu'à assujettir les dieux eux-mêmes, à commencer par Zeus, à la volonté des Parques. Et l'on verra au chapitre suivant que le sens religieux ne se limite pas à cette peur constante des démons, *daimones* (qui ne sont certes pas nos diables manichéistes, mais des esprits puissants[14]), la *deisidaimonia*. Les Grecs ont aussi un sens plus profond de l'au-delà, qui s'exprime chez leurs poètes et leurs philosophes.

Après la superstition, petite monnaie de la métaphysique, le deuxième témoignage essentiel du sentiment religieux des Grecs réside dans les mystères. Ce sont des cérémonies religieuses annuelles, qui semblent avoir revêtu un caractère extatique et qu'on pourrait, moyennant un raccourci audacieux, comparer à de Grandes Pâques antiques, parce qu'elles célèbrent toutes une résurrection.

Le mot « mystère », qui dérive du grec *muein*, μυειν, « fermer la bouche » et, par extension, « initier », se réfère au silence rituel auquel les participants étaient astreints. Plutôt que secrètes, il conviendrait de dire que c'étaient des cérémonies réservées. On y établissait, en effet, un contact direct, mystique, avec des divinités, et comme celles-ci étaient dangereuses, il convenait de veiller au strict respect du rituel[15].

Les mystères ont, de l'avis général des historiens, des sources très anciennes, bien qu'aucune conclusion n'ait permis de départager formellement théories et opinions sur leurs origines[16].

Les Grecs célébraient plusieurs mystères, d'importance variable selon leur ancienneté et leur popularité. Les plus anciens et les plus fameux étaient ceux d'Éleusis, qui se tenaient dans la ville de ce nom, à quelques kilomètres à l'ouest d'Athènes. C'était un site mycénien, où l'on célébrait, avant même l'occupation mycénienne, le culte de la Grande Déesse des moissons[17], plus tard devenue la Déméter grecque. On ignore à quel mythe se référaient les célébrations des époques préarchaïque et archaïque, mais on sait le thème des mystères d'Éleusis dans la Grèce préclassique et classique : c'étaient les retrouvailles mythiques de Déméter et de sa fille Korê (dite Perséphone à Éleusis). Perséphone, en effet, avait été enlevée par le dieu des Enfers, Hadès. Déméter s'en désolait et parcourait la terre à sa recherche ; pour se venger de la souffrance qui lui avait été infligée, elle dessécha la terre et l'humanité risqua donc de mourir de faim. Ce fut alors que Zeus alarmé envoya Hermès délivrer la prisonnière souterraine, qui ne pouvait plus passer, toutefois, que quelques mois sur la terre avec sa mère[18]. Déméter rendit alors les moissons aux mortels. Le symbole est évident : après avoir sommeillé dans la terre, le grain de blé « mort » ressuscitait, ramenant vie, fertilité et richesse. La célébration de la fête commençait d'ailleurs le 13 du mois de Boêdromiôn, à peu près correspondant à septembre[19], et s'achevait une semaine plus tard, ayant suivi tout au long un cérémonial solennel qui évoque irrésistiblement les grandes festivités religieuses chrétiennes de Byzance. Ce n'était certes pas là une fête spécifique de l'Attique, car les mystères éleusiniens étaient célébrés partout en Grèce, en Béotie, en Laconie, en Messénie, en Crète, à Théra, attestant de l'enracinement du sentiment religieux des Grecs.

Les mystères dionysiaques sont très anciens et remontent au moins aux migrations indo-européennes du IIe millénaire avant notre ère, qui introduisirent le Theos-Nysa, le dieu de la ville de Nysa[20], c'est-à-dire l'Hindou Shiva, en Macédoine. La fabrication du vin remontant aux environs du Ve millénaire avant notre ère, il est évident que les vendanges et le foulage des grappes qui préludaient à la confection de cette boisson enivrante donnaient lieu à des célébrations. Par ailleurs, la couleur même du jus de raisin, qui évoquait le sang, chargeait la vinification d'une symbolique vitale. Le vin devenait le sang, transfert récupéré plus tard par le christianisme. Sa consommation revêtait alors l'apparence d'un sacrifice sanglant et, de fait, le culte de Dionysos précéda le christianisme dans l'utilisation de cette symbolique. Le dieu était, en effet, identifié à l'animal sacrifié, d'où ses surnoms de *taurokeros*, « à cornes de taureau », ou *tauroprosopos*, « à face de taureau ». Et les Bacchantes, ivres et saisies de fureur sacrée, consommaient la chair crue de l'animal sacrifié, représentant donc le dieu[21].

Les célébrations de Dionysos sont plus des fêtes que des cérémonies réservées. Il y a la Fête des vendanges ou Oschophories, en octobre, puis les Dionysies des champs, en décembre, les Lénéennes données en l'honneur des Ménades, femmes qui sont attachées au culte du dieu, et la Fête des fleurs ou Anthestéries, en février (ne citons que pour mémoire les Dionysies urbaines du printemps, instaurées tardivement par Pisistrate). Ce sont aussi des célébrations de la fertilité et de la fécondité, et c'est sans doute à celles-là que se réfèrent les apologistes chrétiens, qui en dénoncent l'obscénité parce qu'elles sont, en effet, débridées : danses extatiques des sectatrices du dieu, dans un vacarme de tambourins et de castagnettes, défilés phalliques, beuveries et, évidemment, débordements sexuels.

Il serait toutefois erroné d'interpréter ces excès comme des prétextes à lubricité à peine déguisés : « La nudité rituelle, l'exhibition des organes de la génération, qui ont en principe un pouvoir fécondant, servent aussi à détourner le mauvais œil et les génies malfaisants », écrit ainsi Francis Vian[22]. Par ailleurs associé aux moissons, Dionysos était ici célébré comme symbole de la renaissance de la vitalité.

Dionysos est un dieu encore mal connu et mal compris, qui éclaire d'un jour révélateur la religion des Grecs : il est, assurément, cher aux Grecs parce qu'il est proche de la condition humaine, car il est mortel. « Il a été tué par le héros Persée, assassiné et dévoré par les Titans et, fuyant Lycurgue, il vient mourir à Delphes, où l'on montrait sa tombe portant l'inscription : *Ci-gît Dionysos, fils de Sémélé*[23]. » De tous les dieux antiques, Adonis, Tammouz, Krishna, il est, avec Héraklès, celui qui préfigure le plus exactement Jésus. Il descend souvent aux Enfers, dont une fois pour délivrer sa mère, mais remonte toujours à la lumière. Il est un autre dieu de l'amour[24], tout comme il est le « dieu-qui-vient », perpétuellement, ainsi que le définissait l'helléniste allemand W.F. Otto, et chaque venue est une épiphanie. Indéniablement, les Grecs ont considérablement modifié le dieu originel Shiva : ils ont fait de Dionysos un dieu moderne, dont l'image, sans cesse rejetée dans le « paganisme », ressort irrésistiblement en raison de sa vitalité et de sa richesse.

Il semble que la ferveur dionysiaque se soit affaiblie vers le VIIᵉ siècle avant notre ère[25]. Là, un courant venu de Thrace ou de Macédoine la revivifia, l'enrichissant d'une mystique nouvelle, l'orphisme. Cette association, qui peut surprendre quand on pense qu'Orphée a été massacré par Dionysos dans certaines versions du mythe, s'explique par le fait qu'il est désormais présenté comme l'élève du dieu, mais aussi comme un réformateur des mystères dionysiaques[26].

Les mystères orphiques sont sans doute les plus troublants des mystères grecs, tant ils préfigurent le christianisme. Tout d'abord, ils se distinguent par l'interdiction de tuer, donc par l'abandon des sacrifices animaux, puis par le végétarisme, la purification, l'instruction religieuse, ce qui mène vers une direction diamétralement opposée à l'exaltation physique des mystères dionysiaques décrits plus haut.

Plus important encore, l'orphisme met l'accent sur la transmigration des âmes, thème spécifiquement oriental, ignoré du reste de la religion grecque, même si celle-ci semble sporadiquement admettre la notion d'immortalité de l'âme. C'est un mysticisme, si l'on en juge par la phrase d'Euripide. « Il montra les flambeaux des mystères indicibles[27]. » Quels mystères ? Euripide ne le dit pas. L'orphisme se caractérise également par ses prêtres mendiants et missionnaires, les orphéotélestes que Platon couvre de mépris et traite d'imposteurs : pour certains[28], ces prêtres seraient les héritiers « dégénérés » des chamanes thraces. Il est vrai que les moines mendiants sont une singularité remarquable en Grèce ; on n'en connaît qu'un autre exemple, qui est celui des moines mendiants dédiés au culte de Déméter-Cybèle. Toutefois, ceux que Platon dénigre donc sont en plus missionnaires (alors que le prosélytisme est inconnu en Grèce), vagabonds et végétariens, ce qui est encore plus singulier en Grèce et même en Macédoine et en Thrace, surtout quand ces caractères sont associés au refus des sacrifices, à l'obsession de pureté et à la croyance en la métempsycose. Tous ces traits évoquent irrésistiblement à la fois le zoroastrisme d'une part et les moines missionnaires hindous de l'autre.

Toutefois, l'orphisme était trop étranger au génie grec : il ne s'imposa pas de façon durable et semble avoir décliné à l'époque classique. C'était un choc prématuré que ce mysticisme spiritualiste, condamnant le monde matériel, et dont certains textes pourraient être attribués au christianisme : « Je suis le fils du Ciel et de la Terre », « Je viens de la pureté », « J'ai payé le prix de la faute », déclare l'âme de l'initié, comme dans un cantique du christianisme primitif, et l'officiant lui répond : « Ô béni et bienheureux, tu as rejeté ton écorce mortelle et tu deviendras divin[29]. » Plus extraordinaire encore dans sa prescience du christianisme est cet hymne orphique :

« Zeus, maître de la foudre, est premier et dernier.
Zeus est Tête et Milieu et père de l'univers.
Zeus est mâle, et Dieu est une vierge immortelle.
Zeus soutient la Terre et le ciel étoilé,
Zeus, souffle universel, force du feu sans fin,
Zeus, racine des mers, Dieu Lune, Dieu Soleil,
Zeus Seigneur, Zeus principe et créateur de tout[30]. »

Qu'on remplace le nom de Zeus, altération phonétique de *theos*, d'ailleurs, et l'on croirait lire dans ce texte, qui date du IVe ou du IIIe siècle avant notre ère, un hymne de l'Église primitive : l'affirmation du monothéisme n'a jamais été plus éclatante. Et l'on comprend les indulgences patristiques pour cet Orphée qui préparait aussi bien la voie du christianisme.

Une surprise comparable attend le lecteur de ceux qu'on appelle, un peu bizarrement, les penseurs « présocratiques » (après tout, en effet, on n'a jamais qualifié Poincaré ou Riemann de mathématiciens « pré-einsténiens »). On n'en possède généralement que des fragments, sans doute ceux qui ont passé la censure des moines copistes chrétiens et les destructions d'autres moines chrétiens. Or, on trouve chez Xénophane de Colophon le texte suivant : « Il n'y a qu'un seul dieu, maître souverain des dieux et des hommes, qui ne ressemble aux hommes ni par le corps ni par la pensée. Tout entier il voit, tout entier il pense, tout entier il entend. Mais c'est sans effort qu'il meut tout par la force de son esprit[31]. » Cette autre affirmation du monothéisme, à peine troublé par la mention d'autres dieux, inférieurs, remonterait à la fin du VIe siècle ou au début du Ve siècle avant notre ère, Xénophane ayant été, croit-on, contemporain de Pythagore.

Héraclite d'Éphèse est à coup sûr le plus célèbre des penseurs grecs archaïques. Il est aussi le plus commenté. L'ensemble des fragments qui nous sont parvenus de son œuvre, par des citations dans d'autres auteurs, couvre maigrement cinq pages ordinaires. Mais il est difficile d'en concevoir une édition qui n'en comporte pas cent fois plus. Quoique éphésien, il est célèbre pour son laconisme dédaigneux et parfois même méprisant. Il refuse les fables et les poètes : « Homère mérite d'être renvoyé des concours à coups de bâton, et Archiloque pareillement[32]. » Extravagante, monumentale injure adressée au plus grand des poètes grecs. Et pourquoi ? Parce que Homère condamne la colère d'Achille, sans laquelle il n'existerait pas, et Archiloque, parce qu'il dit que la gloire ne vaut que si elle est célébrée par les poètes, ce qui ferait que les héros ne seraient héroïques que par vanité. Héraclite mépriserait-il donc Homère ? Non pas, il s'arroge seulement le droit de le critiquer, car dans un autre fragment il le qualifie de « plus sage des Hellènes ». Voilà donc un échantillon du caractère d'Héraclite : irrespectueux à l'extrême des valeurs fondamentales de la Cité.

C'est là une attitude qui oppose la divinité à l'éthique de la Cité, Héraclite optant pour la primauté de la divinité. Incidemment, on la retrouvera plus tard exactement inversée dans la Révolution française, qui opposera, elle, l'éthique de la Cité à la divinité et rejettera le Dieu des Bourbons pour lui substituer l'Être suprême, citoyen numéro un. Héraclite est religieux avant d'être citoyen et de plus, comme on le voit plus loin, il est monothéiste. L'Église eût pu l'inscrire au calendrier des saints.

Un fragment qui nous est parvenu par les *Stromates* de Clément d'Alexandrie laisse rêveur, en effet : « L'Un, le Sage, ne veut pas et veut être appelé du nom de Zeus[33]. » Chaque terme mérite d'être pesé : l'Un, c'est l'Un cosmique, qui réalise l'unité des contraires. Il ne veut pas être appelé du nom de Zeus, car il n'est pas seulement Zeus, mais également son contraire Hadès ; toutefois, il accepte d'être appelé Zeus quand même parce qu'il ne veut pas perdre son identité dans l'union avec son contraire.

Or, c'est là une affirmation monothéiste, qui réfute tout le polythéisme apparent. Le grand magasin des dieux grecs, dont une certaine propagande a fait le musée du paganisme, ne servait que de façade à une réalité religieuse qui par moments tendrait à se confondre avec le christianisme. Le peuple pouvait se livrer à ses rites, les philosophes, eux, n'en pensaient pas moins, mais ils le gardaient pour eux. Le Zeus d'Héraclite s'apparente étroitement à celui de Pythagore (moins d'un siècle, apparemment, sépare leurs naissances). Accident, mauvaise traduction, trahison de Clément d'Alexandrie ? On est en droit d'en douter. Un autre fragment, en effet, délivre du soupçon : il est tiré de Porphyre, peu suspect d'altérer des citations pour servir le christianisme : « Pour Dieu, belles sont toutes choses, et bonnes et justes ; mais les hommes tiennent certaines pour injustes, d'autres pour justes. » Le terme de « Dieu » est attesté par le texte grec, το μεν θεον καλα... C'est bien *theos* sous sa forme accusative, « Dieu », et non pas Zeus.

Maints historiens ont mis en garde collègues, disciples et public contre la tentation de voir du monothéisme partout, et notamment chez les Grecs. Les apologistes chrétiens ont suffisamment exploité les Grecs à des fins paroissiales pour qu'il n'y ait pas besoin d'en rajouter. Mais enfin, les mots sont les mots.

On croit, ailleurs, lire un fragment inconnu des paroles de Jésus dans cet apophtegme : « L'âne préfère la paille à l'or. » Mais il faudrait un autre volume, un de plus, pour approfondir Héraclite, et lui, Orphée et Xénophane ne sont pas les seuls Grecs archaïques à annoncer le christianisme. Parménide d'Élée suit de près : « Il nous reste un seul chemin à parcourir : l'Être est. Et il y a une foule de signes que l'Être est incréé, impérissable, car seul il est complet, immobile et éternel[34]. » Ce postulat est aussi éloigné que possible du polythéisme hellénique et aussi proche que possible de la métaphysique chrétienne. « Sans l'Être, dans lequel il [l'acte de la pensée] est énoncé, on ne peut trouver l'acte de la pensée. » C'est un prolégomène à saint Thomas d'Aquin : il n'est pensée que de Dieu et toute pensée qui trahit Dieu se trahit elle-même, de même qu'il n'y a pas de réalité dont Dieu ne soit l'origine et la fin, c'est l'un des thèmes fondamentaux de la « Prima pars » de la *Summa Theologiae*, avec quelque dix-huit siècles d'écart...

Boisson délicieuse pour les théologiens chrétiens, Parménide est ciguë pour les autres. Monothéiste, il le réaffirme dans un troisième fragment (12), rapporté dans la *Physique* de Simplicius, où il parle de « la divinité qui gouverne tout ». La mot divinité en grec est *daimôn*, qui n'est certes pas le Démon chrétien, mais un génie surnaturel, comme le daimôn qui inspire Socrate. La suite du fragment est moins rassurante : « Car c'est elle [la divinité] qui est à l'origine de l'odieux enfantement de toutes choses et de l'union, poussant la femelle à s'unir au mâle et, à l'inverse, le mâle de nouveau à s'unir à la femelle ». « L'odieux (*stugeros*, στυγεροιο) enfantement de toutes choses » est une expression qui a saisi d'horreur les admirateurs de Parménide et des présocratiques ; elle est, en effet, d'un pessimisme sans défaut. D'où les ruses des traducteurs pour l'atténuer : « redoutable », traduit Beaufret, « dur », Battistini, « terrible », Voilquin, « douloureux », Tannery, Ramnoux et d'autres. Mais non, Parménide a bien écrit ce qu'il a écrit : « odieux ». Il juge ce monde affreux. Le monothéisme ne leur a pas profité, comme on disait dans les campagnes d'antan.

Et peut-être tient-on là une clef de la fascination qu'exercent encore de nos jours ces quelques fragments épars, rapportés par d'autres, et qu'on réunit sous le nom de « présocratiques » : ces Grecs-là ont tout compris. Si l'on est religieux, impossible de ne pas être monothéiste et, si l'on est monothéiste, impossible de ne pas être dégoûté du monde. On aimerait penser que le désagréable Siméon le Stylite, au sommet de sa colonne, lisait Parménide. Ou Héraclite.

Empédocle d'Agrigente est, déclare Nietzsche, « la figure la plus bariolée de la philosophie ancienne ». Bariolée, soit, s'il faut ainsi définir une personnalité étonnamment riche, qui a fasciné jusqu'aux psychanalystes, car il fut à la fois « ingénieur, hygiéniste, philosophe, thaumaturge et poète », et il passait dans les rues de sa ville « drapé de pourpre et couronné d'or ». Son poème *La Nature* décrit bien l'ampleur de sa vision ; il y décrit la naissance du monde sous la forme d'un drame formidable entre quatre personnages, qui sont les quatre éléments, animés par deux forces antagonistes, la Haine et l'Amour. Il s'y élève parfois à la hauteur d'Hésiode. On y trouve en particulier ces lignes-ci : « Dieu ne possède pas de corps pourvu d'une tête humaine ; il n'a pas de dos d'où partent, comme deux rameaux, deux bras ; il n'a ni pieds, ni genoux agiles, ni membre viril couvert de poils. Il est uniquement un esprit auguste et d'une puissance inexprimable dont la pensée rapide parcourt l'univers[35]. » Or, c'est là, presque identique, le Dieu judéo-chrétien, incluant la notion de Loi, « [...] qui régit tout [et] règne partout où s'étendent le vaste éther et la lumière infinie ». On comprend incidemment que les présocratiques et notamment les pythagoriciens aient jeté le trouble dans l'Église naissante : ils allaient, entre autres méfaits, alimenter le gnosticisme, hydre épouvantable que l'Église ne réussit à juguler, et encore, qu'au terme de cinq siècles d'efforts et avec l'aide des pouvoirs séculiers.

Certes, il reste des sceptiques, tel Protagoras d'Abdère, qui se refuse à se prononcer sur les dieux : « Sur les dieux, je ne puis rien dire, ni qu'ils soient, ni qu'ils ne soient pas : bien des choses empêchent de le savoir, d'abord l'obscurité de la question, ensuite la brièveté de la vie humaine. » Mais enfin, l'idée d'un Dieu unique, étonnamment proche, on a pu le mesurer, de celui du christianisme, est bien présente cinq siècles avant la naissance même de cette religion. Et encore ne nous reste-t-il que des fragments des auteurs qui l'ont proposée. Les bibliothèques ont été pillées, peut-être parce que tant de ressemblances risquaient de faire ombrage à la nouvelle foi : on l'eût accusée de n'avoir rien inventé.

Dans son *Histoire des croyances et des idées religieuses*, Mircea Eliade salue dans l'orphisme et le pythagorisme une « nouvelle eschatologie » : en réalité, elle est très ancienne, puisque ses principes, dont celui du salut de l'âme, remontent à l'Inde prévédique et vont même trouver une forme identique à celle qu'adoptera beaucoup plus tard le christianisme, dans la théorie babylonienne du pesage des âmes des défunts. Rien de nouveau sous le soleil, en tout cas de très nouveau. Dieu, le Dieu de notre idée occidentale, a été connu des Grecs dès les vie et ve siècles avant notre ère, donc longtemps avant que l'enseignement de Jésus eût fait pâlir les statues des occupants de l'Olympe.

Une question s'impose à nouveau : les Grecs auraient-ils pris cette idée aux Juifs ? C'est bien improbable : la possibilité de contacts de la Grèce archaïque avec les Juifs semble très ténue ; et de plus, le monothéisme juif ne s'est imposé, comme on l'a vu au chapitre 10 de cet ouvrage, qu'après Jérémie (628-580). Où donc, alors, les Grecs ont-ils « trouvé » cette notion d'un Dieu unique ?

Trois propositions peuvent l'expliquer, aucune n'excluant d'ailleurs l'autre. La première est qu'en quinze siècles, depuis l'occupation mycénienne du début du IIe millénaire, les Grecs, enfin sédentarisés dans leurs cités, avaient eu le temps de trier toutes les idées que les invasions avaient déversées sur leurs territoires. Ils en avaient fait leur vin, pour ainsi dire.

La deuxième est que l'élaboration et le développement de la langue grecque avaient considérablement favorisé la réflexion. Il restera encore bien des travaux à faire avant d'établir un parallèle de quelque densité entre la formation de la langue du siècle de Périclès et celle de la pensée grecque, qui dépasse alors de loin toutes les pensées du temps dans ce continent tout neuf qu'est l'Europe.

La troisième est que ce même développement de la langue, qui avait favorisé celui des sciences (les premiers philosophes, ne l'oublions pas, sont les « physiologues », observateurs de la nature et précurseurs des savants des temps modernes), avait également stimulé le développement de la logique. Car une langue riche et dotée d'une grammaire forte permet la multiplicité des concepts, donc des schémas de reconnaissance du monde. Et ceux-ci à leur tour offrent une multiplicité de liens de causalité dans l'interprétation des phénomènes. C'est le point qui sera développé dans l'avant-dernier chapitre de ce livre.

Cause surnuméraire, l'Inde, lointaine et pourtant si proche, déclenchera une extraordinaire, une déconcertante flambée d'interrogations dans cette Grèce qui est, en fin de compte, sa glorieuse petite-fille. Dans la deuxième moitié du IVe siècle apparaît soudain une bande de penseurs scandaleux, les « chiens », les Cyniques. La Grèce est alors à l'apogée de sa lumière ; sa politique, sa philosophie, sa culture ont atteint une telle intensité qu'elles vont émerveiller le monde pendant les vingt-cinq siècles suivants, et chacun confesse, en cette fin du XXe siècle, qu'on n'en est pas encore sorti. Or, nos Cyniques contestent tout et exaspèrent tout le monde. Pour eux, le système politique et philosophique dont se targuent leurs concitoyens est ce qu'Héraclite appelait « jeux d'enfants ». Ce sont, comment en douter, les porte-parole grecs des diseurs hindous de néant, Mahavishya et Bouddha, les suicidaires sereins.

L'idée d'une influence de l'Inde sur la Grèce déconcerte plus d'un historien. Et pourtant, elle exista. Au début du XIe siècle, l'historien et savant arabe Al Birouni, qui s'était rendu en Inde, rapporte ceci : « Alexandre avait envoyé en Grèce deux brahmanes, pour y rencontrer son maître Aristote. Celui-ci répondit ainsi à leurs questions : "Vous me dites qu'il y a des Grecs pour prétendre que les idoles parlent, qu'on leur offre des sacrifices et qu'on les considère comme des créatures spirituelles. En ce qui me concerne, j'ignore tout de ce fléau et je ne me prononce pas sur ce que j'ignore." Ce qui montre que le philosophe était bien au-dessus de la masse inculte et qu'il ne s'occupait pas de ces sornettes. Il est évident que la première cause de l'idolâtrie était la commémoration des morts et la consolation des vivants. Par la suite, cette croyance se développa et devint corrompue et corruptrice *(fâsida mufsida)*[36]. » Birouni ne dit pas d'où il tient cette anecdote, mais elle est assez plausible, même quinze siècles plus tard.

On peut seulement douter que ç'aient été des brahmanes qu'Alexandre avait délégués à son ancien maître, car on imagine mal que ces dignitaires, placés au sommet de la pyramide des castes dans leur pays, aient tout quitté pour entrer dans la suite d'un conquérant ; tout indique que c'étaient plutôt des gymnosophistes, « sages dévêtus » selon le terme grec, donc soit des yogin, soit des « sages vêtus de lumière », donc des jaïnas. L'historien Strabon, qui rapporte une conversation entre les deux Hindous et le cynique Onésicrite, fait lui-même la confusion entre brahmanes et gymnosophistes[37]. À l'évidence, les Grecs, peu au fait de la société de l'Inde, prenaient tous les moines-philosophes pour des « brahmanes ».

Or, il semble que ces Hindous aient vu à Athènes d'autres penseurs qu'Aristote, qui avait, en effet, tenté d'enseigner la philosophie à Alexandre. Eusèbe de Césarée, citant Aristoxène, élève d'Aristote, lui aussi, devenu philosophe péripatéticien, raconte dans son *Histoire ecclésiastique* qu'un Hindou avait rencontré Socrate et lui avait demandé quel était le but de sa philosophie : « L'étude du phénomène humain », aurait répondu Socrate. L'Hindou aurait ri et rétorqué : « Comment un homme pourrait-il comprendre le phénomène humain, alors qu'il ignore les phénomènes divins ? »

Par ailleurs, dans la conversation qu'il rapporte d'Onésicrite avec les deux Hindous, Calanos et Mandanis (ou Dandanis), Strabon détaille la leçon de philosophie que les Hindous donnèrent au Grec : « La meilleure doctrine est celle qui libère l'âme du plaisir et de la douleur ; la douleur et l'effort diffèrent en ceci que l'une est l'ennemie, l'autre l'ami de l'homme, puisque ce dernier entraîne son corps par l'effort pour donner un surcroît de force à ses idées... [...] Au dire d'Onésicrite, Mandanis lui demanda ensuite si l'on enseignait de telles doctrines chez les Grecs. Onésicrite lui répondit que Pythagore enseignait ces doctrines, qu'il invitait les gens à s'abstenir de viande, tout comme l'avaient fait Socrate et Diogène, ce Diogène dont lui-même, Onésicrite, avait été disciple[38]. »

On voit donc que les Grecs du IVe siècle avaient plus d'une occasion d'être informés des religions et de la philosophie de l'Inde. L'influence de l'Inde sur les Grecs fit même dire à Clément d'Alexandrie que « les Grecs ont volé leur philosophie aux Barbares ». Jugement à coup sûr excessif, comme tous ceux que les apologistes portent sur les philosophes grecs, mais néanmoins fondé dans une certaine mesure.

Professant le dépouillement, la pauvreté, la maîtrise de soi, et prêchant d'exemple (avec, il est vrai, une langue aiguë), Diogène évoque irrésistiblement à la fois les moines jinistes et les bouddhistes. Son dédain de la philosophie, qui lui fait traiter l'enseignement de Platon de « perte de temps », n'a d'égal que son mépris des rites, qui lui fait pareillement qualifier les festivals de Dionysos d'« énormes attrape-nigauds[39] ». Platon, d'ailleurs, qui eut personnellement affaire à lui, en disait que c'était « Socrate devenu fou ». Or, à l'instar de son maître Antisthène, il fit école : Monime de Syracuse, Cratès de Thèbes, dit le Cynique, Xéniade de Corinthe, Onésicrite, déjà cité, Hipparchia, une femme, Métroclès, son frère, Ménippe, Ménédème sont sans doute des noms généralement peu connus des amateurs de philosophie, mais ils témoignent pourtant largement — et le plus souvent avec un esprit dévastateur — du succès du cynisme et du rejet de la religion officielle et de la philosophie grecques, dans toute l'aire d'influence de la culture hellénique et jusqu'à assez tard. Ils vont même prospérer au soleil de Rome.

Ascèse, ataraxie, autarcie, autant de conduites austères prônées par les Cyniques et qui démontrent que leur philosophie n'est pas restreinte au déni. De quoi se moquent-ils, en fait, quand tel un Stilpon, ils demandent pourquoi il faudrait aller au sanctuaire pour prier : serait-ce parce que les dieux sont sourds ? Mais leur athéisme apparent n'est pas uniforme. Certains sont, en effet, et tel Cratès, une réverbération inattendue du nihilisme jiniste et bouddhique sur les bords de « la mer couleur de vin », chère à Homère ; d'autres, tel Antisthène, sont monothéistes à l'instar de Xénophane de Colophon, d'Héraclite, de Parménide et de Pythagore. Car c'est bien Antisthène qui déclare : « Dieu ne ressemble à personne. Aussi ne saurait-on le saisir au moyen d'images[40]. »

C'était là la formule qui résumait tout et donc la clef de l'affaire : les Cyniques ne refusaient pas tant Dieu et surtout les dieux que le discours et les images de séduction par lesquels on prétendait les représenter. Ils font à la fois figure d'iconoclastes et de réformistes, ils sont à la fois Léon III l'Iconoclaste et Martin Luther, ils rejettent tout le magasin de rites, formules, superstitions et attifets qui tendent trop souvent à remplacer le contenu par le contenant, ainsi que ces latries qui confondent le symbole et la substance (et dont le christianisme, d'ailleurs, ne s'est jamais dépêtré, lui non plus). Si l'on doit, pour les cyniques, parler de Dieu, que ce soit par allusions. Ils annoncent ainsi le mysticisme et même Jésus, adversaire résolu des rites pharisiens qui substituent la parole au Verbe et, lui aussi, défenseur du dénuement et des pauvres. Ils ont rédigé le brouillon du Sermon sur la montagne : « Bienheureux les pauvres en esprit... »

Incidemment, ce sont là des attitudes postérieures à la naissance de l'agriculture : les tribus, dont, plusieurs millénaires plus tôt, l'existence même dépendait du moindre gibier et de la moindre baie trouvés sur leur passage, n'auraient jamais compris le dédain des cyniques ou des bouddhistes à l'égard des biens de ce monde. Faute de ces biens-là, c'était simple, on mourait vite. Ni le cynisme ni les disciplines ascétiques de l'Inde n'auraient vu le jour sans la fin de la glaciation. Les dieux masculins et les prêcheurs d'abstinence ne pouvaient prospérer que sur des terres depuis longtemps fertiles.

L'avance et l'élévation des Cyniques permettent de comprendre, d'une part, qu'ils aient exercé un ascendant aussi fort sur tous les mouvements souterrains qui vont de la Grèce à l'essénisme, et, de l'autre, l'exaspération qu'ils ont inspirée aux tenants de la religion et de la politique officielles. La Cité grecque puis la romaine ne pouvaient tolérer leurs impertinences répétées : il suffisait de se proclamer cynique pour s'arroger le droit de dire tout haut des choses qu'il valait mieux garder pour soi ou chuchoter. Marc Aurèle, empereur qui se voulait aussi moraliste, se prit évidemment d'aversion pour les Cyniques et, en particulier, pour l'un des plus représentatifs d'entre eux, Ménippe, qu'il traita de « contempteur de l'humanité ». Il faisait beau dire que la puissance et la gloire de ce monde étaient dérisoires ! Comment alors survivrait l'Empire ? Comment ferait-on sans la cupidité, l'ambition, la vanité ? Qui assumerait le service public ? Qui porterait les armes ? Qu'adviendrait-il si l'on attribuait aux pauvres plus de mérites qu'aux riches ? Et Lucien de Samosate fit grincer bien des dents sénatoriales en écrivant son *Voyage aux Enfers* : dans ce parcours infernal, l'auteur démontrait qu'après la mort tout disparaissait, puissance, richesse, beauté. C'était comme une paraphrase involontaire de l'Ecclésiaste : « *Et omnia vanitas vanitatum.* » On comprend qu'il ne nous soit parvenu que des fragments infimes des textes présocratiques et de ceux des Cyniques : ils contrariaient autant les classes possédantes du temps, les grecques, puis les romaines, qu'ils contrarièrent ensuite les moines copieurs du christianisme. Les premières parce qu'elles ne pouvaient tolérer un discours qui les réduisait en poussière, les seconds parce qu'ils ne pouvaient non plus admettre qu'on les avait précédés, sans crucifix ni miracles.

Mais, bien évidemment, les philosophes, eux, entendirent d'une oreille plus fine le discours des cyniques. Zénon, fondateur du stoïcisme, fut profondément marqué par le cynisme et notamment celui que professait Cratès de Thèbes, élève de Diogène lui-même. Les Stoïciens professèrent à leur tour l'abstinence, l'endurance et l'austérité. Le poète et surtout satiriste romain Juvénal, au IIe siècle, soit quelque six siècles après la naissance du cynisme, ne faisait d'ailleurs plus de différence entre Stoïciens et Cyniques (et s'inspirait des uns et des autres pour flageller les vices de ses contemporains). Une nouvelle éthique naissait, et les chrétiens allaient, d'ailleurs, se l'approprier trois siècles plus tard, parfois sans y changer un mot.

Un phénomène mérite d'être souligné : une fois de plus, dans l'histoire, après Zarathoustra, après Bouddha, la philosophie se dissociait de la Cité, elle en devenait même l'antagoniste. Présocratiques, Cyniques et Stoïciens se démarquaient du système politique. Mais ce n'était là que le premier acte de la tragédie classique : ils allaient ensuite en préparer la chute, de même que la crucifixion de Jésus allait sonner le glas du pouvoir ecclésiastique et politique du Sanhédrin de Jérusalem et préluder à la chute de la ville. On se demande souvent comment le christianisme triompha dans un Empire dont toutes les structures étaient ancrées dans un polythéisme intrinsèque : c'est qu'il était déjà miné de longue date. Ce point sera plus longuement évoqué plus loin.

L'évidence est là : la Grèce a donc, elle aussi, inventé le monothéisme, et Dieu avait mis le pied en Grèce quelque cinq siècles avant la reconstruction du Temple de Salomon à Jérusalem par l'Arabe Hérode le Grand. Elle a même tracé cinq siècles plus tôt les grandes lignes de l'éthique chrétienne : ce n'est pas Saül l'apôtre qui a fondé l'Église romaine : ce sont Diogène et Zénon, qui avaient commencé leur travail en Grèce. Si la Grèce est parvenue à ce point, c'est qu'elle avait effectué ce qu'on peut appeler la Grande Boucle, passant du culte de la Grande Déesse, qui n'était que la vie sur la Terre, au Grand Dieu, qui comprenait le monde entier, Être, temps et astres inclus. Et puis en extrayant l'éthique qui en découlait, comme le pressoir tire l'huile des olives sous la meule.

Mais ces dieux, Zeus, Arès, Apollon, Dionysos et les autres, et ces statues, ces temples, ces rites, ces tragédies, ces poésies qui témoignent de leur présence quotidienne dans la vie des Grecs, n'était-ce alors que mascarade ? Étaient-ils sans aucune valeur, et les Hellènes, puis les Romains et enfin les civilisations suivantes qui leur empruntèrent parfois le meilleur d'elles-mêmes, tous ces gens avaient-ils été des dupes ? Certes pas : la religion grecque fut et reste assez riche en symboles universels et profonds pour nourrir la réflexion de l'Occident durant vingt siècles. Et comme le répètent à l'envi tant d'historiens, d'humanistes, d'anthropologues, de philosophes, nous ne sommes pas sortis de la Grèce, et Dieu fasse, d'ailleurs, que nous n'en sortions jamais. La légende d'Héraklès qui finit sur le bûcher après avoir accompli les douze travaux qui libèrent l'humanité de ses fléaux, sanglier d'Érymanthe ou juments anthropophages de Diomède, c'est une parabole sur l'inanité des espoirs de récompense icibas, et c'est aussi la préfiguration de l'histoire de Jésus ; d'ailleurs, le sauveur grec demi-dieu, né lui aussi de la semence divine et de la matrice d'une mortelle, monte au ciel dans les fumées du bûcher. Et dans la tragédie *Les Trachiniennes*, de Sophocle, il s'adresse ainsi à Zeus son père : « Ô Zeus ! La torture, la torture, c'est tout ce que tu me donnes[41] ! » Cri de révolte qui préfigure de manière saisissante, avec quatre siècles d'avance, l'« *Eli, Eli, lamma sabachtani !* » de Jésus.

Et Dionysos, qui finit rituellement démembré par les Ménades, c'est le dieu nourricier, conscient de son destin sacrificiel futur. Et Racine ne s'y était pas trompé, qui « cite en marge de cette pièce plus d'une parole de l'Écriture ». La notice de l'édition française des *Bacchantes* aux Belles Lettres relève que « l'interrogatoire de Dionysos par Penthée annonce mot pour mot les Actes des Martyrs[42] ».

Mais on n'en finirait pas d'énumérer les comparaisons qui s'imposent avec les autres dieux. La religion grecque est comparable à un sol fertile : sa richesse devait nourrir la conception de la divinité unique. Les dieux grecs étaient ceux du peuple et de la Cité, et s'ils faisaient, eux et leurs cultes, hausser les épaules à quelques Cyniques, ils ne changeaient rien à la notion que les philosophes se faisaient de la vérité du Dieu unique. Après tout, les statues et les images des saints, de la Vierge, de Jésus et de Dieu lui-même à Saint-Pierre de Rome n'infirment pas plus le monothéisme chrétien que les processions d'autres religions où l'on transporte diverses statues richement coloriées dans les rues. Les dieux grecs et leurs rites constituaient pour le peuple le moyen d'exprimer sa foi dans des puissances supérieures ; en langage théologique, on eût dit qu'ils étaient les émanations de l'hypostase. Pour les poètes et les philosophes, c'étaient des illustrations symboliques d'une divinité unique dont la complexité était trop grande pour les illettrés, paysans, pêcheurs, soldats. La plupart feignaient de les honorer, mais c'était dans le but de maintenir l'ordre public et de ne pas se faire taxer d'impies.

À défaut de la Grèce entière, la pensée grecque, elle, n'avait pas échappé au fondamental besoin d'un Dieu à la fois unique et secret[43].

Le scandale déclenché par les Cyniques et les Stoïciens ne procédait pas tant de leur scepticisme corrosif à l'égard des croyances de la Cité que du fait qu'ils disaient tout haut ce qu'il fallait penser tout bas. Mais ils n'étaient pas animés par le seul goût de la provocation : leur rejet de la religion officielle reflète leur consternation de voir la Cité s'approprier l'Inappropriable. Ce ne pouvaient être de vrais dieux ou en tout cas les vrais dieux que ceux qui jouaient avec les vivants comme avec des hochets. Ces dieux-là étaient eux-mêmes des commodités pour le *dêmos*. On trouve à la fois un reflet et l'explication de ce rejet dans la réplique du cynique Bion à qui l'on demandait si les dieux existaient : « Ne pourrais-tu éloigner de moi la foule, toi le vieux qui as subi tant d'épreuves[44] ? » répondit-il.

Les leçons de la Grèce étaient donc disponibles pour tous, et ses philosophes « marginaux » avaient tracé la voie royale d'un Dieu qui serait vraiment la transcendance. Pourtant, mal informé et content de l'être, un Occident christianisé et fanatique a voulu pendant vingt siècles ne voir dans la Grèce que le terrain de jeux de dieux immoraux et, pour tout dire, matérialistes ; et c'était encore là un jugement tempéré en comparaison avec celui qu'il infligeait à sa propre mère, l'Inde, terre de « Barbares », comme disaient donc Clément d'Alexandrie et ses pairs. Parlant grec, ne parlant même que le grec, ayant sucé la culture hellénique comme un moine qui boit à la dérobée du vin de messe, les nouveaux maîtres spirituels de l'Europe s'en étaient trop enivrés pour la renier entièrement. Et Clément d'Alexandrie, encore lui, estimait que, bien qu'elle eût été volée aux Barbares, donc ! la philosophie grecque avait sa place dans la culture des chrétiens[45]. Mais à la condition qu'on la tînt bien à sa place de culture « païenne ».

« Païenne », ah, la commode insulte ! ah, le contresens dépréciatif ! Païen vient de *paganus*, paysan, en français d'hier bouseux ou culterreux, en français contemporain plouc, et Dieu, s'il s'en mêlait, savait bien qu'il n'y avait rien de moins paysan que la Grèce archaïque, préclassique, présocratique, péricléenne ou hellénistique. Mais enfin, le mot était parti et on ne l'a plus jamais rattrapé. C'est ainsi qu'au IIIe siècle Hippolyte, évêque au siège épiscopal inconnu[46], mais prompt à débusquer les hérésies, accomplit une œuvre pie, celle qui consista à recopier justement de longs passages des textes de païens notoires, dont les « présocratiques » cités plus haut, Thalès, Pythagore, Empédocle, Héraclite, Anaximandre, Anaximène et les autres. Mais ce n'était pas pour rendre hommage à ces « païens », c'était bien au contraire pour réaliser sa grande œuvre, la *Réfutation de toutes les hérésies*. Celle-ci visait à mettre en garde les penseurs chrétiens contemporains et ultérieurs contre les erreurs et les hérésies dans lesquelles ces « païens » risquaient de les induire. C'est d'ailleurs ce que firent aussi Clément, Irénée et bien d'autres auteurs chrétiens primitifs, réalisant ainsi ce qu'on appelle des « doxographies ». C'est d'ailleurs grâce à ces travaux de copistes que nous disposons des fragments en question, le reste des œuvres de ces auteurs ayant le plus souvent complètement disparu.

Il nous faudrait donc être reconnaissants à ces auteurs de nous avoir transmis au moins ces fragments-là. Toutefois, la reconnaissance est mitigée. Ainsi que l'avait déjà démontré Hermann Diels à la fin du siècle dernier, notamment à propos des fragments d'Empédocle, et comme l'a également démontré, de manière encore plus systématique, Catherine Osborne à propos de l'ensemble des citations d'Hippolyte[47], les citations des auteurs chrétiens sont sujettes à caution : elles étaient modifiées *ad hoc*. Leur but, en effet, était de démontrer que la pensée des Grecs *in toto* est tissée d'erreurs. La démonstration suit le schéma suivant : *a)* les hérétiques proclament une nouvelle sagesse divine, *b)* ce qu'ils enseignent n'est autre que la philosophie grecque, *c)* la philosophie grecque est la vieille sagesse des nations et *d)* ce que les hérétiques enseignent n'est ni nouveau ni divin, et leurs prétentions sont des impostures. Système parfaitement cohérent, soit dit incidemment, étant donné que le christianisme proclame une totale nouveauté fondée sur la révélation.

Hippolyte, entre autres, réalise ainsi des collages, prenant le commencement d'une citation dans un texte et sa fin dans un autre, intercalant à l'occasion des paragraphes pris dans une troisième ou une quatrième source. Autant dire que les transcriptions chrétiennes des penseurs grecs archaïques sont quelque peu sujettes à caution. Elles le sont à coup sûr sur un point particulier : le monothéisme. L'hypothèse d'un monothéisme de plusieurs siècles antérieur au christianisme était, en effet, la plus dangereuse pour les chrétiens des premiers siècles : elle réduisait le christianisme au rang de religion égale aux autres. C'est pourquoi il est actuellement impossible de savoir s'il n'y eut pas d'autres textes grecs archaïques qui témoignaient du même monothéisme que ceux que j'ai ici indiqués.

Clément avait certes recommandé l'attention à l'égard des Grecs et autres « païens ». On ne l'écouta pas longtemps, comme on sait, car les chrétiens se hâtèrent de détruire les temples qui leur paraissaient bien plus inspirés que plusieurs de leurs églises, de casser les statues dont la beauté et la séduction étaient scandaleuses et de détruire ou confisquer les manuscrits qui leur semblaient vraiment dangereux, parce que trop proches des leurs. Ils n'eussent pas osé administrer pareil traitement à l'Inde : sa religion était encore vivante et ses fidèles étaient présents pour la défendre. Il eût fait beau voir que les prédicateurs partis sur les traces de Thomas allassent casser les statues de Shiva et de Vishnou !

Mais la Grèce de l'époque classique allait poursuivre plus loin encore cette divination du monothéisme. C'est l'objet des pages qui suivent.

Bibliographie critique

1. Il s'agit d'une culture caractérisée par un type particulier de céramique, dite cordée, et par l'érection de tumuli, d'où le nom qui lui a été attribué, *kourgan* signifiant en russe tumulus, mais caractérisée aussi par des armes et des outils d'un type particulier, haches de combat et têtes de massue en pierre, outils en bois de cervidés. « Le peuple porteur de cette culture ferait partie de l'ensemble ethnico-linguistique indo-européen et aurait vécu au IIIe millénaire, entre Carpates et Caucase » (Isabelle Ozanne, *Les Mycéniens, pillards, paysans et poètes*, Armand Colin, 1990).

2. Le déchiffrement de l'écriture crétoise dite linéaire B par Michael Ventris et John Chadwick est un exploit comparable à celui du déchiffrement de la fameuse pierre de Rosette par Champollion. On peut le résumer ainsi : trois types d'écriture ont été retrouvés sur des tablettes de bronze, de pierre et d'argile en Crète : l'une qu'Arthur Evans, le grand « fouilleur » de l'île qualifia d'hiéroglyphique en raison de la ressemblance entre ses signes et les pictogrammes égyptiens, l'autre, dite linéaire A, qui dérivait de la précédente, les pictogrammes ayant été réduits à de simples traits, et la troisième, linéaire B, qui dérivait à son tour de la précédente.

Quand Ventris s'attaqua au linéaire B, non encore déchiffré, il faut dire qu'un travail considérable avait déjà été réalisé depuis le début du siècle par des cryptographes et linguistes. On savait ainsi que c'était une écriture qui était composite, à la fois syllabique et idéographique. On avait identifié des chiffres, certains signes comme l'homme, la femme, le cheval, la roue, et le système des poids et mesures. Mais on en était resté à l'hypothèse d'Evans, selon laquelle l'écriture avait été créée sur l'île et l'on en ignorait les racines. Ventris ne s'attendait donc pas du tout à trouver du grec. Se fondant sur des noms de lieux, tels que Cnossos, *ko-no-so*, et son port Amnisos, *a-mi-ni-so*, il parvint à l'instar de Champollion à reconstituer de longues séquences de texte et découvrit que c'était du grec ou, plus exactement, que cette écriture avait été adaptée au grec. Le syllabaire mycénien comprenait quatre-vingt-dix-sept signes, dont une douzaine, apparemment peu courants, n'ont pas encore été déchiffrés. La publication des résultats, dans le *Journal of Hellenic Studies*, en 1953, fit sensation ; elle ramenait, en effet, les Mycéniens dans l'aire de culture grecque et mettait fin à des spéculations plus ou moins aventureuses.

3. Ce furent sans doute les premiers Indo-Européens à atteindre le voisinage de la Méditerranée (« Greece », *Encyclopaedia Britannica*).

4. « Dorians », *Encyclopaedia Britannica*.

5. *La Guerre du Péloponnèse*, I, 2, 1, Robert Laffont, 1990.

6. « Greece », *Encyclopaedia Britannica*.

7. *Hesiod and the Homeric Hymns*, trad. H.G. Evelyn White, Loeb Classical Library, Harvard University Press, Cambridge, Mass., William Heinemann, Lt., Londres, 1982.

8. Robert Graves, *Greek Myths*, Penguin Books, Londres, 1955 ; Alexander Eliot *et al.*, *L'Univers fantastique des mythes*, les Presses de la Connaissance/Weber, Paris, 1976 ; Michael Grant et John Hazel, *Who's Who in Classical Mythology*, Weidenfeld & Nicolson, Londres, 1973 ; Yves Bonnefoy, *Dictionnaire des mythologies et des religions des sociétés traditionnelles du monde antique*, Flammarion/CNL, 1991.

9. *Id.*

10. *Alcibiade*, Éditions de Fallois, 1995.

11. Dans les rites protecteurs de certaines fêtes, telles que les Thargélies attiques et ioniennes, le *pharmacos* représentait la victime expiatoire : on le fouettait sur les parties génitales avec des scilles et des branches de figuier sauvage.

12. *Anthropologie structurale*, Plon, 1958. Dans son exhaustive et remarquable étude *Sorciers grecs* (Fayard, 1991), André Bernand consacre un chapitre aux étymologies, appellations et interprétations relatives au rôle du sorcier.

13. Colette Arnould, *Histoire de la sorcellerie en Occident*, Tallandier, 1992.

14. V. *Histoire générale du Diable*, de l'auteur.

15. C'est pourquoi la conduite des cérémonies était confiée aux chefs de tribu, de clan, aux grandes familles et aux prêtres. On sait, par exemple, qu'au Ve siècle deux familles d'Éleusis fournissaient depuis des siècles les surveillants, *epimeletai*, et les assesseurs, *paredroi*, qui officiaient aux mystères d'Éleusis : les Eumolpides et les Kerykes (« Mysteries », *Encyclopaedia Britannica).*

16. Une littérature considérable s'est développée depuis un peu plus d'un siècle sur l'origine des mystères. Des thèses très nombreuses s'y sont affrontées, les uns, tel Paul Foucart, ayant jadis pris pour fait historique l'opinion d'Hérodote selon laquelle les mystères d'Éleusis étaient originaires d'Égypte, par exemple, d'autres, tel Axel Persson, y ayant vu une création mycénienne à l'époque où l'on croyait que cette civilisation n'était pas hellénique. Certains ont encore, tel le même Persson, avancé que les mystères ne se fondaient sur aucune doctrine, mais célébraient simplement la vie et la mort, d'autres, tel Mircea Eliade, et plus à propos, ont dénoncé ces « pseudo-explications » et maintenu la thèse d'une célébration religieuse. On voudra bien me pardonner de ne pas aborder un débat qui me semble clos sur deux points : l'ancienneté des mystères et leur nature religieuse.

17. On s'est longtemps étonné de l'absence apparente de cultes de Déméter et d'Apollon sur les sites mycéniens. Il faut rappeler qu'Isabelle Ozanne *(Les Mycéniens..., op. cit.)* a apporté à cette énigme des éléments de réponse importants : c'est que ces divinités étaient bien célébrées dans la civilisation mycénienne, mais sous d'autres noms, Paiéon pour Apollon (c'est le nom du médecin des dieux chez Homère et du dieu guérisseur chez Pindare) et Damaté ou Érinys pour la seconde.

18. Le mythe est beaucoup plus complexe et fertile en péripéties. Il servait d'ailleurs de trame à un drame qui fut, selon Nietzsche, à l'origine du théâtre.

19. C'était une longue cérémonie que cette célébration ; elle commençait par le voyage des Éphèbes d'Athènes à Éleusis, où ils déposaient des offrandes, probablement des statuettes de la déesse et des gerbes de blé, au temple de l'Éleusinion. Quand les Éphèbes étaient rentrés à Athènes, les catéchumènes se réunissaient le 16 de Boedromion pour écouter la monition de l'hiérophante, qui en appelait à la conscience de ses auditeurs et avertissait tous ceux qui étaient impurs, *i.e.* les barbares, les métèques et les criminels, de quitter les lieux. Les impétrants ou mystes devaient avoir un « langage clair », *i.e.* parler grec, et être rituellement purifiés. Après avoir été rituellement purifiés et lustrés, les mystes se rendaient sur la plage, où ils se baignaient de nouveau dans la mer après s'être aspergés mutuellement de sang d'une victime et, à leur retour, un sacrifice était célébré. Le 19 de Boedromion commençait la procession solennelle le long de la voie Sacrée, portant « le jeune dieu blond » Iacchos à Éleusis. Ce personnage céleste inconnu de Iacchos a long-

temps intrigué les historiens ; il s'avère que c'était le surnom en Attique du jeune Dionysos, dieu des vendanges (et il semble donc à l'origine du nom romain de ce dieu, Bacchus), et que ce dieu était donc associé aux mystères, ceux-ci célébrant l'union des moissons et des vendanges. Étant donné que cette procession s'arrêtait à tous les sanctuaires sur la route, elle se poursuivait durant la nuit. Sur le chemin, les célébrants agitaient une bandelette jaune soufre, pour chasser le mauvais œil.

On ignore ce qui se passait ensuite ; il est possible qu'on ait mis en scène le mariage du jeune dieu et de la déesse. L'auteur chrétien Asterius le Sophiste et Clément d'Alexandrie ont, par des insinuations, tenté d'accréditer la légende d'orgies qui se seraient déroulées aux mystères d'Éleusis, mais il n'y aucune raison de penser qu'une cérémonie qui commençait avec tant de solennité et de décence se fût achevée dans des débordements sexuels ou autres. Le témoignage d'un autre auteur chrétien, Hippolyte, est lui aussi sujet à caution et semble confondre le cérémonial des mystères d'Éleusis avec celui des mystères phrygiens. L'essentiel des informations de cette note est tiré de l'article « Mysteries » de l'*Encyclopaedia Britannica*.

20. Il est piquant de relever que, dans son édition de 1994, l'*Encyclopaedia Britannica* définit ce lieu comme « purement imaginaire ».

21. Ce sont paradoxalement les Pères de l'Église, tels Arnobe *(Adversus nationes*, V, 19) et Firmicus Maternus, *De errore profanarum religionum* (Karl Ziegler, Munich, 1953), qui, tout en proclamant leur horreur de ces rites, ont les premiers attiré l'attention sur la préfiguration de la messe chrétienne évidente dans le sacrifice dionysiaque.

22. *In* « La religion grecque à l'époque archaïque et classique », *Histoire des religions*, Encyclopédie de la Pléiade, Gallimard, 1970.

23. Maria Daraki, *Dionysos*, Arthaud/CNL, 1985.

24. *Id.*

25. « Mysteries », *op. cit.*

26. Diodore de Sicile écrit, en effet, que « les initiations dues à Dionysos sont appelées orphiques » (III, 65, 6 — *Diodorus Siculus*, Loeb Classical Library, Harvard University Press, Cambridge, Mass., William Heinemann, Ltd., Londres, 1985), ce qui indique une modification des rites dionysiaques originels, Orphée, disciple d'Apollon, appartenant à un courant antagoniste de celui de Dionysos : Apollon, en effet, est le dieu ordonnateur, et Dionysos celui de l'extase. À quel moment et dans quelles circonstances se serait produite cette modification ? Les premières références connues à Orphée datent du VIᵉ siècle avant notre ère, et elles assignent au héros des liens étroits avec la Thrace ; c'est d'ailleurs là que le poète serait mort. Il y aurait ainsi, après la renaissance des rites dionysiaques au VIIᵉ siècle, une influence étrangère qui se serait exercée sur ces rites en cheminant depuis le nord de la Grèce.

Comment s'est formé le personnage d'Orphée ? Mircea Eliade y voit une ressemblance avec celui de Zalmoxis, réformateur semi-légendaire géto-dace, donc d'origine thrace. Il semble à de nombreux auteurs que Zalmoxis soit, en fait, identifiable à un personnage religieux connu sous un autre nom, Sabazius, version thrace soit de Dionysos, soit de Zeus ; son nom, en effet, se décomposerait en *Saba* et *theos*, mais l'on ignore la signification de *Saba*. Hérodote rapporte que Zalmoxis aurait été l'esclave ou l'élève de Pythagore, ce que semble confirmer la double présence du chamanisme et du mysticisme dans ce qu'on sait de Zalmoxis-Sabazius et dans l'enseignement de Pythagore, qu'on retrouve à peu de variantes près dans l'orphisme.

On serait alors tenté de conclure à une parenté, sinon une identité Zalmoxis-Sabazius-Orphée, à cette différence près (et elle est de taille) : l'orphisme vient de Thrace et le pythagorisme d'Asie Mineure et d'Italie du Sud, à plusieurs milliers de kilomètres de là. Il paraît donc plus probable que l'orphisme et le pythagorisme soient tous deux des émanations de l'influence orientale, le premier venu du nord-ouest, par la Macédoine et la Thrace, l'autre par l'Asie Mineure.

En tout état de cause, Orphée est bien un mythe étranger, d'origine indo-européenne, mais extérieur à la religion olympienne. Et de très nombreuses caractéristiques de l'orphisme paraissent indiquer surtout une origine zoroastrienne.

27. *Rhêsos*, 943.

28. Vian, *Histoire des religions, op. cit.* Le chamanisme est déjà étranger à la culture hellénique ; des moines-chamanes missionnaires, mendiants et vagabonds le sont encore bien plus. De nombreux auteurs ont montré les liens de l'orphisme avec les doctrines de Pythagore, mystique et philosophe, dont l'enseignement connut un certain succès en Grèce à l'époque classique et en Italie du Sud. Mais l'apparition soudaine du mysticisme pythagoricien reste un point obscur de l'histoire des courants religieux.

29. « Mysteries », *op. cit.*

30. Les textes orphiques qui nous sont parvenus l'ont été par l'entremise des Pères de l'Église, et celui-ci nous a été transmis par Eusèbe de Césarée (de Palestine), auteur chrétien du IIIᵉ-IVᵉ siècle *(Préparation évangélique* — « Eusebius », Loeb Classical Library, 1982). D'autres textes orphiques nous ont été transmis par Clément d'Alexandrie et Justin le Martyr. La traduction que voici est celle de Robert Brasillach, reprise par *L'Univers fantastique des mythes (op. cit.).* J'y ai remplacé, conformément au texte d'Eusèbe, le nom de « Dieu » par celui de « Zeus ». Il existe suffisamment de textes grecs anciens où c'est le mot *theos* qui est utilisé à la place de Zeus pour ne pas en rajouter.

31. *Les Penseurs grecs avant Socrate — De Thalès de Milet à Prodicos*, traduction, introduction et notes de Jean Voilquin, Garnier/Flammarion, 1964.

32. La version utilisée ici est celle dont le texte a été établi, traduit et commenté par Marcel Conche, sous le titre *Héraclite — Fragments*, PUF, 1986. Le fragment en question nous a été transmis par Diogène Laërce dans ses *Vies des philosophes*.

33. *Id.*

34. *Les Penseurs grecs avant Socrate — De Thalès de Milet à Prodicos, op. cit.* Les versions de Parménide dont je me suis servi sont celles de Jean Beaufret, *Parménide : le Poème*, PUF/Épiméthée, 1955, dont on attend la réédition finale, avec la mise en ordre de l'immense travail de Beaufret, et de Marcel Conche, *Le Poème : fragments*, PUF/Épiméthée, 1996, remarquable exégèse.

35. *Id.*, fr. 134 et 135.

36. Al Birouni, *Le Livre de l'Inde*, Sindbad/Unesco, 1996.

37. La rencontre d'Onésicrite avec les Hindous est rapportée par Strabon (XV ; 1, 64-65, *Strabo : Geography*, trad. Horace L. Jones, Loeb Classical Library, Harvard University Press, Cambridge, Mass., William Heinemann, Ltd., Londres, 8 vol., 1982). Arrien (« Alexandre », VII ; 2, 2, *Arrian : History of Alexander and Indica*, Loeb Classical Library, Harvard University Press, Cambridge, Mass., William Heinemann, Ltd., Londres, 2 vol., 1982) et Plutarque (« Alexandre », VIII ; 65, la Pléiade, Gallimard, 1955) rapportent également la présence des deux Hindous dans la suite du héros.

38. Strabon, *op. cit.*

39. Léonce Paquet, *Les Cyniques grecs*, Librairie générale française, Montréal, 1992.

40. Clément d'Alexandrie, *Stromates*, V, 14, 108, 4 *(Clement of Alexandria*, trad. angl. de G.W. Butterworth, Loeb Classical Library, 1982).

41. *The Complete Greek Tragedies — Sophocles II*, trad. Michael Jameson, University of Chicago Press, 1957.

42. *Euripide, VI — Les Bacchantes*, texte établi et traduit par Henri Grégoire, avec le concours de Jules Meunier, Les Belles Lettres, 1979.

43. Il faut ici relever que les Grecs n'avaient pas pour autant fait meilleur usage de leurs dieux que les autres peuples, passés et à venir : c'étaient pour eux « leurs » dieux, des dieux nationaux, et leur littérature en témoigne à l'envi. Dans *L'Iliade* et dans *L'Odyssée*, les dieux se mêlent sans cesse de tout et n'en finissent pas de prendre parti. Dans *L'Odyssée*, par exemple, à peine Ulysse est-il en train de goûter aux plaisirs que lui dispense la nymphe Calypso, parmi les frênes et les trembles, dans les parfums

du cèdre et des genévriers de l'île d'Ogygie, que tout l'Olympe en est alerté. C'est Zeus lui-même qui envoie Hermès prier la nymphe de rendre sa liberté à Ulysse. Et plus tard, si Laërte, père d'Ulysse, se trouve vieux, c'est la déesse Pallas elle-même qui est mandée pour lui rendre sa jeunesse au sortir du bain. Et ce ne sont là que des échantillons. La lecture de L'*Iliade* donne par moments le sentiment que les dieux s'y battent par humains interposés, tant ils interviennent à chaque péripétie. En dépit de leurs vertus, les humains n'y sont parfois plus que des pantins. C'est peut-être Pindare qui résume le mieux le sentiment général des Grecs : « Le grand esprit de Zeus pilote le sort des hommes qu'il aime. » Les bases du fanatisme nationaliste et religieux sont ainsi jetées : « Ceux qui n'adorent pas nos dieux sont des impies et des maudits » (V[e] pythique, épode 4, *Pindare, œuvres complètes*, traduites du grec et présentées par Jean-Paul Savignac, Éditions de la Différence, 1990).

44. Diogène Laërce, II, 117 (*Diogenus Laertius*, trad. R.D. Hicks, introd. H.S. Long, 2 vol., The Loeb Classical Library, 1981).

45. L'attitude chrétienne à l'égard de la culture hellénique fut extrêmement complexe : Irénée et Tertullien, par exemple, ne témoignèrent guère de nuances dans sa détestation, alors qu'Hippolyte, lui, avait bien saisi le parti qu'on pouvait tirer des présocratiques, mais occupé à la réfutation des hérésies gnostiques, qui s'inspiraient justement de certains présocratiques, se trouvait contraint à une rhétorique tortueuse à leur sujet. Ces péripéties, qui ressortissent à la naissance du christianisme plus qu'à l'apparition du monothéisme en Grèce, sont exposées au chapitre 3 de la seconde partie de cet ouvrage.

46. L'appellation « de Rome », souvent jointe au nom d'Hippolyte, n'est pas vérifiée, car on ignore quel fut le siège épiscopal de cet auteur, dont Eusèbe et Jérôme assurent qu'il fut évêque. Il n'est pas certain, en effet, que l'auteur connu sous ce nom soit le même qui s'était fait élire évêque de Rome en 217, et l'attribution de l'*Elenchos, contre toutes les hérésies* hésite d'un homonyme à l'autre. Reste qu'il existe bien un ensemble de textes communément attribués à un Hippolyte. *Cf.* P. Nautin, « Hippolyte », et E. Prinzivalli, « Statue d'Hippolyte », *in Dictionnaire encyclopédique du christianisme ancien*, Cerf, 1990.

47. *Rethinking Early Greek Philosophy — Hippolytus of Rome and the Presocratics*, Duckworth, Londres, 1987.

12

De la Grèce classique à l'époque hellénistique, la déroute du Dieu de Raison

Sur la nature vengeresse de la dialectique — Sur le monothéisme rationnel de Platon et sur le délire logique — Sur la
fondation de la « théologie naturelle » par les Grecs — Sur le
fait que le Mal et le malheur seraient dus à un excès de sensibilité — Sur la tyrannie totalitaire du modèle démocratique tel
que le rêvaient Socrate et Platon — Sur le séisme historique
et psychologique d'Alexandre le Grand, son influence sur la
conscience des cités grecques et sur la nouvelle idée de Dieu qui
en découle — Sur la nature irrépressible d'une religion sensible
— Sur les efforts contradictoires des stoïciens pour expliquer
Dieu, l'âme et le monde — Sur la naissance de l'individualisme.

Socrate était-il donc juif ? demande Frédéric Nietzsche[1], dans *Le Problème de Socrate*. Question provocatrice, mais, comme si souvent avec Nietzsche, percutante. En effet, dit le philosophe, « on ne choisit la dialectique que lorsqu'on n'a pas d'autres moyens. [...] Elle ne peut être qu'une arme de fortune aux mains des désespérés... [...] C'est pour cela que les Juifs furent dialecticiens ». La démonstration est à l'emporte-pièce, car il y en eut bien d'autres qui n'étaient pas juifs et qui furent aussi dialecticiens. Mais le reste des observations de Nietzsche éclaire mieux son sentiment : Socrate usait de la dialectique pour se venger en quelque sorte de son interlocuteur et (mais cela, Nietzsche ne le dit pas) de la société athénienne : il laissait à l'interlocuteur le temps de parler pour témoigner qu'il n'était pas un crétin, puis le désarmait et le mettait hors de lui.

À cet égard, l'attitude de Socrate fut celle d'un aristocrate méprisant. Lorsque, à la fin, lassés de ses impertinences, d'autant plus dangereuses qu'il frôlait souvent la tyrannie[2], les Athéniens le mirent en jugement, on vit bien le fond de son caractère : s'il corrompait la jeunesse, ce n'était pas du tout, comme on feint de le croire, parce qu'il était homosexuel (il eût alors fallu passer en jugement toute l'Attique et le tribunal lui-même), mais parce qu'il l'occupait de questions pernicieuses qui sapaient l'esprit de la démocratie, tout fraîchement sauvé des griffes de la tyrannie. Il eût pu s'en tirer par un plaidoyer un peu dialectique, lui qui la connaissait si bien. Mais, au contraire, il redoubla d'impertinence : quoi, s'écria-t-il en substance, vous avez devant vous un esprit de ma qualité, vous devriez l'entretenir au Prytanée, aux frais de la Cité, et vous le convoquez pour lui poser des questions aussi sottes ? Là, on le condamna à la ciguë.

La question de Nietzsche est elle-même pernicieuse car, à travers Socrate, elle atteint une part gigantesque de la philosophie grecque, de Platon à Plotin, elle remet en question une masse de textes

pénétrés de rationalisme, de ratiocination et de dialectique. « Le fanatisme avec lequel toute la pensée spéculative grecque se jette sur la
rationalité trahit une vraie détresse[3] », écrit encore Nietzsche. Et
pourtant cette pensée a exercé et exerce encore une influence
immense sur toute la philosophie occidentale. Il est indispensable de
l'examiner pour savoir par quels avatars l'idée de Dieu est passée dans
la Grèce classique et hellénistique.

Comme Socrate n'a rien écrit, nous n'avons que les textes de Platon
pour témoigner de ce qu'il a pensé. Ces textes sont quelque peu
suspects d'avoir été remaniés[4], sinon « enrichis » et, pourquoi pas,
récrits ; enfin, comme ce sont surtout les moines chrétiens, puis les
Arabes qui se sont chargés de recopier des textes profanes et, pis
encore, païens de l'Antiquité, on peut se demander si ces textes sont
tous authentiques. En tout état de cause, il est vrai que Socrate et
Platon tiennent des propos qui semblent à l'occasion étonnamment
teintés par la vision contemporaine du monde. Notamment en ce qui
touche à la divinité.

Cyniques et stoïciens, on l'a vu plus haut, avaient certes pavé la voie
au monothéisme. Mais enfin, la surprise demeure et se renforce à la
lecture de Platon : les dieux de l'Olympe ont, chez lui, quasiment
disparu ou ne sont plus cités que par correction politique, car celle-
ci est de tous les temps ; ils sont devenus, mais de façon confuse, les
« dieux créés », c'est-à-dire les étoiles. « Créés », c'est-à-dire encore
qu'ils n'étaient pas créateurs. L'un des dialogues platoniciens les plus
célèbres et les plus révélateurs, le *Timée*[5], en fournit la preuve. Qui a
créé l'univers ? Un démiurge, « le fabricant et le père de l'univers ».
C'est une idée audacieuse et, s'empresse de préciser Timée, « il n'est
pas possible d'en parler à tout le monde ». Le monothéisme apparaît
donc comme une sorte de confession secrète réservée aux initiés. Ce
jeune homme, prié par Socrate d'exposer ses vues « sans interruption », assure que ce qui a été engendré l'a été « en conformité avec
ce qui peut être appréhendé par la raison et par la pensée, c'est-à-dire
en conformité avec ce qui reste identique ». Et plus loin, il en déduit
que « notre monde doit de toute nécessité être l'image de quelque
chose ». En d'autres termes, Dieu a créé le monde à son image. Cette
proposition évoque évidemment là, à peu de chose près, le discours
de la Genèse : « Nous ferons Adam-le-Glébeux à notre réplique, selon
notre ressemblance[6]. » Dans un discours passablement laborieux, car
le *Timée* n'est pas un dialogue, ou à peine, mais un monologue didac-
tique, Timée explique, en effet, que « c'est au plus beau des êtres
intelligibles, c'est-à-dire à un être parfait entre tous, que le dieu a
précisément souhaité le [le monde] faire ressembler ». Pas d'ambiguïté possible : le démiurge a donc façonné le monde à son image.
Et, dans un saut logique assez déconcertant, Timée demande : « Eh
bien, avons-nous eu raison de déclarer que le ciel est unique ?... »

Timée explique ensuite, après un exposé parfaitement gratuit sur les quatre éléments, où l'on apprend que le monde est fait de feu et de terre avec, entre eux, l'air et l'eau, que c'est à la suite de ses réflexions que le démiurge « mit l'intellect dans l'âme, et l'âme dans le corps, pour construire l'univers, de façon à réaliser une œuvre qui fût par nature la plus belle et la meilleure possible ». À aucun moment, toutefois, Timée, ni Socrate, ni, certes, Platon n'élucident les termes de ce discours : qu'est-ce que l'intellect ? Et qu'est-ce que l'âme ? Et comment l'un se différencierait-il de l'autre ?

Démonstration suivante : celle de l'esprit géométrique de Dieu : « Entre l'Être indivisible et qui reste toujours le même et l'Être divisible qui advient dans les corps, il [le démiurge] forma par un mélange des deux premiers une troisième sorte d'Être ; et de nouveau en ce qui concerne le Même et l'Autre, il forma un composé tenant le milieu entre ce qu'il y a en eux d'indivisé et ce qu'il y a de divisible dans les corps. » Dans un discours qui préfigure la pataphysique, on voit plus loin le démiurge découper des bandes dans le mélange en question « dans le sens de la longueur, précise Timée, et les deux bandes obtenues il les appliqua l'une sur l'autre en faisant coïncider leur milieu à la façon d'un khi, puis il les courba en cercle pour former un seul arrangement, soudant l'une à l'autre leurs extrémités au point opposé à leur intersection ». Et le tout suivant des consignes numérologiques effarantes, où l'on apprend que Dieu s'est occupé d'intervalles de un plus un demi, un plus un tiers et un plus un huitième (et pourtant, la musique dodécaphonique n'existait pas encore), « et qu'à l'aide de ces derniers intervalles il a comblé tous les intervalles de un plus un tiers, laissant subsister de chacun d'eux une fraction, telle que l'intervalle restant fût défini par le rapport du nombre deux cent cinquante-six au nombre deux cent quarante-trois ». Il y en a ainsi des pages et des pages, qui confondent l'analyse : la description de la création du monde y est réduite à des recettes pythagoriciennes appliquées par un maniaque.

Cette description évoque évidemment celle de Parménide, qui était quand même plus simple, puisque l'univers n'y était en fait constitué que de bandes concentriques de deux éléments seulement. Mais elle donne le ton de ce que la pensée grecque va être jusqu'à l'avènement du christianisme : une succession de spéculations vertigineuses sur l'inconnu, images bouleversantes des efforts de la pensée des mortels pour escalader les falaises du cosmos. Autrement dit, de la divinité, car le trait constant de toutes les cosmologies pendant six siècles sera l'identification du cosmos à Dieu.

Relevons, incidemment, que le schéma que voilà est têtu : des penseurs du XXᵉ siècle, persuadés du « progrès scientifique », s'efforcent toujours de trouver l'image de Dieu, une image, n'importe laquelle, une trace et, si l'on était trivial, on dirait une empreinte de pied, dans des photos prises par des satellites de ce qui serait « les confins de l'univers ». La pensée humaine se rebelle éternellement à l'idée de ne pas savoir ce qu'est ce Dieu dont elle a elle-même créé le concept. La seule supériorité des Grecs en ce domaine est de n'avoir pas été informés de la vanité des efforts de prédécesseurs. Cette pensée serait à cet égard comparable à un sculpteur fou d'angoisse (ou de rage) de ce que la femme idéale qu'il a tirée du marbre ne fonde pas dans ses bras.

En tant que cosmologie, la Genèse des Juifs, il faut le reconnaître, est bien plus majestueuse, et l'on préférerait encore les mythologies anciennes, l'égyptienne, la babylonienne, et même la grecque primitive. Mais si Platon ne nous avait légué que ce hachis pythagoricien[7] qu'est le *Timée*, il n'aurait certes pas exercé l'influence qu'on sait sur la pensée occidentale pendant vingt-quatre siècles.

Car ce texte présente toutes les caractéristiques d'un délire logique, tels ceux que Pierre Janet a soigneusement décrits dans son étude sur les automatismes de la pensée. Cependant, Platon semble convaincu d'offrir là, par le truchement de Timée, un modèle explicatif du monde. On peut substituer un chiffre à un autre, cela n'y changerait rien, les numérologues retombant toujours sur leurs jambes. Le monothéisme est acquis sans ambages en d'innombrables passages des dialogues ; il est pour Platon évident, indiscutable, irrésistible et immanent. Le besoin de Dieu a toutefois atteint une exacerbation qui frise l'obsession, et un raffinement qui s'installe dans les délires utopiques. Et il faut garder en mémoire que le *Timée*, comme le *Critias*, représente l'apogée de la pensée de Platon, il appartient, en effet, à la dernière partie de sa vie[8].

Platon part des mythes et en construit d'autres, mais il les construit selon la logique ; ce qui, pour reprendre la constatation de Nietzsche évoquée plus haut, témoignerait de sa détresse devant l'immensité de Dieu. Dieu étant le Logos, toute construction satisfaisante pour l'esprit est logique, puisque l'esprit qui l'exprime est lui-même partie de Dieu, tout comme l'ensemble du monde sensible, qui est une copie du Vivant-en-soi. Il semble ne jamais venir à l'esprit de Platon ni de Socrate qu'il est aussi des gens qui pensent de travers.

Le *Timée* mérite qu'on s'y attarde, car c'est un modèle du système platonicien, qui annonce d'ailleurs, en plus d'un point, les idées de Hegel en matière de logique. Platon y prête longuement, pour commencer, la parole à Critias l'Ancien, orateur et politicien[9], lequel commence par le fameux rapport du discours d'un prêtre égyptien à Solon et que Critias aurait recueilli de la bouche même de Solon ; on y apprend qu'aurait jadis existé une civilisation très puissante qui aurait fait la guerre à la Grèce en une époque immémoriale, l'Atlantide. Discours dont on sait aujourd'hui qu'il est parfaitement mythique : Athènes n'a pas repoussé d'invasion d'Atlantes au IXe millénaire avant notre ère, pour la forte raison qu'elle n'existait tout simplement pas[10]. Ce qui est rétrospectivement piquant est que la fameuse Atlantide semble bien avoir été la Crète mycénienne ; or, Athènes n'a certes pas endigué l'Empire mycénien. Mais Platon ne le sait pas et ne sait pas davantage qu'on le saura quelque vingt-quatre siècles plus tard.

Platon n'a certes pas les moyens à l'époque de vérifier la valeur historique du récit rapporté par Solon à Critias, mais il l'accepte d'emblée et il lui prête même une telle importance qu'il le reprendra dans le *Critias*, dialogue inachevé. Dans quel but ? On peut le pressentir : dans la fable sur l'Atlantide, les Athéniens auraient quasiment sauvé le monde en repoussant « la marche insolente » des envahisseurs. Et le prêtre égyptien aurait dit à Solon : « C'est alors que votre cité révéla sa puissance aux yeux de tous les hommes en faisant éclater sa valeur et sa force, car, sur toutes les autres cités, elle l'emportait par sa force d'âme et pour les arts qui interviennent dans la guerre. » Cette pure fabrication a donc un but, qui est l'apologie des Athéniens. Et c'est pourquoi elle plaît tant à Platon qu'il la reprend à deux fois.

Pourquoi cette fable politique et même nationaliste, comme on en a tant vu dans l'histoire, plaît-elle donc à Platon ? C'est qu'elle exalte la valeur du mythe fondateur d'une nation. Elle postule que les Athéniens ont toujours été des héros, mais, à la différence des mythologies qui la précédaient, elle n'exalte aucun individu en particulier : c'est la Cité tout entière qui est glorifiée. Les héros sont des accidents imprévisibles, que le système platonicien refuse ou abhorre. On verra d'ailleurs plus bas la cohérence du système platonicien et le lien entre son idée de la divinité et ses concepts politiques. Et l'on comprend mieux que Platon ait choisi comme transmetteur de la fable un « prêtre égyptien », définition qui est une double surqualification ; en effet, si le discours avait été fait par un individu ordinaire, il eût eu beaucoup moins de valeur, mais livré par un prêtre, détenteur supposé des vérités suprêmes, il revêt déjà une solennité sacrée ; de plus, c'est un prêtre égyptien, et l'on sait à l'époque que l'Égypte détient un savoir très ancien, etc. Platon-Critias use d'un truc connu en communication, qui est de mettre ce qu'on veut faire accroire dans la bouche d'un personnage de réputation prestigieuse. Comme Solon a justement visité l'Égypte, dans le but supposé d'y chercher une inspiration pour la constitution d'Athènes, la fabrication peut paraître d'autant plus vraisemblable.

On pourrait s'interroger sur les rapports entre le nationalisme athénien, exalté donc par l'héroïsme athénien en présence d'envahisseurs imaginaires, et l'idée de Dieu chez Socrate et Platon ; ils ne vont guère tarder à se manifester. Après quelques variations rhétoriques, Critias enchaîne sur les vertus de l'Athènes ancienne, cité idéale qui évoque à la fois la Jérusalem céleste et le Paradis perdu, et c'est Timée qui prend ensuite la parole (l'avantage des dialogues est qu'ils permettent le coq-à-l'âne). Il y tient le discours préthomiste qu'on a vu, assurant que « ce monde, vivant doué en vérité d'âme et d'intelligence, c'est par la providence de Dieu qu'il est devenu ». C'est un monde parfait, déclare ce prédécesseur du Dr Pangloss dans le *Candide* de Voltaire : « Il souhaitait que ce monde fût avant tout un vivant parfait, constitué de parties parfaites ; que, de plus, il fût unique, dans la mesure où il ne restait rien à partir de quoi un autre vivant de même nature pût venir à l'être ; et qu'enfin il fût exempt de vieillesse et de maladie, car le Démiurge était bien conscient du fait que, si un corps est quelque chose de composé, la chaleur, le froid et tous les autres phénomènes qui présentent des propriétés énergétiques arrivent, lorsqu'ils l'environnent de l'extérieur et l'affectent de façon intempestive, à le dissoudre et à y introduire maladies et vieillesse qui le font dépérir. » Bref, cet univers est « un corps parfait constitué de corps parfaits ». Car, en procédant de la sorte, « le Démiurge fit naître le monde, qui est un dieu bienheureux ». Comme dit encore le Dr Pangloss, tout est pour le mieux dans le meilleur des mondes. Pour information, c'est un monde sphérique que le Démiurge a arrondi en « le travaillant au tour » afin de réaliser la figure « la plus parfaite et la plus parfaitement semblable à soi-même ». En son centre règne l'âme tripartite, qui est « faite du Même, du Semblable et de l'Autre ».

On apprend que Dieu applique une méthodologie simple autant que pythagoricienne : en commençant avec un triangle isocèle et un droit dans lequel l'hypoténuse est le double du côté le plus court, il construit les quatre solides fondamentaux, cube, tétraèdre, octaèdre et icosaèdre, lesquels représenteraient les formes élémentaires de tous les corpuscules de la terre, du feu, de l'air et de l'eau et qui sont les constituants de tous les composés organiques et inorganiques. C'est là le premier des discours à prétentions scientifiques sur les correspondances entre Dieu, les mathématiques, la chimie, la physique et la cosmologie ; il n'y en aura guère disette jusqu'au XXᵉ siècle. Et l'on reconnaît dans la cosmologie qu'expose Timée une volonté déterminée d'expliquer le monde par la logique, puisque ce serait, selon Timée (et Platon), un monde structuré par la logique. Le besoin de Dieu ne se satisfait plus du mythe ni de l'archétype qui le fonde : il veut désormais un « Dieu de raison ».

Or, cette volonté est nouvelle et elle est spécifiquement grecque : jamais aucune autre philosophie, et la philosophie à l'époque jouxte la religion encore plus qu'aujourd'hui, n'a osé expulser de cette sorte l'irrationalisme qui était jusqu'alors le trait majeur des forces divines. Platon n'est pas l'inventeur ni le seul représentant de cette disposition d'esprit : son quasi-contemporain Démocrite[11] a déjà brillamment fondu ensemble la physique et la cosmologie dans sa métaphysique : il est d'abord l'inventeur de la théorie et du terme d'atomes, particules indivisibles, homogènes, hermétiques, éternelles et absolument denses, qui ne se différencient entre elles que par leurs formes ; dans une intuition étonnante de prescience (mais qu'on retrouve dans le jinisme de l'Inde), il dira également que les atomes vibrent et que leur mouvement est rotatoire. Démocrite est aussi le digne précurseur de Lavoisier (rien ne peut naître de rien et rien ne peut être réduit à rien, formulation aussi géniale que le « Rien ne se perd, rien ne se crée ») ; pour lui, le monde est régi par des lois nécessaires, où le hasard n'a pas de place. Dans sa métaphysique, l'Être est le plein et le vide est non-Être. Il est le plus connu des premiers matérialistes, car, pour lui, l'âme, constituée d'atomes comme l'esprit, meurt avec le corps. Bien évidemment, il ne croit pas non plus aux dieux, dont il attribue le concept au besoin d'explication des phénomènes de la nature, théorie qui sera plus amplement analysée à l'avant-dernier chapitre de ce livre. Mais Démocrite, purement matérialiste, est plutôt un mécanicien qu'un rationaliste, alors que Platon est idéaliste.

Héraclite, Parménide, Empédocle, Protagoras et les autres présocratiques cités au précédent chapitre étaient d'ailleurs appelés physiologues : ils visaient à se restreindre à l'observation de la nature et ils avaient préparé le terrain du rationalisme grec. Mais le Dieu qui apparaît dans leurs propos est encore empreint du mystère des dieux antiques. Avec Démocrite, puis Platon, tout mystère a disparu[12]. Dieu, s'il existe (pour Platon seulement, dans ce cas) s'est changé en un démiurge organisateur.

La transition s'explique. Forte de son intellect qui, croit-elle, maîtrise désormais l'observation du monde et l'analyse des phénomènes, Athènes entend se hausser à un niveau auquel ne prétendit jamais aucune religion : elle va expliquer Dieu et, ce faisant, elle offrira (mais à son insu) la meilleure démonstration à ce jour du fait que c'est l'homme qui crée la divinité. Mais ici, il faut une incidente, et elle semble essentielle à la compréhension de l'évolution de l'idée de Dieu. Pendant tout le XIXe siècle et pendant une partie du XXe, Athènes a été considérée et présentée comme le modèle de la Cité grecque ; on n'en a étudié en fait que les institutions. Et l'on a vu se constituer ainsi un « athénocentrisme » qu'on prenait pour un fait acquis : c'est ainsi qu'on tend à prendre l'Athènes antique pour la capitale de fait de la Grèce, ce qu'elle n'était évidemment pas, sa guerre avec Sparte en témoigne amplement. Et Sparte n'était certes pas moins « grecque » qu'Athènes ; elle n'avait simplement pas de philosophes.

Des travaux récents (ou des réflexions) modifient cette attitude : Athènes était au contraire une exception en raison de sa culture[13], comme Paris est une expression de l'Île-de-France. Platon était donc l'une des expressions de l'exception athénienne et sa conception de Dieu en est le produit. On pourrait avancer, dans un raccourci audacieux, l'hypothèse que le Dieu de Platon fût en fait une création attique.

Climat, géographie, mélange de cultures, de nombreux facteurs peuvent être invoqués pour expliquer l'exception athénienne ; il y faudrait bien des livres. Peut-être est-ce là que l'être humain a ressenti pour la première fois que la peur du manque avait disparu ; il a alors levé la tête vers le ciel, assuré de l'avoir compris. Cette attitude prévaudra jusqu'au triomphe du christianisme, avec la conversion de Constantin, puis déclinera progressivement dans l'éclat du Pantocrator byzantin ; mais elle renaîtra au siècle des Lumières pour ne plus vaciller jusqu'à ce jour : Platon, en effet, a donné corps au besoin humain de comprendre, qui se confondra désormais avec le besoin de Dieu. D'où l'influence qu'il a exercée, plus que tout autre philosophe de la Grèce, sur l'ensemble de la civilisation occidentale.

On mesurera cette influence, au XXᵉ siècle, par le fait que Platon expose le plus clairement et le plus systématiquement les éléments d'un dilemme qui agite encore les scientifiques, les théologiens ayant été pris de vitesse dans l'explosion du rationalisme contemporain : en posant le principe de la nécessité, l'*anankê*, inhérente à la rigueur des lois de Dieu, il pose aussi le principe du hasard, qui ne peut être que le désordre, c'est-à-dire le Mal, Dieu étant par définition le Bien essentiel, puisqu'il est l'ordre essentiel. Sa définition de Dieu ne laisse d'ailleurs aucun doute à ce sujet : « Dieu : vivant immortel, se suffisant à soi-même par rapport à la félicité, réalité éternelle, cause de ce qui est la nature du bien[14]. » Et la situation de l'humain par rapport à la divinité a, du fait, changé du tout au tout. Pour lui, la piété est « la justice vis-à-vis des dieux[15] ». On peut mesurer l'ironie involontaire de la formulation : ce sont désormais les humains qui rendent justice aux dieux.

Il n'y a d'ailleurs pas de quoi s'étonner à l'excès : l'ambition de la philosophie grecque est d'élever le citoyen à un niveau quasi divin, par l'initiation à la sagesse, réservée à quelques-uns. Mais c'est le citoyen qui est promis à cette distinction par la philosophie, et non pas l'individu au sens que ce mot a revêtu depuis le XIXᵉ siècle en Occident. Rien de moins individualiste que la Grèce, en effet, et contrairement à certaines visions idéalistes et un peu automatiques de l'humanisme contemporain : toute la vie y est ou doit y être au service de la Cité. L'élévation sociale y est assimilée à une sorte de prêtrise laïque, entièrement vouée à l'application des principes moraux dictés par la connaissance des lois du monde.

Platon fonde ainsi une théologie naturelle, dont l'un des présupposés tacites est que, Dieu étant intelligence et ordre, l'effort humain d'intelligence et d'ordre permet de s'insérer aisément dans ses lois et de respecter la morale naturelle. On le voit le plus clairement dans le dixième livre des *Lois*. Car il croit évidemment qu'il existe une « morale naturelle », qui ne saurait être, incidemment, qu'athénienne. Les néoplatoniciens ni la scolastique chrétienne ne parviendront jamais, d'ailleurs, à mettre un terme au débat ainsi déclenché sur la nature et la contre-nature, Physis et Antiphysis. Le Mal est-il inhérent au monde ? Mais cela signifie-t-il alors que Dieu n'en est pas le maître ? Chez Platon, en tout cas, il n'y a jamais la moindre référence au Mal : l'Âme du monde étant Une et Bonne, il exclut du même coup le panthéisme et le Mal et infère que Dieu existe et que l'âme est immortelle.

Le dixième livre des *Lois*, toujours, indique que, dans cette sorte de spiritualisme pasteurisé, il n'y a que trois hérésies fatales pour la personne morale : l'athéisme, le déni du fait que le monde est gouverné par la morale et la croyance que la faveur divine puisse s'acheter par des offrandes ou des sacrifices. Ces derniers seraient une forme de « corruption » de la divinité.

La foi de Platon dans la Providence est donc rationnelle, tout comme, selon lui, la possibilité de démontrer l'existence de Dieu. C'est ce qui fait du *Timée* le plus extraordinaire traité de théologie rationnelle, contresens s'il en fût jamais. Car le *Timée*, c'est lui, Platon : il ne donnerait pas la parole indéfiniment à un seul personnage s'il n'adhérait pas à son discours. D'où le mépris platonicien pour les formes extatiques, inférieures, spontanées, passionnelles et « animales » de la religiosité, expression d'un débordement déplacé des émotions personnelles. La foi, si tant est que le mot ait un sens pour lui, n'est qu'un reflet de l'intelligence divine.

Les Grecs légueront d'ailleurs cette attitude cérébrale et restrictive aux Romains, qui, à leur tour, considéreront que la pratique de la religion est une affaire publique et que tout recours individuel aux divinités est immoral, donc illicite, et constitue une *super-stitio*, une façon de contourner les institutions de la Cité. La survie ou plutôt la tolérance des mystères est due, en partie, au fait que ce sont des cérémonies collectives où l'exaltation des individualités n'a théoriquement pas de place. La divinité est un bien collectif : elle ne doit pas être détournée par l'individu.

On peut se demander si Timée-Platon avait eu quelque expérience de la souffrance, de la maladie, des catastrophes naturelles. Car il y avait aussi des maladies à l'époque, des épidémies de peste, par exemple. N'étaient-elles pas dues au mauvais vouloir de dieux imprévisibles ? La réponse étonnante de candeur, est offerte dans le *Second Alcibiade*; elle est mise dans la bouche de Socrate : « Je me demande si, véritablement, les hommes ne sont pas mal fondés à incriminer les dieux quand ils prétendent que c'est de ces derniers que proviennent leurs maux : ce sont les hommes eux-mêmes qui, soit par leur folle présomption, soit par leur déraison, quel que soit le terme qu'on doive employer, ont pour eux-mêmes plus que leur lot de souffrances ! » Discours qui, incidemment, résonne de façon insupportable pour des oreilles du XXe siècle : les victimes des camps nazis et soviétiques, les horreurs du siège de Stalingrad et du camp de Kolyma, les deux cent mille morts, vieillards et enfants, du bombardement de Dresde, pour ne parler que de cela, le cancer et les tremblements de terre seraient donc le fait de « la folle présomption des hommes ».

Sans doute le *Second Alcibiade* est-il un texte suspect, comme on l'a dit (ce qui n'enlève rien à l'intérêt des opinions de son mystérieux auteur). Mais *La République* est un texte certain, du moins l'espère-t-on. Or, un discours presque identique y est repris : « Quant à prétendre qu'envers quelqu'un la Divinité se fait auteur de maux, elle dont l'essence est d'être bonne, toute notre énergie doit s'employer à empêcher que cela soit dit par qui que ce soit dans la Cité qui est la sienne, si l'on veut que celle-ci soit bien policée. » Donc, si quelqu'un souffre ou est injustement attaqué, il n'a pas le droit de se plaindre du sort. Il n'y a pas de sort, circulez, dirait-on en langage contemporain. Il est vrai que *La République* est la description la plus parfaite et la plus impavide du totalitarisme jamais écrite, à part les ouvrages de Bentham, dont le fameux *Fragment sur le gouvernement* et la *Théorie des peines et des récompenses*[16]. Cela étant, Platon ne traite jamais des origines du Mal ; c'est sans doute une illusion, comme le donne à penser un autre passage de *La République* : « Et pour ce qui est de l'âme, n'est-ce pas la plus vaillante et la plus sage qui se laissera le moins troubler et altérer par une impression venue du dehors ? » Appliquée à l'histoire contemporaine, cette philosophie laisse évidemment pantois : les malheurs du XXe siècle n'auraient donc été que le résultat des impressions d'âmes faibles...

Platon se défend d'être un élève de Socrate, auquel il n'attribuera jamais le nom de « maître » ; ce n'est qu'un vieil « ami ». Suspectes nuances à en juger par les faits, car, s'étant fait porter « malade », il ne participera pas à la cérémonie du suicide, en 399, où le vieux philosophe doit boire la ciguë ; Hermodore, disciple immédiat de Socrate et témoin de première main, en fait foi. En fait, Platon, première version de saint Pierre, et quelques autres familiers du condamné ont prudemment pris le large vers Mégare, car les Athéniens ne plaisantent pas avec les séditieux. Mais il continuera de partager d'innombrables points de vue avec son « ami » et en particulier celui-ci, dans le prologue des *Lois* : le criminel est « un furieux qu'affole un mauvais *daimôn*, incarnation d'une souillure ancestrale[17] », comme le relève Vernant : avant d'édicter des peines répressives, les législateurs lui feront donc entendre une exhortation chantée, pour rétablir l'ordre et la santé de l'individu et de la Cité. Car le Mal ressortit comme le Bien à la responsabilité de la Cité. On imagine l'accueil des législateurs modernes à ce type assez particulier de code pénal...

Mis à part ce rôle d'apaiseurs publics, bien évidemment, Platon exclut les poètes de sa République « idéale », parce qu'ils sont trop enclins à parler des malheurs des mortels : « ... Ni de la part d'Homère, ni de la part d'un autre poète, il ne faut accepter cette erreur en ce qui concerne les Dieux, l'erreur insensée qu'il a commise en disant que "deux... tonneaux sont placés à la porte de Zeus, et remplis de sorts, qui sont heureux dans l'un et funestes dans l'autre", et que l'homme à qui Zeus aura donné un mélange qu'il aura fait des deux, "celui-là parfois rencontre le malheur, et parfois le bonheur". » Autrement dit, il serait impie de croire que les dieux sont responsables du Mal autant que du Bien, comme le prétendent les « poètes ». Non seulement il ne s'avise pas de la contradiction entre l'indifférence divine et la Providence en laquelle il a foi, mais encore il ne précise pas à quoi sert alors un Dieu qui ne distribue ni bien ni mal et pourquoi il serait interdit de ne pas y croire.

Dans un passage célèbre du IIIe livre des *Lois*, on voit Socrate, quasiment les ciseaux à la main, censurer Homère lui-même : « Il faut rejeter en outre les noms qui ont rapport aux Enfers, tous ces noms terribles et qui épouvantent : Cocyte, Styx, défunts, spectres, tout ce qu'il y a encore sur le même patron et dont le nom seul donne le frisson à qui l'entend ! » Le pseudo-interlocuteur de Socrate se rebelle et Socrate lui assène : « Dans le présent, nous ne sommes, ni toi ni moi, des poètes, mais des fondateurs d'État. » C'est un passage qui semble issu des satires antibolcheviques de Mikhaïl Boulgakov, à cette différence près que même le bolchevisme n'a pas osé pousser aussi loin l'utopie de la correction politique. Quelque trois siècles plus tard, Plutarque retrouve ce même ton prévictorien dans son éloge d'Épiménide, poète et prophète du VIe siècle avant notre ère et contemporain de Solon[18], qui aurait réglementé le deuil, le rendant plus équilibré et plus paisible, s'assurant ainsi de la « bonne tenue » des femmes[19]... Comme quoi, selon Plutarque, s'il fallait exprimer son chagrin à la perte d'êtres chers, il fallait le faire décemment, de façon à ne pas troubler la paix de la Cité. Ç'avait été aussi, d'ailleurs, le sentiment d'Hérodote qui, faisant l'éloge de Sparte, prononça celui d'Aristodamos, seul survivant de la bataille des Thermopyles et qui, considérant cette survie comme une souillure, alla quasiment se suicider à Platées[20] : c'était là un acte de « décence », car on ne saurait, si l'on a le sens de la Cité, être le seul survivant d'une bataille où l'on a perdu tous ses compagnons, même si l'on a été héroïque, et Vernant relève à ce sujet la dénonciation, déjà ancienne, de la gloire militaire personnelle, du luxe, de « la somptuosité des funérailles, des manifestations excessives de la douleur en cas de deuil[21] »...

Est-ce donc par amour de Dieu que Platon et d'ailleurs beaucoup d'autres Grecs à l'instar poussent aussi loin le culte outrancier de la censure, de la contrainte et de ce qu'en langage contemporain on appellerait l'« Ordre moral » et qui n'est alors que l'Ordre tout court ? Certes non : c'est d'abord parce que, pour eux, la Cité doit être le reflet de l'ordre divin. Dans *Les Lois* et *La République*, Platon veut tout réglementer au nom d'une harmonie divine et instaure dans l'imaginaire, en fin de compte, la plus sinistre utopie policière de l'histoire de la philosophie. Il tenta aussi d'appliquer ses idées. On le sait, à l'incitation de Dion, oncle du jeune tyran Denys II de Sicile, et du philosophe Archytas de Tarente, Platon tenta d'être, en effet, l'inspirateur de la tyrannie sicilienne, mais il y échoua, et à deux reprises[22].

S'il n'est pas familier des textes grecs, le lecteur du xxe siècle peut s'étonner de cette rigueur d'un système qui constitue pourtant la matrice de la démocratie et, théoriquement, le garant de ce qu'il est convenu d'appeler les « libertés individuelles » : cette perpétuelle proposition d'une République des sages appelle, en fait, à une théocratie laïque, rationnelle et contraignante. Or, cela peut s'expliquer par le contexte politique de la Grèce ou plutôt des Grèces de l'époque.

Il y a, en effet, au ve siècle avant notre ère, autant de Grèces que de cités-États : Athènes, donc, puis Sparte, Thèbes, Égine, Mégare, Corinthe. Ce n'est qu'en 448, suite à la paix de Callias avec les Perses (ainsi que les nombreux alliés de l'une et des autres), que la mer Égée devient une mer intérieure grecque et qu'Athènes devient un empire. Commence le « siècle de Périclès », apogée de l'essor athénien, qui va durer, en fait, exactement cinquante-huit ans, jusqu'à la retentissante destruction de la flotte athénienne par le Spartiate Lysandre, à Ægos-Potamos (ou Ægos-Potamoi, « le ruisseau où les chèvres vont boire »), en 405. Toutes ces cités-États sont en constante querelle, s'alliant, se désalliant et se faisant la guerre sous les yeux chargés de convoitise des Carthaginois à l'ouest et des Perses à l'est. Il faut quand même rappeler que ce n'est qu'en juin 1996 que le maire d'Athènes s'est rendu à Sparte pour sceller la paix avec l'antique ennemi. Vingt-quatre siècles plus tard ! Les cendres de Thucydide et de Xénophon ont dû en tressaillir de joie !

L'idéal, pour les Athéniens comme pour les autres Grecs, c'est une cité-État parfaitement soudée, homogène, celle que décrit Platon, donc, et c'est en fait Sparte qui depuis des siècles suscite l'admiration de tous, à commencer par Hérodote. Celle-ci est, en effet, un État militaire rigoureusement homogène et constamment prêt à l'inévitable guerre. En dépit de sa double royauté, l'ordre social y est organique et non pas dépendant des volontés royales ni aristocratiques. « C'est l'ordre qui [y] réglemente le pouvoir de tous les individus, qui impose une limite à leur volonté d'expansion. [...] La refonte de l'État y obéit d'abord à des préoccupations militaires[23]. » Il ne saurait, là, y avoir de discussions ou d'opposition politiques. On ne discute ni la loi ni les ordres, et l'on n'y goûte que les discours brefs. Tous les citoyens sont soldats et ils sont entraînés à la dure. Sparte, d'ailleurs, deviendra légendaire, car ce n'est certes pas là-bas qu'il faut se rendre pour goûter la douceur de vivre. On y mange en commun, et pas des repas raffinés : fromage, olives, figues et vin. L'obsession de l'efficacité guerrière y est telle qu'on y encourage même les soldats à vivre en couples amoureux, car l'exemple de l'un au combat fortifie la vaillance de son amant. Incidemment, cette frugalité semble ravir Platon, car lorsqu'à l'âge de quarante ans, après l'exécution de Socrate, il se rend en Italie et en Sicile, après Mégare, il se déclare dégoûté de la « sensualité » qui règne dans ces régions-là : on y mange trop bien, on y vit trop bien. C'est un moine que ce boxeur !

Voilà en Sparte un exemple digne d'éloges ! Ces gens-là ne s'occupent ni de poésie, ni de luxe, ni de discussions stériles, ni de leurs émotions individuelles, ni de leurs ambitions personnelles, ni de bien vivre ! Et la riposte de Socrate citée plus haut prend tout son sens : « Nous sommes des fondateurs d'État. » De même que les cités-États sont des casernes, leur Dieu est un Dieu des armées. À maints égards, comme l'a relevé Vernant, Athènes est une cité « bourgeoise » ; Socrate et Platon souhaitent en faire une caserne-monastère.

Les inclinations de Platon vont toutefois s'infléchir et se préciser après le désastre d'Ægos-Potamos, où le Spartiate Lysandre s'empare d'Athènes, brûle sa flotte, détruit ses fortifications du Pirée et y installe la tyrannie des Trente. Car cette défaite catastrophique pour Athènes a, pour Platon, mais aussi pour Thucydide dans une certaine mesure, une grande responsable, et c'est l'ambition excessive. Athènes a voulu trop en faire : après la désastreuse expédition de Sicile, en 413, où elle perd sa flotte et son armée, c'est en 406 la désastreuse « victoire » navale des Arginuses (vingt-cinq trières perdues et six commandants ou stratèges exécutés), puis encore la prétention de lutter contre la flotte spartiate à Ægos-Potamos donc, en 404. Dans le *Gorgias,* dialogue qui oppose Socrate à un ambitieux aventurier à tout crin, Calliclès, le vieux philosophe déclare que la Cité a besoin non de puissance, mais de justice et de vertu.

Athènes, à l'époque, ne plaisante pas avec la discipline militaire, puisque, on l'a vu, elle fait exécuter six des huit stratèges tenus pour responsables du désastre (les deux autres étaient absents[24]) et là, d'ailleurs, Socrate s'oppose à la condamnation. Sans doute sa rigueur de « bâtisseur d'État » s'est-elle tempérée à la suite de la défaite. Il lui paraît absurde de mettre des gens à mort parce qu'ils n'ont pas enseveli des morts.

Calliclès a-t-il existé ? Certains personnages des dialogues semblent plus ou moins inventés, d'autres sont bien réels. L'opinion de Jacqueline de Romilly est que ce Calliclès représente en fait un personnage qui hante encore la légende au xxe après avoir obsédé Athènes au ive, Alcibiade ; Platon, qui le connaissait, ne pouvait être indifférent à cette destinée hors du commun. Beau garçon et aventurier, riche d'une existence politique et militaire mouvementée (il a joué deux fois le rôle de sauveur providentiel d'Athènes, pour finir destitué après la déroute de la flotte athénienne à Notion), Alcibiade est l'image même du grand ambitieux, tellement ambitieux qu'il rejoindra le camp de Sparte, ennemie d'Athènes, après que celle-ci l'aura destitué. Sa vie semble comporter une morale : il ne faut pas espérer la gloire pour des raisons personnelles, car cela déséquilibre l'ordre de la Cité et cela finit donc mal. Les succès retentissants d'Alcibiade, en effet, sont largement compensés par les désastres publics dont il a été responsable, comme celui de l'expédition de Sicile. Il finira assassiné sur l'ordre des Spartiates. C'est un héros de tragédie, mais les grands auteurs ne semblent guère l'apprécier. Eschyle dira qu'il ne faut surtout pas « nourrir un lion dans une cité ; sinon, une fois élevé, il faudra se prêter à ses façons[25] ». N'empêche, il reste pour le peuple un héros, et l'on mesurera plus bas l'importance que commence à revêtir pour le peuple l'image du personnage aimé des dieux et doté de charisme.

L'histoire d'Alcibiade semble donc comporter pour Platon une leçon « religieuse » d'équilibre et d'humilité, une de plus. Alcibiade a manqué de vertu, et Platon célèbre désormais celle-ci : il annonce saint Augustin, mais en plus rigoureux !

Les déboires politiques d'Athènes ont, à l'évidence, entraîné des altérations dans le système de Platon : pour lui désormais le salut de la Cité est dans la vertu. Oubliées, les vertus des bâtisseurs ! Ces variations peuvent surprendre, mais l'œuvre de Platon n'est pas un bloc homogène, et l'on y relève bien d'autres changements idéologiques appréciables ; c'est ainsi que dans *Les Lois*, dont la rédaction est ultérieure à *La République*, il a abandonné le communisme pur et dur exposé dans ce dernier texte. Mais ces altérations sont secondaires, car Platon conserve son idéologie à peu près intacte. C'est ainsi qu'il ne semble jamais songer que la vertu n'est peut-être pas essentielle à la supériorité militaire de Sparte (qui ne durera d'ailleurs pas éternellement, car la bataille de Mantinée y mettra fin en 362). Il reste fidèle à un système clos, où il n'est pas de causes externes, et son déterminisme est sans défaut. L'idée que les dieux sont capricieux, comme l'avait sagement constaté Homère, et que la Fortune change souvent de camp n'est jamais effleurée : elle est impie et scandaleuse.

Eût-il vécu plus longtemps qu'il eût sans doute ressenti quelques déconvenues. Mais il n'aura pas le temps de changer d'avis, car il meurt à quatre-vingt-un ans en 348-347, quelque dix ans donc avant la bataille de Chéronée, qui scelle la domination de la Macédoine. Un jeune homme splendide a assuré le succès macédonien, en menant la cavalerie à la bataille ; il est, si l'on peut ainsi dire, Alcibiade au carré. Car il est animé d'une ambition encore plus démesurée, doté d'une beauté obsédante et d'une séduction qui perdurera plus de vingt-trois siècles : il se nomme Alexandre, c'est le fils de Philippe II de Macédoine. Ce sera le plus grand conquérant de l'histoire, et ce ne sera pas par la vertu qu'il triomphera, mais au contraire par son absence et par la démesure. C'est Alexandre le Grand, négation incarnée du système platonicien.

Alexandre est aimé par les dieux, adoré par les hommes, et la Macédoine avec lui, pour lui, pour le hasard de l'histoire. Il va devenir demi-dieu et même les musulmans le révéreront sous le nom d'*Iskander zul q'ornein*, Alexandre aux deux cornes, les cornes de lumière auxquelles seul Moïse avait jusqu'alors eu droit... Même Arrien, qui n'est guère porté à la superstition ni à l'emphase, écrit à propos de la fameuse affaire du nœud gordien : « Dans la nuit qui suivit, le ciel fit comprendre sa volonté par son tonnerre et ses éclairs. Alexandre offrit le lendemain un sacrifice aux dieux qui lui avaient envoyé ces signes et montré comment défaire le nœud[26]. »

La morale, s'il avait fallu en tirer une, était d'abord qu'il n'y avait donc pas de recette pour s'assurer la faveur des dieux ou de Dieu, ni la concordance avec sa structure et ses desseins, ni la vertu. Dieu n'était ni un archonte, ni un mécanicien, ni un logicien. Et ensuite, qu'il était imprudent de prétendre méconnaître ou, pis, rejeter les pouvoirs de l'individu et de ramener les affaires humaines à l'exclusive compétence de la Cité. Un homme, un seul, avait changé le destin du monde et, qui sait, par vengeance de la Némésis qu'avait à la fin agacée la suffisance athénienne, c'était un Macédonien, un de ces gens que les Athéniens considéraient dédaigneusement comme des « Barbares ».

Le météore Alexandre avait donc fait exploser l'horloge déterministe platonicienne et dispersé aux quatre vents les pages de sa théologie rationaliste et communiste : il devint un dieu vivant et, par circulaire, *diagramma*, exigea au printemps de 324 que les cités grecques lui rendissent un culte divin et réclama des autels, des sacrifices et des statues (Athènes ni Sparte n'en firent d'ailleurs rien, et répondirent par des impertinences). Ce fut à Alexandrie, bien après sa mort, qu'on l'identifia à Dionysos (alors qu'il avait prétendu descendre d'Héraklès). Si le Livre des Macchabées est sévère à son égard, les chrétiens, eux, en firent... un chrétien[27] ! Mais un fait était certain pour tous, celui-là avait été aimé des dieux ! Le Démiurge s'étant saoulé, comme dans les cosmogonies mésopotamiennes, il avait envoyé paître raison et mesure et avait fomenté cette irrésistible splendeur.

La mort épargna aussi à Platon d'assister à ce paradoxe des paradoxes : le héros, qui, par sa seule existence, avait jeté à bas l'édifice de sa théologie civique, devint le symbole même de l'hellénisme. Elle lui évita pareillement d'assister à la résurgence de ce qu'il s'était efforcé de rejeter au magasin des accessoires désuets ou dangereux de l'histoire, le dieu-héros, avec son cortège d'ivresses, de drames, d'injustices, de rires, de conquêtes et surtout de désordres. Ce fut un autre disciple de Socrate, Aristote, qui crut, lui, entendre la leçon. « Dans un dialogue aujourd'hui perdu, *Sur la philosophie*, Aristote évoquait les grands cataclysmes qui périodiquement détruisent l'humanité ; il retraçait les étapes que doivent chaque fois parcourir les rares survivants et leur descendance pour refaire la civilisation[28]... » C'était là l'évocation de l'Éternel Retour, rattaché au grand mythe indo-aryen de la Roue du destin.

Sans doute l'enchaînement des événements et des circonstances ne fut-il pas aussi linéaire ni schématique que je l'indique. Tout le monde ne perdit pas la raison comme Critias à la défaite d'Ægos-Potamos. Mais le désarroi fut immense : en trois quarts de siècle environ, ce ne fut pas seulement Athènes, mais l'ensemble des cités-États de Grèce qui se trouvèrent confrontées à une réalité qu'elles n'avaient pas imaginée, celle des grands empires, auprès desquels l'impérialisme athénien ou spartiate n'avait été que des convulsions locales : à l'ouest se levait le soleil de Rome et à l'est étincelait celui d'Alexandre. La *Realpolitik* du temps imposait désormais une vision mondiale de l'Histoire. Du même coup, elle imposait une vision différente de la divinité. Celle-ci pouvait être commune à tous les hommes, à l'*oekoumenos*, elle cessait d'être provinciale. De fait, les conquêtes d'Alexandre portèrent les divinités hellénistiques jusque dans des lieux où elles ne se seraient jamais aventurées, dans le delta du Nil et les plaines de la Bactriane et jusqu'à l'Indus. Miracle des syncrétismes, l'art gréco-bouddhique confondit dans une même forme le sage nihiliste Bouddha et le dieu Shiva, jadis hellénisé sous le nom de Dionysos !

Certes, l'empire d'Alexandre fut de courte durée : c'était un empire personnel. Né à la bataille de Gaugamèles en 331 avant notre ère, il se démembra en 306 avant notre ère avec la guerre des diadoques : un quart de siècle. Mais l'épopée d'Alexandre marqua les imaginations dans ce qu'était alors le monde occidental, c'est-à-dire essentiellement la Méditerranée. Elle réveilla le sens de l'héroïsme, du miracle, du grandiose, du pathétique, de la beauté et de l'aventure, dont tout l'art hellénistique porte les empreintes. Elle fut donc romantique, au sens moderne du mot. Alexandre fut l'incarnation de ces mythes de la renaissance divine, Attis, Adonis, Tammouz, et aussi du renouveau solaire, comme celui du dieu Mithra. Son bref passage sur terre rouvrit la voie aux aspirations divines que le discours platonicien avait essayé de brider, aux grands vents qui soufflaient du ciel et à l'exaltation du Moi qui se fond dans la divinité. Ni Platon ni Aristote n'avaient perçu ce courant, parfois brise et parfois ouragan, qu'est le grand besoin de Dieu fondamental dans l'être humain. Seul Aristote, lui qui avait pourtant vécu vingt ans aux côtés de Platon, eut l'intuition de l'aspiration irrépressible de l'être humain à l'immanent : « Plus je me trouve moi-même par moi-même dans la solitude, et plus je deviens amoureux du mythe. » Qu'entend-il par mythe ? Peut-être ce que d'autres, plus tard, entendront par révélation.

Il serait évidemment caricatural de résumer ainsi et ici la pensée grecque des Ve et IVe siècles à Platon ; ce fut une jungle exubérante ployant sous le poids des fleurs. D'innombrables instruments intellectuels dont se servent au XXe siècle des penseurs de toutes disciplines ont été forgés à Athènes. Les modèles de l'atome de John Dalton[29], Ernst Rutherford et Niels Bohr, qui datent respectivement de 1803, 1911 et 1921, avaient été conçus par Empédocle (490-430 avant notre ère), Démocrite (460 ?-362 ? avant notre ère) et Aristote (384-322 avant notre ère). Ce dernier avança même qu'ils auraient été précédemment conçus par Leucippe[30]. Aucun législateur contemporain digne de ce nom ne peut se passer d'avoir lu *Les Lois* de Platon et la *Politique* d'Aristote. La science de la logique dont se sert l'informatique la plus pointue a été inventée par Aristote. Le premier auteur qui ait approfondi les lois du comportement humain est encore Aristote, sans doute fondateur de la psychologie et précurseur de Pierre Janet dans son analyse du rôle de l'habitude. Et c'est Aristote encore qui a enrichi la philosophie du principe du devenir. Bref, de vastes bibliothèques suffisent à peine à rendre compte de la dette des siècles ultérieurs, et surtout du monde moderne, à la pensée grecque.

Mais la présence de la divinité s'était estompée. L'humanité adolescente que la Grèce personnifie au plus haut point était confondue par la complexité du monde, et n'en finissait pas d'en inventorier les structures. Jusqu'au vertige. Aristote s'était-il à la fin lassé de cette exploration intellectuelle sans limites ? Car c'est bien lui qui écrit cette phrase digne des mystiques chrétiens : « La contemplation est l'approche de l'immortalité la plus extrême qui soit offerte à l'homme[31]. » On comprend le succès de l'*Éthique à Nicomaque* auprès des théologiens chrétiens du thomisme et de la scolastique. C'est également lui qui écrit, avec un accent de doute bien perceptible : « S'il n'y a d'autre substance que les substances organiques de la nature, alors la physique sera la plus élevée de toutes les sciences. » Mais il est évident qu'il n'en croit rien.

Une fracture s'est, en effet, insérée dans la pensée grecque depuis le IVe siècle. Sa connaissance est essentielle à la compréhension dans l'histoire de l'idée de Dieu. Elle n'est nulle part plus discernable que dans le stoïcisme, école philosophique fondée à la fin du IVe siècle par Zénon de Citium et ainsi appelée en raison du lieu où il réunissait ses disciples, le *Stoa* ou Portique d'Athènes. C'était, en fait, un corridor au nord de la place du Marché à Athènes, autant dire un bazar. La modestie prosaïque du lieu en dit long : nos philosophes se réunissent dans les cris des marchands de volaille, de poisson, de vin, de légumes, rappel de la réalité quotidienne, mais l'aile nord est un peu à part, à l'abri du vacarme des crieurs. Il est difficile de ne pas sourire du choix de ce lieu inattendu comme arène de propos élevés, alors que Platon, lui, discourait dans les jardins d'Académos.

Cette école semble grecque ; en réalité, elle est étrangère. Zénon lui-même est un Phénicien et ses disciples les plus dignes d'intérêt sont des étrangers : ils viennent presque tous de Cilicie, de Syrie, du Pont, de Carthage, de Séleucie, en Mésopotamie, d'Apamée, sur l'Oronte, de Carthage, de Rhodes... Les principales écoles des Stoïciens se trouvaient à Tarse, à Alexandrie, à Rhodes. Ce sont donc des Orientaux qui parlent grec et non des Grecs, on va le percevoir assez vite. Qu'est-ce qu'un Oriental ? demandera-t-on. C'est un sceptique doublé d'un mystique, un sensuel tourmenté par un ascète, un rêveur qui se veut réaliste. Il croit en Dieu, mais craint d'être dupe, n'y croit pas et craint d'être dupe de lui-même. Nul mieux que Dostoïevski n'a rendu la contradiction inhérente à l'Orient, quand il croit pourtant décrire le Slave : « Si Stavroguine croit, il ne croit pas qu'il croie ; s'il ne croit pas, il ne croit pas qu'il ne croie pas. » À quoi est due cette perpétuelle oscillation ? Peut-être au nomadisme, c'est-à-dire à la fierté. Et peut-être encore à la contemplation des espaces infinis. Habitué à ne compter que sur lui-même, le nomade est son propre prince. Habitué aussi à déchiffrer seul des horizons d'où le danger peut surgir à tout moment, il se vendra pour une parole juste, un sourire, un geste éthique sans égoïsme.

Les trois périodes du Stoa, car il y en eut trois[32], visèrent d'abord à répondre à un besoin désormais public : une philosophie accessible à tout le monde. Ses trois principaux et premiers tenants, Zénon, Cléanthe et Chrysippe, allèrent donc puiser dans le passé des idées éprouvées. Ils furent socratiques et en même temps cyniques. Matérialistes, ils s'opposèrent (assez artificiellement[33]) donc à l'idéalisme de Platon, tout en restant rationnels et logiques, et même logiciens. Cet attachement à la raison les induisit par exemple dans une erreur qui se propagea jusqu'au XXe siècle : pour Chrysippe, par exemple, n'était vrai que ce qui avait un sens, critère périlleux (d'ailleurs repris par Hegel au XIXe siècle), parce qu'on ne pouvait trouver de sens dans un phénomène que si l'on en connaissait préalablement la finalité. Par ailleurs, les Stoïciens postulaient que tout corps est susceptible soit d'agir, soit d'être agi, soit actif, soit passif. Mais qu'est-ce qui causait le mouvement des corps ? Une action antérieure. Et là, les stoïciens réintroduisirent « de biais » un concept emprunté à Héraclite, celui du mouvement universel (le fameux « tout bouge », *panta rhei),* qui imprègne toute matière et emplit tout l'espace. C'est la doctrine de l'imprégnation universelle, qui aboutit à un cul-de-sac car, les corps n'ayant pas d'identité en eux-mêmes, il s'ensuit que deux d'entre eux peuvent occuper le même espace. C'était là un défi à la logique[34].

La physique jouxtant toujours la religion par l'intermédiaire de la métaphysique, l'évidente hétérogénéité que voilà devenait encore plus évidente dans le domaine spirituel.

L'âme existait-elle ? Non et oui : non, parce que, l'univers n'étant connaissable que par les sens, il ne pouvait être connu que comme objet matériel, animé ou inerte, selon la distinction spécifique du stoïcisme ; or, l'âme n'était pas perceptible. Oui en revanche, parce que l'âme était l'émanation du feu céleste le plus pur, le feu divin. Car tout en se proclamant matérialistes, donc, les Stoïciens célébraient Dieu, un Dieu unique même s'ils l'appelaient Zeus, qui n'est d'ailleurs qu'une forme adoucie de *theos*[35], dieu, un Dieu qui pour eux était omniprésent et, grâce à la Loi, gouvernait le monde qu'il avait extrait de lui-même. Le fameux hymne de Cléanthe en témoigne amplement :

« Ô toi le plus glorieux des immortels, Zeus aux plusieurs noms, tout-puissant et éternel, souverain de la nature, dirigeant tout grâce à ta Loi, toi dont il convient que tous les mortels s'adressent à lui... Toi à qui tout cet univers qui tourne autour de la Terre obéit en toutes choses et se plie joyeusement à ton joug. Toi qui tiens en tes mains invincibles l'éclair à deux tranchants, flambant, éternel, et sous les coups duquel tremble toute la nature. Aucune œuvre sur Terre ne peut t'être arrachée, ô Seigneur, ni dans la divine sphère éthérée, ni sur la mer, sinon les actes accomplis dans leur folie par les méchants. Tu sais comment rendre le rugueux lisse et tirer l'ordre du désordre, et les choses hostiles deviennent amicales sous ton regard. Car tu as ainsi assemblé toutes choses ensemble, le bon avec le mauvais, de telle sorte que tout soit gouverné par une Loi éternelle... Délivre les hommes de la féroce ignorance, bannis-la, Père, de leurs âmes, et accorde-leur la sagesse, grâce à laquelle tu gouvernes tout avec justice[36]. »

C'est presque là un modèle de prière chrétienne, évidemment surprenante pour un lecteur du XXᵉ siècle comme émanant de matérialistes « païens » à tout crin. Et quand on relève que Zénon condamne les images, statues, temples, autels, sacrifices et prières comme inutiles et triviaux si les rites et prières ne sont pas accomplis avec l'âme pure, et qu'il précise que la prière se prononce dans le secret du cœur, on serait tenté de penser que ce seraient finalement les Stoïciens qui auraient le plus contribué au modèle du christianisme. Mais la conclusion serait hâtive car, tout en célébrant un Dieu unique, les Stoïciens défendent aussi le polythéisme, la substance divine s'étant exprimée sous bien des formes, dont les corps célestes (Platon l'avait déjà soutenu, d'ailleurs), les forces de la nature et même certains hommes.

L'inventaire des contradictions du stoïcisme n'est cependant pas achevé ; on en retiendra deux entre maintes autres. La première est qu'il admet l'existence d'« hommes divins », donc des demi-dieux, mais qu'il qualifie les mythes d'immoraux. Or, qu'est donc le mythe si ce n'est l'emblématisation de l'exemplaire et du symbolique ?

La seconde est beaucoup plus symbolique du trouble et de l'angoisse qui régnaient dans la Grèce hellénistique. Dans leur système, les Stoïciens comme l'ensemble des philosophes qui suivirent Platon et Aristote avaient rejeté « pour l'explication des êtres toute cause intelligible et incorporelle » [37]. Autrement dit, en tant que matérialistes, ils ne concevaient pas qu'il existât quelque chose d'intelligible qui fût incorporel. Si c'était incorporel, c'était inintelligible et si c'était corporel, c'était intelligible. Il fallut dresser un catalogue des « incorporels » : y prirent place des éléments évidemment sans matière, comme le temps, le vide et le lieu. Dieu entrait donc dans le champ de l'intelligible, mais pas le temps. Paradoxe supplémentaire, cela s'appelait un « exprimable », λεκτον.

Ils ne s'entendirent évidemment pas sur ce qu'était cet incorporel « exprimable » et même Clément d'Alexandrie, qui n'était pourtant à court ni de finesse ni de style pour définir ce genre de dilemme, se trouve là empêtré : « Les Stoïciens disent que le corps est cause au sens propre, mais l'incorporel, d'une façon métaphorique, est comme à la façon d'une cause[38]. » On ne saurait être moins clair. Les Stoïciens butèrent et l'image de leur logique en souffrit. Qu'était-ce que le lieu, par exemple ? Impossible à dire. Car si c'était bien un incorporel, il était indéfinissable et l'on tombait alors dans le piège tendu par Zénon d'Élée : le lieu n'existait pas plus que le mouvement. Or, c'était inadmissible pour le dynamisme stoïcien. Et le temps, alors ? À leur répugnance, les Stoïciens durent en reprendre une définition dont Aristote même n'avait pas voulu : « Le temps, c'est le mouvement lui-même[39]. » En séparant le corps de l'incorporel, les Stoïciens, comme l'avaient bien vu les sceptiques, aboutissaient à la négation de la science, eux qui s'étaient pourtant voulus scientifiques. Dieu qui, selon eux, était partout, donc en tous lieux, était-il un corporel ou bien un incorporel ? On peut dire, rétrospectivement, que l'intelligence n'avait pas donné aux Stoïciens l'intuition de l'intuition.

Ils avaient voulu fonder une école « populaire » ; en Grèce, ils en furent pour leurs frais, sauf auprès des amateurs de finesses, avocats et rhéteurs qui voulaient briller en public. Et encore plus quand Rome supplanta Athènes dans son rôle de centre intellectuel. Les Romains n'avaient guère de goût pour les spéculations intellectuelles et surtout pour celles qui faisaient eau de toutes parts, car les Romains aussi étaient capables de déceler les failles de la pensée grecque. Ces Stoïciens étaient des phraseurs, et l'adjectif « grec » commença de prendre une connotation péjorative. Comble d'humiliation posthume, ce fut un disciple lointain, un Romain, le Stoïcien Épictète, qui deux siècles plus tard se moqua d'eux : « Si quelqu'un se vante de comprendre et d'expliquer les écrits de Chrysippe, dis-toi que, si Chrysippe n'avait pas écrit dans un style obscur, celui-là n'aurait pas lieu de se vanter. » Il faut dire aussi que les Romains n'étaient guère enclins à la philosophie : c'étaient des gens pratiques, sans quoi leur empire n'eût pas duré huit siècles.

Le stoïcisme qui s'était voulu un rationalisme critique ne cessa de s'appauvrir jusqu'à Sénèque qui, sans grande originalité, décrivit le corps comme « la prison de l'âme ». Avec Muson, Sénèque, Marc Aurèle, Épictète, le stoïcisme, dernière grande aventure de la pensée grecque, tomba à Rome au niveau de la sagesse des nations et, pis encore, de la sagesse bourgeoise la plus rabougrie, la plus « victorienne » avant le temps : « Quant au sexe, garde-toi pur jusqu'au mariage », écrit Épictète encore. Et Sénèque : « Qui court la vie sans s'arrêter connaîtra bien des gens, mais n'aura jamais un véritable ami. » Et autres « Tel qui rit vendredi, dimanche pleurera ».

Il n'y avait guère là de quoi répondre au besoin de Dieu, qui n'était pourtant guère moins ardent à Rome qu'ailleurs. Pourquoi sommes-nous sur terre ? Qu'y faisons-nous ? Et où allons-nous ? Ce n'est certes pas l'existentialisme du xxe siècle qui a inventé ces interrogations. Les prodiges d'intelligence dépensés depuis Héraclite, soit un demi-millénaire, s'étaient perdus sans y répondre, sans rien faire fleurir dans les ronces de la logique que la logique elle-même. La Grèce avait appris au monde à penser et elle, la première, avait posé les questions fondamentales qui agitent encore la réflexion. Elle avait défriché et jalonné des territoires immenses de la connaissance et de l'interrogation, mais, en dépit de ce prodige herculéen, Athènes n'avait pu répondre à l'énorme appel d'air venu du ciel que dans les délires passionnés de ses poètes. Son excès de sagesse et son sens trop aigu de la Cité lui avaient voilé les yeux sur les besoins de l'individu. « Ô chère âme, n'aspire pas à la vie éternelle, mais épuise le champ du possible[40] », chantait Pindare alors que, justement, l'individu aspirait à cette vie éternelle et aux rapports intimes, charnels, passionnés avec les dieux. Quoi, le mortel ne pourrait donc plus appeler les dieux quand il souffrirait ? Il ne pourrait plus, comme Achille en larmes, le cœur brisé par le départ de Briséis, espérer que la nymphe Thétis, sa mère, sortît des flots pour le consoler, mît la main sur son front et lui demandât : « Mon enfant, pourquoi pleures-tu[41] ? »

Ce n'est guère par hasard que la mythologie grecque, l'ancienne, pas celle dont ne voulaient ni Platon ni Démocrite, celle des dieux qui couraient après les mortelles et des déesses partiales et tendres, garde aujourd'hui sa charnelle fraîcheur et son imparable présence. C'est que sa poésie répond au besoin éternel de dieux proches et incarnés.

Tant que les périls menaçaient, l'être humain s'était réfugié au sein de la collectivité, inventant d'emblée le dicton selon lequel l'union fait la force et créant des dieux capables de compassion ou de haine, mais des dieux qui, en tout cas, ne le laissaient pas seul dans un univers incompréhensible. Au Ve siècle, Athènes avait triomphé des Barbares, sa richesse intellectuelle resplendit ; elle fit le portrait de Dieu dont elle et lui étaient les reflets réciproques. Au IVe, défaite et réduite au rang de province macédonienne, elle pouvait se demander si elle n'avait pas été abandonnée par ce Dieu et elle voulait davantage que des mots et des idées. Les prodiges de raison dépensés par les Grecs ne les avaient pas sauvés de l'angoisse et du besoin d'un Dieu à la fois immédiat et immanent.

Entre-temps les disettes étaient passées, les épidémies étaient exceptionnelles et les tremblements de terre semblaient s'être atténués. Les cités de l'Hellade engendrèrent un dieu qu'aucun poète encore n'avait imaginé, et c'était le Moi, l'individu. Celui-ci ne se satisfaisait plus de célébrer les dieux en commun, il les lui fallait pour lui seul. Faute de mieux, les Romains copiaient les statues grecques et cultivaient les dieux exotiques, comme l'Égyptienne Isis. La superstition proliféra, qu'importait le flacon pourvu qu'on eût l'ivresse ! Il existait certes une religion officielle, mais, dans le privé, les citoyens invoquaient n'importe quel dieu, pourvu qu'il fût efficace. On attendait des dieux, des demi-dieux, des quarts de dieux, des héros, pour combler l'attente amoureuse suscitée par Alexandre. Et ce fut ainsi que Rome saluerait plus tard dans l'extase des empereurs qu'elle espérait magnifiques, mais qu'elle s'empresserait ensuite de mettre à mort, parce que ce n'avaient été que des imposteurs. L'armée, elle, était entièrement mithraïste[42] ; là au moins, elle obtenait de l'héroïsme solaire.

Mais on était arrivé au Ier siècle, des changements s'annonçaient.

Bibliographie critique

1. Frédéric Nietzsche, *Le Problème de Socrate*, in *Le Crépuscule des idoles*, t. VIII des œuvres complètes, Gallimard, 1974.

2. Dans un essai remarquable, *The Trial of Socrates* (Little, Brown and Company, Boston et Toronto, 1988), l'essayiste américain I.F. Stone démontre que Socrate était soupçonné d'avoir des sympathies pour les tenants de la tyrannie des Trente, dont un des protagonistes, Critias, avait justement été l'élève et l'ami du philosophe. Cette tyrannie avait laissé à Athènes des souvenirs atroces, ayant mis à mort quinze cents Athéniens pendant les huit mois qu'elle dura, « presque plus » que les Spartiates n'avaient tué d'Athéniens dans la dernière décennie de la guerre du Péloponnèse. Or, Socrate demeura silencieux pendant cette tyrannie. Il n'est pas établi que Socrate ait véritablement eu de la sympathie pour la tyrannie et pour Critias encore moins, qui avait interdit l'enseignement de la dialectique *(technê logon)*, mais son attitude avait été pour le moins ambiguë, et l'Aréopage d'Athènes le mit donc en jugement pour qu'il se disculpât publiquement. Il fit le contraire. Plusieurs années après sa mort, Platon faisait figurer Critias, alors mort lui aussi, dans un dialogue de ce nom, qui évoque invinciblement une apologie posthume.

3. *Le Problème de Socrate, op. cit.*

4. « Les textes que nous avons ont traversé des siècles. Et la question de leur authenticité se pose à chaque instant. Il y a des faux. Des morceaux ajoutés. Des confusions. Je pense à un petit traité, un pamphlet très amusant du point de vue de la démocratie, qu'on avait rangé dans les œuvres de Xénophon. Dès qu'on le regarde de près, on voit que ça ressemble à du Xénophon, mais ça ne peut pas être du Xénophon. Donc, on ne sait pas de qui c'est. Donc, on ne peut pas le dater », Jacqueline de Romilly, de l'Académie française, sur la littérature de la Grèce ancienne, *L'Express*, 3 août 1995. Romilly n'évoque pas les textes qui, eux, ont simplement disparu. Et l'on se demande ainsi si c'est vraiment par le malheur des temps qu'un texte célèbre de Cicéron, *De consolatione*, par exemple, qui semble avoir été étonnamment proche de certaines conceptions chrétiennes, a sombré sans laisser plus que de rares traces. Sur les malheurs des manuscrits antiques, *cf.* « La manipulation des manuscrits du 1er siècle à Staline », essai en postface de *Jésus de Srinagar*, de l'auteur, Robert Laffont, 1995.

5. Platon, œuvres complètes, trad. nouv. et notes par Léon Robin, avec la collaboration de M.-J. Moreau, la Pléiade, Gallimard, 1950.

6. La Bible, traduite et présentée par André Chouraqui, Desclée de Brouwer, 1985.

7. Platon ne présente pas ouvertement l'interlocuteur de Socrate, Timée de Locres, qui exista bien et qui était astronome, comme un pythagoricien, mais tous les fami-

liers de la culture grecque reconnaissent sans retard dans son discours un mélange des idées de Pythagore en astronomie et en mathématiques et des idées d'Empédocle en médecine et sciences naturelles.

8. Le *Timée* et le *Critias*, de l'avis général de la critique, auraient été écrits entre 358 et 356 avant notre ère, soit une dizaine d'années avant la mort de Platon, vers 348-347 avant notre ère. Il existe une littérature considérable sur le *Timée*, comme d'ailleurs sur l'ensemble des textes de Platon ; elle occuperait à elle seule un épais volume et la liste des quelques ouvrages que j'en ai lus dépasse le cadre de ces notes. Je me limiterai donc à citer ceux que j'ai le plus souvent consultés : Gregory Vlastos, *Plato's Universe*, Clarendon Press, Oxford, 1975, et, du même auteur, *The Disorderly Motion in the Timaeus*, Routledge & Kegan Paul, Londres, 1965 ; l'introduction de Luc Brisson au *Timée* et au *Critias*, Garnier-Flammarion, 1992, et, du même auteur, *Platon, les mots et les mythes*, Maspero, 1982 ; Jean-Pierre Vernant, *Les Origines de la pensée grecque*, Quadrige PUF, 1992, et, sous la direction du même auteur, *L'Homme grec*, L'Univers historique-Seuil, 1993 ; les articles sur Platon de l'*Encyclopaedia Universalis* et de l'*Encyclopaedia Britannica* ont contribué à mes recherches.

9. Le prêtre égyptien y évoque, en effet, « l'importance de la puissance étrangère que votre cité [Athènes] arrêta jadis dans sa marche insolente sur toute l'Europe et l'Asie réunies, lançant une invasion à partir de l'océan Atlantique ». Ce récit est repris dans le *Critias* avec d'autres données : outre une description de la mystérieuse cité, l'Atlantide aurait existé 9 000 ans auparavant, c'est-à-dire au paléolithique. Or, Athènes n'existait pas au paléolithique, et l'on n'a aucune trace d'une invasion qui se serait produite, même à une époque plus tardive, à partir d'une île située au-delà des Colonnes d'Hercule, c'est-à-dire du détroit de Gibraltar. Il est évidemment difficile de croire que des conquérants venus de l'Atlantique auraient traversé l'Afrique du Nord, Égypte comprise, pour atteindre la Grèce, inévitablement par l'Asie Mineure, et pousser encore plus loin, sans doute vers le Moyen-Orient, sans laisser des traces innombrables. Force est de conclure que ce récit est un mythe fabriqué à partir de la Crète mycénienne et de sa quasi-destruction vers 1450 avant notre ère par l'explosion du volcan de Théra (Santorin). Par ailleurs, les relevés océanographiques effectués dans les années 1990 au large des Açores, seul site possible d'une île qui aurait pu servir de siège à la civilisation décrite par Solon, ne comportent aucune trace d'un bouleversement du relief atlantique au cours des vingt derniers millénaires.

Par ailleurs l'hypothétique prêtre égyptien du récit de Platon commet deux erreurs déconcertantes : il décrit les Égyptiens comme des gens d'« Asie » et il parle de la supériorité des armements égyptiens, qui auraient été plus légers, contresens remarquable quand on sait que c'est au contraire parce que les Hyksos avaient des armes plus légères qu'ils purent conquérir l'Égypte vers 1650 avant notre ère.

10. Critias l'Ancien est un personnage particulièrement suspect et pour le moins versatile : il fut impliqué en 415 avant notre ère dans la fameuse affaire de la mutilation des Hermès, à laquelle avait d'ailleurs été mêlé Alcibiade ; cela lui valut la prison. Banni en Thessalie, il tenta d'y fomenter un coup d'État pour établir la démocratie. Néanmoins, revenu à Athènes onze ans plus tard, il fut nommé par les Lacédémoniens parmi les Trente Tyrans d'Athènes. Ses retournements de chlamyde sont parfois attribués au désarroi que lui aurait causé la chute de la démocratie impériale de Périclès.

11. Appelé le plus souvent Démocrite d'Abdère, en Thrace, mais aussi de Milet, ce philosophe n'est connu que par son œuvre, très abondante (72 volumes selon Diogène Laërce) ; sa biographie est, en effet, assez mince, et l'on ne sait s'il naquit en 470 ou en 460 avant notre ère, soit une trentaine ou une quarantaine d'années avant Platon, ni s'il vécut aussi vieux que le rapporte Diodore de Sicile, soit jusqu'à quatre-vingt-dix ans. Il voyagea beaucoup, grâce à la grande fortune dont il avait hérité, étudia l'astronomie en Égypte et aurait poussé ses explorations jusqu'en Asie (mais

ce dernier point n'est pas établi). Il fut un naturaliste brillant, dont les observations sur l'embryologie témoignent d'une étonnante intuition de la science moderne, et il fut aussi le premier à énoncer une théorie des couleurs, qui auraient été dues selon lui à la disposition des atomes.

12. On attribue à Démocrite des fragments qui sembleraient indiquer un certain scepticisme, tempérant, voire annulant le dogmatisme de son matérialisme. Mais, comme le dit Alexandre Kojève, « [...] dans la mesure où les fragments "sceptiques" de Démocrite sont authentiques [...], il s'agit ici non pas de "douter" ni de renoncer au discours "positif" [...] mais de nier discursivement la prétendue véracité des sens qui révèlent l'existence empirique »... *Essai d'une histoire raisonnée de la philosophie païenne*, Gallimard, 1973.

13. *Cf. Culture et Cité — L'avènement d'Athènes à l'époque archaïque*, édité par Annick Verbanck-Piérard et Didier Viviers, De Boccard, 1995.

14. « Définitions », 2, *in Œuvres complètes*, vol. II, la Pléiade, Gallimard, *op. cit.*

15. *Id.*, 45.

16. Jeremy Bentham (1748-1832), philosophe anglais « utilitaire », économiste et théoricien du droit, est le plus radical défenseur d'une théorie autoritaire de la société. Sa vie fut heureuse et son influence considérable. À sa mort, selon ses directives, son cadavre fut disséqué en présence de ses amis et reconstitué, à l'exception de la tête, qui avait été momifiée sur ses instructions et qui fut remplacée par une effigie de cire, qu'on peut toujours admirer, coiffant la momie vêtue des habits mêmes de Bentham, à l'University College de Londres...

17. *Les Origines de la pensée grecque*, PUF, 1962.

18. Personnage légendaire, poète et prophète, qui aurait vécu à Cnossos, en Crète, et qui se serait endormi dans la grotte dictéenne, d'un sommeil dont il ne serait sorti qu'au bout de cinquante-sept ans (Diogène Laërce, I, 109-115, *op. cit.*). Il aurait vécu trois cents ans. Les Crétois l'honorèrent à l'égal d'un dieu.

19. « Vie de Solon », *in Vies des hommes illustres*, la Pléiade, Gallimard, 1955.

20. Hérodote, *Histoires*, IX, 71 (*Herodotus*, trad. A.D. Godley, 4 vol., The Loeb Classical Library, Cambridge University Library, Cambridge, Mass., & William Heinemann, Londres, 1965).

21. J.-P. Vernant, *op. cit.*

22. Les rapports de Platon avec la dictature ne se limitèrent pas à l'aventure sicilienne : le frère et le cousin de sa mère, Périctione, respectivement Critias et Charmide, comptèrent parmi les plus extrémistes de la terreur oligarchique de l'an 404 avant notre ère (« Plato », *Encyclopaedia Britannica*).

23. J.-P. Vernant, *op. cit.*

24. La cause du verdict était que les stratèges n'avaient pas repêché les cadavres des marins tombés à la mer pour leur donner une sépulture. En réalité, la tempête qui souffla pendant la bataille eût rendu le sauvetage périlleux et, de toute façon, la flotte athénienne était beaucoup moins bien organisée que celle de Sparte. Commandée par Lycurgue, celle-ci resta tapie pendant quatre jours dans le port de Lampsaque, d'où les Athéniens prétendirent la déloger. L'attaque athénienne, engagée par les huit stratèges cités plus haut, se fit en désordre et les Athéniens se trouvèrent donc rapidement en situation d'infériorité face à l'adversaire spartiate, bien organisé sous le commandement unique de Lycurgue. Le paradoxe veut qu'Alcibiade soit allé braver les Athéniens, avant la bataille, pour offrir sur l'emplacement du mouillage des Spartiates des informations précieuses aux stratèges ; mais ceux-ci l'envoyèrent paître par la repartie suivante : « Les stratèges, c'est nous », ce qui sous-entendait : « Et ce n'est pas toi. »

25. Cité par Jacqueline de Romilly, *Alcibiade*, Éditions de Fallois, 1995.

26. Arrien, II, 3, 8 (Arrian, *History of Alexander and Indica*, 2 vol., trad. P. Brunt et le Rev. E. Illiffe Robson, The Loeb Classical Library, *op. cit.*).

27. Dans les versions successives du Roman d'Alexandre, *cf.* Paul Faure, *Alexandre*, Fayard, 1985.

28. J.-P. Vernant, *op. cit.*

29. Le premier modèle de Dalton se révéla toutefois erroné, car le physicien anglais avait attribué à l'atome même des propriétés physiques qu'il fut impossible de vérifier expérimentalement. Dalton avait supposé, en effet, que les atomes de substances différentes avaient des propriétés différentes, ce qui était faux, car ce sont les molécules, arrangements spécifiques d'atomes, qui ont des propriétés différentes, un atome de carbone restant le même dans le charbon, la fleur et le matériau synthétique.

30. L'existence de Leucippe est mentionnée par Aristote et Théophraste, mais Épicure contesta l'existence de ce philosophe, qu'on disait originaire d'Élée, en Italie du Sud. Les historiens modernes ont confirmé la réfutation d'Épicure. Leucippe, qu'on a parfois tenté d'identifier — à tort selon l'auteur — à Démocrite, se serait opposé aux théories de Zénon d'Élée, selon lequel le mouvement n'existait pas et les atomes étaient indifférenciés. Pour lui, le mouvement existait bien et la différenciation de la matière était due aux différences d'organisation des atomes, intuition étonnamment exacte au regard de la physique moderne (« Leucippus », *Encyclopaedia Britannica*).

31. Traduction de l'auteur.

32. La première période, la plus déterminante car ce fut alors que se forgea l'essentiel du stoïcisme, dura un siècle, de 304 à 205 avant notre ère, la deuxième commença à l'introduction du stoïcisme à Rome, au IIᵉ siècle avant notre ère, et la dernière, celle du stoïcisme tardif, s'acheva, au IIᵉ siècle de notre ère, avec Sénèque, Aulus Persius, Lucain, Épictète et Marc Aurèle.

33. En dépit de son idéalisme conceptuel, Platon admettait (tout comme Aristote) une explication mécaniste de la vie et ce n'est pas à cet égard-là que les Stoïciens se différencient vraiment du platonisme, mais dans leur conception dynamique du monde. Le cosmos de Platon était une horloge close, celui des Stoïciens un gigantesque tourbillon ouvert, proche d'Héraclite et peut-être plus encore des conceptions hindouistes.

34. Il convient toutefois de relever que, dans cette apparente absurdité, les idées des Stoïciens préfiguraient avec une intuition singulière certains aspects de la mécanique quantique, par exemple celui qui postule qu'une particule physique est à la fois particule et occupe donc un point déterminé de l'espace, et une fonction d'onde, repérable dans une infinité de points. V. aussi J.-J. Duhot, *La Conception stoïcienne de la causalité*, Librairie philosophique J. Vrin, 1987.

35. L'utilisation au singulier du nom de Zeus est un point délicat et toujours débattu, parce que d'une portée évidemment considérable. D'une part, il faut se garder de projeter sur les religions antiques les schémas des monothéismes révélés, mais, de l'autre, il faut garder en mémoire le contexte dans lequel cette utilisation est faite et qui peut indiquer une réelle orientation monothéiste, comme lorsque ce dieu est exalté comme dieu suprême et unique (v. à ce sujet G. François, *Le Polythéisme et l'emploi au singulier des mots* Theos, Daimon, *dans la littérature grecque, d'Homère à Platon*, Les Belles Lettres, 1957). Référence est ici faite au thème exposé dans la préface et la postface de ce livre : les « ruptures » trop souvent mentionnées dans l'histoire des religions, comme dans l'histoire tout court, sont souvent des transitions que les historiens interprètent comme ruptures en raison de facteurs culturels conscients ou inconscients. La culture chrétienne moderne a ainsi oscillé entre deux pôles, l'un qui répugne à considérer que les voies du monothéisme lui auraient été antérieures, donc que le christianisme n'aurait pas été novateur, l'autre qui pense retrouver partout des traces de l'imminence du christianisme. Les courants athées ont, dans un paradoxe apparent, oscillé entre les mêmes pôles. V. chapitre 3 de ce livre.

36. « Stoics », *Encyclopaedia Britannica*, trad. de l'auteur. V. aussi sur ce sujet E. Des Places, *La Religion grecque — Dieux, cultes, rites et sentiment religieux dans la Grèce antique*, Picard, 1969.

37. Émile Bréhier, *La Théorie des Incorporels dans l'ancien stoïcisme*, Librairie philosophique J. Vrin, 1989.

38. *Stromates*, VII, 9, *op. cit.*

39. Aétius, cité par Bréhier, *op. cit.*

40. IIIᵉ Pythique, antistrophe 3, *Œuvres complètes*, Éditions de La Différence, 1990.

41. *L'Iliade*, I, 357-362.

42. Le mithraïsme ou mithriacisme est le culte de Mithra, dieu solaire dérivé de l'ancien mazdéisme que Zarathoustra avait réformé au viᵉ-vᵉ siècle avant notre ère. Il semble avoir acquis son autonomie à l'égard du mazdéisme originel vers la fin du IIIᵉ siècle ou le début du IIᵉ siècle avant notre ère. Selon l'hypothèse la plus généralement admise, les troupes romaines l'auraient ramené d'Orient, par exemple lors de la guerre contre le roi séleucide Antiochos III et de la campagne de Bactriane (en actuel Afghanistan). Ce culte héroïque gagna l'ensemble des légions romaines. Il en est plus amplement question dans le premier chapitre de la seconde partie de ce livre.

Deuxième partie

De Mithra aux folies de l'obscurantisme moderne

1

Du Dieu innombrable
au Dieu totalitaire et politique

Pourquoi les dieux d'antan ont-ils disparu ? — L'illusion du progrès théologique — Un bref survol de vingt siècles de croyances — Le génie politique de Saül — La naissance des empires et des premières Églises universelles — Les prétentions politiques originelles de la foi — La théocratie de l'Empire chrétien de Constantinople et la théocratie qu'est l'Islam — Premières conséquences de l'État politique chrétien : la révolte de Luther — Dieu contre Dieu ou les conséquences du duel entre le christianisme et l'islam — Sur la nature politique du Dieu actuel.

Au Ier siècle de notre ère, la divinité est omniprésente sur la Terre. Elle scintille, brasille et chatoie dans le monde entier d'étincelles innombrables et différentes, revêtues de toutes les couleurs de la croyance dans des puissances suprêmes. Elle est innombrable et ses noms sont comme les grains de sable.

Sous chacune de ses formes, elle est jaillie d'un sol, d'une culture, de traditions locales. C'est un produit du terroir. La tradition a ainsi consacré un dieu de la vigne en Grèce, mais pas en Afrique, où il n'y a pas de vignes, mais où l'on croit en revanche qu'il y a un dieu-baobab. Ceux qu'on appellera plus tard Peaux-Rouges vénèrent les esprits du bison ou du castor et les Incas un dieu du maïs, tandis que les Égyptiens croient que des divinités habitent le crocodile et l'ichneumon et que les Hindous voient dans le tigre l'émanation de la déesse Kali.

Ces divinités ont leurs humeurs, qui sont indépendantes de tout pouvoir politique. Les prêtres, chamans, sorciers, medicine-men sont chargés de célébrer les cultes de ces divinités. Pas d'imposer une morale sociale en leur nom. Les religions ne sont pas des institutions d'État, parce qu'il n'y a pas d'État. Vingt siècles plus tard, presque toutes ces religions ont disparu.

Pourquoi ? Il en fut des centaines, elles avaient leurs adeptes convaincus. Il n'en reste rien. Disparues, les religions de Babylone, de Carthage, d'Athènes, de Rome, des Incas, des Égyptiens, disparus le mazdéisme, le mithraïsme... Telle est la question que finissent inévitablement par se poser tout historien des religions et ses lecteurs. Le besoin de Dieu a existé de tout temps ; pourquoi donc certaines visions de Dieu en ont-elles supplanté d'autres ? Les notions actuelles des trois monothéismes, par exemple, sont-elles « supérieures » aux précédentes ? Et en quoi ? Il y a vingt-six siècles, le zoroastrisme postulait déjà qu'il n'existe qu'un seul Dieu ; quel « progrès » auraient donc accompli les monothéismes actuels ?

Croyants et indifférents, ainsi qu'une appréciable part des historiens et philosophes contemporains sont enclins à attribuer ce changement à une évolution des sociétés, et donc des cultures, qu'ils qualifieront plus ou moins volontiers de « progrès ». Selon eux, le progrès social aurait favorisé celui des élites et ouvert quelques esprits supérieurs aux lumières de la Révélation. À l'appui de leurs thèses, ils évoquent le fait que les religions du monde contemporain ne sacrifient plus d'enfants ni de vierges à leurs divinités, comme le prescrivaient celles des Aztèques et des Carthaginois, par exemple. L'humanisme, sinon l'humanitarisme, aurait rendu pareilles pratiques odieuses. Les religions qui se sont imposées au monde auraient donc été réellement « supérieures », ne fût-ce qu'en imposant aux sociétés le respect de la vie humaine et l'abandon de pratiques barbares.

Toutefois, cette interprétation « naturelle » du triomphe des religions actuelles ne supporte pas aisément l'analyse historique. Les valeurs sociales fondamentales du christianisme actuel, par exemple, le respect d'autrui, la démocratie et le sens de la justice sociale, pour ne citer que celles-là, ont été fondées par la Grèce et n'ont certes pas été illustrées par l'histoire de l'Église, du moins jusqu'à la fin du XIXe siècle. Et même, jusqu'au milieu du XXe siècle, la politique étrangère pontificale à l'égard du nazisme a fait l'objet de vives critiques. Sans califat, qui était l'équivalent du pontificat catholique, l'orientation de l'islam est nettement plus difficile à cerner et l'on attend encore la grande étude historique qui permettrait de différencier l'impact de la théologie musulmane proprement dite de celui des cultures que l'islam annexa lors de son expansion. Enfin, numériquement minoritaire et de loin, le judaïsme ne peut certes pas être examiné sous l'angle de son influence sur le monde, si ce n'est par le fait qu'il fut la matrice du christianisme.

Les preuves du « progrès » d'un point de vue philosophique et théologique sont donc douteuses. Ce ne sont pas les trois monothéismes qui l'auraient suscité et ce n'est pas ce progrès non plus, si tant est qu'il soit une réalité, qui a suscité ces monothéismes.

En effet, la thèse du progrès social et culturel, « humanitaire », qu'auraient induit les religions triomphantes, elle, est intégralement démentie par l'analyse historique. L'impact des trois monothéismes et des autres religions dominantes sur les sociétés contemporaines est nul. Si l'on applique à ces religions le précepte de Jésus, qui veut qu'on juge l'arbre à ses fruits, la déconvenue est brutale. Des goulags à Auschwitz, et des massacres de la guerre d'Espagne à ceux de la Yougoslavie, le constat d'échec s'impose. Dieu a perdu. Au XIXe siècle déjà, le grand historien des religions Ludwig Feuerbach écrivait : « Le christianisme a en fait disparu, non seulement de la raison, mais encore de la vie de l'humanité et il n'est plus qu'une idée fixe » (*Uber Philosophie und Christentum*, 1839). La grande angoisse des philosophes contemporains, parfois définis sous le nom de « postmodernistes », dérive d'ailleurs de ce constat et l'on pourrait dire que le pessimisme postmoderniste du xxe siècle commence en fait au xixe.

L'hypothèse plus large selon laquelle ce n'est pas Dieu qui a changé mais la vision que s'en fait l'être humain ne tient pas mieux la route. Elle se réfère d'évidence à une évolution grâce à laquelle l'être humain serait plus « intelligent » qu'il y a, par exemple, vingt siècles. Vision marxiste, postulant un « sens de l'histoire » que l'expérience ordinaire et immédiate dément sur-le-champ : là aussi, les massacres perpétrés au cours du seul xxe siècle, prétendument le plus « évolué », battent les records d'atrocité de toute l'histoire du monde. Des Khmers rouges au Ruanda, l'humanité contemporaine s'est comportée comme on n'imagine même pas que l'homme de Néanderthal eût pu le faire. Exit le « sens de l'histoire », à moins que celui-ci ne mène sans cesse vers plus d'horreurs. Pour les historiens professionnels, d'ailleurs, et depuis l'historien italien du xviie-xviiie siècle Vico, le thème de l'évolution guidée par la Providence battait de l'aile.

Et puis, d'un point de vue purement philosophique, assujettir Dieu à l'évolution humaine est choquant : faudrait-il alors penser que les gens d'il y a vingt ou trente siècles n'auraient pas eu le plein bénéfice de la connaissance de Dieu parce qu'ils auraient été moins « intelligents » ou moins cultivés ? Il faudrait alors en revenir à la célèbre impertinence de Xénophane, le philosophe et poète élégiaque des vie-ve siècles avant notre ère, qui écrivit : « Les Éthiopiens disent que leurs dieux ont le nez aplati et qu'ils ont la peau noire, et les Thraces, que les leurs ont les yeux bleus et les cheveux roux. Si les bœufs et les chevaux avaient donc des mains et qu'ils voulussent dessiner avec ces mains ou réaliser les œuvres d'art que font les hommes, les chevaux dessineraient alors des dieux aux formes de chevaux et les bœufs des dieux aux formes de bœufs[1]... » À cet égard-là, donc, rien ne permet de penser que Râ, Zeus ou Ahoura Mazda aient été « supérieurs » ou « inférieurs » à notre idée de Dieu.

Il s'en faudrait de beaucoup, toutefois, que le travail de l'historien fût stérile (à supposer, pour paraphraser le contemporain Giuseppe Rensi, qu'il fût autre chose qu'un inventaire de l'absurde). Car deux phénomènes historiques vérifiables et parallèles offrent un élément de réponse : l'extension des empires et la réduction du nombre des religions. Plus les pouvoirs politiques s'étendent et moins il y a d'images de Dieu, et plus Dieu devient politique, c'est-à-dire antinomique de Lui-même.

Qu'on veuille bien m'autoriser ici, pour l'illustrer, un bref panorama des dieux innombrables qui dorment d'un sommeil éternel et dont le souvenir ne demeure plus que dans le cimetière des musées et des bibliothèques. La plupart d'entre eux ne seront évoqués que dans ce chapitre, car ceci n'est pas, rappelons-le, une histoire des religions.

Au Ier siècle de notre ère (premier siècle de quoi, d'ailleurs, si ce n'est justement de l'impérialisme monothéiste), après l'exode des humains hors d'Afrique, dont ils n'avaient pas gardé le moindre souvenir, et quelque soixante-dix mille ans suppose-t-on après l'apparition de l'homme de Néanderthal et quarante ou trente-cinq mille ans après l'apparition d'*Homo sapiens sapiens*, la divinité était libre et multiple. Des milliers de dieux régnaient au-dessus de la Terre et sur elle. Tout au long de ses pérégrinations, qui l'avaient d'abord menée au Proche-Orient, puis au Moyen-Orient, avant qu'elle divergeât en deux branches, l'une allant vers l'Europe et l'autre vers l'Asie et de là gagnant les Amériques, la race humaine avait, en effet, changé sans cesse de climat et de milieu ; elle avait donc changé de dieux.

D'immenses territoires sont alors vierges, tels que l'Amérique du Nord. Les religions y fleurissent dans la spontanéité de la crainte et de la vénération. Les Amérindiens avaient identifié dans le monde environnant des puissances et des essences, qui leur paraissaient différentes, certaines terrifiantes comme l'éclair, d'autres bénéfiques comme la pluie, certaines nourricières comme le saumon, d'autres dangereuses, comme les fauves. À en juger par ce qui reste ou que nous savons ou encore croyons savoir de leurs traditions, ils leur attribuèrent des personnalités, des motivations, des querelles, des avatars, créant ainsi des symboles, et ils les représentèrent par les images qui leur étaient familières, bison, castor, ours, corbeau, serpent, aigle, dauphin...

Un pli culturel et dédaigneux enseigne encore aujourd'hui à définir ces représentations du divin, on l'a vu, comme des sortes de sous-religions, des ébauches grossières des monothéismes à venir. Pourtant, les formations de ces religions avaient obéi exactement aux mêmes principes que les monothéismes : d'un effort de liaison logique entre causes et effets. Ces religions prêtèrent aussi à leurs divinités des aventures extraordinaires liées aux pérégrinations des étoiles dans le ciel, aux changements des saisons, aux catastrophes, épidémies, tremblements de terre, incendies, inondations. Sur les mythes se plaque, en effet, l'interprétation logique : d'abord vient le héros, puis sa transformation en mythe, puis la recherche du sens : s'il a vaincu l'Ours en combat solitaire, c'est qu'il était protégé par l'esprit de l'Aigle. S'il est mort d'une morsure de serpent, c'est qu'il avait négligé de rendre hommage à l'Aigle, qui l'a alors abandonné à l'esprit du Serpent[2]. Notons que les différences entre les « paganismes » et les monothéismes qui leur succéderont sont parfois ténues :

ainsi le christianisme assure que Jésus est descendu aux Enfers — c'est ce qu'avaient déjà fait Proserpine et Orphée.

Vivant dans la solitude, nourris par les récits des chasseurs et des chamanes que l'ascèse de la faim et du désir divin haussait aux sommets de l'hallucination créatrice, les « Peaux-Rouges », par exemple, enfantèrent des récits fabuleux. Nous ne saurons rien de leurs premières créations car, n'ayant pas eu d'écriture, ils n'ont rien fixé. Il ne nous reste que les vestiges des traditions orales transmises de génération en génération jusqu'à la conquête de leurs territoires par des Blancs munis de fusils et d'alcool qui voulaient leurs terres, leurs forêts, leurs fourrures pour rien ou à bas prix. Dernière vengeance : le cinéma américain, cinéma de colons, les représenta longtemps comme des brutes sanguinaires qui ne rêvaient que scalps et viols.

Ces émigrants ont sculpté leurs divinités dans le bois et celui-ci suit le destin de toute chose vivante, s'effrite et meurt. On ne commencera que fort tard (au XVIIIe siècle) à recueillir des récits qu'on appelle avec condescendance « légendes ». On leur prêtera, mais assez tard encore, la croyance dans un Grand Esprit qui ressemblerait beaucoup au Dieu occidental, mais il n'est plus possible de nos jours de distinguer dans ce mythe l'influence des premiers missionnaires venus d'Occident et la part de ce que ces indigènes à demi nus croyaient vraiment avant l'arrivée des marchands de peaux de castor.

Plus au sud, en Amérique centrale, des dispositions radicalement différentes, car les Amérindiens ne procédaient certes pas des mêmes souches asiatiques et ils ne sont pas tous arrivés en même temps dans le Nouveau Monde, ont produit des civilisations aussi radicalement différentes. Dans la vaste plaine au nord-ouest de Mexico, une grande pyramide, aussi large à sa base (mais moitié moins haute) que la Grande Pyramide de Chéops, à Guizeh, près du Caire, témoigne de l'importance de l'empire de Teotihuacan, apparu au IIe siècle avant notre ère et qui avait atteint son apogée au Ier siècle de notre ère ; elle est dédiée au Soleil. Près d'elle, une autre plus petite est dédiée à la Lune. Des temples et des palais dominent une vaste cité au majestueux ordonnancement où, pour les fêtes majeures, se pressent un million de sujets.

La religion joue, en effet, un rôle essentiel dans la vie de cette civilisation. Elle est organisée autour d'un panthéon complexe, qui comprend les astres, dont l'Étoile du Matin, qui sera plus tard identifiée à Quetzalcoatl, le dieu-oiseau qui refuse les sacrifices, Tlaloc, le dieu de la pluie, de toutes les sources et de l'arc-en-ciel, le dieu du maïs et le cortège ordinaire des divinités de la fécondité et de la fertilité. Mais pas une seule déesse majeure : les gens de Teotihuacan sont des militaires, comme le sont et le seront tous les peuples de l'Amérique centrale. La féminité n'a guère de place dans des cultures militaires. Or, la religion est politique : elle est le ciment des Mayas, Aztèques et autres peuples d'Amérique centrale[3].

Toutes les représentations des divinités des civilisations précolombiennes d'Amérique centrale sont caractérisées par un sentiment tragique de la vie. On le voit dans ce qu'on a retrouvé de leurs cosmogonies (à l'exception de celle des Mayas, dont nous ne savons pratiquement rien) : celles-ci sont toutes catastrophiques et l'on en trouve, bien après le Ier siècle, l'exemple le plus éloquent dans la quadruple apocalypse de la cosmogonie aztèque et la destruction des quatre Soleils successifs (du Jaguar, du Vent, de Feu et d'Eau), en attendant la dernière, celle du Soleil de Mouvement[4]. Le monde présent est donc en sursis, et il n'en existe pas de Grand Organisateur. Les divinités actuelles, qui sont elles aussi transitoires, n'ont aucune sollicitude pour l'être humain, elles sont toutes redoutables et c'est pourquoi il convient de les conjurer par des sacrifices réguliers. Et l'on connaît la formule aztèque : « Nous ne croyons pas, nous craignons. » Presque littéralement ce qu'allait écrire Kierkegaard dix-neuf siècles plus tard dans *Crainte et Tremblement,* soit dit en passant.

Quelques polémistes ont pourtant cru pouvoir affirmer que la culture des populations de l'Amérique centrale et du Sud aurait été d'une grande indigence. À la fin du XVIIIe siècle déjà, l'historien William Robertson, pasteur presbytérien écossais, aujourd'hui discrédité mais qui, de son vivant, jouit d'une grande renommée, écrivait : « Ni les Mexicains ni les Péruviens n'auraient pu prétendre au rang de nations civilisées [...]. Leurs palais conviennent à un peuple à peine sorti de la barbarie [...], il n'en ressort aucune haute idée du progrès dans l'art et l'invention[5]. » Des textes parvenus tardivement — et presque miraculeusement — démontrent l'inanité de ces suppositions. Le plus célèbre de ces textes, le *Popol Vuh* ou *Livre des Événements*[6], démontre bien au contraire une ampleur dans la vision du monde et de la destinée humaine comparable à celle qu'on trouve dans la cosmogonie brossée par le Grec Hésiode au VIIIe siècle avant notre ère.

Ce qui frappe dans ces descriptions de l'univers est l'effort des divinités pour résister au chaos éternellement menaçant. La même angoisse transpire du *Livre des Prophéties* du Chilam Balam de Chumayel[7], autre découverte tardive, recueil de vaticinations poétiques d'une classe de prêtres du Jaguar (cet animal symbolisant le Soleil nocturne, c'est-à-dire la divination, en opposition à l'Aigle qui, lui, symbolise le Soleil diurne, donc la guerre).

En Amérique du Sud, c'est la civilisation de Chimor qui domine le Pérou au Ier siècle (les Incas, beaucoup plus célèbres, n'arriveront que très tardivement, en 1461, un demi-siècle avant d'être écrasés à leur tour par les Espagnols). Il semble que l'occupation humaine de ces terres arides, parfois effrayantes par leur austérité, ait également été tardive : les traces de civilisation les plus anciennes retrouvées à ce jour ne remontent pas à plus de cinq mille ans[8], mais peut-être en trouvera-t-on de plus anciennes, le Brésil ayant été, lui, occupé au moins trente mille ans auparavant, bien que considérablement plus au sud. Les premières sociétés, qui semblent avoir été tribales, ont atteint un niveau de raffinement artistique étonnant : les Chimus, peuple de potiers, ont laissé une abondance d'œuvres dont le réalisme et la fantaisie ne cessent d'émerveiller spécialistes et profanes. C'est aussi qu'ils accordaient une place éminente à l'art : ils se peignaient eux-mêmes, car la décoration corporelle, qui était toujours pratiquée par les femmes, constituait pour eux le seul signe qui les différenciât de l'animal. Ils se décoraient le visage de signes distinctifs du clan et du rang, ils se peignaient les pieds et les jambes de noir (ce qui fit d'abord croire, à l'analyse de leurs poteries peintes, qu'ils portaient des chaussettes...). La représentation était pour eux la réalité, le signe s'identifiant à l'objet qu'il désignait. Un homme qui portait le masque d'un dieu *était* ce dieu[9].

Or il y avait, là aussi, beaucoup de dieux, à commencer par la Lune, Si, dispensatrice de précieuse fraîcheur dans ces contrées désertiques. D'autres astres, dont le Soleil, paradoxalement au second rang, étaient également divinisés, chacun s'étant vu attribuer des traits particuliers. L'astronomie, qui semble avoir été un grand souci des Chimus, comme des Mochicas qui les précédèrent et de l'ensemble de la culture chavin (tout comme chez les peuples du Moyen- et du Proche-Orient) : la position des étoiles indiquant le commencement des saisons et le passage de cette divinité impassible qu'est le Temps, l'observation du cosmos permet à l'homme d'épier des mystères dont il n'est que le jouet impuissant[10].

La mort, enfin, est une des grandes affaires des Chimus, d'abord parce qu'ils croient à l'immortalité de l'âme, d'où les rites funéraires très élaborés, et ensuite parce qu'ils la croient contagieuse si le mort a été « mal expédié[11] ». On les jugera impies parce qu'ils ignorent la Croix, mais tous les témoignages disponibles sur leur civilisation démontrent que leur sentiment religieux était très vif.

Les premiers voyageurs occidentaux ont d'abord cru que le « paganisme » du Nouveau Monde aurait offert le champ libre à tous les débordements individuels ; c'est totalement sans fondement. Les sociétés précolombiennes comptaient parmi les plus ritualisées et codifiées du monde antique. Telle est d'ailleurs la raison pour laquelle le catholicisme espagnol put s'implanter dans le Nouveau Monde avec une relative facilité : équipé du prestige des conquérants, il imposait un système mental dont la rigueur ne différait pas sensiblement de celle de la religion indigène, mais qui en revanche offrait la récompense de la rédemption[12].

C'est le paysage théologique qu'on retrouvera dans toutes les régions du monde où le contact ou plutôt le duel avec la nature est quotidien, et où règne le besoin fondamental de croire qu'il y a une logique dans les phénomènes du monde, mais où l'absence d'écriture n'incite pas à l'intellectualisation de cette logique. Au contraire, l'oralité des cultures pousse à leur poétisation : les récits sur les dieux doivent être magnifiques ou terribles et toujours provoquer l'émotion. Et quand les phénomènes semblent incompréhensibles, on les explique par le mythe, histoire extraordinaire et exemplaire censée attribuer l'inexplicable aux conflits de passions divines.

Le philosophe allemand contemporain Karl Jaspers a émis l'idée qu'il se serait produit au vie siècle en Eurasie ce qu'il appelle un « moment axial », où l'être humain aurait pris conscience des grands problèmes de l'Être et de ses rapports avec les puissances supérieures. Ce moment serait distinctif de l'Eurasie et présiderait à la naissance de l'Occident. En réalité, cette conscience avait préexisté dans tout l'Orient, du Proche à l'Extrême, dans le zoroastrisme, le bouddhisme, le jinisme, le confucianisme et le taoïsme. Elle avait également existé sans doute en Afrique et dans les Amériques. Ce furent l'extension de l'écriture et l'enrichissement du langage qui permirent de creuser la métaphysique. La seule véritable avance de l'Eurasie se caractérisa par l'écriture.

Du Pacifique au Ier siècle, nous ne savons guère plus que ce que nous savons des tribus qui peuplaient les jungles de l'actuel Brésil et les régions désolées descendant jusqu'à la Terre de Feu : rien. Peut-être ses habitants ne furent-ils pas différents de ceux que Lévi-Strauss découvrit au xxe siècle dans la jungle amazonienne, vivant nus, se parant, se reproduisant, chassant et se faisant évidemment la guerre. C'est incidemment l'un des paradoxes les plus singuliers de la race humaine qu'elle ait laissé en friche des pans gigantesques de son histoire. Les quelques poignées de chercheurs qui se sont attachés à étudier çà et là des civilisations « primitives » l'ont fait sans grands moyens matériels et souvent par désir de fuite, ou par hasard, comme le fondateur de l'ethnologie de terrain, Malinowski, sinon par carriérisme[13].

L'Australie n'était pas découverte à l'époque où Rome brillait de feux de plus en plus fuligineux, de ses Caligula et de ses Néron. La première mention qui en ait été faite en Occident est une description idyllique et totalement fantaisiste, concoctée en 1567 par des navigateurs espagnols du Pérou[14]. De ses dieux, croyances et rites, nous ne disposons que de transcriptions tardives, établies quelque dix-neuf siècles plus tard et, dans plus d'un cas, fortement entachées de suspicion[15]. Mais étant donné son actuel polythéisme, il existe quelques raisons de croire que les religions (car il y en avait plusieurs) des Australiens du Ier siècle étaient également polythéistes. Les aborigènes australiens entretenaient, jusqu'à il y a quelques décennies, le culte d'un héros céleste et une fête de la renaissance de la Grande Déesse ; ils croient actuellement à l'immatérialité de l'âme, à sa réincarnation et à la valeur révélatrice des rêves.

Plus à l'ouest, les habitants du Japon, qui n'est pas encore un empire[16], observent certes une religion. On ignore laquelle, et il n'existe pas de preuve que c'est déjà le shintô ; tout au plus peut-on postuler que les Japonais du Ier siècle pratiquaient le culte des ancêtres, dont le shintô serait dérivé[17]. Ce culte aurait pu se mélanger d'animisme et de magie.

Même néant de connaissances en ce qui concerne l'Asie du Sud-Est. On peut émettre les mêmes hypothèses classiques : culte des ancêtres, croyance dans l'immortalité et la « dangerosité » de l'âme des morts, animisme, magie, en se fondant sur ce qui demeure connu des religions de ces régions, par exemple la coutume malaise de lier les cadavres afin d'éviter qu'ils ne s'échappent du tombeau. Mais des généralités trop hâtives risqueraient d'oblitérer des particularités très significatives[18].

On a vu plus haut ce qu'il en est de la Chine : au Ier siècle, elle est régie par l'empire Han, fraîchement restauré[19], et dominée par trois philosophies religieuses, le taoïsme, le confucianisme et un bouddhisme sinon abâtardi, du moins extrêmement éloigné de ses origines[20]. Ces trois disciplines, au demeurant très souples, pour user d'un euphémisme, sont loin de rendre compte de la très grande diversité de cultures et donc de croyances de l'empire. Celui-ci est en fait une mosaïque des anciens royaumes qui, du Ve au IIIe siècle, n'ont cessé de se faire la guerre, d'où le nom de période des Royaumes combattants donné à ces trois siècles : en commençant par le Nord, les Yen, les Tchao, les Ts'i, les Wei, les Lou, les Song, les Tchéou, les Ts'in, les Han (qui se décomposent en Lo-yang ou Han orientaux, et les Tch'ang Ngan ou Han occidentaux), les Tch'ou, les Pa et les Chou, auxquels il faut ajouter les Tai du Sud et les Yué-Tché de l'Ouest conquis par les Han[21]. Or, chaque royaume a ses esprits, ses dieux, ses cultes, ses rites... Si l'on compte en plus les influences de l'Empire mongol de Hiang Nou, sous contrôle Han, cela représente un impressionnant catalogue de croyances et divinités de divers rangs. Tout cela aussi va disparaître.

On peut s'étonner aujourd'hui en Occident de cette multiplicité de visages de la divinité. Elle se comprend pourtant aisément. Taoïsme et confucianisme constituent surtout des cadres philosophiques réservés aux classes instruites ; écoles et courants divers y ont introduit des pratiques et des idées très différentes. Les classes populaires s'en tiennent, elles, à des religions traditionnelles à base de superstitions, incantations, exorcismes et magie, destinées à conjurer la mauvaise volonté des dieux et les vindictes éventuelles des morts, les « jamais contents ». Des chamans prospèrent sur ce tuf ténébreux, au grand dédain des taoïstes et confucianistes. La Chine offre à cet égard un modèle classique : les religions « intellectuelles » ne sont pratiquées que par les classes lettrées et supérieures, tandis que les masses sacrifient au besoin de protection contre les puissances surnaturelles par des superstitions et rites ancestraux « éprouvés » ; ceux-ci s'agrègent et se modifient au gré des contacts avec d'autres cultures, par le biais du commerce ou de la guerre ; ainsi se forment des syncrétismes évoluant au fil du temps. La Chine n'a donc pas de religion d'État réellement répandue. Pas encore.

Le sous-continent asiatique est dominé par l'hindouisme, le bouddhisme et le jinisme ne correspondant pas, comme on l'a vu, aux besoins des masses. Celles-ci ont adapté l'hindouisme à leurs besoins, chaque région, chaque ville, chaque village choisissant dans l'immense panthéon qui leur est proposé, révérant le dieu qui répond à leurs aspirations. Ces particularismes locaux ne rompent pourtant jamais les liens avec le tronc principal de l'hindouisme ni avec ses grands dieux, Brahma, Vishnou et Shiva.

Impossible de dresser un panorama des dieux de l'Asie occidentale, de la Russie et du nord-est de l'Europe au Ier siècle. En effet, ces régions sont animées, là aussi, par la mouvance incessante des invasions et des migrations[22]. Chaque convulsion politique entraîne de nouveaux déplacements de croyances, des déménagements de divinités et des syncrétismes. Les dieux sont foison, ils changent sans cesse de visages et de noms.

Le nord de l'Europe, en particulier, est une mosaïque de nations sans État, avec la masse des Finnois au sommet, dominant Alains, Roxolans, Baltes et Slaves. Les Germains occupent la moitié orientale de la péninsule scandinave, tandis que Gépides, Burgondes, Goths, Sénons, Hermondures, Marcomans, Quades occupent les territoires de l'Allemagne et du nord de la France actuelles ; ils s'échelonnent le long de la frontière naturelle du Rhin. Les Belges sont montés en Angleterre... Les croyances de la majorité de ces populations dérivent, certes, du tronc celtique, mais il faut garder en mémoire que les Celtes, nomades-nés, ne connaissent pas la fixité ; l'idée de monuments tels que les gigantesques statues de l'île de Pâques ou les temples d'Amérique centrale leur est profondément étrangère[23] ; ils ne possèdent pas de panthéon et encore moins de panthéon fixe ; la tradition orale et les mémoires de leurs poètes leur suffisent à entretenir l'image de leurs déesses, ils emmènent partout avec eux le *Sidh*, un intermonde à cheval entre la réalité et l'au-delà où règne le Grand Esprit, et dont ils tirent leurs extases et leurs visions prophétiques. La notion de dieux aux identités déterminées leur est également étrangère, le monde étant pour eux empli de divinités et chaque lieu possédant un centre magique. S'ils vont dans un pays qui révère un dieu étranger, ils l'adoptent en tant que divinité locale et le fondent dans leurs croyances[24]. Dans ces conditions, il est évidemment impossible de dresser un annuaire comparatif des dieux, ils sont innombrables.

La stabilité politique de l'Empire romain tendrait à laisser croire qu'il y règne une certaine unité religieuse ; il n'en est rien. L'étendue des provinces sénatoriales et impériales, qui vont d'ouest en est du détroit de Gibraltar à la Syrie et, du nord au sud, de la Germanie à la Cyrénaïque et des rives méridionales de la mer Noire à l'Égypte, recouvre une multitude de cultures. Si les religions celtiques présentent un fond à peu près uniforme à l'ouest, il en va tout autrement en Europe centrale, où les Daces, les Mésiens, les Thraces[25], puis les peuplades de l'actuelle Turquie, Pontins, Bithyniens, Galates, Cappadociens, Lyciens, entretiennent une légion de dieux dans laquelle il n'est possible de se retrouver qu'en distinguant de grands archétypes : dieux de la fertilité, de l'amour et de la guerre. Mais il faut s'y garder des identifications « logiques » : Isten, le grand dieu de l'ancienne Hongrie, pourrait sembler identifiable à Zeus, mais c'est aussi un dieu de la fertilité, comme en témoigne l'un de ses emblèmes, le phallus, et Pilwiz, le dieu guérisseur aux fléchettes curatives de l'Autriche antique, est aussi un démon capable de se transformer en sorcière. L'Empire n'impose le culte de ses dieux qu'aux citoyens romains, or, tous les habitants de l'Empire ne sont pas des citoyens.

Sagesse ou indifférence, toujours est-il que les Romains n'ont pas de missionnaires et donc ne convertissent pas leurs sujets. Ils auraient d'ailleurs fort à faire avec les provinces d'Afrique et du Proche-Orient, en particulier avec la Judée. Que leur importe que les Nabatéens d'Arabie adorent une pierre noire à Pétra, qui représente pour eux Dusarès, paradoxalement identifié à Dionysos, bien qu'il soit un dieu du désert ; que les Arabes du Sud adorent un dieu des tempêtes nommé Quouzah ; et que les Ibères, eux, adorent Eacus, qu'ils ont identifié au Romain Jupiter Solutorius. Tant que les religions ne menacent pas l'Empire, elles sont tolérées, voire admises, comme celle de l'Égyptienne Isis, qui a ses fidèles et son temple à Rome.

De l'Afrique noire, enfin, on ne sait rien pour le Ier siècle[26]. Elle eut ses royaumes et ses dieux, mais on ne les connaît pas.

Vingt siècles plus tard, donc, le monde a changé au point que six religions le dominent démographiquement et culturellement : le christianisme, l'islam, l'hindouisme, le bouddhisme sous ses diverses formes, le shintô et le judaïsme. Les autres religions qui demeurent, animismes africains, sud-américains ou insulaires, ne représentent plus que des poches négligeables n'intéressant que quelques milliers, voire quelques centaines de survivants qui céderont aux transistors, aux télévisions, aux emballages de plastique et à l'uniformisation galopante[27].

Comment cela s'est-il produit ? Comment a-t-on annihilé la diversité des croyances sur une planète qui, à l'époque, était pourtant cent fois moins peuplée ?

Le modèle général de cette unification a été fourni par le Romain nommé Saül[28] et que le monde connaît sous le nom de saint Paul. Dans une entreprise prodigieuse, et contre les volontés des apôtres authentiques de Jésus, Saül, qui a saisi le pouvoir de fascination de l'enseignement de Jésus, évangélise les provinces impériales et sénatoriales de la Méditerranée orientale, avec un objectif, Rome. Il y parviendra dans l'espoir fou de rencontrer l'empereur, Néron, comme le lui autorise le privilège de la citoyenneté romaine. Mais il est décapité en l'an 64, probablement inculpé de complicité dans l'extension de l'incendie de Rome, et ne verra donc pas l'achèvement de son œuvre, l'une des plus colossales de l'histoire de l'humanité.

A-t-il, n'a-t-il pas sciemment projeté d'assujettir l'immense machine impériale à l'enseignement de Jésus ? Toujours est-il que c'est ce qu'il a réussi. Pour la première fois dans l'histoire, trois siècles plus tard, une conception de la divinité va s'imposer politiquement à un empire, l'Empire romain en l'occurrence. C'est-à-dire à ce qu'on appelle l'Occident, Rome ayant posé les fondements de cette entité politique et culturelle que nous appelons Europe. Pour la première fois, une image unique de Dieu va être imposée à des populations aussi diverses que les Burgondes de la Scandinavie occidentale, les Hermondures qui peuplent le nord de la France et les Ibères des bords de la mer Noire. Et, pour la première fois, Dieu n'est plus un autochtone : c'est un Juif rebelle de Palestine qui va régner sur le conscient et l'inconscient de gens qui ne savent même pas où est la Palestine ni pourquoi ce Juif a été crucifié.

L'impérialisme religieux est né et il ne mourra plus. Il contaminera le seul autre grand monothéisme politique, l'islam. Car l'islam pratiquera exactement la même politique, il imposera à des populations aussi diverses que les Espagnols et les Hindous l'enseignement d'un Arabe inspiré de La Mecque. L'un après l'autre, tous les feux des religions locales évoquées plus haut seront éteints, piétinés. Le Dieu innombrable est devenu un Dieu totalitaire.

De toutes les religions évoquées plus haut, deux seulement ont témoigné, en effet, d'ambitions impérialistes, le christianisme et l'islam. Elles n'ont réussi que par la force des armes. Le Dieu qu'on dit celui des humbles et des faibles est devenu l'allié des mieux armés, rois, seigneurs, princes de l'Église. En ce qui touche au christianisme, la pression politique est patente : dès après la « conversion » de Constantin, en 330, l'administration de l'Empire est, fait extraordinaire et sans précédent, confiée à des membres de l'Église, et l'Empire se change de fait en théocratie. Les provinces impériales sont devenues des unités administratives de l'Église, présidées par un évêque, « soit le plus ancien par date d'ordination, comme en

Afrique, soit le plus souvent par l'évêque de la métropole civile. Les évêques des grands sièges (Rome, Alexandrie, Constantinople à partir de 330, Antioche, Jérusalem à partir de 451) constituaient pour un groupe de provinces une cour d'appel appelée patriarcat, à l'exemple des juridictions des préfets de prétoire[29] » de l'empire laïque.

Les trois pouvoirs de l'État, législatif, juridique et exécutif, sont donc aux mains des religieux chrétiens. Protégés par l'empereur, ceux-ci ne vont pas se priver de s'en servir. D'abord, ils organisent une multiplication extraordinaire des sièges archiépiscopaux ou métropolitains, d'Armagh en Irlande, de Londres et Cantorbéry en Angleterre à Braga et Séville en Espagne, Carthage, Ptolémaïs et Alexandrie en Afrique du Nord, de Trèves, en Allemagne, à Marcianopolis et Néocésarée sur la mer Noire, de Corinthe à Damas et Pétra[30].

Jusqu'alors, le christianisme n'a disposé que de la force de conviction de sa foi. Sous Justinien Ier, la pression s'accroît. « Si nous luttons par tous les moyens pour renforcer la loi civile, écrit l'empereur sans se douter évidemment des notions de liberté de conscience et de liberté civile qui apparaîtront plus tard, dont Dieu dans sa bonté nous a confié le pouvoir pour la sécurité de nos sujets, combien plus ardemment devons-nous nous engager à renforcer les saints canons et les lois de l'Église qui sont le cadre du salut de nos âmes. » Discours révélateur, parce qu'il reflète les convictions de l'administration impériale chrétienne : l'empereur est l'instrument de Dieu et, hors de l'Église, point de salut. La devise de Justinien, que d'autres reprendront sans grâce quatorze siècles plus tard[31], est « Un empire, une loi, une Église ». L'orthodoxie totalitaire est en marche : les juifs et les non-baptisés sont persécutés, l'Académie d'Athènes est fermée en 529, et l'iconoclasme fait fureur, si l'on peut ainsi dire : Jean, évêque titulaire d'Éphèse, se vantait d'avoir converti quatre-vingt mille personnes en Asie Mineure occidentale en détruisant leurs temples et en construisant de nombreuses églises[32].

L'intimité de l'alliance entre le pouvoir spirituel et le pouvoir temporel ne fut jamais plus éloquente que dans l'épisode du bannissement du pape Vigile. Se prenant pour l'autorité spirituelle, puisqu'il détenait la temporelle, Justinien intervenait personnellement à l'occasion, comme au concile œcuménique de 533, pour faire modifier les dogmes. Cela lui attira les remontrances de Vigile. Celui-ci n'avait été élu que grâce à Theodora, épouse de Justinien, à la condition qu'il condamnât officiellement les conclusions du concile de Chalcédoine de 451, selon lesquelles le Christ incarné possédait deux natures, l'une divine, l'autre humaine. Vigile se crut investi de pouvoirs indépendants. Convoqué à Constantinople en 547, il refusa de condamner l'ensemble du concile de Chalcédoine. Le résultat en fut qu'au second concile de Constantinople, en 553, il fut désavoué et banni, sous l'influence de l'impératrice.

À ces interventions violentes du pouvoir impérial pour imposer le christianisme, on peut mesurer l'aune de la célèbre déclaration de saint Jean Chrysostome, auteur, entre autres, du moins célèbre « Discours contre les juifs » : « L'erreur de l'idolâtrie s'est éteinte d'elle-même. » Les religions de l'Antiquité n'étaient certes pas toutes des idolâtries, et elles n'étaient pas non plus mortes d'elles-mêmes : elles avaient cédé au tranchant du glaive.

Fut-ce vraiment Dieu qui triompha dans ces convulsions, ces humiliations, ces souffrances, ces destructions ? On peut aujourd'hui en douter. À l'époque, le doute eût mené à la potence.

Le succès de l'islam ne fut guère de nature différente. Napoléon s'émerveillait de ce qu'« en dix ans, il [Mohammed] a conquis la moitié du globe, tandis qu'il a fallu trois cents ans au christianisme pour s'établir[33] ». C'était là oublier une fois de plus la force persuasive du glaive. De l'entrée de Mohammed dans La Mecque le 11 janvier 630 à la mort de son deuxième successeur, Osman, en 656, soit en un quart de siècle, l'aire musulmane s'est étendue du Maroc oriental aux limites de la Transoxiane, jusqu'à Balkh. En 1250, le monde islamique recouvre la moitié méridionale de l'Espagne, la totalité de l'Afrique du Nord, Sahara inclus jusqu'au Mali, l'Égypte, la Syrie, la Turquie et Chypre. Si les chrétiens ont entre-temps reconquis l'Espagne, le monde islamique s'est en revanche encore étendu ; en 1500, il comprend toute la Roumélie, la plus grande partie de la Russie orientale, toute la péninsule arabique, l'Inde, le Bengale et les côtes de Malaisie ainsi que les côtes nord de Sumatra et les côtes d'Afrique orientale.

Dans les deux semaines qui suivirent son séjour à La Mecque, Mohammed prit un certain nombre de mesures administratives du tout nouvel État islamique, le premier de l'histoire ; elles accordaient des faveurs particulières aux musulmans ; la tolérance témoignée aux autres confessions ne dura guère, puisque, l'année suivante, Mohammed donna quatre mois à tous ceux qui ne s'étaient pas convertis pour le faire avant d'y être contraints. Il ne faisait là ni pis ni mieux que l'évêque d'Éphèse cité plus haut. Mais on ne peut s'empêcher d'observer que c'était pourtant le même qui avait écrit : « Qu'il n'y ait aucune obligation d'embrasser telle ou telle religion. » Injonction ailleurs renforcée : « Dis à ceux qui n'adhèrent pas : "Agissez là où vous êtes. Voici, nous agissons. Attendez ! Voici, nous attendons ![34]..." » Certains chapitres de l'histoire de Dieu ressemblent donc à des prescriptions administratives, souvent aussi contradictoires que le sont les textes administratifs...

On peut se demander incidemment comment l'islam conquit des populations immenses alors que le christianisme était tout proche et ne manquait certes pas de zèle missionnaire. Napoléon y songea aussi ; et y répondit : « La religion du Christ est trop subtile pour les Orientaux, écrivait-il, il leur fallait des opinions plus politiques. À leurs yeux, Mahomet est supérieur à Jésus, on le voit agir. » C'était aussi un grand esprit militaire que Mohammed.

Restent les quatre religions citées plus haut. Le prosélytisme n'étant plus guère dans la nature du judaïsme depuis la chute de l'Empire romain, celui-ci ne tenta donc pas d'étendre le nombre de ses fidèles. L'hindouisme, on l'a vu, ne peut s'accommoder du prosélytisme parce qu'il rejette les conversions et qu'on naît hindou ou pas. Enfin, passé le zèle missionnaire d'Ashoka, le bouddhisme demeura confiné à l'Asie et quant au shintô, c'est une philosophie nationale, difficilement assimilable par des non-Japonais, et non une religion révélée, on l'a également vu.

Deux religions seulement ont donc changé l'image de Dieu dans le monde, pour des raisons non religieuses, mais strictement politiques. Dans les deux cas, les dogmes ont été promulgués pour assurer l'emprise du pouvoir. Les religions « primitives » naissaient d'une participation plus ou moins librement consentie aux rites communautaires organisés pour répondre au besoin d'une protection surnaturelle. Christianisme et islam ont transformé Dieu en instrument de pouvoir aux mains d'humains qui se proclamaient ses mandants, sans aucune vérification naturelle ou surnaturelle, bien évidemment. C'est dans cette situation d'autorité qu'il faut chercher les raisons des crises actuelles qui secouent les religions révélées.

Le Dieu moderne n'a été qu'un Dieu politique. Même les convulsions qui ont agité ces deux religions depuis leur fondation ont été le fait d'intentions politiques. On le verra plus bas pour Byzance[35] ; et l'on pourra le vérifier par la suite : la fondation de l'Église d'Angleterre ne découle que de la volonté de divorce d'Henry VIII, contrariée par Rome.

En ce qui touche à l'islam, chacun peut mesurer au xxᵉ siècle son impact politique constant. Ce fut au nom d'Allah que les Frères musulmans, défenseurs acharnés d'une foi qu'ils estimaient menacée par l'Occident, déclenchèrent l'incendie du Caire en janvier 1952, préludant ainsi à une révolution qui allait bouleverser les politiques étrangères de toutes les grandes puissances. Ils signèrent le sinistre en incendiant les objets de leurs anathèmes, notamment les hôtels et les cinémas, pourvoyeurs de corruption. Ce furent encore eux qui, en 1981, bouleversèrent les politiques des mêmes puissances en assassinant le président égyptien Anwar el Sadâte parce qu'il avait pactisé avec Israël, ennemi religieux juré. Et ce fut encore au nom d'Allah que l'ayatollah Rouhollah Khomeyni bouleversa les mêmes politiques en organisant (à partir de Paris !) la révolution de rue en Iran qui mit fin en 1979 à la royauté des Pahlevi. Mais sans doute faut-il rendre hommage à la lucidité et à la franchise des observateurs musulmans eux-mêmes. Car c'est le journaliste politique égyptien Mohamed Abdel Kaddous qui, en 1977, écrivait que l'Islam ne fait pas vraiment de différence entre la politique et la religion[36]. Mais on peut, en cette fin du xxᵉ siècle, en dire autant à propos du conflit qui oppose les autorités religieuses du Tibet à la Chine communiste : si ce n'était qu'une façon d'interpréter la sagesse et la contemplation que revendiquaient les lamas du Toit du Monde, les maîtres de Beijing n'en auraient cure ; il est dans les campagnes du Sinkiang ou du Honan des paysans qui manigancent encore des sorcelleries pour que leurs truies aient plus de porcelets et Beijing s'en gausse, s'il l'apprend. Mais c'est que le bouddhisme tibétain s'est identifié à la cause de l'indépendance tibétaine. Être bouddhiste à Lhassa, c'est être anti-communiste. Les mânes de Bouddha, qui ne fut ni saint ni religieux, mais athée et nihiliste, ne sont pas partie prenante dans la querelle.

Vingt-cinq siècles d'histoire des religions enseignent que Dieu est en dernier recours un héros politique qui triomphe soit par un processus comparable aux élections législatives, comme l'a démontré la quasi-éviction du bouddhisme de l'Inde, cette philosophie étant infiniment moins populaire que l'hindouisme, soit par un coup d'État, comme l'a démontré Mohammed à La Mecque. Il n'en va d'ailleurs pas autrement pour les autres religions : la totalité des textes des prophètes de l'Ancien Testament n'est qu'une longue suite d'imprécations, lamentations, malédictions et exhortations politiques, signifiant qu'Israël est tombé, tombe ou tombera en décadence et en esclavage. Pareillement, et comme on le verra au chapitre suivant, le moteur de la rébellion des Esséniens contre le clergé de Jérusalem n'est pas une vision particulière de Dieu, que Jérusalem n'a jamais contestée il s'en faut, mais l'interprétation des volontés politiques de Dieu, dont les Esséniens se sont de leur propre chef proclamés les Nouveaux Alliés, interprètes et représentants terrestres. Pour les Esséniens, le grand-prêtre qui a fait mettre à mort leur Maître de Justice est un usurpateur (notion légitimiste, donc politique) et il a trahi l'Israël prédestiné en s'alliant avec les incroyants (autre interprétation politique). Apocalypse !

Vingt-quatre siècles après Isaïe, ce sont encore des raisons politiques et même financières qui se mélangeront à la religion ; elles vont, en effet, déclencher l'une des plus formidables secousses non seulement de l'Europe du xviᵉ siècle, mais encore de tout l'Occident : la Réforme. Le motif de départ ressemble à l'un de ces pseudo-scandales politico-financiers dont notre époque est friande. Albrecht de Brandebourg, archevêque de Mayence, de Magdebourg et de Halberstadt, est lourdement endetté auprès des grands banquiers allemands de l'époque, les Fugger d'Augsbourg, auxquels il a emprunté des sommes colossales pour acquérir auprès de Rome les deux derniers sièges (qui représentent de gras revenus). Que fait-il pour recueillir des fonds ? Il vend des indulgences, c'est-à-dire que moyennant espèces sonnantes et trébuchantes, bien matérielles, il rachète votre péché. Pour dix marks-banco de Hambourg ou douze marks d'Aix-la-Chapelle, on pardonnera un adultère, pour cent marks-banco, un assassinat. Bref, l'archevêque hypothèque le ciel. En langage politique contemporain, c'est de la prévarication et cela mène de nos jours à la Santé. Luther l'apprend de ses ouailles au confessionnal et rédige ses fameuses et explosives 95 thèses, dont la légende veut qu'il soit allé les clouer sur la porte de l'église de Wittemberg.

Le système de la vente d'indulgences est en principe de ces combines politiques intouchables : il a été établi par le pape Léon X lui-même pour se procurer des fonds, soi-disant pour reconstruire la basilique de Saint-Pierre de Rome. Dieu, dans sa divine miséricorde, dut sans doute s'étonner de ce qu'on vendît Son pardon pour Lui élever un palais. Toujours est-il que Luther n'en a cure et adresse ses remontrances à l'archevêque Albrecht lui-même. Il y dit ce que le bon sens chrétien dirait : que seul le pape peut dispenser des pénitences imposées par sa propre autorité ou celle du droit canon, et que Dieu seul peut pardonner les péchés par le repentir. En fait, Luther estime inique de demander à des pauvres une dîme supplémentaire, sous forme d'assignat sans valeur théologique, pour le rachat de leurs péchés. Johann Tetzel, courtier en indulgences, sorte d'agent de change, désigné par l'archevêque lui-même, et l'ordre des Dominicains attaquent alors violemment Luther et le taxent de schisme et d'hérésie à la fois, rien de moins. Il demande en effet une réforme extraordinaire de l'Église. Le pandémonium se déclenche. Cinq ans plus tard, en 1521, Luther est excommunié par le pape Léon X.

Le moment est toutefois mal choisi par Rome pour un affrontement avec le rebelle, parce que celui-ci exerce une influence croissante sur la chrétienté allemande. « La doctrine de Luther a pris racine si profondément que, sur mille personnes, il n'en est pas une qui ne soit dans une certaine mesure touchée par elle », écrit l'archiduc Ferdinand à son frère, l'empereur Charles Quint. Et, de plus, l'Allemagne est en état d'ébullition sociale parce que paysans et hobereaux demandent une réforme du système féodal et l'abolition des privilèges exorbitants des princes. Or, l'Église a justement partie liée avec les princes. Et bien que Luther prêche une séparation stricte des sphères spirituelle et temporelle, il est devenu le champion du peuple. Impossible d'appliquer la bulle d'excommunication prononcée contre lui sans risquer un soulèvement. L'autorité pontificale se trouve là prise au piège. Elle entendait faire valoir des droits politiques, et c'est la politique qui la tient en échec.

Trois papes (Léon X, Adrien VI et Clément VII) feront pression sur l'empereur lui-même pour qu'il applique la bulle, mais en vain :

la diète de Nuremberg, en 1522-1523, rejette la demande papale. Pis :
les prêcheurs évangélistes actifs dans tout le pays déclenchent une
jacquerie en 1524, la guerre des Paysans. En 1529, l'Allemagne est
divisée en États luthériens et en États romanistes. Luther résiste à
l'empereur lui-même et dénonce la tyrannie exercée par les romanistes sur les consciences (mais le détail de ce chapitre considérable
est évidemment bien plus complexe). Le protestantisme est désormais
installé en Allemagne, la Réforme est en marche. La chrétienté est
scindée en deux au nom de Dieu. Du même Dieu !

L'histoire est exemplaire, parce qu'elle infirme l'illusion qui a
encore cours dans les démocraties laïques, selon laquelle la religion
serait affaire de liberté de conscience sans rapport avec le politique.
Bien au contraire, et même dans le cas de la Réforme, qui est justement une victoire de la liberté de conscience, elle démontre l'étroitesse des liens entre toute Église universelle et le politique. On en
verra plus bas d'autres preuves. Tout se passe comme si les Églises
universelles transmutaient le besoin individuel fondamental de Dieu
en structure de conquête temporelle et d'annihilation de toute
interprétation de Dieu divergente. Les croisades furent une autre
illustration éclatante du totalitarisme colonialiste des théologies de
conquête.

Inversement, toute interprétation de Dieu qui ne lève pas d'armée,
de terroristes, de fonds, de front de libération et de fous de Dieu est
vouée à la disparition. Exemple : en 1996, une communauté chrétienne, pour son malheur minoritaire, allait vers l'extinction. À la fin
de ce siècle, celle-ci sera sans doute consommée. À Mardin, en Turquie, à une cinquantaine de kilomètres au nord de la frontière turco-
syrienne, la dernière communauté syrienne orthodoxe de Turquie,
dont la liturgie se célèbre comme il y a quinze siècles en araméen,
est condamnée à l'asphyxie. Elle est, en effet, pour des raisons géographiques, l'otage de la guerre sans fin que se livrent le Parti des travailleurs Kurdes, ou PPK, et le gouvernement turc. Après avoir été
persécutée par les Byzantins et les croisés comme hérétique, massa-
crée par les Mongols, interdite par Atatürk (il fit fermer en 1920 le
siège du Patriarcat syrien orthodoxe de Deyr-ul-Zafran), cette communauté, bouclée dans son périmètre, est désormais abandonnée de
tous et ne compte plus que quatre cents membres. Son crime majeur
fut au grand jadis d'être monophysite, c'est-à-dire que, selon son « hérésie », condamnée par le concile de Chalcédoine, Jésus n'avait
qu'une seule nature, la divine. Elle ne prend pas d'otages, ne fait pas
sauter d'avions, donc elle peut disparaître.

Il en découle que toute théologie est un discours politique
détourné, et tout droit canonique un antagoniste du droit tout court.
Peu de catholiques en sont informés, mais ils sont presque tous en
contravention avec le canon 208 de l'Église, qui implique que « tous

les baptisés ont l'obligation et le droit de travailler à ce que le message divin de salut atteigne sans cesse davantage les hommes de tous les temps et de tout l'univers[37]... ». Car toute théologie est également un code d'impérialisme.

De la multiplicité des dieux du Ier siècle à l'extraordinaire réduction des croyances d'une planète six mille fois plus peuplée au XXe siècle, une seule raison : l'extension des impérialismes, générateurs d'Églises universelles. L'évidence est assez choquante pour que les meilleurs esprits de ce temps la contournent ; on invoque alors « les différences de cultures ». Qu'est-ce qu'une culture ? Un passé partagé, donc une histoire, donc un ensemble de mythes. À l'échelon microcosmique, l'argument semblerait plausible. Ainsi, en Irlande, catholiques et protestants vivaient bien dans le même pays, mais leurs mythes étaient quelque peu différents ; papistes et parpaillots étaient séparés par de vieilles querelles de clocher, si l'on peut dire. On voit encore les effets meurtriers de ces querelles[38].

L'histoire et plus encore une histoire de Dieu peuvent paraître, et même parfois paraissent superfétatoires, académiques, sinon inutiles dans un monde où les certitudes sont acquises. La philosophie et la théologie y sont considérées comme des occupations universitaires, sans importance véritable en regard des « révolutions » qui secouent l'empire de la puce ou les exports de technologie pétrochimique ou d'ingénierie génétique. C'est ainsi que la totalité des observateurs politiques occidentaux, arabisants de divers poils, orientalistes chevronnés et machiavels de chancellerie, a totalement méconnu le réveil de l'islam au milieu du XXe siècle. Pas un d'entre eux qui n'ait entrevu que la théologie islamique allait forger de nouveau l'union des nations musulmanes.

La preuve que c'était bien une théologie qui cimentait cette union politique et que cette théologie n'était viable que si elle était intimement liée à un projet politique fut donnée au moins deux fois, en deux occasions spectaculaires, au cours du XXe siècle. La première se situa en 1969 en Libye, quand une coalition de militaires menée par le colonel Moammar Kadhafi renversa la dynastie des Senoussi au nom de l'islam avec l'appui des ulémas (non sénoussides) et rétablit le calendrier musulman, les châtiments criminels coraniques et l'interdiction de la consommation d'alcool. La seconde se situa en Iran en 1982. Prenant la théologie au sens strict, c'est-à-dire comme étude des textes, des dogmes et de la tradition, le grand ayatollah Shariatmadari souscrivit aux déclarations de l'ayatollah Reza Zanjani, autorité religieuse respectée, selon lequel les musulmans chi'ites ne sauraient fonder une théocratie, cette prétention n'étant « pas islamique[39] », et de l'ayatollah Hassan Quomi, chef religieux du Mashâd, pour lequel le clergé ne voulait pas le pouvoir et désapprouvait les religieux qui gouvernaient le pays ; pour Quomi, le rôle du clergé était de « conseiller et instruire le peuple » et « l'islam réel était la religion du pardon et de la compassion[40] ». Ce fut alors que survint, comme un coup de tonnerre, la destitution, le « désenturbannement » de Shariatmadari, événement sans précédent dans l'histoire du chi'isme, aussi extraordinaire que si le pape des chrétiens enlevait son chapeau à un cardinal. Cette sanction inouïe fut le fait de Khomeyni, à la fin excédé par la modération du clergé traditionnel : non, le clergé n'avait pas comme seule mission de s'occuper de Dieu : il *devait* prendre le pouvoir ! Et il devait le prendre au nom de Dieu ! On ne pouvait plus clairement afficher les desseins totalitaires de la théologie, tels qu'ils avaient été annoncés, d'ailleurs, depuis les origines.

Et pas seulement les origines de l'islam. Khomeyni n'avait fait que se conformer au modèle de la Cité de Dieu, illustrée par les préceptes des pères apostoliques : « Il est nécessaire que vous ne preniez pas d'initiative en dehors de l'évêque », écrit aux Tralliens Ignace d'Antioche, au IIe siècle. Pour saint Augustin, « il est évident qu'en dernier recours il ne peut y avoir de compromis entre les revendications de César et celles du Christ. César doit donc abandonner sa prétention à l'indépendance et se soumettre aux principes chrétiens, ou bien il doit s'attendre au châtiment qui sanctionne le péché et l'erreur dans son conflit séculier avec la justice et la vérité... », observait l'historien anglais C.N. Cochrane[41]. Pour le christianisme, il ne pouvait donc pas, depuis les origines, exister d'État laïque légitime : Dieu n'était plus le recours suprême de l'individu, mais le régisseur absolu des sociétés[42].

Or, c'était exactement la même entité dont se réclamaient les terroristes des deux bords : vingt siècles de réduction d'une multitude de croyances à une demi-douzaine de religions, et le conflit inévitable entre deux des religions les plus dynamiques avaient abouti à l'incroyable duel qui se poursuit alors que j'écris ces lignes : Dieu contre Dieu ! Tel était le blasphématoire résultat de la tentative d'instauration d'Églises universelles, celles dont l'historien britannique Arnold Toynbee se demandait si c'étaient des cancers ou des chrysalides[43].

Par où s'infiltra donc le ver atroce qui changea l'une des plus ardentes aspirations de l'être humain en un système finalement et définitivement meurtrier ? Les Égyptiens d'antan ne firent jamais la guerre au nom de Râ, les Grecs au nom de Zeus, les Babyloniens au nom de Baal, les Hindous au nom de Shiva, ni les Japonais au nom d'Amaterasu. Dieu n'a plus rien à voir dans l'affaire, comme le disait un historien des religions en 1996, « si Dieu est à l'œuvre dans l'histoire, il y est bien caché ». Il sert d'emblème à des administrations masquées sous des théologies. En revendiquant, en effet, le pouvoir temporel, les Églises universelles faisaient défaut à leurs vocations originelles : elles franchissaient le fil du rasoir et le seuil terrible du spirituel ; elles se transformaient en États, c'est-à-dire, pour reprendre la formule célèbre de l'historien et sociologue allemand

Max Weber, en détenteurs du monopole de la violence légitime. Qui dit État dit loi, et qui dit loi dit meurtre légitime. En ce qui concerne le christianisme, sa transformation en État et son intervention dans les affaires temporelles contrevenaient deux fois à sa propre loi spirituelle, la première en violant l'interdit majeur du Décalogue : « Tu ne tueras pas. » Car l'Inquisition catholique s'est arrogé le droit de tuer et a tué, et par dizaines de milliers d'innocents. Et la seconde fois en ignorant la parole de Jésus à son procès : « Mon royaume n'est pas de ce monde. » Car l'Église s'est voulue État[44]. De ce fait, Dieu la désertait. Selon le dogme même, celui qu'on désigne comme Son fils avait défié l'institution du Temple.

En dessinant l'image de Dieu au fil du glaive, les conquérants changeaient — mais le savaient-ils ? — la nature des rapports avec Lui. Jadis, c'était la peur de l'inconnu qui avait suscité le besoin de Dieu. Désormais, la peur de l'Autre, c'est-à-dire la peur du prochain, allait alimenter la peur de l'autre Dieu. Autant dire la haine.

Mais l'évolution fut lente, comme on va le voir.

Bibliographie critique

1. E. Diehl, *Anthologia Lyrica*, Teubner, Leipzig, 1922.

2. L'hypothèse raisonnable est que ces croyances étaient très diverses, car il n'existait pas de noyau communautaire ni d'autorité pour les unifier : nomades ou semi-nomades, selon qu'ils vivaient dans la forêt ou la plaine, les Peaux-Rouges n'ont pas eu de grands centres urbains, pas d'empire, pas de rois. L'une des caractéristiques des populations de l'Amérique du Nord est qu'elles n'ont rien bâti, ni villes ni monuments. Rien n'indique que les Amérindiens, qu'on appellerait plus tard Peaux-Rouges, puis Indiens, puis encore Amérindiens, aient cru à des dieux au sens occidental et contemporain du mot : l'univers semble avoir été pour eux un immense Être dont ils faisaient partie ; il était donc impératif pour sa propre survie de s'entendre avec les autres parties de cet Être, bison ou bouleau. Ces écologistes de la première heure ne vivaient ni dans la peur, ni dans le besoin, ni dans l'amour de Dieu, mais dans le respect des forces surnaturelles, régi par la coutume et les rituels. Leurs croyances constituent l'un des exemples les plus achevés du panthéisme.

3. Au nord, dans la région montagneuse d'Oaxaca, les Zapotèques honorent des dieux dont quelques-uns sont étroitement apparentés à ceux de Teotihuacan, mais portent des noms différents (Tlaloc s'appelle Cocijo, par exemple), tandis que d'autres, mal connus, leur sont propres.

Une mention spéciale doit être réservée à Quetzalcoatl, le Serpent à plumes, le plus célèbre des dieux de l'Amérique centrale. Il n'apparaît sous ce nom que chez les Huaxtèques. C'est un personnage troublant, parce qu'il refuse les sacrifices humains, pourtant rituels dans ces civilisations, et que son mythe semble prendre racine dans un personnage historique réel. Toutefois, l'identité de celui-ci, végétarien, hostile aux sacrifices et qui repartit sur un radeau, reste impossible à établir. Plusieurs indices donnent toutefois à penser qu'il aurait pu être européen. Sa ressemblance avec le dieu Kukulkan maya et le dieu Viracocha inca, tous deux de teint pâle et barbus, traits morphologiques spécifiquement étrangers aux Amérindiens, renforce cette hypothèse. V. « L'énigme de Quetzalcoatl », *in Histoire générale du Diable*, de l'auteur, *op. cit.*

4. Vladimir Grigorieff, *Mythologies du monde entier, op. cit.*

5. *History of America*, 3 vol., Édimbourg, 1788. Il s'agit surtout d'une histoire de l'Amérique latine.

6. D'après la version espagnole d'Adrian Recinos, qui fait aujourd'hui autorité, trad. Valérie Faurie, Albin Michel, 1991. Écrasés par la domination espagnole et voyant leur culture disparaître, les Mayas-Quichés établirent ce récit en 1688 avec

l'aide inattendue du dominicain Fray Francisco Jimenez, sans doute désireux de montrer aux Espagnols ce que croyaient les indigènes...

7. F. Guerra, *The Pre-Columbian Mind*, Seminar Press, Londres et New York, 1971. Il est certes aujourd'hui impossible de différencier ce qui, dans ce récit, dérive du Grand Livre secret originel dont les Mayas-Quichés assuraient que le *Popol Vuh* est tiré, de ce qui est dû à l'influence des missionnaires chrétiens et en particulier de Fray Jimenez. Le récit de la Genèse, en particulier, ressemble beaucoup trop à celui de l'Ancien Testament pour qu'on n'y puisse relever qu'une coïncidence. On y voit ainsi les dieux, Huracan ou Cœur du Ciel, Caculha Huracan, Splendeur de l'Éclair, Chipi Caculha, Trace de l'Éclair, se joindre à Tepeu le Puissant et Gucumatz le Serpent à plumes pour créer le monde : « "Que cela soit ainsi ! Que se remplisse le vide ! [...] Terre ! ", dirent-ils, et à l'instant elle parut. » Tout se passe dans ces religions comme si l'être humain était le témoin impuissant de catastrophes cosmiques dont il risque en permanence de faire les frais. Le sentiment humain à l'égard des divinités est comparable à celui des Babyloniens : il n'y a rien de bon à attendre des dieux, et le seul but des rites est de conjurer leur colère. Ce n'est pas l'Occident qui a inventé l'angoisse.

8. Junius Bird, *Preceramic Cultures in Chicama and Viru*, bulletin de la Society of American Archaeology, n° 4, Menasha, 1948.

9. Victor von Hagen, *The Desert Kingdoms of Peru*, Weidenfeld & Nicolson, Londres, 1964.

10. L'eau, dont les Chimus dépendaient tout comme les Mexicains, était évidemment divinisée, elle aussi. On a également identifié un certain nombre de dieux animaux, à corps d'oiseau, de serpent, de crabe, à tête de renard... Mais il est possible qu'à l'instar des Amérindiens du Nord les Chimus aient considéré que tous les objets inanimés ou animés du monde étaient dotés d'esprits, qui n'étaient pas des divinités, mais des puissances d'un rang inférieur. C.A. Burland, *People of the Sun*, Weidenfeld & Nicolson, Londres, 1976.

11. Les pratiques chamaniques de leurs successeurs incas, invocation des morts, des ancêtres et des divinités dans des transes qui semblent avoir été induites par des substances hallucinogènes, témoignent que la croyance dans l'au-delà était traditionnelle dans leurs territoires. Comme chez les Indiens d'Amérique du Nord, l'individu était représenté comme faisant partie d'un grand Tout, où les divinités, les ancêtres, les morts et les esprits de toutes les créatures se fondaient suivant une hiérarchie précise. *Cf.* V. Hagen, *op. cit.*

12. A. Molinié-Fioravanti, « El regreso de Viracocha », *Bulletin de l'Institut français d'études andines*, XVI, 3-4, Lima, 1987.

13. De l'archéologie des Hawaï, des Samoa, des Fiji, des Marquises, de la Nouvelle-Guinée-Papouasie, de la Nouvelle-Calédonie et de tant d'autres îles qui n'ont eu les honneurs des Occidentaux que parce qu'elles étaient riches de phosphates, de bauxite, de nickel, ou bien stratégiquement situées, ou bien encore pourvues d'eaux claires et de plages blanches, il n'existe dans les meilleurs des cas que des ébauches dérisoires, alors qu'un mois de bénéfices d'une des sociétés industrielles qui en vivent permettrait d'ouvrir au moins quelques chapitres.

14. Le premier Européen qui y mit le pied et en explora une partie, l'Ouest, fut le pirate anglais William Dampier, en 1688. Un peu moins d'un siècle s'écoula avant que le célèbre navigateur James Cook « prît possession » de l'Australie orientale, au nom de la Couronne, en 1770.

15. En 1887, l'anthropologiste Andrew Lang avança que les religions australiennes étaient de caractère quasi monothéiste, affirmation qui fut alors prise pour argent comptant. En 1925, un autre anthropologiste, Herbert Basedow, reprit la même thèse et se fonda, pour la démontrer, sur le fait que les membres de la tribu des Arrundtas utilisaient une expression « éloquente », « Que Dieu m'entende ». La conclusion logique était que ce Dieu était le même que celui que les Arrundtas appelaient Altjira.

Et que ce même dieu, révéré sous le même nom par d'autres tribus, était donc une préfiguration du Dieu monothéiste biblique. Une contre-enquête établit que les seuls Arrundtas qui utilisaient l'expression « Que Dieu m'entende » étaient ceux qui avaient été en contact avec les missionnaires chrétiens.

16. Le Japon a été « officiellement » fondé le 11 février 660 avant notre ère par Jimmu-tennô, premier empereur et descendant direct du Soleil. Toutefois, la majorité des historiens actuels estime que la période historique du Japon commence au IIe siècle de notre ère (Joseph M. Kitagawa, « Shinto », *Encyclopaedia Britannica*).

17. J.-M. Martin, *Le Shintoïsme ancien*, Jean Maisonneuve, 1988. Cette thèse ne fait pas l'unanimité des chercheurs, certains avançant que c'est le shintoïsme qui a introduit le culte des ancêtres (Revon, cité par Martin). Toutefois, comme le shintoïsme est une forme de culte des ancêtres, on se demande d'où il vint.

18. Ainsi dans le système religieux des Yamis de l'île d'Irala, appelée aussi Yu Tao ou île de l'Orchidée, au sud-ouest de Taïwan, ce qui est surnaturel, comme les esprits, n'est pas divin et non seulement les esprits ne sont donc pas des dieux, mais encore ils ont préséance sur eux.

Les Yamis, qui ont un panthéon très élaboré, placent au sommet de celui-ci un créateur nommé Simo-Rapao (dont il demeure à établir qu'il n'a pas été « soufflé » aux insulaires par des missionnaires chrétiens) ; mais Simo-Rapao, comme le reste des dieux « supérieurs », les bons, et « inférieurs », les méchants, est comme les autres dieux un « aïeul céleste », *akey to do*, ou une « personne d'en haut », *tawo to do*. L'essentiel de la pratique religieuse des Yamis ne consiste pas en rites de déférence aux dieux, mais en l'évitement d'une quantité assez extraordinaire de tabous : rien que pour la consommation du poisson, il y en a quelque quatre cent cinquante, pour les deux sexes, pour les différents âges, les conditions physiques et sociales... Or, les Yamis sont particulièrement représentatifs à la fois de l'Asie du Sud-Est et du Pacifique occidental, parce que, malaiso-polynésiens, ils sont l'un des peuples qui font la jonction ethnique entre l'Asie et l'Océanie.

Irala est au premier regard un domaine de choix pour l'ethnologie, car elle a été relativement préservée des influences étrangères. Ses habitants, les Yamis, ont eu peu de contacts avec Taïwan, durant toute la dynastie Qing, qui dura de 1644 à 1912, et, l'île ne présentant guère d'intérêt stratégique ou économique, les contacts qui suivirent furent sporadiques. Bien avant la chute des Qing, en 1895, les Japonais occupèrent l'île et la fermèrent aux visiteurs, l'ayant déclarée « musée ethnologique » ; Irala ne fut rouverte qu'en 1945, date à laquelle des missionnaires catholiques et presbytériens allèrent l'évangéliser. Rien ne prouve toutefois que les Yamis n'aient pas reçu auparavant de missionnaires portugais, très actifs aux XVIIe et XVIIIe siècles dans cette région du monde, ce qui aurait pu modifier les croyances yamis.

19. Fondé en 202 avant notre ère, l'empire Han commanda toute la Chine orientale jusqu'à la Corée du Nord incluse et à l'île de Haïnan et au Nord-Vietnam, au sud. Une césure se produisit en l'an 9 de notre ère, par la faute de l'usurpateur Wang Man, mais la dynastie fut rétablie en 23. L'empire Han ne prit fin qu'en 220.

20. V. chapitre 5.

21. *Grand Atlas historique*, Éditions du Livre de Paris, 1968.

22. Ainsi, en l'an 14, les Huns, au nord, sont contenus au sud par la grande horde des Yueh-chih et, à l'ouest, par les Alains, eux-mêmes contenus plus au sud par l'Empire romain. En l'an 67, le clan des Koushans a établi sa domination sur les Yueh-chih ; son expansion le dirige, non vers l'ouest, mais vers l'Inde, où il conquiert le royaume de Suren. Les Alains, eux, s'engouffrent dans le vide laissé par les Koushans, descendent dans les steppes du Sud et provoquent une migration des peuplades qui vivaient là et qui sont donc repoussées vers la plaine de la Tizsa, en Roumanie. Et ce n'est là qu'un petit moment de la longue et convulsive histoire de l'Eurasie... (*Atlas de l'histoire ancienne*, Robert Laffont, 1985).

23. John Sharkey, *Celtic Mysteries*, Thames & Hudson, Londres, 1985.

24. Certaines divinités sont sans correspondantes dans les autres religions ; l'Ostara germanique, par exemple, pourrait paraître identifiable à l'Aurore romaine, mais elle est en fait la déesse du printemps, et la fertilité n'est pas seulement, chez les Germains, représentée par une déesse féminine, Freya, mais aussi par des hommes, Freyr et Njörd.

25. Appellation si complexe qu'elle ne désigne des ethnies et des territoires déterminés qu'à des périodes déterminées. Ainsi, les « Thraces rouges » des anciens auteurs grecs n'ont plus rien de commun avec les Thraces des Balkans du néolithique, qui étaient bruns. S'étant mélangés à diverses tribus, les Thraces y perdirent souvent leur identité, et c'est ainsi que les Dardanes du temps de Strabon, qu'on prenait pour des Illyriens, étaient en fait des métis de Thraces et d'Illyriens.

26. Un professeur afro-américain, Martin Bernal, a consacré deux forts volumes, *Black Athena* (Rutgers University Press, New Brunswick, 1991), à la thèse que l'influence africaine sur l'Europe fut au moins égale à celle des Indo-Aryens. Il est certain que la civilisation mycénienne entretint des rapports commerciaux avec l'Égypte, de même que la Grèce eut, à partir du VIIIe siècle, quelques contacts avec l'Égypte ; mais il semble que M. Bernal ait poussé sa thèse au-delà des évidences archéologiques, et l'intitulé de certains chapitres, tel que « L'influence de l'Égypte sur la Béotie et le Péloponnèse au IIIe millénaire », laisse perplexe. Les seules preuves matérielles d'échanges entre l'Égypte (qui n'est d'ailleurs pas l'Afrique au sens ordinaire de ce nom) et la Grèce sont des objets égyptiens retrouvés dans des tombes grecques vers le Ve ou IVe siècle avant notre ère. Avancer que les silos de l'âge du bronze retrouvés en Béotie sont de « type égyptien » équivaudrait en valeur historique à attribuer aux Égyptiens les pyramides de Teotihuacan, et l'identification du dieu grec Poséidon au dieu égyptien Seth équivaudrait à celle de Zeus et de Brahma. Il existe certainement de vastes pans inconnus dans l'histoire du monde, mais les incertitudes sont justement trop grandes pour qu'on y substitue des hypothèses aux fondements assez minces.

27. *Atlas of the Christian Church*, Macdonald & Co., Londres, 1987.

28. *Id.*

29. La citoyenneté romaine de Paul est attestée deux fois par lui-même, et il précise qu'elle est héréditaire. De plus, nous savons par le *Panarion* d'Épiphane de Salamine (*The Panarion of Epiphanius of Salamis*, trad. Frank Williams, E.J. Brill, Leyde, 1987) que, selon ses adversaires, Paul ne se convertit au judaïsme que lorsqu'il arriva à Jérusalem pour épouser la fille du grand-prêtre et qu'il se fit circoncire à cette occasion. Cela constituerait une preuve de plus qu'il n'était donc pas circoncis à sa naissance, ce qui est impensable pour un Juif de naissance. C'est toutefois la citoyenneté romaine qui constitue la raison la plus sûre de rejeter ses assertions selon lesquelles il aurait été juif. En effet, les sujets romains étaient tenus de rendre hommage aux dieux de l'Empire, sous peine capitale. Les Romains ne plaisantaient pas avec la religion, et Suétone et Dion Cassius rapportent, par exemple, qu'en dépit de leur rang M'Acilius Glabrio, consul en 91, et Flavius Clemens, également consul en 95, furent décapités pour « athéisme », en fait pour appartenance à une religion étrangère (le christianisme). Or, si Paul avait rendu hommage aux dieux de l'Empire, il aurait été rejeté ipso facto de la communauté juive.

Tolérés à Rome en tant que colonie seulement depuis Jules César, les Juifs étaient depuis lors, dans la Rome impériale, assujettis au droit des étrangers, *jus gentium*, tandis que les citoyens romains proprement dits étaient, eux, assujettis au *jus civile*. Le statut de citoyen romain était réservé à une classe aristocratique et fortunée, et même les bourgeois, *honestiores*, n'y avaient pas accès (Jérôme Carcopino, *La Vie quotidienne à Rome à l'épogée de l'Empire*, Hachette, 1939). Ce statut de *civis romanus* était un privilège qui seul permettait de remplir une fonction dans l'administration, c'est pourquoi l'on n'a pas un seul cas de sénateur juif. Et l'on sait bien par les évangiles qu'à Jérusalem le Juif du plus haut rang, le grand-prêtre, n'avait aucun pouvoir temporel. Il ne put même pas faire retirer de la croix l'inscription « Roi des Juifs ». Telle est d'ailleurs la raison pour laquelle les monnaies romaines représentaient la Judée comme une captive enchaînée les mains derrière le dos.

S'ils bénéficiaient de certains privilèges, comme le droit de ne pas travailler le jour du sabbat, et si leurs droits variaient d'un endroit à l'autre, les Juifs ne pouvaient dans aucune province de l'Empire prétendre au rang de citoyens romains, comme en témoigne, par exemple, leur statut de résidents non-citoyens à Alexandrie en l'an 40 (*cf.* Dion Cassius, *Histoire romaine*). Autre preuve de ce statut, le fait qu'à deux reprises en près d'un demi-siècle ils furent massivement déportés de Rome, par Tibère, puis par Claude. La possibilité d'une double appartenance au judaïsme et à la classe des citoyens romains est donc une fiction aberrante.

Ce point est toutefois obstinément méconnu par certains panégyristes, que la dissonance cognitive rend apparemment incapables d'admettre les évidences. V. *L'Incendiaire, vie de Saül, Apôtre*, de l'auteur, Robert Laffont, 1991.

30. *Id.*

31. « *Ein Volk, ein Land, ein Reich* », selon la formule du chancelier Hitler.

32. *Atlas of the Christian Church, op. cit.*

33. La citation complète est : « La religion de Jésus découle de la morale de Socrate ; dans ce temps-là aussi, l'opinion penchait vers un Dieu unique. Ce qui est supérieur en Mahomet... », etc. Propos recueillis par le général Gourgaud à Sainte-Hélène, *Journal*, t. III. On relèvera au passage la convergence entre les opinions de Napoléon et de Nietzsche sur les caractères sémitiques de Socrate.

34. *Hûd*, quart du Hizb vingt-quatre, 121, *Le Coran*, traduit et présenté par André Chouraqui, Robert Laffont, 1990.

35. V. chapitre 5.

36. Cité par Raymond William Baker, *Sadat and After : Struggles for Egypt's Political Soul*, Harvard University Press, Cambridge, Mass., 1990.

37. Dominique Le Tourneau, *Le Droit canonique*. Que sais-je ? PUF, 1988. Le canon 208 du droit canonique stipule que « le laïc est inséré dans le monde, qu'il contribue à construire avec les autres hommes ; mais le monde n'est pas simplement le lieu où il se trouve : il bénéficie de l'exercice de la fonction sacerdotale, prophétique et royale... » (*id.*). En d'autres termes, le laïc est à la fois prêtre, prophète et membre d'un système monarchique.

38. Pareillement, en ex-Yougoslavie, Croates, Bosniaques, Serbes et musulmans, qui se désentripaillèrent à qui mieux mieux pendant quatre des dernières années d'un siècle fécond en charniers, torturant, émasculant, violant, assassinant et déshonorant une fois de plus la race humaine, vivaient bien dans le même pays, mais ils étaient séparés par une histoire relativement récente. Épargnons au lecteur l'évocation de rappels exténués à force d'avoir été faits, collaboration des Croates avec les nazis par le truchement des oustachis d'Ante Pavelic, etc.

La guerre qui a mené à l'éclatement de la Yougoslavie a fourni une leçon qui ne semble pas avoir été perçue : la religion est plus forte que la communauté des cultures. C'est ainsi que des Iraniens sont allés se battre aux côtés des musulmans de Bosnie, des Pakistanais sont allés se battre en Afghanistan, des Afghans en Algérie, des Iraniens et Afghans au Liban et en Arabie Saoudite, des Soudanais en Égypte, etc. L'alchimie religieuse a formé un front international du terrorisme « libérateur » musulman entre des gens qui ne partageaient aucune « culture », rien n'étant plus différent d'un Afghan qu'un Palestinien, par exemple, l'un ni l'autre ne parlant la même langue, n'écoutant la même radio, ne mangeant la même nourriture, et surtout n'ayant la même histoire. Ce n'était pas seulement un projet politique qu'ils partageaient, mais surtout une théologie.

Mais il s'en faut que le triomphe de la théologie sur la culture soit restreint aux Balkans ou au Moyen-Orient : on a vu apparaître aux États-Unis, dans la seconde moitié du XXe siècle, un type de fanatisme « chrétien », mais surtout raciste, inédit dans ce pays et, ce qui est plus grave, constitué en milices armées. Les spécialistes américains estiment, en effet, à quelque cent mille le nombre de membres de milices armées aux États-Unis, Milice des volontaires de l'Amérique du Nord, Idaho Citizens Awareness Network, Christian Identity, Church of Jesus Christ, Christian Coalition, Citizens for Christ, Carolinian Lords of the Caucasus, etc. On estime qu'ils seraient, en cas de conflit, capables de drainer dans leur sillage quelque trois cent cinquante mille sympathisants.

Toujours aux États-Unis, l'on vit dans les années quatre-vingt-dix éclater un paradoxe aigu : tandis que les dirigeants de ce pays et les médias dénonçaient le fanatisme des islamistes qui avaient fait exploser en février 1993 une camionnette bourrée d'explosifs au World Trade Center, à New York, des milices « chrétiennes » de divers États de l'Union faisaient sauter le 19 avril 1995 un immeuble fédéral d'Oklahoma City, causant cent soixante-huit morts. Car l'Amérique aussi avait ses extrémistes, sauf que c'étaient des « christianistes », connus de longue date des services de renseignements pour fomenter le renversement de l'État fédéral. Et pour quelles raisons ? Presque exactement les mêmes que celles qu'avaient invoquées les révolutionnaires iraniens dans le renversement du shah et les terroristes du Pakistan, d'Arabie Saoudite et du Quatar dans leurs attentats antiaméricains : athéisme, collusion avec les Juifs, complot pour l'occupation du territoire par des étrangers (des troupes de l'ONU dans le cas des fanatiques américains, des troupes américaines dans le cas des fanatiques d'Arabie Saoudite et du Quatar).

39. Houchang Nahavandi, *Iran, anatomie d'une révolution*, SEGEP, Paris, 1983.

40. *Le Monde*, 11 avril 1981.

41. *Christianity and Classical Culture*, Oxford University Press, Londres, 1940, cité par Arnold Toynbee, *A Study of History*, Thames & Hudson, Londres, 1972.

42. Quelque deux décennies après la révolution des ayatollahs, un Occident qui n'avait suivi les affaires religieuses de l'Iran que d'un œil morne, sinon torve et incompétent, applaudissait au rôle de Jean-Paul II dans le délitement accéléré de l'hégémonie soviétique en Pologne ; il entérinait ainsi l'étroite liaison du théologique et du politique, consacrant une fois de plus Dieu comme leader politique, alors que, pratiquant en toute inconscience le système des deux poids deux mesures, il déplorait avec alarme et consternation le rôle politique croissant du clergé iranien et des islamistes d'autres pays tels que le Soudan, la Libye, l'Afghanistan et le Pakistan dans les affaires mondiales.

43. *A Study of History*, *op. cit.*

44. Je me suis abstenu dans ces pages d'évoquer les origines de l'antijudaïsme (antisémitisme me semble un terme étymologiquement impropre, les Arabes étant justement des Sémites), problème considérablement plus complexe et ancien que ne le donneraient à entendre les polémiques. Ce n'est certes pas par détachement, mais parce que ce problème, antérieur au christianisme (les premiers massacres de masse de Juifs se situent, en effet, en l'an 38 de notre ère, où une cinquantaine de milliers de Juifs furent tués à Alexandrie dans des conditions d'une atrocité extraordinaire pour l'époque), appelle une étude à part qui n'entre pas dans le cadre de ces pages, tant par son sujet que par son volume.

Le Dieu solaire des mithraïstes
et le Dieu vengeur des Esséniens,
deux précurseurs du Dieu de Jésus

Sur les ressemblances entre le culte du dieu Mithra, avec ses sacrements d'eucharistie et de baptême, et les rites du christianisme primitif — Sur les origines de Mithra — Sur son succès considérable dans le monde romain — Sur les mystérieux moines du désert qu'on appelle « Esséniens » et sur leur succès populaire — Sur leur origine réelle et la signification banale de leur nom — Sur le fait qu'ils appartenaient à un vaste courant judaïque — Sur leur révolte contre les juifs orthodoxes et ses raisons — Sur leur angoisse, leur fièvre apocalyptique et leur Dieu de vengeance — Sur leur adoption de Satan et leur mysticisme gnostique — Sur l'influence qu'ils ont exercée sur la formation de Jésus et sur ses limites — Sur les raisons de la disparition des Esséniens.

« Celui qui ne mangera pas mon corps et ne boira pas mon sang de façon à se confondre avec moi et moi avec lui n'aura pas le salut[1]. » Cette injonction dont la résonance peut sembler familière au lecteur du xxe siècle n'est pas une formulation archaïque d'un dit de Jésus ; ce sont des paroles sacramentelles du culte de Mithra, le mithraïsme ou mithriacisme, qui devait être avec l'essénisme une des deux grandes sources du christianisme et, partant, l'une des forces qui ont modelé le sentiment religieux dans l'Occident actuel.

Vers le IIe siècle avant notre ère, une nouvelle vision de la divinité se développa au Moyen-Orient, gagna la Méditerranée et, un siècle plus tard, prenait une expansion extraordinaire dans le monde romain ; c'était donc le mithraïsme. Au IIe siècle de notre ère, un empereur, Commode (qui régna de 180 à 192), en devint l'adepte officiel. En 274, un autre empereur, Aurélien, conféra à cette religion le statut de culte d'État. En 330, Byzance devint la capitale chrétienne de l'Empire sous le nom de Constantinople, à la suite de la conversion de l'empereur d'Orient Constantin, et le mithraïsme sembla voué au déclin. Mais en 360, un autre empereur, Julien, abolit le christianisme et fit du mithraïsme une religion d'État, ce qui lui valut le surnom d'Apostat. Quand la christianisation de l'Empire menaça le mithraïsme de disparition, « des familles sénatoriales très respectables rebâtirent à leurs frais les antres détruits et, à force de legs et de fondations, essayèrent de donner l'éternité à un culte frappé de mort », écrit Ernest Renan[2].

Cette religion avait, en effet, une force de persuasion assez grande pour s'imposer au monde romain, qui comprenait alors la plus grande partie de l'Europe, à l'exception des territoires des Alamans, des Francs, des Germains et des Saxons au-delà du Rhin et, au nord, ainsi qu'à l'est, les Ostrogoths ; l'Empire comprenait toute l'Afrique du Nord, la Cyrénaïque, l'Égypte, tous les pays allant du Sinaï à la

Turquie, celle-ci comprise. C'est que son Dieu, Mithra, était simple et splendide : voué au bien de tous les humains, il était le protecteur de l'ordre et de la vérité, l'ennemi du Mal sous toutes ses formes, colère, envie, vanité, paresse, et de toutes les divinités mauvaises. Son nom signifie « contrat » et il est parfois symbolisé sous la forme d'une poignée de main, geste qui sanctionne les accords de toutes sortes. Il était le Dieu du courage et de la probité, dénué de ces ornements théologiques compliqués qui caractérisaient les divinités des autres panthéons, irréprochable dans son personnage, n'ayant ni trompé sa femme, ni enlevé de jeunes garçons pour ses loisirs, ni écorché vif un musicien meilleur que lui, ni pratiqué la vengeance personnelle ; il était également dénué des superstructures intellectuelles qui rendaient le dieu des philosophes grecs inaccessible aux gens ordinaires. Il était le Dieu-Soleil invaincu, *Sol invictus.* Plus que tout, il était le Dieu splendide, bon et parfait auquel aspirait le monde méditerranéen dans une époque de plus en plus troublée.

Du fait de cette simplicité, le mithraïsme fut « la seule religion orientale dont on peut dire qu'elle possédait une base théologique cohérente et qu'elle ne fut jamais assimilée par la religion civique[3] ». Il correspondait étroitement à un besoin du temps, celui d'une religion qui fût personnelle et indépendante des religions officielles, et qui offrît de surcroît un contact intime avec le Dieu, par le relais de la consommation de sa chair et de son sang ; selon les paroles citées plus haut, il y avait enfin identification entre la créature et son Créateur. Seuls les mystères dionysiaques avaient offert une intimité comparable avec la divinité, mais Dionysos n'était pas le Dieu suprême ni unique de l'univers, comme l'était Mithra. Les résultats du mithraïsme furent appréciés de toutes les sociétés, car l'initiation, sanctionnée par un petit M marqué sur le front au fer rouge, créait une solidarité entre les membres des congrégations et celle-ci à son tour renforçait leur vertu.

Certains historiens contemporains en traitent comme d'un accident mineur dans l'histoire des religions ; il n'en fut rien, et Ernest Renan, qui en avait mesuré l'influence, écrivit dans un jugement célèbre : « On peut dire que, si le christianisme eût été arrêté dans sa croissance par quelque maladie mortelle, le monde eût été mithriaste[4]. » Le mithraïsme joua un rôle considérable, car il prépara l'avènement du christianisme par ses rites et ses mythes : il comportait, en effet, des stades initiatiques et des sacrements au nombre de sept, dont les principaux étaient le baptême, la confirmation et une cérémonie qui évoque singulièrement la Cène, car on y buvait dans une coupe le vin qui symbolisait le sang de Mithra et l'on y partageait le pain qui, lui, symbolisait son corps. Les initiés étaient promis à l'immortalité et au paradis des âmes pures s'ils restaient justes, sinon, ils étaient condamnés à l'enfer.

Le Dieu lui-même était très ancien, puisqu'il remontait au maz-déisme, la religion des Indo-Aryens établis en Iran au IIe millénaire avant notre ère. La première mention qu'on en ait retrouvée remonte au XIVe siècle avant notre ère, dans un traité d'amitié entre les Hittites et les Mitannites, l'Empire hittite occupant à peu près ce qu'est aujourd'hui la Turquie orientale et le royaume du Mitanni, une région correspondant à peu près à l'ancienne Arménie soviétique. Dans l'antique mazdéisme, Mithra aurait représenté (ceci est ici résumé) ce qui se fait naturellement et en douceur : il était dans le couple qu'il formait avec Varouna, le dieu de la réflexion et de l'accueil[5].

Lors de la réforme zoroastrienne, Mithra fut négligé, comme oublié, et les *Gâthas* ne le mentionnent même pas. Mais son culte s'était entre-temps détaché du mazdéisme originel, sous l'influence des dissidents du zoroastrisme même, peu satisfaits d'un dieu unique du Bien, Ahoura Mazda, dont le pouvoir était sans cesse contreba-lancé par celui d'un dieu unique du Mal, Ahriman. Mithra fut adopté dès le IVe siècle avant notre ère par les rois achéménides de l'Iran avec un nouveau titre, qui était celui de protecteur des batailles, d'où la faveur des militaires qu'il conserva jusqu'à la fin. Son culte prit une nouvelle forme, en Anatolie orientale semble-t-il, et se fondit avec l'astrologie chaldéenne (qui joue un grand rôle dans sa mythologie, comme on va le voir), tandis que ses représentations empruntèrent leur répertoire à la Grèce. Ce culte comptera ses premiers grands centres aux franges des zones d'influence grecque, à Doura-Europos, en Thrace, en Mésie inférieure[6] et, on ne l'a pas assez relevé à mon avis, à Tarse, la ville dont se réclame l'apôtre Saül, fondateur du chris-tianisme, et qui restera un grand centre mithraïste.

La plupart des historiens estiment que l'entrée du mithraïsme dans l'aire romaine est tardive ; ils se fondent pour cela sur une indication de Plutarque, rapportant que le culte mithraïque aurait été découvert par Rome en 67 avant notre ère, lors de la capture de pirates ciliciens mithraïstes[7]. Mais la Thrace et la Mésie se trouvent au nord de la Grèce, et la Thrace au moins faisait partie de l'empire d'Alexandre dans la seconde moitié du IVe siècle avant notre ère. De plus, Alexandre avait conquis la plupart des territoires dans lesquels le culte mithraïque était pratiqué ; il est donc plus que douteux que la Grèce tout au moins n'ait pas eu connaissance des cultes mithraïques bien avant la date donnée pour Rome par Plutarque. Ce qui confirme cette hypothèse est que le culte en question est mentionné comme étant populaire au début du IVe siècle avant notre ère par le médecin, voyageur et historien grec Ctésias[8]. Il semble également douteux qu'à travers la Grèce les Romains n'aient pas eu de contacts préalables avec le mithraïsme, fussent-ils sporadiques, mais ce point n'est pas prouvé. L'historien Jacques Duchesne-Guillemin indique que, « de la

Babylonie à l'Italie, [...] la croyance en un sauveur solaire » existait déjà deux siècles avant notre ère[9]. L'un des témoignages les plus fréquemment cités est le passage de la IVe églogue de Virgile, où certains ont voulu voir prématurément une prémonition de Jésus, alors que celui-ci n'a jamais revêtu un caractère solaire ; il s'agit d'une allusion à Mithra, dont la symbolique sera détaillée plus bas. Mithra, d'ailleurs, fut identifié tantôt à Attis, le dieu renaissant de la nature, tantôt à Apollon, le dieu solaire gréco-romain.

Transformé par les mages iraniens en culte initiatique, puis en Thrace sous l'influence des rites dionysiens en religion à mystères à partir du IVe ou du IIIe siècle avant notre ère, réservé aux hommes, le mithraïsme comportait sept stades d'initiation, celui du Corbeau, *Corax*, du jeune Époux, *Nimph (i) us*, du Soldat, *Miles*, du Lion, *Leo*, du Perse, *Perses*, du Courrier du Soleil, *Heliodromus*, et du Père, *Pater*, qui était le stade le plus élevé, peut-être réservé au pontife (les données sur le mithraïsme, comme celles des autres religions à mystères, sont parfois imprécises[10]).

Les mithraïstes n'avaient pas d'Église ; la simplicité de leurs croyances n'appelait pas d'organisme de protection d'un dogme. Ils étaient organisés en confréries autonomes, contribuant selon leurs moyens et bénévolement aux besoins communautaires. N'ayant pas à assumer des fastes, puisque c'était une religion secrète, leurs frais somptuaires étaient donc nuls, et l'on peut imaginer que la solidarité qui cimentait ces confréries faisait en quelque sorte fonction d'œuvre de bienfaisance, assumant la charge des veuves et des orphelins.

La plus étonnante des ressemblances du mithraïsme avec le christianisme est celle de la cène. Elle est d'abord attestée par la citation en tête de ce chapitre, puis par l'information de Justin, apologiste chrétien du IIe siècle, qui écrit : « Dans leurs mystères, les mithraïstes usent de pain et d'eau[11]. » Le pain est évidemment destiné à la consommation rituelle en commun ; un bas-relief mithraïste signalé par l'historien Franz Cumont représente de fait un trépied portant quatre petits ronds marqués d'une croix et placé devant deux personnages[12]. Il s'agit là d'une rémanence de la coutume rituelle mazdéenne de distribuer du pain consacré, la *draona*, aux pauvres.

En ce qui concerne la boisson de cette cène, les apologistes chrétiens ont voulu y voir du sang, animal ou humain. Ils étaient mal informés car, depuis la réforme zoroastrienne, les sacrifices étaient prohibés. Un taureau semble certes avoir été sacrifié dans certaines cérémonies officielles mithraïstes, mais il est plus que douteux, voire exclu, qu'on ait procédé à des sacrifices animaux dans les lieux de culte mithraïste, d'abord en raison des dimensions de ces lieux, ensuite parce que cela aurait été bien trop coûteux pour les célébrants, le plus souvent des soldats, qui n'étaient pas riches. Il n'existe pas une seule trace de consommation de sang animal par les mithraïstes.

En revanche, il existe de nombreuses preuves, amplement documentées, de consommation d'une boisson sacrée, la *haoma*, dans les rites mazdéens. C'était, semble-t-il, une décoction hallucinogène à base d'extraits de plantes telles que l'ammanite phalloïde. Mais ce champignon ne se trouve pas partout ni en toute saison, et il y a bien plus de raisons de penser que les célébrants de la cène mithraïste y avaient substitué du vin[13]. Cette cène constituait en tout cas une préfiguration troublante du sacrement de l'eucharistie chrétienne, le pain étant censé y symboliser la chair du dieu, tout autant que le vin y symbolisait son sang.

L'eau dont parle Justin était bien utilisée : c'était celle qui emplissait le bénitier de pierre ou de métal, situé à gauche de la porte du sanctuaire ou *mithraeum*, et dans lequel on trempait les doigts en entrant[14]. À droite se trouvait une lampe, qui devait rester toujours allumée, et, au fond, l'autel. Car on a retrouvé plusieurs lieux de culte mithraïste, en Iran et dans des territoires de l'ancien empire des Parthes et en plusieurs lieux de l'Empire romain, bref dans les grandes cités qui furent des centres du mithraïsme. Le plus récent le fut à Césarée, le port construit par Hérode le Grand au Ier siècle avant notre ère, lors de la campagne de fouilles de 1973-1974. Ce fut cette dernière découverte qui jeta enfin une lumière nette sur un symbole jusque-là obscur du sacrifice du taureau qui est fait par le dieu Mithra lui-même dans la majorité de ses représentations.

Cette cave avait été percée d'une ouverture circulaire dans sa voûte, à brève distance de l'autel. Lors des fouilles, les archéologues s'aperçurent que le rayon de soleil qui passait par cette ouverture se déplaçait de telle sorte que juste après l'heure de midi, le 21 juin, date du solstice d'été, il tombait exactement sur l'autel. Ce qui indiquait à l'évidence que le rite mithraïque comportait une composante astronomique essentielle en rapport avec le dieu solaire. Le sacrifice du taureau s'explique dans cette perspective. En raison de la précession des équinoxes, le point vernal (qui correspond, lui, à l'équinoxe de printemps) était situé non pas dans la constellation du Bélier, comme c'était encore le cas à la naissance du mithraïsme, mais dans celle du Taureau. Ce glissement, qui se produit tous les deux mille cent soixante ans environ, fut interprété par les astrologues comme un sacrifice symbolique du taureau par le dieu qui faisait tourner la roue du Zodiaque. En foi de quoi, la représentation de Mithra le montrait égorgeant cet animal. Ainsi se vérifiait, dix-sept siècles plus tard, la notation de Porphyre selon laquelle chaque mithraeum était une représentation du cosmos[15].

Les considérables ressemblances entre les rituels mithraïste et chrétien ne pouvaient manquer d'être dénoncées par les apologistes chrétiens. Au IIe siècle, le Carthaginois Tertullien s'enflamma : « Le banquet du culte de Mithra est une parodie diabolique de l'Eucharistie[16]. » Paroles imprudentes, car le rite en cause était antérieur au christianisme. Et l'apologiste feint de croire que ce seraient les mithraïstes qui auraient copié les rites chrétiens, qui étaient aussi secrets que ceux du mithraïsme : « Comment les étrangers ont-ils eu connaissance de nos mystères, puisque toutes les initiations, même les initiations pieuses, éloignent les profanes et se gardent des témoins[17] ? »

Tout en rejetant avec véhémence et, à l'occasion, le mithraïsme, le christianisme primitif lui emprunta néanmoins un nombre considérable de rites et symboles, dont le plus évident est la date de naissance de Jésus qui, après maintes tergiversations, fut fixée au solstice d'hiver, dans la nuit du 24 au 25 décembre. Dans *Les Symboles chrétiens primitifs*[18], le cardinal Jean Daniélou cite, parmi de nombreux exemples, le texte d'Hippolyte : « Lui [le Sauveur], Soleil, une fois qu'il se fut levé du sein de la terre, a montré les douze apôtres comme douze heures, car c'est par elles que le jour se manifestera, comme dit le Prophète : c'est le jour qu'a fait le Seigneur. » « Ce texte ne saurait être plus explicite », écrit Daniélou, et c'est de fait une référence directe au mithraïsme (mais, prétendait un trissotin parisien, abbé de profession et piqué d'érudition biblique, le cardinal Daniélou « a dit beaucoup de bêtises »...). Cette mystique symbolique et numérologique imprégnait d'ailleurs l'ensemble des courants judaïques hétérodoxes du Ier siècle, dont le gnosticisme, ainsi que d'autres religions. Dans un texte singulier des écrits pseudoclémentins, il est dit que Jean-Baptiste avait trente disciples, « nombre incomplet, tout comme pour la lune, dont la révolution laisse incomplet le tour du mois[19] ». Autre référence explicite, le choix de l'agneau comme animal symbolique du christianisme naissant. En effet, à l'époque du ministère de Jésus, la période du signe du Bélier, qui avait commencé quelque deux mille cent soixante ans plus tôt, et qui suivait celle du signe du Taureau, était près de s'achever ; l'agneau représentant le bélier sous forme juvénile devenait donc le nouvel animal sacrificiel. En atteste, entre autres, le passage de l'Apocalypse où Jean décrit une vision dans laquelle cent quarante-quatre mille personnes avaient « le nom de l'Agneau et celui de son Père écrits sur le front » (XIV, 1), référence évidente au signe de Mithra qui était justement gravé sur le front des initiés. L'auteur de l'Apocalypse substituait ainsi, consciemment ou non, le christianisme au mithraïsme.

Les ressemblances entre le mithraïsme et le christianisme ne se limitent pas à des points de rite, encore que ceux-ci ne soient pas négligeables, les rites étant l'expression de concepts ; elles portaient aussi sur la doctrine. Le mithraïsme est, en effet, une doctrine de rédemption (par l'adhésion au culte de Mithra et les souffrances de la pénitence) et d'eschatologie (par sa croyance, typiquement indo-aryenne, dans l'embrasement final du monde[20]). Le mithraïsme n'est pas aussi étranger au mazdéisme dont il est issu que certains auteurs semblent le croire : sa croyance évidente dans l'au-delà et dans la rédemption en témoigne. Dans les deux religions, à la fin des temps, Mithra apparaîtra pour ressusciter les morts. La hantise apocalyptique ne sera d'ailleurs pas le seul thème que le christianisme empruntera au mazdéisme zoroastrien, par l'entremise du mithraïsme. Le jugement de Renan sur le mithraïsme pourrait être ainsi complété par cette induction : « Et si le mithraïsme avait triomphé, cela n'aurait pas changé grand-chose. » En principe, du moins.

On peut alors se demander pourquoi, en fait, le mithraïsme n'a pas triomphé. L'explication en est paradoxale : c'est que (contrairement à ce que pensait Renan) il était fermé aux femmes ; c'était une religion virile. Le christianisme, qui selon les paroles de saint Paul considérait pourtant que « la femme est un corps sans tête », s'imposa par son ouverture aux femmes (et d'autant plus facilement qu'elles n'avaient pas besoin d'encourir la circoncision). Mais il triompha également par la notion de rachat de tous les péchés et de tous les pécheurs, exactement inverse du salut par l'héroïsme des mithraïstes, qui exerçait une sélection des forts, donc une exclusion des faibles. C'est-à-dire qu'il triompha par le pourcentage des voix et le plus grand nombre. Le mithraïsme avait été ésotérique, le christianisme se présenta comme démocratique, sinon populaire, voire populiste : tout le monde avait une chance de salut, même le dernier des criminels, même les putains, il suffisait du repentir et du sacrement qui le sanctionnait. L'incarnation de Jésus fut l'argument suprême de cette démocratisation : Dieu déléguait son fils même comme objet de sacrifice pour le rachat des mortels ; c'était le témoignage de sa compassion pour l'être humain. Le passage du mithraïsme au christianisme dut se faire sans renoncement douloureux. Il fut plus aisé pour la jeune Église d'en triompher (et certainement moins sanglant) que ce ne serait plus tard le cas pour les Cathares...

Contrairement à une idée assez répandue, selon laquelle le mithraïsme aurait disparu d'un coup à l'avènement du christianisme, comme les fantasmes de la nuit se dissipent au lever du soleil, le vieux culte du Soleil fut vivace : au ve siècle, il était encore célébré, ainsi qu'en atteste le trésor de Childéric, le père de Clovis : ce successeur de Mérovée régna de 458 à 481 ; et l'on trouve dans ses bijoux une broche représentant une tête de taureau en or portant sur le front la roue solaire, double emblème éloquent du mithraïsme. Quant à la célèbre *croix celte*, elle associe à l'évidence la roue solaire à la croix chrétienne, transformée pour l'occasion en moyeu. Au viiie siècle encore, le jeune christianisme n'en avait pas encore fini avec le mithraïsme : ainsi les conciles des Estinnes, dans le Hainaut, et de

Soissons (743-744), durent réitérer les interdictions de rites mithraïques, tels que les bains nocturnes au solstice d'été, date-pivot du culte solaire.

À peu près (mais il faut insister sur cette nuance) contemporain du mithraïsme, l'essénisme, autre source du christianisme, ne fut pas une religion, mais une secte, et d'autant plus singulière qu'elle ne proposait pas une vue foncièrement nouvelle de Dieu, mais, bien au contraire, de l'individu. Son Dieu, en effet, était celui de l'Ancien Testament, à un « détail » près : son pouvoir n'était pas infini, car il était contrebalancé par celui de Satan, comme on le verra plus loin. C'est directement du fait des Esséniens que le christianisme s'est différencié du judaïsme de manière formelle et irrémédiable, mais pas de la manière qu'on suppose le plus souvent.

On a beaucoup écrit sur les Esséniens dans la deuxième moitié du XXᵉ siècle tout particulièrement, à la suite de la découverte en 1947 des fameux Manuscrits de la mer Morte. On en a tant parlé qu'on les a pris pour acquis, on s'est persuadé qu'il s'agissait d'une secte brusquement surgie de nulle part, animée d'une prescience surnaturelle de la venue de Jésus, quasiment une congrégation de moines extraterrestres. Leur nom et celui du site près duquel on a trouvé les Manuscrits, Quoumrân, sont devenus brusquement célèbres, presque populaires. Comme le déchiffrement des Manuscrits progresse à une lenteur exceptionnelle, qui a déclenché maints scandales, il est certain que d'ici l'achèvement et la publication intégrale de ces textes on écrira encore beaucoup de livres sur eux. On peut espérer que ces livres à venir soient moins approximatifs, voire tendancieux, que beaucoup de ceux qui sont déjà parus, même sous des signatures respectées, sinon respectables.

La raison des distorsions auxquelles semble inviter l'interprétation de ces manuscrits est que les Esséniens sont directement liés à Jésus et, partant, à la légitimité de l'Église. Car Jean le Baptiste présente tous les traits d'un Essénien. Et il a baptisé Jésus. Or, le baptême n'était certes pas un rite juif, mais spécifiquement essénien ; il était administré aux novices. Donc, Jésus a été admis chez les Esséniens et il était l'un d'entre eux. Telle est (outre le goût général pour le mystère) l'une des raisons pour lesquelles ces manuscrits, qui à première vue n'eussent dû intéresser que des spécialistes, ont suscité et suscitent encore tant d'intérêt dans le monde occidental. Les religions de ce monde sont en crise et il semble que, grâce à la découverte d'une secte jusqu'alors connue de quelques poignées d'érudits, le monde espère redécouvrir un autre Jésus, celui de l'Église l'ayant découragé par son interprétation institutionnelle.

L'ennui est que les Esséniens n'étaient pas une « secte », du moins au sens contemporain du mot, et qu'ils n'ont évidemment pas surgi du néant.

Dès les origines, le problème des Esséniens a souffert d'interprétations tendancieuses, de la part des Juifs pour commencer. C'est ainsi que Flavius Josèphe, historien juif du Ier siècle, témoin de première main et donc présumé l'un des plus fiables, est en fait l'un des plus contestables : *scriptor mendacissimus*, « écrivain des plus menteurs », comme l'appelait au XVIIIe siècle le R.P. Hardouin, il tente de minimiser et d'estomper la gravité du conflit entre les Esséniens et le Temple, sans doute parce qu'il ne veut donner ouvertement tort ni aux uns ni autres[21]. Les Esséniens, dont il sait bien, dont il ne peut pas ne pas savoir qu'ils sont directement apparentés aux dangereux zélotes, vouent aux gémonies le judaïsme du Temple, qui est pourtant le sien. Il sait bien que le judaïsme du Temple est sclérosé, institutionnalisé et compromis à mort, c'est le cas de le dire, mais il ne peut le désavouer. Surtout pas lui, extraordinaire transfuge, fils de prêtre juif, descendant de rois juifs, qui passe aux Romains et se fait désormais appeler, lui Youssouf ben Gorion, Titus Flavius Josephus ! Mais qui reste néanmoins juif !

Donc, les Manuscrits sont encore le témoignage le plus fiable de ce que furent les mystérieux Esséniens. Ils réservent toutefois une surprise, et de taille : il semble aujourd'hui certain, en effet, que lorsque l'ensemble de ces mystérieux et précieux documents aura été déchiffré et publié, et qu'on aura enfin abordé une synthèse historique de l'idéologie dont ils émanent, l'idée actuellement répandue dans le public selon laquelle les Esséniens auraient été une secte isolée à Quoumrân paraîtra extrêmement désuète. Une évidence se dessine déjà pour de nombreux auteurs : les « Esséniens » (pour continuer à les appeler de ce nom mais on y ajoutera dès ici des guillemets) représentaient une mouvance ancienne du judaïsme, caractérisée par son orientation apocalyptique et un messianisme ardent. Et cette mouvance est directement à l'origine du mouvement zélote qui aboutit à la destruction de Jérusalem par les zélotes en l'an 70 de notre ère[22]. C'est dans cette perspective qu'on pourra comprendre le personnage de Jésus.

Pour mieux comprendre les « Esséniens », qui ont donc joué un rôle aussi grand dans la conception chrétienne de Dieu et de ses rapports avec les humains, il convient de savoir leur origine. La tâche n'est pas simple : mis à part les fameux Manuscrits, les données antiques disponibles sur eux sont rares (quasiment nulles dans les textes juifs) et toutes sujettes à caution.

Il est vraisemblable que l'« essénisme » est beaucoup plus ancien qu'on a voulu le supposer, par prudence, méfiance ou intentions théologiques secrètes. C'est ainsi que le site fameux de Quoumrân, sur les bords de la mer Morte, remonterait au VIIIe-VIIe siècle avant notre ère ; en témoignent les restes de murs et les tessons retrouvés là[23]. Or, contrairement aux assertions, assez catégoriques, du

P. Roland de Vaux, éminent archéologue qui, avec G.L. Harding, diri-gea durant des années les fouilles sur le site et en expertisa les objets[24], ce site ancien semble bien avoir eu des liens directs et pro-fonds avec la communauté « essénienne » qui s'y installa au IIe siècle avant notre ère.

Qui occupa Quoumrân et le site voisin de Khirbet Feschka au VIIIe-VIIe siècle, donc bien avant les « Esséniens » ? Nous l'ignorons. Il est douteux que ç'aient été des Juifs ordinaires : on ne va pas s'installer dans des parages aussi peu accueillants si l'on n'a une volonté de se détacher du monde. Ces lieux ne sont ni Jéricho ni Césarée, mais un lieu de renoncement, qui convient exactement à des gens qui veulent se recueillir dans l'austérité et dans les crânes desquels résonnent les imprécations d'Isaïe sur Jérusalem (mises dans la bouche du Sei-gneur) :

> « Quoi ! elle est devenue putain, la cité de l'adhérence ?
> [...] Ton argent est scorie, et dilué d'eau ton nectar »

et encore :

> « Viens dans le roc, enfouis-toi dans la poussière[25]. »

Cela n'est certes pas pour suggérer qu'il y avait des « Esséniens » à Quoumrân au VIIIe-VIIe siècle, et encore moins que c'étaient des secta-teurs d'Isaïe. Mais tout porte à croire qu'il y eut assez tôt après la chute du royaume de David une mouvance juive hétérodoxe, habitée par une espérance messianique et qui se dissocia progressivement du judaïsme orthodoxe dont le siège était Jérusalem. La scission finale survint bien plus tard à la suite d'un conflit avec le clergé de Jérusa-lem, qui aboutit à la mise à mort d'un maître mystérieux des « Essé-niens », le *More Zedeq*, dit en français Maître de Justice, qui est fréquemment évoqué dans les Manuscrits.

De nombreuses études ont évidemment tenté de percer l'identité de ce Maître[26]. On peut accorder une préférence à celle-ci : en 159 avant notre ère, le scribe Yosé ben Yo'ézer entra en conflit avec le grand-prêtre, chef du clergé juif orthodoxe de Jérusalem, qu'il accu-sait à la fois de trahison de la foi juive et de syncrétisme hellénistique. L'identité de ce grand-prêtre reste sujette à conjectures[27]. Le conflit atteignit une acuité telle que Yo'ézer fut mis à mort, ce qui démontre incidemment que le grand-prêtre jouissait d'un pouvoir temporel[28]. Ses sectateurs élevèrent son personnage au rang de mythe, celui du Maître de Justice, et se retirèrent alors de Jérusalem et de la vie communautaire juive. L'accès du Temple leur fut interdit. L'un des hauts lieux où ils s'établirent, mais non le seul, fut donc Quoumrân, en Judée, au bord de la mer Morte, dans un site préexistant, à coup sûr symbolique, qu'ils agrandirent et où ils vécurent selon des règles extrêmement strictes. Ils se considérèrent dès lors comme les gens de la Nouvelle Alliance, l'ancienne ayant été rompue par l'illégitimité et la forfaiture des grands-prêtres.

L'objet du conflit entre le grand-prêtre et le Maître de Justice reste obscur. Il était néanmoins prévisible de longue date. Pour le comprendre, il convient de revenir quelques siècles en arrière. Après la conquête de Babylone par les Perses, au VI⁽ᵉ⁾ siècle avant notre ère, la Judée et les Juifs avaient connu une ère de tranquillité, garantie par la bienveillance du roi des Perses, Cyrus, qui avait rendu la liberté aux Juifs captifs de Babylone et, mieux encore, avait contribué à la reconstruction du Temple de Jérusalem, détruit en — 587. L'indépendance de la Judée semblait acquise : les souverains Achéménides perses n'avaient pas essayé de l'iraniser. Durant les années de servitude, le clergé avait incarné l'esprit de résistance à la domination politique et idéologique étrangère ; son prestige en était sorti renforcé ; il apparut « comme le symbole même de la nation[29] ». Alexandre lui-même n'y changea rien ; ce furent ses successeurs, les rois Séleucides de Syrie et les Lagides d'Égypte, qui commencèrent à s'intéresser à la Palestine, cheville stratégique entre l'Orient et la Méditerranée et qui avait accès à deux mers, la mer Rouge, par laquelle s'effectuait tout le commerce maritime avec l'Asie, et la Méditerranée. Au III⁽ᵉ⁾ siècle, ils commencèrent à s'y battre.

En 204, le roi Séleucide Antiochus III enleva la Judée aux Lagides. Non seulement les Juifs devinrent des sujets d'une puissance étrangère, une fois de plus, mais, là, on les offensa en négligeant le statut prééminent du grand-prêtre : quand il décida de préserver la loi ancestrale des Judéens et de réparer le Temple, Antiochus III adressa son rescrit au gouverneur grec dans lequel la Judée avait été incluse. En 189, la crise empira quand il tenta de s'emparer du trésor du Temple pour payer tribut aux Romains après sa défaite à Magnésie. L'offense se changea en injure par le fait de son deuxième successeur, Antiochus IV, qui au début de son règne (175 à 164 avant notre ère) déposa le grand-prêtre Onias et vendit sa charge au frère de ce dernier, Jason. Celui-ci abolit la théocratie de fait qu'avait été le régime d'Israël et, à l'indignation des Juifs, transforma Jérusalem en cité grecque et la renomma Antioche. En 169, il y installa une garnison syrienne et, en 167, imposa le culte des dieux grecs à l'intérieur du Temple. C'en était fait du prestige du grand-prêtre et du clergé qui avait collaboré avec lui.

Il faut invoquer ici une raison particulière de l'hostilité juive à un clergé hellénisé : il n'y avait presque pas eu de communication durant des siècles entre la culture grecque et la juive. Celle-ci n'était ni moins abondante ni moins inspirée que l'autre (simplement moins portée sur la spéculation philosophique puisque l'existence de Dieu réglait tous les problèmes philosophiques possibles). Mais durant huit siècles, les Grecs ne semblent pas s'être avisés de l'existence des Juifs et quand ils s'en sont enfin rendu compte, à Alexandrie, par exemple, au Ier siècle, ce fut pour leur manifester une exécration qui dépasse l'entendement : en une seule semaine, en l'an 38 et pour un motif dérisoire (la visite du roi Agrippa de Judée), les Grecs d'Alexandrie massacrèrent une cinquantaine de milliers de Juifs de façon innommable, commettant ainsi le premier pogrome de l'histoire ! On comprend sans peine l'hellénophobie des Juifs, qui s'étaient pourtant fort bien entendus avec les Perses, par exemple.

La crise entre le Temple et la piété populaire semble devoir prendre fin avec la révolte des Maccabées et la brève indépendance du royaume de Judée (de 142 à 63 avant notre ère, date à laquelle Pompée et son état-major, s'étant emparés de Jérusalem, commettent le sacrilège inouï de pénétrer dans le Saint des saints, marquant pour longtemps l'inconscient des Juifs). Il n'en est rien : l'ethnarque et grand-prêtre Jean Hyrcan Ier est mal vu des pharisiens en dépit du fait qu'il a organisé la « rejudaïsation » de la Judée ; ceux-ci lui reprochent de se comporter en roi grec et d'entretenir une armée de mercenaires ; ils font même courir le bruit qu'il est le fils d'une esclave et ils lui demandent de renoncer au pontificat. Son frère et successeur Alexandre Jannée a encore moins de faveur auprès des Juifs ; il est vrai qu'après une insurrection organisée à Jérusalem par les pharisiens avec, comble de trahison, le secours d'un roi étranger, Démétrius III, il a fait égorger huit cents prisonniers judéens en l'an 88[30].

Lorsque, en 37 avant notre ère, Hérode devient roi de Judée, c'est un descendant des Hasmonéens qui est grand-prêtre. Le divorce est consommé entre le judaïsme légitimiste et apocalyptique et un clergé assujetti aux pouvoirs étrangers. Dans le premier on compte les *hasidîm* ou pieux, dont les « Esséniens » et les zélotes activistes, dans le second, les sadducéens, caste aristocratique, et une partie des pharisiens, qui leur sont hostiles (mais qui comptent également une mouvance « légitimiste », les nazaréens). Les frontières ne sont pas imperméables entre les deux groupes, car « les pharisiens et les Esséniens ont manifestement tous deux leur origine dans le mouvement des assidéens [*hasidîm*] de l'époque maccabéenne », écrit Jeremias, relevant par ailleurs les ressemblances entre ces deux groupes qu'indique le Document de Damas[31].

Cette très brève rétrospective indique que le politique et le religieux furent indissociablement liés dans la formation de la résistance dissidente, mais aussi qu'il est difficile d'assigner une date à cette formation. Le Document de Damas indique que la « secte essénienne » se serait formée trois cent quatre-vingt-dix ans après la prise de Jérusalem par Nabuchodonosor (— 587) et que vingt ans s'écoulèrent avant que Dieu ne « leur suscite un Maître de Justice », c'est-à-dire que la secte aurait été formée en — 197 et que le Maître de Justice serait apparu en — 177. Même si le détail de ces dates est controversé[32], l'ensemble des spécialistes estime que le Maître de Justice apparut bien à une époque correspondant à celle qu'indique le Document de Damas.

Ce qui ne signifie certes pas qu'il n'y eût qu'un « essénisme » et que ç'aurait été obligatoirement et exclusivement celui de Quoumrân. On connaît d'autres mouvements similaires et apparemment apparentés étroitement, tels que les Thérapeutes d'Alexandrie, décrits par Philon (et que, dans une caractéristique confusion, Eusèbe prit pour des chrétiens convertis par saint Marc !), les Marghériens de Syrie, qui étaient des troglodytes, les Hémérobaptistes de Galilée, qui se faisaient un devoir de se baigner tous les jours (et dont faisait sans doute partie Jean le Baptiste) et il y en avait sans doute d'autres encore parmi les Juifs qui avaient essaimé au IIIe siècle avant notre ère dans le bassin méditerranéen. Dans *La Guerre des Juifs*, Josèphe cite des traits qui correspondent à la fois aux Hémérobaptistes (le bain quotidien dans l'eau froide) et aux Thérapeutes (« Ils font des recherches pour le traitement des maladies par les racines médicinales et les propriétés des pierres[33] »). Il est très possible qu'il y ait eu d'autres centres esséniens que celui de Quoumrân : Josèphe précise déjà dans les *Antiquités judaïques* qu'ils vivaient « dans tout le pays » et des fouilles effectuées il y a une vingtaine d'années donnent même à penser qu'ils avaient un établissement sur le mont Carmel, au-dessus de l'actuelle Haïfa[34].

Les moines de Quoumrân « n'étaient qu'une des nombreuses communautés de type essénien », écrit Johnson[35], ce dont Renan avait d'ailleurs eu la prescience au siècle dernier, quand il écrivait que « le christianisme est un essénisme qui a réussi » (et cela, trois quarts de siècle avant que les Manuscrits fussent trouvés). Le terme « essénien » ne devrait donc pas désigner la seule communauté de cénobites qui habitaient Quoumrân et qui furent les auteurs des Manuscrits de la mer Morte ou de plusieurs de ces manuscrits[36]. Les « Esséniens » de Quoumrân appartenaient à une mouvance bien plus profonde et plus vaste que ne l'aurait été celle d'une secte isolée dans le désert. On l'appellera Nouvelle Alliance. L'ampleur du courant peut seule expliquer que le judaïsme ait été modifié si fortement que le christianisme en surgit.

Cette mouvance se caractérise par trois grands traits dont deux sont à peine latents dans l'Ancien Testament et dont le troisième est exalté de manière inédite. Les deux traits latents sont la fièvre apocalyptique et la croyance dans un génie du Mal, Satan donc. En témoigne abondamment la littérature dite « intertestamentaire », dont la plus grande partie, sinon la totalité, a été rédigée dans la mouvance à laquelle appartenaient les « Esséniens » ; cette littérature est dite « intertestamentaire » parce qu'elle ne pouvait entrer dans les Livres anciens, étant donné son caractère profondément hétérodoxe, qui eût été rejeté par le clergé de Jérusalem, d'autant plus que les temps des prophètes étaient révolus, et qu'elle ne pouvait évidemment pas encore prendre place dans les textes du Nouveau Testament. On y voit, en résumé, un Dieu en lutte contre Satan, préparant le cataclysme de la fin des temps et l'annonçant par un envoyé, Élu ou Messie.

On sait que Satan n'occupe absolument pas dans l'Ancien Testament la même place que dans le Nouveau : dans l'Ancien, il n'est qu'un serviteur de Dieu, intervenant très rarement et seulement pour exécuter les basses œuvres de son Maître, pour ainsi dire, comme on le voit dans le Prologue du Livre de Job[37]. Dans tout l'Ancien Testament, Dieu est le souverain maître des destinées, sans rivalité aucune. Il n'y a pas d'Enfer, le Shéol étant un lieu vague (sur la définition duquel la doctrine judaïque variera d'ailleurs). Les auteurs des Écrits intertestamentaires, en revanche, ont importé le modèle bipolaire zoroastrien, constitué d'un dieu du Bien et d'un dieu du Mal parfaitement antinomiques, Ahoura Mazda et Ahriman dans le système iranien, Yahweh et Satan dans l'adaptation judaïque et bientôt néotestamentaire. C'est là une nouveauté considérable, non seulement parce qu'elle inspirera les innombrables manifestations de Satan dans les Évangiles, mais aussi parce qu'elle donnera naissance au gnosticisme chrétien, hérésie qui épouvantera l'Église, comme on sait également. De plus, le Shéol devient un lieu de souffrances atroces, comme l'enfer zoroastrien.

La ferveur apocalyptique découle du postulat précédent, selon lequel il existe donc une puissance immanente du Mal, le prince des anges déchus, Shemêhazâ ou Azaël, le nom varie selon les textes (ailleurs il sera appelé Bélial, Mastéma ou Satan), escorté de ses lieutenants, Arataqif, Ramt, Kokabiel, Tamiel, Ramiel, etc., dont les rébellions et les mauvaises œuvres vont déclencher l'apocalypse par la colère de Dieu. Et les apocalypses abondent dans les Écrits intertestamentaires, Apocalypse syriaque de Baruch, Apocalypse grecque de Baruch, Apocalypse d'Abraham, Apocalypse d'Élie, Apocalypse au bestiaire, Apocalypse des semaines... Il est éclatant que, pendant les quelque trois siècles qui précédèrent la destruction de Jérusalem par les Juifs eux-mêmes, l'impatience d'en finir avec le monde atteignit un paroxysme unique dans l'histoire des religions. Une fraction du judaïsme impossible à évaluer voua sans répit aux gémonies le monde tel qu'il était et attendit que la vengeance divine vînt confondre les impies.

Cette fièvre apocalyptique est étroitement associée à l'attente messianique, troisième trait majeur des Écrits testamentaires, à peine esquissé dans l'Ancien Testament, mais qui là, prend un relief extraordinaire. Un exemple éloquent en est donné dans « la venue de l'Élu pour le Jugement dernier » et dans l'« intercession des anges pour hâter le jugement », du Livre I d'Hénoch[38] :

> « Ce jour-là, Mon Élu s'assiéra sur le trône de gloire,
> et il triera leurs actions,
> Leurs demeures seront innombrables,
> et leurs âmes s'endurciront en eux-mêmes,
> quand ils auront vu Mes élus.
> [...] Mais j'ai tout près de Moi la sentence des pécheurs
> pour les faire disparaître de la face de la Terre. »

Il s'agit là, à l'évidence, d'un discours dicté par Dieu à Hénoch. L'intercession ne s'écarte guère de ce ton :

> « En ce temps-là, la prière des justes se sera élevée, et le sang du Juste (sera monté) de la Terre devant le Seigneur des Esprits.
> En ce temps-là, les Saints qui habitent les hauteurs célestes uniront leurs voix,
> pour intercéder et prier,
> pour glorifier, louer et bénir le nom du Seigneur des Esprits,
> à cause du sang des justes qui a été versé,
> et pour que la prière des justes ne soit pas sans effet devant le Seigneur des Esprits,
> pour qu'il leur soit rendu justice
> et qu'ils n'aient pas à patienter éternellement. »

Autrement dit, les saints s'impatientent et demandent la fin du monde pour venger les justes, impatience qui ne plaide certes pas en faveur de la charité des saints, notamment en ce qui concerne les justes qui seront demeurés sur terre. Mais, en l'occurrence, ils demandent vengeance parce que le martyre du Juste annonçait celui des autres (et moindres) justes. Incidemment, il faut noter que Dieu est désigné comme le « Seigneur des Esprits », définition lourde de sens, car elle signifie que Dieu n'est plus que le maître du monde spirituel, le monde matériel ayant été abandonné à Satan, notion qu'on retrouvera dans l'épisode de la tentation de Jésus dans le désert et qui marque à l'évidence l'emprise du gnosticisme sur le tuf dont surgira le christianisme.

L'expression de « Fils d'homme » et non pas « Fils de l'homme » (traduction inexacte, puisque, dans sa volonté de solennité, elle substitue un article défini à une absence d'article) abonde dans les Écrits intertestamentaires, ensemble avec celle d'« Élu de justice et de fidélité », personnage qui viendra accomplir les desseins de Dieu à la fin des temps. Quelques auteurs ont voulu y voir une préfiguration distincte de la notion de messie chrétien (avec sans doute une nuance de prédestination et d'accomplissement des prédictions inspirées). À tort : « La christologie du Livre des Paraboles [deuxième section du Livre d'Hénoch] n'a, en effet, rien de chrétien. On ne relève dans ce livre aucun des traits caractéristiques de la personne de Jésus, tels qu'ils sont rapportés par les Évangiles. » Bien au contraire, dans ce Livre des Paraboles, Hénoch décrit sa propre investiture comme Fils d'homme[39]. S'il faut postuler une influence, ce serait plutôt, à l'inverse, celle du Livre d'Hénoch sur Jésus, qui reprend plusieurs fois à son compte l'expression « Fils d'homme », et l'on sait que le Livre d'Hénoch connut une notoriété particulière dans les milieux des apôtres ; il est cité d'ailleurs dans l'Épître de Jude (14-15).

Une influence, en revanche, semble certaine, c'est celle du zoroastrisme sur le courant de la Nouvelle Alliance. L'idée d'un Diable catégoriquement antinomique de Dieu est une pure invention zoroastrienne, motivée par un dessein politique et utilisée plus tard à ces mêmes fins par les mages de Perse. Le biais par lequel elle gagna une fraction du judaïsme est sans mystère. La captivité à Babylone avait déjà forcé les exilés à se familiariser avec la religion babylonienne, la libération par les Achéménides perses rendit les Juifs moins hostiles à la connaissance, sinon à la pratique, des religions étrangères, maints exemples cités plus haut en témoignent. Le concept d'un cosmos partagé entre les puissances du Bien et du Mal ne pouvait que séduire les Juifs de la mouvance « essénienne », animés d'un dynamisme politique dont témoigne leur longue histoire : elle incitait à la vigilance constante contre les forces du Mal. Elle offrait le modèle de l'organisation éthique et militaire qui allait inspirer un courant de plus en plus porté à l'action armée, terroriste, que les zélotes allaient pratiquer dès la fin du Ier siècle avant notre ère et qui allait culminer dans le désastre de Jérusalem en l'an 70 ; désastre tellement affreux que le sort des Juifs massacrés par d'autres Juifs allait finir, paradoxe des paradoxes, par émouvoir le général romain Titus.

Quelques auteurs ont prétendu voir dans les « Esséniens » de Quoumrân une communauté méditative, aspirant à la paix céleste. La lecture de l'un des Manuscrits, le rouleau de la Guerre des Fils de Lumière contre les Fils des Ténèbres, eût pourtant dû les en dissuader. Ce texte est un poème sur l'organisation de l'assaut que les Fils de Lumière devront mener pendant vingt-neuf ans contre les Fils des Ténèbres. Il comprend même des règlements relatifs aux trompettes, aux étendards, au bâton de commandement, à la formation en sept lignes, à l'armement de l'infanterie[40]... La détermination agressive y est flagrante.

Représentons-nous donc le monde juif à l'aube de l'Empire romain. Une vaste part de croyants ardents, profondément désespérés par la sujétion dont ils sont l'objet depuis en fait la chute du royaume de David, puis par l'indignité présumée du clergé de Jérusalem, attend donc la fin du monde (une fraction d'entre eux, d'ailleurs, va déclencher l'apocalypse juive de Jérusalem). Cette angoisse traduit l'accentuation spectaculaire d'une tendance qui se dessinait déjà chez les Grecs depuis le début de la période hellénistique : le besoin d'un Dieu immédiat, qui intervienne en urgence dans le destin des hommes. Mais elle marque aussi un virage extraordinaire dans l'histoire du judaïsme : elle reflète, en effet, la conviction amère que ce monde est mauvais et qu'il ne mérite que la destruction. Qu'importe, d'ailleurs, que toute matière soit anéantie, car elle n'est pas du royaume de Dieu, « Seigneur des Esprits ». Outre le judéocentrisme absolu qui se révèle ainsi, là réside une vraie préfiguration du comportement de Jésus, quand il déclare à son procès : « Mon royaume n'est pas de ce monde. »

Ce n'est pas seulement le gnosticisme qui est en germe dans le courant « essénien », c'est l'appropriation de Dieu par une communauté qui estime qu'elle seule Le connaît et peut juger de qui Le connaît ou non. Le fanatisme évident en tant de textes de l'Ancien Testament relève ici la tête.

Dieu a encore une fois changé de visage. Le Dieu protecteur et paternel de l'Ancien Testament, celui qui disait : « Allez, croissez et multipliez-vous », est devenu un chef de faction vengeur dont les sujets se vouent au célibat et à la volonté de revanche contre ceux des leurs qu'ils jugent désormais infidèles. À cet égard, les « Esséniens », terme générique, ne sont plus tout à fait des juifs et ne sont pas encore des chrétiens. Telle est la leçon qui se dégage des Manuscrits de la mer Morte et des Écrits intertestamentaires. Qu'ils parlent ou non et plus ou moins clairement de Jésus est en fin de compte sans importance. Les exégèses au scalpel, les arguties philologiques, les finesses et finasseries érudites ne peuvent intéresser que l'historien. Elles sont, confrontées au besoin de Dieu, poussière dans le vent : ce qui compte est que les « Esséniens » ont pavé le chemin de Jésus ; selon les paroles de Jean le Baptiste, ils ont tracé pour lui une voie dans le désert.

Mais, en revanche, on peut d'emblée avancer, avant même qu'on en ait fini avec les Manuscrits de la mer Morte, que ceux qui refusent (avec des mouvements d'humeur et une bonne foi souvent douteuse, si ce n'est pour des raisons « paroissiales », *parrochial* pour reprendre un anglicisme expressif) qu'on assigne à Jésus une ascendance essénienne ont aussi raison : Jésus se dégage essentiellement de la vindicte des hasidîm, « Esséniens » ou autres, en ce qu'il inaugure dans le judaïsme un discours universel et une morale qui n'est plus exclusivement fondée sur la Loi, mais sur l'ouverture à autrui. Étroitement mêlé aux guérillas de son temps (et telle est la raison pour laquelle il est crucifié entre deux « brigands », en fait des zélotes), il s'est pourtant évadé des contingences politiques de l'époque, qui avaient forgé au cours des trois siècles l'identité des protestataires apocalyptiques. Son Dieu n'est plus le seul Père des Juifs et encore moins le chef des « Esséniens », mais le Père de l'humanité. Dieu, avec lui, changera derechef de visage.

Après que Mithra eut été célébré par Dioclétien et d'autres empereurs romains comme « bienfaiteur de l'Empire », après avoir gagné le monde, de l'Écosse et de l'Espagne à la Mésopotamie et aux Balkans, le mithraïsme en tant que tel disparut du monde au IVe siècle. Mais il s'en alla sans effusion de sang. Tout autre fut la disparition de l'« essénisme » et de son émanation directe, les terroristes zélotes qui, depuis l'an 6 ou 7, multipliaient les attaques contre les Romains. La fièvre apocalyptique mêlée au fanatisme les changea en véritables terroristes comparables aux Khmers rouges contemporains, car leur folie meurtrière les poussa à massacrer des Juifs avec une fureur d'autant plus ignoble que leurs victimes n'appartenaient, elles, à aucun camp. Flavius Josèphe nous a laissé dans *La Guerre des Juifs* le récit de l'horreur. En l'an 70, trois bandes armées de zélotes, celles d'Éléazar, de Jean et de Simon, investirent Jérusalem et y déclenchèrent la guerre civile. Non contentes de s'entre-tuer, elles massacrèrent des centaines de milliers de Juifs réfugiés là. L'extension des désordres força les Romains à intervenir. Un million cent mille Juifs périrent au terme de l'un des plus sombres chapitres de l'histoire juive[41]. L'aspiration à la fin du monde nourrie depuis trois siècles par la Nouvelle Alliance était enfin satisfaite : Jérusalem avait été détruite et le judaïsme faillit sombrer dans ce désastre provoqué par des gens que l'indignité supposée du clergé et la démence de pureté avaient changés en bêtes fauves et en destructeurs d'Apocalypse. Les Romains occupèrent une ville dévastée, saignée à blanc jusqu'en son âme. Un rabbin obtint des Romains l'autorisation d'emporter les rouleaux qui avaient survécu et fonda à Jéricho une école rabbinique, fragile germe du nouveau judaïsme arraché à la tempête. Le Dieu de vengeance des « Esséniens » avait péri dans les décombres du Temple. Un autre allait renaître au-dessus des fumées.

Compagnon de route de la Nouvelle Alliance, formé par les « Esséniens » et fidèle à certaines de leurs pratiques, jusque dans ses injures adressées aux « sépulcres blanchis », Jésus s'était déjà, en effet, détaché d'elle ; il avait arraché aux Juifs leur Dieu exclusif et fondé en son nom une nouvelle éthique. Un paradoxe se réalisa de la sorte : mithraïste, le monde méditerranéen attendait un héros solaire. Un héros vint, certes, mais il n'était pas solaire et il n'était pas non plus le Messie vengeur qu'avaient attendu les Juifs de la Nouvelle Alliance.

Un Dieu nouveau venait de naître.

Bibliographie critique

1. Paroles attribuées (de manière erronée) à Zarathoustra dans un texte persan médiéval. *In* Franz Cumont, *Les Religions orientales*, 1929.

2. *Histoire des origines du christianisme*, t. II, Robert Laffont, 1995.

3. Richard L. Gordon, « Les "religions orientales" dans l'Empire romain », Grand Atlas Universalis des religions, *Encyclopaedia Universalis*, 1988.

4. E. Renan, *op. cit.*

5. *Cf.* Georges Dumézil, *Les Dieux souverains des Indo-européens*, Gallimard, 1986.

6. Maurice Sartre, *L'Orient romain*, Seuil, 1991.

7. « Pompée », 24, *in*, Plutarque, *Vie des hommes illustres*, la Pléiade, Gallimard, 1955. C'était aussi l'opinion de Renan *(Histoire des origines du christianisme, op. cit.)*.

8. *Ap. Aten.*, X, 45, cité par Robert C. Van Asshe, *Cahiers du Cercle Ernest Renan*, n° 194. Le sacrifice du taureau pratiqué dans le mithraïsme présente avec celui des cultes dionysiaques de nombreuses similitudes qui ne semblent pas avoir fait l'objet d'études.

9. *In* « L'Iran antique et Zoroastre », *Histoire des religions*, sous la direction d'Henry-Charles Puech, t. I, la Pléiade, Gallimard, 1994.

10. Francis Redding Walton, « Mithraism », *Encyclopaedia Britannica*.

11. « Dialogue avec Tryphon », 70, 78.

12. Van Asshe, *op. cit.*

13. Vermaseren, cité par Van Asshe, *op. cit.*

14. Mazaheri, *Les Trésors de l'Iran*, Skira, Genève, 1970.

15. Robert J. Bull, « The Mithraeum at Caesarea Maritima », *in Études mithraïques*, E.J. Brill, Leyde, 1978, et David Ulansey, *The Origins of the Mithraic Mysteries : Cosmology and Salvation in the Ancient World*, Oxford University Press, New York, 1989.

16. *De praescriptiones hereticorum*, 40.

17. *Apologétique*, IX, 13-14, Les Belles Lettres, 1961.

18. Seuil, Paris, 1961. Dans son étude *Les Premières Images chrétiennes* (Fayard, 1996), Frédérick Tristan relève également de nombreuses ressemblances entre les iconographies mithraïste et chrétienne. Page 383 de ce dernier ouvrage, on relève une mosaïque de la fin du IIIᵉ siècle sous l'église Saint-Pierre, sur la voûte de la tombe des Julii, où Jésus est représenté en Hélios, dieu du soleil, sur son char, image dont le moins qu'on puisse dire est qu'elle est inédite dans l'iconographie chrétienne.

19. J. Daniélou, *op. cit.*

20. J. Duchesne-Guillemin, *in Histoire des religions, op. cit.*, rapporte la reconstitution de Franz Cumont de « La fin du monde selon les Mages occidentaux » : « Quand les temps seront révolus, Mithra redescendra du ciel sur la Terre, il ressuscitera tous les

hommes et versera aux bons un breuvage merveilleux qui leur assurera l'immortalité, tandis que les méchants seront anéantis avec Ahriman lui-même par le feu qui consumera l'univers. » C'est l'Apocalypse qu'on retrouve dans la quasi-totalité des cosmologies d'origine indo-aryenne.

21. On se référera à ce sujet aux excellentes notes de John Noland, « A Misleading Statement of the Essene Attitude to the Temple », *Revue de Qumran*, vol. IX, n° 36, qui indiquent que Josèphe tente d'occulter le fait que le Temple interdit aux Esséniens de sacrifier dans le Temple de Jérusalem et qu'il les avait même bannis de l'enceinte du Temple.

22. *Cf.* l'introduction de l'ouvrage de Robert Eisenman et Michael Wise, *Les Manuscrits de la mer Morte révélés*, Fayard, 1995.

23. Ernest-Marie Laperrousaz, *Qoumrân*, A. & J. Picard, Paris, 1976.

24. Roland de Vaux, *Archaeology and the Dead Sea Scrolls*, British Academy/Oxford University Press, 1973. « La communauté [essénienne] s'installa à Quoumrân dans la seconde moitié du IIᵉ siècle av. J.-C. Elle abandonna le site pendant une période de quelque trente ans durant le règne d'Hérode le Grand et quitta définitivement la région en 69 A.D. », écrit cet auteur. Pour lui, l'établissement israélite était en ruine depuis très longtemps lorsqu'un nouveau groupe humain est venu s'installer à Khirbet Quoumrân. Plusieurs siècles séparent ces occupations, entre lesquelles on ne doit établir aucun lien. Une nouvelle histoire du site commence alors... Je dois à M. Max Campserveux (« Méditation sur les esséniens exclus », *Cahiers du Cercle Ernest Renan*, n° 190 bis, 1995) d'avoir remarqué l'injonction assez singulière incluse dans les mots « on ne doit pas ». Il y a déjà, en effet, une bizarrerie dans le fait que les Esséniens soient brusquement allés s'installer dans un site aussi désolé que Khirbet Quoumrân, et de surcroît en ruine après cinq siècles d'abandon, si ce site n'était pas attaché à une tradition. Ce que put être cette tradition, nous l'ignorons, et l'on ne fera certes pas remonter le courant essénien au VIIIᵉ siècle, mais on ne peut faire abstraction d'un fait relevé par M. Campserveux : les ruines de l'époque israélite remontent « donc très approximativement à l'époque d'Isaïe, prophète hébreu qui exerça son ministère dans le royaume de Juda entre 740 et 687, et qui fut l'un des principaux inspirateurs des auteurs quoumrâniens, sinon le principal : 73 références pour lui tout seul dans l'index de Dupont-Sommer [spécialiste réputé des Manuscrits], contre une douzaine pour Jérémie, et 16 pour Ézéchiel, plus récents ».

25. Isaïe, I, 21 et 22 ; II, 10, la Bible, traduite et présentée par André Chouraqui, Desclée de Brouwer, 1985.

26. Au premier rang de celles-ci, il faut citer celles de Jean Carmignac, « Qui était le Docteur de Justice ? », *in Revue de Qumran*, n° 10, 1980, et de Jacqueline Genot-Bismuth, *Le Scénario de Damas — Jérusalem hellénisée et les origines de l'essénisme*, F.X. de Guibert, Paris, 1992 ; c'est à ce dernier ouvrage que j'emprunte le « scénario » cité ici.

27. La liste des grands-prêtres indique que ce fut Yakim qui occupait la fonction suprême à l'époque (Joachim Jeremias, *La Vie à Jérusalem au temps de Jésus*, Cerf, 1967), mais d'autres théories postulent que ç'aurait été Jean Hyrkan (134-104) ou Alexandre Jannée (103-76) qui aurait fait mettre ben Yo'ézer à mort.

28. En 159 avant notre ère, la Palestine est, au sud, colonisée par les Ptolémées d'Égypte et, au nord, par les rois séleucides, successeurs d'Alexandre. Jérusalem jouit d'une autonomie relative et le grand-prêtre y exerce un pouvoir à la fois spirituel et temporel toléré par les maîtres politiques des provinces de Palestine ; la police du Temple a ainsi le pouvoir d'arrêter et de mettre à mort les prévenus condamnés pour outrage à la Loi. En l'an 58 ou 59, la police détient encore au moins le pouvoir d'arrestation dans l'enceinte du Temple, quand le commandant du Temple fait arrêter Saül-Paul dans la cour des Gentils, mais elle ne dispose plus du « droit du glaive », qui est alors réservé aux Romains depuis que la Palestine est devenue province romaine. Ce pontife et son clergé sont hellénisés, le grec étant devenu la *lingua franca*

de la Méditerranée. On est donc en droit de supposer que le défi de Yosé ben Yo'ézer aurait, s'il n'avait été sanctionné, risqué de mettre en péril les prérogatives temporelles du grand-prêtre et du haut clergé. D'où la peine capitale qui fut prononcée contre ce scribe : la crucifixion. Ce type de supplice, appelé *crux*, qui entraînait la mort au bout de plusieurs jours par asphyxie progressive, était appliqué depuis au moins le IIIe siècle avant notre ère, ainsi qu'en témoignent diverses mentions chez l'auteur dramatique latin Plaute, par exemple *Aulularia*, 522, et *Bacchides*, 584. Mais il fut particulièrement ressenti comme un outrage par les sectateurs du Maître de Justice parce que c'était un supplice infamant, réservé à la pègre : le condamné était exposé nu, ce qui ajoutait l'humiliation à la souffrance.

29. André Caquot et Marc Philonenko, *Introduction générale aux « Écrits intertestamentaires »*, la Pléiade, Gallimard, 1987.

30. *Cf.* A. Caquot et M. Philonenko, *Atlas du monde juif*, Éditions du Fanal/Time-Life, Amsterdam, 1987 ; Paul Johnson, *A History of the Jews*, Harper & Row, New York, 1987.

31. J. Jeremias *La Vie à Jérusalem au temps de Jésus, op. cit.* L'étymologie du nom « essénien » n'est pas en l'occurrence d'un grand secours pour situer les « esséniens » dans le contexte juif de l'époque. Plusieurs origines de l'hébreu ont été suggérées, *Hashsha'im*, les Silencieux, *Hasaya*, les Pieux, *Cenou'im*, les Chastes... Cette dernière hypothèse semblerait la plus vraisemblable ; je penche toutefois, à titre personnel, pour l'étymologie araméenne *Hasen*, Pieux (pluriel *Hasenin*, qui me paraît correspondre le mieux à la phonétique d'« essénien »), qui constituerait la traduction exacte de l'hébreu *hasidîm*. Ce qui ne ferait que réintégrer les « Esséniens » dans le groupe des Juifs qui s'étaient révoltés contre l'hellénisme des grands-prêtres.

32. Les dates données par le document de Damas ne correspondent pas à celles d'un texte quoumrânien, le Commentaire d'Habacuc. *Cf.* A. Caquot et M. Philonenko, *Écrits intertestamentaires, op. cit.*

33. *La Guerre des Juifs*, trad. Pierre Savinel, Éditions de Minuit, 1977.

34. Stephen Goranson, « On the Hypothesis that Essenes lived on Mt. Carmel », *Revue de Qumran*, t. IX, n° 36.

35. *A History of the Jews, op. cit.*

36. Il a été, en effet, avancé que ces manuscrits seraient en fait des rouleaux de la bibliothèque du Temple qui auraient été sauvés du sac de Jérusalem. Cette hypothèse ne s'adapte évidemment pas à tous les manuscrits, il s'en faut, et même, de loin !

37. *Cf. Histoire générale du Diable*, de l'auteur *op. cit.*

38. *Écrits intertestamentaires*, sous la direction d'André Dupont-Sommer et Marc Philonenko.

39. A. Caquot et M. Philonenko, *Introduction générale aux « Écrits intertestamentaires »*, *op. cit.*

40. « Règlement de la guerre », *La Bible — Écrits intertestamentaires, op. cit.* Ce rouleau de cuir, long de 2,90 mètres, fut découvert dans la grotte I de Quoumrân et traduit par E.L. Sukenik en 1954. On en a retrouvé des copies dans la grotte IV.

41. Le récit détaillé du siège de Jérusalem nous est parvenu par l'entremise de Flavius Josèphe, lieutenant des armées romaines, dans *La Guerre des Juifs, op. cit.* Le siège de la ville par les troupes romaines fut entrepris dans le but de mettre fin à la guerre civile déclenchée par les trois bandes de zélotes d'Éléazar, de Jean et de Simon, et de sauver la ville. La légendaire clémence de Titus, attestée par Josèphe, qui fut son intermédiaire auprès des Juifs, visa pendant la plus grande partie du siège à éteindre la guerre civile et arrêter immédiatement les massacres. Titus garantissait sur son honneur la protection du Temple. Mais la folie sanguinaire autant que suicidaire des zélotes annihila toute possibilité de sauver la ville. Il apparaît clairement que leur intention foncière était bien de détruire Jérusalem.

Contrairement à une tradition qui persiste, la destruction du Temple fut déclenchée par les bandes armées le 12 août 70 et réitérée le 15 de ce mois-là : les rebelles, rapporte Josèphe, « remplirent l'espace compris entre les poutres du portique ouest et le plafond en dessous de bois sec, en même temps que de bitume et de poix » (VI, 3). Des fuyards juifs s'y réfugièrent et, quand les Romains donnèrent l'assaut, les rebelles mirent le feu. La responsabilité des zélotes dans l'incendie du Temple est formellement attestée par Josèphe : « C'est de leurs propres mains qu'ils commencèrent à brûler les lieux saints » (VI, 2, 9). Dès lors, il était impossible de retenir les troupes : l'assaut fut donné et Jérusalem tomba aux mains des Romains, qui la rasèrent. Il en ressort que, si la destruction de Jérusalem fut parachevée par les troupes de Titus, ce fut sur la provocation obstinée des bandes armées des zélotes.

Les chiffres des victimes que je rapporte sont ceux mêmes de Josèphe (VI, 9, 3). Il est impossible de départager les Juifs tués par les trois bandes armées de ceux qui moururent de famine et encore de ceux qui furent tués par les troupes romaines victorieuses. Josèphe rapporte que, lors du recensement de Cestius, la population de Jérusalem aurait compté deux millions sept cent mille âmes ; ce chiffre est unanimement rejeté par les historiens contemporains ; il peut tout au plus indiquer l'affluence dans la ville au temps de la Pâque. Mais Jérusalem ne pouvait pas abriter en permanence une telle densité de population.

3

La dynamique des messies

Sur les changements des rapports entre les mortels et leurs dieux au 1er siècle — Sur la naissance du concept d'exécuteur divin — Sur l'universalité des messianismes et des messies à travers les siècles — Lao Tseu et Mi-lo fo, messies chinois — Sur les conditions socio-politiques de la formation d'un messianisme — Quelques messies juifs du 1er siècle — Le cas étrange de Simon le Magicien et les raisons pour lesquelles les Juifs lui ont préféré Jésus — Dosithée, messie « essénien », et Apollonius de Tyane, messie philosophe — Considérations statistiques sur le cimetière de Quoumrân — L'énigme de la royauté manquée de Jésus — Apu Inca, messie péruvien, et quelques autres — Les innombrables incarnations du Mahdi, messager d'Allah, et leurs sanglantes conséquences politiques.

Les épreuves des peuples finissent parfois par exaspérer leur espérance en la divinité ou tout au moins dans les puissances du Ciel. Elle culmine alors dans l'attente d'un héros que le langage courant occidental en est venu à définir du terme de « messie ». Personnage providentiel, à la fois humain et divin, délégué par les puissances célestes afin de venger les injustices, parfois de déclencher une apocalypse où les méchants périront dans l'horreur et les justes triompheront dans la lumière, il est commun à toutes les cultures et procède d'un sentiment simple : si les puissances d'en haut ne viennent pas à notre secours, c'est qu'elles n'existent pas ou alors, idée insoutenable, qu'elles sont indifférentes ou encore que le ciel est peuplé de démons. Le messie ressortit à coup sûr à l'histoire des religions, mais aussi à celle de la divinité : maintes fois dans l'histoire des croyances, les humains ont quasiment sommé les dieux de s'incarner pour venir à leur secours.

Un messie est donc la plus éclatante expression à la fois de l'image anthropomorphique que les humains se font de la divinité et de ses relations avec elle : croire à la venue d'un messie signifie que l'on admet la puissance absolue de la divinité, certes, mais aussi que l'endurance des humains a ses limites et que la divinité ne peut l'ignorer. Finalement, cette espérance est aussi un défi lancé au Ciel : parvenu au plus noir du désespoir, l'être humain adresse au Ciel un signal de détresse. Ou bien la divinité va l'entendre et mettre fin aux souffrances de ses créatures, ou bien les humains détruiront le monde.

Il faut observer à cet égard que les messianismes se manifestent à un moment déterminé de l'histoire : aux environs du Ier siècle. Ni les Égyptiens ni les Grecs, par exemple, n'attendent de messies. Leur communication constante avec leurs dieux et la nature polymorphe de ceux-ci font qu'Apollon ou Anubis peuvent se manifester à tout moment dans l'intérêt d'un individu ou d'une communauté. Quelles

que soient les épreuves que la Grèce ait traversées, et quelque lanci-
nante qu'ait pu être sa tendance au monothéisme, on ne lui a jamais
connu de fièvre messianiste. Au panthéon de l'Inde figure sans doute
un dieu qui évoque parfois un messie : Krishna. Huitième transformation ou « avatar » de Vishnou, c'est lui qui tient dans la *Bhagavad-gita*
le rôle du chœur, et il s'y désigne comme le dieu suprême. Mais son
incarnation est intemporelle, alors que celle des messies s'effectue à
la demande des peuples, à un moment déterminé de leur histoire.

Les différences considérables entre les civilisations incitent à croire
que celles-ci ont évolué à des rythmes différents, indépendamment
les unes des autres. C'est sans doute négliger là un certain nombre de
traits communs à la plus grande partie de l'humanité. Par exemple, le
fait que les déesses-mères, qui avaient dominé les cieux depuis la
haute préhistoire, avaient dû partager leurs pouvoirs avec des dieux
masculins à partir du VIIIe millénaire avant notre ère et qu'au Ier millénaire avant notre ère elles n'étaient plus que des comparses ; au
Ier siècle de notre ère, elles avaient quasiment disparu en tant que
déesses majeures. Cela indique une évolution commune dans les rapports de l'être humain avec la divinité. La biologie a ses lois.

Les mortels du Ier siècle avaient tous en commun d'être assujettis à
des régimes politiques dont la dureté surprendrait sans doute l'Occidental du XXe siècle. Même Athènes aux plus beaux temps de sa
démocratie fut un régime tyrannique, incapable de tolérer une
contestation, fût-elle aussi subtile que celle de Socrate. Passés du
régime tribal au système politique, ils étaient conscients que leur survie dépendait justement de la dureté du système, de la rigueur de sa
justice, de l'acuité de ses généraux et de la vaillance de ses soldats.
Un moment de rêve, une rupture dans la vigilance et l'ennemi pilon-
nait les murs, les archers transperçaient sur les remparts la fleur de
la jeunesse, les enfants étaient emmenés en esclavage et les vieux massacrés. L'individu devint un animal social et politique. La religion
cessa donc d'être le culte instinctif, émotionnel et presque animal des
temps préhistoriques pour se changer en raison sociale d'être ; elle
devint le lien social, *religio*, symbolisé par le faisceau des licteurs. La
divinité domina la Cité, d'où la prolifération des temples et des statues qui lui étaient consacrés, des rites et des fêtes chargés de la
célébrer.

Quand, par exemple, Hérode le Grand, premier grand roi que la
Palestine juive eût connu après la chute du royaume de David, établit
enfin son empire sur les provinces réchappées de tant d'occupations
étrangères, babylonienne, perse, grecque, égyptienne, son premier
soin fut de reconstruire le Temple de Salomon. Ce lieu de culte
légendaire, reconstitué avec un faste inouï et symptomatique, portes
d'or et d'argent, vases d'or gigantesques, brûle-parfum et candélabres
d'or et d'argent massifs, devint le symbole de la nouvelle stabilité

sociale et politique. Ce luxe extravagant signifiait que Yahweh était revenu dans sa demeure, garant de l'ordre, de la justice et de la prospérité. Dieu était donc devenu pour la première fois dans l'histoire des religions le Protecteur de l'ordre social et politique.

Il en était déjà ainsi dans l'Empire romain, mais aussi dans les empires voisins, l'Empire parthe, l'empire des Han : l'empereur devint le prêtre suprême, *pontifex maximus,* il n'était plus question de laisser la religion aux mains des prêtres, et c'est tout juste si l'on tolérait que des chamans, mages, sorciers et autres gyrovagues satisfissent encore aux superstitions du peuple.

Dans les temps d'épreuves, famines, désastres naturels et militaires, la douleur et la colère s'adressèrent donc aux dieux, gouverneurs suprêmes, encore plus qu'aux responsables politiques et militaires. Ces derniers étaient des humains, on connaissait trop bien leurs faiblesses ; s'ils avaient failli, ce n'était pas tant en raison de leurs carences personnelles que parce que les dieux, distraits, rancuniers ou incompréhensibles, les avaient abandonnés. Un empereur était un bambochard couvert de femmes, on ne le savait que trop, et un général, un reître prévaricateur. Les vrais responsables étaient les dieux. Une attitude nouvelle apparut donc dans les rapports de la créature avec le créateur (ou l'inverse) : dans le malheur, c'était à la divinité d'intervenir. C'était à elle d'envoyer à ses fidèles un sauveur, un héros providentiel, bref, un messie en langage contemporain. Il devrait être justicier et général, et surtout invincible.

L'Occident chrétien s'est quasiment approprié le mot « messie[1] », mais il y a eu des messianismes et des messies de tout temps et dans le monde entier, en Chine au Ier siècle et en Océanie aux XIXe et XXe. Il y en a évidemment eu dans le monde méditerranéen aux alentours du Ier siècle, de même que dans l'aire islamique. On a fini par les associer au monothéisme, mais il y en a également eu dans les polythéismes.

Le terme désigne étymologiquement et exclusivement un personnage juif ayant reçu l'onction de prêtre et/ou de roi. C'est ainsi que, paradoxalement, Jésus n'a jamais été messie. Ce terme sera utilisé dans ces pages au sens qu'il a fini, par extension, par prendre au XXe siècle en histoire et en ethnologie : celui d'un personnage providentiel et exceptionnel, chargé d'alléger les souffrances des mortels.

L'un des premiers messianismes connus apparaît en Chine en l'an 3 avant notre ère : les taoïstes remettent au premier plan Xiwang-mou (ou Si wang-mou), la Reine mère d'Occident, une des divinités les plus importantes de leur panthéon ; c'est l'ancienne divinité de la mort, transformée en déesse dispensatrice des pêches, symboles de l'immortalité. Son culte devient l'objet d'une secte qui se livre à des pratiques étranges : ses membres montent la nuit sur les toits des maisons, « en tenant des flambeaux, en frappant des tambours et en poussant des clameurs qui semaient la panique[2] ». Comportement évidemment extravagant, qui évoque celui d'une secte chrétienne bien postérieure, celle des convulsionnaires de la Saint-Médard[3]. Ils annoncent un libérateur, mais il n'a laissé aucun souvenir, car il n'existe pas de trace d'un messie chinois du Ier siècle. Mais à la fin du IVe siècle et au début du Ve un nouveau messianisme apparaît ; celui-ci est apocalyptique. Ses accents sont étonnamment proches de ceux des « apocalyptistes » du Nouveau Testament : « Le monde n'est plus que tourmente ! Le Soleil et la Lune ont perdu leur cycle normal ! Les Cinq Céréales ne mûrissent plus... Partout montent les grandes eaux... Sur la terre entière, quatre-vingt-dix sortes de maladies abattront les mauvaises gens ! » lit-on dans le *Livre des incantations divines des profondeurs abyssales*[4]. Car, bien évidemment, les auteurs inconnus de ces prophéties entendent faire partager leurs malheurs au monde entier, un monde qu'ils ne connaissent pas, tout aussi évidemment. L'image d'un messie se forme : surprise, c'est Lao Tseu, l'archiviste mort quelque neuf siècles auparavant, mais désormais divinisé sous le surnom de « Seigneur parfait ». Cette fièvre apocalyptique sera tenace ; elle durera des siècles, alimentée par les courants du christianisme et du bouddhisme.

Guère en reste, les bouddhistes avaient presque en même temps fourni un saint sauveur divin, Mi-lo fo, plus connu en Occident sous le nom de Maitreya, dont l'image prit une importance populaire considérable en Chine. Il devait inaugurer une nouvelle ère cosmique. « En 515, des rebelles parlèrent de sa descente imminente. » Un siècle plus tard, « un certain Song Tsieu-hien se déclara incarnation de Mi-lo fo et déclencha une rébellion dans la province du Ho-pei ». En même temps, une autre incarnation de Mi-lo fo apparut, c'était un moine, Hiang Hai-ming, qui se proclama, lui, empereur. La Chine était alors soumise à la dynastie Song ; l'armée ne parvint à mater ces rébellions qu'en interdisant totalement le culte de Mi-lo fo[5].

La raison de cette agitation est que la Chine traversait, on l'a vu plus haut, des temps difficiles. Tel était aussi le cas du judaïsme depuis la chute du royaume de David, au VIIIe siècle avant notre ère. Associées aux souvenirs amers de sa splendeur passée, les sujétions successives auxquelles le peuple juif avait été soumis, celles des Babyloniens, puis des Grecs, des Égyptiens et enfin des Romains, avaient suscité chez lui le sentiment que la coupe était pleine. Le malheur devait trouver son terme et il ne le trouverait que dans l'avènement d'un personnage mythique, envoyé par Yahweh pour les délivrer et punir leurs oppresseurs impies, mais aussi les Juifs mêmes qui avaient délaissé le culte de leur Dieu. Seul le feu purificateur restaurerait le judaïsme éternel.

Ce double désir de vengeance et de rédemption avait commencé très tôt, au VIIIe siècle, donc. On en trouve des échos d'une violence implacable chez Isaïe : « Sion sera rachetée par le jugement, ses retournants par la justification. » Le prophète n'est guère tendre pour les siens : « Quand Adonaï aura lavé l'excrément des filles de Sion et les sangs de Ieroushalaïm [Jérusalem], il les bannira de ses entrailles, au souffle du jugement, au souffle brûlant... » Puis les paroles révélatrices : « Un fils nous est donné, et c'est l'autorité sur son épaule. Il crie son nom... héros d'El, père pour toujours, prince de la paix, pour accroître l'autorité [...] sur le trône de David et sur son royaume[6]. » C'était un peu tôt : le fils qui devait théoriquement occuper le trône de David n'était pas encore né.

Si les Chinois, grands amateurs d'images, s'étaient satisfaits d'un messie immatériel, Lao Tseu divinisé par les estampes, les Juifs purent certainement mettre des visages sur leurs messies, car il y en eut plusieurs. Au Ier siècle, les deux premiers prétendants furent Judas le Galiléen et Theudas, auxquels Gamaliel, maître supposé de Saül-Paul[7], est censé avoir comparé Jésus dans un passage spécieux des Actes des apôtres[8]. Bien que dit « le Galiléen », le premier était né à Gamala, dans le Golan ; ç'avait été un chef de bande révolutionnaire qui joua un rôle historique important ; en effet, il s'était dressé contre un fils d'Hérode le Grand, Archélaüs, que ses partisans finirent par faire destituer[9]. Il fut donc actif entre l'an 4 et l'an 6 de notre ère et il était antérieur à Jésus. Judas le Galiléen trace déjà la ligne des messies juifs, puisqu'il est le fondateur à la fois de ce que Josèphe appelle la « quatrième philosophie », c'est-à-dire la doctrine de la libération à tout prix avec « Dieu comme seul maître », et de la secte des zélotes. L'influence de ce Judas-là s'étend jusqu'à notre époque et mérite d'être méditée : il est, en effet, l'inventeur du terrorisme : lui et ses disciples ne craignent ni la torture ni la mort, ni celles de leurs parents et amis ; ce qui compte c'est l'action armée libératrice. Et il utilise spécifiquement le terme de « résistance[10] ». Judas ne sera toutefois pas messie au sens littéral du mot, car il finira par être tué dans des circonstances obscures et sans avoir reçu aucune onction.

Theudas, lui, ne peut en aucune manière être comparé à Jésus, du moins dans les termes de l'auteur des Actes, puisqu'il ne se manifesta qu'après la Crucifixion, ayant été décapité par les troupes romaines, sous l'autorité du préfet Cuspidius Fadus, donc vers 45 ou 46[11]. On sait de lui trop peu de choses pour que le sujet puisse être approfondi. Josèphe le traite de « faux prophète », mais, d'abord, on ignore quel serait le critère pour juger des vrais, ensuite Josèphe n'est pas une autorité en la matière et, enfin, les textes de Josèphe ont été passablement tripotés par les moines copistes chrétiens.

Le succès d'un autre messie, Athrongée (ou Athrongès[12]), donne toutefois à croire que l'aspiration à un messie était ardente au Ier siècle, car ce berger qui semble n'avoir eu d'autres atouts que sa haute taille et sa témérité réussit à organiser une bande armée dont il confia le commandement à chacun de ses quatre frères et dont le seul but était de tuer des Romains ; ils réussirent des opérations audacieuses, puisqu'ils dépêchèrent à la mort un détachement de quarante soldats romains. C'étaient donc des insurgés et, bien que Josèphe ne le dise pas, très probablement des zélotes ; leurs exactions contre les Juifs riches semblent indiquer également un esprit de vengeance contre les riches qui correspond assez à l'esprit zélote. Athrongée finit par se ceindre lui-même du diadème royal, sans attendre l'onction (qui ne pouvait être donnée que par le clergé). Sa carrière semble avoir été assez longue, mais ni sa conviction éventuelle d'une mission divine ni le rayonnement d'une messianité ne se dégagent de ce qu'on sait de lui. Il représentait, certes, l'esprit de vengeance, comme ses prédécesseurs, mais non celui de rédemption.

Simon de Pérée, ancien esclave d'Hérode le Grand et célèbre pour sa beauté, fut un autre de ces monarques d'occasion, puisqu'il se ceignit lui aussi du diadème, mais, apparemment, l'idée de la libération d'Israël se confondait un peu trop bien dans son esprit, comme dans celui de beaucoup de ces messies autoproclamés, avec celle de brigandages sans fin. Escorté lui aussi d'une bande de maraudeurs, il incendia plusieurs maisons riches, dont le palais royal de Jéricho, et il fut décapité par le procurateur Gratus lui-même. Athrongée et Simon de Pérée, qui étaient contemporains, avaient donc sévi entre 15 et 26, période où ce procurateur, prédécesseur de Ponce Pilate, était en fonctions[13]. Leurs dimensions spirituelles, essentielles à des messies, semblent bien faibles, sinon nulles.

Simon le Magicien est à coup sûr un personnage messianique considérablement plus proche du modèle que l'Occident s'est constitué d'après le personnage de Jésus. À peu près contemporain de Jésus, il en est le rival principal, à juger par l'importance que lui accordent les premiers auteurs chrétiens, Justin Martyr, Irénée de Lyon, Épiphane de Salamine, Hippolyte, le Pseudo-Clément, à en juger aussi par ses mentions dans les Actes des apôtres[14] et même, de manière indirecte, dans l'Apocalypse et dans l'Évangile de Jean[15]. Son intérêt, si l'on peut ainsi dire, est que les réactions qu'il a déclenchées, aussi bien dans le premier christianisme que chez ses partisans, permettent de préciser la conception que les uns et les autres se font à l'époque d'un « vrai messie ». Et partant, de ce que serait l'action de Dieu. Mais ces réactions éclairent également sur les raisons du choix d'un candidat au rôle de messie plutôt que d'un autre.

On dispose de beaucoup d'éléments sur Simon le Magicien, mais il n'est pas toujours aisé d'y déceler le vrai du faux, les premiers auteurs chrétiens ayant répandu des fables sur lui, et surtout il est assez difficile de reconstituer son itinéraire de façon complète. Ce Samaritain, né à Gitta, est d'abord un magicien, le point est certain ; il étonne et alarme d'ailleurs les premiers chrétiens par la « réalité » (selon eux) de ses prodiges : il opère des guérisons publiques (probables), chasse les démons (c'est-à-dire qu'il calme des psychotiques, probablement par l'hypnotisme), entre dans les villes escorté de spectres (affabulation des témoins ou mise en scène de Simon), marche sur le feu sans se brûler (tout à fait plausible, d'ailleurs il ne s'agit pas de « feu », mais sans doute de charbons ardents et ce prodige est accompli par de jeunes Américains contemporains sans qu'ils se brûlent la plante des pieds), il brise le fer (sans doute un truc de magicien), se montre avec deux visages (un autre truc), etc. Dans sa crédulité, l'auteur des Pseudo-clémentines croit même que Simon peut voler. Simon, et c'est là le point principal, se déclare l'envoyé ou l'émanation (le point n'est pas très clair) de Dieu sur la terre et semble postuler au rôle de messie.

À cet égard, et sauf que Jésus n'a jamais dit qu'il était le messie, le personnage de Simon est à peu près parallèle de celui de Jésus, et ce sera d'ailleurs l'une des tâches les plus ardues des apologistes chrétiens que de défendre celui-ci contre les « accusations » de magie[16]. Mais ici surgit évidemment une contradiction : d'une part, le messie ne doit pas faire de prodiges « magiques », de l'autre, les premiers auteurs chrétiens soutiennent ardemment la réalité des prodiges accomplis par Jésus et l'on en viendra au point où la résurrection est devenue un dogme dont il est interdit de douter pour un chrétien. Nulle part le code qui permettrait de distinguer entre le magique et le prodigieux n'est indiqué. Ce parti pris démontre que les Juifs de Judée et de Galilée accordèrent une préférence sans ambiguïté à Jésus.

On peut se demander pourquoi. Les prodiges attribués à Jésus semblent avoir été sinon courants, du moins assez répandus pour que des témoins pussent dire de ses miracles que c'était de la magie ; c'est qu'ils en avaient l'expérience. Qu'était-ce donc qu'un magicien ? D'abord un guérisseur ; outre les utilisations de recettes pseudo-magiques, en fait de l'apothicairerie à base de plantes, de minéraux et d'autres substances, le guérisseur était aussi un hypnotiseur, capable de provoquer une transe chez les malades qu'on lui soumettait et de les guérir au moins provisoirement. Il existait une tradition de magie hellénistique, une autre de magie égyptienne, une troisième de magie orientale, etc., et certains sujets doués qui les maîtrisaient pouvaient donc s'imposer comme investis d'un pouvoir surnaturel[17]. Jésus se comporte d'ailleurs en tant que personnage « chargé » d'une énergie de thaumaturge, ainsi qu'en atteste l'épisode de la femme souffrant d'hémorroïdes qui, dans la foule, touche son manteau sans qu'il s'en avise ; il se retourne alors et demande : « Qui m'a touché ? » Donc Simon n'est pas différent de Jésus quant aux prodiges. Il est vrai qu'« il en fait trop » ; plusieurs de ses prodiges évoquent fâcheusement des trucs mis en œuvre avec la complicité de disciples : les statues qui marchaient étaient probablement tirées par des fils invisibles. Et s'il paraissait voler comme un oiseau, activité d'ailleurs saugrenue pour un messie et encore plus pour un philosophe, on peut penser qu'il était transporté sur des fils aériens. Dans ce dernier cas, ç'aurait été un charlatan. Il y a donc d'autres raisons pour qu'il ait suscité autant d'hostilité que d'enthousiasme et qu'on lui ait à la fin préféré Jésus.

Simon n'est déjà pas simple à cerner. Bien que les Actes des apôtres[18] l'accusent d'avoir voulu acheter à Pierre le pouvoir d'imposer les mains, ce qui donnera naissance au terme de « simonie », lui accordant ainsi une importance révélatrice, il a quand même fondé une théologie assez élaborée, quoique composite (et certainement mal décrite par les auteurs chrétiens[19]), où l'on retrouve, avant la lettre, le principe trinitaire et l'idée du Dieu caché, qui sera l'un des thèmes de la Gnose pendant de nombreux siècles. Ce n'était certes pas le premier venu, car il a connu Jean le Baptiste et un autre messie putatif, l'« Essénien » Dosithée ; il a suivi l'enseignement de ce dernier, car il a résidé un temps à Kochba, près de Damas, qui était habité par les « Esséniens » exilés[20]. De plus, il comptait de nombreux disciples et des prêtres, qui célébraient en son nom des mystères sur lesquels on ne sait, hélas, rien.

Mais de nombreuses raisons expliquent que Simon le Magicien ne remplisse pas comme les Juifs l'attendent le rôle de messie. D'abord, c'est un Samaritain et les Samaritains sont tenus à l'écart du peuple juif, pour des raisons connues et tenaces (entre autres, le désaccord sur le lieu où Dieu est apparu à Moïse, le mont Gerizim pour les Samaritains, le mont Ébal pour les autres Juifs, le fait qu'ils aient sacrifié à des dieux étrangers sous le règne d'Antiochus IV Épiphane, leur refus de contribuer financièrement à la construction du Temple de Jérusalem...). De plus, bien que de formation « essénienne », puisque disciple de Dosithée, Simon est étranger à la mouvance zélote qui suit le courant dit « essénien », mouvance qui vise spécifiquement à la libération du peuple juif et à laquelle Jésus sera associé, du moins un temps[21]. Donc Simon ne peut pas être suivi par les Juifs de Judée et de Galilée.

Ensuite son enseignement, pour autant qu'on en sache, est hétéroclite, en tout cas ésotérique, puisque c'est une « religion » à mystères que la sienne, et non prophétique. Or, cette « religion » est assez tarabiscotée et elle comporte un défaut rédhibitoire pour les Juifs : elle présente Dieu comme doté d'un côté masculin et d'un autre féminin. Or, les Juifs du temps sont peu enclins aux ambiguïtés en ce domaine. Pis encore, Simon semble se définir comme philosophe avec des tendances hellénistiques (vu, encore, sa religion à mystères), et les Juifs révolutionnaires ont une vive aversion pour les teintures hellénistiques, qu'ils ont assez vivement reprochées au clergé de Jérusalem. Enfin, ni ses partisans ni ses détracteurs ne rapportent la moindre intention révolutionnaire dans ses propos. Et ce qui n'arrange rien, sa compagne Hélène, qui avait été celle de Dosithée, est une ancienne prostituée, sacrée ou non, on l'ignore, d'Édesse. Conclusion, il ne saurait rallier les foules pour le grand projet apocalyptique que les zélotes semblent mûrir en Palestine vers l'an 25.

Sans doute faut-il ajouter une objection de plus à la candidature de Simon : il est trop visiblement un ambitieux qui s'est forgé une clientèle et une aura avec des idées de bric et de broc, mais il ne dit rien de neuf ni d'émouvant. À tout prendre, il est même moins attachant que Judas le Galiléen, par exemple. Si ce n'est pas un charlatan à proprement parler, c'est assez probablement un faisan.

Ultime raison pour laquelle Jésus sera sans ambiguïté préféré par la mouvance révolutionnaire : c'est qu'il y eut en fait deux centres de cette mouvance, l'un en Galilée, l'autre à Jérusalem, tous deux coexistant de manière complémentaire ; pour la proto-Église galiléenne, Jésus était le Fils d'homme, pour celle de Jérusalem, le Messie ; seules des nuances séparent sans doute ces deux visions, unies dans leur espoir de salut ; mais Jésus représente bien la notion de messie selon l'interprétation prophétique de ce mot dans l'Ancien Testament[22]. En tout état de cause, un messie juif ne peut être légitimé que par Jérusalem et ce ne pourrait être le cas de Simon. De plus, il doit descendre de David (d'où les efforts des évangélistes Luc et Matthieu pour établir une généalogie davidique de Jésus, la généalogie de l'un contredisant d'ailleurs celle de l'autre et toutes les deux étant improbables et inutiles, puisque Jésus est censé avoir été conçu par le Saint-Esprit).

Le fait est significatif pour la compréhension de ce qu'on vient de lire et de ce qui suit : un messie ne peut s'imposer comme tel qu'avec un support à la fois traditionnel et populaire, et c'est la raison pour laquelle les candidats précédents et suivants à ce titre n'ont historiquement pas de grande importance ; on ne se souvient d'eux que parce qu'ils ont exprimé de manière avortée l'impatience messianique du peuple juif.

Autre messie potentiel, déjà cité, Dosithée, personnage à la fois mystérieux et rayonnant du début du Ier siècle. Ayant été le maître de Simon[23], donc plus âgé que lui, il a pu naître aux environs de l'an 15 avant notre ère. Il avait fondé une secte en Samarie après la mort du Baptiste[24], à laquelle adhéra Simon. Progressivement, donc, Simon prit de l'ascendant, puis partit avec la compagne de Dosithée, Hélène. Il y aurait eu, selon les « Homélies » pseudo-clémentines, une explication orageuse entre les deux hommes, qui s'envenima au point que Dosithée frappa Simon avec un bâton, et celui-ci serait passé à travers le corps du magicien[25] ; le récit a toutes les apparences d'une fable, où l'on voit Dosithée se rendre ensuite aux prodiges de Simon, qui sont plus que douteux. Il est assez déconcertant de voir des auteurs chrétiens des premiers siècles fabriquer des histoires dignes de Mandrake le Magicien. Bref, Dosithée se retire ensuite près de Damas, à Kochba, en compagnie d'autres « Esséniens ». Ce n'est pas grand-chose, mais on n'en sait guère plus. On n'a pas la moindre trace d'une activité messianique ou révolutionnaire précédente ou ultérieure.

Le personnage dut toutefois exercer un ascendant considérable sur ses contemporains, puisqu'il avait fondé une secte. Il est pour le moment impossible de savoir si celle-ci est distincte de celle des disciples du Baptiste, les mandéens, dits encore sabiens (Subba), ou encore chrétiens de Jean le Baptiste (qui survivent de nos jours en petits groupes dans l'Irak méridional et le Khouzistan iranien), ou bien si c'est la même[26]. Mais Dosithée ne pouvait lui non plus répondre aux aspirations messianiques des Juifs pour les mêmes raisons que son disciple Simon : Samaritain d'origine, il était exilé en Syrie et son enseignement était bien trop compliqué pour le peuple.

Il est un personnage splendide, beau, charismatique, capable de prodiges, qui à première vue eût constitué un messie idéal : c'est Apollonius de Tyane, né à peu près en même temps que Jésus dans les dernières années avant notre ère, à Tyane, ville de Cappadoce dans l'actuelle Turquie, proche de la Tarse dont Saül l'apôtre se prétendra originaire et où il a, lui, fait ses études. Riche, il a énormément voyagé, il a été jusqu'en Inde, il a visité Ninive et Babylone, l'Espagne et l'Égypte, il est magicien, astrologue et thaumaturge, fait des miracles, ressuscite une morte (évidemment de bonne naissance) et, par-dessus le marché, il parle on ne sait combien de langues ; il est prodigieusement instruit et disert, car il a fait son miel de toutes les philosophies et religions qu'il a connues, mazdéisme, tantrisme, rites égyptiens, grecs, babyloniens, bouddhiques... Au XIXe siècle, un historien allemand, Thiess, le surnommera « le messie grec », et plus d'un à son époque lui attribue d'ailleurs une origine divine, ce qu'il laisse sans doute dire. En fait c'est seulement pour l'Occident moderne qu'Apollonius représenterait rétrospectivement un messie rêvé ; ni les Romains, ni les Grecs, ni les Orientaux de l'époque n'aspirent à un messie ; seuls les Juifs l'attendent. Or, pour les Juifs, Apollonius est entaché comme Simon d'un inconvénient rédhibitoire : il n'est pas juif. La libération des Juifs ne semble guère l'animer plus que celle d'un autre peuple. Ce n'est certes pas un personnage de ce genre qui irait faire le coup de main avec les zélotes.

De plus, cet incoercible bavard est un néo-pythagoricien mâtiné de néo-platonisme, obsédé par la puissance des nombres et visiblement habité par le sentiment de sa supériorité intellectuelle absolue. Il finira d'ailleurs par susciter l'impatience de Néron, puis de Domitien, qui l'accuseront de trahison, et il n'échappera à leurs persécutions que par la ruse. Il meurt à Éphèse, où il a fondé une école, à l'âge supposé de cent ans.

D'autres personnages du 1er siècle présentent certaines des caractéristiques attendues d'un messie ; mais aucun d'eux ne les possède toutes ensemble : ce sont tantôt des mystiques et des chefs spirituels, comme Ménandre, disciple de Simon, tantôt de vrais meneurs comme Menahem ben Judah, fils de Judas le Galiléen, tantôt encore des illuminés, comme l'anonyme « messie d'Égypte » apparu en l'an 35 et qui, en 60, réunit ses adeptes sur le mont des Oliviers et leur ordonna de marcher sur Jérusalem, dont les murailles s'effondreraient d'elles-mêmes. Thaumaturges, mystiques, gyrovagues, ni l'époque ni la région n'en manquent. Aucun ne possède apparemment assez de charisme pour aboutir à cette entrée solennelle dans Jérusalem, le dimanche des Rameaux précédant la Pâque, et parvenir au seuil de la double royauté spirituelle et temporelle. Car, s'il n'avait pas été arrêté trois jours plus tard, Jésus eût sans doute été couronné roi des Juifs.

Cette histoire célèbre est également exemplaire ; c'est en effet celle qui illustre le mieux les conséquences terrestres et spirituelles du concept de messie.

La supériorité de Jésus sur les autres candidats éventuels au titre est que, tout d'abord, il est juif et connaît les Livres. Deuxièmement, il partage avec les rebelles de la Quatrième Philosophie[27] un mépris pour le légalisme du clergé de Jérusalem, clergé « collaborateur » pour user d'un terme contemporain ; il n'hésite pas, en effet, à l'insulter publiquement et à le traiter d'hypocrite. Ce qui le met par ailleurs en résonance particulière avec les zélotes est qu'il annonce une apocalypse, qui mettra fin à l'indignité de son peuple. Troisièmement, l'esprit de pauvreté qu'il prêche, et qui lui vaut une grande popularité, particulièrement en Galilée, terre traditionnellement rebelle (à l'exception de Judas Iscariote, tous ses disciples sont des Galiléens, d'ailleurs), est très proche de certains aspects de la Quatrième Philosophie. En effet, zélotes et sicaires s'en prennent particulièrement aux riches, soupçonnés d'avoir amassé leurs fortunes grâce à la faveur des Romains. De plus, depuis le 1er siècle avant notre ère, la paysannerie de Palestine souffre du système latifundiaire instauré par Rome au bénéfice de ses clients et, au 1er siècle, elle souffrira encore plus de la double taxation romaine et juive ; elle aura d'ailleurs partie liée avec ceux que Josèphe appelle des « brigands », zélotes et sicaires qui font un peu figure de Robins des Bois avant la lettre[28]. Jésus est donc le héros des pauvres. Quatrièmement, il est capable d'être homme d'action, on le voit dans l'épisode spectaculaire des marchands du Temple. Il présente tous les traits d'un prophète, car c'est un orateur charismatique, même s'il est parfois obscur.

Il incarnait donc pleinement les aspirations du peuple juif à un messie. Mais il fut condamné à un supplice infâme. Les raisons pour lesquelles une destinée aussi éclatante changea si brutalement d'orientation méritent une réflexion de plus. Les textes du Nouveau Testament, leurs émanations et leurs commentaires donneraient à croire que Jésus serait apparu soudain, pleinement investi de sa nature prédestinée de messie, au milieu d'un peuple d'abord émerveillé, puis mystérieusement saisi d'ingratitude ; or, cela n'est pas plausible. De la jeunesse et de la formation de Jésus et encore moins de ses motivations, ces textes ne font pas la moindre mention ; et pour cause. Un demi-siècle d'analyses, querelles, exégèses et recherches a désormais établi que Jésus subit profondément l'influence des « Esséniens ». Deux faits liminaires de ses années publiques suffisent à le démontrer : il a ainsi été baptisé par Jean le Baptiste, autre disciple « essénien », alors que le baptême est un rite exclusivement « essénien » qui faisait de lui ipso facto un membre de cette communauté élusive. Et il a célébré la dernière Pâque avant la Crucifixion un mercredi, selon la coutume essénienne[29].

Mais un point évident modifie cette appartenance idéologique : pendant ses années publiques, soit environ de l'an 27 à l'an 30, Jésus n'est plus en conformité avec les coutumes esséniennes non plus qu'avec les juives, d'ailleurs : il ne respecte pas le sabbat, ne se lave pas les mains avant les repas, s'associe avec des gens de mauvaise réputation, comme son propre disciple Lévi, dit Matthieu, percepteur (donc suppôt de César), dîne chez des pharisiens, s'entoure de femmes, dont une de la maison même d'Hérode, une autre taxée d'adultère, postule que tous les Samaritains ne sont pas des impies (parabole du Bon Samaritain), etc.

La déduction logique est que Jésus a quitté les « Esséniens », pour une ou plusieurs raisons que nous ne pouvons qu'imaginer. Par exemple, et à en juger par sa rébellion contre une interprétation intolérante du sabbat, par réaction contre le rigorisme exacerbé des « Esséniens » et leur réglementation pointilleuse jusqu'à l'absurde des activités corporelles. Ou bien parce qu'il est de nature impatiente et même coléreuse, comme en atteste la bizarre histoire du figuier qu'il frappe de stérilité parce qu'il ne donne pas de fruits, alors que ce n'est pas la saison des figues ; les « Esséniens », en effet, ne tolèrent absolument pas les impatients[30]. Ou bien encore, à en juger par sa défense de la femme adultère, par rejet de leur excessive austérité sexuelle. Sans doute aussi parce qu'il ne peut se résoudre à vouer à la perdition l'ensemble des humains qui ne sont pas « esséniens », surtout s'ils sont juifs. Car Jésus annonce l'apocalypse, certes, mais, et ce n'est pas la seule ni la moindre de ses contradictions, il se

comporte comme si elle était plus une menace qu'une réalité imminente ; pourquoi, en effet, ressusciter la fille de Jaïre ou guérir les
paralytiques, les lépreux, les aveugles, les hystériques et les hémor-
roïsses si la Fin des temps est imminente ? La justice des corps,
comme celle des cœurs, sera bientôt rendue, et c'est donc bien le
moment de remettre en état une chair qui subira prochainement
l'épreuve terrible du Jugement !

Comment peut-on être « Essénien » et ne plus l'être ? J'ai décrit
plus haut[31] les raisons qui invitent à ne pas restreindre les « Esséniens » à une secte spécifique, circonscrite par un code déterminé
dans un ou plusieurs lieux précis. Il y a certes eu un lieu nommé
Quoumrân où vivaient des « Esséniens » et il y a des manuscrits qui
témoignent de la singularité de leur doctrine, mais enfin, être « essénien » correspondait à un état d'esprit diffus dans la Palestine de
l'époque. On se joignait à eux parce qu'on ressentait des affinités
avec leur révolte, mais on pouvait aussi les quitter ou en être chassé
pour des raisons de discipline sans être pourtant en désaccord idéologique avec eux. La « Règle de la communauté » témoigne du rigorisme exacerbé des gens de Quoumrân comme de la minceur des
prétextes de départ ou d'exclusion[32].

L'étude du cimetière près du couvent de Quoumrân laisse à cet
égard rêveur et donne quelques indications précieuses sur l'importance de cette exclusion ou des départs volontaires : pour une durée
d'occupation totale du site de quelque cent vingt-cinq ans présumés,
on dénombre mille deux cents tombes, dont sept seulement sont
celles d'individus morts après l'âge de quarante ans et trois après
l'âge de soixante-cinq ans. Cela représente quelque dix morts par an,
dont la majorité a moins de quarante ans ! Or, étant donné que, selon
Philon d'Alexandrie[33], ils étaient près de quatre mille sur les bords
de la mer Morte, ces dix morts annuels représentent une mortalité
totale de 0,25 %, soit encore 0,05 %, par mille habitants, soit dix-
huit fois moins qu'en France en 1996 ! C'est étonnant et c'est même
prodigieux, même en tenant compte du « bon air » (45 °C en été) et
du fait que les « Esséniens » ne recrutaient que des sujets en bonne
forme et, même, fort beaux. Mais cette arithmétique présente un
défaut majeur : si l'on vivait si longtemps à Quoumrân, comment se
fait-il qu'on n'y trouve que trois squelettes d'hommes âgés de plus de
soixante-cinq ans ? Où sont passés les jeunes ? La réponse est simple :
ils ont été exclus ou sont partis[34]. Ce fut le cas de Jésus et cela explique
sans doute que les « Esséniens » ne sont jamais mentionnés dans les
Évangiles, alors qu'ils tenaient une place appréciable dans la judaïté
de l'époque : il y avait même à Jérusalem une porte dite « des Esséniens ».

Mais bien que dissident formel des « Esséniens », Jésus a gardé
d'eux le sens aigu de la justice, la compassion pour les pauvres, le

mépris des puissants et des riches et le sentiment que l'exacerbation des tensions entre les Juifs eux-mêmes, pour commencer, et entre les Juifs et les Romains pour finir va culminer dans un désastre. Il est resté « essénien » de cœur et, en dépit des inévitables enjolivures hagiographiques des évangélistes, canoniques ou non, une passion transpire à travers ses propos. C'est une autre de ses nombreuses contradictions. Et c'est celle qui lui prête, d'ailleurs, une humanité qu'on ne trouve chez aucun des candidats précédents à la messianité. En quelque trois années de ministère public, allant de la Judée à la Galilée et inversement, il rallie donc un nombre de partisans assez important pour préparer l'entrée à Jérusalem un dimanche d'avril de l'an 30 et affronter la formidable inconnue du couronnement.

Les Évangiles, canoniques ou non, ne donnent évidemment pas la moindre indication sur la participation des zélotes à l'essor de l'enseignement public de Jésus. Selon ces textes, l'homme aurait « triomphé » indépendamment de toutes considérations historiques. Le contexte est évidemment très différent. Deux faits montrent que Jésus ne pouvait pas être étranger au mouvement zélote, puisque ses disciples comptent un zélote, Simon, et Judas Iscariote, c'est-à-dire le plus vraisemblablement le Sicaire[35], spadassin associé aux zélotes. En ce qui concerne Simon, Matthieu et Marc spécifient clairement qu'il « était membre du parti zélote[36] ».

De toute façon, on éprouverait autant de peine à croire que Jésus n'était pas informé des activités des zélotes que de penser que les zélotes n'étaient pas au fait de son ministère public. Les textes indiquent nettement, d'ailleurs, que Jésus était associé aux zélotes dans l'opinion publique. Les Évangiles précisent qu'il fut crucifié entre deux brigands, « brigands » étant le terme consacré et utilisé entre autres par Flavius Josèphe pour définir les zélotes. Et la version hébraïque de Josèphe, le Josippon, cite « les "brigands" en Israël qui suivirent Jesh'uah ben Pandera le Nazaoréen[37] ». Les zélotes ne furent certainement pas hostiles à Jésus au début, pour dire le moins : il servait leur cause par sa révolte contre le clergé et les riches et par ses annonces de l'apocalypse. Il est possible et même probable qu'ils lui aient accordé un soutien : l'émoi causé par le dimanche des Rameaux n'avait pu leur être étranger. Une question se posait à eux avec urgence : s'il devenait roi, quels seraient ses projets ? Il faut souligner que, si Jésus était devenu roi ce jour-là, sa royauté démettait d'emblée le grand-prêtre et donnait le signal d'une insurrection antiromaine. Qu'en serait-il alors de leur mouvement ? Toutes les hypothèses sont plausibles, telles que celle d'une entrevue entre Jésus et les chefs zélotes, qui auraient offert leur soutien à sa royauté à la condition qu'il fît d'eux son bras armé. Une seule est certaine : Jésus ne leur donna pas de gages. Ce fut la raison de la trahison de Judas et de son échec.

Il ne peut y avoir de doute que l'entrée de Jésus à Jérusalem aux acclamations de la foule déclencha également un branle-bas de combat au Sanhédrin : le grand-prêtre Caïphe comprit que, s'il n'arrêtait pas le plébiscite, c'en était fait de lui et de la fragile coexistence avec l'occupant. La Palestine allait vers un bain de sang, car le peuple se soulèverait rapidement contre les Romains qui, militairement, étaient plus puissants. Jean fait d'ailleurs clairement état de ces considérations quand il rapporte les paroles de Caïphe au Sanhédrin : « Il est plus dans votre intérêt qu'un homme meure pour le peuple que toute la nation soit détruite[38]. » Ce qui indique sans ambiguïté que le grand-prêtre interprétait toute « l'affaire Jésus » comme une affaire politique. Reste que la cabale montée par Caïphe n'aurait pas abouti aisément si les zélotes n'avaient pas abandonné Jésus.

L'extraordinaire échec de la carrière publique de Jésus pose dès lors deux questions : si Jésus n'avait pas visé la royauté messianique, pourquoi serait-il donc entré triomphalement à Jérusalem ? Car il a même organisé cette entrée, envoyant deux disciples chercher une ânesse et son ânon, précisant qu'ils trouveraient l'ânesse liée[39], et tout cela afin d'accomplir les paroles du prophète Zacharie[40]. Donc, il ne s'attendait pas à un échec. Son état d'esprit change toutefois en trois jours, du dimanche au mercredi de la dernière Cène, quand il annonce la trahison de Judas Iscariote. La seconde question est : pourquoi les zélotes ont-ils abandonné Jésus ? Car ils pouvaient très bien organiser devant la maison de Pilate une contre-manifestation neutralisant la cabale montée par le grand-prêtre et faire au moins gracier Jésus. Flavius Josèphe le démontre clairement : ils avaient assez d'hommes pour cela et, trente ans après la Crucifixion, ils allaient investir militairement Jérusalem. La raison de cet abandon ne peut qu'être imaginée : Jésus n'entendait pas céder aux pressions des zélotes, guère plus soucieux d'eschatologie que d'accomplissement des paroles prophétiques, ni faire du Messie un instrument politique et encore moins celui d'un massacre. Dès lors, il était sans alliés et livré au Sanhédrin. On sait la suite.

Cette histoire démontre que la réalisation de l'espérance messianique entraîne inévitablement des conséquences politiques. Née de la souffrance d'un peuple, elle s'adresse obligatoirement aux causes de cette souffrance, qui sont socio-politiques. Du jour où une communauté proclame que la divinité s'est incarnée, il est inévitable que cette incarnation prenne le parti de son peuple contre les autres. Ce qui avait commencé par un élan de confiance en la divinité s'achève donc dans le sang. On l'a vu, par exemple, dans la révolte des Turbans jaunes, on le reverra maintes fois par la suite.

À la chute de l'Empire inca au XVIᵉ siècle, sous les coups des colonisateurs espagnols, par exemple, les Indiens du Pérou se trouvent dans une sujétion abjecte : les conquistadores leur ont imposé le christianisme, déclarant tous leurs cultes « sataniques » ; de plus, ils les ont transformés en esclaves. Une première vague de messianisme déferle sur le pays, « provoquant l'hystérie collective et le suicide d'individus possédés par les dieux[41] ». Une deuxième vague survient au XVIIIᵉ siècle et « produit » un messie, Juan Santos de Atahualpa, qui se fait appeler Apu Inca et prétend descendre de l'empereur Atahualpa ; mais il se prétend aussi fils de Dieu, donc immortel, doté du pouvoir de provoquer des tremblements de terre et d'exterminer les « incroyants » (ceux qui ne croyaient pas en lui, bien évidemment) : vêtu d'une tunique rouge, il prêche une idéologie qu'on a du mal à cerner. Mégalomane, il prétend fonder un immense empire indigène, qui serait très riche et chasserait les Espagnols avec l'aide de l'Angleterre, ennemie de ces derniers. Il tordra, dit-il, le cou au vice-roi de Lima « comme à de la volaille » s'il ne lui remet pas son trône. Ne reculant pas devant les contradictions, il prétend se soumettre au pape si celui-ci l'autorise à ordonner des prêtres indiens, mais il exècre les franciscains, qui prennent la fuite. Le résultat est prévisible : les Espagnols lui font la guerre, sans trop de succès d'ailleurs, car ses troupes armées « d'arcs, de flèches et de massues[42] » leur résistent fort bien. Apu Inca mourra très vieux dans son royaume, entouré d'un prestige immense, et sa tombe restera jusqu'au début de ce siècle un objet de vénération.

Le besoin de Dieu, en l'occurrence, a fondu dans la satisfaction des revendications politiques. Passons sur les autres messies sud-américains, tel ce couple étonnant, Beto et Guaimi, magiciens de l'Équateur devenus tous deux ensemble fils de Dieu en 1578, à la suite de visions évidemment célestes, passons sur le messie de la Guyane anglaise en 1845, passons encore sur le messianisme *hau-hau* des Maoris de Nouvelle-Zélande, sur le prophète-messie congolais Simon Kimbangu, passons sur les pléiades de messies apparues au cours des siècles dans des peuples asservis, car il y faudrait un épais volume[43]. L'exemple le plus frappant de la rémanence du messianisme dans les temps modernes est celui du messie El Mahdi. Le mot arabe dérive de *hâdi*, « guide », et signifie « guidé », et le concept dérive de la soura El Fatha, dans laquelle Allah dit à Mohammed qu'Il l'a trouvé égaré et, en conséquence, s'est fait guide. L'idée du Mahdi est celle d'un justicier descendant du Prophète qui apparaît pour mettre fin aux épreuves de son peuple. C'est donc un concept essentiellement dicté par des contingences socio-politiques.

On ne sait combien de réincarnations le Mahdi a connues dans l'histoire : presque tous les pays musulmans ont à un moment ou l'autre de leur colonisation vu apparaître un Mahdi. Plusieurs de leurs aventures se sont achevées dans des effusions de sang. Le premier Mahdi connu semble avoir été le dernier descendant d'Ali, le quatrième calife et fils du Prophète, mort en 661 : il disparut mystérieusement vers 874. Peut-être fut-il tué par un rival. La légende se forma chez les shi'ites qu'il n'était pas mort, mais vivait caché sur le mont Radwa, près de La Mecque, et qu'il reviendrait un jour délivrer son peuple. Certains qui prétendirent l'incarner régnèrent plutôt, tel le premier calife de la dynastie Fatimide, Obaidallah el Mahdi, qui régna sur l'Afrique du Nord de 909 à 933. Ou encore Mohammed ibn Abdallah ibn Tumart, un Berbère qui fonda au XIIe siècle la plus puissante de toutes les dynasties berbères, celle des Almohades (ou Mouwahhidoûn, c'est-à-dire les Unitaires), et conquit toute l'Afrique du Nord et l'Espagne musulmane ; lui aussi se proclama Mahdi[44]. Suivant leur exemple, un mystique soudanais natif de Dongola, Mohammed Ahmed ibn Sayed Abdallah se proclama Mahdi en 1881, fonda un empire dans l'ancien Soudan anglo-égyptien et infligea des revers sérieux à deux expéditions militaires destinées à mettre fin à ses prétentions impériales. En 1883, ayant occupé El Obeid, la capitale du Khordofan, il écrasa un corps expéditionnaire anglais de dix mille hommes au cours d'une bataille où périt le général anglais Hicks Pacha. Mohammed Ahmed mourut en 1885, mais son empire ne fut défait qu'en 1898, après la célèbre bataille d'Omdurmân, par des troupes anglaises sous le commandement du général Kitchener[45]. La messianité de Mohammed Ahmed avait servi de point de départ à une vaste offensive politique et militaire visant à occuper l'Égypte et l'Afrique centrale. Comme tant d'autres, cette délégation divine s'acheva dans un bain de sang. « Je détruirai ce monde et j'en construirai un autre », déclarait Mohammed Ahmed, fidèle en tout point au schéma messianique et faisant écho, peut-être à son insu, au défi célèbre de Jésus : « Je peux détruire ce temple et le reconstruire en trois jours. »

Ce qui avait manqué au mahdisme, c'étaient l'argent et les armes. Eût-il eu du pétrole et celui-ci eût-il été aussi nécessaire au monde moderne qu'il l'est devenu, Mohammed Ahmed eût reconquis l'ancien Empire musulman. La leçon ne fut pas perdue pour tout le monde : dans mes années en Égypte, que de fois n'ai-je pas entendu évoquer le mahdisme dans les conversations sur l'indépendance égyptienne ! Le mahdisme est d'ailleurs loin d'être éteint : il y eut d'innombrables autres Mahdis, en 1903, en 1908, tel Mohammed ben Abdallah Hazzân, Mahdi de Somalie, dont le génie militaire tint en échec les puissances coloniales jusqu'en 1920. Et le 20 novembre 1979, premier jour du XVe siècle de l'Hégire, plus de deux cents personnes en armes s'enfermèrent avec femmes et enfants dans l'enceinte de La Mecque. L'un d'eux, Mohammed ibn Abdallah el Quahtâni, se proclama Mahdi. Les troupes royales saoudiennes donnèrent l'assaut à ces insurgés, parmi lesquels se trouvaient de nombreux *ikhwân* ou « frères » musulmans saoudiens, et l'épisode s'acheva dans le sang, une fois de plus, entraînant la mort de ce Mahdi-là. Ce n'était certes pas le dernier.

Appeler un messager du ciel, c'est donc appeler la guerre, tel est le terme inévitable de la dynamique messianique. Car si la divinité prend des apparences humaines pour intervenir dans les affaires terrestres, il est fatal qu'elle déclenche un conflit entre les « croyants » qui l'ont appelée et les « incroyants ». L'avènement d'un messie témoigne donc de façon essentielle d'un choix que la divinité aurait fait entre certaines de ses créatures, ses élus, et les autres. Or, c'est fatalement un choix sanglant, et il est douteux que le Dieu auquel on s'est adressé et par lequel on s'est cru écouté y trouve toujours son compte. Dans le cas particulier du christianisme, l'inventaire des hécatombes est éloquent : du massacre des albigeois aux autres massacres perpétrés par la Sainte Inquisition pendant quelque six siècles et des croisades à la Saint-Barthélemy, c'est d'une mer de sang que se sont élevées les oriflammes des défenseurs de la seule foi. Sans parler des souffrances morales des « païens » convertis par la force, comme les juifs dans l'Espagne catholique, comme les Indiens aux Amériques.

L'inspiration de ces atrocités, qui ne furent possibles que grâce à la puissance politique et militaire de l'Occident chrétien, était paradoxalement logique : puisque le messie était venu racheter l'humanité de ses péchés, tout était rentré dans l'ordre, et il appartenait désormais aux croyants de nettoyer la planète de ses dernières taches de désordre.

C'était là ignorer que l'attente messianique s'exacerbait dans les peuples soumis : les persécutions répétées des Juifs, « à l'époque des croisades, durant les années de peste noire [où ils furent accusés d'empoisonner l'eau des puits], lors de leur expulsion d'Espagne (1492), ou encore au moment des massacres en Pologne et en Ukraine (1648) », ancrèrent l'espérance du Sauveur qui n'était pas venu. « L'attente du Messie a investi tous les aspects de la vie juive, comme l'atteste la liturgie, imprégnée de prières pour son avènement. Chaque office comporte une telle prière et la Amidah quotidienne contient cinq bénédictions exprimant l'espérance messianique[46]. »

De Shabetaï Tsvi (1666) et de Jacob Querido à Mordechaï Mokiah et à Joseph ben Tsour (1673), maints messies juifs autoproclamés susciteront des fièvres populaires plus ou moins intenses. Mais les Juifs ne disposent pas encore du pouvoir politique et militaire, et ces flambées n'atteindront pas à l'éclat du mahdisme.

Conscient des périls attachés au concept apocalyptique du messie, le judaïsme réformé classique du XIXe siècle rejeta l'idée d'un messie humain et « chercha à transformer l'idée messianique en notion de progrès vers une condition de perfection humaine intellectuelle et morale[47] ». Attitude philosophique, en harmonie avec l'humanisme alors dominant. Mais attitude logique qui ne tenait pas compte de la force émotionnelle de l'attente messianique chez les Juifs comme chez les autres, ni du caractère irrépressible que peut revêtir le besoin de Dieu[48]. Sa proposition s'éteignit dans l'anxiété quelques dizaines d'années plus tard. Le judaïsme, comme toutes les autres fois, restait fidèle à son espérance millénaire. Mais aussi au schéma de l'éternel conflit entre croyants et incroyants.

L'inhumanité essentielle d'un conflit entre croyants et incroyants est par ailleurs entachée d'une contradiction qui verse dans l'absurdité. En effet, l'avènement des messies est presque toujours associé à l'annonce, promesse ou menace, d'une fin de monde. Or, nonobstant, le nombre extraordinaire de messies venus sur terre, cette apocalypse ne s'est pas produite. Même pas celle annoncée par Jésus en termes clairs : « Des présages apparaîtront dans le Soleil, la Lune et les étoiles. Les nations de la Terre seront impuissantes, ne sachant pas comment échapper au grondement et au raz de marée de l'océan ; des hommes s'évanouiront de terreur à la pensée de tout ce qui advient au monde ; car les puissances célestes seront ébranlées. Et alors elles verront le Fils de l'homme arriver sur un nuage en grande puissance et en grande gloire... Je vous le dis : cette génération verra tout cela. Le ciel et la Terre passeront, mais mes paroles ne passeront pas[49]. » La prophétie visait donc les quelque trente années à venir ; elle ne s'est pas réalisée. Le monde a continué à exister en changeant. Si le messie était venu, il n'était donc pas celui qu'on attendait, comme l'exprime la déconcertante question du Baptiste à Jésus : « Es-tu celui-là que nous attendons, ou bien en viendra-t-il un autre ? »

Cette contradiction entre l'espérance et la réalité appelle trois observations : d'abord, que la messianité n'est pas liée à l'apocalypse ou bien, si elle l'est, que ce n'est pas la messianité attendue, puisqu'elle ne change rien en fin de compte ; ensuite, en admettant que ce soit un messie incompréhensible qui soit venu, il n'est plus de recours possible à espérer de Dieu en temps de détresse, car on ne peut évidemment espérer plusieurs messies de suite (du moins dans le christianisme). Et, enfin, le messie étant venu, en principe, instaurer sur Terre la justice et l'ordre divins, il faudrait considérer que les temps qui ont suivi sa venue sont ceux de l'ordre et de la justice, hypothèse qui est infirmée en permanence.

L'ultime question qui se pose alors est celle-ci : quelle intelligence l'être humain prête-t-il donc à Dieu ?

Bibliographie critique

1. Non seulement l'Occident s'est approprié le mot, mais encore certains spécialistes ont-ils visé à en changer le sens. Originellement, c'est exclusivement un *msyh*, et dont le sens littéral est « oint » ; en grec, le mot se dit *kristos*, ce qui a donné le mot français « christ » et signifie exactement la même chose. Certes, le mot a déjà changé de sens. À l'époque biblique, seuls les rois et les prêtres sont oints lors de leur intronisation ; cela marque leur consécration à Dieu. Après la chute du royaume de David, le peuple aspire à ce qu'un descendant de la lignée de David, *msyh ben David*, relève le double sceptre de Moïse et d'Aaron, c'est-à-dire reprenne le pouvoir temporel, en tant que chef des armées, et le pouvoir spirituel, en tant que roi-prêtre. Chez Isaïe, déjà, au VIIIᵉ siècle, l'attente d'un messie évolue vers un sens plus spirituel que politique ; ce monarque devrait surtout briller par son inspiration. Pourtant, la connotation politique ne disparaît jamais et, même, elle va s'accentuant à la période du second Temple : le messie sera aussi un chef de guerre.

Les « Esséniens » (« Règle de la congrégation ») distinguent néanmoins entre le détenteur du sceptre virtuel d'Aaron, c'est-à-dire du chef des armées, et le détenteur du sceptre de Moïse, auquel ils attribuent la suprématie. L'un et l'autre sont toutefois oints, car ils représentent les deux aspects de la messianité. On peut s'étonner de l'étonnement de certains commentateurs qui s'insurgent contre l'« erreur » qui consisterait à traduire « msyh » par « messie », « en glissant furtivement dans ce terme les notions de la théologie chrétienne » (Introduction à « La Règle de la communauté », *in* J. Carmignac, E. Cothenet et H. Lignée, *Les Textes de Qumran traduits et annotés*, éditions Letouzey et Ané, 1963). Faut-il donc rappeler qu'avant d'avoir été adoptée par la théologie chrétienne la notion de messie a d'abord appartenu à la pensée juive plusieurs siècles avant Jésus, et que la qualification d'oint du chef militaire « essénien » n'exclut nullement sa participation à la messianité du point de vue « essénien » ?

2. Max Kaltenmark, « Le taoïsme religieux », *in Histoire des religions*, sous la direction d'Henri-Charles Puech, Gallimard, 1970 ; Christine Mollier, « Le taoïsme : les apocalypses », « Grand Atlas Universalis des religions », *Encyclopaedia Universalis*, 1988 ; A. Seidel, *La Divinisation de Lao-tseu dans le taoïsme des Han*, École française d'Extrême-Orient, Paris, 1969.

3. Secte janséniste qui, vers le milieu du XVIIᵉ siècle, se réunissait au cimetière de Saint-Médard, à Paris, et se livrait à des transes aboutissant à des convulsions. La police dut intervenir à plusieurs reprises.

4. Mollier, *op. cit.*

5. Guillaume H. Dunstheimer, « Religion officielle, religion populaire et sociétés

secrètes en Chine depuis les Han », *in Histoire des religions, op. cit.* ; A. Seidel, « The Image of the Perfect Ruler in Early Taoist Messianism : Lao-tzu and Li Hung », *History of Religions*, vol. IX, nᵒˢ 2-3, 1970.

6. Isaïe, I, 27 ; IV, 4 ; IX, 5-6, d'après la Bible traduite et présentée par André Chouraqui, Desclée de Brouwer, 1985. Ce fut d'après cette prophétie que le nom d'Emmanu-El (« Dieu est avec nous ») fut attribué à Jésus et que la notion d'un messie héritier du trône de David se précisa.

7. Saül prétendit avoir été enfant élève du célèbre Gamaliel, allégation insoutenable, étant donné que ce docteur de la Loi n'enseignait qu'à des rabbins confirmés. V. *L'Incendiaire, vie de Saül apôtre*, de l'auteur, *op. cit.* En tout état de cause, A.C. Headlam et Charles Guignebert ont démontré que le discours prêté à Gamaliel est une fabrication grossière. En effet, dans ce discours, Judas le Galiléen serait apparu *avant* Theudas ; or, il dit lui-même que Judas se manifesta au moment du recensement, c'est-à-dire vers l'an 7 avant notre ère, alors que Theudas n'apparaît qu'une douzaine d'années après la date supposée (avant l'an 37) du discours de Gamaliel : s'il fut décapité sous l'autorité du procurateur Cuspidius Fadus, ce dut être en 45 ou 46. Charles Guignebert, *The Christ*, University Books, 1968 ; A.C. Headlam, *Hastings' Dictionary of the Bible*, t. IV, Londres, 1903.

8. Actes, V, 34-37.

9. Flavius Josèphe, *La Guerre des Juifs*, II, 8, 1 ; trad. Pierre Savinel, précédé de *Du bon usage de la trahison* par Pierre Vidal Naquet, Éditions de Minuit, 1977.

10. Flavius Josèphe, *Antiquités judaïques*, XVIII, 4, 23 (*Jewish Antiquities*, trad. Louis H. Feldman, 1965, The Loeb Classical Library, Harvard University Press, Cambridge, Mass., William Heinemann, Londres, 1965).

11. Flavius Josèphe, *Antiquités judaïques*, XX, 97-98.

12. Un obscur pamphlétaire calotté se piquant (tout seul) d'érudition biblique a fait grand tapage autour de l'orthographe « Athrongée », que j'avais précédemment utilisée, au lieu d'« Athrongès », dans laquelle il prétendait déceler la marque insigne de mes carences. Or, l'orthographe « Athrongée » est bien celle utilisée par Pierre Savinel dans sa traduction de *La Guerre des Juifs* ; ce n'est certes pas une erreur typographique, car la même orthographe est reprise dans l'index du même livre. Sans doute le pédant en cause (et sa cabale) ignorent-ils que la terminaison grecque *eus*, comme dans Atreus, se traduit en français par *ée*, comme justement dans Atrée.

13. Flavius Josèphe, *Antiquités judaïques, op. cit.*

14. VIII, 5.

15. Les mystérieuses références de l'Apocalypse (II, 6, 14 et 16, 20) aux « Nicolaïtes », secte inconnue, semblent des prégnostiques qui, au nom d'une « sagesse supérieure », auraient pratiqué un laxisme théorique et pratique (E. Peretto, « Nicolaïtes », *Dictionnaire encyclopédique du christianisme ancien*, t. II, Cerf, 1990) ; elles pourraient s'adresser donc aux disciples de Simon. J'ai par ailleurs indiqué (*L'homme qui devint Dieu*, t. II, « Les sources », *op. cit.*) les raisons qu'il y a de penser que la mystérieuse Samaritaine avec laquelle Jésus a un long entretien sans témoin serait Hélène, la compagne de Simon.

16. Origène, par exemple, eut fort à faire dans le *Contra Celsum* (I, 60) contre ceux qui associaient Jésus aux astrologues, en se basant sur le passage de l'Évangile de Matthieu (II, 1-12), qui dit que des astrologues — les autres évangélistes en font des mages, mais c'était quasiment la même chose — arrivèrent à Jérusalem lors de sa naissance pour rendre hommage au futur roi des Juifs. Ce qui fait qu'Hérode le Grand convoque ses astrologues pour en avoir le cœur net. Dans les « Récognitions clémentines » (I, 42), les gardes du sépulcre dont Jésus est absent disent que c'était un magicien, c'est pourquoi ils n'ont pu empêcher sa résurrection.

17. John M. Hull, *Hellenistic Magic and the Synoptic Tradition*, SCM Press Ltd., Londres, 1974 ; Frits Graf, *La Magie dans l'Antiquité gréco-romaine*, Les Belles Lettres, 1994.

18. VIII, 9-25.

19. Les deux principales descriptions qui nous soient parvenues de l'enseignement grâce auquel Simon a eu tant d'importance à son époque sont celles d'Irénée (*Adversus haereses*, I, 16, 1) et d'Hippolyte (*Apophasis megalê* ou *Elenchos contre toutes les hérésies*, VI, 9). Mais il semble qu'Irénée ait tenté de faire accroire que Simon empruntait des éléments au christianisme, et Hippolyte, qu'il en empruntait au stoïcisme. *Cf.* Robert Pierce Casey, « Simon Magus », *Encyclopaedia Britannica*.

20. Cardinal Jean Daniélou, *Les Manuscrits de la mer Morte et les origines du christianisme*, Éditions de l'Orante, 1957. Daniélou cite deux témoignages moralement flatteurs pour Simon, celui d'Origène, qui dit qu'il était strict observateur du sabbat, et celui d'Épiphane de Salamine, qui dit que c'était un ascète. Ces commentaires semblent à première vue difficilement conciliables avec le concubinage de Simon avec une ancienne prostituée d'Édesse, Hélène, dite la Lune, et encore moins avec le fait que Simon a ravi Hélène à Dosithée (Pseudo-Clément, II, 7 *et sq.*, *in Les Homélies pseudo-clémentines*, Verdier, 1991). Et encore moins avec les rapports d'Irénée qui insiste sur le caractère licencieux des disciples et des prêtres de Simon. Mais il faut ici faire mention de la notion particulière que les gnostiques ont de la sexualité, qui est pour eux à la fois un moyen de connaissance et une ascèse, notion qui semble dérivée du tantrisme hindou.

21. Version hébraïque de Flavius Josèphe, le *Sepher Josippon* lie nommément le chef zélote Éléazar, qui entretenait une agitation messianique au moins de l'an 37 à l'an 54 : « En ces jours-là, il y eut de nombreux combats / et de grandes dissenssions en Judée / entre les Pharisiens / et les « brigands » en Israël / qui suivirent Jeshu'ah / ben Pandera le Nazaoréen qui fit de grands miracles en Israël jusqu'à ce que / les Pharisiens l'aient vaincu / et pendu sur un poteau » (Bibliothèque nationale, Ms. hébr. 1280, fol 123 V°). Jeshu'ah ben Pandera est à l'évidence Jésus, présenté ici comme l'inspirateur des « brigands », c'est-à-dire des zélotes.

22. Cette théorie a été établie par E. Lohmeyer en 1936 dans son ouvrage *Galiläa und Jerusalem* et elle est adoptée à quelques nuances près par Rudolf Bultmann (*Theologie des Neuen Testaments*, J.C.B. Mohr/Paul Seibeck, Tübingen, 1948, version consultée ici : *The Theology of the New Testament*, SCM Press, Londres, 1952). Bultmann estime que la proto-Église galiléenne avait sans doute moins d'importance que ne lui en prête Lohmeyer.

23. « Récognitions » et « Homélies » pseudo-clémentines, *op. cit.*

24. « Récognitions », I, 54.

25. « Récognitions », II, 7 *et sq.*, *op. cit.*

26. L'association de Dosithée et des mandéens est une hypothèse ; elle semble fondée par les précisions des pseudo-clémentines (« Homélies », II, 4, et « Récognitions », I, 54 et II, 8), qui citent son amitié avec Jean le Baptiste, par le fait que Dosithée a fondé une secte (Eusèbe de Césarée, *Histoire ecclésiastique*, IV, 22, 5) et enfin par le fait que les disciples du Baptiste, hostiles à Jésus, ont également une secte. Un lien géographique unit par ailleurs Dosithée et les mandéens, c'est le fait qu'ils sont tous, eux, originaires de Samarie, où est enterré le Baptiste. Mais un lien spirituel les unit aussi, et c'est le dualisme entre le monde matériel et le monde spirituel, qui ressortit au gnosticisme.

L'appartenance de Dosithée au courant gnostique semble indiquée par un texte curieux et résolument gnostique — et néo-platonicien — des manuscrits trouvés, à Nag Hammâdi, en Égypte, c'est celui qui s'intitule *Les Trois Étoiles de Seth* et qu'on surnomme l'« Apocalypse de Dosithée » (*The Nag Hammadi Library*, sous la direction de James M. Robinson, Harper & Row, Publishers, San Francisco, 1978). Quant à l'appartenance des mandéens au courant gnostique, elle a été établie par de nombreux auteurs depuis le XIXᵉ siècle (Petermann, Peterson, Siouffi, etc.). *Cf.* C. Gianotto, « Dosithée », *in* t. I du *Dictionnaire encyclopédique du christianisme ancien*, Cerf, 1990 ; et G. Sfameni Gasparro, « Mandéisme, Mandéen », t. II, *ibid.*

27. Philosophie contestataire représentée essentiellement par le mouvement zélote (Flavius Josèphe, *Antiquités judaïques*, XVIII, 3-9).

28. Richard A. Horsley et John S. Hanson, *Bandits, Prophets and Messiahs — Popular Movements at the Time of Jesus*, Winston Press, Inc., Minneapolis, 1985.

29. Sur tous ces points, je me suis expliqué dans les quatre volumes de *L'homme qui devint Dieu* et notamment dans « Les Sources », on voudra bien me pardonner de ne pas reprendre ici mon argumentation et d'y renvoyer le lecteur.

30. Robert Eisenmann et Michael Wise, *Les Manuscrits de la mer Morte révélés*, Fayard, 1995.

31. V. 2ᵉ partie, ch. 3.

32. *Cf.* fragment IV Q 477 de la grotte IV, M. Wise et R. Eisenmann, *op. cit.* On y voit qu'un tel (non nommé) quitte la communauté parce qu'il « était rageur », le même ou un autre parce qu'il « détournait l'esprit de la communauté », ou encore parce que, « en outre, il aimait ses émissions corporelles » (accusation qui laisse décidément perplexe).

33. André Dupont-Sommer, *Les Écrits esséniens découverts près de la mer Morte*, Payot, 1968.

34. La prédominance de tombes de gens de moins de quarante ans inciterait, en revanche, à supposer que les conditions de vie à Quoumrân étaient particulièrement malsaines pour les jeunes hommes. Ou qu'il y a une autre cause à cette mortalité déroutante. Or, il y en a bien une, et c'est la faim : les punitions infligées à ceux qui avaient enfreint la règle étaient la diminution de la ration alimentaire ; cette diminution allait jusqu'à la moitié. Ceux qui étaient chassés restaient tenus par leurs vœux et privés de nourriture, ne pouvant retourner en demander en ville, en étaient réduits à manger des racines et de l'herbe : ils mouraient donc rapidement de faim. Je dois une grande partie de ces considérations à l'étude de Max Campserveux, « Méditations sur les Esséniens exclus », *Cahiers du Cercle Ernest Renan*, nᵒ 190 *bis*, 1995.

35. Dans « Les Sources », j'avais opté pour l'interprétation de « corroyeur » du mot « Iscariote » donnée par l'*Encyclopaedia Britannica*. C'est sans doute celle qui semblerait correspondre le mieux au personnage de Judas. Mais peut-être serais-je actuellement moins certain que ce mot, « sicarios », ne désigne pas comme en grec un sicaire.

36. Matthieu, X, 4, et Marc, III, 19.

37. *Op. cit.*

38. Jean, XI, 50.

39. Matthieu, XXI, 1-5.

40. Zacharie, IX, 9.

41. Egon Schaden, « Le messianisme en Amérique du Sud » — « Réactions messianiques à la chute de l'Empire inca », *Histoire des religions*, t. III, *op. cit.*

42. *Id.*

43. On consultera sur ce sujet les excellents ouvrages de Norman Cohn, *Les Fanatiques de l'Apocalypse — Courants millénaristes révolutionnaires du XIᵉ au XVIᵉ siècle*, Payot, 1984 ; et de H. Desroches, *Dieux d'hommes — Dictionnaire des messies, messianismes et millénarismes de l'ère chrétienne*, Mouton, 1968.

44. « Almohades », « Mahdi », *Encyclopaedia Britannica*.

45. L'empire créé par Mohammed Ahmed, la Mahdiyya, a laissé une empreinte profonde dans l'Islam proche- et moyen-oriental, même s'il n'a duré que dix-sept ans. Il a suscité de nombreux émules et influencé de manière sporadique la politique égyptienne, soudanaise et africaine pendant tout le XXᵉ siècle. Ses conséquences ont été considérables, puisqu'elles ont abouti à l'occupation du Soudan par l'Angleterre, et Winston Churchill, qui participa dans le 21ᵉ lanciers à la bataille d'Omdurmân, en conserva un souvenir tenace.

46. « Messie », *Dictionnaire encyclopédique du judaïsme*, Cerf/Robert Laffont, 1996.

47. *Id.*

48. Dans le Programme de Pittsburgh de 1855, le judaïsme réformé présentait le

messianisme juif comme « un mouvement vers le progrès et la justice universels, et non comme un mouvement visant à la renaissance d'une vie nationale juive en Erets Israël ». Le Programme de Pittsburgh de 1937 inversait totalement la tendance, définissant « comme objectif messianique l'aide à l'édification d'un foyer juif... », *Dictionnaire encyclopédique du judaïsme, op. cit.* C'était là l'effet du triomphe du nazisme et des persécutions des Juifs dans le IIIᵉ Reich. Une fois de plus, l'angoisse du persécuté ranimait le messianisme et l'action exacerbait la réaction.

49. Lc, XXI, 25-33.

4

Pourquoi les dieux ont toujours soif :
l'énigme du sacrifice

Sur l'universalité du sacrifice et le mystère de ses origines et des besoins prêtés aux dieux — Sur la vision anthropomorphique des dieux — Les sacrifices chez les Aztèques, les Chinois, les Celtes — Le sacrifice d'Abraham et le schéma du père sacrifiant son fils dans les sacrifices humains, des Aztèques aux Celtes — Le mensonge du mépris de la mort — Les théories « économiques » des anthropologistes — Analyse du sacrifice et de ses liens avec le besoin de divinité — Erreur de l'explication marxiste et de la « théorie des besoins » — Le sacrifice humain spontané dans le monde moderne et dans l'Islam contemporain — Sur la justesse des idées de saint Augustin.

Pourquoi les dieux, tous les dieux, sont-ils demandeurs ? Pourquoi ont-ils constamment soif ? Et faim ? Du sang, du vin, de la graisse, du lait, des bœufs, des moutons, des pigeons, et surtout de la chair humaine, des corps beaux et jeunes, surtout des corps humains, car on ne sacrifie pas des vieillards ni des gens laids, mais des vierges et des adolescents ! Il n'est quasiment aucune religion proprement dite qui ne comporte le rite du sacrifice. Pourquoi les humains se sont-ils forgé cette image atroce d'une puissance céleste qui est pourtant censée les protéger, eux tous, et dont on attend au contraire un peu de tendresse pour ses créatures ? Quel dieu jamais apparut, et à quels humains, pour leur dire : donnez-moi vos filles, donnez-moi vos fils que je les mange ? Quel fantasme tenace, car il dure depuis des millénaires, a abouti à représenter les dieux comme des fauves ? Et pourquoi faut-il que ce soit au sommet de la création que ce fantasme soit apparu ? Car ni les bactéries ni les singes ne pratiquent ce massacre commis de sang-froid ; seuls les humains.

Cet aspect des rites est sans doute le plus important, mais aussi le plus révélateur de l'histoire de Dieu, car il n'est pas forgé de mots, mais de réalités, et c'est l'un des moins étudiés.

Rien n'est pourtant plus alarmant, angoissant, mystérieux que cette avidité prêtée à des personnages qui sont censés tout avoir. Par quel illogisme, en effet, ira-t-on offrir à des dieux une partie de leurs propres biens, puisqu'ils possèdent tout par définition ? La mort qui est le terme naturel de toute vie n'est-elle déjà pas un sacrifice suffisant ? Toutes les religions disent les dieux omniprésents et tout-puissants. Et toutes les religions du monde leur accordent des pouvoirs infinis, ceux de déclencher des tremblements de terre, des famines, des calamités de toutes dénominations ; ils possèdent tout, y compris les humains. Pourquoi faut-il alors que ceux-ci aillent, chaque fois qu'ils entreprennent quelque tâche essentielle à leur survie, semailles, moisson, noce, enfantement, sacrifier sur un autel le meilleur de ce qu'ils ont à ces gosiers effroyablement ouverts dans le ciel ?

Certes, les religions pratiquées dans le monde moderne ont-elles été largement bridées par les codes pénaux. Sauf dans quelques cas, heureusement rares, comme celui des sectes satanistes et autres organisations qui ressortissent à la pathologie psychiatrique, le sacrifice semble le plus souvent réduit à sa forme symbolique. Les rites codifiés ne comportent plus de sacrifices d'êtres humains, mais seulement ceux d'animaux. Ou des activités, voire des symboles. Mais il ne faut pas s'y méprendre. D'abord, parce que la violence du sacrifice reste présente. Il est encore des humains qui se sacrifient eux-mêmes, en effet. Ils sacrifient leurs appétits, leur sexualité, l'exercice de leur intelligence à la divinité. Ils se mortifient à l'occasion. Lors de la fête de la *ashoura* chi'ite, par exemple, des hommes torse nu se flagellent pendant des heures avec des chaînes de fer terminées par des lames[1] ; le sang finit bientôt par recouvrir et engluer le sol, ce même sang humain dont l'ayatollah Khomeyni avait, à Téhéran, fait construire une fontaine perpétuelle. Les flagellants de Séville[2] ne sont sans doute plus qu'une curiosité folklorique, mais certes pas l'esprit de pénitence[3]. Quand ce n'est plus le sang du corps qui est offert à la divinité, c'est celui du temps.

Ensuite, on continue comme aux temps archaïques à sacrifier des êtres humains, mais cela n'est pas dans les rites officiels. C'est le point qu'on verra plus bas : même atténué, le sacrifice est d'essence sanglante.

La première raison est cet anthropomorphisme qui définit toutes les représentations de la divinité depuis les temps de la Grande Déesse. Les dieux sont pour les humains des bipèdes dotés d'émotions et de sentiments ; comme ce sont des seigneurs, il faut *logiquement* leur offrir un tribut (la logique, on le verra plus loin[4], est, en effet, la grande inspiratrice des comportements qui paraissent illogiques). Chez les Aztèques, par exemple, le monde est constamment menacé de déperdition d'énergie ; dans leur mythologie, le monde fut au début dans les ténèbres ; un dieu se dévoua et se jeta dans le brasier ; ce fut ainsi qu'il devint Soleil. Mais le Soleil ne tournait pas ; les dieux lui adressèrent un messager. Le Soleil répondit alors : « Je veux votre sang ! » Les dieux et déesses réunis à Teotihuacan se sacrifièrent et le Soleil repu se mit à tourner[5]. Mais on n'en avait pas fini avec les sacrifices : pour continuer à tourner, le Soleil avait besoin d'autres sacrifices ; il fallait donc, après le sacrifice des dieux, que les hommes tuassent leurs semblables pour que, jour après jour, le Soleil continuât de tourner...

On massacra donc, et d'abord des prisonniers ; le but de la guerre était de ramener des prisonniers qu'on sacrifiait selon le rite atroce maintes fois décrit par les historiens : on ouvrait le thorax des victimes vivantes et l'on en arrachait le cœur, qu'on offrait au Soleil. Au xvᵉ siècle, « les autels de Mexico et de Texcoco étaient toujours rouges du sang des victimes sacrifiées[6] ». Vers 1485, l'empereur Ahuitzotl ramena à Mexico, au terme d'une campagne victorieuse, trois tribus mixtèques, quelque vingt mille hommes enchaînés et couverts de duvet blanc collé à leur peau avec leur propre sang. Ils furent tous massacrés, et comme ces sacrifices étaient l'occasion de cannibalisme, les Mexicains mangèrent donc tant qu'ils purent, mais pas tout : on jeta les cadavres dans les marais avoisinants[7].

Ces fêtes anthropophagiques revêtaient un symbolisme complexe : elles constituaient, en effet, des banquets au cours desquels les humains et les dieux partageaient le même repas, et la chair humaine qu'ils consommaient était censée représenter de l'énergie[8]. On verra plus loin les liens étroits qui unissent le sacrifice divin au cannibalisme dans les autres religions.

Les Aztèques n'étaient certes pas les seuls à pratiquer le cannibalisme sacré : Toltèques et Mayas le faisaient aussi. Et, dit l'anthropologue américain Marvin Harris, « le sacrifice humain ne fut pas non plus une invention des religions de peuples étatisés. À en juger d'après les témoignages laissés par les sociétés du niveau de la bande et du village, partout aux Amériques et dans de nombreuses autres parties du monde, le sacrifice humain fut bien antérieur à la naissance de religions d'État[9] ». Les Tupinambas du Brésil au xvIᵉ siècle (ceux dont Montaigne connaissait l'existence et qu'il se refusait sagement à angéliser) aussi bien que les Hurons du Canada au xvIIIᵉ le pratiquaient, et de façon beaucoup trop horrible pour être évoquée ici, et toujours au nom de leurs divinités.

Les Chinois offraient leurs sacrifices humains à leurs souverains, ceux-ci étant les dépositaires d'un « Mandat du Ciel », et de ce fait les représentants des dieux sur la Terre : à la mort du souverain ils exécutaient donc ses femmes, compagnons, serviteurs, animaux domestiques. Mais ils pratiquaient aussi des sacrifices à titre propitiatoire, quand ils construisaient des édifices importants, tels que des temples et des palais : « Les âmes des victimes, écrit Mircea Eliade, assuraient la pérennité de la construction[10]. » Que de crânes et de tibias d'innocents gisent sous ces palais aux toits bouclés, que l'œil du touriste contemple avec émerveillement !

Même les Grecs et les Romains ont pratiqué le sacrifice humain. Les Athéniens déléguaient tous les neuf ans à Minos, en Crète, sept vierges et sept adolescents, censés servir de pâture au Minotaure, le monstre fils de Minos, afin d'entretenir le feu solaire, comme chez les Aztèques. On ignore le destin de ces jeunes gens, et la légende la plus sinistre avance qu'ils étaient rôtis vivants dans un chaudron en forme de taureau[11]. Les Romains, eux, n'interdirent les sacrifices humains que très tardivement, en 97 avant notre ère, à l'initiative de

Scipion, excédé par les débordements d'excentricité religieuse et les cruautés de tout genre que pratiquaient les célébrants, prêtres d'occasion, mystiques et autres magiciens[12]. Attaqués au IIIe siècle par les Vénètes et les Cénomans, les Romains enterrèrent vivants dans le Forum un Gaulois et une Gauloise[13] !

Diodore de Sicile, Jules César, Strabon rapportent la pratique des sacrifices humains chez les Celtes, Gètes, Daces, Germains. Les victimes étaient frappées avec un glaive, percées de flèches ou empalées. Strabon, au IIe siècle avant notre ère, rapporte que les druides lisaient l'avenir en frappant la victime d'un coup de glaive et en interprétant la manière dont elle tombait. De plus, les premiers-nés de tous les clans d'Irlande étaient offerts en sacrifice au dieu Crom[14]. Chez les Gaulois, les sacrifices humains étaient encore courants du temps de César, et quand un chef mourait, ses fidèles et serviteurs montaient d'eux-mêmes sur le bûcher, pour l'accompagner dans la mort[15], car ils s'étaient identifiés à lui, détenteur de l'essence divine. Au solstice d'été, un personnage royal et divin symbolique, qui était beau et fort[16], était enivré, puis lié à un chêne placé au milieu de douze piliers de pierre ; il était alors battu, écorché vif, aveuglé ou castré et finalement mis à mort par incision dans une artère ; les célébrants recueillaient le sang de ce « dieu annuel » et s'en aspergeaient pour s'imprégner de ses vertus. Ce type de sacrifice semblerait à première vue être à l'inverse de celui des Aztèques, mais il constituait en fait une offrande à la Grande Déesse.

En effet, les humains sacrifiés aux dieux étaient des symboles de la divinité elle-même[17]. Cela découle d'un système logique évident : plus l'objet du sacrifice est précieux, plus le dieu auquel on l'adresse est flatté et, par la même occasion, plus le sacrifiant est valorisé aux yeux du dieu. Sacrifier un agneau ou un porc est bien, mais il est encore mieux de sacrifier un être humain et, mieux encore, une vierge ou un bel adolescent, mais le summum de l'honneur qu'on puisse rendre au dieu est de lui offrir la vie d'un dieu. Dans le cas spécifique des Aztèques, c'est une répétition du mythe décrit plus haut, où les dieux mineurs se sacrifièrent eux-mêmes au Soleil pour qu'il consentît à briller, puis à tourner. Mais dans d'autres religions, d'autres mythes produisent le même schéma.

Toujours dans le système logique que voilà, il se forgeait une identification du sacrifiant au sacrifié. C'était finalement le symbole de lui-même que le grand-prêtre offrait à la divinité. Ce prêtre ne pouvait donc pas manger ensuite le corps de sa victime, quand, une fois le cœur arraché, elle était dépecée pour être offerte aux assistants. Il disait : « Me mangerais-je moi-même ? » Cette « identité était basée sur la relation père-fils », écrit l'anthropologue Peggy Reeves Sanday. « Quand le captif était pris, celui qui l'avait capturé [et qui allait le sacrifier] disait : "Il est comme mon fils bien-aimé." Et le captif répondait : "Il est mon père bien-aimé[18]." » C'était, incidemment, une façon de se dégager de l'emprise de la déesse-mère : le rapport du sacrifice se situait dans la masculinité.

Ce schéma d'identification du sacrifiant au sacrifié est extrêmement répandu dans les religions à travers l'espace et le temps. Dans les traditions de la Suède, il est dit qu'un certain roi Aun ou On consulta le dieu Odhin pendant plusieurs jours, au terme de quoi ce dieu voulut bien s'exprimer enfin ; il dit au roi qu'il régnerait aussi longtemps qu'il lui sacrifierait un de ses fils par intervalles de neuf ans. Le roi sacrifia donc un de ses dix fils aux périodes indiquées. Il en tua neuf et, quand il arriva au dixième, le peuple refusa qu'on le mît à mort ; ce fut donc le roi qui mourut[19]. Comme chez les Aztèques, un père offre ses fils à la divinité, ce qui est une façon indirecte de se sacrifier soi-même, afin de participer à la divinité.

Il est donc « logique » que l'on retrouve le mythe père-fils dans les structures de tant de mythes religieux. Le plus célèbre exemple dans les religions occidentales est celui d'Isaac par son père Abraham. Dans un de ces accès de doute comme il lui en prit plus tard avec Job, Dieu décide de mettre le patriarche à l'épreuve. Il fait entendre sa voix. « Abraham », dit-il. « Me voici », répondit Abraham. Dieu dit : « Prends ton fils Isaac, ton fils, que tu aimes, et va au pays de Moriah. Là, tu me l'offriras en sacrifice sur l'une des collines que je t'indiquerai. » Effroyable épreuve, car Abraham a alors cent ans et Isaac trente-sept. Au moment où Abraham va trancher avec le couteau la gorge de son fils, un messager de Dieu suspend son geste. Et Dieu met fin à l'épreuve : « Maintenant, je sais que tu crains Dieu[20]. » Déconcertante histoire où l'on voit donc, incidemment, que Dieu demande, lui aussi, des sacrifices humains.

Mais il en demande également d'autres à tous les Juifs : dont celui du prépuce. Le commandement est clair : « Tout mâle d'entre vous sera circoncis[21]. » Dieu y reviendra même trois fois. Que sacrifie-t-on là ? Les critiques ne sont pas d'accord, Philon d'Alexandrie y voyant un moyen symbolique de contrôler les désirs sexuels, ce qui est d'efficacité douteuse, le Deutéronome l'interprétant comme un symbole de « la circoncision du cœur[22] », ce qui n'est guère plus efficace, mais plus explicite ; il s'agit, en effet, de sacrifier une partie de l'organe de la génération, c'est-à-dire symboliquement sa sexualité. C'est évidemment le sacrifice le plus durable.

Le schéma du sacrifice de l'enfant par le père est un des plus déconcertants par sa permanence. L'un des plus connus parmi les mythes grecs est celui d'Iphigénie, prêtresse d'Artémis, sacrifiée à celle-ci par son père ; c'est sans doute un mythe. Mais aux temps historiques, les Carthaginois, qui étaient des Phéniciens, sacrifiaient bel et bien leurs enfants au dieu Moloch, Melech ou Milk (le nom ne signifie rien d'autre que « roi ») ; ceux-ci étaient déposés sur les mains de la statue d'un dieu au visage de taureau et, de là, ils glissaient vivants dans une fournaise, tandis que la foule chantait et dansait autour de la statue[23]. Selon Philon de Byblos, historien du IIe siècle, quand le roi phénicien de Moab, avant l'occupation de la Palestine par les Hébreux, se trouva assiégé par ces derniers, il sacrifia son fils aîné sur un bûcher sur les remparts de sa forteresse[24]. Le même Philon rapporte dans son ouvrage sur les Sémites d'Asie occidentale : « C'était une ancienne coutume que, dans les grands dangers, le maître d'une cité ou d'une nation sacrifiât son fils aîné pour le peuple, ou bien comme rançon aux démons vengeurs ; et les enfants ainsi offerts étaient mis à mort dans des rites mystiques[25]. » Mais le dieu pouvait également demander, comme ce fut le cas à Tyr et dans les colonies tyriennes, telles Carthage et Gadès, que son propre représentant, donc son fils spirituel, fût lui-même mis à mort, autre version du sacrifice du fils.

La notion d'un Dieu judéo-chrétien est si profondément ancrée dans les cultures qu'elle occulte une différence essentielle entre le Dieu des Juifs et celui des chrétiens : celle-ci réside dans la symbolique du sacrifice. Dans la théologie chrétienne, en effet, Dieu opère un bouleversement extraordinaire de la tradition du sacrifice : après avoir demandé à Abraham de Lui sacrifier son fils, c'est Lui qui sacrifie Son propre fils. Au regard de l'ethnologie, ce serait apparemment une régression vers les schémas anciens des cultures dites primitives, celles où, comme on l'a vu plus haut, le père sacrifie le fils. Mais la comparaison s'arrête là, car il n'existe plus ici d'instance supérieure à laquelle Dieu pourrait sacrifier Son fils. Étant donné que, dans cette même théologie, Dieu est consubstantiel de Son fils, avec lequel il ne forme qu'une seule et même personne, le sacrifice de ce dernier équivaut à un suicide de Dieu. C'est un scandale absolument sans précédent dans l'histoire des religions, qui provoque la scission entre le judaïsme et le jeune christianisme, lequel ne devait être, dans l'esprit du concile apostolique de Jérusalem, c'est-à-dire des premiers apôtres, Jacques, Jean et Pierre, qu'un judaïsme rénové. Le Messie des sectateurs de Jésus ne peut que heurter la conscience juive : Dieu, en effet, ne peut pas se suicider sauf à entraîner la destruction du Tout et la victoire du Néant. Donc, pour le judaïsme (et l'islam), Jésus n'était pas Son fils et n'était pas non plus le Messie que, d'ailleurs, les Juifs attendent toujours. Pour les Juifs, il est logique qu'il n'y ait pas eu de sacrifice de Jésus, ni décidé par Dieu, ni consenti par Jésus. Le divorce du « jésuisme », plus tard appelé christianisme, bien que Jésus n'ait jamais été Christ, c'est-à-dire oint en qualité de grand-prêtre et roi d'Israël, et du judaïsme est consommé.

L'effort de toute la théologie chrétienne pendant les siècles suivants sera de démontrer pourtant que Dieu a véritablement sacrifié Son fils. La question qu'elle ne résoudra cependant pas dans le champ de la métaphysique est de savoir à qui Dieu offre ce sacrifice et pourquoi. Pour les Pères de l'Église et les théologiens modernes aussi bien, le Créateur a sacrifié Son fils à Ses créatures. Mais on offre un sacrifice à plus haut que soi et il est impensable que le Créateur considère Ses créatures comme Lui étant supérieures. Étant donné que la majorité des Églises chrétiennes, catholique, protestante et orthodoxe n'a jamais admis la notion d'un Démiurge, créateur suprême qui siégerait au-dessus de Dieu et du Diable, il faut alors que ce sacrifice ait été offert à d'autres. Pour la théologie chrétienne, en effet, il s'est accompli par amour : c'est afin de racheter l'humanité que Dieu a consenti à l'incarnation et à la crucifixion de Son fils et s'est donné à elle. Ainsi s'expliqueraient et se compléteraient le mystère de l'Incarnation et le scandale apparent de la Crucifixion[26].

Sacrifice plus courant et moins meurtrier, mais qui révèle l'emprise que, dans l'esprit des humains, les dieux prétendent étendre à leur sexualité : les vierges devaient sacrifier leur virginité dans les temples d'Astarté pour s'attirer les bienfaits de cette déesse, se livrant ainsi à ce qu'on appelait la prostitution sacrée[27].

Deux mythes grecs illustrent particulièrement bien le caractère inhumain et tragique des rapports entre les dieux et avec eux, causés par la férocité de ces derniers. L'un est celui de Dionysos, enfant adultérin de Zeus et de Sémélé, que la jalousie d'Héra, épouse de Zeus, fit mettre à mort par les Titans, qui le découpèrent et le mirent à bouillir dans un chaudron. Réchappé de ce destin atroce grâce aux pouvoirs de son père, Dionysos devait finir sa vie démembré une fois de plus et dévoré cette fois par ses propres prêtresses, les Ménades, selon le schéma de sacrifice déjà vu chez les Aztèques : manger le dieu, c'était s'approprier ses vertus et participer à la divinité. L'autre est celui d'Héraklès qui, après avoir délivré l'humanité de ses maux, monta sur un bûcher sur l'ordre de Zeus, se sacrifiant lui-même au roi des dieux (ce qui explique que son mythe fut récupéré par le christianisme archaïque[28]).

Le reste du monde n'a guère été plus pondéré dans les intentions et requêtes qu'il prête à la divinité, et dans sa disposition constante à verser du sang parce que certains se sont imaginé que cela faisait plaisir à Dieu. « Ainsi, au sud du Nigeria, lorsqu'on procédait à la plantation des nouveaux ignames, un homme se mutilait pour assurer une récolte abondante. Au Congo, les Basundis castraient certains de leurs jeunes gens pour célébrer la nouvelle lune dont dépendait la fertilité des hommes, des plantes et des bêtes. Les Cafres et les Hottentots préféraient l'amputation du testicule gauche[29]. » Les peuples védiques avaient, eux, introduit la castration comme moyen d'atteindre un plus grand degré d'illumination. Tous les eunuques védiques n'ont pas atteint la célébrité d'Abélard, le clerc que Fulbert fit castrer en raison de sa liaison pourtant chaste avec Héloïse[30]...

Il faudrait se garder de penser que les atrocités décrites plus haut seraient le fait d'une conception erronée de Dieu et de la religion : pendant quelque six siècles, de novembre 1232 à décembre 1808, où Napoléon l'abolit après son entrée victorieuse à Madrid, la Sainte Inquisition catholique en a commis de comparables : bûchers, tortures, c'est par dizaines de milliers que ses victimes se comptent. Et toutes ces atrocités furent commises sous le couvert législatif de la loi canon *(secundum canonicas et legitimas sanctiones)* et, bien évidemment, au nom de Dieu tout-puissant. On tortura même les témoins, à la discrétion des inquisiteurs. Folie suprême : le pape Urbain VI (1378-1389), un certain Bartolomeo Prignano de son vrai nom, tortura jusqu'à des cardinaux, dont le vieux et pesant cardinal Sangro, qu'il fit hisser par des poulies au plafond de la chambre de torture pour le laisser retomber au sol de tout son poids[31]. La plus célèbre sainte française, Jeanne d'Arc, brûlée au bucher comme « hérétique, relapse et invocateresse de déables », ne fut certes pas la seule à subir les conséquences de la paranoïa religieuse.

Je craindrais de lasser le lecteur en poursuivant l'inventaire des types de sacrifices, les uns atroces, les autres symboliques, que depuis des millénaires les religions, c'est-à-dire les humains, ont offerts à leurs dieux. Il faut trouver un sens à ces effroyables hémorragies.

L'évidence même indique que ces massacres procèdent tous de l'imagination humaine, c'est-à-dire soit du délire, soit du mensonge. Le mensonge me paraît caractérisé dans le cas de nombreuses religions si ce n'est de toutes, telles que celles des Aztèques, des Chinois, des Celtes, bref des cultures où la mort aurait passé pour négligeable. Selon ce qui a pu nous être transmis de leurs traditions et selon les interprétations de l'ensemble des historiens modernes, la mort aurait été considérée chez eux comme un phénomène négligeable, puisque l'âme était, elle, immortelle et que la transmigration lui assurerait une nouvelle demeure. Ce qu'on sacrifiait, somme toute, aurait été son enveloppe corporelle, et le meurtre sacré aurait été une péripétie sans importance.

Or, ce prétendu mépris de la mort est une fabrication patente, une pose peut-être héroïque mais vide de sens. Les travaux d'anthropologues tels que Louis-Vincent Thomas[32] démontrent que la mort a été l'angoisse primordiale depuis les débuts de l'humanité et le demeure. Le spectacle d'un cadavre entamant sa décomposition, qui fut une expérience commune universelle jusqu'au XXe siècle, où les civilisations industrielles ont commencé à évacuer le cadavre du décor social, a été et demeure la plus grande blessure qui puisse être infligée au narcissisme humain ; ce *memento mori* qu'est toute dépouille illustre sur-le-champ le devenir de toute créature. Il n'y a aucune raison qu'aucune culture y ait échappé. Les Romains faisaient leurs funérailles de nuit et « un grand nombre de sociétés inférieures redoutent le contact des morts[33] », écrit Lévy-Bruhl. Quant aux discours sur la transmigration des âmes, ils sont d'abord des consolations *a anteriori*, si l'on peut ainsi dire. J'ajoute ma peine à me représenter le travail d'un prêtre qui devait à tour de bras, pendant des jours, ouvrir au poignard d'obsidienne ou de jade des centaines de thorax à la file, puis écorcher les cadavres pour arracher leurs peaux, puis les dépecer... Ceux qui voudraient que l'histoire de l'horreur commençât à Auschwitz me paraissent insuffisamment informés.

L'anthropologie s'est évidemment penchée sur le sacrifice. Elle l'a fait cependant avec une certaine prudence et même de la répugnance, me semble-t-il, et pour des raisons inavouées : comme je l'ai dit plus haut, l'analyse reflète au moins autant le visage de l'analyste que celui de l'analysé. Se risquer à expliquer pourquoi les « primitifs » se font des dieux ou de Dieu l'image d'êtres assoiffés de sang est périlleux : certaines conclusions risquent de rejaillir sur « nos » religions. C'est ainsi que très peu d'anthropologues ont tenté de déchiffrer les structures du sacrifice, qui constituent pourtant l'élément clef du rapport de l'humain à la divinité.

Ni Boas ni Malinowski, par exemple, ne s'y sont aventurés : le premier, partisan à tous crins de la théorie du « bon sauvage », expliquait tout par l'avantage matériel que les « primitifs » trouvent à certaines pratiques ; c'est une version américaine de la célèbre « théorie des besoins » de Marx. Le second, tenu à la fois par sa louable réserve à l'égard des théories et par une antipathie mal voilée à l'égard des « primitifs[34] », ne cherchait pas à comprendre la logique propre de ce qu'il observait, allant jusqu'à nier des pratiques qui lui semblaient contraires à la raison dont tout être humain est doué[35]. Or, le sacrifice ressortit à la fonction culturelle et ne sert à rien de pratique. Le propre des dieux, en effet, est d'être matériellement inutiles et même consommateurs d'énergie humaine.

Marcel Mauss, lui, s'y risqua[36]. Le sacrifice selon lui remplissait une fonction d'équilibre : en gros, on offrait aux dieux le surplus de l'énergie que le Soleil nous déversait. C'était de la pure dépense, comme dans le jeu. Ou du moins dans le jeu tel que le concevait Mauss[37]. En tout état de cause, cette interprétation thermodynamique du sacrifice reviendrait à traiter les Aztèques comme des molécules, dénuées de sensibilité et capables de supporter le spectacle de la souffrance et du sang des victimes sans la moindre émotion. Elle méconnaissait la mutilation fondamentale qu'est le sacrifice aux dieux. De plus, elle ne faisait aucun cas du rapport de l'humain à la divinité, qui est au cœur du problème. Abraham ne sacrifie pas Isaac, son seul fils, par excès de richesse, mais parce qu'il croit que Dieu le lui commande. Et l'on peut mesurer dans cet exemple les risques de la théorie en anthropologie culturelle. Ce n'est pas là l'un des chapitres les plus marquants ni les plus convaincants de Mauss.

Reprenant le problème des sacrifices humains chez les Aztèques[38], un anthropologue tel que Christian Duverger les explique par le fait que leur machine inhumaine fonctionnait pour le salut de l'humain. C'est ce qu'on avait cru comprendre. Mais dans ce type d'explication, le cœur du problème, si l'on ose ainsi dire, est absent : le sacrifice est fait au Soleil et il n'est pas question du rapport des mortels avec celui-ci.

Force est donc de revenir aux données de base du sacrifice. Il est offert à des dieux dont nul n'a l'expérience objective et dont la diversité même prouve qu'ils sont les créations de cultures différentes ; ce sont donc des inventions collectives. Le choix de l'offrande est tantôt dicté par un ordre direct de la divinité (comme dans le cas du sacrifice d'Isaac et des fils du roi Aun), et tantôt par l'idée que des prêtres, prophètes, devins, etc., se font de ce que demande la divinité (comme dans le cas des Hurons, des Carthaginois, des Aztèques et autres) ; ce choix est donc, lui aussi, une invention collective. Dans les deux cas, et de quelque type qu'elle soit, cette invention est fortement approuvée par la collectivité. À aucun moment on ne voit un individu ou un groupe indignés se précipiter sur les prêtres qui vont jeter des enfants vivants dans la fournaise de Moloch, ni aller administrer une raclée aux prêtres aztèques, aux druides et autres meurtriers sacrés pour les arrêter dans leur folie criminelle. Bien au contraire, la collectivité unanime voit dans ces atrocités des raisons de fierté, ce qui prouve non seulement que les désirs divins sont bien une invention, mais aussi que le sacrifice correspond à une pulsion individuelle et collective.

Qui et que sacrifie-t-on ? Dans certains cas (Romains, Aztèques), des ennemis ; la mise à mort pourrait donc être assimilée à un rite de guerre ; mais nous savons que, chez les Aztèques, c'est en fait un rite spécifiquement religieux. Dans la majorité des cas, les victimes sont au contraire des êtres aimés ou en tout cas aimables, ses propres enfants selon la chair (Carthaginois, Abraham, roi de Moab, roi de Suède, Celtes d'Irlande), des enfants symboliques (Aztèques), des membres innocents de sa propre collectivité (Hurons), ou encore des garçons et des filles les plus beaux possible (Grecs). Or, pour sacrifier son fils ou sa fille, des connaissances ou des adolescents qui commencent leur vie à un dieu dont on n'a pas le moindre signe tangible ou audible, il faut y être disposé. On imagine aisément que si, de nos jours, une divinité se manifestait à un humain ordinaire sensé pour lui commander d'aller égorger son fils ou sa fille, cet humain se rebellerait et enverrait le dieu aux mille diables. Il n'est d'ailleurs pas exclu qu'un certain déclin des religions soit aussi causé par le souvenir de mythes sanglants de ce genre.

Mais on a vu aussi plus haut que l'individu peut sacrifier une partie de lui-même à laquelle il est censé attacher un prix certain, comme ses testicules (Basundis, Cafres, Hottentots), son activité sexuelle (christianisme), soit sa propre personne (Héraklès, Dionysos aux mains des Ménades, martyrs chrétiens).

Dans tous ces cas, le sacrifice est visiblement partiellement ou totalement autodestructeur. La vérité est qu'il n'y a aucun don à aucune divinité : il y a au contraire une destruction qui est drapée d'autojustification. Ni les Aztèques ni les Mayas n'étaient dupes de leurs mythes solaires ; ils n'étaient pas assez ignorants pour savoir que le Soleil tournait aussi pour les autres peuples, qui pourtant ne faisaient aucun sacrifice au Soleil. Ils s'arrogeaient tout seuls, dans leurs mythes, la responsabilité de faire tourner ce Soleil. Dans la réalité, il paraît difficile d'imaginer que ce peuple de techniciens (excellents hydrauliciens, par exemple) croyait à de telles balivernes. Leurs tueries de masse étaient des prétextes à une fureur meurtrière rattachée à la divinité.

Le lien entre ces tueries et la divinité est un défi motivé justement par le besoin de divinité. Le prêtre qui s'arroge le droit absolu d'ouvrir la poitrine d'un être humain vivant pour lui arracher le cœur, donc de commettre un meurtre que le propre code criminel aztèque punit de mort par ailleurs, ce prêtre est quelqu'un qui se place au-dessus des lois, parce qu'il s'identifie à la divinité. Son geste signifie : « J'ai le droit de faire ce que je fais parce que je suis le délégué du Soleil. » Dans son crime, car il n'est pas d'autre mot que celui de crime, il s'élève au rang de héros divin ; en créant le Dieu-Soleil, il s'anoblit comme son représentant sur la Terre. Le peuple qui assiste à son sacrifice communie avec lui dans cette union avec le Soleil. Quand il mange les cadavres des sacrifiés, il participe au banquet des dieux. Le cycle est bouclé, le prêtre est légitimé et le mythe est instauré : le Dieu-Soleil existe, ne voyez-vous pas, nous lui avons sacrifié mille hommes.

Or, ce besoin de dieu est plus ou moins intense selon les époques et les civilisations. Chez les Grecs et les Romains, qui ont été polis par leurs contacts avec un nombre important d'autres peuples, ce qui a aiguisé leur sens critique, il s'atténue et se spiritualise assez tôt : on peut avancer que, vers le VIᵉ siècle avant notre ère, la fièvre religieuse s'est concentrée, en Grèce, dans les mystères éleusiniens et dionysiaques ; et ceux-ci ne comportent plus de sacrifices sanglants. Rome semble n'avoir plus toléré les sacrifices humains que dans les cultes étrangers, et encore à la condition qu'ils ne missent en cause ni l'ordre public ni des citoyens romains. Il eût fait beau voir qu'un prêtre égyptien, par exemple, allât mettre à mort un citoyen romain. Dans la religion égyptienne, dont les sacrifices humains semblent avoir été absents, les offrandes aux dieux revêtent depuis au moins un millénaire un caractère décidément pacifique : nourriture, vin, parfums[39].

Chez les Aztèques, peuple d'origine mystérieuse, mais qui fut nomade avant de se sédentariser à Mexico, chez les Phéniciens, les Indiens d'Amérique du Nord, comme dans de nombreuses autres cultures beaucoup plus isolées et beaucoup plus récemment sédentarisées, le besoin de divinité est beaucoup plus intense, beaucoup plus intimement lié au sens de l'identité et à une anxiété fondamentale : sont-ils protégés par les dieux ? L'issue des guerres nombreuses qu'ils livrent[40] est une forme de réponse : s'ils sont vainqueurs, c'est qu'ils sont bien protégés d'en haut, et ils sont justement vainqueurs. Faire des prisonniers et les sacrifier au Dieu-Soleil était une manière d'encourager celui-ci — et de s'encourager eux-mêmes. D'où cette frénésie meurtrière qui semble de nos jours inexplicable et monstrueuse. Comme l'écrit l'anthropologue américain David Carrasco : « La stratégie rituelle d'alimentation des dieux devint l'instrument politico-religieux majeur pour soumettre l'ennemi, contrôler les régions avoisinantes et renouveler l'énergie cosmique[41]. »

Ces considérations débordent bien évidemment le cadre de l'anthropologie et de l'histoire ; elles sont immédiatement actuelles en cette fin du XXe siècle nourri de l'illusion d'avoir tout inventé, des fusées spatiales à Internet. Certains critiques seraient tentés d'arguer que le sacrifice aux dieux, le sacrifice rituel humain en tout cas, appartient au passé, que l'Inquisition est morte et que la plupart des religions contemporaines, sans parler des codes pénaux, ne tolèrent plus de sacrifices humains rituels. Les sacrifices humains, en effet, ne sont plus rituels (sauf dans les sectes, satanistes et autres, comme celles de Bill Jones en Guyane et du Temple solaire) : ils sont désormais spontanés, et tout aussi massifs que du temps des Aztèques.

Le « siècle scientifique et objectif », le XXe donc, a été fécond en massacres : des camps d'extermination aux goulags, de l'Abyssinie aux guerres du Vietnam, de la guerre d'Algérie à la Longue Marche, des Ibos aux Khmers rouges, des Tutsis aux Bosniaques, des Hutus aux Kurdes, de la Somalie à la Tchétchénie, c'est un des siècles où l'infamie meurtrière aura vraiment tenu le haut du pavé. Cent, deux cents millions de morts ? Un siècle record à tout point de vue. Cela pour souligner qu'il faut se garder de penser que les fantasmes religieux sont du passé. Car tous ces massacres ont été causés par la Peur, donc ils avaient un caractère religieux. Assez paradoxalement, quand ils envoyaient des opposants au goulag, les tribunaux communistes athées soviétiques faisaient exactement la même chose que les tribunaux de l'Inquisition qui expédiaient des hérétiques au bûcher : ils exorcisaient le Mal. Ils sacrifiaient des humains à une conception de la Vérité suprême.

J'ai dit plus haut que les nouveaux sacrifices humains étaient devenus spontanés. Et plus encore en période de crise, corrélative d'un nouveau type de guerre, la guerre chronique ; ils se font par l'action

terroriste. À cet égard, nous nous trouvons dans une époque comparable à celle des Aztèques. Ce qui ne change rien à la nature du
sacrifice : il reste symbolique. Le *moujahed* qui se lance à l'assaut d'une
position ennemie, ceinturé d'explosifs, certain d'être réduit en
miettes sanglantes quelques minutes plus tard, n'est pas différent
d'Héraklès montant sur le bûcher ou de Dionysos se livrant aux
Ménades pour être démembré. Ceux-ci sont dans les livres, qu'il n'a
d'ailleurs pas lus, lui habite le présent. Il se sacrifie pour la cause de
son Dieu. Il ira au paradis, comme Héraklès montant au ciel. Au
moment de l'explosion, il s'identifie à Dieu. Rien n'a changé depuis
vingt-cinq siècles, parce que la nature humaine n'a pas changé.

Le point mérite d'être souligné. La nature symbolique du sacrifice,
qui est finalement la base de tous les rapports avec les dieux, donc de
toutes les religions, est infiniment plus grande que celle des besoins
matériels des sociétés. Aucune raison pratique immédiate n'a inspiré
à aucun humain d'imaginer que Yahweh demande le sacrifice d'Isaac,
pas plus que le Soleil n'a jamais demandé à personne de tuer des
êtres humains pour tourner : ces mythes sont les produits de la mécanique délirante logique.

Un monde obsédé d'économie et d'économisme a pensé ou pense
toujours que l'amélioration des conditions de vie changera ce type de
pulsions « irrationnelles » de gloire divine. Ce fut, comme l'observe
l'anthropologue américain Marshall Sahlins[42], la grande erreur de
l'interprétation marxiste de l'histoire et de l'anthropologie. Or, cette
erreur continue d'être commise jusque par des chercheurs qui ne
sont pas marxistes et même violemment opposés à cette philosophie
et qui s'obstinent néanmoins à expliquer les comportements humains
par la théorie des besoins. Selon cette théorie, l'homme « objectif et
sensible » ressent des besoins et souffre quand il subit la pression d'un
monde qui les lui refuse. Nourrissez-le bien et il deviendra rationnel
et logique.

Mais Marx omet les angoisses primordiales, dont le besoin de Dieu
et son corollaire, la peur. C'est ainsi que la théorie des besoins est
inapte à expliquer que les Aztèques sacrifient en quelques jours vingt
mille prisonniers qu'ils ne peuvent même pas consommer. Ils n'ont
pas besoin de tant de calories, et de toute façon aucune carence pro-
téinique ne peut suffire à surmonter la répugnance instinctive que
cause la consommation de la chair d'un semblable. Si les Aztèques
avaient été à ce point affamés, ils n'auraient pas bâti l'extraordinaire
empire qui impressionna même les conquistadores : Mexico leur
parut être un paradis, cette vaste île flottante, prospère et fleurie, sur
les avenues de laquelle circulaient des gens beaux, propres et ornés.

Bien évidemment, la théorie des besoins ne peut non plus expliquer le fantasme de dieux qui demandent sans cesse des sacrifices.
Héritée du siècle des Lumières mais surtout forgée au XIXe siècle, une

vaste part de la pensée rationaliste et marxiste (ce qui inclut un domaine immense de la pensée occidentale dans tous les domaines) se réfère à un type d'humain idéal de l'Occident ; celui que décrit par la négative Marx, entre autres : « Un être non objectif est une nullité, un non-être[43] », écrit en effet l'auteur du *Capital*. Cinq milliards et demi de nullités habiteraient donc la Terre.

Est-ce la guerre qui cause la crise et excite l'esprit de sacrifice ? Ou bien l'inverse ? On peut tenter de chercher une réponse dans la crise de l'islam au XXe siècle. Car des Philippines aux États-Unis (qui comptent désormais une communauté musulmane appréciable, quelque trois millions de sujets, soit 1,4 % de la population), l'inquiétude qui traverse la communauté musulmane mondiale (environ un milliard cent millions en 1983) est perceptible à tous.

Depuis la fin de la Seconde Guerre mondiale, le monde islamique, jusqu'alors tenu en sujétion par les puissances coloniales, a vu croître la puissance de l'Occident judéochrétien : technologique, économique, industrielle, militaire et politique. Le sentiment déclenché par cet essor a été l'inquiétude, fortement nuancée d'humiliation. Une série de conflits s'en est suivie : la révolution égyptienne, la guerre d'Algérie, les guerres de Palestine, la révolution libyenne, la guerre du Liban, la révolution iranienne (ce bref parcours omet, bien évidemment, les événements du Bangladesh, du Pakistan, d'Afghanistan, du Soudan, etc.). Ces conflits, en principe politiques, se sont colorés de plus en plus fortement de religion. Lors de la révolution égyptienne de 1956, le rôle de la confrérie religieuse des Frères musulmans était resté discret, éclipsé par celui de la junte militaire. Lors de la révolution iranienne en 1979 en revanche, la junte religieuse dirigée par l'ayatollah Khomeyni éclipsait l'armée.

La philosophie de l'évolution fut que l'islam des États, s'estimant menacé, s'est retrouvé islam de la Foi[44]. Le conflit socio-politique s'est métamorphosé en guerre de religion, gagnant plusieurs États du Proche et du Moyen-Orient, dont le Liban. La mystique du martyre religieux, en sommeil depuis le mahdisme soudanais, s'est trouvée rajeunie et remise en vigueur. Allah demandait des défenseurs, des hommes de foi. Des organisations plus ou moins fédérées, mais certainement subventionnées, se sont trouvées organisant au nom d'Allah des sacrifices humains d'un nouveau type : des actions terroristes. Le décompte en serait ici fastidieux.

Peut-être serait-il plus sage d'admettre qu'on ne peut réduire l'homme à l'*Homo economicus*. Il n'existe aucune structure biologique qui n'ait de stratégie, et l'humain n'y fait pas exception. L'héroïsme des paras, des moudjahidine, des défenseurs des pauvres n'a aucune base économique et peut-être même plus de base sociale. Il procède de l'aspiration de l'individu à la sublimation. C'est sa stratégie fondamentale : tout humain aspire à l'héroïsme, donc au sacrifice et donc à la divinité.

Ce qui revient à dire que l'existence même est une initiation au sacrifice. Nous n'avons pas, dans ce domaine, avancé d'un pas depuis saint Augustin : « Ce qu'on donne au Dieu de l'homme, on le donne en vérité à l'homme lui-même ; ce que l'homme exclut de Dieu, il l'exclut en vérité de lui-même. [...] tant que l'homme vénère en Dieu un être bon, il contemple en Dieu la bonté de sa propre essence[45]. »

Autant dire encore que le sacrifice aux dieux est à la fin un sacrifice à l'homme.

Bibliographie critique

1. Cette flagellation est destinée à commémorer la mort au combat de Hussein, petit-fils du prophète Mohammed et troisième imam, à la bataille de Kerbalah où il fut tué par les troupes du gouverneur de l'Irak, le 10 octobre 680. « Husayn », *Encyclopaedia Britannica*, 1994. C'est loin d'être un particularisme chi'ite, car au Ier siècle avant notre ère, les prêtres de la déesse de la guerre Bellone défilaient dans les rues de Rome et des autres villes de l'empire en se lacérant eux aussi jusqu'au sang avec des couteaux, comme le rapporte Mommsen, dans son *Histoire romaine*.

2. Administrée au IVe siècle au clergé de l'Église catholique qui s'était montré désobéissant, la flagellation fut pratiquée par la suite comme moyen de mortification par d'autres prêtres, puis par des laïcs. Dès le milieu du XIIe siècle, des confréries de flagellants se formèrent en Europe pour pratiquer cette forme de dévotion. En 1349, la flagellation atteignit des excès si évidents que le pape Clément VI en 1349 puis le concile de Constance en 1414-1418 l'interdirent. La pratique persista néanmoins, des sectes de flagellants se créèrent en Europe du Sud, et un renouveau eut lieu au XVIe siècle à l'instigation des jésuites.

3. À propos de la pénitence, en effet, le catéchisme de l'Église catholique (1434, 1435, Mame/Plon, 1992) écrit : « À côté de la purification radicale opérée par le Baptême ou par le martyre, ils [l'Écriture et les Pères] citent comme moyen d'obtenir le pardon des péchés [...] les larmes de pénitence... » Plus loin, il est dit que la conversion se réalise par « l'acceptation des souffrances ».

4. V. IIIe partie, ch. 2.

5. Christian Duverger, *Le Mexique central : passé précolombien, Mythes et croyances du monde*, 4 vol. *Afrique noire, Amérique, Océanie*, sous la direction d'André Akoun, Brépols, Turnhout Belgique, 1991.

6. C.A. Burland, *People of the Sun*, Weidenfeld & Nicolson, Londres, 1976.

7. Le cannibalisme des Aztèques ne semble toutefois pas avoir toujours eu une connotation religieuse. Hernán Cortés rapporte que les Espagnols, partis dans une expédition punitive contre les Aztèques, trouvèrent quantité de maïs et d'enfants rôtis que les Aztèques avaient apportés comme provisions, mais qu'ils abandonnèrent dans leur retraite. Cité par Michael Harner, « The Ecological Basis for Aztec Sacrifice », *American Ethnologist*, n° 4, 1977. Harner fait partie de la tendance qui estime que le cannibalisme aztèque était aussi motivé par l'absence de protéines dans le régime ordinaire. Ce point est trop long pour être analysé ici, mais, en tenant compte du fait que le cannibalisme sacré a été pratiqué dans bien d'autres sociétés où il existait pourtant des sources de protéines suffisantes, il me semble qu'il faille conserver une place prépondérante aux motifs religieux dans cette pratique atroce. Dans *Cannibals*

and Kings (Random House, New York, 1977), l'anthropologue américain Marvin Harris a démontré que les rations de protéines étaient très largement suffisantes depuis au moins le néolithique et qu'au Mexique « l'agriculture hydraulique procurait à Teotihuacan et au royaume cannibale des Aztèques l'essentiel de leurs ressources ».

8. Une grande partie des informations qui nous sont parvenues sur les sacrifices aztèques avait été recueillie sur place par le moine Bernardino de Sahagùn. *Cf.* Fray Bernardino de Sahagùn, livre II, *The Ceremonies*, éd. Arthur J.O. Anderson et Charles E. Dibble, Santa Fe School of American Research & University of Utah, 1981.

9. M. Harris, *op. cit.*

10. Mircea Eliade, « Les religions de la Chine ancienne », *Histoire des croyances et des idées religieuses*, t. II, Payot, 1978. Citant l'étude de David N. Keightley, « The religious Commitment : Shang Theology and the Genesis of Chinese Political Culture », *History of Religions*, n° 17, 1978, Eliade semble se ranger à son avis sur l'ancienneté de ces coutumes, qui remonteraient à l'âge du bronze.

11. Sir James George Frazer, *The Golden Bough*, Macmillan Publishing Co., Inc., New York, 1963.

12. Theodor Mommsen, *Histoire romaine*, t. I, CNL/Robert Laffont, 1985.

13. *Id.*

14. John Sharkey, *Celtic Mysteries — The Ancient Religion*, Thames Hudson, Londres, 1975.

15. T. Mommsen, *op. cit.*, t. II.

16. Robert Graves, *The White Goddess*, Farrar, Strauss, New York, 1966. Graves semble reconnaître dans ce « roi annuel » le personnage d'Héraklès-Hercule. Mais on peut plutôt y discerner celui de Dionysos-Bacchus, cette mise à mort rituelle évoquant bien plus le démembrement du dieu lors des mystères dionysiens.

17. Peggy Reeves Sanday, de l'université de Pennsylvanie, *Divine Hunger — Cannibalism as a Cultural System*, Cambridge University Press, Cambridge, 1986.

18. *Id.* Reeves cite là presque textuellement le rapport du moine Sahagùn, *op. cit.*

19. J.G. Frazer, *op. cit.* À Sparte, c'étaient les divinités du ciel qui commandaient la durée de la royauté, observe Frazer, et la limitaient à huit ans. Le cycle octennal imposé à la royauté spartiate dérouta de nombreux historiens jusqu'à ce qu'on se fût avisé qu'il correspondait à la période au terme de laquelle le temps solaire et le temps lunaire coïncident exactement. Il fallait alors mettre un terme à la royauté en cours et les éphores élisaient un autre roi. C'était encore là un sacrifice symbolique et une tentative de se mettre à l'unisson avec le cosmos.

La littérature de l'Inde rapporte de nombreux cas de sacrifices d'enfants par leurs parents. Par exemple, le poète tamil Cekkilar (XIIᵉ siècle) raconte l'histoire du pieux Ciruttontar et de son épouse Venkattunonkai qui, ayant reçu la visite du dieu Shiva déguisé en ascète, s'empressent joyeusement de sacrifier leur fils de cinq ans pour le servir en repas à leur hôte. Celui-ci refuse toutefois de commencer à manger avant que l'enfant se soit joint à eux. Déchirés par la honte, ceux-ci feignent d'appeler l'enfant, qui pourtant apparaît à la porte et s'élance vers ses parents, tandis que Shiva se révèle dans sa vérité (conte qui rappelle étonnamment la légende de saint Nicolas, qui ressuscita des enfants sacrifiés et mis au saloir). *Cf.* David Shulman, *The Hungry God*, University of Chicago Press, 1993.

20. Genèse, XXII, 1-19.

21. Genèse, XVII, 9-13, 12, et Exode, XII, 48.

22. Deutéronome, X, 16 et XXX, 6.

23. J.G. Frazer, *op. cit.*

24. Peut être Balaq, le roi qui fit pour l'occasion chercher le devin Balaam (Nombres, XXII, 5) et dut entendre de la bouche de celui-ci de sombres prophéties.

25. Cité par J.G. Frazer.

26. Il va de soi que cette brève description de la révolution déclenchée dans le

domaine du sacrifice religieux par la crucifixion de Jésus appelle — et a suscité — des commentaires bien plus approfondis que celui-ci. Depuis les Pères de l'Église jusqu'aux théologiens et philosophes modernes, le thème théologique du sacrifice suprême de Dieu par lui-même a inspiré assez d'ouvrages pour meubler une vaste bibliothèque. J'ai choisi de m'en tenir ici à l'aspect strictement historique de l'inversion du rite sacrificiel. Les innombrables contradictions entre les espérances messianiques des Juifs du temps de Jésus (et entre les rapports qu'en font les évangélistes canoniques) et les actes et discours de celui-ci, par exemple, entraîneraient une immense remise en cause de certains concepts théologiques. C'est ainsi que Matthieu indique sans ambiguïté possible que la notion du Messie attendu par les Juifs, et jamais contredite par Jésus, était spécifiquement juive : « Hosanna au fils de David ! » (Matthieu, XXI, 9.) Ce messie devait être roi (« Béni soit le roi qui vient au nom du Seigneur », Luc, XIX, 38). D'un point de vue strictement historique, une fois de plus, l'échec de la royauté juive de Jésus n'impliquait d'aucune manière un sacrifice suprême consenti à la fois par le Père et par le Fils, puisque Jésus était l'envoyé de Dieu, mais, surtout, le successeur de David.

D'où l'impératif auquel je me suis plié de ne traiter, ici et précédemment, de la divinité que sous un angle exclusivement historique. Dans cette optique, il me paraît impossible d'omettre le fait que la crucifixion de Jésus fut essentiellement la sanction politique d'un mouvement qui risquait d'entraîner des conséquences politiques tragiques : la désignation de Jésus par le peuple comme roi des Juifs et l'accomplissement des espérances messianiques juives eussent déclenché un soulèvement populaire contre l'occupant romain et, partant, un bain de sang. Ce point est vérifié par Jean, quand il rapporte (XVIII, 14) que le grand-prêtre Caïphe conseilla de faire mettre à mort un seul homme plutôt que le peuple, et à nouveau quand le Sanhédrin demanda à Pilate de retirer l'inscription « roi des Juifs » (XIX, 22). Les appréhensions du Sanhédrin devaient se trouver tragiquement justifiées quand le délire zélote déclencha une guerre civile et entraîna le siège de Jérusalem par les Romains en l'an 70.

Dans un tel contexte, l'interprétation de la Crucifixion comme sacrifice ressortit alors exclusivement à la théologie.

27. Révérend George Albert Cooke, « Phoenicia », *Encyclopaedia Britannica*, 1964.

28. Toutes les références aux mythologies grecque et romaine sont tirées de *Who's Who in Classical Mythology*, de Michael Grant et John Hazel, George Weidenfeld and Nicolson Ltd., Londres, 1973 ; et *L'Univers fantastique des mythes*, Les Presses de la Connaissance, Paris, 1976.

29. Jacqueline Khayat, *Rites et mutilations sexuels*, Guy Authier, éd., 1977.

30. On se référera à l'excellente étude de l'historienne Uta Ranke-Heinemann, *Eunuchs for Heaven — The Catholic Church and Sexuality*, André Deutsch, Londres, 1990, pour les répressions de la sexualité dans le catholicisme.

31. E.R. Chamberlin, *The Bad Popes*, Dorset Press, New York, 1969.

32. *Anthropologie de la mort*, Payot, 1976 ; *Mort et pouvoir*, Payot, 1978 ; *Le Cadavre*, Éditions Complexe, Bruxelles, 1980.

33. *La Mentalité primitive*, préface de Louis-Vincent Thomas, Retz, 1976.

34. Sans compter que son travail lui paraissait pénible. Dans son journal, à la date du 17 février 1884, il écrivait : « Tout ce que j'entreprends tourne mal et je me sentirai déprimé avant longtemps. » G.W. Stocking, *History of Anthropology — Observers Observed, Essays on Ethnographic Fieldwork*, University of Wisconsin Press, 1983. Il s'agit là d'un cas classique de « fatigue de l'ethnologue »...

35. Ce scrupule théorique fit même avancer à Malinowski que la sorcellerie n'avait jamais été incorporée dans le système fonctionnaliste des Trobriandais, par exemple ; ce qui est faux.

36. *Essais sur la nature et la fonction du sacrifice*, Éditions de Minuit, 1968.

37. Georges Bataille, plus connu comme écrivain surréaliste que comme anthropo-

logue, devait reprendre les idées de Mauss sur le don, qui sont à l'origine de l'interprétation de Mauss sur le sacrifice, dans *La Part maudite* (Éditions de Minuit, 1967) ;
pour Bataille, le sacrifice servait à déverser le trop-plein de la richesse, idée économique qui n'a strictement rien à voir avec le principe et la nature culturelle et culturelle du sacrifice et encore moins du sacrifice humain. Ainsi que l'a admirablement
démontré Johan Huizinga *(Homo ludens*, Essais, Gallimard, 1951), la symbolique du
jeu s'apparente à celle de la guerre, et l'un et l'autre sont des « jugements de Dieu »
ou ordalies. Dans la guerre, « la volonté des dieux se manifeste aussi immédiatement
qu'au cours des autres épreuves ». L'analogie, d'ailleurs, se vérifie dans les manifestations contemporaines du sport et notamment du football.

38. *La fleur létale — Économie du sacrifice aztèque*, Recherches anthropologiques,
Seuil, 1979. Duverger vise à expliquer les sacrifices aztèques par l'économisme, dans
le cadre d'« un plan froid et lucide » ; ce qui l'amène à porter des jugements aussi
singuliers que celui-ci : « Rien d'excessif dans le ruissellement sacré des autels. » Et :
« Nous sommes en présence de comportements inédits qu'il est certainement illusoire de vouloir interpréter à l'aide d'une théorie générale ou de modèles recensés
dans l'Ancien Monde. » Or, justement, ces comportements ne sont pas inédits et ils
appellent une théorie générale.

39. Il n'y a toutefois pas lieu d'« angéliser » non plus les anciens Égyptiens. Mommsen rapporte des querelles de préséance grotesques autant que sinistres qui eurent
lieu en Égypte au IIe siècle, donc sous occupation romaine, entre les prêtres et célébrants des divers cultes égyptiens, de l'ibis, du chacal, du crocodile, du singe, etc.,
pour déterminer lequel était supérieur à l'autre. Ce qui faisait que les adeptes du
culte de l'ibis mangeaient du chacal pour provoquer les célébrants du chacal, ou
ceux du crocodile, de l'ibis. Dans un cas, les adeptes d'un culte firent irruption dans
un festin des adeptes d'un culte opposé, une querelle éclata, il y eut des morts et
ce furent des cadavres humains qui, cette fois, furent consommés, par vengeance
religieuse...

40. Les contrastes entre les visions du monde aztèque sont assez frappantes : alors
que Duverger *(op. cit.)* y voit un monde policé et triomphant, Sanday *(op. cit.)* y voit
un monde de « chaos, de destruction et de conflits ».

41. « Quetzalcoatl's Revenge : Primordium and Application in Aztec Religion »,
History of Religions, op. cit., t. I, 9 (4).

42. *Au cœur des sociétés — Raison utilitaire et raison culturelle*, Gallimard, 1976.

43. *Œuvres*, t. II, la Pléiade, Gallimard, 1965. V. aussi Lawrence Karder, *Karl Marx
as Ethnologist*, Transactions of the New York Academy of Sciences, 2 (35).

44. Le conflit entre les conceptions de l'islam laïque et de l'islam religieux est
analysé au chapitre 7.

45. Dans la paraphrase de Ludwig Feuerbach, résumant la différence entre l'augus-
tinisme et le pélagianisme (doctrine qui nie Dieu), « L'essence du christianisme », *in
Manifestes philosophiques*, PUF, 1973.

5

De Byzance au désenchantement

L'installation de Dieu dans l'or et la pourpre des palais impériaux de Byzance — Les débats des dialecticiens ou le logos à la conquête du Logos — La querelle de la Trinité et l'exemplaire histoire de l'hérésie arianiste — La fièvre des conciles et la chaîne des hérésies — Les ambitions hégémoniques, séculières et spirituelles de la papauté — Papes et antipapes, l'affaiblissement de l'autorité spirituelle de Rome — Les certitudes irrationnelles du thomisme et la fiction de la « théologie naturelle » — Les deux fractures du Grand Schisme d'Orient et de la Réforme — Le déclin de la consolation et l'insaisissabilité de Dieu.

Byzance, ce fut d'abord de l'or et de l'acier. Puis de l'ornement et du discours. Puis la folie de la puissance avant le plus délirant des délires, celui des théologiens possédés, au sens diabolique, par le bavardage spécieux, la rhétorique dératée, la pseudo-logique spécieuse, la casuistique paranoïaque, le fanatisme canonique et la folie des synodes et conciles à répétition qui ont donné naissance au néologisme « byzantinisme ». Ce qui avait été pendant les trois premiers siècles de notre ère le siège de l'Empire romain d'Orient devint, après la pseudo-conversion de Constantin, un bateau ivre ballotté sur une mer de mots et sur lequel avait embarqué un équipage de clercs véhéments possédés par la certitude de détenir la vérité et d'être tous et chacun les mandants exclusifs de Dieu.

Peut-être la vraie tour de Babel, d'ailleurs trop proche, fut-elle Byzance. Convaincus d'arriver au ciel et pénétrés de la certitude qu'ils connaissaient Dieu et qu'ils pouvaient en débattre, eux et eux seuls, ces conquérants de l'absolu qu'étaient les théologiens de Byzance, entamèrent, en effet, le déclin de l'Église de Jésus. Ils écrivirent ainsi à leur insu l'un des chapitres les plus mélancoliques et les plus instructifs de l'histoire de Dieu. Car nantis du pouvoir temporel, ivres de pouvoir, ils commencèrent par s'accabler mutuellement d'anathèmes et, non contents de s'anathématiser jusqu'à plus soif, se traitèrent les uns les autres de schismatiques et d'hérétiques. Puis, toujours au nom de Dieu, ils se scindèrent en factions et bientôt en Églises d'autant plus ennemies qu'elles étaient issues de la même famille.

La fracture était ainsi enclenchée et elle dura bien au-delà de la chute de l'Empire, préfigurant l'apophtegme de Nietzsche : « Ce n'est pas le doute qui rend fou, c'est la certitude. »

Décor temporel et spirituel inattendu pour le Dieu des Hébreux, devenu celui des adorateurs de Son fils. Yahweh, changé en Theos, avait jadis frugalement vécu dans les nuages de sable qui empourpraient les cieux de Mésopotamie, au-dessus des plaines sauvages de Galilée, des monts Moab, Sinaï, Nébo, et sans doute aussi dans l'azur aride et brûlant qui flambait en Judée au-dessus de la mer Morte, là où des ermites attendaient fiévreusement qu'Il descendît enfin nettoyer les saletés de ce monde.

On l'installa dans des palais rutilants, ornés de mosaïques, hantés par des fumées d'encens et surtout par les mirages psychédéliques de la mégalomanie comme Caligula lui-même n'en avait jamais fabriqué. Ainsi, quand les dignitaires de l'Empire étaient reçus par le potentat, dans la salle mirifique du Chrysotriclinos, ils devaient tous, évêques, ambassadeurs et princes, monter l'escalier à genoux puis, parvenus au pied du trône, s'allonger de tout leur long devant l'empereur ! C'était la proskinèse. Une fois redressés, ils étaient enfin autorisés à voir quasiment Dieu sur terre, puisque ce tyran absolu mimait Jésus : vêtu de pourpre et de blanc, vêtements qu'un ange aurait jadis apportés lui-même à Constantin, il se faisait entourer de douze personnages, ses « apôtres » à lui[1]. Ne représentait-il pas Dieu sur la terre ? Mais on peut se demander quelle place restait donc à ce Dieu, dans ce luxe quasiment blasphématoire et ces fadaises de mascarade.

Il avait autrefois parlé simple, fort et net. On délégua à son service la fleur des lettrés, dont les louanges et les recensements de ses qualités étaient eux-mêmes chargés, jusqu'à l'en étouffer, de toutes les fleurs de la rhétorique hellénistique. Byzance, lieu historique et géographique de la puissance et de la gloire pendant onze siècles, n'eût évidemment pas toléré un Maître au manteau décoloré par les intempéries et aux sandales poussiéreuses, celui-là même qui avait mangé sans façon les petits pâtés de la femme d'Abraham. Chacun fait son Dieu selon ses désirs et celui de Byzance fut donc habillé de parfums, de folie et de pourpre. Accessoirement, on peut observer que, dans les mosaïques byzantines, on voit surtout le Fils, l'air assez maussade et on le comprend.

Il faut commencer par Byzance, reconstruite par Constantin sous le modeste nom de Constantinople, pour comprendre un double paradoxe : comment le christianisme, qui assuma le destin du monde et qui fut d'ailleurs la seule religion à le faire, a-t-il été à ce point freiné dans son essor qu'il est devenu banal de parler de la « déchristianisation » de ce même monde[2] ? Or, c'est à Byzance, berceau du christianisme, que réside la clef du paradoxe.

Quand il entra donc au IVe siècle dans l'antique Byzance, à la suite d'une hallucination (ou d'un calcul) de l'empereur romain d'Orient Constantin[3], Dieu n'était pas seulement désigné roi céleste d'un territoire nouveau, à la croisée de l'Europe et de l'Asie (sans parler du reste du monde, puisque l'Église était bravement qualifiée d'« universelle ») : il changeait de résidence ; il entrait en effet dans une Rome profondément hellénisée. Il s'était jusqu'alors « exprimé » par la voix des prophètes lyriques et véhéments du judaïsme. Il s'exprimait désormais par celle d'un clergé imprégné de philosophie. Changement radical. La philosophie, en effet, est grecque et elle n'est que grecque. Il n'y a jamais eu de philosophie égyptienne, hindoue, celte, juive ou romaine (Rome ne s'est mise à philosopher que sous l'influence des Grecs[4]).

Il entrait donc dans le discours, le discours logique, avec ses catégories, son vocabulaire et sa rhétorique. Or, il y eut beaucoup de discours, car il y eut aussi beaucoup de conciles et de synodes, réunissant des phalanges entières de théologiens, d'évêques, de clercs, de lettrés de tout poil. Constantinople n'était pas encore fondée qu'en 325 se tenait le premier concile, celui de Nicée. Quand le centre de l'Empire se déplaça en Occident, le dernier concile avant la chute de Constantinople se tint (interminablement) à Bâle, Florence et Ferrare entre 1431 et 1445. Il y en avait eu quinze entre les deux[5], si l'on se restreint à ce qu'on appelle les conciles œcuméniques et si l'on se tient à la définition de la loi canon[6], selon laquelle un concile œcuménique est convoqué par le pape. Autrement, le décompte serait plus long, et il faudrait inclure les conciles épiscopaux ou synodes, comme celui d'Hiérapolis[7], de Carthage, d'Elvire, de Rome, d'Arles[8], de Clarendon[9], de Sardique... Eusèbe parle de synodes annuels ou semi-annuels[10]. Mais on verra plus loin qu'il est souvent bien difficile de distinguer entre concile et synode aux premiers temps de l'Église.

Il est évidemment normal qu'une jeune Église délibère, surtout qu'elle est encore faible. D'un concile par siècle, elle passe cependant à trois en moyenne aux XIIe et XIIIe siècles, en plus des synodes, ce qui représente une quantité impressionnante de délibérations. De quoi y traite-t-on ? De théologie, certes, c'est-à-dire des conséquences de la Révélation. Mais une part immense de ces réunions mitrées est consacrée aux divisions, schismes et hérésies. À peine rescapé des persécutions romaines grâce à l'édit de 313, qui autorise la liberté des cultes, l'édifice de l'Église n'arrête pas de se fissurer, en effet.

Le concile d'Hiérapolis est ainsi consacré aux hérésies montaniste et encratite, celui de Nicée I au schisme de l'arianisme (qui suscitera bien d'autres réunions), celui d'Éphèse au nestorianisme, celui de Chalcédoine au monophysisme, celui de Constantinople II aux erreurs d'Origène, celui de Constantinople I au schisme de Photius, celui de Latran II aux erreurs d'Arnaldo da Brescia[11]... De surcroît, une hérésie en engendrait une autre, comme les *matriochkas* russes, et la docilité n'était certes pas la vertu dominante des évêques d'alors. Par exemple, au Ve siècle, le patriarche de Constantinople, Nestorius, émit l'opinion que Marie, mère de Jésus, ne devait plus être appelée « Mère de Dieu », mais « Mère de Jésus », ce qui déclencha un tollé parce que, selon les raisonnements qui faisaient florès, Jésus étant Dieu, ou bien elle était mère de Dieu ou bien Jésus n'était pas Dieu.

En conséquence, le pape Célestin Ier convoqua le concile de Rome pour faire désavouer Nestorius au concile d'Éphèse par l'entremise de Cyrille, patriarche d'Alexandrie, et éventuellement le destituer. Le concile commença malheureusement avant l'arrivée des évêques d'Orient, dont Jean d'Antioche, le plus éminent d'entre eux, qui refusèrent de se ranger à l'avis de Cyrille. En effet, disaient-ils, rejeter l'opinion de Nestorius revenait à nier la nature humaine de Jésus, Marie ayant été mère de cette nature humaine et non de Dieu le Père. Une querelle éclata au terme de laquelle ce fut Jean d'Antioche qui fut excommunié... Un schisme se forma donc.

La question nestorienne n'était cependant pas réglée. Ce que voyant, Eutychès, archimandrite de Constantinople, en réaction contre le nestorianisme, proclama que Jésus en tant que Dieu incarné n'avait pas deux natures, mais une seule. Cela contournait l'objection nestorienne, à coup sûr, puisque, Jésus-Dieu incarné ayant été conçu par Marie, celle-ci avait droit au titre de Mère de Dieu, mais c'était là répondre à une hérésie par une autre ; et celle de la nature unique de Jésus s'appela le monophysisme (sa plus grande alliée fut plus tard la petite actrice syrienne devenue impératrice, Théodora). L'évêque de Constantinople, Flavien, dut prendre des mesures de rétorsion, parce que cette hérésie gagnait du terrain et l'empereur Théodose II convoqua le concile d'Éphèse pour régler la question.

Là encore, les complications apparurent ; en effet, le concile fut acquis aux opinions de Dioscorus, patriarche d'Alexandrie, qui se rangea à l'opinion d'Eutychès et, comble d'impertinence, destitua Flavien, celui-là même qui avait fait convoquer le concile pour destituer Eutychès. Pour faire bonne mesure, le même concile destitua aussi tous ceux qui soutenaient l'avis de Flavien. Le pape Léon le Grand dut donc convoquer un autre concile, qui fut celui de Chalcédoine, pour annuler les conclusions de celui d'Éphèse...

La décision de Léon le Grand ne mit certes pas fin à la querelle ; en effet, elle contribua à aliéner les évêchés d'Orient de tendance monophysite. Là-dessus, un monophysite, Pierre Mongus, parvint à se faire nommer évêque d'Alexandrie. C'était difficilement tolérable pour la papauté et le pape Simplicius demanda à l'empereur Zénon et à l'évêque de Constantinople, Acacius, de déposer Mongus ; en vain. Ni Zénon ni Acacius n'éprouvaient le désir de verser de l'huile sur le feu. De fait, l'un et l'autre proclamèrent un « édit de conciliation », l'Henoticon, dans lequel il n'était question ni des conclusions du concile de Chalcédoine ni de l'opinion du pape. Le pape Félix III, successeur de Simplicius, ne pouvait tolérer qu'un simple évêque s'autorisât à outrepasser les conclusions d'un concile, en l'occurrence celui de Chalcédoine ; il demanda des explications ; Acacius n'en tint pas compte ; il fut donc déposé[12].

On était loin du mont Horeb et l'on peut s'interroger sur ce que

Dieu, jadis si prompt à mettre de l'ordre dans le vacarme des humains, pensait de ces péripéties « byzantines », de ces arguties, de ces intrigues, de ces conflits d'autorité, de ces exclusives, de ces embrouilles théologiques théoriquement tricotées en Son nom. Sans doute S'en désola-t-Il : la foi avait peu à faire dans ces finasseries violentes, ces anathèmes, ces dépositions et ces flots d'éloquence. C'étaient la puissance et la gloire qui étaient en jeu, menées par le délire logique. Jean l'évangéliste dit que Jésus est le Verbe ou *Logos* incarné. L'on abusa du logos sans capitale, pas dans l'esprit de charité et de droiture prôné par Jésus, mais dans celui d'intolérance.

Il semble nécessaire d'observer que ce ne fut pas l'amour divin qui inspira ces querelles sans fin, mais l'amour de soi, le plus borné. Chacun de ces dignitaires ecclésiastiques défendait, en effet, son *interprétation* personnelle de l'Invérifiable par excellence. Pénétré de son autorité, il s'arrogeait donc le droit de dire ce qu'il fallait penser de Dieu et de Ses parents et des termes exclusifs dans lesquels il convenait de leur exprimer ses prières.

L'exclusivité devenait indissociable de l'exclusion. L'histoire de l'Église est, en effet, parallèle à une extraordinaire série d'exclusions au chef de schisme, d'hérésie et d'erreur. Un ouvrage célèbre en témoigne, c'est « le Pluquet », le *Dictionnaire des hérésies, des erreurs et des schismes* ; il est dû au talent et à l'érudition d'un excellent citoyen de Bayeux, l'abbé François-André-Adrien Pluquet, né le 14 juin 1716 et mort d'apoplexie le 19 septembre 1790[13]. Des abécédariens, anabaptistes qui assuraient que, « pour être sauvé, il fallait ne savoir ni lire ni écrire, pas même connaître les premières lettres de l'alphabet », aux walkéristes, variété d'anabaptistes du XVIIIᵉ siècle, la liste est pittoresque autant que longue.

Incidemment, elle constitue un remarquable terrain d'études ethnologiques, car elle témoigne de la variété des délires auxquels peut mener la tentative de connaissance intellectuelle de Dieu. En témoignent, entre autres, les « aquatiques », qui postulaient que l'eau est un principe coéternel à Dieu, les « éternels », qui croyaient que la fin du monde ne changerait rien au monde, ou les préadamites, qui professaient qu'il avait existé des humains avant Adam. Mais le délire logique sera traité dans un chapitre ultérieur.

L'enseignement qu'on peut trouver dans quelques grandes hérésies « sérieuses » est sensiblement plus riche. Ainsi d'un cas exemplaire, celui de l'arianisme ou hérésie d'Arius, qui déclencha au IVᵉ siècle une crise spirituelle, théologique et politique de première grandeur.

L'affaire commença dans une discussion comme on en voyait sous le Stoa d'Athènes. Alexandre, évêque d'Alexandrie, tenta d'expliquer publiquement le mystère de la Trinité et de montrer comment il était possible de concilier la trinité des personnes avec l'unité de Dieu : la

Trinité était une monade. Pour Arius, son presbytre, qui assistait à cette démonstration, c'était là substituer un mot à une énigme, et il jugea impossible d'expliquer comment trois personnes distinctes pouvaient coexister dans une substance simple. Il lui fut opposé que c'était un mystère de la foi.

Le mystère réside dans l'origine de ce mystère : le mot « Trinité » ne se retrouve en aucun texte des deux Testaments. Les mentions de la filiation divine de Jésus telles que « Commencement de l'évangile de Jésus-Christ, Fils de Dieu[14] » ne comportent pas de référence spécifique de la Trinité, et la formule de Matthieu mise dans la bouche de Jésus : « Baptisez au nom du Père, du Fils et du Saint-Esprit[15] », ne comporte non plus aucune indication sur la fusion de ces trois personnes en une seule (et n'est d'ailleurs pas authentique pour tous les exégètes[16]). Jésus est donc, et ne fût-ce que du point de vue « chrétien », d'origine humaine. Sa première apparition dans un texte chrétien remonte vers 180 : un texte de Théophile d'Antioche l'utilise sous sa forme grecque *trias*[17]. Il n'avait pas encore force de dogme, et il faut préciser que ce ne fut qu'un siècle et demi après les perplexités d'Arius que saint Augustin écrivit le *De Trinitate*, dont la rédaction lui prit seize ans et qui est l'une des bases des commentaires théologiques de ce dogme.

Arius n'était pas le premier à buter sur le problème ; un certain Sabellius l'avait déjà affronté : il avait conclu que les trois personnes de la Trinité n'étaient que trois noms différents de la même chose. On l'avait condamné : non, lui opposa-t-on, elles étaient distinctes (ce qui fit une hérésie de plus, le sabellianisme). Arius, lui, fit du Père et du Fils deux personnes de substances différentes, le Fils étant une créature. Le Père se distinguait, en effet, par le fait que, sans principe, il était inengendré, alors que le Fils avait été engendré. Cela entraînait de lourdes conséquences, car selon Arius le Fils n'avait donc pas existé de toute éternité. On lui rétorqua que, si rien de ce qui a été créé n'a été créé sans le Verbe, alors le Verbe n'a pas été créé, ce qui était contraire aux Écritures.

L'affaire s'envenima quand le concile d'Alexandrie, convoqué exprès, condamna Arius et l'excommunia. Les évêques avaient ouvert une boîte de Pandore. Cette mesure, en effet, irrita des évêques, dont Eusèbe de Nicomédie, qui se rangèrent à l'avis d'Arius ; ils convoquèrent le contre-concile de Bithynie et prirent la défense d'Arius. Alexandre d'Alexandrie tança Eusèbe, qui se fâcha. Les partisans d'Arius augmentèrent. L'arianisme était né.

L'empereur Constantin tenta de calmer le jeu et écrivit à Alexandre et à Arius pour leur dire qu'il était insensé de se diviser pour des choses auxquelles ils ne comprenaient rien et qui n'étaient d'aucune importance[18]. C'était le vieux bon sens romain qui tentait de se faire entendre. Mais Constantin n'était pas clerc, autant dire qu'il n'avait pas d'autorité en théologie, et son rappel à l'ordre fut vain. Les esprits s'échauffèrent au point qu'on renversa des statues de l'empereur parce qu'on le soupçonnait d'avoir pris parti pour les ariens. Constantin dut alors prendre des mesures plus fermes : il convoqua un concile, celui de Nicée. Tout parut s'arranger, les ariens admirent que « le Fils est unique de sa nature, il est la raison, la puissance, la seule sagesse de son Père », etc., et même que Jésus était le vrai Dieu, né du vrai Dieu, engendré et non pas fait et *consubstantiel, homo ousios*, c'est-à-dire de la même substance que son Père. Arius signa les conclusions du concile de Nicée ou, plutôt, Constantin crut qu'il les avait signées. Car Arius n'avait fait que déclarer qu'il croyait que le Fils était né du Père, ce qui satisfit ou dupa l'empereur, qui n'avait alors rien compris aux conclusions de Nicée. De toute façon et sans doute un peu las de ces arguties, Constantin, à la conclusion du concile, exila tous ceux qui n'étaient pas d'accord. L'ordre semblait revenu. Ou à peu près, parce que Alexandre, ulcéré, refusa d'obtempérer à la demande qu'Arius réintégrât le giron de sa communauté et que son successeur, Athanase, en fît de même.

Mais on n'avait toujours pas expliqué la Trinité. Et il restait beaucoup d'ariens, dont des évêques d'Alexandrie et d'ailleurs qui, reprenant les minutes du concile, se scandalisèrent de ce que Jésus fut consubstantiel à Dieu. Ce Dieu triplice que défendait Nicée leur paraissait être une réintroduction déguisée du paganisme car, si l'on commençait avec trois personnes divines, on finirait bien avec trois cents. Ils s'empoignèrent avec ceux qui étaient d'un avis contraire et l'historien Socrate de Constantinople[19] raconte que leurs querelles ressemblaient assez à un combat nocturne. La théologie était la passion de Byzance et l'on discutait de la nature divine en allant acheter son pain ou son vin. Les uns et les autres s'accusaient d'ailleurs des mêmes crimes ; ainsi Eustathe, évêque d'Antioche, accusa Eusèbe de Césarée de corrompre les conclusions de Nicée, tandis qu'Eusèbe accusait Eustathe de sabellianisme, l'hérésie du Sabellius mentionné plus haut.

Ce qui est assez piquant est que ces gens n'étaient peut-être pas tellement en désaccord, mais qu'ils butaient sur la signification du mot « consubstantiel ». Selon Socrate, en effet, il en était qui croyaient que ce terme indiquait que le Fils n'était pas distinct du Père. Bonne leçon sur le danger d'utiliser des mots compliqués... Et rétrospectivement, on se demande comment on pouvait être chrétien à l'époque. Bien des gens durent aller en enfer sur une erreur de philologie. Car ce mot *homoousios* allait engendrer une variante encore plus épineuse, *homoiousios*, avec un *i* entre *homo* et *ousios, ousia* désignant la substance[20] ; Jésus n'était plus « consubstantiel », mais « de même substance », nuance remarquablement ténue. Mais ce fut, il faut le rappeler, l'âge d'or des grammairiens et des rhéteurs.

L'empoignade entre Eustathe et Eusèbe prit de telles proportions qu'il fallut convoquer un concile de plus. On l'installa à Antioche, dont Eustathe, on l'a vu, était évêque. L'inévitable ne fut pas évité, la ville se partagea entre l'un et l'autre et les chamailles se poursuivirent avec âpreté jusqu'à ce qu'un officier de l'empereur vînt déclarer, pour arrêter la querelle, qu'Eustathe devait être déposé. On nomma donc Eusèbe à sa place ; il refusa le siège ! On nomma un tiers (Euphronius de Cappadoce).

Le concile d'Antioche, qui siégeait toujours, s'attacha alors à faire rentrer Arius à Alexandrie. Athanase, évêque d'Alexandrie et futur saint, s'y opposait toujours farouchement. Nouveau concile, cette fois-ci à Tyr. Et l'on déposa Athanase. Mais en ce qui touchait à la définition de la Trinité, on n'avait pas avancé d'un iota. Sur quoi Arius mourut, puis Constantin. On eût pu espérer le combat éteint faute de combattants ; nenni. La cour impériale était fortement pénétrée par l'arianisme bien que, à la fin, personne ne sût plus trop ce que c'était ; mais, cette doctrine étant bien en cour, il eût été maladroit de s'y opposer trop ouvertement. Cependant les chamailles ne s'en poursuivaient pas moins. Socrate rapporte que dans toutes les maisons on voyait comme une guerre de dialectique, qui produisit bientôt une division et une confusion générale.

Incidemment, comment résister à la tentation de penser que le triomphe du christianisme entraîna une éclipse de Dieu lui-même ? Qui pouvait, en effet, se retrouver dans ces lacis de raisonnements, ces arguties filandreuses, ces torrents verbeux autant que fulminants ?

Constance, fils et héritier partiel de Constantin[21] et lui-même arien, recourut à la solution éprouvée : il convoqua un concile à Constantinople. Celui-ci était composé d'évêques ariens qui s'empressèrent de déposer l'évêque de Constantinople, Paul, qui était attaché aux conclusions de Nicée, et ils le remplacèrent évidemment par un arien, Eusèbe de Nicomédie. Sur quoi Eusèbe rédigea un article de foi dans lequel il supprimait le mot fatidique « consubstantiel » et précisait que le Fils était un Dieu parfait. C'est ainsi qu'on vit apparaître le « demi-arianisme ». L'article fut envoyé dans tous les sièges de la chrétienté.

La politique, qui n'était jamais absente, revint au galop à la mort d'Eusèbe : en l'absence de l'empereur, une faction du peuple attachée à Paul réélut celui-ci à l'évêché de Constantinople, tandis que les ariens ou semi-ariens, eux, élisaient un des leurs, Macédonius. Cet évêché bicéphale et les problèmes théologiques qui en étaient cause déclenchèrent une véritable guerre civile. On se tua pour un évêché et un mot difficile. Hermogène, général de Constance chargé de rétablir l'ordre, fut assommé par le peuple et son cadavre fut traîné dans la ville. Constance, de retour, exila Paul.

Ce dernier trouva refuge près du pape Jules, chez qui se trouvait déjà un autre exilé, Athanase. Ils allèrent pleurer chez Constant, le frère de Constance, qui était donc empereur d'Illyrie, d'Italie et d'Afrique, Athanase racontant d'abondance les malheurs que les ariens lui avaient fait subir. Constant écrivit à son frère pour lui demander de rétablir l'ordre dans l'Église. Que fallait-il pour cela ? Un concile ! Constance l'accorda ; ce concile de plus se tint à Sardique.

Le plus extraordinaire dans cette épopée théologique était que personne ne savait plus l'objet véritable de la querelle, puisque les ariens étaient devenus des demi-ariens et qu'on attendait toujours une définition de la Trinité. Néanmoins, l'Église s'était scindée en deux, avec les Orientaux ariens d'un côté, les Occidentaux « nicéens » de l'autre. Ce qui fit qu'arrivant à Sardique les évêques orientaux y trouvèrent les « nicéens » et, dépités, se retirèrent sur-le-champ de la réunion ; ils allèrent à Philippopolis tenir leur propre concile. D'un concile, on en avait donc fait deux et cela ne faisait toujours pas avancer la question. Après avoir délibéré, en effet, les évêques des deux parties rentrèrent dans leurs sièges sans avoir changé d'avis.

Constant informa son frère de la situation et lui demanda de rétablir Athanase et Paul dans leurs droits. Constance y consentit. Mais Constant fut tué et Constance, héritant de son frère, devint empereur des deux tiers du grand empire de Constantin, leur père. La requête de Constant se trouva annulée et ni Paul ni Athanase ne récupérèrent leurs évêchés.

Ce genre d'affaire, on le devine, est interminable. Le pape Libère demanda à Constance... de convoquer un concile ! Il se tiendrait à Milan. L'empereur y consentit. Une fois de plus, les Orientaux se trouvèrent nez à nez avec les Occidentaux. Les premiers voulaient qu'on condamnât Athanase, les autres s'y refusaient avec violence. On cria beaucoup, rapporte Socrate de Constantinople. Cela tourna encore plus mal qu'auparavant car, le pape ayant refusé de soutenir la condamnation d'Athanase, il fut banni. On peut mesurer la folie du christianisme naissant : un pape se trouvait banni pour avoir refusé de souscrire à des positions sur un problème auquel personne ne comprenait plus grand-chose !

Constance, cela se conçoit, commençait à en avoir assez de ces bruits de guêpes. La solution lui parut être... un concile ! Mais ce serait un double concile, car il était impossible de réunir tous les évêques d'Orient et d'Occident dans un même lieu ; ceux d'Orient furent donc convoqués à Séleucie, et ceux d'Occident à Rimini. Or, sur les quatre cents évêques réunis à Rimini, il y en avait quatre-vingts d'ariens, bien que ce fût un concile occidental ; l'arianisme, en effet, s'était répandu. Et ceux-ci menèrent la vie dure aux orthodoxes. Les orthodoxes commencèrent par refuser de céder aux ariens sur les conclusions du concile de Nicée. Constance s'impatienta et ordonna au gouverneur de la ville d'exiler tous les évêques qui refuseraient de signer les conclusions offertes par les ariens. Les orthodoxes, otages de ces derniers, voulaient rentrer chez eux ; ils finirent par signer une conclusion semi-arianiste, mi-figue, mi-raisin, dans laquelle le terme litigieux « consubstantiel » était absent, mais qui stipulait que « le Fils est semblable en tout à son Père, non seulement par un accord de volonté, mais encore en substance et en essence ».

On jouait donc sur les mots une fois de plus. La preuve en était qu'en interprétant à leur manière la conclusion du concile de Rimini les orthodoxes se crurent tirés d'affaire et que les ariens, de leur côté, crurent à ce point avoir triomphé qu'ils concoctèrent une dix-neuvième définition de Jésus destinée à leur donner définitivement raison et dans laquelle ils le déclaraient totalement dissemblable de Dieu en substance et en volonté (ils en furent empêchés par la mort de Constance).

On pourrait poursuivre quasiment à l'infini le récit de l'arianisme : l'affaire qui avait commencé avec le concile d'Alexandrie, vers 318, n'était pas terminée un demi-siècle et onze conciles plus tard. On eût pu l'espérer close au concile de Constantinople en 381, qui établit la doctrine de Nicée comme la seule valable et bannit l'arianisme ; il n'en fut rien. Celui-ci déferla chez les Germains, où il connut un succès immense. En effet, convertis au christianisme par des ariens, dont le Goth chrétien Ulfila, les peuples du Nord (Gépides, Lombards, Burgondes, Francs, Wisigoths...) en vinrent à le considérer comme la bannière de leur nation. L'Église arienne domina l'Europe entre la fin du IVe siècle et la fin du VIe, produisant une floraison de littérature arienne, même exégétique. « Le heurt entre les envahisseurs ariens et les catholiques envahis fut particulièrement violent en Afrique lors de l'invasion vandale : les catholiques y furent persécutés, parfois avec férocité, sous Genséric (428-477), Hunéric (477-484) et Thrasamond (496-523) [22]. »

Si cette querelle allait s'achever au Moyen Âge en ce qui touchait à l'« arianisme » proprement dit, elle devait durer sous d'autres formes jusqu'au XVIIIe siècle après avoir agité la politique anglaise et enflammé les luthériens anabaptistes des XVIe et XVIIe siècles. On en trouve des échos chez Locke au XVIIe-XVIIIe siècle et encore plus chez le grand théologien allemand Harnack[23]. « Est-ce que le divin qui est apparu sur terre est identique avec le divin suprême qui règne sur le ciel et la terre ? » demandait ce dernier. Mais comment résoudre un point aussi difficile sans la connaissance de l'un ni de l'autre, avec le seul secours de la logique ?

Qu'était-il sorti de l'interminable et sanglante logomachie suscitée par l'arianisme ? Une compréhension plus éclairée de la Trinité ? Non, car si les déluges de mots que des humains qui se prétendaient investis de savoir avaient déversés sur la question avaient offert quelque clarté, celle-ci se serait rapidement imposée ; or il n'en fut rien. Un sentiment plus lumineux de Dieu ? Non plus, puisque le Dieu des ariens, qui était à l'origine celui de tous les chrétiens, se trouva différent du Dieu des orthodoxes du fait des ratiocinations furieuses de phalanges de papes et d'évêques. Et encore avons-nous fait ici grâce au lecteur des péripéties également interminables déclenchées par le donatisme, le montanisme, le pélagianisme et maints autres schismes et hérésies[24].

De schisme en hérésie et d'hérésie en schisme, on en arriva au Grand Schisme qui sépara l'Église grecque d'Orient de l'Église latine de Rome et dont les péripéties vertigineuses durèrent de 1378 à 1417. À vrai dire, la scission n'avait cessé de s'approfondir depuis le ve siècle. Le choc qui paracheva la fracture peut paraître en perspective dérisoire ou incompréhensible : ce fut la « querelle du *Filioque*[25] ». Il en résulta que ce furent les schismatiques d'Orient qui, paradoxe de plus, prirent le nom d'orthodoxes. L'Église devait donc subir deux grandes fractures, celle du Grand Schisme d'Orient et celle de la Réforme. En raccourci, Rome perdit donc le contrôle de l'est et du nord de ce qu'on appelait à l'époque le monde civilisé. L'Église réformée et les Églises d'Orient ne reconnaissent pas, en effet, l'autorité du pape de Rome. La leçon, soit dit incidemment, allait être surtout retenue par Mohammed, qui évita de créer des institutions religieuses.

L'autorité papale eût dû concilier, clarifier, mettre de l'ordre. Et ramener les fidèles au sentiment de Dieu et, surtout, à l'enseignement de Jésus. Or, non seulement elle ne le fit pas, mais elle ne le pouvait pas, et cela pour deux raisons. La première était que les débats théologiques se changeaient rapidement et souvent en conflits politiques. Quand au vie siècle, par exemple, l'empereur Justin, fraîchement réconcilié avec la papauté, décida en signe de sympathie pour celle-ci de priver ses sujets ariens de l'usage de leurs églises, le roi ostrogoth Théodoric força le pape Jean Ier à aller en personne à Constantinople pour faire annuler l'édit ; ce qui fut fait. Et quand le pape Silvère (536-537) refusa d'accéder à la demande de l'impératrice Théodora de réinstaller sur son siège le patriarche Anthème de Constantinople (suspect de sympathies monophysites), il fut brutalement déporté en Asie. La papauté n'avait ni les mains ni l'esprit libres et d'autant moins qu'elle était elle-même sans cesse engagée dans des menées politiques.

Les vicaires de Dieu témoignaient, en effet, d'une avidité de puissance dont les époques ultérieures perdirent le souvenir. Innocent III, par exemple, déclara que la Bulgarie (en 1204) et l'Angleterre (en 1213) étaient des « territoires féodaux » et réaffirma sa suzeraineté de potentat parfaitement séculier sur le Portugal. Pis que tout, il déclara que la Magna Carta de Jean sans Peur[26], ébauche des constitutions modernes, était nulle et non avenue. Ses successeurs consacrèrent le meilleur de leurs énergies à lutter contre d'autres potentats, Honorius III, Grégoire IV et Innocent IV contre Frédéric II, Boniface VIII contre Philippe IV de France, Clément V contre Henri VII d'Allemagne, Jean XXII contre Louis de Bavière... Cette dernière querelle ne fut d'ailleurs pas favorable à la papauté. Elle fut déclenchée parce que ce pape était opposé à l'élection de l'empereur sans son aval. Jean XXII prétendit donc déposer Louis et somma l'Allemagne tout entière de le détrôner sous peine d'excommunication et de forfaiture ; excommunier tout un pays était probablement l'entreprise la plus extravagante qu'un pape eût jamais conçue ; elle fut aussi la plus malvenue. Louis rétorqua qu'il n'avait pas besoin du pape pour se faire couronner et, après après la mort de Jean XXII, les princes allemands indignés mirent fin aux prétentions pontificales de tout régenter en déclarant que l'élection du roi se ferait désormais sans le consentement de Rome. Autant d'incidents fâcheux, déclenchés par l'arrogance, et qui firent le lit de l'antipapisme allemand et, à la fin, de la Réforme.

La leçon, pourtant, ne fut pas entendue : la seule existence temporelle des États du Vatican les impliqua longtemps dans des guerres qui n'avaient rien à voir avec les volontés divines. L'Italie en subit les conséquences, de l'invasion française de 1494 au traité du Cateau-Cambrésis. La papauté s'efforçait d'empêcher Milan et Naples de tomber aux mains des Valois ou des Habsbourg, surtout des Habsbourg, qui étaient alors allemands ; cela n'avait rien à voir avec aucune dévotion ni aucune théologie. Dieu n'avait jamais dit qu'il n'aimait pas les Habsbourg. Et ces efforts désespérés furent vains : Milan et Naples tombèrent de fait sous la griffe de l'aigle impérial. Les papes ne cessaient de faire de mauvais calculs : acharné à jeter bas le pouvoir des Habsbourg, Clément VII s'allia avec la France contre Charles Quint. Le résultat en fut qu'en 1527 les troupes espagnoles et luthériennes de l'empereur envahirent Rome et s'y livrèrent à des saccages vengeurs[27].

À plusieurs siècles de distance, l'hégémonisme papal peut paraître monstrueux. Mais dans l'optique d'un Occident alors entièrement centré sur lui-même et qui considère que le monde se limite à lui et que le reste est un vaste Nullepart (« *Hic sunt leones* », « Là, il y a des lions », disaient les cartographes antiques pour désigner des terres qu'ils ne connaissaient pas) il est tout à fait logique. Le Christ est venu, donc le monde est désormais chrétien. Le théologien anglais du XIIIe siècle Roger Bacon résume parfaitement cette philosophie : « Il n'y a qu'une seule sagesse parfaite donnée par un seul Dieu à un seul genre humain, en vue d'une seule fin qui est la vie éternelle. Elle est contenue tout entière dans les Saintes Lettres [les deux Testaments], d'où il reste pourtant à l'expliciter par le droit canon et par la philosophie. Car tout ce qui est contraire à la sagesse de Dieu, ou lui est étranger, est erroné et vide et ne peut servir au genre humain[28]. » Or, poursuit Roger Bacon, la sagesse divine est dans les mains du pape, qui a donc les moyens de diriger le monde entier. Il n'y a de droit digne de ce nom que le droit canon. Dans son utopie totalitaire vaticane, Roger Bacon prévoyait une société unique, où tous les États s'intégreraient sous la conduite du pape, comme toutes les sciences s'intègrent à la sagesse sous la règle de l'écriture. « Les Grecs reviendront à l'obédience de l'Église romaine, les Tartares se convertiront pour la plupart à la foi, les Sarrasins seront détruits, et il y aura un seul bercail et un seul pasteur[29]. » Comme on le voit, les rêves intégristes de domination mondiale ne datent pas d'hier et ils sont tous aussi dérisoires dans leur présomption les uns que les autres : les Grecs ne se sont pas soumis à Rome, les Tartares ne se sont pas convertis et les Sarrasins prospèrent, pour dire le moins. Ces rêves sont surtout dangereux : la Cité mondiale de Dieu que promettait Roger Bacon était forclose à toute différence. Dans son essence même, l'hégémonisme papal était une déclaration de guerre permanente contre tout ce qui lui résistait.

Mais il eût à l'époque fallu plus de philosophie pour le savoir que n'en pratiquaient les papes, qui étaient loin d'être des ascètes perdus dans leurs méditations et dont certains furent même des politiques de premier ordre, d'autres des aventuriers effrontés. C'est donc en toute innocence, si l'on peut dire, que la papauté poursuivait ses menées hégémoniques. L'Occident projetait ses ambitions terrestres dans l'idée de Dieu. Puisque Dieu s'était fait homme, l'Incarnation sanctionnait l'illusion d'une emprise de ses délégués sur le monde. Et le christianisme se fondait sur celle-ci pour s'approprier le mythe juif du Dieu des armées. Qui eût alors osé dire que la légitimité temporelle ne procédait pas de Dieu et donc du pape ?

Cette certitude tourna même en quelques occasions au délire personnel. Ainsi, un certain Aeneas Silvius Piccolimini, élevé à la pourpre cardinalice en 1456, en raison des succès qu'il avait obtenus en maintenant la dépendance de l'Allemagne à l'égard de Rome[30], fut nommé pape deux ans plus tard et prit le nom de Pie II. Là, il décida de s'élever et d'élever en même temps le pouvoir papal au-dessus de toutes contestations possibles. Par sa bulle *Execrabilis et in pristinis temporibus inauditus* (1460), il révoqua le régime conciliaire ! Plus question de conciles, plus question de discuter de manière parlementaire de tel ou tel point de dogme ! Plus question de consulter les cardinaux ! À sa mort, d'ailleurs, et avant d'élire son successeur, les cardinaux échaudés votèrent des règles qui leur donnaient le droit d'émettre leur avis et qui encadraient et restreignaient le pouvoir papal. En vain : leur nouveau chef, Paul II, passa outre, purgeant les structures vaticanes, dissolvant le Collège des Abréviateurs, et quand un humaniste, Platina, émit des réserves, il le fit emprisonner et torturer.

Cette transe divine et mégalomaniaque dans laquelle la papauté s'entretenait et tentait d'entretenir l'Occident fut assez forte pour que des hommes mûrs, ayant déjà une longue expérience du pouvoir (je veux dire : les papes), s'y soient installés, sans apparente idée qu'il fallût peut-être en sortir un jour, sans anxiété, sans réserves. Le concept même de Dieu est hégémonique, certes, mais on pourrait s'étonner, rétrospectivement, que cette ambition effrénée ne se soit jamais tempérée de doute. La seule hypothèse imaginable est que l'instinct de puissance fut alors trop fort pour concevoir même qu'il pût exister une autre issue que la domination intégrale du monde par la papauté.

Les revers politiques amenèrent bien une ébauche de réaction. La curie papale fut réformée et l'on fonda de nouveaux ordres religieux, sous l'influence de l'Oratoire romain de l'Amour divin. Mais le résultat effectif fut que le Vatican devint une administration bureaucratique pléthorique, entièrement italienne et vouée soit à la corruption et à la prévarication, soit à l'obstruction.

La seconde raison de l'impuissance de la papauté est que, dès le début du IIIe siècle, on pouvait trop souvent se demander quel était le pape véritable, car il y avait pléthore d'antipapes : il y en eut ainsi trente et un[31] jusqu'à la comédie d'Avignon, avec ses papes schismatiques, un comble, Robert de Genève (Clément VII), Pedro de Luna (Benoît XIII), Gil Sanchez Muñoz (Clément VIII), Bernard Garnier (qui, sous le nom de Benoît, occupa le poste unique d'antipape-contre-antipape), sans compter les deux papes de l'opposition conciliaire, Alexandre VII et Jean XXIII. Le dernier fut Félix V, qui occupa dix ans son siège, de 1439 à 1449. Et ne parlons pas de l'infortunée année 687, qui vit trois papes en même temps, Conon, Théodore et Pascal. Et encore moins des trois papes d'Avignon, Benoît XII (1334-1342), Clément VI (1334-1352) et Innocent VI (1352-1362).

Quel pouvait être dans ces conditions le pouvoir spirituel de la papauté ? De fait on le lui contesta et tant que, sous Grégoire IX (1227-1241), l'Inquisition fut établie. Ce que le pouvoir ecclésiastique n'avait pu obtenir par la vertu d'obéissance, il décida de l'obtenir par la terreur. Il existait alors un mouvement anticlérical fort, qui avait bien peu de points communs avec les hérétiques[32]. Il se durcit évidemment. La torture au service de la foi est une des idées les plus barbares et les plus antichrétiennes du monde ; aucune religion antérieure aux religions révélées ne l'a conçue. On n'ose imaginer ce que Jésus en eût dit, d'autant plus que les inquisiteurs étaient souvent animés, outre la paranoïa, par un pur et simple esprit de lucre, puisqu'ils s'emparaient des biens matériels de ceux qu'ils envoyaient au bûcher.

L'Inquisition n'était pourtant qu'un des symptômes de la fragilité et en tout cas de l'impuissance de l'Église à faire resplendir par la seule parole et surtout par l'exemple l'enseignement de Jésus. Un autre fut sa fermeture à l'évolution du monde. Sa sauvegarde résidait, certes, dans sa fermeté à l'égard des changements et des doutes qu'ils pouvaient susciter, mais sa vulnérabilité procédait de sa rigidité. Elle avait prétendu enfermer Dieu : ni les mots ni la matière ne le permettaient. Que le sentiment de Dieu ait survécu à ces convulsions et ces mascarades ne fait que prouver la profondeur et la force de son besoin.

Dans le seul XVᵉ siècle, quatre événements majeurs altérèrent radicalement l'autorité de Rome. Ils devaient aussi changer le regard que l'Occidental lèverait désormais sur ce Dieu insaisissable, jusqu'alors contemplé dans l'enclos restreint du christianisme européen.

• 1450 : les doléances de la nation allemande aux diètes impériales et aux assemblées territoriales déplorent la tutelle de la théologie sur les laïques, les revendications et l'avidité des papes, la richesse immorale de l'Église, soustraite à la juridiction temporelle et à la fiscalité, l'arrogance des « Junkers de Dieu », c'est-à-dire du haut clergé, sa corruption, ses prébendes, le système pécuniaire immoral de ses indulgences, pénitences et confessions, l'ignorance crasse du bas clergé, sans aucune formation théologique. Exemple de l'influence excessive de Rome : dans la seule ville de Cologne, qui ne compte que trente mille habitants, on dénombre dix-neuf églises, cent chapelles, vingt-deux monastères, douze hospices... Il y a cent jours fériés par an. Un Allemand sur neuf appartient au clergé. L'Église est victime de sa puissance temporelle. La Réforme n'est plus qu'à trois quarts de siècle de distance. Pour les Allemands et les futurs réformés, Dieu n'est plus à Rome.

• 1453 : Constantinople tombe aux mains des Turcs, avec ses églises, ses bibliothèques et son prestige. Né le 12 octobre 312, l'Empire byzantin s'écroule le 29 mai 1453, quand les troupes turques de Mehmet II le Conquérant entrèrent à Constantinople. Un chapitre étonnant de l'histoire de Dieu s'achève sous les canons turcs. Une fois de plus, le Créateur change de nom, il s'appelle Allah et la fabuleuse cathédrale de Sainte-Sophie devient une mosquée. Détail éloquent : au-dessus du portique impérial, on peut toujours admirer la mosaïque représentant un Christ en majesté adoré à genoux par l'empereur Léon VI : il ne faut pas s'en étonner, les musulmans révèrent Jésus comme prophète ; ils ont conservé la mosaïque.

Immédiatement apparaissent deux grands centres religieux et politiques qui menacent l'Occident chrétien, Istanbul, ex-Constantinople, qui se trouve au cœur d'un gigantesque empire européen, africain et asiatique, et Moscou, devenue « Troisième Rome », qui récupère l'héritage byzantin. L'Europe chrétienne, elle, a perdu non seulement l'accès à la mer Noire mais aussi, avec la mer d'Azov, l'accès à

la route des Indes. Et elle va devoir affronter les deux images mena-
çantes d'un Dieu orthodoxe et d'un Dieu musulman, riches eux aussi
de leurs armées et tous deux capables de manier des glaives redoutables. Le Dieu des chrétiens est mis en échec.

• 1492 : cherchant une nouvelle route des Indes, Christophe
Colomb découvre l'Amérique. Dans un premier temps, cela enrichira
l'Espagne, mais dans un second, beaucoup plus long, cela fera accéder l'Europe à la conscience des véritables dimensions du monde.
D'autres cultures et d'autres dieux lui offriront une perspective de
plus en plus vaste, où la primauté chrétienne occidentale ne cessera
de s'affaiblir. Jusqu'au point où, au XXe siècle, Paul Valéry écrira la
phrase fameuse : « Nous autres, civilisations, nous savons maintenant
que nous sommes mortelles. » L'Europe chrétienne n'est plus qu'un
continent parmi cinq autres.

• Enfin, le pouvoir financier le dispute de plus en plus âprement
au politique. Et celui-ci est insensible aux pressions politiques dont le
Vatican jouait jusqu'alors de façon magistrale ; il est également indifférent aux idéologies et, pis que tout pour une puissance qui projette-
rait de le mettre en échec, il n'a pas de lieu géographique. En effet,
l'économie monétaire européenne atteint sa première apogée (car
elle en connaîtra plusieurs par la suite) au même XVe siècle. Une aristocratie d'argent commence déjà à supplanter l'aristocratie héréditaire. Au XIVe siècle, c'était l'Église qui était la plus grande puissance
économique du monde occidental. Bénéficiant de l'exemption fiscale
dans tous les États d'Europe depuis 1294, elle s'était prodigieusement
enrichie, ce qui ne l'empêche pas de percevoir, elle, des impôts
par l'entremise des grands commerçants et des Templiers qui, en
échange de leurs avances, recevaient des rentes et privilèges.

Mais depuis lors, marchands et banquiers se sont établis à leur
compte et les premières grandes familles financières apparaissent à
Gênes, à Florence, à Augsbourg, à Anvers, à Londres. Un personnage
nouveau s'impose à partir du XVe siècle, le banquier commerçant qui
subventionne la manufacture et écoule les produits finis, machines,
soieries, verreries, etc. Les régies et monopoles de mines et manufac-
tures s'instaurent.

Le capitalisme est en train de naître et, fait majeur qui a changé
l'histoire de l'Occident et du monde, dès le XVIe siècle, il va être récupéré et dominé par les réformés, luthériens et calvinistes. Comme l'a
admirablement démontré Max Weber, l'un des plus grands penseurs
de ce temps, dans *L'Éthique protestante et l'esprit du capitalisme*, le
réformé ne croit au salut que par le travail[33]. La scission est consommée entre le monde latin et le monde protestant. Le protestant tra-
vaille d'arrache-pied de l'aube au crépuscule. Il va devenir riche, alors
que le Latin catholique, lui, croit au salut par les sacrements. L'évidence éclate au XXe siècle : le capitalisme est protestant et son

triomphe témoigne du déclin du catholicisme. « Dieu rend riche »,
dit un apophtegme protestant. Mais alors, les pauvres sont-ils
antichrétiens ? Jamais on n'a été plus éloigné de l'esprit de Jésus. Et
du Dieu des origines.

Les nouveaux princes d'argent sont libéraux : ils sont avides de
techniques nouvelles. Or, la science se développe le mieux dans le
Nord, loin des contraintes théologiques catholiques qui veulent qu'il
n'y ait de science que conforme à la théologie. Cette évolution
entraîne après la Réforme une scission de l'Europe qui suit la ligne
de fracture entre les États catholiques et les réformistes ; en plus des
barrières de la vigne et de l'olivier se crée, en effet, la barrière scientifique. C'est une barrière de feu. À partir de la Réforme, et encore
plus après la révocation de l'édit de Nantes et les dragonnades de
Louis XIV, qui exilent les élites protestantes en Allemagne et aux
Pays-Bas, c'est au nord que se font les découvertes scientifiques. Le
Dieu des catholiques n'aimerait pas la science, à la différence de
Celui des réformés.

L'idéologie chrétienne que répand Rome depuis le XIIIe siècle est
le thomisme, doctrine de saint Thomas d'Aquin et système universel
et totalitaire de référence, expliquant tout, régissant tout et enfer-
mant tout dans l'obéissance aux Écritures. Le thomisme est un déterminisme sans faille : la raison et la foi doivent s'accorder et ce qui ne
correspond pas à la foi n'est pas raisonnable. Inspiré d'Aristote, il
proclame sans frémir : « La démonstration de son [celle de Dieu]
existence est nécessaire et possible. Elle est nécessaire parce que
l'existence de Dieu n'est pas chose évidente[34]. » Et elle est possible
par le raisonnement : Dieu étant un être infini et sans concept, « il
nous faut donc conclure par voie de raisonnement cette existence
que nous ne pouvons constater ». C'est la base du *credo quia absurdum*,
et c'est également une tautologie qui soumet toute connaissance à
l'autorité théologique : je postule que Dieu existe, donc je vais le
démontrer par le fait que je ne peux pas le démontrer ; et celui qui
me critique est déraisonnable.

Dans la préhistoire du savoir scientifique où se trouve Thomas
d'Aquin, il lui est loisible de développer l'idée d'une théologie naturelle, qu'il prétend tirer de l'observation des animaux, par exemple.
Pour défendre l'institution du mariage, il avance que, même chez les
animaux non doués de raison, le mâle reste avec la femelle le temps
nécessaire à l'élevage des petits et il en arrive à dire que « le fondement de la morale, c'est la nature humaine même », vision idéaliste
tirée d'Aristote et de Platon[35]. Aquinas n'avait certes jamais étudié le
comportement des grands félins, par exemple, chez lesquels les
litières sont à la charge exclusive des femelles et toute l'éthologie
contemporaine infirme sans peine ses considérations préconçues sur
la « loi de nature ». Quant à trouver les fondements de la morale dans

la nature humaine, cela reviendrait à dire que la guerre est morale. Néanmoins, le concept de cette « loi naturelle » perdurera dans l'éthologie catholique (et protestante) à travers les siècles, parce qu'il semble inspiré par le bon sens.

Pour le thomisme aussi, la réalité sensible est une série causale dont Dieu est le sommet et toutes les opérations des corps naturels tendent vers une fin. Mais laquelle ? Si Dieu est la fin de l'homme, quelle est la fin de Dieu ? Dès que, vers le xvie siècle, la connaissance commence à s'étendre indépendamment des contraintes de la religion, comme avec Copernic, cette fin s'estompe et même disparaît. Chacun en est réduit à imaginer celle qu'il veut, tel Bernardin de Saint-Pierre qui s'émerveillait que le Créateur eût tracé des côtes sur le melon, pour qu'on pût le manger en famille. Comme de surcroît le thomisme postule que Dieu connaît tous ses effets, la perplexité des chercheurs ira augmentant au fur et à mesure des découvertes de la science : à quoi servent les taches solaires, découvertes par Galilée en 1610 ? Et les bactéries, découvertes en 1673 par le Hollandais Antonie Van Leeuwenhoek ? Et que sont donc les spermatozoïdes, que découvre quatre ans plus tard le même Leeuwenhoek ? Pendant longtemps, les autorités ecclésiastiques avaient attribué au péché les catastrophes naturelles, épidémies, tremblements de terre, inondations, mais, la réflexion et l'observation ayant montré que ni la prière ni le repentir ne semblaient les prévenir ni les arrêter, il fallut bien convenir que les explications religieuses n'étaient pas toujours les bonnes. L'Église d'ailleurs s'en avisa : le rituel romain des bénédictions de 1614 passa de quatre-vingt-huit à quinze[36].

Une fois de plus, la perspective peut exercer un effet déformant et l'on peut s'étonner non de la rigidité du catholicisme dans le domaine spirituel, mais de ses ambitions hégémoniques dans le temporel. Or, il ne pouvait en être autrement. Le christianisme naquit dans le cadre juridique romain et dans celui de la pensée hellénistique ; il n'y en avait pas d'autre. Dès le Ier siècle, il n'y eut pour les chrétiens qu'une Rome et c'était Rome. Et dès le IIe siècle, il n'y eut pour les chrétiens qu'une perspective : convertir l'Empire. Quand cela fut fait avec Constantin, Rome avait investi le christianisme autant que le christianisme avait investi Rome. Il fallait bien gouverner ; ce fut donc avec les structures administratives et juridiques romaines ; une fois de plus, il n'y en avait pas d'autres ; les Évangiles n'étaient pas un traité de gouvernement. Mais ces structures n'étaient pas celles de la Rome républicaine, c'étaient celles de l'Empire ; celui-ci était déjà centralisateur ; il devint totalitaire. L'empereur chrétien, le *basileus*, offrit à la papauté le modèle de ce que devait être le roi du monde.

Dès le IIe siècle aussi, le christianisme fut en contact étroit avec la culture hellénistique. Il ne pouvait non plus l'éviter : toute la Méditerranée parlait grec. À commencer par saint Luc, qui est grécophone, et par Jean l'évangéliste, qui a emprunté ses concepts et sa terminologie aux Grecs, sans parler de Saül-Paul, citoyen romain qui ne semble pas avoir eu de grandes lueurs sur la langue hébraïque. Gilson, l'un des meilleurs historiens du christianisme primitif, le dit d'entrée de jeu : Jean commence son texte en déclarant qu'au commencement était le Verbe, le *Logos* ; et plus tard, il dira de Jésus qu'il est « le Logos fait chair ». « Cette notion grecque de Logos est manifestement d'origine philosophique, principalement stoïcienne[37]... », relève Gilson, qui demande lequel des deux, hellénisme ou christianisme, a absorbé l'autre.

Ayant hérité les instruments du pouvoir romain, les chrétiens héritèrent donc aussi de la philosophie grecque et principalement de sa logique. Il n'aurait pu en être autrement : les deux maîtres qui marquèrent la pensée du christianisme naissant furent, en effet, Platon et Aristote. Le premier, on l'a vu dans un précédent chapitre, s'orientait vers le monothéisme métaphysique ; le second était déterministe. Leur influence dura de longs siècles, puisque, au XIIIe siècle encore, Thomas d'Aquin était donc aristotélicien et déterministe.

Sur le postulat qu'avec l'avènement de Jésus le monde était devenu chrétien, qu'il ne pouvait être que chrétien et qu'il allait devenir totalement chrétien, ils bâtirent une théologie. Celle-ci, *Theoi logos*, c'est-à-dire fondamentalement « logique de Dieu », allait affronter une difficulté prodigieuse et peut-être insurmontable : appliquer les outils de la logique à l'irrationnel fondamental, la Révélation. Elle allait ensuite condamner l'unité de la chrétienté : comme on l'a vu plus haut, les ratiocinations de l'Église des premiers siècles allaient engendrer schismes et hérésies sans fin. Ces effets n'ont jamais été plus évidents que dans l'antagonisme actuel entre les Églises orthodoxes et le Vatican.

Enfin et surtout, le discours autoritaire, *ex cathedra*, de toutes les Églises allait interposer entre les clergés et les fidèles un écran de raisonnements qui aboutissait à long terme à l'occultation de Dieu. Les circonstances et les motivations temporelles qui ont suscité la Réforme ne dissimulent guère que la raison profonde de cette formidable rébellion fut la volonté d'interpréter les textes selon sa conscience. Ce n'est guère coïncidence si les deux théologiens catholiques contemporains (interdits de chaire) qui demandent une réforme de l'Église, Hans Küng et Eugen Drewermann, sont allemands.

Dieu fut donc un Romain d'origine juive, imprégné de culture grecque. C'est la démonstration la plus évidente de l'influence des cultures sur l'image de Dieu : le Dieu romain alla s'installer à Rome, le grec resta en Orient.

À l'évidence, il ne pouvait plus être universel. Sept siècles environ après la naissance de Jésus naissait Mohammed. Et dix siècles plus tard, l'expansion islamique mettait rudement en échec le monde chrétien. On valsait à Vienne en 1830, alors que les Turcs étaient à une journée de cavalerie, que la Bosnie-Herzégovine, la Serbie, la Bulgarie, la Roumanie, la Roumélie et toute la Macédoine étaient aux mains des Turcs. La Chine, cependant, ni le Japon, ni l'Inde, ni le reste du monde n'avaient cessé d'exister. Les premières missions avaient rêvé de les évangéliser et de réaliser ainsi le vœu hégémonique de Roger Bacon. Il est devenu évident que ce rêve est sans espoir. Au ve siècle, le christianisme régentait ce qu'on appelait alors « le monde civilisé » (bien que la Chine, par exemple, ne manquât alors ni de philosophes ni d'ingénieurs). Au xxe, il ne comprend plus qu'un cinquième de la population terrestre.

Et pourtant, Dieu a échappé à toutes les frontières que des hommes prétendaient dresser par leurs discours et leurs vénérations. Le besoin humain s'en fait sentir aujourd'hui comme hier, fût-ce parfois par des voies détournées, comme on le voit particulièrement dans l'Occident chrétien, porté aux engouements exotiques. Comment Le rappellera-t-on ? Dans son ouvrage célèbre *L'Éthique protestante et l'esprit du capitalisme*[38], Max Weber explique le « désenchantement » du monde actuel par le fait que le puritanisme issu de la Réforme a exclu la possibilité de renaître purifié par les sacrements catholiques ; Weber utilise ce mot, *Entzauberung,* au sens d'élimination de la magie ou désenvoûtement comme technique de salut. Peut-être doit-on étendre de nos jours l'acception de ce « désenchantement » à la perte de la consolation, car la religion chrétienne a représenté une immense consolation depuis les origines ; ce fut même l'une des raisons de son triomphe sur le mithraïsme : Jésus accueillait la douleur des déshérités. Même les athées, ou du moins ceux qui se proclament tels, ne peuvent se réjouir de cette perte[39].

On trouve un écho de l'enchantement perdu dans le « Discours ascétique » de saint Nil l'Ascète, apologiste byzantin du ve siècle et élève de Jean Chrysostome :

> « Le propre d'une âme parfaite est d'être dégagée de tout souci ; alors que l'âme de l'impie est accablée de soucis. Il est dit, en effet, de l'âme parfaite qu'elle est "un lys au milieu des épines", ce qui indique bien qu'elle vit sans souci au milieu de ceux qui sont pleins de soucis.[40] »

L'âme parfaite était évidemment celle qui vivait conformément aux préceptes présumés divins. Dieu était donc assimilé au tranquillisant suprême ; il représentait la Félicité-en-Soi, et l'on dit souvent que les pères du désert étaient des hommes « ivres de Dieu » ; formule ambiguë et même dangereuse : ils étaient, de fait, intoxiqués par Dieu, préfigurant avec quelques siècles d'avance la formule de Marx, assimilant la religion à l'« opium du peuple[41] ». Le réveil sonné par la Réforme, puis par la Révolution française fut effectivement dégrisant ; c'est l'un des aspects de ce qu'on appelle à juste titre le « désenchantement ».

Un effort est donc entrepris pour restaurer l'enchantement. Certains proposent d'adapter la religion à l'époque, afin qu'elle puisse redevenir ce qu'elle était. C'est-à-dire qu'ils demandent une nouvelle Réforme, bien plus radicale que la précédente. Proposition ouverte aux débats pour au moins deux raisons, dont la plus évidente est que c'est justement de la Réforme que procéda le « désenchantement ». Et parce qu'elle semble improbable : quand Küng et Drewermann ont proposé un nouveau dépouillement de l'enseignement et un abandon de la scolastique, non par simplisme démagogique, mais par une fidélité réaffirmée, selon l'esprit et non la lettre, à l'enseignement de Jésus, ils se sont donc trouvés en conflit avec le Vatican. L'esprit réformateur qui avait commencé à souffler en 1955, lors du discours de Pie XII invitant les juristes à la tolérance, et les orages bénéfiques qui déferlèrent sur Vatican II grâce à Jean XXIII avaient été oubliés. La Curie s'est empressée de fermer les fenêtres ; et elle est restée inchangée. Et l'on attend toujours, en cette fin de siècle, que soient réellement insérés dans les consciences les propos de Jean-Paul II sur les « responsabilités des chrétiens dans les maux de notre temps[42]. »

Tel est l'héritage de Byzance : occultation et désenchantement. Faut-il déduire du statu quo actuel que le catholicisme identifiera Dieu pour toujours à l'édifice dogmatique historique, lentement érigé depuis Saül-Paul ? On croit entendre le cri de Boris Godounov qui s'accroche à son trône : « *Ya tsar estcho !* » (« Je suis encore tsar ! ») Mais Dieu demeure insaisissable : c'est ce que disait déjà Jésus passant devant le Temple.

Bibliographie critique

1. Michel Kaplan, *Tout l'or de Byzance*, Découvertes, Gallimard, 1991.

2. *Cf.* Jean Delumeau, « L'historien face à la déchristianisation », *in L'Historien et la foi*, ouvrage collectif, Fayard, 1996. Delumeau, auteur, entre autres, de *Le christianisme va-t-il mourir ?* expose avec lucidité les problèmes personnels et professionnels que pose à l'historien le déclin actuel du christianisme.

3. La légende, qu'on doit à la *Vie de Constantin* d'Eusèbe de Césarée, veut qu'au moment de livrer bataille à Maxence, qui lui disputait le titre d'« auguste », en 312, Constantin ait eu une vision céleste : à midi, le jour de la marche sur Rome et avant de franchir le pont de bateaux dit Ponte Molle, il aurait vu une croix de feu dans le ciel, avec une légende en grec : « Par ce signe tu vaincras », ce qui aurait décidé sa conversion au christianisme. Eusèbe assure avoir entendu ce récit des lèvres mêmes de Constantin, mais il le rapporta bien après la mort de l'empereur. L'auteur de l'opuscule *De mortibus persecutorum*, historien très bien informé des choses de son temps, rapporte, lui, que Constantin aurait eu sa vision dans un rêve le lendemain de la bataille... En dépit de sa victoire, Constantin ne se convertit formellement au christianisme que vingt-cinq ans plus tard, sur son lit de mort (Sir Henry Stuart-Jones, « Constantine », *Encyclopaedia Britannica*).

4. Ce point est remarquablement analysé dans *Vivre et philosopher sous les Césars*, de Lucien Jerphagnon (Édouard Privat, Toulouse, 1980). Ce fut dans la deuxième moitié du Ier siècle avant notre ère que la lecture des philosophes grecs déclencha la réflexion des Romains : « La légitimité [du pouvoir] reposera finalement non pas sur des institutions, sur une constitution, mais sur la valeur morale du souverain, sur sa vertu et, en dernière analyse, sur sa vocation à exercer le pouvoir. Et cela aussi vient aux Romains par les Grecs. »

5. Constantinople I (381), Éphèse (431), Chalcédoine (451), Constantinople II (553), Constantinople III (680), Nicée II (787), Constantinople IV (869), Latran I (Rome, 1123), Latran II (1139), Latran III (1179), Latran IV (1215), Lyon I (1245), Lyon II (1274), Vienne (1311-1312), Constance (1414-1418). Il y eut d'autres conciles par la suite, évidemment : Latran V (1512-1517), Trente (1545-1563), Vatican I (1869-1870)...

6. Dominique Le Tourneau, *Le Droit canonique*, Que sais-je ? PUF, 1988.

7. Le siège du concile convoqué par Apollinaire d'Hiérapolis dans la seconde moitié du IIe siècle (*Sacrorum conciliorum nova et amplissima collectio*, J.D. Mansi), concile signalé par Eusèbe de Césarée, n'est pas certain, mais on peut supposer qu'il eut lieu au siège épiscopal, Hiérapolis donc.

8. « Council », *Encyclopaedia Britannica, op. cit.*

9. Ces deux derniers furent convoqués respectivement en 313 et 314 par Constantin, mais comme l'empereur n'était pas encore baptisé et n'avait donc pas officiellement droit au chapitre chrétien, ils ne sont pas mentionnés dans la liste des conciles œcuméniques, bien qu'ils le fussent (ainsi le concile d'Arles convoqua les évêques d'Angleterre).

10. *Histoire ecclésiastique, op. cit.,* t. V, 16, 23.

11. « Council », *op. cit.*

12. Cet Acacius ne doit pas être confondu avec Acace le Borgne, évêque de Césarée, qui soutenait avec les ariens que le Fils de Dieu n'était pas semblable au Père et dont les disciples créèrent le schisme acacien.

13. Cet ouvrage en deux volumes, édité par le célèbre abbé J.-P. Migne en 1847-1853, a été réédité en fac-similé par Associated Publishers Amsterdam, en 1969.

14. Marc, I, 1.

15. Matthieu, XXVIII, 19.

16. « Avec quelle facilité de telles variations ont pu être considérées comme la forme réelle d'une parole du Seigneur ! » s'indigne Rudolf Bultmann (*L'Histoire de la tradition synoptique,* Seuil, 1973).

17. Albert Blaise, *Dictionnaire latin-français des auteurs chrétiens,* cité par André-Marie Gérard, *Dictionnaire de la Bible,* Robert Laffont, 1989.

18. « Arianisme », Pluquet, *op. cit.*

19. Historien ecclésiastique du Ve siècle, apprécié pour sa modération. On trouve son « Histoire » dans la *Patrologie* de l'abbé Migne, vol. LXVII, J.-P. Migne éd., au Petit-Montrouge, 1851.

20. M. Simonetti, « Arius, Arianisme », *Dictionnaire encyclopédique du christianisme ancien,* vol. I, Cerf, 1983.

21. À sa mort en 337, Constantin avait laissé à peu près un tiers de son empire à chacun de ses trois fils, Constantin, Constance et Constant. Il faut rappeler que Constantin avait été empereur d'Orient, Licinius ayant été, lui, empereur d'Occident. S'étant débarrassé de ce dernier en 325, il avait donc rétabli l'unité de l'Empire.

22. M. Simonetti, « Arius, Arianisme », *op. cit.*

23. Adolf von Harnack (1851-1930), *Lehrbuch der Dogmengeschichte,* 4 vol., Leipzig, 1922.

24. Le donatisme est un schisme gigantesque parti d'Afrique du Nord à la suite d'une querelle d'évêques ; commencé au IVe siècle, il dura jusqu'au VIIe. Les donatistes, sectateurs de Donat, réformateur de l'Église, étaient attachés à la tradition liturgique primitive du christianisme, durcie au feu des persécutions de 303-305, qui coûta la vie à de nombreux martyrs. Leur conception d'une « Église pure » évoque considérablement celle des intégristes catholiques du XXe siècle. Ce fut dans la réfutation du donatisme qu'Augustin d'Hippone élabora sa théologie de l'Église et des Sacrements (W.H.C. Frend, « Donatisme », *Dictionnaire encyclopédique du christianisme ancien,* t. I, Cerf, 1990).

Le montanisme est un schisme assez semblable au donatisme en ce qu'il se proposait également d'établir une Église rigoureusement pure, mais il s'en différencie en ce que Montan, prophète apparu soudain en Phrygie vers 155-160, se présentait comme le porte-parole de l'Esprit-Saint et ne visait à rien de moins qu'à prendre la tête de l'Église tout entière. Remarquablement bien organisé, le mouvement donna du fil à retordre à l'Église pendant le IIIe siècle. Il ne s'éteignit qu'au IVe. Tertullien fut sans doute le plus illustre montaniste ; détail qui donne la mesure de son radicalisme et de celui du montanisme, il niait la virginité de Marie.

Le pélagianisme est une des hérésies qui jouèrent le plus grand rôle dans l'Église primitive. Apparu à la fin du IVe siècle, il troubla la chrétienté surtout occidentale jusqu'au Ve siècle. Ainsi nommé d'après son chef, le Breton Pélage, le pélagianisme niait le péché originel et donc la Rédemption, défendait l'idée de la liberté individuelle et interprétait la grâce divine comme un appoint à la liberté, s'opposant donc à la doctrine d'Augustin, selon laquelle la grâce est le bien même de la liberté.

25. En 1054, sous l'autorité du pape Léon IX, l'Église de Rome ajouta de son propre chef dans le Credo les mots « ... et le Fils » *(Filioque)* sans la sanction d'un concile œcuménique. Les Orientaux s'en offensèrent. C'était là sans doute se montrer bien vétilleux. Mais en réalité, le *Filioque* ne fit que servir de prétexte. Les différences grandissantes entre l'Église de Rome, marquée du sceau des lois romaines, et l'Église d'Orient, profondément imprégnée de philosophie grecque, portaient en elles les germes du schisme final.

26. « Papacy », *Encyclopaedia Britannica.* Édictée en 1215 par Jean sans Peur, la Magna Carta, texte révéré depuis sa publication par des générations d'Anglais, établissait le modèle des rapports entre le souverain et ses barons, ce qui ne pouvait évidemment convenir à un potentat vatican qui prétendait considérer l'Angleterre comme une féodalité.

27. « Papacy », *op. cit.*

28. « Opus tertium », XXIII, *in Opus majus*, 3 vol., éditions J.H. Bridges, Oxford University Press, Oxford, 1897-1900. Cité par Étienne Gilson, *La Philosophie au Moyen Âge*, Payot, 1986.

29. *Id.*, XXIV.

30. Piccolomini, orateur de talent, réussit à juguler l'opposition des Grands Électeurs allemands à l'empereur Frédéric III de Habsbourg, faisant ipso facto de celui-ci un féal de Rome. Ce qui lui valut la pourpre, l'Allemagne ayant jusque-là menacé de devenir indépendante de la papauté.

31. Ce furent : Hippolyte (v. 218-235), Novatien (251-258), Félix II (355-365), Ursin (366-367), Eulalie (418-419), Laurentius (498-505), Dioscore (l'automne 530), Théodore et Pascal, antipapes rivaux (septembre 687), Constantin II (767-768), Philippe (juillet 768), Jean (janvier 844), Anastase (855), Christophe (903-904), Boniface VII (juin-juillet 974, puis 984-985), Jean XVI (997-998), Grégoire (mai-décembre 1012)... (« Papacy », *op. cit.*). J'ai également consulté l'*Histoire de la papauté pendant les* XVIe *et* XVIIe *siècles* de Léopold Ranke (Robert Laffont, 1986), mais j'engage le lecteur éventuel à la plus vigilante réserve à l'égard de l'introduction et des notes remontant à 1837 d'un certain Alexandre de Saint-Chéron, dignes de la plus consternante littérature sulpicienne.

32. C'est l'une des raisons pour lesquelles le marxisme, qui eût dû trouver le plus fertile des terrains dans l'Angleterre industrielle de la fin du XIXe siècle, par exemple, ne parvint jamais à s'y implanter de façon significative : la pauvreté y était expliquée par la paresse, non par l'exploitation des masses. « En 1830, en Allemagne, observe Braudel, le mot de *prolétariat* n'est pas encore connu, en 1955 il ne l'est plus qu'à peine » *(Grammaire des civilisations*, Arthaud, 1987). Braudel rappelle également que le mot « capitalisme » apparaît en France chez Louis Blanc *(Organisation du travail*, 1848-1850) et dans le Larousse de 1867 (donc quelque vingt ans après la publication du *Manifeste communiste* de Karl Marx et Frédéric Engels). En ce sens, on peut dire que les religions issues de la Réforme constituèrent un rempart contre le marxisme.

33. Esquivé depuis un demi-siècle au moins, le conflit fondamental entre catholicisme et capitalisme a été détourné par la guerre froide : la chrétienté, et surtout la catholicité occidentale, n'avait alors d'autre allié que le capitalisme dans sa lutte contre le marxisme ; elle ne pouvait donc le dénoncer sans paraître scier la branche sur laquelle elle était assise. Mais depuis la chute du mur de Berlin, la dureté des conditions de vie imposées par l'économie de marché a créé dans tous les pays de l'ancien bloc soviétique et en Russie même un rejet du capitalisme. Le phénomène est enregistré, à l'heure où j'écris ces lignes, même chez les peuples protestants, comme les Allemands de l'Est ; d'où un regain de faveur du communisme, paradoxalement jugé « plus humain », et un renouveau de la religiosité. Mais bien peu de voix, à mon avis, se sont fait entendre sur ce chapitre brûlant, soit par crainte de

paraître endosser la livrée défraîchie du communisme marxiste ou du catholicisme de gauche, soit par crainte de paraître donner dans l'« antiaméricanisme primaire ». Lorsque l'écrivain allemand Günter Grass a dénoncé la brutalité de l'irruption de l'économie de marché dans l'ancienne Allemagne de l'Est *(Ein weiter Feld)*, il a été vilipendé par la presse allemande comme « passéiste » et « archéo-marxiste ». Certes, depuis Léon XIII et Benoît XV, Rome a maintes fois dénoncé le matérialisme contemporain ; mais elle n'a jamais clarifié ce terme, y englobant aussi bien le plaisir sexuel que les profits financiers excessifs, ne fournissant jamais les clefs d'une analyse économique de ce mot et laissant trop souvent régner l'ambiguïté sur ce terme, assimilé traditionnellement au « matérialisme marxiste ».

34. É. Gilson, « De Thomas d'Aquin à Gilles de Rome », *La Philosophie au Moyen Âge, op. cit.*

35. É. Gilson, *Le Thomisme*, Librairie philosophique J. Vrin, 1989.

36. J. Delumeau, *L'Historien face à la déchristianisation, op. cit.* Au XVIIIᵉ siècle, toutefois, rapporte Delumeau, les rituels diocésains « réintroduisirent un nombre croissant de ces rites rassurants ». Le peuple les demandait pour être rassuré. Il me semble toutefois que Delumeau emploie parfois le terme de « déchristianisation » au lieu de « décatholicisation ». Même orthodoxes, les Russes, par exemple, restent chrétiens, et le renouveau de la religion dans leur pays, pour ne citer que celui-là, a été rapporté par tous les observateurs. Et la foi chrétienne reste vive en Amérique du Sud.

37. É. Gilson, *La Philosophie au Moyen Âge, op. cit.*

38. Édition suivie des *Sectes protestantes et l'esprit du capitalisme*, Agora/Plon, 1964. L'expression de « désenchantement du monde » a été reprise par d'autres dans divers domaines, notamment celui de l'astrophysique, dans une acception vaguement spiritualiste et définitivement étrangère à ce que désignait Weber.

39. Il semble que la première victime du désenchantement soit l'Église elle-même, la catholique plus que la protestante. Car enfin, elle avait rêvé depuis Byzance d'offrir à l'humanité le plus beau des cadeaux, la Cité de Dieu, la réalisation du rêve platonico-augustinien, l'antichambre du ciel. Très exactement l'idéal que les *talibans*, étudiants coraniques afghans, mirent en œuvre quand ils entrèrent à Kaboul « l'Impure » et qu'ils pendirent aux arbres des téléviseurs qu'ils avaient escagassés, les ornant de l'inscription « la boîte du Diable », *sandouq el shitân.* On entend encore au XXᵉ siècle les déplorations sur les temps enchantés où celui qui n'avait pas la foi constituait une singularité sociale.

40. *La Philocalie — Les écrits fondamentaux des pères du désert aux pères de l'Église* (IVᵉ-XIVᵉ *siècle),* présenté par Olivier Clément, J.-C. Lattès, 1995.

41. Sauf que Marx ne se doutait pas que le communisme, devenu religion, allait retrouver à peu près les mêmes accents quand il décrirait, dans les innombrables écrits soviétiques et chinois, le vrai communiste comme un homme dénué de tout souci...

42. La citation complète est : « De nombreux cardinaux et évêques ont souhaité un sérieux examen de conscience surtout pour l'Église d'aujourd'hui. Au seuil du nouveau millénaire les chrétiens doivent se mettre humblement en présence du Seigneur pour s'interroger sur les responsabilités qu'ils ont, eux aussi, dans les maux de notre temps », Jean-Paul II, *À l'aube du IIIᵉ millénaire,* Mame/Plon, 1994.

Rome eût voulu également annuler d'un trait de plume les trente années, 1959-1989, pendant lesquelles marxistes et catholiques ont travaillé côte à côte en Amérique latine. La « théologie de la libération », comme on l'appelait, apparut aux observateurs comme l'accomplissement du christianisme au sens originel de ce mot, c'est-à-dire doctrine de Jésus. Elle inspira à la Curie les plus vives alarmes : cela s'écartait de la tradition, cela ressemblait fort à un schisme, et les prêtres quasi ouvriers du Brésil, du Chili, d'Amérique centrale tenaient des discours d'un radicalisme social et politique dangereux. Le pape Jean-Paul II s'empressa d'aller rappeler là-bas la prééminence de Rome. L'on dépêcha des évêques et des prêtres choisis par

Rome et les théologiens réformateurs furent priés de se taire. Et depuis 1989, note un observateur, quand on entre dans une église, on est assuré qu'une fois sur deux le prêtre y aura un fort accent étranger, américain, espagnol ou italien (Michael Löwy, *The War of the Gods : Religion and Politics in South America*, Verso, Londres, 1996). Peut-être le dossier n'est-il pas clos et peut-être même est-ce le plus explosif de la longue histoire de Dieu. Peut-être sera-ce en Amérique du Sud que se produira la prochaine Réforme. Un conflit se profile, en effet, en Amérique du Sud entre le catholicisme local et le protestantisme, qui bénéficie de l'appui des missions américaines.

6

Les gnostiques
ou
les hommes qui voulurent devenir Dieu

Nature et universalité de la Gnose — L'origine iranienne de la gnose chrétienne — Jésus était-il gnostique ? — L'origine gnostique du concept d. Fils de l'homme et les éléments du gnosticisme dans les évangiles canoniques — Les soupçons de gnosticisme dans l'évangile de Jean et les preuves de gnosticisme dans celui de Thomas — Le délire logique des gnostiques helléniques — Marcion, et la menace du marcionisme pour la jeune Église catholique — La vitalité du gnosticisme et sa résurgence dans le mouvement cathare — Les méthodes respiratoires pour voir Dieu et la signature hindoue de la gnose — La clef magistrale de Clément d'Alexandrie pour la compréhension de la gnose.

Il y a bien longtemps que des hommes et des femmes ont éprouvé, partout dans le monde, qu'il est (ou qu'il leur était) impossible de trouver la divinité selon les chemins tracés par les religions établies, le sacrifice, la prière ou le discours. Accepter d'honorer le dieu de ses pères est un geste social, il n'implique pas forcément la conviction personnelle. Au mieux, dans les religions révélées en tout cas, il entretient une pratique tiède et passive, guère nourrissante pour l'âme. Le sentiment religieux de ces hommes et de ces femmes était cependant vivace, qu'on ne s'y méprenne pas. Seulement, ils estimaient qu'il existait des « raccourcis » vers Dieu, des manières de s'élever pour fondre leur identité en Lui.

On peut distinguer deux sortes de pareils raccourcis. Pour certains, il n'était possible d'appréhender la Réalité supérieure (définition transcendante de la divinité) que par un surgissement violent et passionné de tout l'être. Là seulement on pouvait parvenir à la connaissance suprême, *gnosis* en grec ou gnose. Cette connaissance n'était en rien, si l'on comprend bien ceux qui en parlent, le produit d'une activité de l'intellect, mais une révélation littéralement physique, une inondation de l'être par la lumière divine, selon sainte Thérèse d'Avila, par exemple. Ou bien encore, d'après le témoignage de Paul Claudel, que la foi saisit littéralement à l'improviste, alors qu'il se tenait près d'un pilier de Notre-Dame de Paris. Ce groupe peut être défini comme celui des mystiques.

Selon certains autres, les raccourcis auraient été (et seraient toujours) accessibles par la connaissance « intuitive » de certains secrets et méthodes immémoriaux, dont la numérologie, l'astrologie, divers types de méditation transcendantale, des disciplines de respiration, certaines pratiques sexuelles, etc. L'alchimie est un sous-produit célèbre de cette croyance dans ce qu'on appellera ici la Grande Théorie du Secret. Ce groupe peut être défini comme celui des « initiés ».

Un livre à succès du début de ce siècle, *Les Grands Initiés*, d'Édouard Schuré, prétendit ainsi faire de Jésus et de Léonard de Vinci des « initiés[1] ».

L'ensemble des deux groupes est défini de nos jours par le gnosticisme ou pratique de la gnose. Ils sont généralement distincts, les tenants de la révélation mystique ne s'adonnant guère aux spéculations alchimiques ni ceux-ci à la recherche de la révélation. Un point majeur unit cependant les deux tendances, la conviction que la matière est « mauvaise » ou en tout cas « impure » et que seul le spirituel est « bon ». Tous les courants gnosticistes sont, en effet, dualistes ; c'est là leur « signature ». Pour les mystiques, la révélation directe permet de transcender les contingences de la matière et de s'élancer vers la lumière de Dieu. Pour les seconds, la connaissance des secrets permet de discerner les structures de la volonté divine dans la matière et, dans le cas spécifique de l'alchimie, de transmuter le plomb en or, opération qu'il faut entendre au sens symbolique autant que littéral : c'est en quelque sorte une rédemption de la matière vile. Newton y consacra sept ans de sa vie et faillit, d'ailleurs, y perdre la raison.

Cette tendance (dont les racines psychologiques sont analysées dans un autre chapitre[2]) a produit un corpus de littérature assez considérable, touffu, hétérogène et souvent déconcertant par ses excentricités, qui s'étend au travers des siècles. Certes, l'Église catholique a détruit une masse considérable des textes qui empiétaient sur son terrain, mais il en reste quand même assez, en plus des témoignages, pour s'en faire une idée.

La gnose est un fantôme qui hante toutes les cultures et religions. Le pythagorisme mathématique et métaphysique du Ve siècle avant notre ère et le néo-platonisme de Plotin au IIe siècle de notre ère sont des produits du gnosticisme ; et l'on trouve les prémices de la gnose dans le bouddhisme tibétain, avec ses « mantras[3] » hypnotiques, comme dans le soûfisme[4] islamique ; les évangélistes (mystiques) Jean et Thomas en sont empreints, mais le *Roman de la Rose* et Richard Wagner le sont aussi à quelque six siècles de distance. Les kabbalistes[5] juifs du Moyen Âge sont des gnostiques (initiés), tout comme les « Esséniens » du Ier siècle[6], les cathares, les rosicruciens[7] contemporains, et les théosophes[8] du début de ce siècle, les chamans de Sibérie et d'Amérique du Nord et les sorciers d'Afrique (mystiques), et l'on peut soupçonner avec quelque raison que le culte vaudou, le zar et le zikr[9] musulmans sont tout aussi bien des émanations (mystiques) du gnosticisme mondial que les hypothèses de certains physiciens de notre époque. Les inépuisables élucubrations contemporaines sur le « secret » de la Grande Pyramide d'Égypte sont des sous-produits du gnosticisme, tout de même que les calculs extravagants de Sigmund Freud et de son médecin Wilhelm Fliess sur les cycles numérologiques qui gouverneraient l'existence[10].

Transcendante ou intellectuelle, la gnose présente la particularité de contourner le discours théologique. En principe, il n'y a pas d'Église gnostique (mais il y a eu des exceptions). Originellement, le gnosticisme est un sentiment religieux de l'innommé. Son Dieu est sans définition, ni unitaire, ni trinitaire, c'est un Logos au-delà du logos. Comme on le verra plus loin, ce courant, qui est composite et donc syncrétique, est par ailleurs étonnamment souple. C'est pourquoi le gnosticisme s'est adapté au christianisme des premiers siècles, comme il s'était précédemment adapté à l'hermétisme et à divers ésotérismes.

Il serait vain de chercher une origine de la gnose. Certains ont cru la voir en Égypte, d'autres à Babylone, en Iran, en Inde ; mais on s'avise vite qu'elle est universelle, parce qu'elle est une manière spontanée de satisfaire le besoin de Dieu. Tout au plus peut-on dire qu'il a existé des foyers de gnosticisme si intenses qu'ils ont diffusé leur lumière vers le reste du monde. La gnose est aussi une manière individuelle de répondre au besoin de Dieu, et c'est la raison pour laquelle les religions établies ont toujours considéré les gnostiques avec méfiance et parfois aversion. Au Xᵉ siècle, l'islam a persécuté, puis mis à mort son grand gnostique mystique Hossein Mansour el Hallâj, et l'Église catholique a fait un bûcher de Montségur, refuge des cathares, autres gnostiques. Le gnosticisme est, en effet, la plus grande menace pour les Églises institutionnelles : il en compromet l'existence même, car si chacun peut accéder à Dieu sans le secours de la théologie ni des prêtres, à quoi serviraient-elles donc ?

Une histoire générale de la gnose serait sans doute aussi vaste que celle-ci. Force est donc de se restreindre ici à quelques exemples pour résumer une approche universelle de Dieu. Il sera surtout question ici du gnosticisme chrétien, donc des écrits attribués aux évangélistes Jean et Thomas, de Jésus lui-même ainsi que d'une figure éminente du christianisme primitif, l'hérétique Marcion. Et de sa source la plus immédiate, le mazdéisme.

Le mazdéisme a été analysé dans un précédent chapitre[11] : c'est la religion iranienne réformée, créée par Zarathoustra sur les bases de l'ancienne religion védique des Aryas de l'Inde. Il s'impose comme la première source du gnosticisme chrétien parce qu'il est la première religion systématiquement dualiste de l'histoire : le monde d'en haut est gouverné par Ahoura Mazda, le Bon Dieu, celui d'en bas par Ahriman, le Mauvais Dieu. Le mazdéisme ne dit pas que le monde matériel est mauvais, ni que le spirituel est le seul bon, puisque l'être humain comporte en lui un moi divin, le *fravashi*, et qu'il est libre de suivre Dieu ou le Diable ; le corps et l'âme constituent une unité indivisible. Même, le mazdéisme recommande de jouir de son corps et d'en prendre soin et il fait de l'ascétisme un péché. C'est d'ailleurs pour cela qu'il est défini comme « une religion joyeuse » : pendant le mois où l'on fête le dieu du Jugement dernier, il est recommandé d'être souriant ! Néanmoins, c'est bien sa division du monde en forces antagonistes qui va mener aux formes plus radicales du dualisme, telles que celles de ces juifs inspirés et monastiques du IIᵉ siècle avant notre ère, popularisés sous le nom d'« Esséniens », entre autres.

L'accession directe à la divinité, signature du gnosticisme, est obtenue chez les mazdéens par la boisson hallucinogène *haoma* ou *soma* de la religion védique, dont il a été question plus haut[12] : c'est elle qui garantit l'immortalité à la fin du monde, après le jugement et le sacrifice final ; elle fait participer le célébrant à la nature divine. Les visions qu'elle procure pendant quelques heures sont, en quelque sorte, un échantillon de l'extase future et éternelle. Zarathoustra qualifia cette boisson d'« ordure » ; l'interdiction ne semble pas avoir été suivie d'effets, car la haoma fut consommée bien longtemps après.

Les éléments du dualisme mazdéiste introduits dans le judaïsme vers la fin du IIIᵉ siècle avant notre ère furent adoptés par une frange de la population qui rejetait l'autorité du clergé de Jérusalem, taxé d'hellénisme, donc infidèle à la Loi mosaïque ; c'est à cette frange qu'appartiennent ceux qu'on appelle « esséniens »[13]. Les Manuscrits de la mer Morte ne mentionnent pas explicitement de séances de méditation susceptibles d'ouvrir l'être à la lumière divine. Mais on ne les a pas entièrement déchiffrés et encore moins publiés et certaines mentions des manuscrits de la grotte IV indiquent que les « Esséniens » se livraient au moins à la divination. Appartenaient à leur mouvance des gens tels qu'Onias le Juste, mentionné par Flavius Josèphe, et dit aussi Onias le Traceur de cercles, qui usaient de pratiques magiques destinées à faire tomber la pluie[14]. Or, dans son épître canonique, Jacques le Juste, dit le Frère du Seigneur, parle abondamment de la pluie, à laquelle il accorde une vertu révélatrice et annonciatrice. Par ailleurs, il y a des raisons de croire que le même Jacques le Juste était sujet à des extases « ascensionnelles », typiques du gnosticisme[15]. Rien ne prouve formellement que Jacques le Juste ait été un « Essénien » ; mais l'adjonction du qualificatif « Juste » à un nom indique bien, elle, qu'il s'agit de quelqu'un de la mouvance dite « essénienne ».

Divination, pratiques destinées à appeler la pluie, extases « ascensionnelles », le gnosticisme a donc bien été implanté en Palestine longtemps avant l'apparition du christianisme. Cette forme de recours au surnaturel est certes proscrite par le judaïsme orthodoxe : l'interprétation des signes ou *nihouch*, la lecture de l'avenir dans le sable et les pierres ou *quèsem*, la prophétie astrologique ou *onanout*, la récitation de formules pour obtenir une guérison ou *héver* sont punies du fouet selon la Michnah ou loi orale des Juifs[16] ; celle-ci, en effet, assimile magie et activités associées à de l'idolâtrie. Interdictions sans effet, puisque la mouvance « essénienne » s'est de longue date écartée du judaïsme orthodoxe. Dieu n'est guère plus indulgent que ce dernier à l'égard des maniganceurs de surnaturel, car il dit : « Tu ne laisseras pas vivre une sorcière[17] » (ce qui prouve en tout cas qu'il y en avait dès les origines du peuple juif), mais Jacques le Juste ne se considérait certes pas comme un sorcier, plutôt comme un inspiré. Sans doute en était-il ainsi des autres apôtres, car on sait que les filles de Philippe étaient des « prophétesses ».

Jésus était-il un gnostique ? La question peut paraître impertinente quand on sait l'acharnement que l'Église a mis à extirper jusque fort tard toutes traces de gnosticisme en Europe, par exemple dans l'extermination des Cathares. Il est cependant évident que Jésus se rattache beaucoup plus au courant hétérodoxe de la mouvance « essénienne » qu'à celui du judaïsme orthodoxe. « Les Israélites se trouvant dans une civilisation où la magie était un phénomène courant, la Bible insiste avec véhémence pour interdire toutes les formes de sorcellerie », dit le *Dictionnaire encyclopédique du judaïsme*. Elle va jusqu'à requérir la peine de mort contre ceux qui en sont coupables[18], sans faire de différence entre magie bénéfique et magie nocive. La Bible ni le Talmud n'autorisent donc à imposer ses volontés à la nature. Or, c'est ce que Jésus fait d'abondance selon les évangélistes pendant les quelque trois ans que dure son ministère public : on dénombre vingt-sept miracles dans les quatre évangiles canoniques (bien plus si l'on fait le compte dans les autres), dont douze guérisons thérapeutiques, cinq exorcismes et trois résurrections. Telle est la raison pour laquelle ses ennemis et les sceptiques soupçonnent Jésus d'être un magicien ; l'accusation exposait donc à la peine de mort (très théoriquement, d'ailleurs, la Palestine fourmillant alors de magiciens).

Le caractère licite ou non de ces miracles, dans le point de vue de l'époque, reste ouvert à discussion, étant donné qu'il est possible pour les théologiens chrétiens de les justifier a posteriori comme l'œuvre de la volonté divine elle-même, dont Jésus serait l'incarnation. Il n'en demeure pas moins qu'ils indiquent un rapport direct entre l'homme, que Jésus est, et les puissances de la nature ou la divinité, ce qui revient au même. Par définition, un miracle est donc un phénomène surnaturel, témoignage d'un rapport privilégié avec la divinité : il est bien plus qu'une prière exaucée, il est la manifestation de la puissance surnaturelle qui investit provisoirement un être humain.

Un autre indice du gnosticisme de Jésus est l'appellation « Fils de l'homme » qui lui est appliquée (on a vu plus haut la signification de la différence de cette appellation avec « Fils d'homme ») et qu'il s'applique d'ailleurs lui-même. Rappelons d'abord que c'est celle que, dans les premiers temps du christianisme, préfèrent les chrétiens judaïsants, en opposition aux chrétiens hellénisants, qui désignent

Jésus comme « Seigneur », *Kyrios*. L'expression « Fils d'homme » ne prend pleinement son sens que dans le futur (elle se situe dans un cadre eschatologique), tandis que le terme « Kyrios » désigne le Seigneur du temps présent, immédiat[19]. Or, cette expression est spécifiquement gnostique ; elle désigne l'homme primal, l'humain parfait avant la division des sexes, l'Adam androgyne qui existait avant la création du monde et qui se révélera à la fin des temps dans le Christ.

L'image de cet Adam, premier homme encore pur, créé à l'image de Dieu, est déjà ébauchée dans l'Ancien Testament, chez Ézéchiel, qui dans une vision fantastique entrevoit une forme humaine assise sur un trône de saphir[20], peut-être aussi dans le Livre de Daniel[21], et en tout cas dans le Livre d'Énoch[22]. Ce n'est pas un ange que voit ce prophète, c'est quelqu'un de divin qui a une apparence humaine et qui est distinct de Dieu, une sorte de héros à mi-chemin entre la divinité, par définition invisible, et l'humanité primitive. Il faut relever que les trois textes qui le mentionnent sont déjà apparentés au gnosticisme : le Livre d'Ézéchiel et le Livre de Daniel sont des successions de visions extraordinaires par lesquelles les auteurs ont eu accès directement à la réalité supérieure. Quant au Livre d'Énoch, ouvrage intertestamentaire, il est directement apparenté à la mouvance « essénienne[23] ».

Ézéchiel mérite une mention particulière, en tant que fondateur du judaïsme d'après l'Exil à Babylone ; auteur de la première apocalypse connue, il est également à l'origine de la mouvance dite « essénienne », dont le thème fondamental est que le monde est trop impur pour continuer à exister et qu'il est donc promis à une fin épouvantable. Il embarrasse les commentateurs chrétiens, en raison de la place considérable que le surnaturel tient dans son livre : « Il n'est question que de visions, de miracles, d'extases, de théophanies ou encore d'actes symboliques bizarres que Yahweh lui ordonne d'accomplir pour préfigurer l'avenir d'Israël[24] », écrit Georges Codino. Exemple : Dieu aurait ordonné au prophète de rester immobile et muet pendant trois cent quatre-vingt-dix jours, puis pendant quarante jours encore. Les extravagances d'Ézéchiel ont fait même soupçonner des troubles neurologiques, tels que la schizophrénie[25]. L'abbé Loisy, qui fut excommunié pour ses vues trop indépendantes sur les deux Testaments, écrivait déjà d'Ézéchiel en 1903 qu'il « est le premier des prophètes en chambre qui écrivent des visions d'apocalypse ».

Le thème du Fils de l'homme a en tout cas pris corps à une époque indéterminée entre la date de la dernière rédaction du Livre d'Ézéchiel et le Iᵉʳ siècle de notre ère ; il est utilisé par les sectes juives qui pratiquent le baptême en Palestine ; le baptême, totalement original et inconnu du judaïsme orthodoxe, est d'ailleurs un des rites fondamentaux de la mouvance « essénienne[26] ».

Les évangélistes, sinon Jésus lui-même, se servent ainsi d'un thème gnostique préexistant[27]. Quand Jésus dit à la dernière Cène, après le départ de Judas : « Maintenant le Fils de l'homme est glorifié et en lui Dieu est glorifié » (déclaration suivie d'un déconcertant ensemble de tautologies : « Si Dieu est glorifié en lui, Dieu le glorifiera aussi en lui-même et il le glorifiera maintenant[28] »), il se réfère donc à un thème antérieur. Thème paradoxal, il faut le relever, car le concept de Fils de l'homme est totalement incompatible avec celui de Fils de Dieu, rajouté par la tradition chrétienne, du moins selon la théologie chrétienne qui fait participer Jésus de l'éternité de Dieu, ainsi qu'on l'a vu au chapitre précédent.

Mais relevons également que les thèmes teintés de gnosticisme ou franchement gnostiques ne sont pas exceptionnels dans les évangiles synoptiques ; ainsi de la parole des Béatitudes : « Heureux les cœurs purs, car ils verront Dieu » (Matthieu, V, 8). La vision directe de Dieu par un humain est un phénomène extraordinaire. Seuls deux prophètes, Moïse et Ézéchiel, ont vu Dieu ; là, elle est promise au premier mortel qui aura le cœur pur et non plus seulement à un personnage providentiel qui est, comme le prophète, l'instrument de Dieu. Or, c'est justement l'un des buts de la gnose que de voir Dieu. Si d'aventure Matthieu qui la place dans la bouche de Jésus l'ignorait, Jésus, lui, ne peut l'ignorer et encore moins les nombreux copistes qui ont relu et révisé chaque mot des évangiles canoniques.

Troisième indice qui invite à répéter la question « Jésus est-il gnostique ? », sa référence à une entité qui est le « Prince de ce monde » et qui n'est pas Dieu : « Je ne dois pas parler plus longtemps avec vous, car le Prince de ce monde approche[29]. » Ces mots sont prononcés alors qu'il sait qu'il va être arrêté, et le Prince de ce monde est évidemment le Diable. Or, c'est là une notion totalement dualiste et intrinsèquement gnostique, le reflet exact de l'idée « essénienne » selon laquelle le monde matériel appartient au Diable. En théologie chrétienne, on peut observer que, le sacrifice de Jésus n'ayant pas encore eu lieu, le monde matériel n'a pas encore été racheté par Jésus ; dans ce cas, cela signifierait qu'avant l'avènement de Jésus le monde était effectivement le royaume du Mal et que les gnostiques avaient donc raison.

Certes, les quatre évangélistes reprennent l'expression de « Fils de l'homme » en la mettant dans la bouche de Jésus. Mais alors pourquoi seul le quatrième évangéliste canonique, Jean, est-il suspect de gnosticisme[30] ? D'abord, parce qu'il se différencie des trois synoptiques par son caractère allégorique : les synoptiques rapportent les dits et faits de Jésus avec beaucoup moins d'« intentionnalité » et de manière plus fidèle. Jean, lui, ne rapporte que ceux des miracles qui lui paraissent symboliques : la guérison du paralytique (en V, 1-16), la guérison de l'aveugle (en IX, 1-34), les Noces de Cana (car le vin nouveau est le sang de la Nouvelle Alliance) et la résurrection de Lazare, qu'il est, très curieusement, le seul à rapporter, alors qu'il s'agit, si l'on s'en tient à sa description, d'un miracle majeur[31]. Jean est aussi le seul à utiliser certains mots : le Seul-conçu (parlant de Jésus), le Logos (terme emprunté aux Grecs, on l'a vu plus haut), la « lumière du monde » (définition que Jésus aurait donnée de lui-même), le Para-clet, le verbe « connaître » dans une acception beaucoup plus large que celle qui est utilisée dans les évangiles synoptiques et dans les textes de Paul ; enfin, Jean fait un usage extensif des termes « Vie » et « Vie éternelle ». Or, deux de ces expressions sont teintées ou sus-pectes de gnosticisme : « Seul-conçu » ne peut s'appliquer qu'à une création unique préparée de toute éternité qui peut être aussi bien Jésus que l'Adam originel évoqué plus haut. Et « connaître », dans le sens d'une appréhension totale de la divinité, est caractéristiquement gnostique.

D'autres indices renforcent les soupçons de gnosticisme. Ainsi, Jean commence son évangile par les termes « Au commencement de tout, il y avait le Logos », et plus loin : « Le Logos (Verbe) s'est fait chair. » Comme il identifie donc Jésus au Logos, il le définit comme ayant préexisté de toute éternité, atténuant ou même occultant son avène-ment historique, ce qui est en accord avec le gnosticisme, pour lequel le temps et l'histoire sont des illusions. Dans les évangiles synoptiques, il faut aimer Dieu pour atteindre à la vie éternelle, alors que chez Jean il faut croire en Jésus : « Celui qui croit en moi [...] ne mourra pas à la vie éternelle. » Plus caractéristique encore est la distinction, spécifiquement gnostique, prêtée à Jésus entre le monde terrestre, inintelligent et opaque, et le monde céleste, qui est lumineux : « Le monde ne peut pas recevoir l'esprit de vérité » (XIV, 17). Et encore : « La lumière est venue, mais les hommes préfèrent l'obscurité à la lumière » (II, 19). Et mieux : « Aucun homme ne peut venir à moi si le Père ne l'appelle » (VI, 44).

Est-ce Jésus lui-même qui a dit cela, ou bien est-ce Jean qui le lui fait dire ? Telle est la question qui demeure jusqu'à ce jour. Mais on conçoit aisément que les gnostiques aient récupéré l'évangile de Jean pour en faire leur miel[32]. Et il faut également souligner, avec force, que l'Église elle-même a entretenu le soupçon du gnosticisme de Jésus par sa présentation du personnage et par ses contradictions obs-tinées. Elle a insisté au cours des siècles et des conciles, et le fait encore, sur la nature entièrement humaine du Dieu incarné, mais elle a tout fait pour la démentir, en lui déniant une sexualité pour commencer. Il était homme et juif, il eût dû prendre femme ; mais ou bien il le fit et on l'a dissimulé, ou bien il ne le fit pas et il y a donc de sérieuses raisons de croire qu'il était bien un gnostique de la mouvance dite « essénienne ».

Les doutes qui peuvent flotter sur le gnosticisme de l'évangile de Jean ne sauraient subsister un instant en ce qui touche à l'évangile de Thomas. Il s'agit des treize volumes plus ou moins complets retrouvés en 1945, près de Nag Hammadi, en Haute-Égypte[33] et faisant partie de ce qu'on appelle la « bibliothèque de Nag Hammadi ». La découverte de cet évangile a suscité des remous assez extraordinaires, aussi bien dans le public que parmi les érudits, et ranimé l'intérêt pour les évangiles apocryphes, qui n'avaient jamais connu tant d'amateurs. L'évangile de Thomas pose, en effet, une question brûlante : l'histoire des origines du christianisme est-elle complète ?

Rédigé en copte, ce texte aurait été traduit du grec, de l'avis des linguistes. On en connaissait d'ailleurs des fragments en grec dans le Papyrus d'Oxyrhynque[34] ; son intérêt est donc d'être plus complet. Ce n'est pas un récit comme les évangiles canoniques, mais une collection de cent quatorze paroles ou *logia* (pluriel de *logion)* dites par Jésus ; ce genre a dû être la première forme de tous les évangiles. Le texte que voilà dérive sans doute d'un texte originel perdu, mais qui ne pouvait en être très différent, sauf si le copiste ultérieur avait, ce qui est difficile à croire, inventé de toutes pièces des paroles de Jésus. Les sources des évangiles, en effet, semblent avoir été des comptes rendus de dits et faits de Jésus ; ce n'est qu'ultérieurement qu'est apparue la mise en forme de ces comptes rendus sous forme de récits. On s'avise, d'ailleurs, que plus on s'éloigne du premier siècle, plus les auteurs romancent leurs récits ; cela est compréhensible car, le nombre des fidèles augmentant, la curiosité à l'égard de Jésus augmente également et le désir des auteurs de « prouver » l'existence de Jésus s'exacerbe et ajoute des liaisons « vécues » entre les données élémentaires, pour faire vrai et, évidemment, dans un souci hagiographique.

L'évangile de Thomas rapporte certaines paroles de Jésus qu'on connaissait par les évangiles canoniques, mais sous une forme différente. Exemple : « Jésus a dit : le fétu qui est dans l'œil de ton frère, tu le vois, mais la poutre qui est dans ton œil, tu ne la vois pas. Quand tu auras rejeté la poutre hors de ton œil, alors tu verras à rejeter le fétu hors de l'œil de ton frère » (logion 26). Ou encore : « Jésus a dit : soyez passant » (logion 42). Certaines logia frappent par leur sagesse condensée : « Malheur à la chair qui dépend de l'âme ; malheur à l'âme qui dépend de la chair » (logion 112). D'autres paroles sont présentées sous une forme énigmatique et provocatrice : « Jésus a dit : celui qui connaîtra le père et la mère sera appelé fils de prostituée » (logion 105). Cette phrase assimile « tout commerce sexuel, fût-il légitime, à une prostitution » (interprétation d'Henry-Charles Puech).

Le caractère ésotérique de l'évangile de Thomas s'impose dès les premiers mots : « Voici les paroles secrètes que Jésus le Vivant a dites... » Paroles secrètes, donc réservées à un petit nombre d'élus, ceux-là qui seraient en mesure de les comprendre. L'ésotérisme va s'affirmer de manière formelle au logion 13, quand Jésus prend Thomas à part et lui dit « trois mots ». Interrogé par les autres apôtres sur ce que lui a dit Jésus, Thomas refuse de répondre : « Si je vous dis l'une des paroles qu'il m'a dites, vous prendrez des pierres et vous les lancerez contre moi, et un feu sortira des pierres et vous brûlerez. »

Or, Thomas exagère pour accentuer le sens du mystère : on connaît les trois paroles, qui font partie de la tradition ésotérique gnostique. Ce sont des mots hébraïques : *kaulakau, saulasau, ziërsam*, chacun répété. Le premier signifie : « tribulation sur tribulation », le deuxième, « espérance sur espérance » et le troisième, « attends encore un peu, un petit peu[35] ». Il n'y avait certes pas là de quoi le faire lapider.

Le caractère gnostique s'annonce au logion 17 : « Jésus a dit : je vous donnerai ce que l'œil n'a pas vu et ce que l'oreille n'a pas entendu, et ce que la main n'a pas touché et ce qui n'est pas monté au cœur de l'homme. » C'est-à-dire qu'il donnera la révélation. Il confirme le logion 3 : « ... le Royaume est à l'intérieur de vous et il est à l'extérieur de vous », et annonce le logion 22, qui est d'un pur gnosticisme : « Lorsque vous ferez de deux un, et que vous ferez l'intérieur comme l'extérieur, et l'extérieur comme l'intérieur, et ce qui est en haut comme ce qui est en bas, et lorsque vous ferez le mâle avec la femme en une seule chose, en sorte que le mâle ne soit pas mâle et que la femme ne soit pas femme [...] alors vous entrerez dans le Royaume[36]. » C'est là un reflet fidèle du mythe de l'homme parfait androgyne évoqué plus haut.

Or, c'est le thème des gnostiques naassènes[37], pour lesquels, le royaume des cieux étant à la fois intérieur et extérieur, il est indifféremment l'un et l'autre et n'est au fond (c'est l'interprétation que rapporte Puech) ni l'un ni l'autre : il se situe là où il n'y a plus de distinction entre l'intérieur et l'extérieur. Il n'attend, pour être découvert, que la connaissance de l'homme par lui-même. L'une des particularités de l'évangile de Thomas est d'ailleurs l'insistance qu'y met Jésus sur la connaissance de l'homme par lui-même : « Connais ce qui est devant ta face, et ce qui t'est caché sera dévoilé ; car il n'y a rien de caché qui ne sera dévoilé » (logion 5). Celui qui connaît le Tout, étant privé de soi-même, est privé du Tout » (logion 67).

La question qui vient irrésistiblement à l'esprit est : Jésus a-t-il prononcé ces paroles ? L'évangile de Thomas ne serait-il pas une fabrication tardive de gnostiques ? Un astucieux faussaire aurait-il mélangé des déclarations gnostiques à des paroles de Jésus connues par les autres évangiles ? Telle serait évidemment l'opinion de l'Église. Mais de l'avis de spécialistes tels que Helmut Koester[38], le texte de Nag Hammadi est une version d'un texte rédigé en araméen au milieu du Ier siècle et il était connu d'auteurs du Ier siècle. Pourquoi alors ne retrouve-t-on pas dans les autres évangiles les mêmes paroles de Jésus que dans l'évangile de Thomas ? L'hypothèse de Philippe de Suarez est que les auteurs des évangiles synoptiques et de celui de Jean ont laissé de côté des phrases de Jésus trop difficiles à comprendre pour le public auquel ils s'adressaient. Ces évangiles rapportent d'ailleurs que les discours de Jésus n'étaient pas toujours compris des auditoires de l'époque et même des apôtres eux-mêmes. On concevrait aisément cette sélection au lu du logion 107 et encore plus du logion 114 : « Simon Pierre leur dit : Que Marie sorte du milieu de nous, car les femmes ne sont pas dignes de la vie. Jésus dit : Voici que je l'attirerai afin de la faire mâle ; pour qu'elle devienne, elle aussi, un esprit vivant semblable à vous, mâles. Car toute femme qui se fera mâle entrera dans le Royaume des cieux. » Ces logia auraient, en effet, prêté à des interprétations tendancieuses[39].

L'évangile de Thomas ne fut pas le seul résolument gnostique, ni certes le seul texte gnostique retrouvé à Nag Hammadi. On trouva, trois autres évangiles, l'évangile de Vérité, l'évangile des Égyptiens et l'évangile de Philippe. Le premier est un texte assez déroutant, en ce sens qu'il est difficile d'en définir le cadre : c'est une narration lâche, qui réemploie des traditions de l'Église primitive pour soutenir un certain nombre de thèmes gnostiques, dont la primauté de la révélation, l'authenticité de l'être éclairé, l'odeur de vertu qui s'élève lors de l'intégration de l'être dans l'incorruptibilité de l'esprit divin et le repos dans le Seigneur. L'évangile des Égyptiens n'a pas de rapport avec l'apocryphe du même nom mentionné dans la littérature néo-testamentaire et la définition d'« évangile » peut lui être difficilement appliquée ; c'est en gros une cosmogonie assez hétéroclite centrée sur le dieu égyptien Seth. La communauté gnostique de Nag Hammadi était, en effet, très active au sein de la bien plus grande communauté gnostique méditerranéenne et orientale.

Il n'existe pas d'évaluation du nombre de sectataires qui vivaient dans les communautés gnostiques des premiers siècles de notre ère, pas plus d'ailleurs que des communautés chrétiennes. Jusqu'à Constantin, en effet, le christianisme, sur lequel le gnosticisme a fleuri comme il l'a fait sur d'autres religions, fut à peine toléré et souvent réprimé, les Romains ne faisant guère grande différence entre les juifs et les chrétiens, secte juive ; ce qui explique sans doute qu'on ait trouvé tant de textes gnostiques dans des régions qui subissaient moins directement les menaces des persécutions romaines, en Syrie et en Haute-Égypte. Toujours est-il que le gnosticisme prospéra tant et si bien que, dès la fin du IIe siècle et jusqu'au VIIe siècle, les Pères de l'Église et les hérésiologues accrurent sans cesse l'intensité de leurs attaques. La gnose représentait, en effet, pour le christianisme un danger égal à celui du mithraïsme et même un danger plus grand, étant donné ses apparentements profonds avec le christianisme : Mithra était un dieu étranger, « païen », tandis que les gnostiques, eux, avaient le même Dieu et le même Fils que les chrétiens orthodoxes. Dès la fin du IIe siècle, Irénée de Lyon et même Tertullien, pourtant fortement marqué par le gnosticisme, tonnent contre les gnostiques dits valentiniens. L'offensive ne s'arrêtera plus, d'Origène et d'Hippolyte de Rome à Épiphane de Salamine. L'affaire a commencé d'ailleurs du temps même de Jésus, puisque Simon le Magicien est déjà un gnostique et que ses deux disciples Ménandre (que certains présenteront comme le Messie) et Satornil diffusent un enseignement typiquement gnostique.

Or, ils ont du grain à moudre. Les sectes gnostiques commencent à pulluler : ophites, barbélognostiques, basilidiens, saturniniens et assimilés, pérates, séthiens, caïnites, archontiques, sévériens, carpocratiens, marcionites, valentiniens, ptoléméens menacent d'étouffer le christianisme sous l'extraordinaire variété d'idées et de textes qu'ils produisent. La lecture des cosmogonies et théologies gnostiques actuellement disponibles engendre un vertige mélangé d'incrédulité. À l'évidence, l'hellénisme raisonneur s'est emparé d'une tendance qui, justement, prétendait privilégier l'accès direct à Dieu. C'est un véritable délire logique qui déferle par torrents, secouant toutes les philosophies, toutes les religions. L'on n'y retrouve même plus trace des fondements helléniques dont ils dérivent, c'est le mot. Même si Platon est pour eux l'un des maîtres absolus, le Grand Précurseur.

On trouve ainsi dans la *Théologie mystique* du pseudo-Aréopagite le texte suivant :

« Nous disons maintenant que cette cause [il s'agit de Dieu] n'est ni âme, ni intelligence ; qu'elle ne possède ni imagination, ni opinion, ni raison, ni intelligence ; qu'elle ne peut ni exprimer, ni concevoir, qu'elle n'a ni nombre, ni ordre, ni grandeur, ni petitesse, ni égalité, ni inégalité, ni similitude, qu'elle ne voit pas, qu'elle ne demeure immobile, ni ne se meut ; qu'elle ne se tient au calme, ni ne possède de puissance ; qu'elle n'est ni puissance, ni lumière ; qu'elle ne vit ni n'est vie ; qu'elle n'est ni essence, ni perpétuité, ni temps ; qu'on ne peut la saisir intelligiblement ; qu'elle n'est ni science, ni vérité, ni royauté, ni sagesse, ni un, ni unité, ni déité, ni bien, ni esprit au sens où nous pouvons l'entendre ; ni filiation, ni paternité, ni rien de ce qui est accessible à notre connaissance, ni à la connaissance d'aucun être ; qu'elle n'est rien de ce qui appartient au non-être, mais rien non plus de ce qui appartient à l'être ; que personne ne la connaît telle qu'elle est, mais qu'elle-même ne connaît personne en tant qu'être ; qu'elle échappe à tout raisonnement, à tout savoir ; qu'elle n'est ni ténèbres, ni lumière, ni erreur, ni vérité ; que d'elle on ne peut absolument rien affirmer ni rien nier[40] », etc.

Or, cet intégral cauchemar conceptuel se poursuit pendant des pages. Peut-être n'existe-t-il pas dans l'histoire de toutes les littératures un texte aussi absurde au sens fondamental du mot, puisqu'il ne démontre rien, ni son contraire. Le postulat de l'indéfinition de Dieu était certes admis depuis le début du gnosticisme chrétien, mais démontré de façon systématique comme c'est ici le cas, il assimile quasiment Dieu au néant. Je ne cite ce texte extraordinaire que parce qu'il est exemplaire du délire où peut mener l'effort de définition de Dieu quand il prétend se garder de tous les pièges de la représentation de Dieu. On ne peut s'empêcher de rêver en le lisant que, si le Dieu anthropomorphique de l'Ancien Testament en a jamais eu connaissance, il aura été pris d'une inextinguible crise de fou rire. Un tel texte bat en gratuité le ridicule déjà extraordinaire du récit de la création de l'être humain dans *Timée* de Platon. Il condense, si l'on peut dire, l'inanité de tout effort de connaissance de Dieu. C'est aussi, en effet, le texte le plus désespéré et le plus désespérant de toutes les théologies ; il décourage même le désir de la connaissance gnostique de Dieu par l'effort spirituel suprême : à quoi bon tenter de connaître la nullité insignifiante ? Poussée à ses limites, dont les lignes ci-dessus me paraissent représenter la plus ultime, la gnose mène tout droit au nihilisme, à l'incohérence, au verbiage fou. Ou du moins peut y mener, comme on le verra plus loin.

Telle fut sans doute la raison de l'échec de la gnose en tant que mouvement organisé, quoi qu'en aient dit et en disent toujours ses défenseurs : qu'elle n'était pas une hérésie (point de vue assez répandu, mais difficilement soutenable et, d'ailleurs, on est toujours l'hérétique d'un autre) ou qu'elle fut « une hellénisation radicale et prématurée du christianisme » (Renan). Elle autorisait les systèmes d'interprétation les plus anarchiques. Certes, tous les textes ni toutes les règles gnostiques ne sont aussi absurdes que celui du pseudo-Aréopagite, sans quoi la gnose eût été balayée d'un revers de main. Ce qu'elle ne fut pas.

Son idée maîtresse fut la responsabilité du Mal. Elle s'attaqua ainsi à l'un des dilemmes élémentaires que le christianisme avait hérités du judaïsme et dont il ne parvint à se sortir que par un *deus ex machina*, Satan, lequel au fond ne résolvait rien[41]. Ce dilemme est simple : ou bien Dieu est tout-puissant et il est responsable du Mal qui advient dans le monde, ou bien il est bon, et dans ce cas il se heurte à une puissance égale à la sienne, mais il ne peut être à la fois bon et tout-puissant. Dans l'ancien judaïsme, Satan n'était qu'un serviteur de Dieu, destiné, comme dans le Livre de Job, à mettre à l'épreuve l'amour de ses créatures. Mais cela revenait à faire de Dieu le responsable du Mal, idée que le christianisme, déjà influencé par les courants mystiques et apocalyptiques et même prisonnier d'eux, ne pouvait accepter : elle induisait, en effet, le soupçon perpétuel à l'égard de Dieu. Satan changea donc de rôle et fut accusé d'être le responsable du Mal. Cela à son tour revenait à réduire la puissance de Dieu et à créer le système apocalyptique dans lequel Satan ne continuerait à faire le Mal que jusqu'à la fin des temps historiques. À la fin du monde, en effet, Dieu anéantirait Satan. La Rédemption et l'Incarnation avaient visé à arracher le monde aux griffes de Satan, mais elles n'annulaient pas le dilemme évoqué plus haut : Dieu restait tenu en échec par Satan.

Telle avait été, d'ailleurs, la raison de l'échec relatif du mazdéisme : après la réforme de Zarathoustra et la réduction du panthéon védique à deux puissances antagonistes, Ahoura Mazda et Ahriman, les mazdéens se retrouvèrent avec un dieu bon, mais au pouvoir limité. Ils en furent mécontents et élevèrent au rang suprême un dieu que Zarathoustra avait « remisé », Zourvan, le Temps. Celui-ci était le père d'Ahoura Mazda et d'Ahriman ; dans la nouvelle cosmogonie des zourvanites, il n'était responsable ni du bien que faisait l'un, ni du mal que faisait l'autre. Le modèle de la gnose était dressé : le monde était partagé en deux, le Bien et le Mal, régis chacun par des divinités inférieures et antagonistes, le Dieu de l'Ancien Testament et le Diable ; au-dessus d'eux régnait un Dieu inconnaissable, puisqu'il ne se manifestait par aucune action. On comprend que la gnose n'ait pas reçu l'aval du christianisme, pour dire le moins, et chacun saisira l'ampleur de l'hérésie ainsi formulée (et jugera de l'argumentation selon laquelle elle n'aurait pas été une hérésie).

Pis que tout, celui qui avait créé le monde en accord avec Satan, le Grand Archonte et Dieu des armées, était selon Marcion l'un des proto-gnostiques les plus célèbres, le Dieu de l'Ancien Testament. Né à Sinope, vers 85, fils de l'évêque de la communauté chrétienne locale, il fut excommunié par son propre père pour des théories inadmissibles par le christianisme. Saül-Paul était mort depuis vingt ans à Rome, la communauté chrétienne était encore réduite et fragile dans sa foi toute neuve. Marcion s'exila en Asie Mineure, où il semble qu'il ait fait fortune comme armateur, puisque parti pour Rome, où il rédigea son « Nouveau Testament » et ses « Antithèses », il fit un don considérable à la communauté chrétienne, deux cent mille sesterces. Sur quoi il invita les presbytres à prendre position sur sa doctrine. Ceux-ci l'exclurent évidemment de la communauté, qui lui rendit son don.

Il fut « le réformateur du christianisme primitif », ayant fondé, non une secte de plus, mais une véritable Église, très organisée et qui gagnait de l'audience : l'Église du Christ. Il se présentait en successeur de saint Paul. Vers 150, donc environ six ans après que Marcion eut été excommunié, Justin rapporte que l'évangile de cet hérétique avait gagné toute l'humanité et Tertullien que « la tradition hérétique de Marcion a rempli l'univers[42] ». Ce n'était pas une mince affaire que le marcionisme.

Sa séduction était double : d'une part, il reconnaissait Jésus comme le fils de Dieu et, de l'autre, il soulevait des objections au christianisme paulinien dont la pertinence demeure intacte jusqu'à nos jours. En effet, Marcion observait que Jésus enseigne l'amour miséricordieux, alors que celui de l'Ancien Testament pratiquait une justice vindicative : « L'histoire tout entière du monde décrite dans l'Ancien Testament, d'Adam au Christ, forme un drame immoral et repoussant, monté par Dieu qui a créé ce monde aussi mauvais que possible et qui, partant, ne vaut pas lui-même plus que sa lamentable création », ainsi Leisegang résume-t-il la doctrine de Marcion. Jésus ne pouvait donc pas être le fils de ce Dieu-là. Il était le fils d'un Dieu bon, le fils de ce Dieu inconnu que Saül-Paul annonçait à Athènes en ces termes :

> « Hommes d'Athènes, je vois qu'en tout ce qui touche à la religion, vous êtes singulièrement scrupuleux. Car tandis que j'allais examinant les objets de votre vénération, j'ai noté entre autres un autel portant l'inscription : "À un dieu inconnu". Ce que vous révérez mais ne connaissez pas, c'est ce que je suis venu proclamer[43]. »

Et Marcion d'assurer que la chrétienté avait été abusée, qu'on lui avait laissé accroire que Jésus était le fils du Dieu de l'Ancien Testament, lequel n'était pas le bon, alors que Jésus était le fils du Dieu bon. Marcion se lança donc dans un discours que, de nos jours, on qualifierait de « révisionniste » : un complot avait été ourdi pour restaurer, par l'entremise de Jésus, le Dieu des juifs. Il est à peine besoin de démonter ici l'erreur de Marcion : le clergé de Jérusalem avait condamné Jésus pour des menées qu'il jugeait séditieuses et qu'il savait inspirées par la mouvance « essénienne ». Et l'œuvre de Saül-Paul consista à créer une Église justement différenciée de l'ancien judaïsme (d'où ses querelles violentes avec la communauté évangélique primitive de Jérusalem, Pierre, Jean, Philippe et Jacques le Majeur, ainsi que la formidable bagarre du souper d'Antioche où Pierre et lui se traitèrent d'hypocrites et autres aménités, parce qu'il y avait admis des non-circoncis). Ou Marcion était ignorant ou il feignait de l'être. Mais son influence fut considérable, car il fut le premier à opposer les Évangiles, les Actes et les Épîtres à la Loi et aux Prophètes ; ce fut d'ailleurs grâce à (ou à cause de) lui que l'Église réunit les Évangiles, les Actes et les Épîtres des apôtres sous la forme d'un Nouveau Testament. Mais ce ne fut qu'au concile de Trente (1545-1563) que la liste des livres saints définis comme authentiques fut fixée[44].

Mais la question fondamentale soulevée par Marcion demeura sans réponse. Et force est de se demander aujourd'hui si le gnosticisme marcionite en particulier était réellement antinomique de l'enseignement de Jésus et de l'évangile de Jean. Ce qui expliquerait sa vitalité extraordinaire : le gnosticisme, en effet, ne s'est jamais éteint, à la différence de la plupart des autres hérésies. Le gnosticisme chrétien des premiers siècles, celui des Marcion, Valentin, Basilide et autres, n'est sans doute plus qu'historique ; ce fut la chance du christianisme. « Si le gnosticisme l'avait emporté, écrit Marcel Simon, c'en était fait de l'originalité du christianisme, qui se serait dilué dans le syncrétisme ambiant[45]. » Nous eussions eu un Dieu radicalement différent de celui de l'Ancien Testament et l'on jugera plus bas que, dans ce cas, toute l'actuelle chrétienté aurait été composée d'incroyants. Reste une question : si le gnosticisme était bien une hérésie au regard des dogmes chrétiens, ses propositions étaient-elles insoutenables ?

Telle ne fut pas l'opinion d'une partie de la chrétienté. Les graines semées par le dualisme des premiers siècles devaient germer plusieurs siècles plus tard. Parmi les dualistes du IIe siècle, en effet, figurèrent des radicaux assez particuliers, les encratites, mot dérivé du grec *egkrateia*, εγκρατεια, qui signifiait abstinence. Descendant en ligne directe de la mouvance « essénienne », ils postulaient qu'Adam n'avait pas été sauvé, que le mariage et le vin étaient des inventions démoniaques, ils étaient végétariens, célébraient la messe avec de l'eau et rejetaient la plus grande partie de l'Ancien Testament. La secte avait été fondée, assez paradoxalement, par un apologiste chrétien, Tatien. Après la mort de Justin Martyr, à Rome, Tatien changea d'orientation théologique et devint gnostique, ce qui prouve une fois de plus l'attraction du gnosticisme. On ne sait si ce fut bien Tatien qui fonda l'encratisme, mais son nom lui est étroitement associé[46]. Il faut dire ici que l'Église récupéra plus tard certains courants monastiques à l'origine encratites.

Après le Ve siècle, l'Église, enfin consolidée par la consécration du christianisme comme religion de l'Empire romain, crut ou espéra en avoir fini pour toujours avec le gnosticisme. La déception fut sans doute vive quand, entre 1012 et 1020, apparut dans le Limousin une secte qui prônait, elle aussi, l'abstinence extrême : les cathares, c'est-à-dire les purs. On les appelle aussi parfaits et albigeois, bien que le centre du mouvement ait été Toulouse plutôt qu'Albi (comme ils se couvraient de manteaux blancs, il est possible que cela explique leur nom). On ne connaît presque pas les textes qui les inspiraient, car ils furent détruits par l'Église[47]. Mais enfin, il fut vite évident que c'étaient là des descendants directs des encratites.

Le gnosticisme avait donc la vie dure. Il faillit entraîner la France dans la guerre civile. L'Église tonna. Au concile de Toulouse, en 1119, donc près d'un siècle après le début de la contagion, les évêques exigèrent que les pouvoirs séculiers les aidassent à réprimer l'hérésie. La liberté de culte n'existait évidemment pas. Mais les pouvoirs en question n'avaient rien à reprocher aux Cathares, surnommés les Bons Hommes, car ils étaient, en effet, très pieux et menaient une vie irréprochable. Protégés d'abord par Guillaume IX d'Aquitaine, les Cathares se trouvèrent bientôt l'être par la noblesse méridionale. Un autre siècle se passa de la sorte, les Bons Hommes tenant des discours peu charitables à l'égard du clergé catholique. Quand Innocent III (1198-1213) monta sur le trône papal, la vague cathare qui déferlait depuis quelque deux siècles menaçait de l'emporter sur le catholicisme dans tout le Sud, d'Agen au Rhône. Le pape chargea donc en 1209 les moines cisterciens d'une croisade contre les Cathares. Le résultat en fut que la noblesse du Nord se trouva en guerre avec celle du Sud. Outre les morts qu'elle causa, cette guerre détruisit la civilisation provençale ; ce ne serait d'ailleurs pas la seule détruite au nom de Dieu. Le traité de Paris en 1229 ne régla rien du point de vue religieux ; l'hérésie subsista. Durant tout le XIIIᵉ siècle et une bonne partie du XIVᵉ, l'Inquisition condamna sans désemparer dans toutes les grandes villes du Sud. Un nombre inconnu de Bons Hommes et de leurs partisans montèrent sur le bûcher, sans parler des deux cents Cathares qui furent brûlés à Montségur en une seule journée de 1245.

Par un détournement d'Incarnation, Dieu était redevenu comme à Byzance une affaire politique, au détriment justement de ceux qui ne le voulaient pas. Allait-Il jamais cesser de l'être ? Certains jadis et aujourd'hui estiment que si Dieu s'était fait homme, ce n'était pas pour allumer les bûchers de Montségur et de l'Inquisition, ni pour les dragonnades et la Saint-Barthélemy. Ou bien alors que ce que disaient les gnostiques était vrai et que ce n'était pas le bon Dieu, mais l'Autre. Telle est la raison pour laquelle il y a encore un vaste mouvement gnostique au XXᵉ siècle.

Il s'en faudrait pourtant, et de beaucoup, que le gnosticisme chrétien dût être considéré comme une « religion de lumière » que seule la malchance aurait empêché d'atteindre à la place occupée par le christianisme. Il y a eu une gnose préchrétienne, puis une chrétienne, une juive, une musulmane ; or, ce qui frappe dans la lecture des textes de ces gnoses est que la chrétienne est la seule qui témoigne ce qu'on peut appeler une haine de la vie. De Marcion aux Cathares, c'est le même dégoût du sexe, de la viande, du vin, des fleurs, du plaisir, de la création et de son Créateur. Si l'on dépouille le gnosticisme chrétien de son fatras hellénistique, de ses arguties philosophiques, de son délire logique, ce qu'on trouve en fin de compte est un cri de haine extraordinaire à l'égard de Dieu parce qu'Il a créé le monde. « Tu m'as fait naître ! » Reproche suprême. Quand Valentin, autre maître gnostique, dit à ses disciples : « Vous êtes immortels dès le principe[48] », il dit en réalité : « Et c'est par la faute de Dieu que vous ne l'êtes plus, que vous êtes en proie à la corruption, que vous vieillirez, serez gâteux et mourrez ! »

Nulle surprise que les gnostiques chrétiens aient considéré Platon comme leur maître, qu'on ait retrouvé une copie de *La République* dans les manuscrits gnostiques de Nag Hammadi, que Justin Martyr ait déclaré que, pour l'essentiel, l'enseignement de Platon était celui de Jésus (fulminante sottise !) et que toute la gnose chrétienne des premiers siècles porte la marque du boxeur de l'Académie ! Platon enseignait l'Ordre, l'ordre parfait et absolu, sans maladie, sans mort, sans passions, sans désordre, sans sécrétions physiques, sans émotions, sans poésie et sans musique (juste des marches militaires, et j'exagère à peine), bref, un monde sans péché. Ils parlaient tous grec, ils ne se résolvaient pas à quitter la matrice grecque, mais celle d'une Grèce déjà imaginaire, la « Grèce blanche » sclérosée des antiquaires allemands du XVIIIᵉ siècle et des phraseurs anglais du XIXᵉ, l'Arcadie idéale. Ils n'étaient, au fond, pas plus chrétiens que Platon et certainement moins avisés que Socrate.

Le leur reprochera-t-on ? Le paradoxe insensé est que ce serait blasphématoire, car ils ont entendu les mots de Jésus, ils les ont même trop bien entendus : « J'ai dit que vous êtes tous des dieux et fils du Très-Haut, vous tous » (Jean, X, 34). C'est Jésus lui-même qui les a convaincus de leur divinité ! Une fois de plus, est-ce lui le gnostique ? Ou bien Jean ?

La croyance en un Dieu parfait était pour les gnostiques chrétiens incompatible avec la misère de l'existence humaine. On retrouve là une démonstration de la thèse de Ludwig Feuerbach : Dieu est une projection de l'esprit humain et celui-ci, qui se veut lui-même projection de la divinité, ne tolère pas son imperfection : s'il est imparfait, c'est que le Dieu qui l'a créé est lui-même imparfait. Le gnostique chrétien (et lui seul) est Caliban, le personnage de *La Tempête* de Shakespeare, qui se regarde dans l'eau d'un puits et, se trouvant laid, brouille son image.

Quelle est la différence entre un gnostique et un mystique ? Mince. Le gnostique hellénisant bâtit des systèmes, le mystique, une méthode d'accéder à Dieu, quand il ne s'abandonne pas à la « folie en Christ » dont parle Saül-Paul[49]. Le fou en Christ rejette toutes les liturgies de même que les conventions sociales. Il ne respecte personne mais, par un curieux paradoxe, il est respecté en tant qu'homme de Dieu. C'est le cas des trois Siméons (les deux Stylites et le Fou[50]). Mais les personnages de ce type abondent dans la tradition et la littérature russes[51], chez Dostoïevski et Tolstoï en particulier[52].

Tous croient qu'il existe des méthodes pour obtenir la révélation. Car il faut se disposer physiquement et spirituellement à la vision béatifique. Les bouddhistes tibétains ont la leur. Les moines chrétiens d'Orient des premiers siècles aussi ; ils vont s'isoler dans des monastères, tels que sainte Catherine du Sinaï (qui existe jusqu'à nos jours). Là, à l'instar de leurs frères tibétains, ils se livrent au culte continuel de la présence de Dieu, l'*hesychia*. Ces moines, qu'on appelle acémètes, c'est-à-dire « ne se couchant pas », chantent les louanges de Dieu vingt-quatre heures sur vingt-quatre, se relayant pour assurer la continuité de l'hesychia.

Ils vont plus loin : ils contrôlent leur respiration pour voir Dieu, car selon les paroles de Siméon, le Nouveau Théologien, il est important de voir Dieu dès cette vie :

> « Tu sais que ce que nous respirons, c'est l'air, écrit au XIVe siècle le moine Nicéphore. L'organe par lequel nous l'expirons n'est autre que le cœur. C'est lui qui est cause de vie et de chaleur pour le corps. Le cœur donc attire l'haleine afin de tempérer par la respiration sa chaleur, et de se procurer ainsi la température convenable. Et la cause de cette combinaison ou plutôt l'agent, c'est le poumon, lequel fait par le Créateur en tissus ténus, sans se lasser, tel un soufflet, fait entrer et sortir l'air ambiant. [...] Toi donc, assieds-toi, recueille ton esprit, introduis-le, cet esprit, dans le passage nasal où l'air respiré entre dans le cœur, pousse-le et force-le à entrer avec l'air respiré dans le cœur. Une fois entré là, ce qui suit ne sera plus que joie et délice[53]. »

C'est ce que l'on appelle la méthode d'oraison hésychaste. Son héros, car c'en fut un au regard de l'Église orthodoxe, fut Grégoire Palamas (1296, Constantinople, 1359, Salonique). C'est le plus célèbre des hésychastes et, à coup sûr, l'un des gnostiques les plus connus. Pour lui, l'hésychasme provoque un renouvellement de l'esprit qui, en s'appropriant l'intelligence de Jésus, permet d'accéder à la plénitude divine[54].

L'inventeur de l'hésychasme n'est cependant pas Siméon, c'est le bouddhisme indien : la description ci-dessus correspond exactement à celle d'une technique bien antérieure, la *pranayama* du yoga, « moyen servant à obtenir l'*unio mystica*, l'union de l'âme humaine à l'âme divine[55] ». L'Inde a récupéré le christianisme ! L'avait-elle jamais quitté ? C'est, en effet, au védisme hindou réformé qu'on doit ce qui distingue fondamentalement la religion du Nouveau Testament de celle de l'Ancien : le dualisme Dieu-Satan.

Née en Afrique, c'était en Inde que l'humanité avait fait ses classes de théologie. Le reste des millénaires ne serait que raffinements et redites. Finalement, le cadeau de la Grèce à l'Occident, creuset d'immigrants asiatiques, avait été la sagesse de l'Asie. Platon n'était qu'un brahmane et Diogène, le premier des staretzki. L'Orient chrétien et Byzance brodaient sur Bénarès.

L'Inde avait depuis longtemps compris que le besoin de Dieu, c'est celui d'être Dieu. « Quand l'âme de l'homme est en paix, dit Krishna dans la *Bhagavad-gita*, son âme est en Dieu [...], dans la joie infinie de l'union avec Dieu. » Et c'est encore Krishna qui dit : « Celui qui vit dans l'unicité de l'amour m'aime dans tout ce qu'il voit et où qu'il vive, en vérité cet homme vit en moi [...] et celui qui m'aime ne périra pas. » La clef de l'immense, de l'extraordinaire itinéraire du gnosticisme chrétien qui devait marquer le catholicisme, ne fût-ce que par la réaction qu'il engendra, est la même volonté humaine de s'identifier à Dieu, de devenir Dieu par l'extase. Elle a été définie avec une concision lapidaire au IIe siècle par Clément d'Alexandrie, l'un des auteurs les plus importants et les plus fréquemment cités du christianisme primitif :

> « Le Verbe de Dieu s'est fait homme pour que tu apprennes d'un homme comment l'homme peut devenir Dieu[56]. »

Paroles extraordinaires, paroles scandaleuses, qui faisaient pourtant fidèlement écho à celles de Jésus lui-même, mais qu'on ne lui pardonna que malaisément et tardivement.

L'Église a-t-elle résolu le dilemme du gnosticisme ? Vingt siècles de théologie laissent toujours le chrétien sur sa soif. Et la gnose survit donc. Depuis la fin du siècle dernier, un nombre considérable de résurgences, depuis la théosophie[57] d'Annie Besant et son fils spirituel, Krishnamurti, sacré « Instructeur du monde », jusqu'à la Gnose de Princeton[58]. L'anthroposophie de Rudolf Steiner[59] et l'actuelle « Église de Satan » d'Anton La Vey, en Californie[60], sont des retombées de la gnose. Le sentiment est vivace qu'il y a « autre chose » et une autre voie. Il sera certes encore plus vivace au fur et à mesure que ce monde s'enfoncera dans l'obscurité.

Mais les sentiers nouveaux semblent bien bourbeux.

Bibliographie critique

1. Les thèses de Schuré ne reposent sur aucune base historique vérifiable et pèchent en particulier par le défaut de référence au rite d'initiation, le terme d'« initié » étant utilisé par cet auteur de façon illogique. Une initiation n'est concevable, en effet, que dans le cadre d'un rite et d'un secret, et l'on ne voit guère à quel rite aurait été initié Jésus. Un critique un peu « rapide » m'a accusé dans un livre sur Jésus d'avoir voulu réduire ce dernier à un personnage de grand initié. C'est méconnaître, au-delà des conjectures, ma fidélité aux références historiques. Les termes « grand initié » n'ont aucun sens.

2. V. IIIᵉ partie, ch. 2, « Le quoi de qui ? Dieu, la logique et la neurologie ».

3. Formules poétiques védiques de dévotion, dont la répétition engendre un effet comparable à l'hypnose.

4. Mysticisme islamique, apparu vers l'an 800 sous les formes d'un quiétisme ascétique et sous l'influence du monachisme chrétien, du bouddhisme et du néo-platonisme. Son nom dérive du mot *soûf*, laine, étant donné que les ascètes de cette tendance ne portaient qu'une robe de laine. Le soûfisme s'est considérablement diversifié depuis lors, notamment dans le shi'isme.

5. Ésotérisme judaïque apparu vers le XIᵉ siècle, privilégiant l'immanence de Dieu à la transcendance. Devenu mystique, le kabbalisme a pratiqué entre autres un système numérologique de déchiffrement des Écritures et du monde.

6. J'ai exposé dans le chapitre 2 de cette IIᵉ partie les raisons pour lesquelles il me semble artificiel de distinguer une secte spécifique qui serait soudain apparue dans le désert, comme des cosmonautes atterrissant sur la Lune et qu'on appellerait donc les « Esséniens », et pis encore, qui « expliquerait Jésus ». Telle est la raison pour laquelle le terme « essénien » est, dans ces pages, garni de guillemets.

7. Les rosicrucistes sont les membres de l'ordre de la Rose-Croix Amorc, qui revendique une assez étonnante ancienneté, puisqu'il remonterait aux « anciennes écoles de mystères d'Égypte ». Il s'agirait d'un mouvement philosophique, initiatique et traditionnel mondial (*Quid*, Robert Laffont, 1996). Structuré en loges, mais indépendant des francs-maçonneries, il est en plusieurs points un dérivé du gnosticisme.

8. Vaste mouvement mystique qui professe que la perception de l'essence divine ne peut s'obtenir que par une illumination ou des qualités spirituelles exceptionnelles. Commencé au XIIIᵉ siècle avec Johannes Eckhart, il a engendré l'illuminisme chrétien au XVIIᵉ siècle avec Jakob Boehme, et a connu un renouveau spectaculaire à la fin du XIXᵉ siècle et au début du XXᵉ siècle avec Helena Blavatsky, Annie Besant et Rudolf Steiner.

9. Le zikr ou « éloge de Dieu » est initialement une pratique religieuse, d'origine

soûfie, qui consiste à réciter les noms de Dieu jusqu'à engendrer une transe mystique. Le zar est une cérémonie d'exorcisme dans laquelle les participants, placés en deux rangées face à face, se balancent d'avant en arrière et se laissent posséder par les esprits qui sont chargés de les « purger » de leurs impuretés.

10. Freud entretint avec son médecin Fliess une correspondance désolante par son indigence intellectuelle, destinée à établir la date de sa mort. Selon les calculs de Fliess, celle-ci devait se situer en fin d'un cycle déterminé.

11. Ch. 7, Ier partie, « Zarathoustra ou l'apparition du Dieu unique ».

12. V. p. 151 et suiv.

13. *Cf.* IIe partie, ch. 2, « Le Dieu solaire des mithraïstes et le Dieu vengeur des esséniens, deux précurseurs du Dieu de Jésus ».

14. Il s'agit du brontologion classé sous le n° 4 Q 138. Un brontologion est un texte indiquant la manière de prédire l'avenir d'après l'endroit du ciel où l'on croit avoir entendu le tonnerre. Il est associé à un séléndromion, texte indiquant, lui, la manière de prédire l'avenir suivant le mouvement de la lune. *Cf.* Robert Eisenmann et Michael Wise, *Les Manuscrits de la mer Morte révélés*, Fayard, 1995.

15. Il s'agit de la mention par Épiphane de Salamine d'un ouvrage perdu, *Les Ascensions de Jacques* (« Panarion », 78, 4, *The Panarion of Epiphanius of Salamis*, 2 vol., E.J. Brill, Leyde, 1987). Il est possible, par analogie, de comprendre que ce texte parlait des ascensions mystiques de Jacques, quand on se réfère à une autre mention d'Épiphane, plus explicite que celle d'un ouvrage consacré cette fois à Paul et intitulé lui aussi *L'Ascension de Paul* : « Ils l'appellent l'Ascension de Paul, prenant prétexte des mots de Paul selon lesquels il est monté au troisième ciel et y a entendu des mots indicibles, qu'aucun homme ne peut dire. Et ceux-là, disent-ils, sont les mots indicibles. » Épiphane s'insurge contre les propagateurs de tels mensonges ; mais il n'y a pourtant là aucun mensonge, ce sont presque textuellement les mots de Paul en II Corinthiens, XII, 1-4 : « Je vais continuer et parler des visions et révélations accordées par le Seigneur. Je connais un chrétien qui, il y a quatorze ans (que ce soit corporellement ou hors du corps, je ne sais pas, Dieu sait), a été enlevé aussi haut que le troisième ciel. Et je sais que cet homme (que ce soit corporellement ou hors du corps, je ne sais pas, Dieu sait) fut emmené au paradis et entendit des mots tellement secrets que les lèvres humaines ne peuvent pas les répéter. » Il s'agit là de Paul lui-même, bien évidemment, puisqu'il précise. « D'un tel homme, je suis prêt à me vanter... » Un récit similaire se retrouve dans l'*Apocalypse de Paul* de Nag Hammadi, à cette différence près que, là, Paul passe un par un par tous les ciels jusqu'au septième *(The Nag Hammadi Library*, sous la direction de James M. Robinson, Harper & Row, San Francisco, 1978).

16. « Sorcellerie », *in Dictionnaire encyclopédique du judaïsme*, Cerf/Robert Laffont, 1996.

17. Exode, XXII, 17.

18. Lévitique, XX, 27.

19. Distinction de Charles Guignebert, *The Christ*, University Books, New Hyde Park, New York, 1968.

20. Éz. I, 26.

21. VII, 9.

22. I Énoch, XLVI, 1.

23. V. p. 347, § 4.

24. *Cf.* « Le mythe du prophète Ézéchiel », *Cahiers du Cercle Ernest Renan*, n° 194, 1996.

25. *Cf.* G. Codino, *op. cit.* Les études de plusieurs auteurs cités par Codino, Geiger, Kunz, Seineke, Havet, Vernes, Dujardin, Hölscher et Burrows, indiquent que seule une petite part du Livre d'Ézéchiel est due au prophète lui-même et daterait donc du VIe siècle avant notre ère, le reste ayant été écrit ultérieurement par d'autres rédacteurs. Pour Hölscher, cent cinquante versets sur douze cent soixante-treize

seraient de la main d'Ézéchiel. Et pour Millar Burrows, les ajouts, sinon le livre entier, auraient été écrits entre 246 et 170 avant notre ère.

26. C'est ce que démontre d'ailleurs longuement Frederick H. Borsch dans « The Christian and the Gnostic Son of Man », *Studies in Biblical Theology*, n° 14, SCM Press Ltd., Londres, 1970.

27. F.H. Borsch, *op. cit.* ; et également *The Son of Man in Myth and History*, SCM Press, Londres, 1967.

28. XIII, 31-33.

29. Et aussi : « Maintenant le prince de ce monde va être jeté dehors » (Jn., XII, 27).

30. Une littérature considérable a été consacrée, surtout depuis quelque deux siècles, aux débats sur les origines gnostiques éventuelles de l'évangile de Jean. Pour certains, cet auteur (qui ne semble plus guère pouvoir être identifié au disciple aimé de Jésus Jean de Zébédée) a été influencé par le gnosticisme, voire a été lui-même un gnostique. Les adversaires de cette thèse, qui serait évidemment contraire à la nature canonique de son évangile, soutiennent avec force qu'il n'est gnostique qu'en apparence (Raymond E. Brown), et que son mysticisme indéniable se distingue du gnosticisme. Il semble toutefois que, si l'Apocalypse de Jean est du même auteur, celui-ci a été marqué par le gnosticisme.

31. J'ai rapporté dans « Les sources » la découverte, assez largement et mystérieusement occultée par la recherche contemporaine, d'un passage tronqué de l'évangile de Marc, qui rétablit la vérité sur cette « résurrection ». C'est celle qui a été faite en 1958 par l'historien américain Morton Smith, au monastère de Mar Saba, à une vingtaine de kilomètres de Jérusalem. C'est un texte manuscrit sur la dernière page d'une édition du xviie siècle des lettres de saint Ignace à Antioche ; le texte date du xviiie siècle et est la copie d'une lettre de Clément d'Alexandrie, Père de l'Église qui vécut au iie siècle ; la lettre est adressée à un certain Théodore. Elle évoque un évangile secret de Marc comprenant des additions destinées à certains disciples de Jésus, désignés tantôt comme « ceux qui se sont perfectionnés » et tantôt comme « ceux qui ont été initiés aux grands mystères ». La scène se passe à Jéricho. Une femme dont le frère vient de mourir est éplorée et se jette aux pieds de Jésus ; les disciples la repoussent, mais Jésus la suit dans le jardin où se trouve la tombe du frère défunt et, tandis qu'il s'approche de celle-ci, il entend un grand cri venant du sépulcre. Jésus roule alors la pierre circulaire ou *dopheq* qui ferme le caveau et là se trouvait le jeune homme. « Jésus lui tendit la main et le releva. Mais le jeune homme, le regardant, l'aima et commença à le supplier de rester avec lui. Et ils sortirent de la tombe et entrèrent dans la maison du jeune homme, qui était riche. Après six jours, Jésus l'instruisit de ce qu'il avait à faire et, le soir, le jeune homme vint à lui vêtu d'une robe de lin sur son corps nu. Et il resta avec Jésus cette nuit-là, car Jésus lui enseigna le mystère du Royaume de Dieu. Et dès lors, ressuscité, il retourna sur l'autre rive du Jourdain » (Morton Smith, *Clement of Alexandria and the Secret Gospel or Mark*, Harvard University Press, 1973). Dans sa lettre, Clément d'Alexandrie explique à Théodore qu'il n'y a rien dans ce passage qui justifie les rumeurs qu'il a entendues. Quelles rumeurs ? Clément ne le dit pas, mais on les devine. En tout état de cause, ce texte « perdu » explique en grande partie que les évangiles synoptiques ne mentionnent jamais le miracle majeur de la « résurrection » de Lazare, mais non que Jean, lui, le mentionne.

32. Irénée de Lyon, *Adversus Haereses*, III, 11, 7.

33. Cet évangile a suscité une importante littérature et trois éditions en français à ma connaissance, celle de Jean Doresse, Le Rocher, 1959 (qualifiée de « très imparfaite » par Puech), celle de A. Guillaumont, H.-Ch. Puech, G. Quispel, W. Till et Abd el Messih, E.J. Brill, Leyde, 1959 et Presses universitaires de France, 1959, et celle de Philippe de Suarez, Métanoïa, Montélimar, 1975. Il en existe une version anglaise dans *The Nag Hammadi Library*, *op. cit.*

Dans sa préface au second tome de son ouvrage *En quête de la Gnose*, intitulé « Sur l'évangile selon Thomas » (Gallimard, 1959), Puech date avec prudence cet évangile de la première moitié du IIIe siècle, en raison de certaines similitudes avec les « Actes de Thomas », rédigés en syriaque, qui sont moins malaisément datables. Dans la première partie d'un texte à double datation (1957-1960), mais spécifiquement daté 1956-1957, Puech situe cependant la rédaction primitive de l'évangile de Thomas au « milieu ou au plus tard », à « la seconde moitié du IIe siècle ».

Helmut Koester, qui présente la version en anglais (*The Nag Hammadi Library, op. cit.*), estime que, dans sa forme originelle, que nous ne possédons pas, cet évangile daterait du milieu du Ier siècle. En effet, au fur et à mesure que la date de rédaction d'un texte s'éloigne des faits, elle tend à les romancer ; or, à l'instar de la source originelle des synoptiques, la source Q, l'évangile de Thomas n'est justement pas romancé. De plus, Koester relève des ressemblances avec d'autres évangiles non canoniques, comme l'évangile des Égyptiens et l'évangile selon les Hébreux, que connaissait déjà Clément d'Alexandrie à la fin du IIe siècle. Ce qui n'empêche nullement qu'il y ait eu des copies tardives de l'évangile de Thomas ; ces textes étaient largement copiés et le restèrent jusqu'au décret attribué (à tort) au pape Gélase au Ve siècle, qui réduisit à quatre le nombre des évangiles qui seraient désormais canoniques.

Puech estime cet évangile apocryphe dans les deux sens du mot : il s'agirait d'un écrit ésotérique « ou qui se donne pour tel » et aussi d'un ouvrage pseudépigraphique, c'est-à-dire d'un faux, qui ne peut remonter à l'apôtre Didyme Jude Thomas. En estimant qu'il en a existé une forme originale au milieu du Ier siècle, Koester répond à cette assertion. Koester juge au contraire que la forme de l'évangile de Thomas offre une version plus originale des paroles attribuées à Jésus et transmises par la tradition.

Puech sous-entend que celui qu'il nomme le « compilateur » de l'évangile de Thomas se serait inspiré de l'évangile de Matthieu. Or, des commentateurs cités par Suarez admettent que « la version intermédiaire de Matthieu a été rédigée à Alexandrie et qu'elle recourt à un recueil de logia semblable, sinon identique à celui de Nag Hammadi ». Donc, rien n'indique que l'auteur de Thomas ait pris ses informations de Matthieu et rien n'exclut même que ce soit Matthieu qui ait puisé les siennes chez Thomas. Pour Suarez, c'est l'évangile de Thomas qui se trouve à la source des évangiles canoniques. En tout état de cause, à la fin du IIe siècle, Irénée de Lyon avait déjà connaissance des évangiles gnostiques.

On a un temps voulu suggérer que l'évangile de Thomas de Nag Hammadi aurait été rédigé d'après le texte grec d'Oxyrhynque ; M. Garitte a démontré qu'il n'en est rien (*Mouseion*, LXXIII, 1-2, Louvain, 1960).

Il serait périlleux de prendre parti dans un pareil débat. Je confesse personnellement avoir été déconcerté par l'agacement évident dont témoigne l'éminent Pr Puech dans le texte de sa présentation de l'évangile de Thomas à l'Institut de France, en 1957. Il commence par déplorer le bruit qui a été fait autour de cette découverte, lui conteste le titre de « cinquième évangile », dit que ce n'est même pas un évangile, que cela ne peut rien avoir à faire avec Thomas, que ce n'est qu'une traduction ou une adaptation d'un original grec, et autres fortes réserves. On se demande donc pourquoi il lui consacre tant de soins, un volume entier d'études réparties entre 1957 et 1972... Et l'on est également tenté de se demander, sans mettre le moins du monde en cause la parfaite objectivité de chercheurs de ce niveau, si l'évangile de Thomas ne pose pas des problèmes extra-scientifiques considérables. Suggérer que cet évangile pourrait être un authentique évangile sous sa forme primitive provoquerait, en effet, un séisme théologique de première grandeur.

Mais enfin, il est une question qui ne semble pas avoir été posée : pourquoi un auteur aurait-il donc excipé frauduleusement de l'identité de Thomas pour offrir un recueil de dits de Jésus ? Il est bien des évangiles apocryphes qui ne se réclament d'aucun auteur en particulier. Et Luc et Marc, qui n'ont pas été disciples de Jésus, ont bien revendiqué des évangiles. C'est sur cette base que je pencherais à croire qu'en effet l'évangile de Thomas a pour point de départ des écrits de cet apôtre lui-même remontant, comme l'avance Koester, au milieu du Ier siècle.

34. Il s'agit d'une ville hellénique de Haute-Égypte dont le climat très sec a permis, comme à Nag Hammadi, de conserver des manuscrits anciens pendant bien des siècles. De nombreux fragments de textes du Nouveau Testament y ont été retrouvés depuis la fin du siècle dernier, dont le plus ancien fragment connu de l'évangile de Jean, datant du IIIe siècle. Trois fragments en grec de l'évangile de Thomas y furent retrouvés, l'un en 1897, les deux autres en 1903.

35. Selon Épiphane de Salamine, *Panarion*, XXV, 4, 4, *op. cit.* Selon Hippolyte (*Elenchos contre toutes les hérésies*, VI, 7) la troisième parole serait différente et serait « Zeësar », et le sens des trois serait également différent. La première parole se rapporterait à l'Adam d'en haut, l'homme originel, la deuxième à l'homme mortel d'en bas et la troisième au Jourdain qui coule vers le haut.

36. Ce logion suffit à infirmer l'opinion de Philippe de Suarez, selon qui « la coloration gnostique [de l'évangile de Thomas] ne résiste pas à une étude approfondie » (Introduction à l'évangile selon Thomas, *op. cit.*). Suarez est à ma connaissance le seul auteur qui rejette à la fois le caractère gnostique de l'évangile de Thomas et le caractère globalement hérétique du gnosticisme. « Taxer globalement la gnose d'hérésie, c'est confondre le meilleur et le pire », écrit-il p. XIV de son introduction. C'est toutefois l'attitude de Rome.

37. Il s'agit d'une secte gnostique du IIe siècle, qui avait pris le serpent *(naas* en hébreu) pour emblème et qui est identifiée avec les ophites (mot grec qui signifie la même chose). Le serpent, animal prophétique et spirituel par excellence, symbolisait l'union sexuelle avec Dieu.

38. V. note 33 ci-dessus. Suarez, auteur de la traduction de l'évangile de Thomas citée plus haut, précise que « l'évangile de Thomas n'était pas inconnu des auteurs du Ier siècle : nous le savons par leurs citations ».

39. Ce n'eût d'ailleurs pas été la seule fois que l'Église primitive aurait censuré des paroles de Jésus ou des rapports d'évangélistes en raison de leur caractère provocateur. Ainsi le passage de l'évangile de Marc dont il est question plus haut et qui eût pu, en effet, prêter à des interprétations hardies sur la sexualité de Jésus.

40. *In* H. Leisegang, *La Gnose*, Payot, 1951.

41. Dilemme dont la philosophie contemporaine n'est d'ailleurs pas sortie.

42. H. Leisegang, *op. cit.*

43. Actes, XVII, 22-23. Le discours de Saül-Paul est assez singulier : en effet, les Grecs connaissaient fort bien la religion des Juifs et son dieu, auxquels ils portaient d'ailleurs une aversion caractérisée, comme en témoignent les massacres d'Alexandrie, en l'an 38 ; en qualifiant son Dieu, qui n'était autre que celui de l'Ancien Testament, de « Dieu inconnu », Saül-Paul recourait donc à une terminologie pour le moins ambiguë (mais le personnage demeure de part en part ambigu), ou bien il commettait une assez formidable bourde.

44. J'ai précédemment écrit (« Les sources ») que le canon des écritures fut fixé par le décret du pape Gélase Ier, au Ve siècle ; *errare humanum est*, le décret gélasien a été attribué à tort (mais non par moi !) à ce pape et ce fut le pape Paul III qui établit définitivement au concile de Trente que les seuls évangiles canoniques étaient ceux de Matthieu, Luc, Marc et Jean.

45. *La Civilisation de l'Antiquité et le christianisme*, Arthaud, 1972.

46. Tatien est un des cas les plus singuliers de l'histoire du christianisme primitif. Son zèle purificateur le porta d'abord à condamner avec la plus grande sévérité l'héritage hellénique, religion, art, mythologie, et à prôner la supériorité morale du judéo-christianisme ; cette défense fut faite, incidemment, avec des arguments totalement extravagants, puisque Tatien prétendait que les chrétiens remontaient à Homère, mais qu'ils étaient plus anciens que les païens ! (F. Bolgiani, « Tatien »,

Dictionnaire du christianisme ancien, op. cit.). L'outrance dans le même zèle le conduisit ensuite à condamner l'Ancien Testament comme inspiré par Satan ou un dieu inférieur. On lui doit entre autres étrangetés une interprétation du « *Fiat lux* » de la Genèse comme une prière adressée par le Dieu inférieur au Grand Dieu ou Démiurge. De ses nombreux écrits ne nous sont parvenus que l'*Adresse au Grecs*, le *Diatessaron* et la *Vie première de Jésus d'après les quatre évangiles.*

47. On ne connaît de l'hérésie albigeoise ou cathare que le *Rituel cathare de Lyon*, Cunitz, Iéna, 1852, et le *Nouveau Testament en provençal*, Clédat, Paris, 1887.

48. Cité par Clément d'Alexandrie, *Stromates*, IV, 13, 89 1-3 (*Clement of Alexandria*, éd. G.W. Butterworth, The Leob Classical Library, Harvard University Press, Cambridge, Mass., William Heinemann Ltd., Londres).

49. I Corinthiens, II, 7.

50. Il y eut deux Siméon le Stylite ; le premier, dit l'Ancien, naquit avant 400 et passa la plus grande partie de sa vie sur des colonnes de plus en plus hautes (la dernière mesurait seize mètres de haut), entre la Syrie et la Cilicie, avec une foule d'admirateurs à ses pieds et à son service. Né au début du VIe siècle, Siméon le Stylite le Jeune suivit son exemple ; « il se laissa ordonner prêtre en 554 pour garantir son orthodoxie » (J. Gribomont, *Dictionnaire encyclopédique du christianisme ancien, op. cit.*), car il avait été gagné par les monophysites. Siméon le Fou est tout aussi « pittoresque » : après une retraite de vingt-neuf ans dans le désert de Syrie, il se rendit dans les grandes villes, dont Damas, vivant dans les quartiers les plus malfamés, se nourrissant d'immondices et se livrant à des bouffonneries pour éveiller la nostalgie de l'éternité chez ses interlocuteurs. Il disait tout haut les pensées qu'il prêtait à ses interlocuteurs (J.-P. Renneteau et Jean Marcadet, « La mystique byzantine », *in Encyclopédie des mystiques*, Seghers, 1972).

51. C'est le cas, entre autres, de Basile le Bienheureux, personnage extraordinaire du XVIe siècle, qui tint tête au tsar, distribuait aux pauvres les biens des profiteurs, jetait des pierres sur les maisons des bien-pensants et baisait le seuil des maisons des prostituées et des impies. Citons de même Ivan Jacovlévitch, qui vécut, lui, au XIXe siècle, également en Russie (Renneteau et Marcadet, *op. cit.*).

52. Signalons un conte mystique peu connu de Léon Tolstoï, *Mikhaïl*, E. Dentu, Paris, 1893.

53. Irénée Hausherr, S.J., *La Méthode d'oraison hésychaste*, Pont. Institutum Orientalium Studium, Rome, 1927.

54. Un conflit théologique l'opposa au moine calabrais Barlaam, auquel l'hésychasme semblait proche de l'hérésie. Mais trois conciles de 1341 à 1351 firent condamner Barlaam et ses partisans. Palamas devint archevêque de Thessalonique et fut vénéré des populations, en raison de son zèle. Canonisé en 1368, en dépit de son gnosticisme éclatant, il demeure à la fois la gloire du mont Athos, où il séjourna vingt ans, et l'une des grandes figures de l'Église orthodoxe. Palamas professait aussi que l'homme est déifié par son identification à Jésus (« Grégoire Palamas », *in Les Maîtres spirituels*, par Jacques Brosse, Bordas, 1988).

55. Mircea Eliade, *Techniques du yoga*, Gallimard, 1975.

56. *Protreptique*, Cerf, 1949. C'est de ce texte de Clément d'Alexandrie que je me suis inspiré pour le titre de la série *L'homme qui devint Dieu*, titre qui parut alors d'une audace quasiment blasphématoire. L'audace avait dix-huit siècles et c'était celle d'un auteur chrétien révéré. Il y a quelques siècles, il est vrai, Clément d'Alexandrie était tombé en défaveur, le pape Benoît XIV l'avait rayé du martyrologe et le décret gélasien l'avait même classé parmi les hérétiques : « au mépris de toute vérité », reconnaissent aujourd'hui les exégètes et historiens de l'Église, tel M. Mees dans un ouvrage peu suspect d'hérésie, le *Dictionnaire encyclopédique du christianisme ancien, op. cit.*

57. Le mot « théosophie » ou « sagesse divine » est ancien, mais il a pris des consonances plus précises (et assez fâcheuses) avec la fondation, aux États-Unis en 1875,

de la Société théosophique du colonel H.S. Olcott et du médium russo-allemand Helena Petrovna Blavatsky, que rejoignit en 1885, à Londres, l'Irlandaise Annie Besant. La Société théosophique avait en 1882 fondé en Inde un « Centre mondial ». Ce fut en Inde, en 1908, qu'Annie Besant crut reconnaître en un jeune Hindou, Krishnamurti, le futur maître spirituel du monde. René Guénon dut écrire que cette société n'avait que le nom de commun avec l'antique théosophie : c'est, en effet, un mélange hétéroclite de traditions orientales et de spiritisme. La Société théosophique fut sans doute le principal modèle des sectes de cette fin du XXᵉ siècle.

58. Constituée dans les années 1970 par un certain nombre de scientifiques de la célèbre université Princeton, en Californie, la Gnose de Princeton prétendit introduire en science une « dimension spirituelle », en postulant que, si l'on plaçait à l'origine du monde le Logos de Jean au lieu de la matière, on obtenait une plus grande cohérence. L'hostilité bien compréhensible des milieux scientifiques ordinaires a considérablement fait pâlir l'étoile de cette gnose-là.

59. En 1907, l'Autrichien Rudolf Steiner, excédé par l'antichristianisme et le spiritisme douteux d'Annie Besant, se sépara de la Société théosophique, entraînant à sa suite la section allemande. En 1913, Steiner créa une nouvelle société, l'« anthroposophie », qui établit par la suite des centres dans cinquante-sept pays. Steiner, qui évoque dans l'un de ses textes une connaissance apparaissant à l'âme « comme un rêve descendu du cosmos », a tenté une synthèse entre des théories invérifiées issues de cultures trop différentes pour échapper aux reproches qui furent faits à son école de base, la théosophie. Il use, par ailleurs, d'une terminologie non scientifique et le terme d'« âme », *seele*, par exemple, revient dans ses écrits sans autre définition qu'intuitive ou traditionnelle. Ce qui fait de lui un philosophe diffus, à la traîne de « traditions ». Ses idées philosophiques, cependant, étaient pour le moins déconcertantes, comme sa théorie qui veut que Nietzsche ait été « une victime du matérialisme positiviste », ce qui ne peut que faire sourire les lecteurs de Nietzsche. Voir l'ouvrage de Serge Bramly, *Rudolf Steiner, prophète de l'homme nouveau*, Retz, Paris, 1976.

60. Ce sujet sera traité au ch. 12 de cette IIᵉ partie.

7

Le Dieu immobile de l'islam

Les dieux des Arabes avant Mohammed — Ancienneté du nom d'Allah et sources bibliques des croyances préislamiques — Ce que furent l'homme, les circonstances de son action et son message — L'identification précoce du religieux au politique — Le rôle protecteur de l'islam contre les hordes asiatiques — Les trois conséquences de la simplicité de l'islam — Le statisme de la théologie politique islamique — L'engouement originel des Arabes pour la culture grecque, ses acteurs et son déclin — Le soûfisme, grand schisme islamique, ses origines et son identification à la gnose — El Hallâj, « Christ musulman » — Espoirs et déceptions du réformisme islamique : l'évolution des sociétés musulmanes vers un rigorisme accru et le durcissement du cadre islamique.

L'histoire de l'islam, c'est-à-dire l'apparition d'une nouvelle image de Dieu, est exemplaire. Elle l'est pour des raisons directes, dont la plus évidente est la rapidité foudroyante, moins d'une génération, avec laquelle s'est constituée une religion qui a modifié et continue de modifier le destin du monde. Aucun des trois monothéismes n'a eu le champ aussi libre dans sa volonté d'appliquer le message de Dieu aux populations qu'il contrôlait. Le judaïsme puis le christianisme ont dû traiter tout au long de leurs histoires avec des puissances étrangères, Babylone, la Perse, la Grèce, Rome, par lesquelles ils ont été, bon gré mal gré, influencés spirituellement et politiquement. L'islam, lui, ne s'est quasiment pas modifié depuis l'hégire.

La religion a officiellement déserté les tribunes politiques de la plupart des États occidentaux et asiatiques du XXᵉ siècle. Israël est un État laïc, où chacun vote (presque) indépendamment des diktats des rabbins et où un député femme, Yaël Dayan, fille d'un héros militaire de surcroît, Moshé Dayan, a pu déclarer officiellement à la Chambre des députés, la Knesset, que le roi David avait été un homosexuel[1]. Un tel incident est évidemment impensable dans n'importe quel parlement de pays islamique, fût-ce à propos d'un personnage tout à fait mineur de la tradition. On sait les tribulations encourues par Salman Rushdie pour un roman quelque peu impertinent sur le Prophète. L'islam est le seul des trois monothéismes qui n'ait jamais subi, sauf cas de force majeure, des contraintes spirituelles le forçant à modifier ses principes. C'est le second volet de son exemplarité : il n'a connu que des défaites militaires, jamais de schisme qui lui ait aliéné une vaste part de ses fidèles, comme ce fut le cas lors du grand schisme d'Orient ou de la Réforme pour le christianisme. Les musulmans shi'ites, qui ne sont d'ailleurs pas « schismatiques » au sens chrétien du mot, sont théoriquement admis dans n'importe quelle mosquée sunnite.

L'islam conserve donc une image intacte du Dieu qui, voici treize siècles, inspira au Prophète les versets admirables dont la récitation scande quotidiennement la vie d'un cinquième de l'humanité. Il permet de mesurer la part du reflet humain dans la création d'une nouvelle image de Dieu.

L'islam fut la création d'un homme seul. Trois hommes créèrent en trente-cinq siècles trois des plus grandes religions du monde, Moïse, Paul et Mohammed. Moïse, devenu chef d'un peuple opprimé, lui donna son identité en lui imposant un Dieu qui portait un nom ancien, mais un visage nouveau. Paul, qui n'avait observé Jésus que d'un œil ennemi, quand il était policier et persécuteur des chrétiens au service du Sanhédrin, planta la foi en ce dernier sur les structures déjà chancelantes de l'Empire romain, et contre les instructions et les volontés de ceux qui avaient été disciples et familiers de l'homme appelé Messie[2]. Mohammed fit retentir la voix d'un Dieu nouveau au-dessus des sables de l'Arabie et si fort que, trente ans plus tard, elle s'étendait jusqu'à la Méditerranée et, bientôt, jusqu'au reste du monde.

Tel est le pouvoir de certains hommes. Tel est également le besoin de dieux neufs. Telle est donc enfin la nature mortelle des dieux, qu'avaient déjà enseignée les Égyptiens : les dieux meurent aussi. On observera incidemment qu'il semble exister un cycle d'environ six siècles gouvernant l'apparition des religions qui commandent aujourd'hui le monde : au vi[e] siècle avant notre ère apparaissent Bouddha, Varhamanna, Zarathoustra, Lao Tseu et Confucius, et c'est quelque trois décennies plus tôt que le personnage de Moïse a pris forme, le Pentateuque datant de la fin du viie siècle avant notre ère[3]. Au i[er] siècle apparaît Jésus. Quelque six cents ans plus tard, entre 567 et 579, naît Mohammed, le Prophète.

L'extraterrestre intelligent auquel on raconterait ces faits s'étonnerait sans doute. Car les peuples conquis aux trois fois avaient déjà des dieux. Leur besoin de projection vers le Très-Haut était satisfait, de pair avec celui de protection qui découle du premier. Les Hébreux avaient les dieux des Cananéens chez lesquels ils s'étaient installés, les futurs chrétiens, ceux qu'ils voulaient, de Rome, de Grèce, d'Orient et même des Juifs. Et les Arabes, ceux d'autres peuples, dont les Cananéens. À cet égard, Mohammed et Moïse ont accompli des tâches similaires : ils ont arraché leurs peuples au culte des mêmes dieux cananéens. Mohammed dira d'ailleurs qu'il n'a fait que renouer avec la tradition des ancêtres en restaurant la religion abrahamique[4]. Deuxième point commun entre Mohammed et Moïse, d'ailleurs : ils sont tous deux issus du Pentateuque. Alors que Jésus est issu d'un courant apocalyptique relativement tardif qui considérait que les temps du Pentateuque étaient révolus, la trahison du clergé juif ayant aboli l'Alliance.

Mais que sont donc les Arabes du VIIe siècle, et qui sont donc leurs dieux ? Et pourquoi vont-ils les abandonner pour un autre ?

Les Arabes sont à l'époque les habitants de la péninsule Arabique : un ensemble de tribus nomades ou semi-nomades, qui ont échappé à l'emprise des deux grands empires de l'heure. À l'ouest, l'Empire romain, qui, en Orient (et en définitions géographiques actuelles), domine la Macédoine, la Grèce, la Turquie, la Syrie, la Palestine, l'Égypte et le Yémen, ainsi que le reste du bassin méditerranéen sur les deux rives jusqu'aux Colonnes d'Hercule, c'est-à-dire Gibraltar. À l'est, l'Empire sassanide, qui va des confins de la Géorgie à la Mésopotamie inférieure, c'est-à-dire l'Iran qui est son siège, au Pakistan méridional, à l'Afghanistan ; de l'autre côté du golfe Persique, il occupe toute la côte jusqu'à l'actuelle principauté d'Oman exclue.

Le territoire qui reste aux Arabes est immense, à peu près équivalent aux deux tiers de l'Europe occidentale. Et, treize siècles avant le pétrole, il est prospère : si le dernier segment de la Route de la soie ou route des richesses exotiques, de Bactres à Ctésiphon, est aux mains des Sassanides, les Arabes, eux, ont aussi bien : ils possèdent tout le réseau des pistes caravanières qui acheminent vers le nord par voie de terre les cargaisons venues par mer de Barygaza en Inde jusqu'aux ports du golfe Persique à l'est, et pour ce qui est des marchandises venues d'Afrique, jusqu'aux ports de la mer Rouge à l'ouest : épices, plumes d'autruche, ivoire, encens, perroquets, esclaves, pierres précieuses... Yathrib, la future Médine, et l'une des trois grandes métropoles d'Arabie avec La Mecque et Ta'if, est une ville riche, bien qu'il faille modérer les images d'opulence extraordinaire que certains islamologues peignaient il y a deux ou trois décennies : aucune ville de la péninsule Arabique ne fut jamais une Babylone. Ajoutons qu'alors dotée d'un climat plus clément l'Arabie avait également une agriculture : Ta'if se trouvait au centre d'une région viticole. Ailleurs on cultivait le palmier dattier, le blé, l'orge, l'oranger, le citronnier, le figuier en attendant le caféier. Tout cela se vendait aux Sassanides, aux Byzantins, aux Éthiopiens.

Ce n'est pas pour rien que Ptolémée d'Alexandrie accola au nom de l'Arabie l'adjectif « heureuse » : *Arabia felix*.

Les Arabes ont des dieux, qu'ils ont paradoxalement importés du Nord, c'est-à-dire de Palestine, de Syrie, de Jordanie. L'annuaire en est très compliqué, car les dénominations et les attributs changent de sanctuaire en sanctuaire : Sa'd, l'idole des Arabes kinânas, semble être Sadrapa, le dieu syrien de la guérison, représenté sous la forme d'un jeune homme tenant un scorpion. Dhu' sh'Shara ou Dusarès, le grand dieu des Arabes du Nord ou Nabatéens, semble être une version arabisée de Dionysos, car il est représenté avec une grappe de raisin. Rouda, qui est parfois un dieu et parfois une déesse, est l'étoile Vénus, adorée à Palmyre sous le nom d'Arsou. Portés sur l'astrologie, tous les Arabes vénèrent d'ailleurs Vénus sous un nom ou l'autre (mais ce n'est certes pas la déesse latine de l'amour). Amm, le dieu-Lune du royaume de Quatabân, dont les habitants se disent « fils d'Amm », est associé par les Khawlân yéménites à la grande déesse cananéenne Anath, la propre sœur (et parfois épouse) de Baal. Mais il existe en Arabie un autre dieu-Lune, Wadd, dieu tutélaire des anciens royaumes d'Ausam et de Main, et dont le nom signifie « amour » ou « amitié », et dont l'emblème est un serpent[5].

Allah existe déjà : il est le symétrique ou parèdre masculin d'El Uzza, l'une (et la plus importante) des trois grandes déesses que Mohammed cite dans le Coran : El Uzza, El Lât et Manât[6]. Les deux autres sont parfois désignées comme les « filles d'Allah ». Ces déesses se partagent les dévotions de certains groupes de tribus[7]. Allah, al Ilâh, est un nom composite, formé de l'accadien II et du cananéen El.

Les cultes rendus à ces divinités sont bien plus intenses qu'on ne serait tenté de le croire à quelque treize siècles de distance, et surtout avec le regard coloré par le dédain à l'égard de l'« idolâtrie » de jadis. Ils sont même l'un des éléments de la relative prospérité de l'Arabie, puisqu'ils attirent une foule considérable de croyants. La Mecque est l'un des centres principaux de ces cultes ; là s'élève la Kaa'ba ou « Cube » (en fait un double cube), c'est-à-dire la chapelle qui, selon une tradition, aurait été construite par Abraham sur l'ordre même de Dieu, pour représenter Sa maison céleste. Selon une autre tradition, elle aurait également été construite par Abraham pour abriter la pierre sur laquelle il avait posé sa tête lors du songe où Dieu lui était apparu[8]. Il semble qu'en fait ce fut à l'origine une tente quadrangulaire de tissu, qui fut remplacée au début de notre ère par un bâtiment sans doute comparable à la chapelle de pierre cubique qui se dresse actuellement dans la cour de la Grande Mosquée de La Mecque, drapée de noir. Dès avant Mohammed, les gens pieux sont tenus de faire un pèlerinage à La Mecque et de faire sept fois le tour de la Kaa'ba.

La dépendance à l'égard de l'Ancien Testament est encore visible dans la tradition attachée au puits sacré de Zamzam, qui serait celui-là même que découvrit l'esclave d'Abraham, l'Égyptienne Agar, mère d'Ismaël, quand Abraham l'abandonna dans le désert et qui sauva de la mort par la soif la mère et le fils.

S'il n'existe donc pas de Dieu unique en Arabie antérieurement à l'action de Mohammed, une longue tradition relie néanmoins une grande part des Arabes au Pentateuque. Le pays est très religieux, car des sanctuaires attirent des foules considérables dans les trois villes citées plus haut et dans plusieurs autres, Hourâd, Nakhla el Shamiyya, Najrân... Des rivalités entre centres religieux agitaient cependant la région (on ne peut guère parler de « pays ») et, à la fin, la politique centralisatrice des dirigeants de La Mecque leur gagna d'abord le pouvoir religieux, puis le politique. Bien avant l'action de Mohammed, La Mecque était devenue la véritable « capitale » du pays. Ce point revêt une grande importance, car il explique les difficultés que connut Mohammed au début de son ministère ; il contribue aussi à expliquer la nouvelle image de Dieu qui se forma en Arabie.

Cependant, nul fanatisme ne hante encore la région : des églises chrétiennes s'élèvent en Arabie, comme celles de la secte des homérites[9], de même que les Nubiens en ont construit dans le haut Nil, les Éthiopiens à Axoum et les Garamantes en Libye. Par ailleurs, d'importantes colonies juives prospèrent au Yémen et au Hedjaz, à Yathrib (Médine), à Fadak, à Khaybar et évidemment dans le royaume juif de Saba[10]. Voilà le décor.

Or, que va-t-on voir ? En dix-neuf ans, entre la première vision divine qui annonce à Mohammed qu'il est investi d'une mission, en 610, et la prise de La Mecque en 629, c'est-à-dire au terme d'une double aventure mystique et militaire, une religion théoriquement issue en droite ligne du Pentateuque va s'affirmer comme intégralement différente et hostile aux deux autres religions du Livre.

L'homme qui accomplit cette révolution est un fils unique élevé par des vieillards, donc sensible et réfléchi. Abd Allah (le nom ne peut manquer de retenir l'attention, « Serviteur de Dieu »), son père, ne le vit jamais, car il mourut quand sa femme était en couches, et Amina, sa mère, mourut quand l'enfant avait six ans. C'étaient des Quoureyshites, membres de la vaste tribu formée de plusieurs clans qui se partageaient le pouvoir à La Mecque. Mohammed avait été confié à son grand-père, Abd el Mottalib. Octogénaire, celui-ci mourut deux ans plus tard et Mohammed changea encore une fois de tuteur ; ce fut son oncle Abou Talib qui le recueillit. Commerçant aisé, il voyageait souvent ; il emmena son neveu. La première ville étrangère qu'aurait vue Mohammed aurait été Bosra, en Syrie. Là, il vit aussi la première grande église, car la Syrie était sous domination byzantine. Le choc fut sans doute considérable pour le garçon de dix ou onze ans : la puissance et la gloire sous la protection d'un Dieu unique.

On ignore quelle avait été la religion enseignée à Mohammed ; probablement celle de son père, Abd Allah, logiquement associée au culte des Trois Sœurs, qui était celui de La Mecque et des Quoureyshites, sans doute mâtiné de références à Vénus ; bref, un syncrétisme. Où Mohammed trouva-t-il les données monothéistes qui structurent si fortement le Coran ? L'historien Tabarri rapporte que, sur le chemin de Bosra, Abou Talib et Mohammed se seraient arrêtés dans un ermitage où vivait un moine, Bahira ou Sergius, très versé dans la religion chrétienne (relevons au passage la tolérance que reflète l'anecdote), mais hérétique. Ce fut Bahira qui, après avoir vu sur le dos du garçon une anomalie de la grosseur d'un œuf de pigeon, aurait annoncé à son oncle que son neveu portait le sceau de la prophétie. Névrome ? Nævus ? Qu'importe, Mohammed mourut à la soixantaine après une vie d'une extraordinaire activité. L'interprétation prophétique des signes cutanés était à l'époque monnaie courante. Ce qui n'empêche qu'elle dut laisser sa trace dans l'esprit de Mohammed.

On l'a vu au précédent chapitre, les hérétiques faisaient florès à l'époque. Mais Bahira ne fut certes pas le seul informateur religieux que le jeune homme rencontra au cours de ses voyages avec son oncle. Il y avait bien des chrétiens et des juifs qui circulaient sur les routes commerciales de l'époque et l'exemple de la Route de la soie a suffisamment démontré que les idées voyagent aussi bien que les marchandises. Ces voyageurs n'étaient pas tous orthodoxes, les syncrétismes religieux abondaient autant que les hérésies. Certaines hypothèses se fondent sur des éléments quoumrâniens décelés dans le Coran pour avancer que Mohammed aurait écouté, par exemple, des mandéens ou disciples de Jean le Baptiste[11] ; c'est possible et cela ne prouverait que l'ouverture d'esprit de Mohammed.

Deux éléments, l'un social, l'autre politique, contribuèrent à ce qu'il faut appeler la révolte de Mohammed contre la situation qui prévalait en Arabie à sa naissance. Le premier fut l'apparition de nouvelles classes riches qui bouleversa la société de la péninsule Arabique, la seconde, les visées des deux empires voisins sur l'Arabie. Les Quoureyshites avaient, en effet, assuré à La Mecque une prospérité inconnue du temps où c'étaient des tribus yéménites qui gouvernaient la cité. La ville était devenue le plus grand centre commercial de la péninsule, mais aussi son plus grand centre culturel, renommé pour ses festivals de poésie. Ayant acheté les exploitations agricoles et les commerces de Yathrib et de Ta'if, les « bourgeois » mecquois régnaient économiquement sur la péninsule. Une richesse auparavant inconnue bouleversa les rapports sociaux. La fraternité du désert avait fondu dans le goût du luxe et la nouvelle oligarchie. Une classe de notables appauvris et de déshérités, donc de mécontents, se forma. Abou Talib, l'oncle et tuteur de Mohammed, n'était pas un homme riche ; lui et son neveu souffrirent à la fois de l'arrogance des riches et du spectacle d'une injustice qui détruisait une société traditionnelle. On retrouve la conscience de cette injustice dans l'obligation de la *zakât* ou aumône religieuse aux pauvres qu'imposera plus tard Mohammed.

Le second facteur était que les émissaires des deux empires voisins connaissaient trop bien et la richesse et la désorganisation des populations de la péninsule. Ces empires finiraient par céder à la tentation d'envahir l'Arabie. C'en serait fait, dès lors, d'un mode de vie ancestral. Aucun document ne permet d'affirmer que Mohammed ait eu conscience de ce danger, mais tout, dans l'histoire de ses vingt années de lutte contre La Mecque pour s'assurer le pouvoir suprême, incline à le penser. Grand ordonnateur de la péninsule, pour commencer, Mohammed en connaissait trop bien les dangereux voisins pour sous-estimer leur menace ; la ténacité de ses efforts pour créer une nation à partir de la mosaïque des tribus apparaît constamment habitée par l'urgence[12].

À ce point-ci de l'évocation des débuts de l'islam, il faut préciser qu'il serait vain de prétendre « expliquer » Mohammed et l'islam par des facteurs sociologiques, comme s'il y avait dans l'enchaînement des causes et des effets historiques une nécessité. Invoqué par beaucoup d'islamistes comme une justification, le sociologisme a fini par rendre l'histoire encore moins compréhensible qu'elle ne l'est déjà. Mohammed, tout comme Moïse, Zarathoustra, Bouddha ou Jésus, aurait pu ne pas apparaître. D'autres seraient apparus et auraient fondé des systèmes de pensée différents, avec des visions de Dieu différentes. C'est une alternative qui semble avoir été souvent négligée par beaucoup d'historiens de l'islam et des religions en général.

Les éléments historiques et sociaux ne sont donc exposés ici (et brièvement) et comme des facteurs partiels de la naissance de l'islam, non comme la clef absolue et unique de sa compréhension. Cette clef, à mon avis, diminuerait d'ailleurs la portée de l'action du Prophète.

Certains éléments psychologiques de la personnalité de Mohammed sont également exposés ici ; ils ne le sont qu'à titre hypothétique ; et ils sont volontairement succincts. Mohammed n'a pas laissé de journal et encore moins de confidences sur ses états d'âme. Nous ne savons quasiment rien de lui, et la description de son apparence physique dont nous disposons est on ne peut plus réduite : à cinquante ans, sa taille était moyenne, avec des épaules larges, il était robuste et sa démarche était énergique. Sa tête était grosse, ses cheveux bouclés, son teint « blond », ses yeux grands, noirs et bien fendus. Nous ignorons la cause de sa mort, et la description de Tabarri ne nous éclaire guère dessus : à un certain moment de la matinée, le Prophète ne put plus se tenir même assis, la sueur coula de son front. Il se coucha. Sa femme Aïcha s'assit derrière et lui posa la tête sur son giron. Dans l'après-midi, il ouvrit la bouche et « son âme s'envola ». Ce tableau correspondrait aussi bien à une insolation qu'à une tumeur au cerveau ou une défaillance cardiaque.

Tout cela est bien peu pour se lancer, comme certains l'ont fait, dans des hypothèses physico-psychologiques à partir desquelles on pourrait élaborer une « explication », une de plus, de la manière dont Mohammed conçut une nouvelle image de Dieu. La psychologie offre des indications intéressantes, mais n'est pas non plus une clef. Le psychologisme historique, lui, ne semble pouvoir mener qu'à des égarements. Il y eut à l'époque de Mohammed bien des hommes qui lui ressemblaient, aucun n'a mené son action, ni écrit le Coran.

Héros social et national en puissance, Mohammed était démuni, sans fortune et sans alliés, voire pis : riche d'une masse redoutable d'ennemis potentiels, ces Mecquois dont il contestait le polythéisme. Sa seule arme était le discours. Discours d'espoir et de colère, mais aussi d'inspiration : la prophétie. Celle-ci lui vint avec une soudaineté effrayante.

Mohammed passait un certain nombre de journées en retraites pieuses dans une caverne du mont Hirâ. Il y eut d'abord des visions d'une lumière pareille au « surgissement de l'aube » *(falaq el sobh,* pour reprendre les termes du récit qu'en fit ensuite sa seconde épouse, Aïcha). Sans transition : un éblouissement. Puis un jour une voix se fit entendre : « *Enta rassoul Allâh !* » (« Tu es l'envoyé d'Allah ! ») Elle l'emplit d'épouvante. Il tomba à genoux et regagna péniblement son foyer, tandis que, dit-il, le haut de sa poitrine tremblait. Il alla à sa première épouse, Khadijah, la riche veuve qui l'avait choisi alors qu'elle avait quarante ans. « Couvrez-moi ! Couvrez-moi ! » dit-il. Il eut peur d'être devenu fou. Il pensa à se suicider en se jetant du haut du mont Hirâ. Elle le rassura. Était-il le jouet du Démon ? Elle le rassura encore. Il persévéra dans ses retraites.

Puis une nuit, le 26 ou le 27 du mois de ramadan, il vit une apparition. La tradition musulmane dit que c'était l'archange Gabriel. Ou Séraphile. « Récite ! » lui ordonna par trois fois cet être divin, qui le terrassa. « Que réciterai-je ? » demanda-t-il. « Récite : au nom de ton Seigneur qui t'a créé... » Et il récita la première soura : « Au nom d'Allah, le Matriciant, le Matriciel... »

Le messager allait tout lui dicter, cent quatorze sourâte sauf les fameux versets sataniques de la soura 53 :

> « Il vit les plus grands signes de son Dieu
> Avez-vous al Lât et al Uzza
> et Manât, la troisième, l'autre ?
> Elles sont des déesses sublimes
> dont il faut implorer l'intercession. »

C'étaient les trois déesses évoquées plus haut. Satan avait fait prononcer à Mohammed des versets polythéistes ! Implorer les déesses des idolâtres, en vérité ! Les versets furent donc expurgés.

La médecine moderne expliquera la transe divine par une autohypnose. Ou par une crise de haut mal chez un mystique hypersensible. C'est possible et même vraisemblable, sauf qu'il y a beaucoup de gens qui font de l'autohypnose et beaucoup d'autres qui souffrent du grand mal et qui ne produisent pas des milliers de vers pendant vingt-deux ans (de 610 à 632), d'une envolée, d'une éloquence et d'une musicalité telles que les premiers auditeurs les retenaient par cœur, tandis que d'autres les écrivaient sur des feuilles de palmier ou des pierres plates (il n'est pas certain que Mohammed ait su écrire). Et qui, pendant treize siècles, vont être révérés par des dizaines, puis des centaines de millions d'auditeurs.

Ce n'est certes pas l'irrespect qui serait de mise devant un prodige tel que la composition du Coran. Mais il convient de rappeler que l'inspiration divine, si c'était bien elle, semble avoir souffert de défaillances. Ainsi, il y a visiblement une confusion entre Haman, ministre d'Ashavérus, et Haman, ministre du Pharaon (soura 40, 38) et entre Miriam, sœur de Moïse et Miriam ou Marie, mère de Jésus (soura 19, 29). Il y a aussi des réminiscences troublantes des deux Testaments, comme dans la ressemblance entre la soura 21, 105 et le psaume XXXVII, 29, ou encore entre la soura 1, 5 et le psaume XXVII, 2. On ne peut s'empêcher de relever des ressemblances entre la soura 7, 48 et les versets de Luc l'évangéliste XVI, 24 et 25, et encore XLVI, 19. D'autres réminiscences sont évidentes, comme dans la description d'Alexandre le Grand comme l'Homme aux Deux Cornes, visiblement empruntée au *Roman d'Alexandre*, récit hellénistique où le héros macédonien est ainsi décrit parce que son père présumé, Jupiter Ammon, porte, en effet, ces deux cornes (de lumière). Et les exégètes ont relevé des références aux évangiles apocryphes, à la Haggadah et même aux Manuscrits de la mer Morte. Enfin, l'on serait en droit de s'interroger sur les versets que Mohammed a abrogés, à part les versets sataniques. On n'en a que de minces traces et leur nombre varie de cinq à cinq cents. Mohammed aurait-il abrégé des dictées célestes ?

Mohammed a vu beaucoup de monde dans cet univers très hétérogène qu'était l'Orient de son temps, des juifs plus ou moins orthodoxes aux moines chrétiens plus ou moins hétérodoxes, des poètes grecs aux Asiates de bazar, il a beaucoup entendu. Il aura donc été le creuset extraordinaire d'un patrimoine fantastique de légendes, de religions, de mythes, d'espoirs, de folies mystiques qui seraient tombés en poussière si son génie ne les avait cuits au creuset d'un sens poétique homérique.

> « Si la grandeur du dessein, la petitesse des moyens et l'immensité des résultats sont les trois mesures du génie de l'homme, écrit Lamartine dans son *Histoire de la Turquie*, qui osera comparer humainement un grand homme de l'histoire moderne à Mahomet ? Les plus fameux n'ont remué que des armes, des lois, des empires ; ils n'ont fondé (quand ils ont fondé quelque chose) que des puissances matérielles écroulées souvent avant eux. »

Selon le point de vue où l'on se place, on peut dire que Dieu vint en aide à Mohammed pour accomplir Ses desseins (c'est l'interprétation islamique la plus courante), ou bien que Mohammed en appela à Dieu (ou à son image d'un Dieu abrahamique) pour énoncer une vision d'ordre religieux et éthique. Or, fût-on athée, cette vision est prodigieuse par la force de son lyrisme. Mais si, de surcroît, l'on parle l'arabe, son éloquence et sa chaleur forcent l'admiration. S'il fallait s'étonner de quelque chose, c'est qu'elle n'ait pas d'emblée subjugué les Mecquois et, pour commencer, tous les proches de Mohammed. Bien au contraire : l'oncle et tuteur de Mohammed, Abou Talib, mourut sans se convertir et un autre oncle, Abou Lahab, voua à son neveu une exécration obstinée (que le Prophète lui rendit par la suite : « Que périssent les mains d'Abou Lahab[13] ! »).

Si l'on veut bien me pardonner un survol dont la brièveté friserait la désinvolture, on y trouve trois grands courants successifs : le premier qui est l'exaltation de la justice et de la charité, ainsi que la vitupération de l'avarice et du matérialisme égoïste ; c'est le courant qui est le plus marqué par les préoccupations sociales. Le deuxième courant est celui d'un partage qui s'effectuera au Jugement dernier (mais celui-ci n'est pas abordé dans un esprit apocalyptique) entre les vertueux et les sages d'une part, les impies et les ignorants de Dieu de l'autre. Le troisième courant, qui développe les rapports de l'homme avec son Créateur, c'est celui qui constitue le message proprement religieux du Coran. C'est une exhortation à l'élévation de l'individu et à sa fusion dans le peuple des hommes vertueux, promis à la félicité terrestre et céleste. Ces 114 sourâte (le chiffre est décidément prédestiné, car c'est aussi 114 logia que Thomas avait consacrés dans son évangile aux dits de Jésus) ont changé le destin du monde.

L'hostilité contre les deux religions du Livre évoquée plus haut est essentielle à la compréhension du Dieu de l'islam ; elle est également essentielle au jeune islam, parce qu'elle va lui permettre d'établir une identité distincte des chrétiens, déjà constitués en puissance politique, et des Juifs. La première hostilité qui se manifeste est à l'égard des Juifs. Elle s'exprime à deux reprises, la première lors du siège de Médine, où est enfermé Mohammed, par les armées de La Mecque : plusieurs centaines des Juifs de la ville furent amenés sur la place du marché, où l'on avait creusé des fosses ; les partisans de Mohammed les y jetèrent après les avoir décapités[14]. Et la deuxième fois en 628, lors de la déroute des Médinois musulmans au mont Ohod ; Mohammed lui-même expulsa de Médine la tribu juive des Nâdir. Cette hostilité sera confirmée par les lois de la dynastie des Omeyyades qui faisaient des non-musulmans, chrétiens et juifs (et ultérieurement zoroastriens), des citoyens inférieurs, astreints, et eux seuls, à payer la capitation et des impôts fonciers[15], alors que les musulmans ne payaient que l'aumône légale, la *zakât*[16].

Cette discrimination religieuse est un fait alors relativement nouveau dans l'histoire des civilisations : elle a été introduite par l'Empire romain d'Orient, les musulmans se contentent de la reprendre. Quiconque n'appartient pas à la religion de la Cité est un étranger, alors que, dans la Grèce ancienne, par exemple, l'étranger était celui qui n'habitait pas dans la Cité. La législation romaine, elle, ne comporte aucune exclusion de ce type : n'importe qui avait le droit d'aller s'installer dans une ville de l'Empire et d'y pratiquer le culte qui lui plaisait.

L'attitude de Mohammed à l'égard des Juifs fut pour le moins ambiguë. L'une de ses vingt épouses, Safiyya, était juive et elle légua d'ailleurs son héritage à son neveu, demeuré juif. On ne peut donc pas dire que le Prophète était antijuif. Mais ses imprécations à l'égard des juifs de Yathrib qui l'avaient critiqué s'exercèrent souvent avec vivacité. Il les accusa même d'avoir falsifié les Écritures et persécuté leurs prophètes.

Mais cette discrimination confirme un caractère essentiel et exclusif des religions révélées, c'est-à-dire des trois monothéismes : l'identification du religieux et du politique. Comme le Yahweh des Juifs et comme le Dieu des chrétiens, Allah est le Dieu des armées et il mène les croyants à la conquête du monde. La projection du fidèle dans son Dieu et son identification à Lui le mènent à concevoir que tout ce qui n'est pas assujetti à ce Dieu et à lui seul est un déni non seulement de celui-ci, mais également de lui-même. Il lui faut donc conquérir la planète pour accéder enfin à l'ordre divin. Les Infidèles sont ou bien des ignorants ou bien des suppôts du Mal, sinon les deux ensemble. C'est ainsi qu'on en arrive au paradoxe extraordinaire qui veut qu'au XXe siècle les trois religions issues du même Livre soient irréconciliablement hostiles les unes aux autres. Les prophètes sont donc des généraux nationalistes. Mais en ce qui concerne l'islam, la notion de nation n'a aucun rapport avec celle de l'Occident : la seule nation fondamentale est la « nation arabe », *omma arabiya*, qui transcende les frontières des États. On verra plus loin les conséquences de cette conception.

Les musulmans vont donc se mettre en mesure de conquérir le monde. Et ils vont le conquérir. En un peu plus d'un quart de siècle, de 622 à 650, les troupes du Prophète ont occupé des territoires qui vont de la Libye aux frontières de l'Inde. Vers 750, à la fin du califat des Omeyyades, ils atteignent l'Espagne. Au XIe siècle, la dynastie seldjoukide a occupé la plus grande partie de l'Empire byzantin et une partie du Pundjab, en Inde. Au XIIIe siècle, le sultanat de Delhi gouverne la presque totalité de l'Inde, à l'exception de la frange de Pandya, à l'extrême sud, et de la poche de l'Orissa. Et il n'y a alors pas de différences entre un musulman de Damas et un musulman de Lahore : la même religion crée une fraternité internationale dont on retrouve les échos chez Ibn Khaldoun ou chez Birouni.

Une incidente historique s'impose ici : si l'Europe et le monde existent tels qu'ils sont au xxᵉ siècle, c'est en grande partie grâce à la résistance des musulmans.

À la même époque, en effet, la Chine des Song apparaît en regard comme un « petit » pays qui dépasse à peine la rive occidentale du Yang-tsé kiang et la rive septentrionale du Houanghé. D'immenses territoires de l'Asie sont sous la domination de formidables ambitieux sans feu ni lieu : le grand khan, les khans de Djaghataï et de Quipt-chak, les Ilkhans d'Iran et, au nord-ouest, la Horde blanche et la Horde d'Or, dont l'aire d'influence s'est étendue jusqu'aux princi-pautés russes, de Kiev à Novgorod. Des hordes de nomades vociférants et rapaces, vivant de yourte en yourte et ne connaissant de puissances surnaturelles que celles qui font gémir leurs chamans invo-cateurs. Cette masse humaine, animée d'un dynamisme sans limites, est comparable à ces masses liquides qui font chavirer les navires par leur instabilité. Et ce sont les musulmans qui contiennent ces puis-sances déferlantes. N'eussent été les verrous qu'étaient le sultanat de Delhi et de l'Empire ottoman en Grèce et en Turquie, tout l'Orient et l'Europe eussent été asiatiques pour longtemps. Le Dieu des chré-tiens et celui des musulmans eussent été mis en échec pour une période indéterminée et remplacés par les divinités grimaçantes des Asiates, leurs esprits et leurs fantômes.

La dernière image de Dieu sortie du Livre fut donc celle qui proté-gea les deux autres.

Cette image-là est d'ailleurs identique aux précédentes : c'est celle d'un Dieu à la fois monarque et chef des armées. Il n'y eut d'autre raison à la supériorité des guerriers musulmans et aux victoires grâce auxquelles ils résistèrent aux hordes asiatiques, puis jetèrent bas les puissants Empires sassanide et byzantin que la conviction de défendre leur Dieu. On évoque souvent, au chapitre des interactions entre le religieux et le politique, le rôle de la papauté en cette fin de xxᵉ siècle dans la résistance au communisme en Pologne. Elle fut, en réalité, inédite : l'encyclique *Cum primum* du pape Grégoire XVI aux évêques polonais, en 1831, condamnait les insurrections polonaises contre l'occupant russe et exhortait les Polonais à la soumission au pouvoir établi[17]. Peut-être faudra-t-il évaluer un jour le rôle, bien plus considé-rable, de la résistance de l'islam au même communisme[18].

Napoléon s'émerveilla du succès foudroyant de l'islam et, avec son génie rapide, il en fournit lui-même la raison : l'extrême simplicité de la foi islamique. L'islam a échappé à la rhétorique ; sa théologie est en fait une apologétique. Mohammed fut aussi un homme d'ac-tion en même temps qu'un prophète : il s'arma de principes simples, encourageant la conquête, qui était à la fois matérielle et immatérielle (le mot arabe *foutoûh* signifie à la fois « conquête » et « ouverture »). Après quelque cinq siècles de fréquentation de la philosophie grecque, dont on verra plus bas l'issue, l'islam revint à la simplicité prophétique. Il ne comporte que cinq commandements : reconnaître qu'il n'y a pas d'autre Dieu qu'Allah *(la illah el Allah)* et que Mohammed est son prophète, faire ses prières cinq fois par jour, tourné vers La Mecque, jeûner durant le mois de ramadan, acquitter l'aumône légale et faire au moins une fois dans sa vie le pèlerinage à La Mecque. S'il a subi un grand schisme avec la naissance du shi'isme, l'islam n'a pas connu les querelles de conciles, ni les débats prolongés à l'infini sur la consubstantialité du Père et du Fils, l'Immaculée Conception ou le rôle des femmes dans le culte. Il comporte, certes, ses traditions, qui régissent la plus grande partie de la vie des musulmans, comme le port du voile pour les femmes[19] ou l'aversion des musulmans pour les recensements[20], considérés comme immoraux parce que Dieu seul peut compter les hommes. Mais, dans son ensemble, il est accessible à l'univers entier, de la Patagonie au Kamtchatka.

Cette simplicité a entraîné trois conséquences dont on n'a pas, à ma connaissance, fini d'évaluer les effets treize siècles après la naissance de l'islam : la première est qu'il n'y existe pas de représentation de Dieu ni de discours analytique sur Ses desseins ; les seules paroles touchant Dieu qui soient autorisées sont des éloges ; ils sont d'ailleurs rares, car qui prétendrait égaler l'éloquence inspirée du Prophète ? Ensuite, la Révélation ayant été faite, il ne peut rien se produire de nouveau dans le domaine de la connaissance. La représentation musulmane du monde, ou *Weltanschauung* pour user du terme consacré, est absolument statique : il n'y a rien à apprendre, et c'est la raison pour laquelle, quelque trois siècles après la révolution industrielle, il n'existe toujours pas de science arabe, pas d'astrophysique, de cosmologie, d'astronomie, de physique, de chimie, de mathématiques ou de biologie arabes (j'entends dans les pays arabes), en dépit d'une alphabétisation sans cesse en progrès, ce qui pose d'ailleurs un problème qui sera lui aussi évoqué plus loin[21]. Il n'existe même pas d'histoire arabe au sens occidental : les « historiens » arabes anciens, tels que Tabarri ou Ibn Khaldoun, sont en fait des chroniqueurs[22]. Les auteurs modernes, tels Ahmed Abd el Razeq et Taha-Hussein, après une période critique qui visa dans les années 1930 à la démystification (un peu facile) du passé arabo-islamique alors exagérément glorifié, se sont eux-mêmes ensuite réduits au silence[23].

Enfin, troisième conséquence, l'identification du religieux au politique qui est constitutive de l'islam fait qu'il transcende de facto les nationalismes et que toute réforme politique en Iran, par exemple, concerne aussi bien l'Égypte que l'Indonésie, parce qu'elle est au fond religieuse. De fait, il n'y a pas de discours religieux islamique qui ne soit politique et inversement. Un chrétien peut être américain ou ivoirien et il servira son pays contre un autre pays chrétien sans avoir le sentiment d'être infidèle à sa foi. Mais quand, par exemple, le décret Crémieux du 24 octobre 1870 accorda les droits civils aux Algériens en contrepartie de leur acceptation des lois gouvernant les citoyens français, les juifs acceptèrent et les musulmans refusèrent. Ce qui compte pour un musulman n'est pas son appartenance à un État, mais à la nation arabe, et l'acceptation de lois étrangères à la loi musulmane *(chari'ia)* eût été pour lui comparable à une apostasie. Tous les observateurs politiques contemporains connaissent le projet musulman d'établissement d'un califat mondial, une sorte d'équivalent du Vatican catholique, qui régirait la vie d'un peu plus d'un milliard d'humains sur la Terre unis dans une seule nation[24].

La première de ces trois conséquences est primordiale : l'éthique dictée à Mohammed correspondait idéalement à un monde de tribus régi par des codes ancestraux et patriarcaux d'honneur, de fidélité et d'héroïsme. C'était un monde isolé dans ses frontières et maître de ses territoires. Et cette éthique ne pouvait, même, correspondre qu'à ce monde-là, un monde arabe s'entend, à la condition qu'il s'amplifiât jusqu'à recouvrir l'ensemble de la planète. Cela ne s'est pas produit : l'Europe ni la Chine ni les Amériques, par exemple, n'ont été conquises par l'islam. À partir de la fin du XIXᵉ siècle et de l'internationalisation croissante des courants commerciaux, cette éthique s'est trouvée progressivement inadaptée au reste d'un monde avec lequel elle était *contrainte* de traiter. La loi musulmane interdit ainsi le « prêt à usure », c'est-à-dire le versement d'intérêts pour les sommes mises en dépôt dans les banques et le paiement d'intérêts pour les dettes encourues. Or, la quasi-totalité des banques mondiales n'existeraient pas sans cette « usure ». Il en ressort qu'il n'est pas un musulman engagé dans des affaires de quelque importance qui ne soit en contravention avec son éthique. Ou bien il faut que Dieu inspire un nouveau prophète sur la question des « prêts usuraires », ou bien il faut considérer que, sur ce point, cette éthique est archaïque.

Ce n'est là qu'un exemple ; il illustre éloquemment le fait que la représentation de Dieu est celle d'une société à un moment donné de son histoire. On pourrait doubler cet exemple par les anathèmes que les juifs orthodoxes jettent quotidiennement sur l'État d'Israël parce que ce n'est pas un État théocratique (entre autres raisons). Ou encore par les positions de l'Église catholique sur un certain nombre de points doctrinaux, dont la sexualité et le contrôle des naissances. Ces deux religions comportent, en effet, sous leur forme intrinsèquement orthodoxe, un archaïsme qui explique leur état latent de crise. En ce qui concerne Israël, le conflit entre la judaïté spirituelle et l'incitation à adhérer au sionisme par solidarité pose un cas de conscience qui ne semble guère près d'être résolu.

L'islam n'a pas plus échappé que les deux autres religions révélées aux conséquences négatives de ce qu'on pourrait appeler la « théologie politique ». Les injonctions et intentions prêtées à Dieu il y a trente, vingt ou treize siècles pouvaient à leur origine paraître « naturelles » et équitables : la modification des sociétés a rendu plusieurs de ces injonctions périmées, voire incompatibles avec l'éthique sociale et politique.

La deuxième conséquence de la simplicité islamique, le statisme de la conception du monde, présente l'inconvénient d'entretenir l'Islam sous la sujétion technologique de l'Occident (et de l'Asie), à quelques exceptions près, telles que la Malaisie, pays de triple ethnicité, malaise, hindoue et chinoise. La domination technologique a donc remplacé l'ancien colonialisme, de manière invisible, certes, mais néanmoins réelle. Il n'y a ainsi pas d'électronique ni de biologie islamique, par exemple, pour ne citer que deux des domaines où l'« activisme technologique » occidental et asiatique est le plus sensible. Si la Libye ou l'Irak veulent construire, par exemple, des usines de gaz toxiques ou d'armes bactériologiques, ils sont assujettis aux décisions des puissances occidentales et à des transfuges mercenaires, ainsi qu'à des importations d'équipements que ces deux pays ne sont pas en mesure de fabriquer ; donc aux veto occidentaux. Dans un domaine plus positif, on ne peut que constater qu'aucune contribution majeure n'a été faite à la science depuis un demi-siècle par aucun pays arabe.

Grand cas a été fait, à juste titre, depuis plusieurs décennies de l'« héritage classique » transmis par l'islam, et ce thème a été abondamment, parfois surabondamment traité par la recherche universitaire occidentale. Il est exact que les lettrés islamiques du Moyen Âge ont accompli un prodigieux travail de conservation et de critique des textes helléniques et hellénistiques. C'est grâce à des lettrés islamiques que nous sont parvenus bien des textes qui auraient été autrement perdus ou détruits. Alors que, saisis d'une fureur iconoclaste, les moines chrétiens poursuivaient leurs destructions de manuscrits et d'œuvres d'art grecs, saccageant, entre autres crimes, la bibliothèque d'Alexandrie, des lettrés de langue arabe recueillaient, inventoriaient, traduisaient, en arabe et en persan. Car le rayonnement de la culture grecque était encore immense au moment où se leva le soleil de l'islam : on parlait grec à Baghdad au Xe siècle, et l'on trouvait des manuscrits grecs en Syrie, en Mésopotamie, en Palestine, en Égypte.

Ces lettrés effectuaient leur œuvre de conservateurs avec l'encouragement des potentats, souverains, vizirs et autres seigneurs, ainsi que de leur propre initiative et à celle des philosophes de cour[25]. Par exemple au IXe siècle, le calife abbasside Abdallah el Ma'amoûn vit en rêve un homme roux qui lui dit être Aristote[26], sur quoi il chargea ses savants de traduire tous les livres d'Aristote et d'autres Grecs illustres sur lesquels ils pourraient mettre la main.

L'intérêt des lettrés islamiques pour l'héritage gréco-romain fut immense. Ils traduisirent presque tout Aristote (à l'exception du *Politique*), Platon et les néo-platoniciens comme Plotin, Ptolémée, Euclide... Et ils y ajoutèrent des commentaires originaux. Un exemple suffira : les commentaires d'Averroès, musulman d'Espagne (de son nom originel Abou el Walid Mohamed ibn Ahmad ibn Roushd), sur Aristote[27] furent traduits en latin et en hébreu quelque deux siècles après sa mort en 1198 et furent étudiés bien au-delà de la Renaissance.

Mais deux observations essentielles s'imposent ici.

La première est qu'il y eut à coup sûr une école philosophique arabe : en témoignent les œuvres d'El Kindi, d'El Farabi, de Miskawaih, d'Avicenne, d'El Ghazâli, d'Averroès, de Rhazès, des Ikhwân ou frères El Safa, d'El Ash'ari. Mais le paradoxe fut qu'il n'y eut cependant pas de philosophie arabe, au sens où il y avait eu une philosophie grecque, ni d'enseignement philosophique au sens où le diffusaient les universités de Paris et d'Oxford[28]. La « lecture philosophique » islamique visait à enrichir la réflexion islamique ; elle ne s'effectuait que dans ce cadre précis, sauf à encourir des peines plus ou moins sévères. Pour avoir paru suspect à el Mansour, calife Almohade d'Espagne, Averroès fut ainsi banni. Paradoxe des paradoxes, ce fut à la réflexion théologique chrétienne qu'un Averroès, par exemple, fut le plus utile : ce fut lui qui fit connaître Aristote à Roger Bacon et Duns Scot ! Avec une louable prescience, Frédéric II Hohenstaufen (1212-1250) invita à sa cour les arabisants chrétiens qui ne trouvaient pas de crédit auprès des autorités ecclésiastiques chrétiennes. Et comble des combles pour un regard lointain, ce furent les érudits juifs qui introduisirent en Europe les œuvres philosophiques islamiques !

Relevons pour la petite histoire que c'est aux mathématiciens et mécaniciens arabes que l'Occident doit sans doute la première horloge à poids. Gerbert d'Aurillac, qui devint plus tard le pape Sylvestre II, semble, en effet, avoir construit la première, grâce aux travaux de mécaniciens arabes[29].

La ferveur philosophique islamique fut relativement de courte durée : du IXe au XIIe siècle. El Ghazâli (1058-1111) rejeta la philosophie et la théologie naturelles comme instruments capables de prouver quoi que ce fût, l'existence de Dieu, la création du monde, la structure de l'univers, l'immortalité de l'âme. Son ouvrage le plus célèbre, *Tahaffout el falasifah*, l'« Incohérence des philosophes », développe la prééminence de l'inspiration prophétique sur la philosophie. Si l'on peut arguer que Ghazâli, souvent appelé « le plus grand

musulman après Mohammed », était porté sur le mysticisme mélancolique[30], il suffira d'invoquer l'opinion d'un autre lettré éminent de
l'époque, Ibn Khaldoun (1332-1406), pour qui la philosophie était
inutile et futile, et qui se rangea à l'opinion exprimée par Ghazâli
quelque deux siècles plus tôt.

Très incidemment, il faut relever que certains auteurs islamiques
du temps ne brillent guère par leur sens de la rigueur et se livrent
parfois à des amalgames déconcertants. On trouve ainsi les lignes suivantes chez Birouni, Pic de La Mirandole afghan du Xe-XIe siècle :

> « Platon écrit au chapitre IV de son *Livre des lois* : "Celui qui rend
> les plus grands honneurs aux dieux doit se soucier du mystère
> divin et de celui des Muses, mais il ne doit pas faire passer cer-
> taines idoles avant le culte des ancêtres et même, autant que
> possible, avant la piété filiale envers les parents encore en vie, ce
> qui est pourtant un des principaux devoirs. Chez Platon, le 'mys-
> tère' concerne l'initiation. De nos jours, c'est un mot courant
> chez les sabéens du Harrân, les dualistes manichéens et les 'théo-
> logiens' hindous[31]." »

Or, c'est là ce qu'en termes modérés on appelle un *Irish stew*, ragoût
irlandais. Dans le livre IV des *Lois* (3. Les devoirs A) envers la Divinité B) envers les parents) Platon n'a jamais rien écrit de tel, cela n'a
strictement rien à voir avec les sabéens, ni avec le manichéisme et
encore moins avec les théologiens hindous. Birouni brode tout simplement. Mais heureusement, tout chez Birouni, ni chez ses contemporains, n'est pas de cette farine.

Dans leur soif de savoir, les lettrés du jeune islam avaient absorbé
tous les textes helléniques et hellénistiques, qui abondaient alors dans
les bibliothèques de l'Orient. Née au IXe siècle, cette passion pour le
savoir grec atteignit son pinacle entre le XIIe et le XIIIe siècle. Quelque
deux siècles plus tard, cet intérêt décrut et les points de vue négatifs
de Ghazâli et d'Ibn Khaldoun prévalurent. Au début du XVIe siècle,
les Grecs appartenaient pour l'islam à un passé ancien : ils n'avaient
pas prévu la Révélation et il n'y avait pas de place pour elle dans
leurs écrits. Cela prouvait que des penseurs non musulmans, aussi
remarquables fussent-ils, ne pouvaient rien ajouter de fondamental à
l'islam. Entre-temps, il est vrai, la fréquentation d'Aristote, de Platon
et des autres avait considérablement enrichi la pensée religieuse et
juridique musulmane ; elle avait développé son goût pour l'abstraction et la logique, affiné sa rhétorique, aiguisé son sens critique,
complexifié sa grammaire (ce qui n'alla pas toujours sans heurts[32]) et
stimulé son goût pour les sciences naturelles, l'alchimie, mère de la
chimie, l'astronomie et la géométrie.

L'ironie de l'histoire voulut donc que l'islam suivît le même parcours que les iconoclastes chrétiens, fût-ce avec moins de fureur qu'eux. Peut-être faudra-t-il en déduire qu'à la fin Dieu n'aime pas vraiment les Grecs. Les chrétiens n'avaient goûté à leur culture que dans la mesure où elle leur paraissait préfigurer leur religion, et c'est ainsi qu'Aristote fut accommodé à la sauce scolastique, si l'on peut dire. Après s'être enivrés de vin grec, les musulmans, eux, avaient fini par le trouver toxique : ces Grecs étaient décidément trop impertinents à l'égard de leurs dieux et trop critiques à l'égard du monde. À trop les fréquenter, on finirait par perdre sa flamme. L'islam commença à se replier sur lui. Au XXe siècle, le mot autrefois révéré de *falsafah*, philosophie, est devenu synonyme de « falsification ». Et l'excellent islamologue qu'est von Grunebaum cite l'opinion de Mohammed Rafi' el Dine, directeur de l'Iqbal Academy, à Karachi, Pakistan, selon laquelle la « recherche islamique » est celle qui est centrée sur le Coran et le *Hadith* et qu'il faut donc en exclure tout ce que les savants musulmans ont écrit dans le passé ou pourront écrire dans l'avenir sur tout autre sujet, médecine, physique, astronomie, etc. En est également exclu tout ce que des non-musulmans pourraient écrire sur les livres sacrés, étant donné que le contenu de ceux-ci n'est pas accessible aux non-musulmans et que les musulmans n'ont aucun moyen de les rendre intelligibles aux autres[33]...

L'islam avait donc rompu une fois pour toutes avec l'Occident, et lui et le christianisme avaient ensemble rompu avec l'héritage gréco-latin. On peut avancer que ce fut au XVIe siècle que les temps modernes débutèrent. Un nouveau chapitre de l'histoire de Dieu s'ouvrait : celui de l'intolérance. Il avait parlé à ses élus, d'abord les Juifs, puis les chrétiens, puis les musulmans. Et chacun de ses peuples élus traitait les autres d'infidèles. La réaction ne se fit pas attendre : la résistance intellectuelle s'affirma, haussant le ton crescendo jusqu'à l'athéisme intégral (qui fait l'objet d'un chapitre de cet ouvrage). Car c'est une vieille loi, l'intransigeance suscite l'intransigeance.

En conclusion, la deuxième observation qui s'impose au sujet de la transmission de l'héritage classique par l'islam est que ce fut bien plus l'effet d'une acculturation que d'une culture au sens classique de ce mot. De plus, la plupart des héros de ce qu'on appelle la « Renaissance arabe » étaient soit des étrangers, soit des convertis. El Farabi, par exemple, était turc, Rhazès et Avicenne étaient persans. La philologie islamique fut essentiellement mésopotamienne (le premier traité de grammaire arabe fut écrit par Sibawayhi de Basra, et Ibn Kouteiba — à coup sûr un surnom, car il signifie « Fils des livres » —, Sakkaki et Ibn Malik étaient tous des Mésopotamiens de Baghdad).

Nous connaissons par ailleurs les noms de ceux que le calife El M'a'amoun chargea de traduire Aristote et d'autres Grecs : Hounain ben Ishâq, Ibn el Nadîm, Banou Shâkir el Mounajjim, Louka el Balabakki, El Hajjâj ben Matar, Ibn el Bitriq, Salm. Trois de ces lettrés sont des convertis, comme l'indiquent leurs noms : deux juifs, Hounain ben Ishâq, « Jean fils d'Isaac », que les scolastiques chrétiens appelaient d'ailleurs Johannitius, et Ibn el Nadîm, dont le vrai nom est également ben Ishâq, et un chrétien, Louka el Balabakki, Luc de Baalbeck. Salm est un Persan. En fait, à quelques rares exceptions près, tous ces traducteurs étaient des Juifs, des chrétiens nestoriens, jacobites ou melkites. Les élèves de Hounain ben Ishâq étaient des Mésopotamiens[34].

De fait, l'islam naissant apparaît comme un fédérateur temporaire des enthousiasmes de populations très diverses dont plusieurs, les Mésopotamiens, les Iraniens, les Turcs, les Syriens, sans parler des Alexandrins, avaient déjà de longues traditions culturelles. Mais quand l'islam se fut affermi, les « Cent Fleurs », pour user d'un anachronisme, se fanèrent.

Certes, l'islam n'est pas monolithique. Il a connu un Grand Schisme apparent et un autre qui l'est moins, mais qui n'est pas moins important, le soûfisme. Les deux sont d'ailleurs liés. La *shi'a* (en fait *tashayyu'* ou « parti », opposée à l'orthodoxie majoritaire de la *sunna* ou « voie ») est née d'une querelle dynastique du VIIe siècle. Ali, à la fois cousin germain et beau-fils de Mohammed (il eut de la fille du Prophète, Fatma, deux garçons, Hassan et Hossein), fut élevé au califat en 656, c'est-à-dire à la dignité suprême de Commandeur des Croyants, quand le troisième calife, Osman, lui-même gendre de Mohammed, avait été assassiné. Les circonstances de l'assassinat parurent douteuses. Des guerres civiles s'ensuivirent et Ali fut assassiné. Son ennemi juré, Mouaweyya, lui succéda, au grand mécontentement des partisans d'Ali, les alides, à Baghdad. Quand Mouaweyya mourut, les alides invitèrent Hossein, petit-fils de Mohammed et fils d'Ali, à prendre sa succession. Tel ne fut pas l'avis de La Mecque. Une guerre civile éclata entre le gouvernement de La Mecque et les alides de Baghdad et Houssein et ses partisans furent assassinés à Koufa.

La cause d'Ali gagna cependant en ampleur, surtout par le fait d'hommes pieux qui estimaient que l'interprétation du Coran par Mouaweyya et ses partisans avait été trop séculière et pas assez inspirée. Les shi'ites établirent plusieurs petits États sur les rives de la mer Caspienne et de la mer Rouge. À leur tour, ils se fragmentèrent en sectes telles que les zaïdis, qui exigeaient que le calife fût l'homme le plus qualifié dans la descendance du Prophète, les imamis, les ghoulâts... Certains d'entre eux donnèrent dans le mysticisme, assurant qu'ils étaient habités par une « lumière mohammadienne[35] » et les shi'ites se mirent à attendre le retour d'un imam disparu en 878, autour duquel ils établirent une mythologie messianique caractérisée ; la querelle dynastique avait donc tourné au conflit religieux, les shi'ites s'estimant persécutés par les sunnites[36] ; le mysticisme soûfi était proche. Allah avait gagné le monde, mais l'interprétation de sa cause avait, une fois de plus, divisé les siens.

Et cela d'autant plus que les victoires et les conquêtes des premiers siècles de l'islam avaient entraîné des cahots et des bouleversements : le pouvoir était aux mains de militaires, qui instaurèrent partout des tyrannies pénibles. Et la richesse découlant des conquêtes avait divisé les sociétés en deux couches, l'une de potentats enrichis et de leurs séides, vivant dans un luxe indécent, l'autre de gens humbles ou pauvres qui survivaient difficilement par leur travail et auxquels on n'offrait que le spectacle de la cupidité, des intrigues et du matérialisme éhonté. Dès la fin du VIIᵉ siècle, déjà, le dégoût saisit les gens pieux. Un grand nombre d'entre eux se retirèrent de la société, « à cause de la faim, du détachement à l'égard du monde et des liens familiers, ainsi que du renoncement à ce que les hommes croient bon, et non par contestation », comme l'écrivait le mystique irakien Jounaïd. C'était une manière diplomatique de dire l'écœurement. Les nouveaux ermites s'habillèrent de laine, *souf*, d'où leur nom de soûfis. Quelques-uns fondèrent des monastères soûfis, comme Abou Hashem de Koufa, à Ramleh en Palestine, en 800, mais la majorité des soûfis étaient solitaires, se déplaçant de ville en ville à l'instar des moines mendiants chrétiens. Ils consacraient leur vie à la récitation du Coran, ayant abandonné toute vie de famille et toute activité séculière. Ils incarnaient à la perfection le mot même d'islam, « reddition », s'abandonnant à la confiance en Dieu, *tawakkol*.

C'était là ce qu'en termes chrétiens on appelle du quiétisme. Celui-ci devint rapidement mysticisme. Il est assez piquant de noter que le premier théoricien du soûfisme, Maârouf de Baghdad, était chrétien d'origine et persan : ce fut lui qui définit le soûfisme comme une théosophie destinée à appréhender « les réalités divines ». L'on en revenait à la gnose, et l'on peut donc résumer le soûfisme comme un gnosticisme musulman[37]. C'était à l'époque, évoquée plus haut, où l'islam absorbait la philosophie hellénique et hellénistique ; les soûfis y trouvèrent amplement du bois pour leur feu, notamment dans des textes tardifs d'inspiration alexandrine comme la pseudo-*Théologie* d'Aristote, voire chrétienne, comme les écrits du pseudo-Denys l'Aréopagite[38]. Autant dire que les soûfis s'abreuvaient, au moins en partie, aux sources chrétiennes.

De toute façon, le soûfisme s'orientait vers un panthéisme diffus qui alarma les autorités religieuses. En s'évadant par le haut, si l'on peut ainsi dire, sa ferveur échappait à l'islam, il accédait à l'Innommé et devenait hérétique. Le plus célèbre des soûfis, Mohammed Houssein Mansour el Hallâj, l'avait clairement compris :

> « Les états d'extase divine, c'est Dieu qui les provoque tout entiers, quoique la sagacité des maîtres défaille à le comprendre[39]. »

Ou peut-être les maîtres la comprennent-ils trop bien. La dévotion personnelle et l'accès direct à Dieu n'ont jamais enthousiasmé les tenants des religions officielles : c'est un déni de leur autorité. Tous les fonctionnaires de la religion se considèrent comme les policiers de Dieu, et on le voyait hier comme on le voit aujourd'hui. Hallâj fut condamné à mort. Devant la croix, il s'écria :

> « "Tuez-moi donc, mes féaux camarades, c'est dans mon meurtre qu'est ma vie,
> Ma mort, c'est de survivre et ma vie, c'est de mourir."
> À ce moment s'approcha de lui le bourreau Abûl-Hârith. Il lui porta un coup qui lui taillada le nez et fit couler le sang sur ses cheveux blancs. Aussitôt, al Shibli poussa un grand cri et déchira sa robe, tandis qu'Abû'l Husayn al-Wâsiti et un groupe d'ascètes connus tombaient sans connaissance. Une émeute faillit éclater. Ce fut alors que les gardes firent ce qu'ils firent[40]. »

En fait, ils lui tranchèrent les mains et les pieds, puis le crucifièrent. « Je suis la Vérité », avait-il dit, car il s'était fondu en Dieu qui était la Vérité. Le « Christ musulman », l'un des plus grands mystiques de l'histoire des religions, l'un des plus grands poètes aussi, l'homme qui n'avait jamais offensé un être humain et qui avait voué sa vie à Dieu, fut exécuté avec une barbarie infâme, comme un criminel abominable. Son crime avait été de nier l'unicité de l'islam.

> « J'ai médité sur les croyances en m'efforçant de les comprendre :
> Je les ai trouvées telles une base unique à multiples ramifications.
> Ne va point exiger de quiconque qu'il adopte telle ou telle croyance ;
> Cela empêcherait toute entente solide[41]. »

Il l'avait dit encore plus clairement :

> « Sache que le judaïsme, le christianisme, l'islamisme et autres croyances sont des surnoms différents et des appellations diverses : mais le But de ces croyances ne change, ni ne varie. »

J'ai dit en tête de ces lignes que l'histoire de l'islam est exemplaire : le martyre de Hallâj en est une preuve de plus. Tout religieux auquel on concède le droit du glaive est un assassin en puissance. Ce qui mène à la troisième et dernière conséquence de la simplicité de l'islam, son identification du politique au religieux.

Il existe sur l'islam un discours relativement ancien, cohérent, hautement raffiné, qui tend à démontrer que la tyrannie religieuse qu'on voit dans tant de pays musulmans ne représente pas vraiment l'islam, le Prophète ayant distingué entre le monde, *dounya,* et la religion, *dîn.* C'est-à-dire que la tyrannie du religieux sur la société islamique n'est pas entière ni irrémédiable, et que, si l'on laissait « parler les sociétés », pour reprendre une formule de l'historien Mohammed Arkoun[42], l'on parviendrait à un équilibre relatif (je résume). C'est un discours qui me semble désuet, parce qu'il remonte au réformisme musulman du début du XXᵉ siècle, celui des Ahmed Khan Bahadour, des Mohammed Abdou ou des Kassem Amin, qui estimaient que l'islam devait se réformer ou disparaître[43]. Opinion prématurée : l'islam ne se réforme pas et il ne semble pas non plus près de disparaître.

En tout cas, l'évolution actuelle des sociétés musulmanes ne le laisse guère présager. Chaque fois qu'il y a eu changement dans une société spécifiquement musulmane, il a été dans le sens d'un rigorisme accru. En témoigne, entre bien d'autres éléments, le statut des femmes : dans le Coran, qui lui consacre dix-neuf chapitres, l'épouse a le droit de gérer seule et exclusivement ses biens, et la dot qu'elle reçoit lui appartient en propre. Or, ces droits ne lui furent reconnus, en Égypte, qu'à la proclamation de l'indépendance, en 1923. Mais en octobre 1952, une *fetwa* de l'université religieuse d'El Azhar, au Caire, interdit la reproduction en sculpture ou en peinture du corps de la femme et, deux mois plus tard, la même université interdisait la participation des femmes à la fonction publique, leur présence dans les clubs et aux cérémonies et réunions publiques (cette fetwa resta d'ailleurs sans effet). L'année suivante, cette université récidivait en postulant « le principe de la supériorité de l'homme sur la femme : c'est celle de l'intellectuel sur l'affectif ». Une décision du tribunal religieux *shar'ei* accorda le divorce à un homme parce que sa femme s'était étendue sur une plage, les bras et les jambes nus, car l'acte de celle-ci « était inspiré par le démon, nettement réprouvé par la loi divine comme par les bonnes mœurs[44] ».

La Révélation venue avec l'islam a créé un cadre qui devient plus rigide chaque fois qu'il s'estime menacé. Or, ce cadre peut perdurer dix siècles de plus. Telle est la raison pour laquelle la quasi-totalité des pays musulmans qui veulent présenter au monde un visage « moderne » vit sous des régimes quasiment dictatoriaux, Syrie, Iran, Irak, Libye, Algérie, Soudan, Indonésie, ou bien sous des monarchies autoritaires, Jordanie, Maroc, Arabie Saoudite...

Telle est également la raison pour laquelle le statut d'intellectuel arabe est l'un des plus fragiles qui soient, un intellectuel n'ayant théoriquement aucune raison d'exister dans un milieu où le Coran a tout expliqué et où les seuls commentaires qui resteraient à faire sont du ressort des autorités religieuses. Telle est enfin la raison pour laquelle, affranchis des colonialismes, ces pays restent colonisés par les techniques des anciens colonisateurs. Les haut-parleurs qui diffusent les chants des muezzins sur les côtes de Java sont fabriqués en Malaisie, les cassettes qui servaient à relayer de Paris les imprécations de l'ayatollah Khomeyni étaient fabriquées à Hong Kong, les satellites qui diffusent les images des fêtes religieuses islamiques sont fabriqués et lancés par l'Occident.

Certains observateurs s'étonnent que les établissements universitaires islamiques « où les étudiants intégristes sont majoritaires soient des établissements scientifiques », relève Farida Fawzia Charfi, physicienne et professeur à l'université de Tunis[45]. Mais « les intégristes sont davantage présents dans les écoles d'ingénieurs que dans les facultés scientifiques. Ils sont ainsi plus utilisateurs des résultats de la science que créateurs ». Et Charfi poursuit : « Les islamistes n'admettent que ce qui ne risque pas de remettre en cause les affirmations contenues dans les interprétations classiques des textes religieux. Des progrès de la biologie, on peut se contenter de retenir les conséquences sur les développements de la médecine ; la théorie de l'évolution des espèces n'a pas à être enseignée. En réalité, ils [les intégristes] veulent gérer la société avec les idées du passé. »

Certains pourraient sans doute objecter que c'est la situation où l'Occident se trouverait encore si le pouvoir séculier n'avait pas été retiré aux Églises et si la laïcité n'avait pas permis l'avancée du savoir ; après tout, il y a encore aux États-Unis (et en France) des chrétiens qui refusent qu'on enseigne Darwin à leurs enfants et prétextent qu'il faudrait alors leur enseigner également le fixisme d'inspiration biblique ; ce qui reviendrait à enseigner avec une fausse objectivité la théorie selon laquelle la Terre était plate et le Soleil tournait autour. L'islam intégriste nous renvoie, en effet, un miroir cruel de ce que fut le savoir en Occident avant la Révolution française : très exactement un non-savoir. De surcroît, l'intégrisme musulman fait peser sur la totalité de l'islam, où il y a une large proportion de libéraux, l'hypothèque de son obscurantisme. Une certaine idée de Dieu tient en otage plus d'un milliard d'être humains.

Il serait frauduleux de prétendre le contraire : conscient du péril philosophique et psychologique que représente l'Occident laïc, l'islam se sent menacé et, comme tel, campe sur une position de méfiance qui peut aller jusqu'à l'agression. Les manipulations de biologie génétique, la mécanique quantique, le principe d'indétermination, les découvertes de la paléontologie contrarient gravement l'ordre établi. Immobile depuis treize siècles, l'image du Tout-Puissant, tel que se le représente l'islam, ne tolère guère de changement qui ne vise à étendre Son empire.

Bibliographie critique

1. « King David Called Homosexual in Knesset », *International Herald Tribune*, 12 février 1993. Le député travailliste Yael Dayan lut le passage de II Samuel, où David évoque ses relations avec le fils de Saül, Jonathan, priant l'auditoire d'en tirer ses conclusions.

2. Il faut rappeler, au risque renouvelé de contrarier certains traditionalistes, évidemment chrétiens, que deux questions majeures demeurent sans réponse depuis bientôt deux mille ans : Jésus a-t-il voulu fonder une Église ? Et où Saül-Paul puisat-il les données sur l'enseignement de Jésus ? Sur le premier point, on évoque le plus communément la phrase dont l'authenticité est rejetée par les exégètes : « Tu es Pierre et sur cette pierre... », adressée d'ailleurs à un homme qui s'appelait Simon. C'est le dernier nom que lui donne Jésus (Jean, XXI, 15). Or, cette phrase est contredite par les faits, lesquels sont vérifiés par de très nombreuses citations : selon les Actes (XII, 17 et XXI, 18), selon Saül-Paul (I Corinthiens, XV 17), selon Eusèbe de Césarée (*Histoire ecclésiastique*, II, 23 et VII, 19), ce fut Jacques le Juste, dit le Mineur, dit encore le « frère de Jésus », qui fut le premier élu au trône épiscopal de Jérusalem. Ce qui confirme l'évangile de Thomas : « Les disciples dirent à Jésus : "Nous savons que tu vas nous quitter. Qui sera notre chef ? " Et Jésus leur répondit : "Où que vous soyez, allez vers Jacques le Juste" » (logion, 12). Ce qui ne donne nullement à Jacques la mission de fonder une Église.

Sur le second point, nous en sommes réduits aux conjectures. L'hypothèse la plus vraisemblable, que j'ai développée dans *L'Incendiaire, vie de Saül apôtre* (Robert Laffont, 1992), est que Saül est allé s'instruire chez les « Esséniens » réfugiés à Kochba, en Syrie

3. V. ch. 10, « Les dieux des Hébreux et le Dieu des prophètes ».

4. L'allégeance à l'Ancien Testament est lisible en maintes sourâte, comme en témoignent les vers suivants de la soura 3 : « Allah a préféré Adam, Noé, la descendance d'Abraham et la descendance d'Amran », ce dernier étant le petit-fils de Lévi qui eut de sa tante Yokkébed deux fils, Moïse et Aaron.

5. Manfred Lurker, *Lexikon der Götter und Daemonen*, Alfred Kramer Verlag, Stuttgart, 1984 ; Toufic Fahd, « Naissance de l'islam », *in Histoire des Religions*, t. II, 3 vol. sous la direction d'H.-Ch. Puech, Gallimard, 1972.

6. Soura 53, « L'Étoile », 19-20. La version du Coran utilisée ici est celle d'André Chouraqui, Robert Laffont, 1990.

7. El Uzza règne sur le groupe de tribus des Quays Aylân (T. Fahd, *op. cit.*).

8. Harry St. John Bridger Philby, « Mecca », *Encyclopaedia Britannica*, 1964. Il semble que la Kaa'ba ait été plusieurs fois détruite par des inondations et reconstruite. Il y

aurait eu au début du vie siècle d'autres kaa'bas en Arabie, à Najrân, à Al Khalasa, près de Bisha, à Sana'a...

9. En fait, des himyarites convertis de l'Arabie du Sud.

10. Après la brève conquête éthiopienne, au début du ive siècle, du royaume de Saba, un roi d'origine locale apparut en 375. Il inclut dans ses territoires le Dhou Raidan, le Hadramaut et le Yamnat. Son successeur se convertit au judaïsme, par défi au pouvoir romain, qui avait vainement tenté de contrôler cette clef d'accès à la mer Rouge. En 575, le dernier roi juif de Saba, Dhou Nouwas, fut assassiné et un Abyssin, donc chrétien, lui succéda, gouvernant le pays au nom du roi d'Abyssinie (« Saba », *Encyclopaedia Britannica*, 1964). La colonie juive demeura néanmoins sur place, prospérant, entre autres, sur le commerce de l'encens. Une campagne de fouilles en 1992 et 1993 a révélé l'importance des sites urbains.

11. T. Fahd, *op. cit.*

12. Il serait évidemment bien difficile, dans un chapitre qui vise essentiellement à définir l'image de Dieu selon l'islam, d'inclure toutes les informations disponibles sur la vie et l'action du Prophète. Je me permettrai donc de renvoyer le lecteur désireux de les connaître à cinq ouvrages qui m'ont considérablement aidé dans mes recherches et ont gagné le respect des chercheurs islamistes : Frants Buhl, *Das Leben Muhammeds*, Schaeder, Leipzig, 1930 ; *Mahomet, l'Homme et son Message*, de Maurice Gaudefroy-Demombynes, Albin Michel, 1957 ; Rudi Paret, *Mohammed und der Koran*, Kohlhammer, Stuttgart, 1957 ; Muhammad Hamidullah, *Le Prophète de l'islam*, 2 vol., J. Vrin, 1959 ; et la remarquable et concise étude de Toufic Fahd, citée plus haut. Je me suis également référé à l'étude du même auteur, « Le panthéon arabe avant l'islam », *in Mythes et croyances du monde — Le monothéisme*, sous la direction d'André Akoun, Brepols, Turnhout, Belgique, 1990.

Il me paraît utile de signaler que les interprétations de la vie de Mohammed ont sensiblement évolué depuis le milieu du xxe siècle, au bénéfice d'une approche plus historique et moins psychologique, apologétique ou schématique du personnage.

13. Soura 111, « Les Fibres ».

14. Pour comprendre cet épisode il faut résumer ici les faits. Dès 610, après sa première vision divine, Mohammed constitua une secte. Les noms de quelques-uns de ses premiers adeptes nous sont parvenus : Khaled ibn Saïd ibn el As et son frère Amr, Osman ibn Affân, Omar ibn el Khattâb, Talha ibn Obaydallah, Abd el Kaa'ba ibn Of, Khabbab ibn el Aratt, Soheib ibn Sinân... Il y en eut une quarantaine et cette confrérie s'affirma. Les notables de La Mecque s'en alarmèrent. Le clan des Abd Shams, qui appartenait à la tribu des Quoureyshites au pouvoir, celle de Mohammed donc, lui délégua un vieillard, Otba ibn Rabi'a, qui lui reprocha d'avoir ridiculisé « les songes » et les « dieux de la communauté ». Ibn Rabi'a offrit à Mohammed de l'argent, si c'était ce qu'il désirait, et le titre de roi, si c'était le prestige qu'il voulait. Mohammed lui répondit par des sourâte, et Ibn Rabi'a, impressionné, retourna à son clan en annonçant que la parole de Mohammed aurait « un écho immense » et en recommandant qu'on ne persécutât pas le Prophète.

Les prédications publiques de Mohammed, qui commencèrent en 616, n'arrangèrent rien, loin de là. En effet, le Prophète s'en prenait violemment aux « impies », ce qui lui valut l'hostilité des Quoureyshites de La Mecque, ceux de sa propre tribu, parce que ses vitupérations compromettaient les revenus qu'ils tiraient des pèlerinages des « idolâtres ». La tension atteignit un tel point que Mohammed quitta La Mecque pour Yathrib, en araméen Medina, et dont nous avons fait Médine, ville très ancienne habitée par les Juifs du Nord, des Arabes judaïsés et des Arabes idolâtres. De là, il délégua son oncle Hamza à la tête d'une bande de partisans pour attaquer les caravanes des Quoureyshites et les piller. Cette piraterie s'explique par le fait qu'à Médine Mohammed et les siens en étaient réduits à vivre de la charité publique, ce qui était humiliant.

En janvier 624, l'une de ces expéditions de piraterie aboutit à la capture d'une caravane mecquoise tout entière, après une bataille comparable à un « western » entre les pillards et les Quoureyshites. Ceux-ci, exaspérés, dépêchèrent en 627 une armée de dix mille hommes pour faire le siège de Médine et en finir avec Mohammed. Le siège fut infructueux car, sur les conseils d'un Persan de la ville, Mohammed fit entourer Médine d'un vaste fossé circulaire derrière les remblais duquel les archers de Médine tiraient sur les Quoureyshites en toute impunité et que les troupes de ceux-ci ne pouvaient pas franchir. Dépités, les Quoureyshites rentrèrent chez eux. Ce fut après la levée du siège qu'eut lieu le massacre évoqué plus haut.

15. P.M. Holt, A.K.S. Lambton et B. Lewis, *The Cambridge History of Islam*, Cambridge, 1970 ; *L'Expansion de l'islam*, Time-Life, Amsterdam, 1988.

16. Cette législation discriminatoire eut un effet paradoxal : elle menaça de ruiner d'abord La Mecque, puis la plupart des pays conquis sous domination musulmane. En effet, les impôts des non-musulmans constituaient une importante source de rentrées pour le trésor musulman. Comme les non-musulmans se convertirent alors en masse, ce trésor se trouva privé de ces ressources. Il fallut donc refondre la législation et imposer à tous les musulmans un nouvel impôt foncier.

17. « Les grandes encycliques pontificales de Pie VI à Paul VI », *Nouvelle Encyclopédie catholique Théo*, Droguet-Ardant/Fayard, 1989.

18. Lors de la révolution égyptienne de 1952, par exemple, et dans les décennies qui suivirent, les communistes égyptiens et les tendances qui en dérivaient, avec des « sympathisants » dans la junte révolutionnaire elle-même, crurent un moment que l'heure était venue de s'affirmer au grand jour, après les persécutions dont ils avaient été l'objet sous le régime précédent. Il n'en fut rien, et la seule suspicion d'être communiste ou d'obédience marxiste, *chouyou'i*, exposait aux pires sévices. Même aux moments les plus tendus de la guerre froide, dans le reste du monde arabe, et alors que les radicaux islamiques, qui considéraient l'Occident capitaliste comme ennemi, eussent pu tirer avantage du conflit larvé, l'hostilité au marxisme ne se démentit quasiment jamais. Les collusions entre religieux islamiques et marxistes, comme les cellules qui se créèrent en Irak dans les années cinquante, furent de courte durée. Le parti communiste syrien, qui émergea de la clandestinité en 1954 et qui fut à coup sûr le parti communiste arabe le mieux organisé (et le plus soutenu par Moscou), et fort de personnalités telles que Khaled Bakdash, finit par susciter une hostilité grandissante de la part des islamistes syriens, puis régionaux.

Le marxisme, en effet, a toujours été et demeure irréconciliable avec l'islam, en raison de son athéisme et de son matérialisme. Quelques exceptions, comme l'invraisemblable apologie de l'URSS prononcée en 1958 à Damas par le cheikh Abd el Razek el Homsi, à la mosquée el Rodah, doivent être considérées comme des excentricités ou des provocations anti-occidentales.

19. Le port du voile, sur lequel il s'est fait tant de bruit en Occident depuis les années quatre-vingt, n'est que partiellement une innovation du Coran. Jean-Paul Roux, dans *L'Islam au Proche-Orient*, Payot, 1960, dit : « Il n'a pas été connu ou il n'était que peu répandu à l'époque omayyade. » C'est sous le califat des Abbassides qu'il s'est généralisé comme une manifestation de piétisme. Il ne s'est imposé que sous les Turcs, qui le considérèrent comme une obligation religieuse.

Toutefois, dans l'affaire de la pseudo-infidélité de son épouse, Aïcha (elle avait treize ans), deuxième dans l'ordre des vingt qu'eut le Prophète, celle-ci rapporte qu'elle avait été reconnue comme la femme du Prophète par l'un des suivants de Mohammed, Safwân ibn el Mo'attal el Solami, car c'était « avant qu'on nous eût prescrit le voile » (cité par Maxime Rodinson, *Mahomet*, Seuil, 1961). Mohammed avait donc restauré le port du voile pour les femmes. Mais il faut savoir que, dans l'environnement de l'Arabie du VIIᵉ siècle, une femme représentait un objet de convoitise bien plus intense que dans les environnements urbains du XXᵉ siècle. Antérieurement, le port du voile en public avait été une pratique aristocratique visant à protéger la femme de regards indiscrets ou excessivement admiratifs. Il n'est pas pratiqué en Indonésie, mais l'est souvent en Malaisie.

20. Sidi Keddour ben el Khalifa, camarade d'armes d'Abd el Kader, déplore dans un poème de critique sociale, en 1861, l'habitude d'inscrire les enfants au jour de leur naissance et d'enterrer les morts seulement après avoir fait constater leur décès, de même qu'un cens qui embrasse les femmes comme les hommes, « Élégies et satires politiques de 1830 à 1914 », *Bulletin de la Société de géographie d'Alger et de l'Afrique du Nord*, XXXIV (1933), 35-54, cité par G.E. Von Grunebaum, *in Identité culturelle de l'islam*, Gallimard, 1973. L'historien byzantin Théophane rapporte que, dans les territoires d'Orient conquis par les musulmans, ceux-ci se refusèrent à inscrire les naissances d'enfants chrétiens sur les listes.

21. Les témoignages de l'inintérêt volontaire pour l'histoire selon les méthodes occidentales, avec ses classifications et analyses des témoignages, ses recours à l'archéologie, à l'épigraphie et à la philologie, etc., abondent jusqu'au xxᵉ siècle compris... Il faut admettre que les difficultés sont appréciables. Faire de l'histoire reviendrait à commencer par celle des peuples musulmans, donc à offrir une interprétation de personnages clefs du début de l'islam, par exemple, tels qu'Ali, donc à les soumettre à une analyse critique qui ferait apparaître leurs défauts de caractère, ce qui déclencherait des réactions alarmantes de la part des autorités religieuses.

22. Il n'existe pas, à ma connaissance et par exemple, d'histoire de l'Égypte réalisée par un historien égyptien qui corresponde aux critères occidentaux de l'histoire. Ce qui n'enlève certes rien de leur intérêt à des ouvrages tels que *Révolte sur le Nil*, du colonel Anwar el Sadâte, alors ministre d'État, avec une « préface du président Nasser » (Pierre Amiot, 1957), ce qui en dit long sur le ton apologétique de la révolution égyptienne, *Les Documents du Caire*, Flammarion, 1972, de Mohammed Hassanein Heykal, journaliste « officiel », rédacteur en chef du quotidien semi-officiel *Al Ahrâm* ; ou encore *Autum of Fury*, du même Heykal, André Deutsch, Londres, 1983, récit de la situation qui mena à l'assassinat d'Anwar el Sadâte.

23. Des critiques extérieures ont été adressées ces dernières années à la « soumission » des intellectuels arabes aux pouvoirs en place. Elles ne semblent pas toujours avoir tenu compte des pressions tacites (et explicites) qui s'exercent sur ceux des intellectuels, écrivains, artistes, qui tenteraient de s'affranchir des contraintes de la « nation arabe ». En témoignent abondamment, entre autres, la tentative d'assassinat perpétrée sur Naguib Mahfouz, prix Nobel de littérature, dont la soudaine notoriété « aggravait l'image immorale qu'il offrait de la société égyptienne » (les guillemets ne correspondent pas à une citation, mais à l'argumentation développée par les défenseurs de la foi islamique). Bien entendu, les assassinats sans nombre d'intellectuels algériens par les intégristes de leur pays viennent d'emblée à l'esprit du lecteur.

24. En octobre 1996 devait se tenir à Londres une assemblée (fortement contestée par de nombreux pays musulmans) d'extrémistes musulmans, dont les représentants de terroristes incarcérés, porteurs de messages enregistrés. Parmi les objectifs annoncés ouvertement de cette assemblée « extraordinaire » figuraient les projets de renversement par la violence des chefs d'État arabes modérés et l'instauration d'un califat universel *(The Sunday Times)*. Devant le tollé du monde arabe, la réunion fut annulée par le gouvernement de John Major.

25. Les premiers livres jamais traduits en arabe furent des livres d'alchimie, et ils le furent sur l'ordre de Khalid ben Yazid ben Mou'awiyah. Les traducteurs étaient des lettrés grecs qui demeuraient au Caire et qui parlaient le grec et le copte. Franz Rosenthal, *The Classical Heritage in Islam*, Routledge & Kegan Paul, Londres, 1975.

26. Le rêve est assez remarquable pour mériter d'être rapporté : le calife vit en songe un homme assis, chauve, au front haut, au teint coloré, aux sourcils broussailleux et aux yeux sombre, qui était imposant. Le calife lui demanda qui il était : « Je suis Aristote, répondit le personnage du rêve. — Qu'est-ce qui est bien ? demanda le calife ? — Ce que la raison approuve, répondit le philosophe, toujours

dans le rêve. — Et quoi d'autre ? demanda le calife. — Ce qui est approuvé par la loi religieuse. — Et quoi d'autre ? — Ce qui est approuvé par la loi sociale. — Et quoi d'autre ? — Rien. » Al Ma'amoun aurait demandé des instructions ; Aristote répondit : « Celui qui t'est loyal pour ton or, considère-le comme i'or. » Et le philosophe ajouta : « C'est ton devoir de croire dans l'unicité de Dieu. » F. Rosenthal, *op. cit.*

27. Ces commentaires s'intitulaient *Tahaffout el tahaffout*, « Incohérence de l'incohérence », et prenaient vigoureusement la défense de Platon et d'Aristote contre son contemporain El Ghazâli. Ils furent traduits presque simultanément en 1328 en latin et en hébreu ; une traduction en turc fut faite au xve siècle à partir de la version en hébreu et, au xvie siècle, une seconde traduction en latin fut achevée. L'influence de ces commentaires fut mince dans le monde islamique : paradoxalement, ce furent les études philosophiques chrétiennes et juives qui en bénéficièrent le plus (« Averroès », *Encyclopaedia Britannica*, 1964).

28. Richard Rudolf Walzer, « Arabic Philosophy », *Encyclopaedia Britannica*, 1964.

29. Les traités de mécanique de l'École d'Alexandrie furent connus des Arabes ; ainsi, celui d'Héron d'Alexandrie, inventeur de la machine à vapeur, sur la traction des corps lourds, fut traduit par Costa ben Louka, de Baalbeck, sur l'ordre du calife de Baghdad Ahmed ibn Moustasem, et la bibliothèque de Leyde en conserve un exemplaire (Bertrand Gille, *Les Ingénieurs de la Renaissance*, Hermann, 1964). L'École d'Alexandrie, dont Héron, produisit plusieurs modèles d'automates à flotteurs et à contrepoids, dont le mouvement était transmis par des chaînes et cordelettes. Les frères Banou Moussa, persans, composèrent vers 850 un ouvrage sur les automates dont une grande partie était d'ailleurs tirée des écrits de Héron. Cela pour rappeler, de plus, que le principe des systèmes à échappement était connu depuis les Grecs et l'était des Arabes.

Or, c'est justement un système à échappement qui constituait l'innovation de l'horloge à poids attribuée à Gerbert d'Aurillac, moine bénédictin. Gerbert d'Aurillac, qui était versé dans les mathématiques (il inventa un type d'abaque dit « à arc », dont la numérotation était indo-arabe mais ne comprenait pas le zéro), était par ailleurs l'un des rares collectionneurs de manuscrits de son temps. L'hypothèse, non formellement vérifiée, mais très plausible, est qu'il appliqua le système à échappement à la mesure du temps, ce qui représentait un progrès considérable par rapport aux clepsydres à eau, seules horloges jusqu'alors disponibles.

30. À quarante-sept ans, Mohammed ibn Mohammed Abou Hamid el Ghazâli subit une profonde crise psychologique qui lui fit abandonner la chaire de philosophie que lui avait quasiment imposée le sultan de Nishapoûr et s'isola dans une retraite presque complète à Tous, sa ville natale, en Perse. Il tenta, dans son œuvre la plus célèbre, *Ihya ouloum el dine*, « Le renouveau des sciences religieuses », de réconcilier l'orthodoxie musulmane avec le mysticisme soûfi, qui étaient en conflit. L'œuvre de Ghazâli demeure mystérieuse : certains écrits lui sont attribués à tort, d'autres, qui sont authentiques, ne sont pas publiés...

31. Biroûni, *Le Livre de l'Inde*, Sindbad/Unesco, 1996.

32. Les clercs *(haswiyah)* et les philosophes religieux méprisaient, en effet, l'étude de la logique, sous le prétexte qu'ils n'en saisissaient pas les constructions et que, de toute façon, la logique était innée (F. Rosenthal, *op. cit.*, ch. III, « La classification des sciences et les méthodes de recherche et d'enseignement »).

33. « Auto-image et approche de l'histoire », *in L'Identité culturelle de l'islam, op. cit.* Dans un ouvrage récent (*The Middle East : 2000 Years of History from the Birth of Christianity to the Present*, Weidenfeld, Londres, 1996), l'arabisant anglais Bernard Lewis soutient la thèse intéressante que les ismaïlites, secte shi'ite qui apparut au viiie siècle, auraient représenté la révolution manquée de l'islam. Selon Lewis, les ismaïlites, qui établirent un califat fatimide puissant, s'étaient affranchis de la tutelle du Coran en interprétant le Livre non plus littéralement, mais de façon symbolique. Cela (pour

résumer la pensée de Lewis) eût substitué une pragmatique à une dogmatique. Cet historien avance que les ismaïlites exerçaient déjà une action efficace à travers les guildes d'artisans, et qu'ils auraient même assuré la survivance de l'hellénisme dans l'islam s'ils avaient triomphé. Mais S.M. Stern et Claude Cahen ont précédemment démontré que les guildes n'exerçaient pas dans les villes de pouvoir appréciable. Par ailleurs, on est en droit de penser que le symbolisme ésotérique des ismaïlites s'est révélé dans une de ses branches dérivées, la religion des Druzes, sans doute l'une des plus closes de toutes les religions du monde, puisqu'elle est fermée à toute conversion : on est druze de naissance ou on ne l'est pas. Ses exclusives sont poétiquement résumées dans le poème initiatique : « Le vent a fermé la porte, il a tourné la page, il a éteint la chandelle et séché l'encre. Et la plume est cassée. »

34. R.R. Walzer, « *Arabic Philosophy* », *op. cit.*

35. C'est de la vénération d'Ali que découle le rite annuel (au mois de *mouharram*) de la *'achoura*, où des flagellants shi'ites se lacèrent le torse avec des chaînes garnies de lames, en signe d'affliction. La majorité des shi'ites croit que le 12e imam, Mohammed el Mountazer, qui disparut en 878, est toujours vivant et qu'il se cache, attendant de revenir quand son heure aura sonné. La théorie de l'« imam caché » est évidemment une sorte de messianisme mystique musulman. *Cf.* ch. 3 de cette IIe partie, « La dynamique des messies ».

36. L'hostilité politique entre divers États musulmans actuels remonte au conflit entre la *sunna* et la *shi'a*. Ainsi, depuis le XVIe siècle, où la dynastie perse Safavide établit le shi'isme comme religion d'État, les shi'ites devinrent majoritaires en Iran, alors que les États voisins étaient sunnites. Le renversement du trône d'Iran en 1978 s'explique par la grande popularité des clercs shi'ites, qu'avait imprudemment défiés Mohammed Reza Pahlevi, le shah.

37. Le soûfi égyptien d'Alexandrie D'houl Noûn, au début du IXe siècle, contribua beaucoup à l'élaboration de la gnose comme doctrine.

38. Le pseudo-Denys reste à ce jour une personnalité mystérieuse. Mentionné dans les Actes des apôtres (XVII, 34), il passa longtemps pour avoir vécu au Ier siècle. Auteur d'écrits connus sous le nom de *Corpus areopagiticum*, il fut d'abord vénéré comme disciple de Saül-Paul, puis passa pour le premier évêque de Paris. À la Renaissance, Lorenzo Valla, démystificateur célèbre, et Érasme mirent en doute que ce Denys-là eût vécu à l'époque apostolique. Par la suite, il a été établi que ce fut un Syrien qui vécut à Athènes. Il s'agirait d'un néo-platonicien chrétien, sans doute hermétiste, dont l'œuvre hétérodoxe postule qu'il n'y a pas de Mal absolu dans l'univers, mais seulement une absence de Bien.

39. Hocein Mansûr el Hallâj, *Diwân*, traduit et présenté par Louis Massignon, Cahiers du Sud, 1955.

40. *Akhbar al Hallâj*, traduit et annoté par Louis Massignon et Paul Kraus, Librairie philosophique J. Vrin, 1957.

41. Dans la traduction antérieure du *Diwân*, Massignon qualifie les deux derniers termes d'« incertains », dans la version de 1957, il les remplace par « Principe fondamental ».

42. « Religion et société d'après l'exemple de l'islam », *in Mythes et croyances du monde — Le monothéisme, op. cit.* Arkoun écrit ainsi : « Quelle que soit l'emprise des croyances religieuses sur les esprits, elles peuvent être transformées, marginalisées, éliminées par une classe sociale qui, pour prendre le pouvoir, doit opposer à la classe (ou aux classes) dominante(s) un nouveau système de valeurs. » Ce qui reviendrait à substituer le facteur social au facteur religieux. Force est de constater que l'Égypte, l'un des pays islamiques qui se sont avancés le plus loin dans les efforts de réforme, vit toujours sous l'hypothèque de l'extrémisme religieux. Ce furent les Frères musulmans qui fomentèrent les troubles de janvier 1952, dont l'incendie du Caire, qui menèrent six mois plus tard à la déposition du roi Farouk, puis à l'arrivée au pouvoir de la junte dirigée par le général Naguib. Depuis lors, toute tentative de laïcisation

est sous le coup d'une sanction des extrémistes en dépit de la surveillance sévère dont ils sont l'objet ; le discours d'Anwar el Sadâte à la Knesset lui coûta la vie. La loi musulmane ou *chari'ia* qualifie toujours le renoncement à la foi musulmane d'« apostasie », crime passible de la peine de mort, et les intellectuels libéraux sont soit assassinés, soit interdits (ainsi de Youssef Chahine, dont un film récent fut condamné par la censure religieuse). Le régime du shah d'Iran, qui avait précédemment tenté l'émancipation (avec une considérable maladresse), fut renversé par les ayatollahs et le colonel Mo'ammar Kadhafi de Libye est lui-même en butte aux actions armées des extrémistes religieux.

Arkoun reconnaît lui-même que « l'histoire produite [par la société] en dehors des "limites fixées par Dieu" entraîne une dégradation de la Cité idéale mise en place par le Prophète ».

43. Ahmed Khan Bahadour fut un réformiste indien, qui estimait que l'islam devait abandonner son monolithisme au bénéfice d'une ouverture au monde ; Mohammed Abdou, égyptien, qui fut grand moufti en 1899, partageait le même sentiment et estimait qu'il n'y avait pas d'incompatibilité entre la théologie islamique et le rationalisme et que l'islam était capable d'ouverture au monde. Plus radical, Kassem Amin appelait une refonte radicale. L'influence de ces réformateurs et de quelques autres, tels que Djemal el Dine el Afghani et Rashid Rida, parut amorcer, en effet, une réelle évolution. Mais le contexte politique (et en particulier l'instauration officielle du protectorat anglais sur l'Égypte en 1914 et la création du Foyer juif en Palestine en 1919) provoqua un raidissement. Et un mouvement tel que Jeune Égypte dans les années vingt en revint à un rigorisme nationaliste (et proto-fasciste, avec défilés militaires de ses chemises vertes).

44. J.-P. Roux, *op. cit.*

45. Farida Fawzia Charfi, « Les islamistes et la science », *Alliage* n° 22, La Différence Le Seuil, Paris. Communication au colloque « Religion et politique aujourd'hui », organisé par *Le Courrier* de l'Unesco, World Media Network et le Rajiv Gandhi Institute for Contemporary Studies, à New Delhi, en février 1994.

8

Le sexe de Dieu

Toutes les divinités de tous les temps ont été sexuées — Les rapports fantasmatiques de l'être humain avec la sexualité des dieux — Le premier dieu sexué mais sans sexualité — La première culpabilisation de la sexualité dans la Genèse — Le sacrifice symbolique de la circoncision — Les anges circoncis des Jubilés — Les noces de Yahweh et de Jérusalem et les insultes du Tout-Puissant — L'annulation chrétienne et gnostique de la sexualité — La féminisation des gnostiques musulmans et chrétiens à l'égard de l'éternel : Hallâj, Djelal el Dine el Roûmi et saint Jean de la Croix — Le mépris de la femme dans les monothéismes.

La divinité, cette projection de l'humain, a toujours eu un sexe. Elle a parfois, mais rarement, été bisexuée, comme le dieu hindou Shiva, et parfois bisexuelle, comme Zeus. Mais elle a toujours été sexuée.

Projection du désir humain, elle a été une femme plantureuse aux époques de disette, parce que seules les femmes disposant de réserves adipeuses étaient capables de produire les hormones stéroïdiennes en quantités suffisantes, donc de mener une grossesse à terme[1]. Les peintures et sculptures pariétales démontrent abondamment que la féminité n'était pas une abstraction, mais un concept précis, caractérisé par une représentation spécifique des organes sexuels féminins (qu'avec une pudeur savoureuse la médecine qualifie, de même que ceux de l'homme d'ailleurs, de « caractères sexuels secondaires »). Puis, il y a quelque neuf mille ans, quand l'agriculture a assuré aux populations de la préhistoire une subsistance plus ou moins régulière et que les hommes ont commencé à se livrer aux razzias et rapines inévitables avec les entassements de richesses, bref quand les hommes sont devenus des guerriers, donc des héros virtuels, la divinité est devenue progressivement masculine. Là aussi, aucune confusion n'est possible : dans toutes les religions, les organes sexuels masculins sont représentés avec un réalisme variable, mais une ambiguïté nulle.

La relation de l'humain avec la divinité issue du désir comportait donc une forte composante sexuelle. Les exemples historiques fournis plus bas le démontrent d'ailleurs amplement, et il n'y a pas de raison qu'il en ait été autrement à l'époque préhistorique. La femme ne pouvait que s'identifier à la divinité féminine, qui représentait une exaltation de son essence, cependant que l'homme, lui, projetait un désir sexuel direct sur l'image de la divinité. La preuve en est fournie dans diverses peintures pariétales, représentant des hommes se livrant à une gesticulation rituelle. Dans la grotte de Lascaux, par exemple, on voit un personnage ithyphallique d'il y a quinze mille ans, le sexe dressé et dans un état d'excitation aiguë, près d'un grand bison, dont la vulve est nettement représentée par des ovales concentriques[2], donc un bison femelle. Des représentations de ce type sont très nombreuses dans l'art préhistorique. Elles sont à l'origine des dieux de la nature tels que Pan.

Dans les panthéons mixtes, comme le panthéon grec, hommes et femmes trouvaient donc à la fois l'exaltation du moi d'une part et l'objet de désir sublime de l'autre. Les femmes pouvaient selon leur tempérament s'identifier à Héra, à Athéna, à Aphrodite ou à Artémis (à moins que ce ne fût à l'Artémis nocturne et dangereuse, Hécate), et désirer les dieux masculins et inversement pour les hommes. L'imaginaire humain fit que les divinités descendaient sur terre, assez souvent à des fins amoureuses. Zeus en personne quitta ainsi le ciel pour la couche d'Alcmène, qui en conçut ainsi le demi-dieu Héraklès, une autre fois il se déguisa en taureau pour emporter la belle Europe, Artémis s'amouracha d'Endymion, Apollon, lui, tomba amoureux de Daphné qui préféra être transformée en laurier plutôt que d'être son amante... La parité masculin-féminin n'était pas toujours respectée, comme on sait, car Zeus tomba amoureux du fameux Ganymède, et Apollon d'Hyacinthe et de Cyparissos (dont la métamorphose nous aurait valu le cyprès)...

Ces infortunes des mortels avec les immortels reflètent sans doute la sagesse antique, qui enseignait les dangers de se frotter à plus puissant que soi. Les Chinois mettaient ainsi les humains en garde contre les fées, qui se déguisaient en jolies femmes pour séduire les hommes[3], et les Incas racontaient que lorsque la ravissante vierge Cavillaca avait refusé de se donner au Créateur Coniraya, celui-ci se déguisa en un merveilleux oiseau et alla se percher sur l'arbre à l'ombre duquel Cavillaca tissait. Il transforma alors sa semence en fruit merveilleux que la naïve Cavillaca mangea avec délices. Sur quoi elle se trouva quand même enceinte du dieu[4].

Le sexe tient donc une place prépondérante dans les rapports fantasmatiques avec la divinité. Si grande même qu'elle prête des aventures, tragiques, comiques ou symboliques, à ces produits de son imagination. Ainsi, dans la mythologie égyptienne, il est dit que lorsque Osiris fut démembré par son frère Seth, qui le découpa en quatorze morceaux, sa sœur et maîtresse Isis, qui voulait reconstituer son corps avant de l'ensevelir, se perdit en recherches du phallus, le treizième morceau. Elle ne le trouva pas, car les poissons l'avaient mangé, alors elle en modela un avec de la cire et des épices[5]. Il ne pouvait y avoir de repos pour le dieu tant que son corps serait incomplet et le corps ne pouvait pas être complet sans son sexe ; le symbolisme de la légende est évident : point de divinité sans sexe.

La recherche du corps perdu est d'ailleurs commune à l'ensemble des mythologies orientales : Ishtar cherche le jeune et beau Tammouz, Déméter cherche sa fille Korê, symbole de fertilité féminine enlevé aux Enfers, Aphrodite cherche Adonis. Le sexe est le moteur du cosmos.

L'amour n'a certes pas été inventé d'hier : parmi les plus extraordinaires descriptions de la passion amoureuse, il faut citer celles de l'Épopée de Gilgamesh : celle de la maîtresse des Enfers, Ereshkigal, pour Nergal, régent de l'été et de la chaleur, qui consent à partager brièvement la couche de la folle amoureuse, puis la délaisse pour remonter dans ses hauteurs. Mais, insatiable, celle-ci se lamente inconsolablement et délègue au ciel un messager, Namtar, pour qu'il s'empare de l'amant perdu et le ramène auprès d'elle.

> « Nergal, amant de mes délices !
> Je n'ai pas eu le loisir d'avoir avec lui assez de plaisir ! »

clame-t-elle. On croit entendre une héroïne victorienne : elle se plaint d'une enfance malheureuse, privée des jeux des autres petites déesses. Elle a enfin trouvé l'amant idéal, Nergal, il l'a fécondée, elle n'aime et n'aimera que lui ! Ce sont *Les Hauts de Hurlevent* quelque trente siècles auparavant.

Nergal consent enfin à redescendre aux Enfers, y arrive de fort mauvaise humeur, malmène les gardiens des Sept Portes et, parvenu devant Ereshkigal, éclate de rire, la saisit par les cheveux, la jette à bas de son trône tandis qu'elle continue, elle, de bramer d'amour. Elle le veut pour amant éternel, elle lui offre de partager son trône, il y consent enfin. Le conte de fées s'achève dans le bonheur général.

La fureur amoureuse d'Ishtar, déesse babylonienne, pour le beau Gilgamesh ne le cède en rien à celle d'Ereshkigal. Les mortels ont prêté aux dieux des passions humaines : ils aiment, ils souffrent, ils vénèrent la beauté, et leurs passions sont résolument sexuelles. Peut-on concevoir un dieu sans sexe ? Seuls les dieux de la mort sont asexués.

Sur le mode plaisant, les histoires amoureuses de l'Olympe sont si nombreuses que la vie céleste ressemble fort à une longue chronique d'infidélités. Il est ainsi évident qu'Héra, épouse de Zeus, n'a jamais existé, guère plus que son époux et les autres, elle n'est qu'un archétype de la matrone jalouse, qui n'en finit pas d'enrager des infidélités du roi des dieux avec les dieux et déesses célestes, et les mortels et mortelles. On ne lui connaît évidemment pas un seul amant.

Il en ressort que les rapports de l'imaginaire antique avec la sexualité humaine et divine ne souffrent guère d'inhibition : ainsi, pour assurer la fécondité des semailles, les Pipiles d'Amérique centrale copulaient au moment même où les graines étaient semées en terre, et, dans les îles du nord de l'Australie, des saturnales étaient organisées pour assurer la fécondité de la terre lors de la visite de « Monsieur Soleil » ou Upu-lera, au début de la saison des pluies. En Ukraine, le jour de la Saint-Georges, soit le 23 avril, le prêtre orthodoxe allait bénir les jeunes moissons, puis on le roulait dessus, sans égard pour sa dignité, et les jeunes mariés allaient également se rouler dans les champs[6]. On ignore si, dans les Mystères d'Éleusis, le mariage de l'hiérophante, celui qui représentait l'époux terrestre symbolique, avec la déesse des moissons Déméter était symbolique ou non, mais enfin, l'on consacrait avec faste les noces de ce couple terre-ciel. Celui-ci descendait dans une cave où il s'isolait. Les célébrants attendaient en haut, assis sur des tabourets, l'issue de cette nuit de noces formidable et, enfin, l'hiérophante remontait, tenant un épi de blé pour annoncer que le mariage avait été consacré et que la déesse avait accouché des moissons.

Il ne fut jamais question, jusqu'à un moment donné de l'histoire, de jeter des voiles pudiques (en fait impudiques par la reconnaissance du caractère interdit de l'objet voilé, donc par l'attribution de ce caractère impudique) sur la sexualité divine ou terrestre. Le moment arriva avec le premier monothéisme, qui était celui des Hébreux. J'ai exposé plus haut les raisons historiques de penser que la rédaction du Pentateuque est beaucoup plus récente que la tradition ne l'avance. Ce qui ne signifie pas qu'il n'y eût pas, depuis des temps plus anciens, une tradition qui se cristallisa vers le VIe siècle avant notre ère sous la forme qu'on connaît des Cinq Livres. Mais là se manifeste l'une des plus grandes révolutions de l'histoire de Dieu : il est sexué, mais désexualisé. C'est un homme, tous les textes de l'Ancien Testament ne laissent guère de doute sur ce point, puisqu'ils utilisent tous invariablement des désinences masculines pour parler de Lui, mais, pour la première fois, il n'a strictement aucune activité sexuelle reconnue. Mieux : il témoigne d'une attitude à la fois répressive et possessive à l'égard de la sexualité.

Le symbolisme de la Genèse se prête à plusieurs interprétations savantes. L'intuition des Pères de l'Église et des générations successives n'en a gardé qu'une : Adam et Ève ont été chassés du Paradis parce qu'ils avaient fait l'amour. L'histoire est racontée de façon persuasive : Adam et Ève ayant consommé du fruit défendu s'avisent qu'ils sont nus ; ils se cachent alors les organes sexuels avec des feuilles de figuier (il faut penser que bien des peuplades étaient étrangères à l'histoire, car, jusqu'à l'arrivée des Blancs, elles ne cachaient pas les parties et que, bien au contraire, comme les hommes de Nouvelle-Guinée, ils les mettaient en évidence avec des étuis péniens, qui leur donnaient une position et une importance excessives).

Or, l'homme et la femme entendirent les pas de Dieu marchant dans le jardin « à l'heure de la brise du soir » et ils se cachèrent dans les buissons. Dieu appela alors Adam et lui demanda où il était. Le premier homme lui répondit : « J'ai entendu tes pas et j'ai eu peur parce que j'étais nu et je me suis caché. » Et Dieu demanda : « Qui t'a dit que tu étais nu ? » Suit la confession bien connue d'Adam, puis l'interrogatoire d'Ève qui rejette la faute sur le « serpent ». Incidemment, on trouve là, dès l'origine mythique du monde, le schéma de honte qui va prévaloir tout au long de l'Ancien Testament et dans une partie du Nouveau : quand Noé dans son ivresse laisse voir ses parties génitales, son fils s'empresse de les recouvrir. Le reste du monde vivait nu, faisait la guerre nu et régnait nu dans l'innocence. De Shiva à Apollon et de Quetzalcoatl au beau pénis à Amon Râ, les dieux aussi étaient nus. Les rédacteurs du Nouveau Testament abrogent l'innocence au nom de Dieu.

L'essentiel de l'épisode du Paradis est évident : Adam a pris conscience de sa sexualité. Cette conscience est fautive, puisque le premier homme sera donc condamné à gagner son pain à la sueur de son front (ce qui, comme je l'ai également indiqué plus haut, démontre que l'histoire se place après l'avènement de l'agriculture, donc qu'elle est postérieure au IXe millénaire avant notre ère). La sexualité est maudite, car elle est l'œuvre du serpent. Le symbolisme phallique du reptile a été suffisamment développé par maints auteurs et il n'est pas besoin d'y revenir. La conclusion de l'épisode est que Dieu apparaît comme un censeur : la sexualité est proscrite.

C'est la première culpabilisation de la sexualité dans l'histoire des religions : elle était et reste certes codifiée par les sociétés du monde entier, mais elle n'était pas considérée comme la Faute qui appelle le châtiment suprême, la mort ; en effet, pour avoir eu des rapports sexuels, Adam et Ève et toute leur descendance deviendront mortels. La sexualité devient un mal intrinsèque et, jusqu'à la fin du XXe siècle, l'Église catholique considérera que c'est un pis-aller inévitable, mais que la chasteté est incomparablement supérieure à l'exercice de la sexualité.

La Genèse scelle donc le mythe de la nature essentiellement corruptrice de la femme, vieux concept qui traîne dans tant de cultures depuis l'instauration des dieux patriarcaux. C'est par la faute d'Ève que nous sommes tous des condamnés à mort. Mais la Genèse n'invente rien à cet égard : dans la mythologie grecque, le demi-dieu Héraklès, par exemple, est poussé au suicide par sa femme Déjanire : celle-ci lui a perfidement donné une tunique empoisonnée par le sang du centaure Nessus et, l'ayant revêtue, le héros souffre de telles brûlures qu'il monte sur un bûcher pour y mettre fin. Dans le grand poème épique babylonien « L'épopée de Gilgamesh », c'est la déesse-mère Mammitsu qui a inventé la mort et, dans les mythologies babyloniennes, les mortelles et les déesses sont à l'envi d'insatiables furies, folles de sexe.

Grecs et Romains n'ont en général pas une conception plus flatteuse des femmes. Le seul trait qui nous soit parvenu de l'épouse de Socrate, Xanthippe, ce sont ses criailleries. Aristote juge les femmes « moins vertueuses » que les hommes, le stoïcien Sénèque, au Ier siècle de notre ère, estime qu'il est honteux de trop aimer sa femme. Notions où l'on est tenté de se demander quelle est la part du jugement objectif et celle du grand âge. Au Ier siècle, Philon d'Alexandrie stigmatise dans ses *Lois spéciales* « ces hommes libidineux qui, dans leur passion frénétique, ont des rapports excessivement voluptueux, non avec les femmes des autres, mais avec les leurs », ce qui est, en effet, inconvenant. Au XXe siècle, le pape Jean-Paul II fera d'ailleurs écho à Sénèque et à Philon en postulant qu'on peut commettre l'adultère avec sa propre épouse.

Là où la Genèse innove, c'est en combinant la malédiction de la femme et celle de la sexualité dans le même jugement de Dieu. Le présupposé de l'apologue d'Adam et d'Ève est qu'à l'origine des temps tout allait pour le mieux dans le meilleur des mondes, jusqu'au jour où la femme s'en est mêlée. D'où la proscription du sexe.

Proscription contradictoire, puisque le même Dieu ira par la suite commander à son peuple : « Allez, croissez et multipliez-vous. » Demeure le fait qu'il n'interviendra jamais « personnellement » dans la sexualité des humains, si ce n'est pour demander aux siens le sacrifice de leur prépuce :

> « Dieu dit à Abraham : "Pour ta part, tu dois respecter mon alliance, toi et tes descendants après toi, génération après génération. Voici comment tu respecteras mon alliance entre moi et toi et tes descendants après toi : circoncisez-vous, chaque mâle parmi vous. Vous circoncirez la peau de votre prépuce, et elle sera le signe de l'alliance entre nous" » (Genèse, IX, 11).

L'injonction est certes déconcertante : par sa restriction, et par l'ampleur de l'engagement en regard de l'objet symbolique, le prépuce. L'alliance avec le Maître de l'univers dépend donc du sacrifice d'un morceau de peau dont Lui-même a d'ailleurs doté les hommes. C'est donc bien un sacrifice et c'est un sacrifice symbolique de la sexualité. Que l'hygiène y soit favorable et qu'on le sache ou pas à l'époque, là n'est pas la question : Dieu n'est pas le médecin soignant des Juifs.

On eût été enclin à considérer que c'était une bizarrerie du rédacteur de la Genèse ; mais l'insistance mise à répéter l'injonction divine témoigne de l'importance qu'il accorde à l'ablation du prépuce ; le texte poursuit, en effet, sans scrupule à l'égard des répétitions :

> « Chaque mâle de chaque génération parmi vous sera circoncis le huitième jour, à la fois ceux qui sont nés dans vos maisons et

tout étranger qui n'est pas de votre sang, mais qui a été acheté avec votre argent. Circoncisez à la fois ceux qui sont nés dans vos maisons et ceux qui ont été achetés avec votre argent ; ainsi mon alliance sera marquée dans votre chair comme une alliance éternelle » (IX, 12-14).

Autrement dit, les Hébreux doivent circoncire également leurs esclaves, au mépris de toute liberté de conscience d'autrui. Le caractère dictatorial de la décision divine reflète le plus évidemment possible l'époque à laquelle le rédacteur de ce texte l'imagina. Car toute référence actuelle à l'esclavage comme un fait accompli et normal susciterait les hauts cris chez les Juifs aussi bien qu'ailleurs, et encore plus une atteinte à l'intégrité physique de ceux-ci. Mais, à l'époque, le fait qu'on achète un autre être humain et qu'on soit maître de son corps paraît toutefois naturelle.

Considérablement plus déconcertante est l'injonction prêtée à Yahweh d'imposer la circoncision à « un hôte qui est hébergé chez toi et fait la Pâque de l'Éternel » (Exode, XII, 48). Il s'agit d'une atteinte caractérisée à la liberté d'autrui, même si celui-ci est juif, comme le donne à penser le fait qu'il célèbre la Pâque. L'injonction fut entendue en ce sens plusieurs siècles plus tard, car le roi hasmonéen Jean Hyrcan l'imposa aux peuples qu'il avait conquis[7]. L'ablation du prépuce semble avoir également été un souci constant des rédacteurs de l'Ancien Testament, car, outre les deux citations que voilà, il y en a trois autres dans la Genèse (XVII, 8, 9-13 et XXXIV, 14), deux dans le Deutéronome (X, 16 et XXX, 6), une chez Josué (V, 2) et une chez Jérémie IV, 4), soit dix mentions au total.

Deux passages du Deutéronome parlent de « circoncision du cœur », dans des termes d'ailleurs singuliers : « Vous circoncirez donc le prépuce de votre cœur et vous ne raidirez plus votre nuque. » On peut y voir une allusion à l'érection du sexe viril, mais elle est incompréhensible, car la circoncision ne modifie pas celle-ci. L'autre passage définit le prépuce comme une « excroissance », ce qui reflète une fois de plus les conceptions personnelles du rédacteur ; ce dernier ne semble pas une seule fois concevoir, en effet, que le prépuce est après tout (ou avant tout) une création de Dieu et qu'Adam ne fut pas circoncis (le premier à l'avoir été, selon l'Ancien Testament, aurait été Moïse).

Se fondant sur le Deutéronome, Philon d'Alexandrie, philosophe juif du Ier siècle qui tenta de concilier le platonisme et le judaïsme (sans y parvenir), interprète la circoncision physique comme un mode de contrôle de l'instinct sexuel ; le commentaire n'est guère convaincant, étant donné que la circoncision elle-même ne change rien à l'élan sexuel, une fois de plus. Interprétation par ailleurs peu cohérente avec le judaïsme dont Philon se fait le héraut : le Livre des

Jubilés spécifie, en effet, qu'Israël est gouverné par des anges circoncis (précision qu'il faut qualifier d'extraordinaire, puisqu'en premier lieu elle accorde un sexe aux anges et, en second lieu, un corps, étant donné qu'on ne peut circoncire qu'un pénis de chair[8]).

L'importance accordée à la circoncision comme symbole religieux se perpétuera jusque chez les disciples de Jésus. À trois reprises le fait que Saül-Paul baptise des non-circoncis provoque des querelles avec le Conseil apostolique de Jérusalem[9]. Ce qui ne l'empêchera pas de circoncire lui-même son disciple Timothée. Il faut penser que la circoncision fut souvent pratiquée à tort et à travers et qu'elle dut entraîner des infections et autres complications, car à la fin les Romains s'en émurent et, au milieu du IIe siècle, ils l'assimilèrent à une mutilation et l'interdirent juridiquement.

Le rédacteur de la Genèse semble interpréter la circoncision comme une invention de Dieu à l'intention des Juifs, et il témoigne donc de sa méconnaissance des coutumes des peuples voisins. La circoncision, en effet, est antérieure au judaïsme ; elle était pratiquée en Égypte quatre mille ans avant notre ère et peut-être auparavant[10]. Elle est universelle et très ancienne : les seules populations qui ne l'aient pas pratiquée sont les Indo-Germains, les Mongols et les peuples parlant des langues appartenant au groupe finno-ougrien[11]. Elle est considérée, à juste titre, comme une intervention purificatoire[12], ce qui entraîne sa mythification ultérieure. Seuls les Hébreux lui prêtent la double signification d'une alliance avec le Créateur et d'un renoncement. Les interprétations mythologiques des Égyptiens, par exemple, font tantôt de la circoncision un événement tragique chez les dieux (la couleur rouge du ciel au couchant serait due au sang de Râ, le dieu Soleil qui s'est circoncis lui-même), et tantôt un rite initiatique qui assure l'appartenance de l'individu à sa communauté[13].

En Afrique noire, dans la plupart des cas, la circoncision, qui est pratiquée au sortir de l'enfance, marque le passage à l'âge adulte ; le prépuce étant considéré comme la « partie féminine » du garçon, son ablation en fera donc un homme entier ; la circoncision, aussi pénibles les rites initiatiques puissent-ils être parfois, est donc l'occasion de réjouissances[14]. Elle constitue la célébration de la sexualité, qui est pour les Africains, comme pour le reste des populations de la planète, l'une des grandes forces de la nature. Mais l'Ancien Testament bouleverse intégralement le schéma des rapports avec la divinité en instaurant le premier dieu non sexuel de l'histoire. C'est un patriarche sans femme, ce que, d'ailleurs, les Hébreux trouveront souvent difficile à admettre : des archéologues ont retrouvé en Palestine des inscriptions : « À Yahweh et à son Ashérah », celle-ci étant la mère d'El, « prototype » de Yahweh dans la religion cananéenne, qui était toujours pratiquée en Palestine[15].

Mais ce Dieu solitaire montre, dans les discours des prophètes, un trait révélateur. Il est jaloux, comme l'avait expressément déclaré Josué[16]. Les imprécations, punitions et colères divines provoquées par les « infidélités » de Son peuple surabondent chez les prophètes.

> « Jérusalem a été frappée et Juda est tombée
> parce qu'ils ont parlé et agi contre le Seigneur,
> se rebellant contre le regard de Son œil glorieux... »

et la malédiction s'étend aux deux sexes :

> « Alors le Seigneur dit :
> parce que les femmes de Sion sont orgueilleuses
> et marchent la nuque haute et le regard coquet,
> se mouvant avec une démarche ondulante
> et des pieds qui tintent,
> le Seigneur rendra les femmes de Sion chauves,
> le Seigneur arrachera les poils de leurs vulves.
> Ce jour-là, le Seigneur s'emparera des chevillères, lunules, pendentifs, rivières, chaînettes, voilettes, coiffes, gourmettes, rubans, maisons d'âme, amulettes, bagues, anneaux de narine, parures, pèlerines, écharpes, réticules, miroirs, draperies, tiares, broches. Au lieu de parfum vous porterez alors la puanteur de la putréfaction et une corde à la place de votre ceinture[17]... »

C'est bien là une vengeance de jaloux, et particulièrement de mari jaloux en ce qui concerne les femmes. L'alliance qu'Il a conclue avec le peuple hébreu est un mariage au sens large : en échange de Sa protection, il demande une fidélité exclusive, absolue et inconditionnelle. Un seul prophète avouera entièrement la nature sexuelle mythique de l'Alliance, Ézéchiel. Ses termes sont tellement explicites que certains commentateurs, gênés, l'accuseront de délire. S'adressant à Jérusalem par l'entremise du prophète, il lui rappelle son histoire et comment il a recueilli et pris soin de cette enfant (car Jérusalem est donc du sexe féminin) :

> « Puis tu as atteint la plénitude de la femme ; tes seins sont devenus fermes et tes poils ont poussé, mais tu étais encore nue et vulnérable.
> « Je suis revenu et j'ai vu que tu étais mûre pour l'amour. J'ai étendu le bas de ma robe au-dessus de toi et j'ai couvert ton corps nu. Puis je t'ai voué ma confiance et je suis entré dans une alliance avec toi, dit le Seigneur Dieu, et tu es devenue mienne. Puis je t'ai baignée et j'ai lavé le sang et je t'ai ointe d'huile. Je

t'ai donné des robes de brocart et des sandales de cuir solide[18]... »

C'est indéniablement le récit d'une nuit de noces, avec l'allusion à la défloration. Suivent les reproches : Jérusalem s'est comportée comme une putain, elle a forniqué avec le premier venu, avec les Égyptiens, avec les Chaldéens et même avec des effigies réalisées avec les bijoux d'or et d'argent que Dieu lui avait données, bref, c'est une « putain impérieuse ». La vengeance suivra : « Je te dénuderai devant tes amants et ils verront ton corps nu... » Et plus loin encore, il traite Jérusalem de lesbienne, car elle s'est comportée comme sa jeune sœur, Sodome, qui haïssait son mari et ses fils et qui vivait avec ses filles. On conçoit aisément l'embarras des exégètes. « Le style figuratif est, en effet, un peu cru », concéderont certains, tandis que d'autres qualifieront le texte d'Ézéchiel d'élucubrations et son livre de pseudépigraphe, c'est-à-dire de fabrication[19].

Jérémie, quand il aborde le rapport entre les Juifs et Dieu, reprend l'image de la jeunesse d'Israël, représentée comme une jeune fille nubile, mais, là, Dieu en est le père. Et les reproches que Dieu adresse ensuite à Israël pour son infidélité sont ceux d'un père à sa fille : « Tu as eu l'effronterie d'une femme des rues, tu as refusé d'avoir honte. Et maintenant tu m'as appelé Père[20] » ! Donc, à l'exception d'Ézéchiel, à un moment donné, entre le VIIe et le IIIe siècle avant notre ère, la sexualisation des rapports d'Israël avec Dieu ne fut plus jamais abordée. Passait encore que Jérusalem fût féminisée, mais Israël ne se réduisait pas à Jérusalem. Et surtout, que fallait-il penser des chefs qui avaient dirigé et dirigeaient encore le pays ? Dirait-on qu'ils étaient amoureux d'un homme céleste ? L'implication eût été infamante et, pour les femmes, inconvenante[21].

Dieu fut donc restauré par les autres prophètes dans son rôle de Père. Le schéma du fantasme amoureux qui avait présidé à la création antérieure des dieux et déesses fut simplement annulé. Dans les conditions périlleuses où les envahisseurs hébreux s'étaient installés en Palestine, ils n'avaient besoin, en effet, ni d'amant ni de maîtresse célestes, mais d'un père dont ils se persuadèrent, comme il est dit dans le Livre de Josué, qu'il leur avait donné cette terre, au détriment de ses anciens habitants. La sexualité ne devait plus servir qu'à la reproduction selon les directives rigoureuses qu'Il leur imposait : circoncision pour tous et interdiction de tout commerce sexuel avec des étrangers. En échange de quoi, Il contreviendrait selon Son gré exclusif aux lois de la nature et rendrait enceintes des femmes qui avaient largement passé la ménopause : Sarah, l'épouse d'Abraham, puis Anne ou Hanân, épouse d'Elquana et mère du prophète Samuel, puis Élisabeth, la femme de Zacharie et la mère de Jean le Baptiste.

Il tolérerait même, pour des raisons incompréhensibles, des unions carrément immorales : c'est, en effet, de rapports sexuels avec son beau-père Juda que Tamar conçoit son fils Perez ou Pharès, ancêtre de Booz, et mentionné imprudemment dans la généalogie évangélique de Jésus[22]. Booz, d'ailleurs, est le fils de Salomon et de la prostituée Rahab et il épousera une « infidèle » moabite, Ruth, sans que cela paraisse contrarier le Tout-Puissant. C'est également de rapports adultérins avec David que Bethsabée conçoit Salomon...

Ce fut le rôle qu'Il conserva intégralement lors du passage au christianisme et à l'islam, sauf exceptions que nous analyserons plus bas. Lors de la naissance de Jésus, Dieu reste sexué comme il l'était dans l'ancienne religion juive : mais c'est l'Esprit-Saint qui conçoit Jésus dans les entrailles d'une femme. La nuance est de poids, si l'on peut dire : car ce n'est pas Dieu, mais l'Esprit-Saint qui est le concepteur. Par ce transfert s'opère une dématérialisation de Dieu qui prélude à sa désexualisation postérieure. Et qui va aboutir à la plus extraordinaire tautologie de l'histoire des religions, car Jésus ayant de tout temps préexisté, selon l'une des conclusions du concile de Nicée, il se trouve de fait être son propre Père ! Qu'importe alors, la dématérialisation de Dieu ayant abouti à cet illogisme intégral : la cause était son propre effet, puisque l'effet coexistait avec la cause de toute éternité. C'est ce qu'en langage populaire on résume par la formule « Tout est dans tout et inversement ».

La naissance de Jésus correspond quasiment trait pour trait au schéma de la naissance des demi-dieux qu'on trouve dans nombre d'anciennes religions, à cette différence près qu'elle se trouve ici tronquée de ses connotations sexuelles. L'acte de chair et donc l'orgasme en sont exclus, du moins selon les versions du Nouveau Testament. Matthieu et Luc s'efforcent laborieusement de « prouver » que Jésus descend de David, puisque son père adoptif est censé descendre de ce roi[23], mais que c'est une ascendance spirituelle (au défi des lois juives, d'ailleurs, qui ne reconnaissent d'ascendance que celle qui est de la chair), car il n'y a pas eu congrès sexuel entre Joseph et sa femme. Le paradoxe le plus extraordinaire est que le mythe de l'Incarnation a conduit à la Désincarnation de l'Incarné.

Toute la tradition chrétienne, en effet, vise à annuler intégralement la sexualité de Jésus. Créé homme, il n'avait ou n'aurait pas été justement homme par là où se manifeste la masculinité : l'exercice de la sexualité. S'il représente l'idéal masculin, il implique ainsi la fin de l'humanité par extinction. S'il représente l'idéal humain, il annule la sexualité. Toute hypothèse sur ses rapports singuliers avec l'évangéliste Jean, avec Marie de Magdala et avec son frère Lazare appartient à la frange obscure et même maudite du commentaire chrétien.

La chrétienté, toutefois, n'acceptera pas d'emblée, ni sans résistance, l'image d'un Jésus désexualisé que l'Église entend lui imposer et dont elle ne tolère guère contestation, sous peine d'anathème[24].

Dans ses premières représentations picturales, Jésus est, en effet, comme un jeune homme imberbe, donc doté d'un potentiel de séduction sexuelle. Ainsi dans la fresque du Bon Pasteur de la catacombe de Callixte du IIIe siècle ; et dans l'autre image du Bon Pasteur, également imberbe, de la catacombe des Giordani, du IVe siècle ; dans la fresque du « Baptême » et dans celle de la guérison de l'hémorroïsse, de la catacombe des saints Pierre et Marcellin, de la fin du IIIe siècle ; dans la mosaïque du baptême du baptistère des Ariens ; dans la statue dite du Christ-Apollon du musée des Thermes, à Rome ; dans le bas-relief du sarcophage du musée d'Arles, où c'est un jeune homme imberbe encore qui change l'eau en vin aux noces de Cana (IVe siècle) ; dans toutes les représentations de Jésus du sarcophage de Junius Bassus, à Rome, également du IVe siècle ; dans le bas-relief du sarcophage dit de la Passion, de la catacombe de Domitille, à Rome (IVe siècle), où c'est un Jésus toujours imberbe qui est couronné d'épines ; dans la fresque représentant Jésus enseignant parmi les apôtres, de la même catacombe de Domitille, IVe siècle ; dans la mosaïque du Bon Pasteur de la basilique de l'évêque Théodore à Aquilée, du IVe siècle[25]...

L'adolescence nuancée d'androgynie n'est sans doute pas entièrement étrangère à la présence diffuse du gnosticisme dans le christianisme des premiers siècles. On trouve ainsi à Huarté, en Syrie, une très singulière mosaïque du Ve siècle, qui représente à la fois Adam, l'Homme androgyne idéal, et sans doute le Fils de l'homme auquel s'identifie Jésus : le personnage en question est Adam, car il est assis au milieu des animaux que Yahweh lui amena pour voir comment il les nommerait, comme il est dit dans la Genèse (II, 19-20), mais il n'est pas simplement Adam, car celui-ci est représenté nu dans l'imagerie de l'époque (et le plus souvent en compagnie d'Ève) ; or, ici il est vêtu, à la façon des christs en majesté des mosaïques de l'époque, dans une attitude royale, et la présence du phénix, oiseau symbolique de l'androgyne, confirme cette interprétation[26].

L'imaginaire des nouveaux chrétiens, qui sont, en effet, des convertis non juifs dans des territoires précédemment voués à des cultes polythéistes, où l'on ne concevait pas de divinité sans sexualité active, tente de rétablir un des liens primordiaux avec la divinité, qui est le lien sexuel. La parabole de Saül-Paul sur la nouvelle sexualité :

> « La tête de chaque homme est le Christ, la tête d'une femme
> est son époux et la tête du Christ est Dieu[27]... »

n'a apparemment pas marqué excessivement les esprits des artistes en raison de cette complexité dans l'énoncé que Napoléon déplorait dans le christianisme. De plus, elle peut difficilement séduire les hommes, qui s'entendent dire que leur corps est féminin, ni les femmes, qui s'entendent, elles, dire qu'elles sont des corps sans tête. L'homme y devient un androgyne. Or, cette vision mystique (et Saül-Paul est résolument mystique lorsqu'il évoque la fusion de l'humain avec le Christ) risque de se teinter d'homosexualité, ce qui n'est certes pas du goût de tout le monde.

La sexualisation du corps de Jésus va donc se poursuivre plus ou moins clairement, contre le courant de la tradition, jusqu'à la fin de la Renaissance. À commencer par la sexualisation du corps de Jésus enfant. Cette interprétation a été brillamment analysée par l'érudit américain Leo Steinberg[28] : jusqu'au XVIᵉ siècle, les Madones à l'enfant Jésus, thème repris par quasiment tous les artistes de la Renaissance, montrent le sexe de Jésus, à quelques exceptions près. La Réforme, qui entendait réagir contre le paganisme de l'art italien de la Renaissance, puis le concile de Trente (1545-1563) introduisirent le puritanisme qu'on sait. Toutefois, le nombre de paroisses qui, dans les siècles passés, se disputèrent la propriété de la relique du « vrai prépuce de Jésus » témoigne abondamment de l'attachement de la chrétienté occidentale, fût-il superstitieux et idolâtre, à la sexualité divine.

À partir du XVIIᵉ siècle, le thème, qui avait surtout servi à des tableaux de chevalet pour chapelles privées, devient moins fréquent et la nudité de l'enfant commence à être voilée par des draperies ou des ornements artistement disposés, ou bien encore la position du corps de l'enfant dissimule-t-elle naturellement ses parties génitales. Au XVIIIᵉ siècle, la représentation du sexe de l'enfant est tout à fait exceptionnelle et l'on commence même à repeindre les tableaux qui le montrent[29]. Même à l'époque, observe Steinberg, cette représentation explicite était parfois jugée contraire à la bienséance. Mais il n'en demeurait pas moins que les crucifix comportèrent longtemps des christs intégralement nus, comme ç'avait d'ailleurs été le cas de tous les crucifiés ; ce fut par la suite qu'on les rhabilla de draperies de plâtre. Les artistes qui sculptaient ces christs n'étaient certes pas inconscients, ni les religieux qui les exposaient : la nudité de Jésus servait consciemment à rappeler son authentique nature d'homme, jusques et y compris dans sa sexualité.

Le rappel de la sexualité humaine de Jésus se réfugia longtemps dans le linge qui lui ceignait les reins dans les flagellations, crucifixions et mises au tombeau, et dont les proportions devenaient dans certains cas extravagantes ; ainsi de la *Crucifixion* de Lucas Cranach (peinte en 1503), où les formes de ce linge sont incomparablement plus suggestives que ne l'aurait été la représentation des organes sexuels, ou bien dans l'étonnant *Homme de douleurs* de Martin Van Heemskerck (peint en 1532), qui suggère une érection.

Au XIXᵉ siècle, toute représentation de la nudité de Jésus était proscrite. Dès le XVᵉ siècle, le concept du Christ imberbe avait disparu, laissant la place à un Jésus exclusivement barbu (mais dont la barbe

restait légère et comme adolescente, vestige des Jésus éphèbes antérieurs). Au cours des siècles, par ailleurs, et soit sur instruction des
mécènes, soit par disposition culturelle et naturelle des artistes, la
masculinité de Jésus s'était amenuisée. Le vigoureux crucifié de
Rubens ou du Caravage avait cédé la place à un jeune homme aux
formes molles, presque alanguies, au visage si lisse qu'il en semblerait
asexué, n'était la barbe. Un nouveau consensus sur l'asexualité de
Jésus s'affirma avec l'obstination systématique bien connue de l'art
sulpicien : Jésus n'était plus ce personnage historique du Iᵉʳ siècle,
Palestinien musclé (aux épaules larges, rapporte Origène) capable
de faire le coup de poing avec les marchands du Temple, mais un
personnage étiolé, mélancolique, intemporel et presque sans réalité
physique ; en tout cas sans réalité sexuelle ni affective apparente.
C'est d'ailleurs à l'orientation théologique actuelle de l'Église que
correspond cette image-là : revendiquant à la fois la réalité historique
de Jésus, mais contestant l'analyse historique[30]. En fin de compte, le
Fils de l'homme a triomphé de Jésus et l'androgyne du Dieu incarné.
Le Jésus que veut actuellement défendre la tradition est celui-là
même que défendaient les pires ennemis de l'Église de Rome, les
cathares, les albigeois et les gnostiques de tout bord : un non-homme.

Le rapport sexuel avec la divinité a donc été perdu, sans doute de
façon définitive pour les trois religions du Livre. La sexualité demeure
pour l'Église le Grand Danger qu'elle représentait depuis les temps
de Saül-Paul ; elle risque de détourner de Dieu. « La génération d'enfants dans le mariage est permise, écrivait saint Jérôme, mais les sensations de plaisir sensuel, tel que le ressentent les putains dans leurs
congrès, doivent être condamnées chez une épouse[31]. » L'illustre apologiste n'était peut-être pas loin de recommander l'excision.

L'islam, dérivé de l'Ancien Testament comme on l'a vu au chapitre
précédent, héritait d'un Dieu préalablement détaché par le judaïsme
de toute référence sexuelle, et cela d'autant plus que l'Alliance ne
pouvait être invoquée : Allah n'aurait pu être d'aucune manière
l'Époux virtuel de la nation musulmane, idée blasphématoire. De
plus, comme Il ne s'était pas incarné, toute allusion à Sa sexualité eût
été déplacée et incompréhensible. Mohammed s'abstint prudemment
de multiplier les interdits sexuels : les traditions des tribus de la
péninsule Arabique suffisaient sans doute à garantir la décence : doté,
s'il pouvait en assumer la subsistance, de quatre épouses, qu'il pouvait
prendre comme le Prophète lui-même à l'âge nubile (la deuxième
épouse de Mohammed, Aïcha, avait treize ans), le musulman n'avait
guère lieu d'être tourmenté par la sexualité. Mais l'influence du gnosticisme dans laquelle baigne alors l'Orient ne s'en devait pas moins
s'exercer sur l'islam ; et ce fut là qu'on devait vérifier l'effet d'un
Dieu désiré et désirable sur l'individu : la féminisation virtuelle.

L'exemple le plus célèbre est celui de Hussein Mansour el Hallâj, le mystique du Xe siècle évoqué dans le chapitre de cet ouvrage sur le gnosticisme. Hallâj nous a laissé quelques-uns des textes les plus émouvants de toutes les littératures sur l'amour de la créature pour le Créateur et sans doute sur l'amour tout court. Ce n'est pas l'amour désincarné et diffus des religions orthodoxes, mais une passion amoureuse. Hallâj, homme, s'adresse à Dieu comme à l'Amant. Il le nomme d'ailleurs explicitement ainsi.

> « Je m'étonne, et de Toi, et de moi, ô vœu de mon désir ! Tu m'avais rapproché de Toi au point que j'ai cru que Ton "c'est moi" était le mien. Puis Tu t'es éclipsé dans l'extase, tant qu'en Toi Tu m'as dispensé de moi-même, ô mon bonheur, en cette vie, ô mon repos dans ma sépulture ! Il n'est plus pour moi, fors que Toi, de liesse, car Tu es ma crainte comme ma confiance, dans les jardins de Tes emblèmes est embrassée toute science, et si j'ai encore un désir, c'est Toi qui es tout ce désir[32] ! »

Et encore :

> « Ton esprit s'est emmêlé à mon esprit comme l'ambre s'allie au musc odorant. Que l'on Te touche, on me touche ; ainsi, Toi c'est moi, plus de séparation[33]. »

Et :

> « Quand l'amant arrive en plein élan de sa générosité, et qu'il est distrait de l'union avec l'Ami par l'ivresse de prier, alors il doit constater ce dont sa passion le prend à témoin : prier devient pour les amoureux de l'impiété[34]. »

Extraordinaire paradoxe où le fait de prier devient de l'impiété parce qu'il détourne de Dieu ! Et enfin :

> « Je Te désire : je ne Te désire pas pour la liesse des Élus, non, mais je Te désire pour ma damnation[35]. »

On peut concevoir le trouble des musulmans pieux (et ni particulièrement subtils ni tolérants) qui découvrirent ces débordements de passion pour Dieu et ne purent manquer d'y flairer le pire des plus extravagants blasphèmes, l'amour homosexuel pour Dieu. On eût eu beau jeu de leur opposer que le langage érotique ne pouvait être, à l'évidence la plus matérielle, que symbolisme, il demeurait qu'entre tous les symbolismes Hallâj, comme du reste bon nombre de mystiques musulmans, s'était servi de celui de l'érotisme. Hallâj s'était, en effet, « homosexualisé » dans l'amour divin. Il se plaçait au-delà de toute prescription religieuse. Le scandale latent entraîna sa mort, et Hallâj ne fut d'ailleurs pas le seul martyr de l'islam : Ibn Khafif de Shiraz fut exécuté en 982 et Ayn el Quoudât Hamdhâni de Delhi, en 1131, pour ne citer que ces exemples-là.

De tels transports amoureux vers la divinité ne se retrouvent que sporadiquement dans l'hindouisme ; dans le mysticisme musulman, ils surabondent.

Si le soûfi théosophique Ibn 'Arabi, lui, inverse la tendance et semble considérer qu'Adam est au fond femelle, puisque Ève naquit de lui[36], et si les vers suivants prouvent sans ambages son hétérosexualité caractérisée :

> « Dieu m'a fait aimer trois choses de votre monde : le parfum et les femmes, et la consolation de mon cœur est dans la prière »,

son choix d'un terme féminin, *dhât*, pour parler de la « Créatrice », l'essence de Dieu, et sa définition du Prophète comme « Réceptacle » et « Effusion », si on les abordait sous l'angle (anachronique) de la psychanalyse laisseraient rêveur. Mais en tout état de cause, « le symbolisme parasexuel qui abonde dans sa pensée », pour reprendre les termes exacts d'un commentateur[37], témoigne de la difficulté de rejeter le rapport avec Dieu hors de la sphère physique et sexuelle. Ni Hallâj ni Ibn 'Arabi, pour ne citer qu'eux, n'étaient des singularités en ce qui touchait à la sexualisation de Dieu : Ibn el Farid, contemporain d'Ibn 'Arabi, « utilisait le genre féminin quand il parlait de l'être aimé divin[38] ». Accouplés par les nécessités de la vie à une matrice dans un corps acéphale, quand ils n'avaient pas choisi la vie monacale, les hommes des trois monothéismes étaient donc contraints à un face-à-face avec Dieu pour seul objet amoureux.

Le mysticisme des trois monothéismes est dérivé de cultures essentiellement masculines, que ce fût la juive, la chrétienne ou l'islamique ; en dépit des ornements, gloses et défenses qui ont fleuri beaucoup plus tard dans l'hypocrisie pédante et les arguties creuses, la femme était et reste finalement considérée dans ces trois cultures comme un être humain de seconde classe. Dieu est un mâle et il a d'abord créé un homme, et rien ne peut rien y changer. Les inspirés étaient des hommes et le sont restés, à de très rares exceptions près, car nous n'avons pas connaissance d'une seule femme qui, du Iᵉʳ au XVᵉ siècle, ait véritablement influencé aucun des trois monothéismes de manière notable. Thomas d'Aquin écrit textuellement que le contact d'un homme avec son épouse abaisse son âme et, dans sa *Somme théologique*, il leur prête une « intelligence déficiente » et interdit qu'elles assistent à la rédaction de testaments[39].

Il y a eu certes des saintes musulmanes comme il y a eu des saintes chrétiennes, par exemple, mais elles sont surtout connues des lettrés.

Nous ignorerons donc pour toujours ce que pensait de la divinité la moitié des communautés juives, chrétiennes et musulmanes, je veux dire les femmes, et encore moins ce qu'était la nature de leurs rapports avec cette divinité. Sans doute faudra-t-il s'en tenir au prédicat ahurissant de Saül-Paul, selon lequel la femme est un être acéphale ; sans doute aussi son dieu à elle était-il son époux et le reste était considéré comme sans importance. C'étaient les hommes qui chantaient la divinité et qui entretenaient avec elle des rapports amoureux.

Il ne faut donc pas s'étonner de ce que le monde fût mis en équivalence avec la femme : « Le monde est comme une vieille femme qui peint son horrible visage édenté, y mettant même quelques bouts d'un Coran déchiré et richement enluminé pour masquer ses rides », écrit le mystique persan du XIIIe siècle Djelal el Dine el Roûmi[40]. Et Annemarie Schimmel cite la description de son contemporain, le prédicateur musulman Hassan el Basri : c'est « une prostituée lascive, infidèle et vile, une mère qui dévore ses enfants ». L'idée fut reprise par d'autres mystiques musulmans, tels Ghazâli, 'Attar et Djelal el Dine el Roûmi. Nul doute que, dans cet état d'esprit, il ne fût plus attirant d'entretenir des rapports mystiques avec un Amant céleste. Dieu était une histoire d'hommes. Vérification supplémentaire du postulat de Feuerbach, selon lequel la divinité est une projection du Moi.

La beauté du mysticisme, le musulman comme les autres, fut qu'un rapport aussi organique avec la divinité entraînât cette sublimation du sentiment qui a inspiré tant d'admirables poèmes et créations : on n'aimait plus une femme, mais l'incarnation de la beauté divine qu'elle représentait, à la fin, on aimait l'amour, c'est-à-dire qu'on aimait l'idée qu'on se faisait de l'amour et, pour finir, on s'aimait soi-même. L'amour courtois, dont dérive le romantisme européen, fut une émanation directe du mysticisme occidental. L'Église avait perdu dans la culture le combat qu'elle avait gagné dans la théologie : les fumées du bûcher de Montségur (1245) portèrent les parfums du *Roman de la Rose* (1230) jusqu'à Richard Wagner.

Au XVIe siècle, saint Jean de la Croix retrouve les accents de Hallâj (à son insu ?) et écrit, dans le « Chant entre l'âme et l'Époux » :

> « Où t'es-tu caché, mon Aimé,
> Me laissant gémissant ?
> Comme le cerf tu t'es enfui,
> M'ayant blessée ;
> En clamant je t'ai suivi et tu étais parti[41]. »

Trois siècles plus tôt, le mystique musulman Djelal el Dine el Roûmi, dit Mevlana, avait écrit :

« L'amour, ce roi, t'appelle : reviens en toute hâte !
Je vole en extase autour de ce toit et de ce pigeonnier,
Je suis le Gabriel de l'amour et tu es mon jujubier. Je suis le
malade et tu es le Jésus, fils de Marie[42]. »

La boucle avait été, en effet, refermée : les mystiques échappent aux religions comme ils échappent au monde, Allah et Jésus pouvaient se confondre, quelle importance, ils étaient l'Amant innommé. Ils attendaient éternellement comme le roi Amfortas que Parsifal vînt les toucher de sa lance.

Vint l'invention de la laïcité, née de l'athéisme, lui-même né de la Révolution française. La Femme s'affranchit. L'Église resta fermée et Dieu célibataire[43]. Par la volonté de quelques hommes pour lesquels, d'ailleurs, le sexe n'avait désormais plus d'importance, il fallait qu'Il restât seul, chaste et jaloux, légiférant quand même sur les activités des mortels.

Bibliographie critique

1. V. ch. 1.

2. André Leroi-Gourhan, *Treasures of Prehistoric Art*, Harry N. Abrams, New York, 1967. J'ai dit plus haut (ch. 1) que Leroi-Gourhan considère le bison comme un symbole féminin.

3. Anthony Christie, *Chinese Mythology*, Chancellor Press, Londres, 1996.

4. Geraldine Carter, *Latin American Mythology*, Studio Éditions, Londres, 1995.

5. Sir James George Frazer, *The Golden Bough*, Macmillan, New York, 1963.

6. *Id.*

7. Flavius Josèphe, *Antiquités judaïques*, XIII.

8. Jubilés, XV, 27.

9. Une fois, à Antioche, quand des émissaires de Jérusalem disent aux convertis de Saül-Paul que, s'ils ne sont pas circoncis, ils ne pourront pas être sauvés (Actes, XV, 1-2), ce qui déclenche des querelles féroces entre Saül et les émissaires ; une autre fois, toujours à Antioche où Pierre s'est rendu pour tancer Saül parce qu'il partage les repas du soir avec des convertis non circoncis (Galates, II, 4 et 14), ce qui déclenche une querelle où Saül traite Pierre de « faux frère », et la deuxième, de faux jeton. La troisième fois se situe à Jérusalem, où Saül, convoqué par le Conseil apostolique, se voit reprocher de renoncer à la Torah et à la circoncision (Actes, XXI, 21), ce qui démontre la fidélité rigoureuse des apôtres au judaïsme. Saül sera mystérieusement pris à partie au Temple où le Conseil apostolique l'a envoyé afin de témoigner son repentir.

10. Francis Ashley Montague, « Circumcision », *Encyclopaedia Britannica*, 1964. Une fresque d'une tombe de Sakkara, près du Caire, remontant à 2400 avant notre ère, décrit d'ailleurs l'opération, pratiquée sur un garçon de huit ou dix ans.

11. *Id.*

12. Sans grand souci de la contradiction, le célèbre théologien anglais Bède le Vénérable (673-735) déclarait que, « conformément à la Loi », « la circoncision guérissait de la blessure causée par le péché originel », sans tenir compte du fait que Jésus, ayant selon le dogme existé de tout temps, il ne portait justement pas les stigmates de ce péché alors qu'il avait été circoncis. Mais, arguait Bède, Jésus s'y était soumis par obéissance à la Loi, ce qui laissait entendre qu'en dispensant les convertis de la circoncision l'Église du Ier siècle et des siècles suivants y aurait été, elle, contraire. S'empêtrant davantage plus loin, le même Bède, pour justifier la circoncision, déclarait que le Christ avait besoin de s'y soumettre pour être enregistré comme vrai fils d'Abraham, ce qui réduisait Jésus au titre exclusif de Juif et eût dû entraîner

des conséquences théoriques incalculables (d'après Henry Denzinger, *The Sources of Catholic Dogma*, St. Louis et Londres, 1957).

13. La peau du prépuce contient des glandes qui sécrètent une substance cireuse, le smegma, dont l'accumulation favorise les infections du gland et, même, le cancer. Une malformation banale, le phimosis ou étroitesse du prépuce, peut aggraver ces risques. Le cancer du pénis est, en effet, pratiquement inconnu chez les populations qui pratiquent la circoncision précoce, alors qu'il est connu chez celles qui ne la patiquent pas, comme les Hindous. Par ailleurs, plusieurs études épidémiologiques montrent que la circoncision réduit également les risques d'infections sexuelles de la femme, pour des raisons évidentes.

14. Boris de Rachelwitz, *Eros noir*, Jean-Jacques Pauvert/Terrain vague, 1993.

15. Cité par Karen Armstrong, *A History of God*, Heinemann, Londres, 1993. La question de savoir si les Hébreux se représentaient ou non Dieu comme un être humain a suscité de nombreux débats depuis très longtemps... et inspiré pas mal d'absurdités. Hécatée d'Abdère, dans la plus ancienne histoire des Juifs en grec, prétend par exemple, au IIIe siècle avant notre ère, que Moïse n'aurait pas fabriqué d'images de Dieu parce qu'il pensait que le Créateur n'avait pas forme humaine. Or, cette thèse, qui a été curieusement reprise au XIXe et au XXe siècle par certains exégètes, ne résiste pas un instant à la citation du verset de la Genèse qui dit que Dieu créa l'homme à son image. Si Dieu n'est pas anthropomorphe, c'est alors l'homme qui est théomorphe, ce qui revient exactement au même. Chaque fois que Dieu se manifeste dans l'Ancien Testament, que ce soit à Abraham dans les térébinthes de Mamré, ou bien à Jacob avec lequel il se bat sur un chemin (ce qui entraîne un déboîtement de l'articulation de la hanche chez Jacob, Genèse, XXXIX, 23-33), comme il s'était d'ailleurs battu aussi avec Moïse, c'est sous une forme humaine.

16. Josué, XXIV, 19.

17. Isaïe, III, 8 et 16-24.

18. Ézéchiel, XVI, 7-10.

19. L'identité d'Ézéchiel et la date de composition de son livre restent sujettes à de vives discussions, dont la note 25 du ch. 6, IIe partie, n'offre qu'une reflet très fragmentaire. J'ai rapporté que la dernière version de ce livre semble avoir été rédigée entre le IIIe et le IIe siècle avant notre ère, sur une base plus ancienne, qui pourrait remonter au VIIe siècle (la date de naissance présumée d'Ézéchiel serait vers 627 avant notre ère). Historiquement, les indications de ce livre sont absurdes autant que celles de Jérémie (XLVI, 13-24) : ainsi, les propos prêtés à Dieu par Ézéchiel selon lesquels il va livrer le pharaon Hophra à Nabuchodonosor ne se sont pas réalisés : ce roi n'a fait qu'une brève incursion dans le Delta et s'en est retourné chez lui. Ce n'est pas Hophra, de toute façon, qui a subi l'assaut chaldéen, car il était mort, mais son successeur Amasis, dont le règne (568-525 avant notre ère) a été paisible et prospère. C'est le roi perse Cambyse qui a occupé l'Égypte (je renvoie le lecteur pour plus de détails à l'excellente étude de Georges Codino, « Le mythe du prophète Ézéchiel », *Cahiers du Cercle Ernest Renan*, n° 194, 1996.

20. Jérémie, III, 4.

21. Howard Eilberg-Schwartz, rabbin et professeur d'études religieuses à l'université Stanford, analyse dans *God's Phallus* (Beacon's Press, Boston, 1994) des signes de « féminisation » de Moïse après sa rencontre avec Dieu sur le Sinaï. Je confesse n'être pas convaincu par tous ses arguments en ce sens : le Pentateuque ne me semble devoir être abordé que comme document largement postérieur à Moïse, pour les raisons exposées au ch. 1 de la IIe partie de cet ouvrage.

22. Matthieu, I, 3 et Luc, III, 33.

23. Les généalogies des deux apôtres sont non seulement contradictoires, mais également fantaisistes, les tables de la descendance de David ayant été perdues depuis Zérubabel. Ce fut pourquoi certains hérétiques comme Tatien retranchèrent de leur version « révisée » des évangiles les généalogies de Jésus et tous les textes évangé-

liques qui présentaient la descendance davidique de Jésus « selon la chair ». Néanmoins, Saül-Paul, qui semble tout ignorer de la conception miraculeuse de Jésus, car il n'en fait jamais mention, présente Jésus comme descendant de David « selon la chair » (Romains, I, 3), ce qui signifierait que Jésus est le fils biologique de Joseph et non du Saint-Esprit.

24. Le public occidental se souvient du hourvari international et consternant qui suivit la projection en 1988 du film de l'Américain Martin Scorsese, *La Dernière Tentation du Christ* ; en France, les cardinaux Decourtray et Lustiger protestèrent contre un film qu'ils n'avaient pas vu, de leur propre aveu *(Le Monde,* 7 septembre 1988), mais les ecclésiastiques d'autres pays ne restèrent pas en compte. Publié par pure coïncidence en même temps, le premier volume de mon livre *L'homme qui devint Dieu* suscita des commentaires d'une indigence et d'une fausseté qui eussent dû faire honte à leurs auteurs, si la honte et le goût de la vérité leur avaient été concédés. La raison en était que j'y présentais un Jésus humain, avec pourtant un respect sans faille du personnage.

25. Frédérick Tristan, *Les Premières Images chrétiennes*, Fayard, 1996 ; Marcel Simon, *La Civilisation de l'Antiquité et le christianisme*, Arthaud, 1972. J'ajouterai, parmi les œuvres d'art chrétien qui représentent Jésus imberbe, le *Miracle des sept pains et des sept moissons*, mosaïque du dôme de Monreale du IVe siècle, et l'*Appel de saint Pierre et saint André*, de Saint-Apollinaire-le-Neuf à Ravenne, de la même époque.

26. *Cf.* Pierre Canivet, « L'Adam vêtu de la mosaïque de Huarté (Syrie, Ve siècle) », *Cahiers du Cercle Ernest Renan*, n° 123, 1982.

27. I Corinthiens, XI, 7. Saül-Paul en rajoute, d'ailleurs : « Femmes, soyez soumises à vos époux comme au Seigneur, car l'époux est la tête de l'épouse, comme le Christ est la tête de l'Église, qui est son corps... » (Éphésiens, V, 21-22).

28. Leo Steinberg, *The Sexuality of Christ in Renaissance Art and in Modern Oblivion*, Pantheon Book, 1983. Cet ouvrage a été publié en traduction par Gallimard en 1987, avec une préface d'André Chastel.

29. Ainsi de la *Sainte Famille* d'Agnolo Bronzino, qui date de 1540-1542, et qui représentait l'enfant Jésus de face, nu, assis sur les genoux de sa mère. Jusqu'en 1980, une abondante draperie recouvrait le pubis de l'enfant. Un nettoyage entrepris cette année-là révéla que le tableau avait montré l'enfant intégralement nu ; il le demeure à ce jour (exemple tiré de Steinberg, *op. cit.*). Steinberg reproduit d'autres tableaux ainsi « rhabillés » par un peintre sur la demande d'autorités pudibondes, et « déshabillés » par des restaurateurs contemporains, tels que la *Vierge à l'Enfant* de Jan Van Hemessen (v. 1540). Détail « pittoresque », des firmes actuelles chargées de diffuser des reproductions d'œuvres d'art retouchent elles-mêmes les tableaux, fussent-ils des Michel-Ange !

30. C'est d'ailleurs l'image qu'a adoptée le cinéma, qui s'obstine à présenter un Jésus atone, sans expression et perpétuellement désolé, alors que le personnage émerveilla par son énergie et son charisme et qu'à coup sûr il dut aussi savoir rire.

31. « Commentaires sur les Éphésiens », III, 5, 25.

32. *Diwân*, Quasida IX, traduit et présenté par Louis Massignon, Cahiers du Sud, 1955.

33. *Id.*, Muquattata XLI.

34. *Id.*, Muquattata XX.

35. « En fait, écrit Annemarie Schimmel, dans une des études les plus fouillées et les plus lumineuses qu'on puisse lire sur ce sujet délicat *(Le Soufisme ou les dimensions mystiques de l'islam*, Cerf, 1996), il est tout à fait embarrassant, pour une personne non initiée, de lire dans [Ibn 'Arabi] le chapitre final sur Mohammed, le sceau des prophètes et des saints. » Et il faut avec elle mettre en garde contre une lecture trop littérale d'Ibn 'Arabi, comme d'ailleurs de l'ensemble des mystiques musulmans.

36. Cité par Schimmel, *op. cit.*

37. Fazlur Rahman, in *Islam*, 1966, cité par Schimmel.

38. A. Schimmel, *op. cit.*

39. *Summa theologiae*, II/II, q. 70, Institut d'études médiévales Saint-Albert-le-Grand, Montréal, 5 vol., 1941.

40. Djalâl-Od-Din Rûmi, *Mathnawi — La quête de l'absolu*, Éditions du Rocher/Jean-Paul Bertrand éditeur, 1990, livre VI, « Retour à l'histoire de la vieille femme ». L'histoire de Djelal el Dine el Roûmi, dit également Mevlana en turc, c'est-à-dire « Maître », est sans doute l'une des plus extraordinaires du mysticisme musulman. Ayant rencontré Shams, le « personnage le plus mystérieux de la littérature persane », qui avait été si beau dans sa jeunesse que ses sœurs le cachèrent dans un harem, sa vie en fut bouleversée. Il s'attacha à Shams qui disparut un jour, peut-être assassiné (car sa liaison avec le Roûmi avait créé bien des jalousies), ou peut-être simplement reparti dans sa vie d'aventures. Mevlana désespéré partit à la recherche de cet homme pour lequel il avait écrit : « Ô mon Shams, Ô mon Dieu ». Ne l'ayant pas retrouvé, il conçut l'idée que leurs deux âmes étaient unies dans le Soleil divin (le mot *shams* signifie « soleil »). Son œuvre très abondante constitue l'un des sommets de la poésie persane, et, avec celle de Hallâj, de la littérature mystique soûfie.

41. Le texte espagnol n'indique pas le sexe de l'implorant : *Adonde te escondiste/amado, y me dejaste con gemido ?* (*Poésies complètes*, Obsidiane, 1983).

42. El Roûmi, *op. cit.*, livre VI, « Comment le roi rendit le manuscrit au fakir, disant : "Prends-le, nous n'en avons que faire" ».

43. Depuis quelques décennies, la papauté s'efforce d'atténuer sa propre tradition, reconnaissant que « la sexualité est source de joie et de plaisir », et de l'autre proclamant que « la chasteté signifie l'intégration réussie de la sexualité dans la personne » (*Catéchisme de l'Église catholique*, Mame/Plon, 1992, § 2357 et 2337). Mais il est par ailleurs notoire que l'Église ne revient pas sur la situation d'infériorité fondamentale de la femme et son inaptitude à recevoir les ordres, sur le contrôle des naissances et l'homosexualité, déclarée par « la Tradition » comme « intrinsèquement désordonnée » (§ 2357), alors que le même catéchisme impose plus haut que chacun reconnaisse « son identité sexuelle » (§ 2333).

9

L'athéisme ou la fausse absence de Dieu

Prolégomènes de la Révolution française : l'Aufklärung et les Lumières : les nouvelles images de Dieu — Philosophes, jacobins, francs-maçons, les faux coupables d'un athéisme qui n'exista pas — Un clergé scélérat, un cardinal athée et le ci-devant Dieu — Les origines religieuses de la Révolution : les jansénistes, précurseurs des jacobins — Le besoin d'éthique et la naissance de l'État-nation — Les destinées opposées de la révolution américaine et de la révolution russe — Les totalitarismes du XXe siècle et le prestige paradoxal du communisme — Les astuces d'Adolf Hitler et le silence de Pie XII : Dieu ne s'occupe que des catholiques — La dégénérescence du besoin de divinité et les avatars dérisoires du culte du Moi.

Le 16 juillet 1789, les habitants de la ville de Königsberg, en Prusse-Orientale, s'inquiétèrent. M. Emmanuel Kant n'était pas sorti pour sa promenade quotidienne à onze heures du matin. Qu'il plût, ventât ou cuisît, en effet, le célèbre philosophe sortait ponctuellement de sa maison et faisait une petite promenade de santé le long du mail, après quoi il rentrait pour une légère collation et se remettait à travailler. C'était sa petite hygiène, car il était de santé fragile. Que s'était-il passé ce jour-là ? Était-il souffrant ? On apprit dans l'après-midi la cause de l'extraordinaire manquement : l'auteur de la *Critique de la raison pure* avait reçu par la chaise de poste la nouvelle que la Révolution française avait éclaté.

Il avait dû la sentir venir, bien qu'il ne voyageât guère ; il se tenait informé ; or, le *Discours préliminaire* de d'Alembert datait de 1751 et surtout le *Dictionnaire philosophique* de Voltaire, qui avait séjourné à Potsdam chez Frédéric II et qui était célèbre en Allemagne, de 1764. Comment ne pas en conclure que l'idée de Dieu allait changer ? Kant n'était certes pas athée comme un d'Alembert : il avait déclaré dans la *Critique de la raison pure*, parue huit ans plus tôt, qu'il croyait « inévitablement » en Dieu et dans une vie dans l'au-delà, mais il précisait que c'était là un sentiment moral et non logique ; certes, aussi, il souhaitait le passage de la « religion d'Église » à la « domination exclusive de la pure foi religieuse », utopie qui laisse rêveur ; mais il accueillit cependant la Révolution avec une profonde espérance. Il avait, en effet, déclaré aussi dans la préface de la première édition de la *Critique* que l'homme n'a aucun besoin de la foi et de la religion pour se déterminer moralement et, jugement célèbre, que la morale est autonome et se fonde exclusivement sur la critique de la raison pure.

Kant avait horreur du dogmatisme : ce qu'il pouvait deviner et surtout espérer de la Révolution française en 1789 allait dans le sens de ses vœux, c'est-à-dire que l'être humain fût affranchi de la tyrannie cléricale et que la foi devînt une affaire personnelle. En ce sens, il se situait fort près de l'idéal républicain. Mais ni lui ni les autres penseurs allemands de son temps ne se doutaient que les spasmes qui secouaient la France allaient expulser le Dieu chrétien non seulement hors de l'État français, mais encore d'autres pays qui à leur tour suivraient son exemple.

Ce fut confiants dans un avenir meilleur que les penseurs allemands emboîtèrent donc le pas aux encyclopédistes. Les Lumières allemandes, l'*Aufklärung*, n'étaient certes pas symétriques du siècle des Lumières français. Aucun Allemand de l'époque n'a crié : « Écrasons l'infâme ! » Mais enfin, deux autres de ses grands acteurs, Johann Gottlieb Fichte et Gotthold Ephraïm Lessing, en étaient certes beaucoup plus proches qu'aucun penseur allemand ne l'avait jamais été. Avant de prendre, en 1793, ses distances à l'égard de la Révolution, Fichte[1] avait proclamé la primauté de la morale naturelle et le droit à la liberté de conscience, et Lessing avait lui aussi revendiqué, et depuis 1753, le droit à la liberté de conscience et dénoncé l'injustice du dogmatisme théologique[2]. Chez Kant, Fichte, Lessing et Johann Benjamin Erhard, ces proclamations de la liberté fondamentale individuelle allaient de pair avec celle d'un « droit naturel révolutionnaire[3] », ce droit même que Robespierre introduisit dans la Constitution du 24 juin 1793.

Il y avait certes des athées en Allemagne, mais ils gardaient le profil bas, car une censure veillait, et elle ne badinait pas avec les imprudences des libres penseurs. Même Kant, qui n'était certes pas un pétroleur, en avait subi les rigueurs car, s'il avait publié sans difficulté la première partie de la *Critique*, la seconde partie fut interdite[4]. Dans l'Europe monarchique du XVIIIe siècle, l'extension de l'alphabétisation, liée à la naissance d'une bourgeoisie qui n'a cessé de prospérer depuis le XVIe siècle, a créé une classe d'intellectuels qui présente une double caractéristique : ils ne se sentent solidaires ni des intérêts de l'aristocratie ni de ses valeurs. Formés par la fréquentation des auteurs anciens grecs et latins, ils cultivent un idéal de justice et de liberté que n'incarnent certes ni les féodalités ni le dogmatisme ecclésiastique. L'intérêt d'un Frédéric II ou d'une Catherine de Russie pour les idées nouvelles et de l'un pour Voltaire, de l'autre pour Diderot, ne doit pas faire illusion : l'un et l'autre, qui étaient d'ailleurs amis, étaient des révoltés qui « en avaient bavé » sous le joug de familles royales brutales et souvent sottes[5], et la fréquentation des philosophes français était une revanche tardive, mais limitée, contre l'obscurantisme qui avait failli oblitérer leurs jeunesses. L'élan des penseurs de l'Aufklärung et des Lumières françaises les porte vers un idéal politique et philosophique gréco-romain, qu'ils idéaliseront d'ailleurs jusqu'à l'irréalité, sinon jusqu'au ridicule comme ce fut le cas de Winckelmann.

L'idée de la divinité ne pouvait s'identifier, pour les penseurs de ces deux pays, à celle que révéraient un clergé excessivement corrompu et une aristocratie indifférente à la société qui l'entourait, en France encore moins qu'ailleurs. Pour le peuple, et de manière instinctive, de même que pour les philosophes, de manière réfléchie, la religion était inséparable de l'éthique. Or, la monarchie française offensait l'éthique depuis la Régence. Si les autorités religieuses avaient été conséquentes avec leur enseignement, elles eussent dû excommunier la quasi-totalité de la noblesse, les Fermiers généraux et tutti quanti. Elles ne le pouvaient évidemment pas : elles participaient elles-mêmes au scandale. Outre l'évêque d'Autun, Talleyrand donc, le véritable Diable boiteux (il apprit à dire la messe pour la célébrer à la Fête de la Fédération !), on y comptait des personnages aussi discutables que Jarente, évêque d'Orléans, « personnage de sac et de corde » selon les termes d'un de ses contemporains, Loménie de Brienne, ex-Premier ministre, cardinal de son état et archevêque athée, un comble, qui, après 1789, présidera le club de Sens avec un bonnet rouge taillé dans son chapeau (ils acceptèrent de prêter serment à la Révolution, d'ailleurs), plus un certain nombre de prélats aussi marrons qu'avariés, Gobel de Lydda et Miroudot de Babylone, évidemment[6] !

Un tel tableau peut au XXᵉ siècle scandaliser ou paraître exagéré ; il n'en est rien. De l'avis même des historiens conservateurs les plus modérés, le clergé était corrompu et fort loin de représenter un idéal chrétien. On achetait alors une charge épiscopale pour de l'argent et les séminaires servaient de dépotoirs pour les fils de famille perdus et, quand ils n'étaient pas sots, les abbés qui en sortaient étaient bien souvent prévaricateurs, fornicateurs et comploteurs. Ils s'enrichissaient comme tout un chacun quand il le pouvait. « L'Église, propriétaire d'une portion du territoire comme au Moyen Âge, écrit Tocqueville dans *L'Ancien Régime et la Révolution*, pénétrait dans le gouvernement. » Elle avait donc partie liée avec lui.

L'affaire était claire : le clergé ne valait pas mieux que les ci-devant.

C'est ainsi qu'on assiste au XVIIIᵉ siècle à la division de l'image de Dieu, d'un côté celui de l'Église, fort mal représentée, et, de l'autre, celui des philosophes, qui est passablement abstrait. Ce n'est pas l'existence de Dieu qui est en cause, mais sa représentation. Diderot ne rejette pas le concept même de Dieu, mais refuse d'en faire la cause première du monde. Contrairement à ce qu'on persiste à laisser croire, Voltaire non plus n'est pas athée, comme en témoigne l'article « Dieu » de son *Dictionnaire philosophique* ; dans un dialogue entre deux personnages fictifs, un « théologal de Constantinople » nommé Logomachos, et Dondindac, « bon vieillard » du Caucase qui sert en fait de porte-parole à Voltaire, celui-ci explique que le spectacle de la nature suffit à prouver l'existence de Dieu, décrit comme juge et père ; comme quoi Voltaire ne se différencie guère du concept judéo-chrétien traditionnel. Rousseau, lui, est quelque peu confus et surtout superficiel, car s'il croit que le monde est gouverné par « une volonté puissante et sage », celle-ci n'appartient toutefois pas au Créateur. Dans *Le Vicaire savoyard*, il dira par le truchement de ce vicaire que, « pénétré de son insuffisance », il ne raisonnera « jamais sur la nature de Dieu ». Fichte se moquera d'ailleurs aimablement de sa superficialité dans ses *Considérations sur la Révolution française*.

La Mettrie et d'Holbach ne brillent guère par leurs compétences théologiques : ils remplacent Dieu par la Nature, ce qui est mettre un mot à la place d'un autre, car ils n'approfondissent guère leur concept. Le seul véritable athée d'entre eux est d'Alembert, et il l'est farouchement. Mais certains attribuent ce trait à une enfance malheureuse et à des maîtres obtus. On tiendra pour rien les idées du marquis de Sade, forcené qui écrivait des folies obscènes pour choquer les gens et dont l'athéisme vociférant ne fut certes pas un moteur de la Révolution.

Il est aisé de juger que les ritournelles des réactionnaires, « C'est la faute à Voltaire » et « C'est la faute à Rousseau », assenées aveuglément jusqu'à nos jours pour vilipender « les fauteurs de la révolution », outre qu'elles malmènent la langue française, ne reposent que sur l'inculture obstinée : ni l'un ni l'autre de ces auteurs n'ont été coupables d'« impiété », c'est-à-dire d'athéisme, au pis (ou au mieux) de tiédeur. Ils en avaient certainement après le clergé ; bien des gens se donnent les gants de juger une époque avec les yeux d'une autre, mais il s'en faut que les réelles tribulations du clergé sous la Révolution aient été un vaste *Dialogue des carmélites*. C'est donc une fadaise que d'attribuer la Révolution française aux encyclopédistes et aux cafés et encore plus de leur mettre sur le dos l'abolition de la religion par athéisme.

Les clubs de Jacobins ont aussi fait les frais des accusations d'irréligion. C'est là une invention qu'aucun historien digne de ce nom ne prend au sérieux : ils ne faisaient que répéter en les variant et les exagérant les idées qui couraient depuis l'*Esprit des lois* de Montesquieu en 1748 : séparation des pouvoirs, monarchie constitutionnelle, libertés individuelles. « On ne doit point statuer par les lois divines ce qui doit l'être par les lois humaines », avait écrit Montesquieu. Or, ç'avait été le principe contraire qu'on avait appliqué : l'on encourait en France la peine de mort si l'on ne se découvrait pas au passage du carrosse du Saint Sacrement. En dépit de cette outrance de cagots, aucun Jacobin n'a publié un seul écrit demandant l'instauration de l'athéisme : les Jacobins réclamaient simplement la séparation de l'Église et de l'État.

Les Maçons ont été également inculpés d'impiété : c'est une vieille obsession de Rome que ces fraternités qui lui faisaient ombrage. La première loge maçonnique implantée en France fut celle de Dunkerque, en 1721. On ne sait si elle fut la jacobite ou l'anglaise (hanovrienne), mais on sait qu'il y eut en outre celle du chevalier de Ramsay. La pensée des premiers francs-maçons est peu connue, et les taxer d'athéisme, c'est dire qu'on est un ignare. En effet, l'un des rares points certains est que les Maçons étaient déistes ; leur Dieu n'était pas contraire à celui de la Bible et se définissait comme celui de la Nature, « le grand architecte et ordonnateur du monde », émanation des idées platoniciennes ; ils ne rejetaient même pas la Révélation, elle leur paraissait simplement superfétatoire[7]. Il serait également absurde de les taxer d'immoralisme : « Un Maçon est obligé par sa charge d'obéir à la Loi morale ; et s'il comprend bien l'Art, il ne sera jamais un stupide Athéiste, ni un Libertin irréligieux », proclamaient depuis 1583 les *Constitutions* d'Anderson, pétition de principe que conserva au XIXe siècle la Grande Loge unie d'Angleterre, quand elle réunit en son sein les Grandes Loges d'Écosse et d'Irlande[8].

Quand en 1736 le pape Clément XII menaça d'excommunication les chrétiens qui en feraient partie, c'est parce que les Maçons lui paraissaient subversifs à un tout autre égard : ils prônaient les idées libérales et parlementaires anglaises qui, elles, étaient effectivement contraires aux principes monarchiques français (mais Frédéric II de Prusse fut cependant maçon sans en être incommodé). Reprocher donc aux Maçons d'avoir poussé à la révolution, c'est se révéler monarchiste de droit divin et montrer le bout de son oreille. Les Maçons eussent pourtant pu être vindicatifs, car ils n'avaient pas été à la fête avant 1793 : quand la loge Thalie voulut en 1779 célébrer une tenue pour Voltaire, à l'instar de la loge des Neuf-Sœurs, le lieutenant de police Le Noir s'y opposa tout net et fit garder les locaux, pour que personne n'y pénétrât[9]. Car la police travaillait de concert avec l'archevêché[10].

Il serait vain de poursuivre l'inventaire des prétendus coupables de l'athéisme révolutionnaire, pour la simple raison que celui-ci n'a jamais existé : il n'allait réellement naître (au sens d'hostilité aux religions constituées) que cent vingt-huit ans plus tard, avec la révolution russe. À la Fête de l'Être suprême, Robespierre en personne allait mettre le feu à une statue représentant l'athéisme, proclamant que « l'athéisme est aristocratique », ce qui était à l'époque la pire des condamnations.

Le terme même d'« athéisme » est souvent utilisé de nos jours de manière plus conforme à un usage récent qu'à l'histoire. Il est piquant de relever que les chrétiens en furent accusés... par leurs persécuteurs romains ! Ils rejetaient, en effet, tous les dieux de

Rome[11]. L'accusation était ancienne : on la retrouve dans Platon à l'égard de ceux que « leur mauvaise nature repousse [...] avec violence vers la négation de la Divinité, vers la démesure et vers l'injustice[12] ». Elle sera analysée par Hegel, pour qui l'athée est en fait un « pluraliste » qui dénie l'unité du monde, « la Vérité étant le Tout », et qui refuse sa confiance à la puissance qui gouverne le monde[13].

La culture avait certainement favorisé la révolution, mais ce n'était pas celle qu'on croit, ce n'était ni *Le Mariage de Figaro* de Beaumarchais, ni les écrits des encyclopédistes, ni les discours des Jacobins, car on oublie aisément qu'outre la culture des imprimés, dont la diffusion était négligeable[14], il y a l'autre, la culture de la rue, qui est au moins aussi importante au sens anthropologique. Le seul coupable aux yeux du peuple et des bourgeois était le régime monarchique lui-même. L'historien écossais et réactionnaire Thomas Carlyle, croyant défendre la royauté, la brocarde en fait quand, parlant de la fameuse affaire du Collier de la Reine, il en décrit les acteurs avec sa verve féroce :

> « Le chapeau rouge, cardinal Louis de Rohan ; le rat de prison sicilien, Balsamo Cagliostro ; la marchande de modes, dame de Lamotte "d'une figure assez piquante" ; les plus hauts dignitaires de l'Église valsant de façon échevelée avec des prophètes charlatans, des coupe-bourses et des filles publiques ; tout le monde invisible de Satan mis au jour et s'évertuant sans relâche dans l'enfer visible de la terre, tandis que monte vers le ciel la fumée de ses tourments[15]... »

Depuis la Régence, les Bourbons avaient laissé s'instaurer un régime dont l'injustice, la corruption et la folie devenaient de plus en plus flagrantes. Là où il eût fallu un monarque fort pour corriger les vices du régime, la France eut le fils de Marie Leckzinska, « trois boules d'ivoire huilées[16] ». C'était un pays où l'on comptait deux sortes d'humanité, la pauvre et la puissante.

Le roi était pieux, on le savait, ce fut un travers de plus à sa charge. On n'arrêta pas de persécuter le clergé pour tourmenter son protecteur et l'on y parvint si bien qu'il en tomba malade. De la constitution civile du clergé, votée le 12 juillet 1790, à la séparation de l'Église et de l'État, le 21 février 1795, la Révolution s'est attaquée au christianisme parce qu'il était étroitement associé au principe monarchique[17]. Elle l'a fait avec une maladresse, une injustice, une cruauté et une sottise qui n'ont d'égales que l'inintelligence de Louis XVI et l'indécision du Vatican, qui ne mesurait pas la gravité des événements en France et qui oscilla plusieurs années entre le réalisme et le rigorisme[18]. Ce désordre fut l'effet d'un délire logique, un de plus mais furieux celui-là, car il n'existait aucune théorie qui permît de différencier l'Être suprême du Dieu chrétien, et ce n'étaient pas les bavardages de Marat, d'Hébert ni, comble des combles, du prêtre Jacques Roux, porte-parole des sans-culottes, qui pouvaient en tenir lieu.

Il n'y avait, en effet, aucune autre raison qu'une haine aveugle et irrationnelle de massacrer les prêtres emprisonnés à Bicêtre et dans les autres cachots de Paris (2-5 septembre 1792). L'abolition du Concordat de 1516 entre la France et le Vatican eût très bien pu se faire sans effusion de sang, et la saisie des biens du clergé (qui s'y résigna en grande partie, d'ailleurs) aussi : la preuve en est que le nouveau Concordat de 1801, rien que neuf ans plus tard, y parvint sans aucune violence. La Révolution eût pu, si elle avait disposé de quelque compétence politique et juridique réelle (et Talleyrand se montra là singulièrement discret ou absent), prononcer la séparation de l'Église et de l'État sans attenter à aucune vie humaine. Elle ne le fit pas. La haine domina tout. Et le saccage suivit.

L'un des traits les plus déconcertants de la Révolution française est le mélange de cette haine et d'un besoin violent de justice sociale qui y a régné de part en part. Politiquement et socialement, il y a eu dix Révolutions françaises, celle de la Constituante, celle des sans-culottes, celle des girondins et de leur Convention, celle des montagnards et de leur Convention, celle de ventôse, celle de thermidor... Philosophiquement, elle fut confuse et répétitive : tout avait été déjà dit et bien mieux, par Montesquieu, par exemple. Son mérite fut d'avoir acté les idées. Le philosophe anglais Edmund Burke, qui n'était pas, il est vrai, un modèle de prosélytisme révolutionnaire, si l'on m'autorise ici un point d'ironie, disait de la Constitution française de 1793 qu'elle était un « concentré d'anarchie » et une « invitation à l'insurrection », ce qui n'était pas tout à fait faux, même si c'était exagéré. Chargée d'imperfections, elle avait néanmoins acquis assez de substance vitale pour suppléer à douze siècles de monarchie et de féodalité. La preuve en est qu'en 1804, quinze ans seulement après la prise de la Bastille, Napoléon pouvait déclarer en toute impunité : « Le temps de la révolution est fini. Il n'y a plus qu'un parti en France. »

Or, la religion n'allait plus jamais être ce qu'elle avait été. Que s'était-il passé qui avait entraîné de si grands effets et allait en avoir d'encore plus grands ? Dieu avait été trop bien identifié au pouvoir politique. À la fin, c'était un Bourbon. Il avait incarné l'injustice. Ce n'était pas après la divinité qu'en avait la populace hurlante de la Terreur, celle qui avait envahi les Tuileries le 20 juin 1792, quand Louis XVI, déchiré d'angoisse, avait refusé de sanctionner les décrets punitifs sur les prêtres réfractaires, ce n'était pas après la divinité qu'en avait non plus la nouvelle bourgeoisie pressée d'occuper les places encore chaudes de l'aristocratie, car c'était bien la bourgeoisie à la fin, elle et elle seule, qui avait fomenté cette révolution et qui trépignait d'impatience, non, c'était après le Dieu des Capétiens. Sans-culottes et bourgeois à l'instar voulaient leur Dieu à eux, et à la Fête de la Fédération, puis à celle de l'Être suprême, ils avaient hâtivement ficelé une idée bricolée de chic et de choc, avec des bribes empruntées aux francs-maçons, aux encyclopédistes et aux écriveurs de l'heure, l'idée de l'Être suprême. C'était toujours Dieu, bien évidemment, mais, grâce au changement de nom, on en fit un Dieu-citoyen coiffé du bonnet phrygien, et privé de Jésus, donc d'Incarnation.

La duperie involontaire prêterait à rire, si elle n'avait été chargée d'autant de signification. La divinité se trouvait dès lors, en effet, incarnée d'office dans l'État. Quelques années plus tard, Hegel allait faire de celui-ci « la réalité suprême et parfaite », selon les termes de l'historien et philosophe Ernst Cassirer[19]. Les termes étaient sans ambiguïté : « C'est le déploiement de Dieu dans le monde qui constitue l'État[20]. » C'était donc l'État qui dicterait désormais l'éthique. De la tyrannie monarchique et religieuse, le monde verserait dans la tyrannie étatique. Le besoin irrésistible d'ordre et la foi aveugle dans la toute-puissance de la raison et de la logique se préparaient à dévaster l'Occident pendant deux siècles. La célèbre antienne de Nietzsche, qui fait toujours scandale, « Dieu est mort », est encore prise à tort pour une provocation, mais elle est en réalité un constat à peine exagéré, c'est une certaine idée du Dieu des chrétiens qui est morte, en effet.

Or, dans ses chaos sanglants, erratiques et autodestructeurs (elle a fait guillotiner tous ses chefs, Danton, Marat, Robespierre, Saint-Just, Desmoulins...), la Révolution avait signifié qu'elle ne voulait plus du pouvoir de droit divin, mais qu'elle exigeait une éthique incarnée dans une loi civile. Le pouvoir politique associé au Dieu des chrétiens avait fait souffrir le peuple et celui-ci avait identifié l'un à l'autre, il n'y avait désormais plus de conciliation possible : les atermoiements mêmes et les tentatives de Louis XVI pour se rapprocher de la Révolution, comme lorsqu'il s'était montré à la fenêtre de l'Hôtel de Ville, le 17 juillet 1789, arborant à son chapeau la cocarde tricolore, avaient prouvé dès le départ sa fragilité, raison de plus pour le peuple de le rejeter : il n'était même pas un héros.

De convulsion en convulsion, la Révolution s'était dirigée vers la constitution d'un nouveau mythe, celui d'un État républicain laïc et démocratique, ébauché par la Convention girondine (proclamation de la République) et parachevé par la Convention montagnarde (impôt sur les riches, partage des grands domaines, contrôle des prix). La formule fameuse de Louis XIV, « L'État c'est moi », avait été reprise par le peuple à son compte : il incarnait désormais l'État et, du même coup, il s'identifiait au mythe du héros-roi-dieu ; il devenait donc son propre Dieu !

À ce schéma essentiel, il convient toutefois d'en surimposer un autre, auquel il semble qu'on n'ait prêté qu'assez peu d'attention, et c'est celui des origines non socio-politiques, mais spécifiquement religieuses de la Révolution. Un fait saute d'abord au regard : c'est qu'un quart de siècle avant la Révolution, en 1764, Louis XV a déjà été réduit au rôle de monarque constitutionnel. Il a moins de pouvoirs politiques que le roi d'Angleterre George III. On le constate dans deux affaires qui se produisent cette année-là, la première est l'abolition de l'ordre des jésuites par le parlement de Paris, la seconde la mise en jugement du gouverneur de Bretagne, le duc d'Aiguillon, par le parlement de Rennes, deux décisions ouvertement prises contre la volonté du roi.

Or, ces deux affaires, qui vont miner l'image du pouvoir royal et préparer les débordements de 1789, sont essentiellement religieuses.

La première affaire prend racine dans la résistance des parlements de province au pouvoir royal et dans la double blessure ressentie par une vaste part des chrétiens de France : celle de la révocation de l'édit de Nantes de 1685, par laquelle Louis XIV avait mis fin aux privilèges consentis par Henri IV à l'Église réformée, et celle de la persécution des jansénistes, qui culmina dans la destruction de l'abbaye de Port-Royal en 1710. Ces deux décisions des Bourbons revêtaient, en effet, une lourde signification ; elles abolissaient la liberté de conscience et la liberté de lecture et d'interprétation de la Bible et elles assujettissaient les chrétiens de France à l'autorité de Rome. Or, les chrétiens de France étaient profondément attachés au principe de l'Église gallicane, relativement indépendante de Rome, et ils étaient parallèlement hostiles au catholicisme romain, l'ultramontanisme. Même s'ils n'étaient pas jansénistes, beaucoup de Français étaient gallicans.

Le jansénisme n'appartint certes pas au domaine théologique de l'Église réformée, mais il en était philosophiquement proche, très proche même par ses considérations sur la grâce et le pardon (les jansénistes reprochaient aux jésuites de donner trop facilement l'absolution et de trop se fier à la grâce sacramentelle). Il en fut encore rapproché par le fait qu'il avait été persécuté par l'ultramontanisme dont l'instrument évident était la Compagnie de Jésus. L'exécration pour les jésuites était très répandue en France au début du XVIIIᵉ siècle : ils passaient pour des agents de l'étranger et la rumeur voulut même qu'ils travaillassent à l'instauration d'une monarchie universelle sous les ordres du pape. Le ton des diatribes contre les jésuites atteignit donc une aigreur considérable dans les gazettes. De plus, et c'est là un point déterminant, le pouvoir judiciaire et les parlements de province étaient acquis aux jansénistes.

Intrigues, cabales et complots allèrent bon train et, afin de discréditer encore plus la Compagnie de Jésus, l'on associa même (de façon plus que douteuse) un jésuite à une gigantesque escroquerie, portant sur la somme alors énorme de huit millions de livres. Une quinzaine d'années de menées opiniâtres de ce genre aboutirent à deux résultats, l'un autant que l'autre menaçants pour l'autorité royale : en novembre 1764 le parlement de Paris proscrivit la Société de Jésus dans toute l'étendue du royaume (celle-ci avait déjà été exclue, d'ailleurs, en 1763 par la plupart des parlements, à l'exception de ceux des duchés de Lorraine et de Bar). Le second effet fut de dresser encore plus les parlements, la bourgeoisie et la noblesse noire (ou de robe) contre le pouvoir royal.

L'affaire d'Aiguillon opposa celui-ci, gouverneur de Bretagne, à M. de La Chalotais, procureur général du parlement de Bretagne, d'abord sur fond d'ambitions et de vanités personnelles, puis à propos d'un ouvrage de La Chalotais intitulé *Compte rendu des constitutions des jésuites*. L'un et l'autre étaient des vaniteux assez peu estimables, d'Aiguillon tirant sa fierté de son titre et de ses amitiés à la cour, La Chalotais tirant la sienne de sa charge et d'ambitions intellectuelles. Ce n'eût été là qu'une querelle de palotins, elle tourna à l'affaire d'État. En effet, d'Aiguillon voulut faire obstacle aux intrigues de La Chalotais. Le parlement de Rennes, acquis aux jansénistes, prit évidemment le parti de La Chalotais et, dénonçant bien d'autres abus du duc, lui écrivit : « Votre province de Bretagne ne voit plus rien de sacré dans ses privilèges. » Comble des combles d'impertinence, ce parlement recommanda le non-paiement de l'impôt !

Le procès de d'Aiguillon ne s'ouvrit qu'en 1770, à Versailles, en présence du roi et du Dauphin. Il ne s'acheva pas ; on sait la suite : la fronde des parlements aboutit à leur dissolution et à leur remplacement en 1771 par des cours de justice, le fameux « coup de royauté » du chancelier Maupeou. Entre-temps, les parlementaires avaient été assignés à résidence, emprisonnés, embastillés. On devine leurs dispositions au terme de ces camouflets. Une profonde scission avait isolé désormais le pouvoir royal de ses institutions et de la nation. Le lit de la Révolution était fait.

Il serait certes abusif d'attribuer le soulèvement de 1789 à la seule influence des jansénistes. Mais il n'en demeure pas moins que ce fut bien une querelle religieuse, celle des jansénistes avec les jésuites, qui cristallisa l'hostilité des parlements au pouvoir royal et prépara l'opinion publique au séisme qui commencerait dix-huit ans plus tard avec la prise de la Bastille. Le nationalisme religieux des jansénistes et de leurs alliés avait paradoxalement hâté l'avènement d'un État-nation dont on dirait plus tard, avec légèreté, qu'il avait été « athée ». Les jansénistes se proclamaient plus royalistes que le roi ; cela fit d'eux, et peut-être à leur insu, les premiers Jacobins.

Détail piquant et combien révélateur, d'ailleurs : les parlements d'avant la Révolution exigèrent très exactement des jésuites ce que la

Constituante allait exiger du clergé d'après la Révolution : le serment d'allégeance !

Ce schéma sous-jacent mérite un long regard ; il renseigne, en effet, sur les analogies organiques du jansénisme et des idéaux révolutionnaires. Les jansénistes avaient, somme toute, voulu un gouvernement des juges ; ce fut la Révolution qui le leur donna. Les Desmoulins, Mirabeau, Saint-Just, Robespierre et Marat tenaient, de fait, des discours qui ressemblent étonnamment à des échos de très nombreux écrits jansénistes antérieurs à 1789. Jacobins et jansénistes étaient visiblement obsédés par l'idée de justice. Ils voulaient tous deux une théocratie nationale, tout comme, vingt-quatre siècles plus tôt, les prêtres mazdéens disciples de Zarathoustra. À la fin, toutes les révolutions se ressemblent : elles veulent un Dieu tranchant.

La notion d'État républicain et démocratique était certes ancienne ; elle est décrite dans *La République* de Platon, mais sa réalité fut, ô combien, fragile ; on sait le mal qu'Athènes éprouva à maintenir sa Cité au travers des complots qui ne visaient qu'à établir une oligarchie ou une tyrannie. Cette Cité fut réalisée par la République romaine ; le culte inévitable du héros y mit fin et instaura l'Empire. La Cité était la représentation de Dieu et le Héros son incarnation. Si l'on pousse la comparaison, on pourrait dire que la Cité est la divinité de l'Ancien Testament et l'empereur, Jésus.

Cette sacralisation de la Cité que pratiquaient les révolutionnaires se retrouve de manière inattendue chez saint Augustin. Quand il reprend l'idée d'État, en effet, l'évêque d'Hippone la « redéfinit », comme dit Cassirer, pour l'intégrer dans le système de *La Cité de Dieu*[21], c'est-à-dire qu'il la récupère entièrement : il en fait l'œuvre et la création de Dieu ; autrement dit, une théocratie, ce qui est la plus antinomique des conceptions démocratiques occidentales. Dans le *Contra Celsum*[22], Origène écrit aussi que la loi n'est pas quelque chose d'indépendant de la volonté de Dieu, mais qu'elle correspond à la volonté de Dieu, ce qui est redire la même chose. Et c'était exactement l'interprétation janséniste.

Autant dire que la notion d'État, soit platonicienne, soit moderne, avait été étrangère à la pensée occidentale jusqu'à la Révolution française. Le roi ne gouvernait que « par la grâce de Dieu » et, comme l'écrivait l'éminent réactionnaire Thomas Carlyle : « Celui qui doit être mon souverain et dont la volonté doit être supérieure à la mienne a été choisi pour moi dans le ciel[23]. » Le roi n'était pour eux qu'un emblème et non le détenteur du pouvoir temporel, comme les parlements s'obstinèrent à le démontrer à Louis XV. Et ce devait être un Dieu gallican, sinon gaulois.

Il serait d'ailleurs utile d'étudier un jour le caractère essentiellement nationaliste de toutes les révolutions nationales et les sources religieuses secrètes des démocraties modernes.

La France fut donc la première république depuis l'Antiquité à ouvrir les Temps modernes en écartant le Dieu de Rome du pouvoir temporel pour y substituer le sien. S'il en fut un qui le comprit, ce fut bien Napoléon qui, lors de son sacre en 1804, osa un geste d'un symbolisme éclatant : il prit la couronne impériale des mains du pape (qu'il avait eu le front de faire déporter exprès à Paris pour le sacre, comme un vulgaire curé de campagne) et la posa lui-même sur sa tête : il ne régnerait pas comme les Bourbons selon la formule célèbre, « par la grâce de Dieu », mais de son propre fait. Il avait aussi bien compris le sens de la Révolution : ce n'était pas tant la République qu'avait demandée le peuple qu'un État garant de l'éthique. La preuve en fut qu'il fut plébiscité au titre d'empereur héréditaire le 18 mai 1804 par une incroyable majorité (3 572 000 oui contre 2 579 non !). Le peuple confiait l'État à sa garde, il se confiait à lui. Pour un peu, il se fût incarné en lui, en tout cas, lui incarna le peuple, comme les héros antiques. N'avait-il pas dit à Metternich, en 1813, à Dresde : « Vos souverains nés sur le trône peuvent se laisser battre vingt fois et rentrer toujours dans leurs capitales. Moi je ne le puis pas parce que je suis un soldat parvenu » ? La modestie sans doute fit qu'il n'ajouta pas : « Parce que je ne suis qu'un héros. »

Commodément et presque machinalement taxée d'irréligion, la Révolution avait en fait rejeté le catholicisme romain au nom d'un principe fondamental de celui-ci, l'éthique. Dans l'histoire de l'athéisme, on n'a retenu que le rejet : le christianisme a toujours considéré, en effet, qu'il est *la* religion et bien des historiens négligent le fait que l'impiété et l'irréligion s'étaient d'abord situées du côté de l'Ancien Régime (les galanteries assez publiques de Louis XV firent autant que les injustices sociales pour discréditer la royauté). Mais on devrait soutenir qu'au contraire la Révolution avait été plus religieuse que le régime qu'elle avait abattu et que ce fut justement la cause de son fanatisme, comme on l'a vu plus haut à propos des jansénistes et des jacobins.

Satisfaite par la prise du pouvoir de l'État, la religiosité populaire allait toutefois languir ; elle a toujours besoin d'expression. Napoléon le comprit aussi et, bien qu'il ne fût pas croyant, il put, sur la base de la séparation de l'Église et de l'État de 1795, rétablir une religion publique ; il ne courait pas grand risque : le pape avait reconnu la confiscation des biens du clergé et même s'il avait refusé les articles organiques, qui scellaient la création d'une Église gallicane indépendante, il n'y pouvait rien[24]. « Ma politique, déclara Napoléon, est de gouverner les hommes comme le grand nombre veut l'être. C'est là, je crois, la manière de reconnaître la souveraineté du peuple. C'est en me faisant catholique que j'ai fini la guerre de Vendée, en me faisant musulman que je me suis établi en Égypte, en me faisant ultramontain que j'ai gagné les esprits en Italie[25]. » Dans la même foulée, il réalisa en 1812 l'émancipation des juifs, qui avaient toujours été assujettis à un statut spécial, ce qui était préparer l'État à l'avènement de la laïcité.

Le prédicat de Marx selon lequel l'Histoire ne se répète pas fut infirmé rapidement avant même qu'il l'énonçât (Marx témoignait à sa façon, d'ailleurs, des mêmes propensions mystiques que les logiciens et philosophes qui croyaient à la prévisibilité parfaite, « scientifique » du monde[26]). De nombreuses révolutions se produisirent au XVIIIe siècle ; elles partagent toutes un trait fondamental avec celle de 1789 : le rejet de la royauté de droit divin. Deux d'entre elles devaient changer l'histoire du monde, l'américaine et la russe. Du point de vue de leurs relations à la divinité, elles suivirent cependant des parcours diamétralement opposés.

La révolution des colonies anglaises d'Amérique du Nord de 1775 fut déclenchée par les mêmes raisons socio-économiques qui allaient aboutir à la Révolution française : l'iniquité du pouvoir royal anglais. Les interdictions arbitraires faites aux colons de s'établir à l'ouest des Appalaches, les entraves au commerce autonome des colonies, les levées d'impôts, la loi du timbre sur les documents et les droits de douane exorbitants témoignèrent de l'imprévoyance autant que des courtes vues de la Couronne. Visiblement, le roi George III tenait les Américains pour des humains de seconde classe, taillables et corvéables à merci. Aussi la Déclaration d'indépendance du 4 juillet 1776 fut-elle assortie de la Déclaration des droits de l'homme, qui allait inspirer d'ailleurs les révolutionnaires français. Il n'y eut cependant pas de rejet du christianisme comme on allait le voir une quinzaine d'années plus tard en France, simplement la liberté de conscience, garantie par le premier amendement de la nouvelle république ; chacun avait le droit de pratiquer la religion qui lui plaisait. La raison de la modération des révolutionnaires américains peut être trouvée dans les origines mêmes des colonies d'Amérique : les colons étaient partis au Nouveau Monde pour y fonder la Nouvelle Jérusalem, un paradis terrestre de bonnes mœurs et de travail selon l'éthique protestante si bien analysée par Max Weber. Et ce ne serait pas un roi d'Angleterre de l'autre côté des mers qui les détournerait de leur but un siècle et demi plus tard. Il n'y avait chez eux ni aristocratie corrompue ni clergé prébendier qui leur donnassent le spectacle de l'immoralité.

De plus, ils étaient loin. « Séparés de 1 300 lieues de mer de leurs ennemis, [...] les États-Unis durent la victoire à leur position bien plus encore qu'à la valeur de leurs armées[27]. » La Révolution s'était déroulée sur un territoire neuf (les événements d'Irlande, plus tard et jusqu'à aujourd'hui, démontreraient que la tolérance religieuse est inversement proportionnelle à la proximité géographique). Les révolutions « athées » se déroulent toujours sur les terres ancestrales, facteur clef dans le sentiment de l'identité d'une nation.

Un discours un peu court, mais extraordinairement répandu, fait de la Révolution française la source de l'athéisme qui a sévi en Russie après la révolution bolchevique. C'est à la fois exact et faux : le bolchevisme a bien proclamé l'athéisme, mais il n'a jamais été sans divinité. Il a bien détruit les églises ou les a transformées en musées, en écoles techniques, que sais-je, mais comme l'avait deviné Bergson, il n'y a jamais eu de société athée : la divinité y change « simplement » de nom, de lieux de culte et d'apparences. Aux temps du communisme triomphant, on trouvait fréquemment dans les revues et publications soviétiques la reproduction d'un tableau de ce pompiérisme saint-sulpicien que Jdanov et ses émules avaient affublé du nom pédant de « réalisme socialiste » ; on y voit Lénine haranguant les foules. Tableau qui s'avère après coup dangereusement révélateur : c'était en fait le portrait d'un curé qui haranguait ses ouailles ! Le bolchevisme, qui fut « athée » comme tous les régimes communistes, ceux de l'Europe de l'Est et ceux d'Asie, sans parler du kémalisme[28], avait « simplement » banni le christianisme. Et par un automatisme de la pensée qui veut que tout rejet du christianisme équivaille à l'athéisme et qu'on ne puisse être « croyant » que si l'on croit aux dogmes de l'Église, catholique, réformée ou orthodoxe, on en a conclu à l'athéisme, c'est-à-dire à la disparition de toute aspiration de l'être humain à la divinité. C'est l'un des prodiges ordinaires du langage.

Ce que la Révolution russe avait bien hérité de 1793, c'était en fait le culte de l'État-nation, qui est devenu l'État moderne. Mais elle partait de prémices totalement différentes de la Révolution américaine (qui avait en fait été plus une guerre d'indépendance qu'une révolution sociale), le pouvoir impérial étant étroitement comparable à celui des Bourbons (d'ailleurs, plusieurs traits communs de caractère rapprochent Nicolas II de Louis XVI à travers le temps, dont l'incompétence politique et l'indécision). Le régime impérial était aussi contraire à l'éthique que l'avait été l'Ancien Régime français : sa seule justification était d'exister, soutenu par la tradition, par une administration inique et par une police d'État que la Guépéou bolchevique allait à peine « améliorer ». Le roman de Nicolas Gogol *Les Âmes mortes* reflète la misère dans laquelle vivaient les paysans, des serfs qui appartenaient corps et biens aux propriétaires fonciers ; c'étaient, pour reprendre une expression de l'écrivain égyptien Albert Cosséry, « les hommes oubliés de Dieu ». Quant à la famille régnante, l'héroïsme avait autant disparu des Romanov que des Bourbons.

Le clergé n'inspirait guère d'autre espoir que de finir au ciel dans les fumées de l'encens funèbre : des popes qui entretenaient des rituels vides dans un décor doré et organisaient des processions, et qui ne se seraient certes jamais aventurés, eux non plus, à jeter l'anathème sur les maîtres. La superstition et les sectes les plus échevelées faisaient florès. Des staretsky hagards, ces moines errants de la tradition russe, parcouraient les campagnes, marmonnant des prières ou des imprécations et vivant de la charité publique. La réaction fut prévisible. Dès 1917, les bolcheviks « désaffectent ou détruisent les églises et couvents », ils « dispersent, fusillent ou massacrent, parfois de façon horrible, prêtres, moines, moniales et évêques[29] ». Les décrets restreignant la liberté religieuse sont publiés la même année et le décret du 23 janvier 1918 ôte à l'Église russe toute influence sur l'État.

Théoriquement, la religion doit rester privée, mais on sait que ce double langage cache une guerre féroce contre la foi chrétienne : « Le pouvoir supprime couvents, académies ecclésiastiques et séminaires, réduit le nombre des évêchés, asphyxie l'édition religieuse... » En 1919 et 1920, deux circulaires s'en prennent même aux reliques. Le 10 mai 1922 le patriarche Tikhon est assigné à résidence. En 1927, le christianisme orthodoxe est réduit d'une part à un patriarcat de représentation et, de l'autre, à une pratique de plus en plus anémiée par la raréfaction du clergé et des lieux de culte. Il croupira jusqu'à la fin de l'URSS dans cette servitude abjecte.

Pour le communisme soviétique, Dieu était une fiction et, s'il n'en était pas une, il avait été le complice de la tyrannie féodale. Preuve évidente que la deuxième composante de Dieu après le narcissisme fondamental de l'être humain est sa représentation sociale. Feuerbach avait vu juste. Mais Feuerbach est un clinicien, non un thérapeute.

L'inconcevable saccage de l'héritage culturel russe (dont les iconoclasmes furieux de Byzance avaient d'ailleurs donné l'exemple, et que devaient réitérer quarante ans plus tard les Gardes rouges de Chine) peut rétrospectivement paraître vengeur et malsain ; or, il s'effectua au contraire dans une allégresse extraordinaire.

> « Un officier de l'Armée blanche
> quand vous l'arrêtez
> vous le battez
> et qu'en est-il de Raphaël
> il est temps de transformer les murs
> des musées en cibles
> que les bouches des grands canons
> lacèrent les vieilles loques du passé »,

écrivait en 1920 le poète russe Vladimir Maïakovski, suggérant par la même occasion que tout ce qui avait existé d'Adam jusqu'à lui fût jeté aux poubelles. Les élites russes furent prises d'un délire destructeur joyeux, comparable à celui qui saisissait les Mexicains lors des *potlatches*. On jetait par les fenêtres tout ce qui avait servi, on refaisait un monde neuf ! L'homme était investi de la mission de reconstruire la Terre. La Russie offrit ainsi au monde le spectacle d'une jeunesse fougueuse et enthousiaste dont l'ardeur se communiqua aux plus frileux. La jeunesse passe, mais son prestige, lui, est immortel, il est divin.

On continue de s'étonner, en cette fin de XXe siècle, de la ferveur avec laquelle des centaines de millions d'êtres humains, dont tous n'appartenaient certes pas aux masses incultes et faiblement alphabétisées, avaient accueilli au même XXe siècle des régimes totalitaires qui suscitent rétrospectivement l'horreur (mais parfois aussi, chez les naïfs, les ignorants, les fous, la nostalgie) : le communisme léniniste-marxiste, le nazisme, le fascisme, le communisme maoïste. Car l'évidence s'impose : Staline fut quasiment déifié, de même que Hitler, Mussolini et Mao, sans parler de quelques autres césars de moindre envergure. L'étonnement est sans objet : depuis la Révolution française, l'État avait été progressivement déifié. Leurs représentants le furent ensuite dans la foulée. Tous ces régimes et leurs chefs avaient imposé un État théoriquement fondé sur l'éthique. Et tous avaient imposé des États pratiquement sans dieux célestes, omnipotents et prétendant régir les vies privées. C'était le Paradis terrestre tout de suite, *hic et nunc*. Depuis le XVIIIe siècle, un phénomène extraordinaire s'était produit dans l'histoire de Dieu : il avait été dissocié de l'éthique. Pour beaucoup de penseurs contemporains, il le reste : les horreurs de la Seconde Guerre mondiale ne leur semblent plus compatibles avec le concept d'un Dieu bon. C'est la source de ce mouvement diffus qui s'appelle le postmodernisme.

Telle est aussi l'explication de l'influence considérable que la révolution russe exerça sur le reste du monde, même dans les pays qui s'estimaient immunisés contre ses excès par la démocratie (il y a même eu un Parti communiste américain !). Elle avait, en effet, parachevé la tâche de la Révolution française, dont le réformisme avait été partiellement oblitéré, parfois annulé et en tout cas freiné par la Restauration, le Second Empire et la monarchie de Juillet. Elle avait, en effet, entièrement dévolu à l'État le rôle de défenseur et pourvoyeur du peuple qui avait jusqu'alors été réservé au Dieu judéo-chrétien. L'État soviétique prenait entièrement à sa charge le bien-être de ses sujets, soins médicaux, congés, logement, éducation et divertissements. Et c'est ainsi que, contrairement à toute attente occidentale, la mort de Staline fut spontanément et chaudement pleurée dans les foyers soviétiques[30]. Les horreurs et les souffrances de son règne, les exécutions sommaires et les goulags avaient été oubliés. Ç'avait été lui, le Petit Père des peuples. Le héros, le vrai représentant de Dieu sur la Terre et peut-être Dieu lui-même.

Or, tel est le pouvoir des mythes que dans les années trente, en

Europe, le prestige du communisme soviétique changea le destin du monde : ce ne fut plus le seul Emmanuel Kant qui renonça à sa promenade de santé, mais ce fut entre 1934 et 1935 des centaines de milliers de partisans de Mao Tsé Toung qui traversèrent dix-huit chaînes de montagnes et vingt-quatre rivières pour accomplir la Longue Marche jusqu'au nord-est de la province du Shensi et, du même coup, l'un des plus formidables bouleversements de l'histoire depuis les migrations de l'homme de Cro-Magnon. Aucun Dieu n'avait mobilisé tant d'hommes. Aucun intellectuel ne put jamais plus être étranger au communisme, même s'il le rejetait[31]. Le mythe de Dieu sur terre incarné dans l'État-nation devint le pôle mental, positif ou négatif, de l'humanité entière.

Il est impossible de mesurer exactement le poids de ce mythe dans les décisions politiques de l'époque, mais il est certain qu'en France, par exemple, le succès du Front populaire, sanctionné par les accords de Matignon du 7 juin 1936 (semaine de quarante heures, congés payés, délégués ouvriers dans les entreprises, augmentation de 7 à 15 % pour les petits salaires), fut en partie dû à l'exemple soviétique : la république ne pouvait faire moins que le pays du matérialisme marxiste. Le succès de la culture « antifasciste » (terme à ce point galvaudé qu'il a fini par ne plus rien signifier), puissamment soutenue par le Kominform, achèvera de brouiller les cartes[32]. Aucun observateur ne relèvera ainsi, lors du Pacte germano-soviétique de 1939, puis de l'agression inopinée de l'Allemagne sur l'URSS, que ce sont là les luttes de deux divinités étatiques, l'État-Dieu de Hitler contre l'État-Dieu de Staline, dont les protagonistes sont déjà idolâtrés par leurs sujets.

Car le succès de Hitler avait été parallèle à celui de Staline : il avait lui aussi arraché son pays à l'humiliation de la défaite de 1918, il avait aussi créé un État-Providence (dont les chantres inattendus furent George Bernard Shaw et Charles Lindbergh), il avait, pour le peuple, éliminé le chômage et, pour la bourgeoisie, la menace communiste, il avait rendu au pays non seulement la prospérité, mais encore la dignité et la fierté. Aux yeux des Allemands, il avait lui aussi accompli une révolution éthique. Mais aux yeux de l'opinion mondiale, il avait commis une erreur : il s'était présenté comme le héraut et le héros de la nation allemande et de celle-ci seulement, alors que les Soviétiques, instinctivement (par résurgence du messianisme slave car, après tout, Staline était un ancien séminariste) ou par calcul, s'étaient présentés comme ceux du prolétariat et de l'humanité entière. Cette grosse astuce, tissée de mensonges et de propagande effrontés, illustrée par des thuriféraires prestigieux, surtout en France, fut efficace : dans les années qui suivirent la fin de la guerre, on « oublia » les millions de déportés dans les goulags et quand, en 1949, des rescapés dénoncèrent l'existence de ces camps atroces où les prisonniers étaient parfois contraints de déterrer des cadavres pour se nourrir[33], on les traita de provocateurs, d'agents américains et, pour finir, de menteurs. Il fallut le prestige d'un Soljenytsine (et de son prix Nobel) pour faire admettre enfin *urbi et orbi* (et non sans empoignades et cris d'indignation) que le régime soviétique avait été pour les Russes ce que le nazisme avait été pour les juifs. Tel était l'ampleur du détournement de Dieu au bénéfice du mythe de l'État.

La guerre mondiale 1939-1945 fut l'épreuve du feu pour les religions et les philosophies autant que, mais avec des souffrances bien plus brûlantes, pour les peuples pris en otage dans un orage d'acier, pour reprendre cette fois le titre d'un ouvrage d'Ernst Jünger.

L'attitude des religions institutionnalisées, c'est-à-dire des Églises catholique, protestante et orthodoxe, ainsi que de l'islam, ne brilla dans la première moitié du xxe siècle ni par la perspicacité ni par l'héroïsme. Aveuglée par la terminologie communiste du matérialisme marxiste et son antichristianisme, l'Église de Rome ne cessa à partir de 1937 de condamner le communisme athée et la société collectiviste[34]. Mais en ce qui concernait le IIIe Reich, elle se contenta de s'inquiéter de la situation de l'Église en Allemagne nazie[35]. Et durant toute la guerre, et on le lui a longuement reproché, le pape Pie XII observa un silence étonnant sur les persécutions des juifs, puis des non-nazis-non-aryens, Gitans, communistes, « déviants sexuels » et autres. Divers plaidoyers ont soutenu que le silence de Pie XII était dû à la volonté de ne pas mettre les catholiques d'Allemagne en péril. Mais en ce qui touchait à la sécurité de l'Église sous le IIIe Reich, il y avait pourtant peu de souci à se faire ; la pétition de principes de Hitler, *Mein Kampf*[36], dit clairement sa stratégie : ne pas effaroucher les catholiques, mais les « charmer », parce qu'ils représentent un important réservoir de voix dans la course du futur chancelier au pouvoir. L'Église catholique était même assez libre de ses mouvements pour excommunier le ministre Joseph Goebbels en 1941, c'est-à-dire en pleine guerre et alors que les camps s'emplissaient, parce qu'il avait épousé une protestante ! Et pour reprocher à Hitler lui-même d'avoir assisté au mariage !

Dans ses *Libres Propos sur la guerre et la paix* recueillis ultérieurement par Martin Bormann[37], Hitler, qui n'est certes pas un chrétien au sens ordinaire du mot, réitère sa stratégie, qui consiste à neutraliser le clergé et, avec une lucidité remarquable, déclare : « Si nous éliminions en ce moment les religions par la force, le peuple unanime implorerait de nous un nouveau culte. » À l'instar de Napoléon, Hitler avait donc bien saisi le besoin de divinité dans les peuples.

Toujours est-il que, même si sa motivation de ne pas compromettre les catholiques d'Allemagne avait été fondée, le Vatican ne s'intéressa qu'au seul sort des catholiques ; le reste des persécutés ne l'intéressait officiellement ou réellement pas, on ne le saura sans doute jamais.

Dieu ne veillait que sur les catholiques. Mais il n'en demeure pas moins que si, dans un geste héroïque, Pie XII s'était exilé de Rome, pour proclamer l'indépendance de l'Église à l'égard de tout pouvoir totalitaire, l'exemple eût changé l'histoire du catholicisme.

Les Églises protestantes se partagèrent selon les divisions territoriales. L'Église anglicane lia son sort à celui de sa nation, la Grande-Bretagne, et même si son attitude fut partiellement dictée par le fait que le roi était son chef, elle parvint à tenir haut le pavillon de la foi chrétienne dans la tourmente de la guerre : en rétrospective, on peut avancer que ce fut sans doute la seule qui ne dissocia jamais l'éthique de la divinité. Les Églises protestantes américaines eurent certes une attitude bien plus complexe et souvent condamnable : nul aux États-Unis n'a oublié les diatribes radiophoniques furibardes du pasteur Coughlin, mémorable figure de religieux fasciste, raciste et antidémocrate, qui considérait en substance que le IIIe Reich purgerait l'Europe de sa corruption parlementaire, antichrétienne et fornicatrice, et que l'Amérique n'avait aucune raison de voler au secours des démocraties européennes. Ce fut avant la guerre 1939-1945. Fidèles à l'illusion des pères fondateurs que l'Amérique était supérieure au reste du monde, les Églises protestantes américaines s'obstinèrent dans des discours intégristes, qu'après la guerre des prédicateurs médiatiques tels que Billy Graham, Oral Roberts, Jerry Falwell et autres portèrent parfois aux franges du pur et simple délire[38].

L'attitude de l'islam pendant l'ère des césarismes d'État resta discrète. Bien que le marxisme soit antinomique de l'islam, il n'y eut guère de conflits ouverts entre Moscou et les communautés musulmanes des républiques d'Asie occidentale. L'identification latente de l'islam au nationalisme arabe suscita à peine, durant la Seconde Guerre mondiale, quelques incidents mineurs[39] : des manifestations de solidarité avec le IIIe Reich, pour la simple et simpliste raison qu'il représentait un ennemi de l'occupant britannique. Le réveil de l'islam ne se manifesta réellement qu'avec celui des nationalismes, notamment après la révolution égyptienne de 1956.

L'athéisme se résuma donc dans les consciences occidentales à l'antichristianisme, ce qui constituait paradoxalement la manière la plus efficace de fortifier la déification de l'État-Providence et, dans certains cas, de l'État-nation, ultime avatar de la volonté identitaire, c'est-à-dire en fin de compte du narcissisme[40]. Cette confusion a entraîné une erreur qui n'est pas évidente pour tous : tant qu'il se dit chrétien de nom, même s'il ne met jamais les pieds à l'église, qu'il ne connaît aucun prêtre, qu'il ne se confesse ni ne communie, comme c'est le cas dans tant de pays d'Occident où la pratique religieuse ne cesse de péricliter, le citoyen du XXe siècle évite le scandale et, du même coup, le problème de son aspiration profonde à la divinité. Il ne renoncera certes pas à l'idée de Dieu, qui est son unique issue vers sa transcendance, mais il ne saura renoncer à la dualité État-Moi.

La civilisation américaine, que son narcissisme conquérant a rendue particulièrement attentive à ses métamorphoses historiques, s'est étonnée dans les années soixante de l'apparition d'une génération encore plus centrée sur elle-même que ne l'avaient été les précédentes et qu'elle appela la *Me Generation*, ce qui n'a guère besoin de traduction. C'était la génération façonnée par le freudisme et le postmarxisme de Marcuse et de Reich, selon lesquels la sexualité était « bonne » parce qu'elle développait le Moi contre l'État oppresseur[41].

Alors que le siècle touche à sa fin, il ne semble pas que cette génération-là ait décliné : bien au contraire, ses traits ont gagné la planète, de la Shanghai communiste aux métropoles de l'antique Europe, de Rome et de Moscou à Rio de Janeiro, elle a proliféré. Elle a simplement changé de nom au cours d'une décennie, on l'a appelée ensuite Génération X[42], et il y en aura une suivante, qui s'appellera sans doute Génération Out, etc. Elle occupe le devant de la scène, la chronique des médias (que le bon sens inciterait à appeler les « ultras ») et l'Olympe imaginaire que les peuples ont toujours érigée dans les nuées pour y jouer leurs propres psychodrames. On connaît ses traits pour peu qu'on ouvre l'œil sur le monde : la recherche frénétique de l'argent fabuleux, l'indifférence aux débats de la société, le culte exacerbé du corps, l'accent absolument exceptionnel, voire pathologique mis sur la mode, jamais vu dans aucune époque connue de l'histoire et qui a fait des oripeaux une industrie insensible à toute crise, l'égotisme le plus explicite, la musique comme religion (j'entends une musique aux rythmes dévorants et non Bach ni Schumann) et la drogue (licite ou non, cocaïne ou tranquillisants, c'est d'ailleurs tout un) comme banalité.

Qu'on me permette l'indécence de l'avancer : cela paraît être l'ultime avatar de l'idée de divinité. L'être humain avait dans les millénaires précédents parcouru une trajectoire prodigieuse, de l'idéalisation de ses désirs à une notion universelle ; il redescendait l'escalier qui menait d'abord vers l'État, puis vers le Moi.

L'extension, qui paraît désormais indéfinie, de cette divinisation du transitoire sinon de l'insignifiant n'est nulle part aussi sensible que dans le monde du spectacle. Lequel n'est après tout que la projection de l'imaginaire moderne des nations. Car voici environ un demi-siècle que ce monde, surtout l'américain, produit des personnages qui se sont au fil des ans transformés en mythes, comme les fruits qu'on mettait dans les fontaines calcifiantes du puy de Dôme se changeaient lentement en sculptures minérales, par l'effet des couches de calcaire qui se déposaient sur eux. Recouverts, eux, des accrétions de l'imaginaire mondial, Marilyn Monroe, James Dean, Elvis Presley, John Wayne[43] et quelques autres sont devenus des paran-

gons d'une nouvelle humanité, Aphrodite, Adonis, Dionysos, Mars...
Il convient de porter désormais un regard d'ethnologue sur la société
occidentale bien plus que sur les autres.

Le sport aussi a revêtu dans l'imaginaire mondial une importance
qui indique bien où sont passées les passions : il faudrait un événement comparable au débarquement d'extraterrestres pour visser les
mâles des pays occidentaux devant leur télévision comme le fait, par
exemple, le Mundial de football. Et l'on se souvient sans doute de ce
que, dans un accès de naïve suffisance tempérée d'humour, les
Beatles déclarèrent en 1968 : « Nous sommes aujourd'hui plus connus
que Jésus-Christ. » Leurs successeurs peuvent s'en targuer : le seul
chanteur Tupac Chakur, vedette du *gansta rap,* forme de musique
noire d'une extrême violence, assassiné en 1996, avait vendu cinq
millions de disques rien qu'aux États-Unis, dix fois plus qu'on n'avait
vendu de bibles dans la même période.

Certes, la religion n'a pas disparu du monde. Les *talibân* afghans
font leurs cinq prières par jour quand les roquettes des partisans de
telle ou telle autre faction leur en laissent le loisir. À l'heure de la
prière, le vendredi, les rues du Caire sont transformées en vastes ora-
toires interdits au trafic. L'hindouisme est toujours vivace, et le respect des Japonais pour le bouddhisme ne semble pas s'être affaibli.
C'est le christianisme qui est en crise. Certes aussi, il reste des chrétiens, mais on n'a jamais vu auparavant une visite papale dans un pays
déclencher des centaines de demandes de débaptisation comme cela
s'est produit en France en 1996[44]. Certains chrétiens restent stoïques
dans la tempête, mobilisant leurs ressources psychologiques pour
résister. Mais l'élément le plus frappant dans leurs réaffirmations du
Dieu judéo-chrétien est qu'elles ressemblent beaucoup plus aux
ultimes invocations d'une âme désespérée qu'on jette dans l'arène
aux lions qu'à un surgissement spontané. Et les lions, cette fois-ci,
sont innombrables, dans les médias, dans la publicité, dans la rue,
dans la musique... Les nouveaux Dioclétiens sont électroniques et les
flammes où grillent les martyrs sont la lumière froide des diodes et la
vibration des amplis monstrueux dans les « boîtes ».

Les philosophes se méfient rarement d'un péril dont la fréquentation des Grecs et des Romains eût pourtant dû les alerter : le ridicule
est aussi proche du sublime que la roche Tarpéienne l'est du Capi-
tole. Le surhomme de Nietzsche ne survit plus que dans les gesticula-
tions grotesques des Rambo, Terminator et assimilés du cinéma, et le
culte du Moi de Maurice Barrès dans celles des mannequins de mode
et des vedettes de la chronique !

De part et d'autre de l'Atlantique, les deux grandes révolutions,
l'américaine et la soviétique, auront finalement aboli tout l'héritage
méditerranéen. L'une a légué au monde une religion inattendue,
celle de l'économie de marché, où l'économisme se trouve lui-même

quasiment mué en théologie, et ses progrès ont pénétré le bastion même du communisme, la Chine. L'autre n'a légué à ses anciens territoires que des décombres économiques et idéologiques, où les mafias pullulent comme les rats dans les villes bombardées. La désaffection du peuple à l'égard du politique comme de la politique se mesure aux participations électorales. Dans l'une comme dans l'autre, la religion ne survit que sous des formes archaïques, et le besoin de divinité se réfugie dans l'appartenance à des sectes plus extravagantes et plus suspectes les unes que les autres (et le plus souvent animées, elles aussi, de préoccupations financières).

Pourtant le triple besoin de Dieu, d'éthique et d'État survit. Voici quelque deux mille ans un Juif nommé Jésus fonda une éthique sur le rapport avec l'Autre, le prochain. Crucifié, mythifié, désincarné et enfin bafoué par ceux qui se prétendaient ses consuls, nul n'apparaît aujourd'hui plus exilé que lui. Et pourtant, nul n'est plus désiré que lui.

Bibliographie critique

1. *Fichtes Werke*, 8 vol., De Gruyter, Berlin, 1971.

2. « Apologies », cité *in Aufklärung, les Lumières allemandes*, textes et commentaires de Gérard Raulet, GF-Flammarion/CNL, 1995.

3. Maurice Boucher, *La Révolution française vue par les écrivains allemands*, Marcel Didier, 1954.

4. La première partie fut publiée dans le *Berlinishe Monatschrift*, mais le ministre d'État Woellner en interdit la seconde en 1788 *(Aufklärung, les Lumières allemandes, op. cit.)*.

5. Les démêlés atroces de Frédéric II le Grand de Prusse avec son père, Frédéric Ier, soudard brutal, sont célèbres ; dans sa jeunesse, Frédéric paya sa délicatesse (et sans doute aussi son homosexualité à peine masquée) d'années de forteresse. Petite princesse d'Anhalt, Catherine supporta pendant dix-huit ans un mariage déplorable avec le grand-duc Pierre de Russie, futur Pierre III, qui était un dégénéré et une tête de mule, autant qu'elle endura sa famille et une aristocratie imbues de leurs prérogatives et d'un raffinement discutables. L'un et l'autre témoignent tout au long de leur vie d'une révolte à l'égard d'une noblesse fort peu évoluée, d'où leur intérêt pour les philosophes français.

Frédéric porta une aversion sans mélange au christianisme : « Je ne sais quel Anglais, après avoir tiré l'horoscope de la religion chrétienne, ayant calculé sa durée, en a fixé le terme à la fin de ce siècle, écrivait le monarque à d'Alembert, le 25 novembre 1769. Je ne serais pas fâché de voir ce spectacle. » *(Aufklärung, les Lumières allemandes, op. cit.)*

Catherine, elle, défia le clergé et la famille impériale par ses frasques amoureuses et ses multiples amants.

6. Louis Madelin, *La Révolution*, Tallandier, 1989.

7. Jean de Viguerie, *Histoire et dictionnaire du temps des Lumières*, Robert Laffont, 1995.

8. William James Hughan, Gwilym Peredur Jones et Ray Baker Harris, « Freemasonry », *Encyclopaedia Britannica*, 1964.

9. Hugues de Montbas, *La Police parisienne sous Louis XVI*, Hachette, 1949.

10. Quand une bande de jeunes aristocrates projeta de donner en 1778 une fête monstre avec femmes et jeux, le lieutenant Le Noir alerta l'archevêque de Paris et, de concert avec lui, le roi. Au jour dit, les archers interdirent l'accès de la maison où devait se dérouler la fête (H. de Montbas, *op. cit.*). Ce que ne dit pas Montbas, c'est que la police avait été informée par des espions.

11. *Martyre de saint Polycarpe*, C-III-C-IX, Sources chrétiennes, Paris, 1969.

12. *Politique*, p. 308, *in Œuvres complètes*, t. II, la Pléiade, Gallimard.

13. *Leçons sur la philosophie de la religion*, Épiméthée, PUF, 1996.

14. Les vitupérations des réactionnaires des XIXᵉ et XXᵉ siècles sur l'influence des philosophes et des gens de lettres sur la Révolution sont simplement risibles, quand on sait qu'en dépit des progrès de la culture livresque on n'éditait en France, au milieu du XVIIIᵉ siècle, que trois cents ouvrages par an en moyenne, dont une proportion variable mais toujours importante consistait en manuels pratiques et almanachs et dont le reste ne dépassait guère une diffusion de deux ou trois mille exemplaires pour tout le royaume, comme l'a établi Charles Nisard.

15. *Histoire de la Révolution française*, 3 vol., trad. Jules Roche, Librairie Félix Alcan, 1912.

16. *Cf.* Emmanuel Le Roy Ladurie, *L'Ancien Régime*, Hachette, 1993, l'un des ouvrages les plus pénétrants sur ce sujet.

17. Denis Lecompte, *Le Baron d'Holbach et Karl Marx : de l'antichristianisme à un athéisme premier et radical*, Cerf, 1983.

18. Les pontificats successifs de Pie VI et Pie VII témoignèrent de flottements et d'indécision qui reflétaient beaucoup plus de désarroi qu'une claire vision des événements en cours. Ainsi, Pie VI, cinq ans après avoir condamné la constitution civile du clergé et le serment constitutionnel imposé aux prêtres de France (encyclique *Quod aliquantum* du 10 mars 1791), reconnaissait la République française et enjoignait l'obéissance aux catholiques de France (encyclique *Pastoralis sollicitudo* du 5 juillet 1796). Pie VII condamna ensuite la liberté de parole (encyclique *Diu satis* du 15 mai 1800), ce qui était fort peu conforme à l'esprit nouveau, puis il demanda l'année suivante leur démission aux évêques qui n'avaient pas prêté serment à la constitution (encyclique *Post multos labores* du 15 août 1801), dans le but supposé de réorganiser les diocèses de France... Après avoir signé le concordat de 1813, le 21 janvier de cette année, il se rétracta trois mois tard, le 24 mars. Très extraordinairement, Pie VII adressa pourtant sa bénédiction à Napoléon après sa proscription à Sainte-Hélène et il fut même le seul souverain d'Europe à solliciter de Londres un adoucissement au sort de l'empereur déchu !

19. *Le Mythe de l'État*, trad. A. Vergely, Gallimard, 1993. Cassirer attribue le culte de l'État à celui du héros, mais semble négliger une donnée fondamentale de l'ethnologie et de l'histoire des religions : l'origine de tous les mythes est le culte du héros.

20. Hegel, *Principes de la philosophie du droit*, trad. A. Kaan, Gallimard, 1989.

21. *La Cité de Dieu*, Desclée de Brouwer, 1981. On relèvera que les idées d'Augustin sont à peu près identiques à celles que défend le théoricien de l'intégrisme algérien, Abbassi Madani, quand il déclare que la loi de Dieu est la seule qui doit gouverner un pays.

22. *Contre Celse*, Cerf, 1969.

23. *Le Culte du héros*. Il faut préciser que Carlyle est avec Joseph de Maistre l'un des réactionnaires les plus véhéments du XIXᵉ siècle.

24. Les efforts de Pie VII pour résister à la sécularisation de l'Europe allèrent jusqu'à l'excommunication de l'empereur en 1809 (ce qui lui valut d'être arrêté et interné à Savone, quelques jours plus tard). Mais dès 1803, dans les pays germaniques, le courant était démarré et les biens du clergé étaient sécularisés.

25. André Castelot, *Napoléon*, 2 vol., Bordas/Perrin, 1989.

26. L'idée que l'histoire se déroule d'après les lois exactes du déterminisme historique *(Critique de l'économie politique)* est en contradiction avec l'état actuel de l'histoire, de la science et, en tout cas, avec les événements européens depuis la chute du mur de Berlin. Le déterminisme logique est une émanation du néo-platonisme monothéiste intégré par le christianisme. V. IIᵉ partie, ch. 12.

27. *De la démocratie en Amérique*, Robert Laffont, 1986.

28. Il est assez savoureux de noter que tous les ouvrages occidentaux qui décrivent

la constitution édictée par Mustafa Kemal pour la Turquie, constitution totalement laïque et athée, n'usent jamais du mot d'« athéisme » à son sujet...

29. Étienne Fouilloux, « Les chrétiens d'Orient menacés », *in Histoire du christianisme*, t. XII, Desclée/Fayard, 1990.

30. Qu'on m'autorise ici un apport personnel : Alexeï Antonkin, ancien chef du bureau de l'agence Tass à Pékin, me rapporta qu'à la nouvelle de la mort de Staline, à Kiev, les gens pleuraient dans la rue.

31. Dans son magistral ouvrage *Le Passé d'une illusion — Essai sur l'idée communiste au XXᵉ siècle* (Robert Laffont/Calmann-Lévy, 1995), François Furet décrit le dilemme d'un Léon Blum, s'efforçant de dissocier l'exemple de la Russie bolchevique du contexte européen sans tomber dans un révisionnisme « bourgeois ». Mais Blum devait affronter le « statut d'événement universel » de la révolution russe, selon les termes mêmes de Furet ; il se trouva donc dans une position intenable.

Peut-être faut-il ici évoquer à ce propos l'analyse lucide, mais sévère, de Dionys Mascolo (*Lettre polonaise sur la misère intellectuelle en France*, Éditions de Minuit, 1957) sur les complaisances des intellectuels français à l'égard du communisme soviétique : « Le pire sous-produit du stalinisme, écrivait Mascolo, ce sont les "sympathisants". Ils risquent d'être les derniers déstalinisés, bien après les staliniens endurcis. »

32. *Cf. Le Communisme et les intellectuels français, 1914-1966*, de David Caute, Gallimard, 1967.

33. A. Krakowiecki, *Kolyma, le bagne de l'or*, Les Îles d'Or, Paris, 1952.

34. Encyclique *Divini Redemptoris* de Pie XI, 19 mars 1937. Cette offensive se poursuivit jusque bien avant dans le siècle. Dans son livre *His Holiness : John Paul II and the Hidden History of Our Time* (Doubleday, New York, 1996), Car Bernstein avance que la CIA manipula le pape pour qu'il contribuât à affaiblir le régime polonais ; ce qu'il fit d'ailleurs et qui participa de près à l'effondrement de l'URSS. Mais Jean-Paul II, selon Bernstein, aurait regretté les conséquences de cette action, qui avait réduit le rôle de l'Église dans son pays.

35. Encyclique *Mit brennender Sorge* de Pie XI, 14 mars 1937.

36. Trad. J. Gaudefroy-Demombynes et A. Calmettes, Nouvelles Éditions latines, 1959.

37. Préface de Robert d'Harcourt, de l'Académie française, Flammarion, 1952. On trouvera une analyse approfondie de cette question dans l'étude d'André Lama, « Hitler et les Églises », *Cahiers du Cercle Ernest Renan*, n° 195, 1996. Le sentiment favorable du chancelier Hitler à la religion est d'ailleurs évident : « Nous ne voulons pas éduquer dans le sens de l'athéisme », déclare-t-il dans la nuit du 11 au 12 juillet 1941. Sans doute sont-ce ses assurances de christianisme qui motivèrent, partiellement ou entièrement, l'attitude du pape Pie XII (1939-1958). Précédemment nonce apostolique à Berlin et fort introduit dans les milieux politiques allemands, celui-ci témoigna tout au long de la guerre, en effet, une très étrange indulgence pour le nazisme. Une pièce du dramaturge allemand Rolf Hochhuth, *Le Vicaire*, avait déjà dénoncé cette indulgence. Une émission de la BBC sur la chaîne Arte, le 25 septembre 1996, rappela que, lorsque Radio Vatican dénonça les atrocités nazies en Europe, Pie XII intervint pour censurer les commentaires qui lui paraissaient trop antiallemands. Pie XII ne mentionna pas une seule fois dans ses propos publics les persécutions des juifs. Et sa demande aux Américains, qui venaient d'occuper Rome, de ne pas poster de soldats noirs autour du Vatican donne à penser qu'il aurait été également raciste.

Le débat ne porte pas sur le personnage d'un seul pape : l'Église de Rome, en effet, joua le prestige du catholicisme par une série obstinée d'erreurs de jugement.

38. Qu'on songe que le prêcheur méthodiste Oral Roberts déclara publiquement qu'un Christ de trois cents mètres de haut lui était apparu pour lui commander de construire une église ; il obtint les fonds — considérables — pour le faire. Roberts déclara tout aussi publiquement qu'il pouvait ressusciter les morts... J'ai exposé l'état

de ces Églises dans *Requiem pour Superman* (Robert Laffont, 1988). Il n'a pas beaucoup changé. Dans l'ensemble, on peut considérer que celles des Églises américaines qui exercent une influence sur le pays ne le font que par le truchement de leurs collusions politiques avec les fractions les plus réactionnaires de la politique.

39. Ainsi de l'entrevue à Baghdad en 1941 entre un représentant du IIIe Reich et le moufti de Jérusalem, Haj Amine el Husseini. Ou encore de la tentative (avortée) de l'ex-maréchal Aziz el Masri et d'officiers égyptiens de rejoindre à Baghdad, en 1941, le front rebelle irakien et pronazi de Rachid el Kilani.

40. On a vérifié ce dernier dérapage en France, plus particulièrement dans la mémorable « affaire Clovis », lorsque certains mouvements, dont le Front national et des catholiques de droite, ont, à l'occasion du baptême (de date indéterminée) du roi franc, voulu identifier le baptême (politique) de celui-ci à celui de la France entière. Mais les résurgences de la collusion contre nature entre le christianisme et l'État-nation s'étaient déjà manifestées en Russie, en Allemagne et aux États-Unis.

41. Appellation créée en 1985 par le publicitaire américain Douglas Coupland à des fins publicitaires et qui en vint à revêtir une notion sociologique : celle d'une génération indifférente, sans attaches et même aliénée (« Disaffected, disenfranchised. Even alienated », Sanjay Nazerali dans une interview à *Newsweek*, 30 septembre 1996).

42. Une étude publiée dans *The New Yorker* (Gary Wills, « John Wayne's Body », 19 août 1996) rapportait qu'en 1993, quatorze ans après sa mort, John Wayne demeurait de loin le premier des héros populaires américains. En 1979, le Congrès américain avait fait frapper en l'honneur de l'acteur une médaille d'or portant, sous le buste de l'acteur, ces simples mots : « John Wayne, American ». Lors de sa campagne de réélection à la présidence des États-Unis, en 1984, Ronald Reagan avait fait un « pèlerinage » à la maison où était né l'acteur (à Winterset, Iowa). La seule dévotion populaire lointainement comparable qu'on puisse relever dans l'histoire récente de la France fut portée à Édith Piaf. Encore la Chambre ni le Sénat ne firent-ils frapper de médaille d'or à son effigie, avec les mots « Edith Piaf, Française », qui eussent été d'un ridicule dévastateur.

43. Loin de moi, toutefois, l'intention de dénigrer ici Marcuse, qui dans *Éros et civilisation* (Éditions de Minuit, 1963), par exemple, analysa avec une perspicacité guère atteinte par Marx, ni certes par Freud, les mécanismes de la « libération sexuelle » de son époque : à savoir, une révolte contre l'assujettissement du corps aux contraintes sociales et la « réification » (terme depuis lors tombé en désuétude) de la sexualité.

44. L'archevêché de Paris a publiquement témoigné que certaines de ces demandes étaient marquées par une véhémence déconcertante : « Une femme nous a appelés en insultant le pape. Elle voulait absolument que son nom soit rayé du registre des baptêmes avant la venue de Jean-Paul II en France. » Certains apostats de Sète et Montpellier étaient tout aussi énergiques « contre tous ces déguisés qui nous racontent des conneries, qui profitent de notre peur, de notre ignorance, de notre faiblesse, de notre besoin d'espérer et de croire, qui nous les brisent depuis une éternité, débaptisons-nous ! » (François Devinat, « Les papophobes déchirent leur carte », *Libération*, 11 août 1996).

10

De la faveur céleste pour les coléoptères
aux trous noirs :
la science à la recherche de Dieu

La presque fausse « affaire Galilée » et la véritable nature spirituelle des Écritures — Les insoutenables mythes scientifiques de la Genèse — D'un délire logique à l'autre : la recherche des « preuves » de l'existence de Dieu — La vertu de la méthode scientifique — À propos de l'inspiration religieuse de trois génies, Descartes, Newton et Faraday, et de leurs incursions en théologie — La catastrophe de Charles Darwin et ses conséquences, notamment la disparition d'Adam et l'inutilité de la Rédemption — Le cas étrange d'Alfred Russel Wallace et celui encore plus déroutant de Georg Cantor et de ses mathématiques théologiques — Le mysticisme et le spiritisme en physique contemporaine — Jacques Monod, l'ADN et les déceptions posthumes d'Emmanuel Kant — La découverte biologique de la « vie automatique » — Les raisons de penser que la mécanique de l'univers est sujette aux accidents catastrophiques, mais que Dieu et le monde sont pour le moment inconnaissables.

Le grand biologiste anglais J.B.S. Haldane se vit un jour des années cinquante demander : « Si Dieu revenait sur la Terre, que lui diriez-vous ? » Et Haldane de répondre : « Je m'étonnerais de sa sollicitude à l'égard des coléoptères, dont il a créé quatre cent mille espèces, alors qu'il n'a créé que huit mille espèces de mammifères. » Façon souriante de dire que Dieu est incompréhensible et même inconcevable au regard de la science. La leçon ne fut pas entendue, comme on le verra plus loin. Le monde contemporain s'est tourné vers la science comme moyen suprême d'obtenir ces preuves de l'existence de Dieu qu'elle ne trouvait pas dans les textes sacrés.

Mélancolique erreur, car si la science peut inspirer les philosophes, elle est en ce qui touche aux « preuves » attendues une nourrice sèche. Elle l'a toujours été, d'ailleurs. L'aspect historique des rapports entre la science et les organismes de la foi a été assez largement exposé pour qu'il suffise ici de le résumer ; de la foi chrétienne, ajou-tera-t-on, car ni les musulmans d'avant l'ère coloniale, ni les Hindous, ni les Chinois n'ont imposé de diktats à leurs lettrés. En revanche, le christianisme qui prospéra à l'ombre des impérialismes européens, des premiers siècles de notre ère jusqu'à celui-ci, ne toléra pas qu'on mît en doute la véracité « objective » de l'Ancien Testament, dont le Nouveau avait pourtant fortement mis à mal les auteurs et tenants, c'est-à-dire les Juifs. Fortes de leurs pouvoirs séculiers, la papauté et les autorités catholiques veillèrent à ramener les dissidents dans le plus droit des chemins. Cette vigilance a été bien évidemment criti-quée par la suite, comme preuve d'intolérance. Peut-être faut-il tem-pérer ces critiques et se replacer dans une époque où le pouvoir spirituel et le pouvoir séculier étaient beaucoup plus intimement liés qu'aujourd'hui et où la liberté démocratique d'opinion n'existait pas. Les autorités temporelles aussi bien qu'ecclésiastiques assimilaient donc les opinions divergentes ou « hérésies » à une contestation du pouvoir politique.

Il était ainsi inconcevable pour les autorités catholiques du XVIIe siècle de prétendre, comme l'avait fait Copernic, que la Terre tournait autour du Soleil parce que c'était en contradiction avec les Écritures. Ne voit-on pas dans la Genèse, en effet, que Dieu créa d'abord la Terre, puis le Soleil pour l'éclairer le jour et la Lune pour l'éclairer la nuit ? Ne voit-on pas que Josué arrêta la course du Soleil dans le ciel ? L'affaire Galilée fut le moment culminant du conflit entre la foi et ceux qui prétendaient observer le monde indépendamment de ce que disaient les Écritures. Or, celles-ci avaient été révélées par Dieu (du moins l'assurait-on, d'ailleurs contre l'opinion de saint Augustin, qui estimait imprudent de trop mêler Dieu à la connaissance de la physique). Dire que la Terre tournait autour du Soleil était blasphématoire.

Mais il faut souligner que l'« affaire Galilée » présentée comme « conflit dramatique » entre la liberté scientifique de penser et l'intolérance aveugle du Vatican est en grande partie une simplification sinon une caricature des siècles postérieurs : Galilée ne fut nullement traité comme un prisonnier de droit commun, ni mené devant le tribunal avec des chaînes aux poignets, comme on l'a prétendu : le pape lui fit même prêter un carrosse pour pouvoir se promener dans Rome avant le jugement, en lui recommandant toutefois de ne pas trop se montrer. Il eût très bien pu faire publier ses idées sur l'héliocentrisme sans l'imprimatur ecclésiastique ; d'autres l'avaient fait, notamment Copernic ; ce fut lui-même qui insista pour avoir cet imprimatur, afin de montrer à ses détracteurs qu'il avait l'appui du Vatican. De fait, il l'avait, puisque les papes Clément VII et Urbain VIII témoignèrent de l'intérêt pour ses idées. On lui demanda de présenter ses vues comme une hypothèse, ce qu'elles étaient : il n'existait encore aucune preuve, il faut aussi le dire, de l'héliocentrisme. On lui demanda aussi d'apporter quelques corrections, afin de ménager l'opinion. Sans doute les papes entendaient-ils préparer progressivement celle-ci à l'avènement de l'héliocentrisme.

Mais Galilée n'apporta aucune des corrections demandées et finassa avec maladresse, se prétendant même ennemi des idées de Copernic, qu'il avait refondues, alors que les gens de l'Inquisition n'étaient tout de même pas assez sots pour ne pas voir que l'héliocentrisme de Galilée n'était autre, en majeure partie, que celui de Copernic. Il n'est pas question de prendre ici la défense de l'Inquisition, mais simplement de rétablir les faits le plus exactement possible. Le jugement de l'Inquisition fut certes déplorable ; il eût été surprenant qu'il en fût autrement, pour les raisons citées plus haut et pour d'autres également[1]. Il eût mieux valu pour Galilée ne pas le requérir.

En effet, dans la légende de Galilée, on s'est surtout attaché à la réplique fameuse qu'il aurait murmurée après sa condamnation, « *Eppur si muove* », « Et pourtant elle tourne ». Joli thème pour un opéra que Verdi n'écrivit pas. Mais l'héliocentrisme ne fut pas le seul motif de la condamnation de Galilée. Il y en avait un autre, sous-jacent : le savant italien était atomiste, c'est-à-dire qu'il croyait à la théorie de Démocrite, alors hautement spéculative et même sulfureuse, selon laquelle la matière serait constituée d'atomes. Comment comprendre alors la transsubstantiation de l'hostie au moment de la consécration ? Comment expliquer que le corps du Christ puisse, avec tous ses atomes, se trouver dans une mince hostie ? Et dans plusieurs hosties à la fois par-dessus le marché ? Ce fut une autre raison, et peut-être la plus sérieuse, pour laquelle Galilée fut condamné[2]. Ainsi commençait l'assez redoutable conflit feutré qui s'appela « la querelle eucharistique » et qui allait durer deux siècles.

L'exemple est éloquent : la foi (ou plutôt ses dogmes) est contraire à l'observation objective du monde. On le vit bien, au XIXe siècle, quand les moines du couvent de Brno brûlèrent après sa mort les papiers laissés par un de leurs frères, un certain Gregor Mendel, fondateur de la génétique ; ses recherches sur l'hérédité, fût-ce celle des petits pois, sentaient le soufre. Quelques minorités, assez agissantes toutefois comme le sont les créationnistes, considèrent toujours au XXe siècle, d'ailleurs, que la paléontologie est une fadaise : le monde a bien été créé en sept jours tout comme le dit la Genèse ; ils réclament même dans les écoles américaines, pour diffuser leurs visions, un nombre d'heures égal à celui que des « savants athées » emploient à enseigner l'évolutionnisme.

Il est évident que les deux Testaments ne contiennent pas la moindre trace d'un enseignement scientifique dispensé par Dieu : ce qu'on y trouve amplement en revanche est la preuve de notre croyance en Lui et du fait que ces textes sont rédigés de main d'homme. Dès les premières lignes, l'invraisemblance mythique éclate, chaque mot est en contradiction formelle avec tout le savoir contemporain et surtout avec l'ignorance des temps où les deux Testaments furent rédigés. Ainsi Dieu y crée Adam adulte. Le premier homme n'a donc pas eu d'enfance ni de mère et nulle femme ne l'a nourri au sein ; comment a-t-il survécu ? Et comment son cerveau s'est-il développé ? L'exemple des enfants-loups montre que s'il n'avait pas connu le langage dans son enfance, ç'aurait été un irréparable demeuré[3]. Passons sur une affectivité totalement fruste. Détail intéressant, que la Genèse ne mentionne pas mais qui est évident, il n'a pas d'ombilic. Passons sur la création d'Ève à partir d'une côte d'Adam, mais attardons-nous sur leurs enfants ; ce ne sont que des hommes ; comment se sont-ils reproduits ? Et s'ils avaient des sœurs, la question est encore plus risquée : sommes-nous tous les descendants d'incestes ? La pauvreté du pool génétique eût alors fait que la race humaine eût dégénéré en peu de siècles et certainement en moins longtemps que le légendaire Mathusalem, qui aurait vécu neuf cents ans.

Mais surtout, quel homme était Adam ? Celui de Néanderthal, ou bien celui de Cro-Magnon, *Homo sapiens sapiens*, notre ancêtre direct ? Si c'était celui de Néanderthal (affreux blasphème au regard de la phrase qui veut que Dieu ait créé l'homme à son image !), la création divine a pris fin il y a une quarantaine de milliers d'années, car cette race-là est éteinte (à moins qu'il ne faille y compter le yéti, le sasquatch et autres créatures mythiques des montagnes). C'était celui de Cro-Magnon, alors ? Mais qu'aurait été celui de Néanderthal ? Une ébauche ? Certains argueront que c'était quand même un homme ; si l'on entend par là qu'il ressemblait à celui de Cro-Magnon, la ressemblance est très imparfaite, car la différence entre l'homme de Néanderthal et nous « est plus grande encore que celle qui nous sépare des singes[4] ».

Cro-Magnon n'aurait-il pas dérivé de Néanderthal ? L'un et l'autre n'auraient-ils pas pu se croiser ? demanderont des esprits en quête de conciliation. Hypothèses rejetées[5]. Lequel des deux est alors l'homme créé dans la Genèse ? Si c'est celui de Cro-Magnon, il n'a jamais été au Paradis terrestre. Et si c'est celui de Néanderthal, la création est terminée.

Et le Déluge ? On a vu plus haut que les auteurs de l'Ancien Testament ont beaucoup emprunté aux traditions mésopotamiennes. Ces traditions ont pu conserver des témoignages des bouleversements climatiques survenus à la fin de la dernière glaciation, dont les crues formidables causées par les fontes des glaciers. Mais, en Mésopotamie, il faut aussi garder en mémoire qu'il y a eu de très nombreux « déluges » causés par les crues catastrophiques du Tigre et de l'Euphrate[6]. De quel déluge parle donc l'Ancien Testament ?

Certes, l'Ancien Testament contient des bribes historiques à peu près exactes se rapportant à des éléments beaucoup plus récents ; c'est aussi le cas de *L'Odyssée*. Le récit de la prise de Jérusalem par les troupes de David, par exemple, en passant par les galeries, les unes naturelles, d'origine karstique, et les autres creusées de main d'homme, qui constituent un dédale sous la cité. D'autres sont quelques peu suspectes : l'écroulement des murailles de Jéricho semble avoir été dû à un tremblement de terre plutôt qu'aux trompettes de Josué, car les séismes sont fréquents dans la région.

Mais les théologiens éclairés en conviennent, la vocation de l'Ancien Testament n'est pas d'être un document scientifique. D'autres, il est vrai, continuent de penser que la liberté intellectuelle est un mal et le disent tout haut. Ainsi du cardinal archevêque de Paris, Mgr Lustiger, auquel on doit cette surprenante formule : « Le pays de l'Aufklärung est devenu celui du nazisme[7]. » Présenter le siècle des

Lumières comme précurseur du nazisme et Voltaire, d'Alembert et Rousseau comme fourriers de Himmler et de Heydrich est, à coup sûr, d'une déroutante originalité. Qui furent donc les précurseurs des bûchers de l'Inquisition catholique et de la Saint-Barthélemy ?...

Les résistances de l'Église au progrès du savoir et l'appréhension d'un effondrement progressif restèrent longtemps infondées. Ce ne serait que beaucoup plus tard, avec Darwin, que l'édifice du savoir « chrétien » devait se fissurer, puis s'effondrer dans un fracas poussiéreux. Jusqu'alors, l'exploration scientifique du monde sans référence directe aux Écritures n'était pas si pernicieuse que l'avaient craint le cardinal Bellarmin et l'Inquisition. En effet, en astronomie, la découverte de la mécanique céleste servit à démontrer le génie du Grand Architecte, et, en médecine, les progrès de l'anatomie et de la physiologie témoignèrent de l'ingéniosité prodigieuse que le Dieu de la tradition judéo-chrétienne avait mise dans la fabrication de l'être humain. Après tout, les savants qui faisaient les découvertes étaient chrétiens et, comme on le verra plus loin, leurs recherches étaient plus ou moins consciemment orientées par leur foi. Les autorités chrétiennes s'accommodèrent donc rapidement du système héliocentrique, par exemple.

Dans une de ces exagérations radicales et tendancieuses dont il fut coutumier, Heidegger estima que le nihilisme avait franchi une étape décisive avec Copernic[8]. « Nihilisme », c'est beaucoup dire car, comme Heidegger en convint lui-même, le nihilisme n'a pas attendu la science pour se développer, ni la science, le nihilisme. Le mot est si vaste qu'on peut même juger que les germes du nihilisme se trouvent dans le jinisme ou le bouddhisme originel ; mais enfin, il est vrai qu'après Copernic la vérité révélée ne paraissait plus aussi révélée, mais plutôt relative. Les Écritures commencèrent à prendre un sens symbolique beaucoup plus que littéral. Et Heidegger avait négligé un fait capital : c'est que le besoin de Dieu allait rapidement rééquilibrer, et chez les savants eux-mêmes, la tendance à ce qu'on appelait alors l'« athéisme ».

Il serait donc erroné de penser qu'avec Galilée s'achevait le plus long délire logique de l'histoire de l'humanité : celui de l'hypothèse ou, pis, de la certitude de *preuves* de l'existence de Dieu résidant ailleurs que dans les textes qu'il aurait dictés en personne. Le délire se poursuivit dans l'idée qu'on pouvait trouver ces preuves grâce à la science.

Incidemment, je voudrais dire que ce mot de « science » sera utilisé ici faute de mieux et pour être plus commodément compris du lecteur. Délégué pendant un quart de siècle à la rédaction en chef d'une revue scientifique, je me suis évidemment demandé assez tôt ce qu'était la science. Il fallut, pour commencer, admettre que ce mot n'était rien d'autre qu'une forme savante, apparue dans les milieux de la basoche vers le XIIIe siècle, du mot « savoir ». C'est en principe un ensemble de connaissances et d'expériences acquises et vérifiées par une méthode. La définition est périlleuse. Car un rat de laboratoire possède une science limitée, vérifiée par l'expérience ; il a sa méthode, celle que les Anglo-Saxons appellent *Trial and error* (essai et erreur) ; il possède même une capacité d'abstraction, puisqu'il se rappelle plusieurs jours plus tard le chemin qui le mènera hors d'un labyrinthe expérimental, droite-gauche-gauche, droite-droite-gauche, etc. On objectera que le savoir animal n'est pas transmissible : il l'est, dans une certaine mesure du moins. Les singes n'ont pas de revues scientifiques, mais certains d'entre eux inventent des outils et se communiquent les méthodes pour en fabriquer ou améliorer leur ordinaire[9].

Tout être, il me semble, donc y compris le rat, est un scientifique doté de capacités d'abstraction plus ou moins grandes, certaines basées sur l'intuition, qui est le mot ordinaire pour le raisonnement analogique, d'autres, plus fines, basées sur l'hypothèse de rapports entre causes et effets qui échappent généralement aux communs de leur espèce. Les plus grands savants sont ceux qui discernent justement ces « rapports fins ». À titre d'exemple, on prendra Einstein. On a écrit beaucoup de choses exactes sur lui, et peu d'hommes ont suscité une littérature et des analyses aussi abondantes ; mais au sujet de son génie, il me semble qu'on ait écrit peu de choses justes, ce qui n'est pas la même chose qu'exactes. C'est ainsi qu'on lit en d'innombrables lieux que le prix Nobel lui fut attribué en 1922 pour sa découverte de la relativité ; or, c'est faux, et il le dit lui-même : il lui fut attribué pour son interprétation statistique de la fonction d'onde de Schrödinger[10]. Einstein avait imaginé une méthode de mesure de ce qui demeure une énigme logique dans la physique contemporaine, c'est le moment où une particule se manifeste à la fois comme entité indépendante et comme lieu déterminé « approximativement » de l'onde qui la porte. Il avait perçu un rapport que ses pairs, qui n'étaient pourtant pas dénués de talents, n'avaient pas deviné.

C'est ainsi que, d'abstraction en abstraction et de loi en loi, la science s'est bâtie, avec ou contre le gré des autorités religieuses. Car la volonté de comprendre est invincible depuis les origines de l'humanité : comprendre, c'est savoir si l'on n'est pas l'esclave d'un dieu aveugle. Les Babyloniens et les Chaldéens qui observaient le ciel nuit après nuit et notaient patiemment les transits de telle et telle étoile ne faisaient pas « de l'astrologie » ; celle-ci, dans sa dimension superstitieuse ancienne et surtout actuelle, est le résultat imparfait de leurs déductions ; non, ils essayaient de comprendre. Leur astrologie était pour leur époque exactement ce qu'est pour la nôtre l'astronomie, un effort démesuré pour comprendre, pour apercevoir la main des dieux.

Les progrès s'accumulant et les connaissances s'étendant, vers la fin du XVIIIe siècle apparut en Occident une sorte de tiers-ordre laïc, les savants, dont le prestige crût au XIXe, puis encore plus au XXe, et a atteint un niveau comparable à celui des prophètes antiques. On peut concevoir que le prestige est justifié, car la découverte de la fission atomique et celle de l'ADN, pour ne citer que ces deux exemples-là, ont modifié les cultures au moins autant que bien des religions majeures. La vérification pratique, vingt-cinq siècles plus tard, de l'idée de Démocrite selon laquelle « il n'y a que des atomes et du vide » comme seule réalité a d'abord mis fin à un conflit mondial qui eût coûté encore plus de vies que n'en détruisit la première bombe atomique à Hiroshima ; elle a ensuite apporté au monde de nouvelles sources d'énergie, donc rendu plus facile la vie des humains. Quant à la découverte de l'ADN, elle a donné naissance à la biologie molécu- laire qui doit permettre de corriger bien des erreurs de la nature.

L'essor de la science a surtout permis d'établir une méthodologie adaptée à chaque domaine de recherche, au lieu de se fier à l'intui- tion comme ç'avait été jadis le cas, et donc d'interpréter et d'appro- fondir l'observation. La découverte de l'effet Doppler-Fizeau, par exemple, a permis de comprendre que, la lumière mettant un temps donné à parvenir d'une source jusqu'à l'œil, le décalage d'un signal lumineux vers le rouge indiquait que cette source s'éloignait (c'est ainsi que fut conçue, mais non démontrée, l'idée du Big Bang). Le présent ouvrage, toutes proportions modestement gardées, est le pro- duit d'une méthode.

L'intérêt de cette méthode est qu'elle protégea la science contre les distorsions que les savants étaient tentés de lui impartir du fait de leurs convictions personnelles plus ou moins avouées. Notamment dans le domaine religieux. On va le voir dans trois exemples illustres : Descartes, Newton et Faraday.

René Descartes, père putatif mais non prouvé du cartésianisme moderne, s'efforce en son temps d'expliquer l'univers. Il tente de le faire à la fois en fidèle néoplatonicien et en chrétien (un peu sulfu- reux), car il croit à la Loi qui gouverne le monde. Or, la Loi peut unir à la fois le système platonicien et le monde judéo-chrétien (à cet égard, d'ailleurs, il ne fait que reprendre la tentative, hélas manquée, du philosophe juif du Ier siècle, Philon d'Alexandrie, qui tenait absolu- ment à concilier Platon et Moïse). Il croit donc à Dieu, maître absolu d'une mécanique universelle, et il croit aussi en Dieu, en un Dieu bon, puisqu'il l'absout généreusement des naissances monstrueuses : celles-ci sont dues à un défaut dans la « mécanique », un mauvais numéro de série. Obsédé de mécanique, il croit aussi que les animaux sont des mécaniques, ce qui choque d'ailleurs les Anglais (il a fabriqué dans sa jeunesse un jouet représentant un faisan mécanique poursuivi par un épagneul mécanique...). Il croit également à l'âme immortelle (il ressent d'ailleurs que la sienne est « très intimement attachée à son corps »). Il croit enfin que l'homme est la seule mécanique dotée d'une âme.

En fait, Descartes serait un parfait chrétien, n'était qu'il est très réservé à l'égard des fins dernières de l'homme. Passablement pessimiste, il doute que tout cela aille quelque part. Non qu'il soit nihiliste, mais il est bien trop occupé de s'assurer de la réalité des objets pour aller construire des spéculations sur leurs destinées. C'est ainsi que, tentant de s'assurer pour commencer qu'il existe lui-même, il produit l'une des plus célèbres tautologies de l'histoire de la philosophie : « *Cogito ergo sum* ». Or, comment savoir qu'on est si l'on n'a déjà l'expérience de l'être ?

Il demeure assez plaisant de voir des athées contemporains se réclamer du cartésianisme, c'est-à-dire d'un ensemble d'hypothèses et de postulats formulés par quelqu'un qui croyait fermement à Dieu. Dans ses *Principes de philosophie*, Descartes explique, en effet, que les corps physiques n'existent que parce que Dieu leur a imparti l'existence et, idée intéressante, mais d'une formulation bizarre, il croit que Dieu veille à maintenir dans ces corps « une certaine quantité de mouvement ». En fait, il n'est pas une page de Descartes, présenté un peu vite comme le père du rationalisme moderne, qui ne fasse directement ou indirectement référence à Dieu.

Néanmoins, il n'est guère à l'aise avec les autorités ecclésiastiques de son temps. Dans une lettre au célèbre père Mersenne, datée de 1630, il y dit qu'il ne peut publier sa *Dioptrique* sans fournir une nouvelle théorie de la lumière « et par conséquent étant obligé d'y expliquer comment la blancheur du pain demeure au Saint Sacrement[11] ». Ce que veut indiquer Descartes est ceci : étant donné que la lumière blanche est composée des sept couleurs du spectre, étant donné qu'au moment de la consécration l'hostie change de nature, puisque le corps du Christ l'investit, l'hostie blanche devrait passer pendant un bref moment par les sept couleurs en question... La tolérance des papes à l'égard d'un Galilée ne s'étend pas partout, en effet, et l'on voit qu'il est difficile, à l'époque, de parler d'optique sans déranger la foi... Descartes va d'ailleurs se mêler d'expliquer à ce propos la transsubstantiation de l'hostie ! La querelle eucharistique se poursuit cette fois-ci pour des raisons d'optique. Pas question d'avancer la moindre idée scientifique sans référence à Dieu. Le patriarche céleste des Hébreux est devenu président à vie d'une Académie des sciences virtuelle.

Le clergé de l'époque décela évidemment dans les idées de Descartes une bonne vieille odeur de soufre, et les jésuites français, en particulier, qui avaient le nez creux, la décelèrent à nouveau dans celles de Newton. Ils tentèrent même de démontrer « scientifiquement » la fausseté de ses idées sur le spectre lumineux. Pourtant Newton, sur qui Descartes a exercé d'abord une profonde influence, n'est guère plus suspect d'athéisme et l'on ne saurait s'en étonner, puisqu'il a commencé son apprentissage par des études de théologie[12]. Ce génie gigantesque qui a touché à toutes les sciences exactes avec un bonheur à peu près égal, de l'astronomie (les lois sur la gravitation des corps célestes) à l'optique (la théorie de la lumière et des couleurs et la découverte de l'aberration chromatique), et des mathématiques (le calcul différentiel) à la mécanique (les trois lois du mouvement des corps), est pourtant l'un des esprits les plus fumeux de l'histoire des sciences si ce n'est de l'histoire tout court. Il est notoire qu'il s'est occupé d'alchimie, et il faillit même perdre la raison en 1693 à la suite d'une exposition de plusieurs années aux vapeurs de mercure ; l'épreuve se solda par une profonde dépression nerveuse[13]. En 1694, des rapports le décrivirent comme atteint de démence. Il importait d'Europe des livres de magie (rares, chers et dangereux à posséder, car leur simple détention exposait à des poursuites judiciaires). Il semble même qu'il ait dans sa jeunesse participé à des cabales satanistes, preuve évidente de sa foi[14]... Dès les années 1670, il croyait que l'essence de la Bible était « la prophétie de l'histoire humaine plus que la révélation de vérités au-delà de l'humaine raison vers la vie éternelle[15] ». La « Révélation de Saint Jean le Divin », autrement dit l'Apocalypse du Nouveau Testament, occupa une place éminente dans ses réflexions.

> « Ayant recherché le savoir dans les Écritures prophétiques, écrivait-il dans l'introduction à ses *Observations sur les prophéties*, je me suis senti obligé de le communiquer au bénéfice des autres, me rappelant le jugement de celui qui dissimulait son talent dans une serviette. Car je suis persuadé que cette volonté se montre d'un grand bénéfice pour ceux qui considèrent insuffisant pour un chrétien sincère qu'il s'assoie, satisfait des principes et de la doctrine du Christ comme l'Apôtre rapporte la doctrine du Baptême et satisfait de l'imposition des mains et de la résurrection des morts et du jugement éternel, mais, laissant ceux-ci et les principes similaires, désirent poursuivre jusqu'à la perfection jusqu'à ce qu'ils atteignent leur majorité et par raison d'usage aient leurs sens exercés au discernement du bien et du mal[16]. »

Oui, cette prose confuse et énigmatique est bien du grand Newton ! On pourrait en citer des dizaines de pages de même farine. Pareil charabia mettrait de nos jours son auteur à l'index de la communauté scientifique. Et Newton a par ailleurs consacré un temps apparemment considérable en computations et supputations pour établir la date à laquelle, selon la Révélation, l'Antéchrist serait détruit. On pourrait aussi consacrer un épais ouvrage aux délires numérologiques, pythagoriciens, kabbalistes et mystiques dont les textes et les papiers de Newton offrent les preuves surabondantes.

Voilà donc un personnage totalement antinomique de l'image du savant objectif et « cartésien » ; de nos jours, on le qualifierait d'obscurantiste dérangé. Il a certes enrichi la science de plus de découvertes qu'aucun homme et il était tellement brillant que son professeur Isaac Barrow, titulaire de la prestigieuse chaire Lucasienne de mathématiques à Oxford, démissionna pour que Newton, alors âgé de vingt-six ans, pût lui succéder. Mais le paradoxe fulminant est que Newton a fait toutes ces découvertes guidé par des idées antiscientifiques, et notamment par l'alchimie. Celle-ci lui donna la conviction qu'il existait dans l'univers un « principe de sympathie » qui attirait à distance les corps entre eux. C'était à l'époque une idée ancienne et déjà discréditée ; il la remit en faveur et l'appliqua avec les résultats qu'on sait, dont le plus fameux fut la loi de la gravitation universelle. Il est probablement le seul qui ait fait de l'or avec des idées de plomb !

Or, l'alchimie n'était pas pour lui une marotte, on l'a vu, puisqu'il y consacra de nombreuses années de sa vie. Elle exerça même sur lui une vertu inattendue : elle le libéra de la camisole de force de la théorie mécaniste de Descartes[17]. Elle attisa sa foi fervente, fût-elle échevelée, en Dieu, foi qu'il proclame avec une force déconcertante dans l'édition de 1713 de son œuvre majeure, les *Principia mathematica*. Il consacre même huit cents mots pour définir Dieu, sans donner d'ailleurs la moindre idée de ce qu'il entend par là. Pour les positivistes français qui lui succédèrent, tels Biot et Laplace, l'intérêt de Newton pour la religion était pathologique ; totale erreur, car Newton était convaincu que la religion et la science étaient inséparables. Il le dit lui-même, son œuvre était destinée à combattre l'athéisme et le cartésianisme. Il tenta même de convaincre son collègue le géologue Thomas Burnet que Dieu avait réellement créé le monde en six jours et que ce n'était pas là une idéalisation poétique : la Terre à l'époque tournait beaucoup plus lentement, argua-t-il[18]. Encore un qui se mêlait de théologie. Pour Newton, Dieu transcendait les lois de l'univers : leur découverte était pour lui une œuvre prophétique et une vision des desseins du Créateur.

On pourrait être tenté de penser que Descartes et Newton seraient les exceptions qui confirment la règle et que les convictions religieuses et spiritualistes de l'un et l'obsession religieuse de l'autre sont des « cas » dans l'histoire des sciences. C'est faux. L'un des plus grands savants qui aient succédé à Newton, Michael Faraday (1791-1867), n'est guère plus scientifique au sens moderne et restreint du mot. Le pionnier de l'électromagnétisme (sinon du cinéma, car il a aussi inventé la lanterne magique) est également un idéologue religieux, qui croit à une force universelle, qu'il appelle la « philosophie naturelle », force qui émane de Dieu et qui est le constituant essentiel de l'ordre naturel ; on retrouvera cette « force » plus tard dans la théorie du « vitalisme ». Faraday se lance donc dans la démonstration de l'existence de cette force, méconnue jusqu'à lui, et y parvient. C'est pour lui la preuve que Dieu est partout. Sa passion pour les champs invisibles, mais agissants, de l'électricité et du magnétisme est comparable à celle d'un théologien qui aurait découvert un nouveau mystère de la foi. L'électromagnétisme lui apparaît comme une forme intermédiaire entre la matière brute et l'esprit. Il s'estime imparti d'une mission, qui est de mettre en évidence les prodiges de Dieu.

Descartes, Newton, Faraday et bien d'autres sont des théologiens in partibus, des sortes de prêtres hétérodoxes, qui n'ont pas fait leurs vœux, mais qui n'en ont pas moins consacré le meilleur de leurs activités à illustrer l'existence de Dieu par d'autres voies que celles, traditionnelles, de l'Église.

En fin de compte, et jusqu'au début du XIXᵉ siècle, les Églises chrétiennes, les sociétés bourgeoises dont elles sont les piliers et la morale publique n'ont pas eu trop à pâtir de la liberté que la science avait conquise. Après les premières querelles des grands corps religieux, les chrétiens ont admis que les découvertes des savants les confortent dans leurs grandes convictions religieuses. Descartes a démontré que l'âme existe et, si l'on n'y regarde pas de trop près, il forme ses lecteurs à l'exercice de la raison et de la logique, ce qui est utile aux hommes que la Providence a délégués à la conduite des États. Newton a démontré qu'il existe des lois dans l'univers comme sur Terre et qu'elles sont régies par Dieu lui-même, le Grand Horloger. Faraday croit qu'il existe une force dans la nature, qui est certainement l'émanation de Dieu, et d'ailleurs ses découvertes sur l'électromagnétisme permettent de fabriquer des machines d'un grand avenir. On peut et l'on doit même enseigner leurs travaux dans les écoles et les universités. L'ordre moral règne en Occident. Seuls des fous peuvent se dire athées : cela ne fait que démontrer leur ignorance des belles choses de la science.

La science a démontré du même coup ses limites et sa nature : elle ne crée aucun concept nouveau et elle est entièrement asservie à la culture ambiante. En dépit de ce que certains courants du XXᵉ siècle tentent de faire accroire, la science n'a jamais été ennemie de la foi : elle en était l'obéissante servante et ses plus graves incartades se limitaient à quelques écarts dans l'interprétation des Écritures, comme sur le point de la disparition des espèces, attestée par la découverte de vestiges de dinosaures.

Entièrement pénétrée de la réalité des lois divines et de l'omnipotence et de l'omniscience de Dieu, elle ne s'est jamais interrogée sur le conflit, pourtant évident, entre la bonté absolue de Dieu et son omnipotence : s'il est bon, pourquoi y a-t-il des maladies qui tuent les enfants au berceau, par exemple ? Faisons ici grâce au lecteur des discours obscurs autant qu'obscurantistes des commentateurs plus ou moins savants du temps sur les desseins évidemment mystérieux de la divine Providence. Si des enfants meurent au berceau, que voulez-vous, les pères ont mangé des raisins verts et les dents des enfants en ont été agacées. Bref, ce ne sont certes pas les travaux scientifiques qui auront enrichi la logique ni l'analyse de l'idée de Dieu chez les philosophes.

Comme la totalité de la pensée occidentale, qui est alors monarchique, la science est captive de la théologie chrétienne, reflet de la monarchie céleste. Elle ne connaît d'autre cause au monde que la volonté divine. Ainsi qu'on le verra plus loin, elle ne variera pas beaucoup à cet égard jusqu'à la fin du XXᵉ siècle.

Des milliers de gens continueront donc à mourir de maladies infectieuses parce que la maladie est, bien sûr, l'effet du péché. Et les plus grands savants du XVIIᵉ au XIXᵉ siècle mépriseront les observations sur les bactéries (quatre cents communications à la Royal Society de Londres !) du Hollandais Antonie Van Leeuwenhoek. L'illustre Linné classera les bactéries avec mépris dans le « chaos des infusoires ». Le mot « microbe » n'est forgé qu'en 1878 par le Français Sédillot, parce que, enfin, les savants commenceront à douter que les maladies ne soient dues qu'aux « miasmes » ou au péché et daignent s'intéresser aux mécanismes de l'infection. Mais l'idée qu'il faille lutter contre celle-ci par la vaccination, pour commencer, révolte beaucoup de chrétiens, parce qu'ils estiment que c'est aller contre la volonté divine. Le pape Léon XIII se déclare ainsi hostile à la vaccination.

Puis soudain, un coup de tonnerre titanesque ébranle les sociétés occidentales. Le visage de Dieu vient de changer. Charles Darwin a publié, le 24 novembre 1859, *De l'origine des espèces*. C'est la plus grande secousse jamais éprouvée par l'Occident.

L'éditeur n'avait d'abord prévu que mille deux cent cinquante exemplaires. Fait extraordinaire compte tenu de l'aridité du sujet, il fallut en retirer rapidement trois mille. À la fin du siècle, le livre serait traduit dans les principales langues du monde. L'hostilité qu'il déclencha fut sans précédent et reste inégalée. Les remous atteignirent même les sphères politiques. C'est dire à quel point le principe divin tel que le présentait l'enseignement religieux, et dont le concept est assez violemment bousculé par Darwin, est ancré dans les cultures. L'idée de la sélection naturelle, qui est l'un des grands thèmes du livre et qui est résumée assez sommairement dans la formule *struggle for life*, a, hélas, servi à d'innombrables idéologies qui prétendaient confondre l'espèce humaine avec le pinson des Galapagos ou la chèvre du Caucase, du libéralisme américain du début de ce siècle au national-socialisme allemand. Un « darwiniste social » américain, William Graham Sumner, écrira même, impavide :

« Si nous n'acceptons pas la survie du plus apte, il ne nous reste qu'une alternative possible, c'est la survie du plus inapte. Celle-là est la loi de la civilisation, celle-ci de l'anticivilisation[19]. »

Darwin n'avait aucunement abordé la philosophie et encore moins la théologie ; il avait simplement offert au public ses observations, déductions et hypothèses sur l'adaptation des espèces animales à un milieu donné par le relais de la sélection naturelle[20]. Dans un environnement donné, c'est l'espèce la plus apte à y survivre qui triomphe ; les autres disparaissent ou développent des traits adaptatifs. L'évolution des espèces s'était effectuée de cette manière.

Horreur entre les horreurs, s'il fallait en croire Darwin, l'homme descendait du singe[21]. Adam n'était plus l'émouvant athlète allongé que Michel-Ange avait représenté sur le plafond de la chapelle Sixtine, attendant d'un air énamouré et languide que le doigt de Dieu l'éveillât à la vie, mais un affranchi de la condition simiesque. Et ce n'était pas seulement la nature bestiale de l'être humain qui était ainsi proclamée, mais également l'inutilité de la venue du Christ. Car si l'homme était descendu du singe, il n'était donc pas déchu de la grâce divine, comme l'affirmaient les Écritures ; il était plutôt monté en grâce. Plus de Faute, donc plus besoin de Rédemption.

On mesure là aisément qu'il n'est pas de science qui n'ait d'effet sur la théologie. Les effets furent désastreux et le demeurent. Cette fois, le séisme dépassait de loin en gravité celui de l'affaire Galilée.

Ce n'était pas seulement l'historicité de la Bible qui était annulée : car le récit de la création des espèces vivantes dans la Genèse, auquel l'immense majorité des publics croyait encore fermement, l'histoire de l'Arche de Noé[22], la création du premier homme à partir du limon, la poétique fabrication d'Ève à partir d'une côte de son compagnon étaient relégués au rang de fables. Mais c'était l'autorité même de la Bible qui était rejetée. La Création n'était plus, en effet, un domaine harmonieusement dirigé par un Dieu omniscient, mais une jungle où les espèces évoluaient de leur propre fait, sous la pression du milieu. Ou bien Dieu n'existait plus, et les gardiens de la foi ne se privèrent pas de traiter Darwin d'athée, ou bien il était aveugle. Les Églises voyaient leur échapper toute régence sur l'éthique et la morale.

Le jeune homme un peu souffreteux qui s'était embarqué à vingt-deux ans en 1831, à bord d'un navire au nom pataud, *Beagle* (un chien briquet), pour étudier la faune d'Amérique du Sud, Galapagos incluses, ne s'était pas attendu à la violence de la réaction ; mais il l'assuma pleinement. Cela ne fit qu'aggraver le scandale. En 1856, il nota : « Quel livre écrirait un chapelain du Diable sur le gaspillage, les œuvres maladroites, basses et horriblement cruelles de la nature ! » La foi de l'Occident dans la sagesse de la Providence et dans la « loi de nature » héritée du thomisme reçut le coup de plein fouet. Darwin expliqua que les religions des « sauvages » n'étaient pas les abominations « païennes » peuplées de démons qu'on se représentait dans l'Occident triomphant, mais des formes religieuses utiles, parce qu'elles avaient contribué à la naissance de règles éthiques. Et que l'apparition de la conscience et du sens moral était liée à la formation des premières sociétés. Il n'y avait donc pas de morale immanente. Mais la foi en Dieu ? Dans son *Autobiographie*, Darwin la compare à la peur du serpent chez le singe. Darwin, conclurent beaucoup de ses contemporains, était décidément un ennemi de Dieu.

Juger un savant par sa foi est périlleux, sinon ridicule. Ce qui est certain est que Darwin interrompait la longue lignée des savants spiritualistes. Il fut le premier à dégager réellement la connaissance de la théologie et du spiritualisme qui avaient si profondément marqué un Descartes, un Newton ou un Faraday. Il n'était pas parti sur le *Beagle* pour prouver ses idées, mais pour observer. Il avait organisé ses observations selon une méthode éprouvée et il en avait tiré les conclusions qui s'imposaient. À cet égard, il est le vrai fondateur de la science moderne.

Sa leçon est, hélas, en péril, comme on va le voir. Plus d'un siècle après la publication de l'*Origine des espèces*, le trouble qu'il a semé dans une certaine population d'esprits ne s'est pas apaisé. Une fraction appréciable des savants ne se résout pas, en effet, à un Dieu aveugle. En cette fin de siècle, plusieurs d'entre eux s'efforcent de restaurer naïvement (mais dangereusement) à sa place d'antan un Dieu dont l'image semble également naïve, même si elle a été révisée par prudence.

Darwin était encore en vie que l'incapacité de renoncer au « spirituel » se manifestait déjà. Paradoxe de choix, l'un des meilleurs darwiniens du xixᵉ siècle, Alfred Russel Wallace (1823-1913), d'ailleurs coauteur de la théorie de la sélection naturelle, se lança dans des spéculations effrénées pour démontrer les causes « inconnues », en fait spirituelles selon lui, de l'origine de l'homme. Wallace était, en bref, un spirite convaincu. Comme Darwin s'indigna, Wallace renonça à la sélection naturelle, pour faire tourner des tables[23]. L'illustre Sir William Crookes, physicien et chimiste, inventeur du radiomètre, auteur de la théorie du quatrième état de la matière, l'astronome Camille Flammarion et maints autres moins célèbres recoururent aux services de médiums tels que D.D. Home et Eusapia Palladino[24].

Les plus vigilants dans la tourmente du darwinisme furent les dominicains et les jésuites. Ce fut à l'instigation de ces derniers que le Vatican fit entendre sa voix. En 1879, la réaction de l'Église prit la forme solennelle de l'encyclique *Aeterni patris*, dans laquelle le pape Léon XIII avertissait les savants que le thomisme représentait l'autorité qu'il convenait de suivre dans toutes les recherches quelles qu'elles fussent. Darwin, lui, était entre-temps devenu agnostique.

Le cas le plus extraordinaire des rapports de l'idée de Dieu avec les sciences exactes fut sans doute celui du mathématicien Georg Cantor (1845-1918), qui enfreignit pour des raisons ouvertement théologiques une tradition jusqu'alors respectée chez les mathématiciens : ne jamais recourir au concept de grandeurs infinies. En 1831, Gauss, qui était le géant de l'époque en matière de mathématiques, avait déclaré : « Je proteste contre l'usage de la grandeur infinie comme quelque chose d'achevé, ce qui n'est jamais admissible en mathématiques. » Cantor passa outre.

Pour expliquer l'audace révolutionnaire qui le mena à la théorie des nombres transfinis, Cantor postula que, « physiques » ou « idéaux », les nombres entiers peuvent exister en tant qu'entités appartenant à la pensée, donc à la « réalité intrasubjective », ou bien appartenant au monde extérieur, donc à la « réalité transsubjective ». Or, c'était là une attitude métaphysique, comme il le déclara lui-même : « Pour la première fois, grâce à moi, la philosophie chrétienne disposera de la vraie théorie de l'infini », écrivait-il au dominicain Thomas Esser. Attitude d'autant plus surprenante que Cantor était juif (mais fort versé en théologie chrétienne et probablement kabbaliste). Pour lui, la théorie des nombres transfinis était inspirée par Dieu !

Les jésuites s'empressèrent de mettre sa théorie à profit, y trouvant enfin les preuves cherchées de l'existence de Dieu (ce qui agaça quand même Cantor[25]). « À l'âge de cinquante ans, Cantor mit en exergue de son dernier travail important sur les ensembles transfinis une citation de saint Paul : "Le temps viendra ou ce qui est maintenant caché sera mis en pleine lumière[26]." » Il mourut à soixante-treize ans dans un asile d'aliénés à Halle. En 1905, Henri Poincaré, qui ne lui cédait certes pas en pointure et qui avait bien perçu les préoccupations célestes de Cantor, qualifia pourtant son œuvre de « pathologique ». Aujourd'hui, il est admis que la contribution de Cantor aux mathématiques a été fondamentale ; il a entre autres résolu un problème qui tourmentait ses collègues depuis Pythagore. Comme quoi, tous les chemins mènent à Rome, pourvu qu'on observe une méthode.

Cette préoccupation spiritualiste et mystique a atteint de nos jours jusqu'aux milieux austères de la physique théorique. Le physicien Jean Charon a postulé qu'il existe des « électrons supérieurs », responsables des phénomènes vivants et spirituels[27], Olivier Costa de Beauregard imagine qu'il pourrait y avoir des rapports entre des phénomènes « fins » de la mécanique quantique et ceux de la parapsychologie et, au colloque de Cordoue, qui réunissait en 1979 des savants respectés pour traiter entre autres des aspects inconnus de la matière, le physicien Brian Josephson, prix Nobel de physique, a évoqué « le corps astral comme explication possible de la vision à distance[28] ».

Vers la fin de la décennie quatre-vingt de ce siècle, on assista à un spectacle non moins surprenant. Quelques esprits distingués se penchèrent sur la photo de régions reculées de l'univers prise par un télescope spatial et se demandèrent s'il n'était pas possible d'y distinguer « le doigt de Dieu ». À plusieurs siècles de distance, les records de naïveté étaient battus : à Byzance, aux premiers siècles du christianisme, des théologiens s'étaient doctement demandé combien d'anges pouvaient tenir sur une tête d'épingle. Dans les capitales scientifiques du xxᵉ siècle, des intellectuels doctes (et peut-être pas entièrement indifférents aux fibres mystiques qu'ils titillaient dans le public, car les savants sont devenus médiatiques) se demandaient, eux, si moyennant des télescopes un peu plus puissants on n'allait pas finalement voir le Créateur à l'ouvrage, les manches retroussées sans doute. On pourrait croire que je pousse l'ironie trop loin, cela n'est pas le cas : un peu houspillé par ses collègues, un de ces intellectuels, astrophysicien de son état, se défendit de l'espoir de trouver Dieu sur une photo.

Les dérapages menaçaient et n'ont d'ailleurs pas manqué. Une assez surprenante littérature confusionniste sévit depuis deux ou trois décennies, risquant de brouiller l'image de la science. Avec une impertinence salutaire, Jacques Demaret, de l'université de Liège, observa : « Si vous mélangez bien Dieu, Big Bang et inflation, ça marche. C'est un cocktail à la mode[29]. » L'impertinence était salutaire : un astrophysicien populaire, un autre, avait, en effet, posé une question sentimentale qui servit malheureusement de référence à pas mal de théories « à demi cuites » (half-baked theories, la pire injure disponible dans le langage scientifique anglo-saxon) : « Comment se fait-il qu'avec les quarks et les électrons des débuts du monde il y ait la possibilité d'obtenir Mozart[30] ? » Comme si le quark lui-même n'était pas une merveille et peut-être supérieure à Mozart.

Mais l'élan semblait trop puissant pour être freiné par l'ironie. Ainsi Richard Dawkins, biologiste à l'université d'Oxford, assure que : « Notre propre existence fut jadis le plus grand des mystères, mais ce n'est plus un mystère, parce qu'il a été éclairci[31]. » Voilà qui est vite dit. Et l'astrophysicien américano-vietnamien Trinh Xuan Thuan déclare assez prophétiquement : « L'existence de l'être humain est inscrite dans les propriétés de chaque atome, étoile et galaxie de l'Univers, et dans chaque loi physique qui régit le cosmos[32]. » Assertions toutes deux invérifiables, et dont le premier effet est de ramener aux bons vieux temps d'avant Copernic et Galilée, c'est-à-dire au géocentrisme chrétien qui faisait de l'être humain l'unique objet d'une création de milliards d'étoiles. Et au présupposé métaphysique que

Dieu n'avait créé l'univers que pour se contempler dans la race humaine. Encore n'avons-nous pas cité la phrase trop fameuse d'Einstein : « Dieu ne joue pas aux dés », pinacle de l'anthropomorphisme.

Or, ce ne sont pas là des nuances négligeables. En effet, certains scientifiques ont avancé depuis 1970 environ une idée pseudo-nouvelle, qui est le « principe anthropique » (d'*anthropos*, « homme » en grec). Celui-ci voudrait refaire de l'homme non plus seulement le centre de l'univers, mais la justification de son exploration. « Les propriétés de l'univers doivent être compatibles avec notre existence », affirme M. Trinh Xuan Thuan, rien de moins. Qu'un astéroïde vienne frapper la planète Terre et extermine l'humanité en secouant un peu l'axe de rotation terrestre serait donc un délit à la compatibilité entre l'univers et cette race humaine qui ne cesse de se désentripailler depuis qu'elle est apparue. Le principe en question est en fait un postulat indémontrable. M. Trinh Xuan Thuan, qui est bouddhiste, assure certes : « Jamais je ne verrai Dieu au bout de ma lorgnette », il n'en demeure pas moins que le « principe anthropique » (pédantisme transparent) est presque exactement une version au goût du jour du géocentrisme dont l'Église fut l'avocate intransigeante et contre lequel s'étaient justement insurgés Copernic et Galilée. À cette différence près que ses arguments nouveaux sont puisés dans le domaine scientifique, qu'il a été encore restreint et qu'il est devenu tout bonnement l'anthropocentrisme.

En effet, ces scientifiques prétendraient par un glissement rhétorique substituer la science à la théologie, par le biais de la philosophie (toujours suspecte en matière de sciences). Sans doute sont-ils minoritaires et même assez fortement contestés. Sans doute aussi n'ont-ils pas tenu compte de l'apophtegme de Nietzsche : « Ce n'est pas le doute qui rend fou, c'est la certitude. » Mais un revirement aussi extraordinaire comporte quand même une signification qu'il serait un peu « rapide » de mettre au compte de la tentation mystique. Car il est symptomatique. À vrai dire, la différence entre le savant du monde moderne et le théologien d'antan est surtout pittoresque ; en profondeur, elle est considérablement moins marquée : l'un et l'autre cherchent Dieu. Comment ne pas évoquer la phrase de Schelling : « L'angoisse même de la vie pousse l'homme hors du centre où il a été créé[33] » ? Les savants sont nos éclaireurs dans la quête de Dieu : ils cèdent les premiers au vertige. Certains se penchent jusqu'au péril de leur titre au balcon de la science pour tenter de distinguer l'indiscernable. Que ce soit en biologie ou en cosmologie, l'idée d'une recherche sans « point oméga », pour reprendre l'expression fameuse de Teilhard de Chardin, leur est insupportable.

Beaucoup de savants répugnent cependant à pareilles spéculations, pour la simple raison qu'elles mélangent les genres et surtout recourent à un vocabulaire diffus et donc inopérant, utilisant des mots tels que « âme », « esprit », « corps astral », etc.[34]. Peu d'entre eux ont été aussi lucides à l'égard de l'objet de la science (et indirectement, de ses résonances religieuses) que Jacques Monod, prix Nobel 1965 (avec André Lwoff et François Jacob) pour ses travaux sur certains gènes, les opérons, qui commandent le métabolisme cellulaire par le relais de la synthèse d'enzymes. Son livre *Le Hasard et la Nécessité*[35] expose, en effet, la grande question de toute science : y a-t-il un sens dans le monde ? Et quel est-il ? Les corollaires sont clairs : s'il y a un sens, il y a peut-être un but final, et c'est la Nécessité, même si l'on hésite à la nommer Dieu. D'autre part, s'il n'y en a pas, c'est le Hasard, c'est-à-dire le chaos organisé, et s'il y a un Dieu qui l'anime, il est définitivement « illisible ». Ce dernier point revêt la plus grande importance, comme on le verra au chapitre suivant, parce que l'esprit humain se refuse à concevoir un Dieu indéchiffrable, capable de décider demain que la race humaine a fait son temps et que l'heure a sonné de la supprimer et de laisser la place aux coléoptères dont la surabondance émerveillait Haldane.

L'interrogation couronne un quart de siècle d'existentialisme, c'est-à-dire de réflexion sur l'absurde, et un siècle de réflexion sur l'évolution, c'est-à-dire encore sur le but virtuel où nous mènerait ou ne nous mènerait pas la modification des espèces vivantes. Monod fait intervenir un concept simple, la téléonomie : c'est la propriété d'un être doté d'un plan d'existence. Tout ce qui est vivant a donc un plan d'existence ; s'il est bon, l'individu et son espèce vivront et survivront ; s'il ne l'est pas, l'individu disparaît. Monod semble donc répondre à la question d'Emmanuel Kant : « Comment une science du vivant serait-elle possible[36] ? » Il offre à la biologie, enfin et en effet, une base de recherches positives. En fait, la question de Kant restera quand même sans réponse, partiellement au moins. Au niveau microscopique d'abord, car la découverte de l'ADN « égoïste » viendra déranger considérablement la notion de téléonomie appliquée à la cellule. L'ADN, en effet, se reproduit d'une manière qui, apparemment, est sans commune mesure avec les besoins de la cellule ; il semble se reproduire pour rien, pour le plaisir. 90 % de l'ADN présent dans une cellule ne servent apparemment à rien. La téléonomie de l'ADN est donc indéchiffrable, ou bien elle est mal faite.

Au niveau macroscopique, Kant serait également déçu : les monstres de la préhistoire avaient une excellente téléonomie ; ils ont survécu cent soixante-quinze millions d'années en gros, sans autre souci que de s'entredévorer dans un fracas infernal de carapaces, de cornes et de queues écailleuses. Puis, voici une soixantaine de millions d'années, une météorite gigantesque est tombée dans le golfe du Mexique. Elle a provoqué, outre un épouvantable raz de marée, des séismes et des éruptions volcaniques, un changement climatique qui fut fatal aux dinosaures. La poussière obscurcit le ciel pendant des années, il fit froid et peut-être les monstres ne supportaient-ils pas ce climat, ou bien le manque de soleil les priva-t-il des plantes qu'ils consommaient, ou peut-être encore la poussière d'iridium dégagée par la météorite fut-elle toxique pour ces animaux. Toujours est-il qu'avec une téléonomie « de premier ordre », si l'on peut ainsi dire, les dinosaures s'éteignirent. Hasard ou nécessité ? Hasard, évidemment, à moins qu'on n'imagine un Dieu lassé d'entendre la Terre ébranlée par les diplodocus décidant d'en finir avec ces bêtes ; il était temps de laisser l'homme apparaître. Et d'écouter Mozart, comme dirait Hubert Reeves.

Mais l'immense majorité des arguments penche en faveur du hasard. Analysant l'évolution des espèces, François Jacob conclut que c'est un « bricolage[37] ». On y trouve des téléonomies à foison, mais elles sont, en effet, improvisées par le hasard, avec des absurdités patentes, comme le fait que le flamant rose doive, en raison d'un bec exagérément crochu, plonger la tête sous l'eau pour se nourrir, ainsi que l'observe astucieusement Stephen Jay Gould[38]. Dieu aurait-il voulu jouer un tour au flamant rose ? Or, « Dieu est subtil, mais il n'est pas malicieux[39] », comme disait Einstein, qui avait décidément son idée sur Lui.

Bien peu, à mon sens, ont autant que Monod clarifié la question des rapports entre Dieu et la science : quand elle cherche, elle cherche un sens, un paradigme, c'est-à-dire un modèle, c'est-à-dire encore qu'elle cherche Dieu.

Comment comprendre alors l'apparition de la vie ? La naissance de la première algue ou de la première bactérie n'est-elle pas la « preuve », enfin, la preuve irréfragable et irréductible d'une inter-vention surnaturelle dans la création des espèces vivantes ? Le propre d'une espèce vivante n'est-il pas de se reproduire, c'est-à-dire de pos-séder un capital génétique qui assure la permanence de l'espèce ? Ce raisonnement aboutit à chercher « la main de Dieu », une fois de plus, dans l'ADN (Ab Deo Natura, comme disait malicieusement un ami biologiste).

Les recherches les plus récentes semblent infirmer cet espoir, sur Terre comme dans le cosmos. Sur Terre, dès les années quatre-vingt, en effet, deux chercheurs des universités Yale et du Colorado[40] décou-vrirent deux molécules d'ARN libre, qui n'appartenaient à aucune cellule vivante. L'ARN (acide ribonucléique), rappelons-le en peu de mots, est cette suite de molécules chimiques ou nucléotides qui pro-duit les éléments nécessaires à la synthèse des protéines ; celles-ci fabriquent de l'ADN, lequel se duplique pour fabriquer à nouveau de l'ARN et ainsi de suite. Il y avait donc, peu après que la Terre se forma, des molécules d'ARN. Elles produisirent des protéines, lesquelles s'assemblèrent et produisirent à leur tour les premières cellules vivantes.

Mais cet ARN n'était-il pas le germe miraculeux qui portait la signature de l'intervention surnaturelle ? Non : il y en avait des milliards de milliards dans les flaques de l'ère primaire ; il se formait spontanément à partir des nucléotides dissous dans l'eau. Les nucléotides, eux, étaient des assemblages également hasardeux de matières premières inanimées, carbone, hydrogène, oxygène. L'immense majorité de ces ARN de fortune n'étaient pas viables ; mais il en fut deux ou trois qui l'étaient : quand ils se scindaient, ils donnaient naissance à un autre ARN, lequel se scindait encore et ainsi de suite. La Terre fut donc envahie de deux ou trois espèces d'ARN. La preuve en a été donnée récemment par un biochimiste américain, Jack Szostak. Celui-ci et ses assistants mirent ensemble entre mille et dix mille milliards de molécules d'ARN libre et observèrent leur comportement. Quelques-unes se scindèrent naturellement ; ils en firent des millions de copies et, après les avoir fait muter, ils obtinrent un ARN hautement performant. C'est le type d'ARN capable de produire des protéines et donc des cellules viables. Analysant les conditions dans lesquelles évolua un tel système, un autre biologiste, Stuart Kauffmann, déclare que la vie n'était pas un accident : elle était inévitable.

On en arrive donc au paradoxe suivant : un hasard donné aboutit à la nécessité. C'est une variante de l'apophtegme de Monod.

En ce qui concerne le cosmos, il existe certes un présupposé très répandu : c'est que l'univers serait rationnel et mesurable. Mais, « pour des motivations essentiellement irrationnelles, ce concept est l'un des plus difficiles à accepter puisqu'il est le plus lourd de conséquences métaphysiques et religieuses », comme le relève le physicien Marceau Felden[41]. Peut-être ces raisons ne sont-elles pas toutes métaphysiques ni religieuses.

En effet, l'idée d'une « légalité cosmique » ou fonctionnement selon des lois immuables, qui serait virtuellement parfaite, mais que l'être humain ne serait pas encore capable d'appréhender, est actuellement mise en échec. Je me limiterai à donner ici trois des causes les plus importantes de cette faillite.

La première est la découverte des trous noirs. Le premier fut identifié en 1983 par le satellite *Einstein* dans l'étoile double Epsilon Aurigae. C'est un corps dont la masse semble être vingt-trois fois celle du Soleil et dont la gravité est si forte que la vitesse de libération (la vitesse nécessaire à une fusée, par exemple, pour s'arracher à son attraction) devrait être supérieure à la vitesse de la lumière, ce qui est impossible. Ce « monstre » céleste n'émet donc aucun rayonnement, puisque aucune particule ne peut s'en échapper[42]. Celui d'Epsilon Aurigae absorbe tout, et notamment l'étoile voisine. On a découvert depuis plusieurs autres astres « cannibales » ou trous noirs. On en ignore actuellement presque tout : la matière qui y est engloutie peut-elle atteindre le point de fusion qui mènerait à une explosion et à la naissance de nouvelles étoiles, ou bien y est-elle réduite au « silence absolu », c'est-à-dire à l'immobilité atomique quasi parfaite, aux environs de — 273°C (zéro absolu) ? Il n'existe pas non plus de modèle pour décrire ce qui se produit dans cette sorte d'entonnoir céleste : l'annulation (ou la contraction infinie) de l'espace-temps n'est pas conciliable, en effet, avec la rémanence de la matière, car cette matière ne semble pas anéantie. Et l'on peut se demander à partir de quel rayon un trou noir qui aurait, par exemple, avalé une galaxie pourrait poursuivre sa destruction en avalant l'univers entier...

Deuxième exemple : celui des « avaries » de la mécanique du système solaire, pour ne citer que celui-là. Les anomalies du mouvement de Mercure doivent aboutir dans un nombre X d'années à la fuite de cette planète hors du système solaire. Or, les orbites des huit autres planètes étant déterminées par leurs attractions gravitationnelles respectives, la disparition de Mercure (dont la trajectoire finale est inconnue et qui pourrait, par exemple, aller s'écraser sur le Soleil) déclencherait un effet domino aujourd'hui incalculable. Contrairement aux présomptions en cours, l'ordre ne règne donc pas plus dans le système solaire que dans l'univers... Et la prodigieuse horlogerie chère aux apologistes chrétiens modernes comporte une date de péremption : elle ne sera pas éternelle.

Troisième exemple : contrairement aussi aux présomptions si largement répandues, même chez certains physiciens et astrophysiciens, le Big Bang n'est pas une certitude et il est de toute manière inconnaissable. Le décalage vers le rouge des galaxies proches semble bien démontrer que celles-ci s'éloignent de la Terre, mais il pourrait aussi bien être dû à un vieillissement de la lumière, qui se décalerait alors naturellement vers le rouge, donnant ainsi l'illusion que l'objet s'éloigne... Rien ne garantit, par ailleurs, que l'expansion actuelle ne s'arrête pas et ne soit pas suivie, demain ou dans un milliard d'années, par une contraction équivalente ou Big Crunch[43].

Le Big Bang est l'hypothèse cosmologique d'inspiration théologique par excellence. Elle fut formulée en 1927 par l'abbé Georges Lemaître, mais ce fut son principal adversaire, l'astrophysicien Fred Hoyle, qui dans les années soixante, excédé par les spéculations erratiques qu'elle inspirait, lui donna par dérision le nom de Big Bang (son premier nom fut celui d'« Univers ponctuel primitif »). Cette hypothèse pose de manière exemplaire les limites des méthodes d'exploration humaines. En effet, pour analyser rationnellement un tel modèle, il n'existe que deux outils, la relativité générale au niveau macrocosmique et la mécanique quantique au niveau de l'infiniment petit, c'est-à-dire de la nucléosynthèse dans les étoiles. Selon la première, dans l'instant infinitésimal qui suit l'explosion de l'atome primitif virtuel, le rayon de l'univers serait de dix milliards de centimètres ; selon la seconde, il serait inférieur à un centimètre[44].

L'univers est-il donc inconnaissable ? Pour le moment, oui : à l'heure où ces lignes sont écrites, on n'en connaît même pas l'âge. Neuf milliards d'années ? Ou bien quinze ? La différence est lourde de conséquences, et les deux équipes américaines qui travaillent sur les données de l'observatoire spatial Hubble n'espèrent pas l'obtenir avant quelques décennies. Si l'univers n'avait que neuf ou dix milliards d'années, tous les modèles conçus pour consolider l'hypothèse du Big Bang seraient mis à mal. Et encore, on ne saura pas ce qu'est en fait l'« objet univers ». « Pas plus la logique que les mathématiques ne sont capables de nous fournir la moindre des vérités sur l'univers », écrit Marceau Felden.

Nous ne saisissons que des bribes et ne connaissons que des déductions. Tout le monde parle commodément de l'électron, mais personne n'en a jamais vu un seul et on n'en a jamais aperçu que sa trace. Peut-être faut-il déjà ou faudra-t-il se résoudre à admettre que les instruments intellectuels disponibles ne peuvent appréhender que des fragments du réel, ou encore qu'ils vouent au désespoir tous ceux qui espèrent en un déterminisme. Car Dieu ou plutôt la croyance en Dieu est déterministe, elle est platonicienne et rationnelle. Comment garder sa foi si l'on ne croit en un Grand Plan ? Or, l'un des plus précieux instruments scientifiques pour appréhender le monde, la mécanique quantique, nous condamne à l'indéterminisme : elle a introduit « des événements fortuits d'une [...] sorte bien plus radicale [que l'incomplétude de notre savoir] : le hasard absolu », écrit Karl Popper[45].

Niels Bohr, l'un des plus grands théoriciens de la physique moderne, a défini en très peu de mots l'impossibilité d'une connaissance fondamentale du monde selon les termes rêvés par Platon : « La définition [*elucidation*] d'un seul et même objet peut exiger divers points de vue qui défient une description unique. » Autrement dit, la connaissance rationnelle est inaccessible ; seule demeurera l'« inconnaissance ». C'était ce qu'en termes plus poétiques Newton avait écrit quelque deux siècles et demi auparavant, dans un moment de plus grande lucidité, Dieu merci, que lorsqu'il vaticinait sur la théologie : « Je ne sais pas quelle est l'image de moi que se fait le monde, mais pour moi-même il semble que j'aie été comme un garçon qui joue sur la grève, m'amusant de trouver de temps à autre un galet plus lisse ou un coquillage plus joli que le reste, tandis que le grand océan de vérité reste insondé devant moi. »

Toute science est sans doute recherche de Dieu, mais, dès que l'intelligence se laisse à Le concevoir comme un objet scientifiquement connaissable, elle se voue à l'agitation vaine, au bavardage et à la folie. C'est peut-être là le sens de l'apologue de la tour de Babel. Contrairement à un préjugé extrêmement répandu, peut-être le plus répandu de tous, toute activité mentale et à plus forte raison tout langage sont logiques et rationnels, y compris quand on les qualifie d'irrationnels : la rationalité n'est qu'un niveau d'intégration de causes et d'effets de plus en plus nombreux. L'enfant qui croit au Père Noël n'est pas *irrationnel,* il est d'un niveau de rationalité inférieur à celui de l'adulte, qui sait d'expérience que le Père Noël n'existe pas. Comme nous ne pouvons appréhender Dieu qu'à l'aide d'une activité mentale inéluctablement logique et d'un langage qui l'est tout autant, nous débouchons sur le délire.

Il est déjà remarquable que nous puissions dénoncer les délires d'antan. Et de savoir qu'une des toutes premières formes de vie sur la Terre fut une sorte de bactérie, *Methanococcus jannaschii,* capable de vivre à des températures de plus de 100 °C et sous des pressions de l'ordre de 1 000 atmosphères, c'est-à-dire dans des conditions voisines de celles qui régnaient sur la Terre il y a trois milliards et demi d'années. Découverte dans l'Atlantique en 1982, par quelque trois mille mètres de fond au large du Mexique, elle démontre une fois de plus que la vie apparut donc très tôt sur la Terre et sous des formes jusqu'ici inconnues[46]. C'était elle, Adam, cette sorte de boule noirâtre telle qu'elle apparaît au microscope. Le reste est mythe, c'est-à-dire fabrication logique.

Bibliographie critique

1. L'image d'Épinal d'un Galilée génie martyr cruellement persécuté par l'Inquisition pour ses idées sur l'héliocentrisme doit être reléguée au catalogue des fables de l'Histoire. L'affaire était infiniment plus complexe que ne l'ont prétendu des partisans tardifs de l'Église ou de Galilée, mais elle reste assez claire pour être résumée. Déjà dans les années 1530, le pape Clément VII avait témoigné de l'intérêt pour un résumé des idées héliocentriques de Copernic, et l'ordre avait donc été donné de faire imprimer les livres où ce dernier exposait sa théorie en détail. Les principaux ennemis de celle-ci furent Luther, dont on avance qu'il traita Copernic de fou, et Calvin, qui s'insurgea contre ceux qui, animés d'esprit de contradiction, prétendent par « esprit de malice » contester l'ordre des choses. Contrairement à ce qu'on pourrait penser, Luther et Calvin en tenaient pour une lecture littérale des Écritures, Ancien et Nouveau Testament, alors que Rome autorisait une interprétation plus libérale (mais évidemment pas hétérodoxe).

Un siècle plus tard, toutefois, la situation s'envenima en raison de plusieurs facteurs. Le plus important de ceux-ci fut l'hostilité des professeurs des universités italiennes, qui étaient aristotéliciens, donc partisans du géocentrisme du philosophe et naturaliste grec. Ces professeurs répandirent les premiers les soupçons contre Galilée en arguant qu'il soutenait la thèse de Copernic, contraire aux Écritures ; ils mobilisèrent donc contre lui les prêcheurs dominicains, qui tonnèrent contre « la nouvelle impiété des mathématiciens » et dénoncèrent secrètement les « théories blasphématoires » de Galilée à l'Inquisition. Disons au passage que Galilée, qui avait la langue bien pendue, ne les avait pas ménagés : il pratiquait l'injure avec dextérité : *pezzo d'asinaccio* (morceau d'âne), *villan poltrone* (bouseux couard), *sfacciato* (dénaturé), etc. En 1616, désireux d'éviter un scandale, le cardinal Bellarmin, grand théologien de l'Église, interdit formellement à Galilée d'enseigner *publiquement* la théorie copernicienne, dont les livres furent mis à l'Index la même année. Il faut préciser qu'un livre de Bellarmin lui-même avait été mis à l'Index pour n'avoir pas suffisamment affirmé l'autorité du pape. La mise à l'Index n'empêchait pas de vivre, comme on voit. Plusieurs de ces précisions sont tirées de l'excellente étude de Philippe Decourt, « La véritable histoire du procès de Galilée », série « La science et la religion », *Archives internationales Claude Bernard*, hiver 1974-1975, n° 8.

Néanmoins, en 1620, le pape Paul V autorisa Galilée à enseigner la théorie copernicienne, mais *à titre exclusif d'hypothèse*. Son successeur, Urbain VIII, ne rapporta pas le décret de Paul V, témoigna à Galilée une grande amitié et lui accorda six audiences privées, le recommandant même au grand-duc de Toscane dans les termes « Notre cher fils Galilée... » ; mais il insistait encore une fois pour que le savant s'en tînt strictement au domaine scientifique et évitât les excursions théologiques.

Ce fut justement ce que ne fit pas Galilée, qui se mêla mordicus de vouloir démontrer que l'héliocentrisme correspondait avec les Écritures. Dans l'histoire de Josué, par exemple, il prétendit, à la consternation de ses amis, que le héros juif avait arrêté tout le système solaire pendant trois heures, afin de ne pas déranger les astres dans leurs positions respectives ! Ajoutons que le système héliocentrique galiléen est inexact, puisqu'il attribue aux planètes un mouvement circulaire, alors que l'on sait depuis Kepler qu'il est elliptique.

Il est également possible que Galilée ait été piqué par l'obtuse obstination du cardinal Bellarmin : « Affirmer que le Soleil est réellement situé au centre du monde [...] et que la Terre tourne autour du Soleil avec une très grande vitesse, cela est une chose très dangereuse non seulement parce qu'elle irrite tous les philosophes et tous les théologiens scolastiques, mais aussi parce qu'elle nuit à la Sainte Foi en rendant faux le contenu des Écritures. » Si Galilée a été maladroit, l'hostilité forcenée des institutions religieuses de l'époque à la liberté scientifique n'en reste pas moins un fait indiscutable.

Caustique autant que finaud (« il avançait dans un brouillard d'équivoques », dit de lui son défenseur Santillana), Galilée se fût peut-être tiré de sa comparution devant le tribunal de l'Inquisition s'il avait été un peu plus honnête et loyal. Sa loyauté n'avait déjà pas resplendi dans son *Dialogue*, où il ridiculisait son propre protecteur, Urbain VIII, qui se reconnut avec un vif déplaisir dans le personnage simplet de Simplicio. Qui plus est, Urbain VIII, qui avait oublié d'être sot, attribuait les marées à l'attraction lunaire, ce que Galilée qualifia d'« ineptie » (il les attribuait au mouvement de la Terre). Son honnêteté fut infirmée par son comportement devant ses juges, en février 1633, quand il se dédit formellement et par trois fois d'avoir défendu la théorie de Copernic, alors que l'évidence démontrait abondamment le contraire. Tant de duplicité ne plaidait certes pas en sa faveur ; elle scandalisa même et Galilée fut condamné à la prison. Bon prince, le pape commua la peine en assignation à résidence ; c'était une peine de principe et surtout symbolique, car Galilée recommença à circuler peu après. Il mourut huit ans plus tard, isolé de la plupart de ses amis. Ph. Decourt, *op. cit.* ; Alexandre Koyré, *Études galiléennes*, Hermann, 1966.

2. Il n'existe pas de document démontrant formellement que Galilée fut condamné à cause de l'atomisme, mais un lien déductif : Galilée était atomiste ; les jésuites étaient farouchement antiatomistes ; ils comptèrent parmi les instigateurs les plus actifs du procès de Galilée. L'atomisme de Galilée est attesté par trois textes au moins : son utilisation en 1604 d'une méthode dite des indivisibles pour une représentation géométrique des degrés de vitesse, la mention des atomes dans son ouvrage *L'Essayeur (Il Saggiatore)* en 1623, et un passage du *Dialogue* de 1632 cité ci-dessus dans lequel il fait une démonstration de cette méthode. Or, cette méthode postulait qu'il est possible de diviser toute grandeur par des entités indivisibles ; c'était certes de l'atomisme mathématique et non de l'atomisme physique, mais pour les jésuites un pas était vite franchi entre l'un et l'autre, surtout si l'on passait de la géométrie plane à la géométrie des volumes. Or, ils étaient résolument opposés à l'atomisme physique parce qu'il rendait impossible l'explication de la transsubstantiation de l'hostie.

En 1632, le Collegio Romano, institution fondée en 1551 par Ignace de Loyola (et qui devint plus tard l'Université grégorienne), rappela à un enseignant qui posait une question sur l'atomisme qu'il était interdit d'utiliser une telle notion, aussi bien mathématique que physique, dans les écoles de la Compagnie de Jésus. Les preuves de l'opposition active des jésuites à l'idée que la matière était constituée d'atomes sont nombreuses et se multiplièrent après la publication en 1635 des sept livres de la *Geometria* du mathématicien Bonaventura Cavalieri. Le P. Sforza-Pallavicino, qui avait enseigné que « la quantité se compose de simples points », fut obligé de se rétracter sur décision du père général des jésuites, Vincenzo Caraffa, en 1649. L'interdiction tacite de l'atomisme dura jusqu'au XVIIIᵉ siècle. Ce ne fut qu'en 1757 qu'un décret de la Congrégation de l'Index leva l'interdiction de publier des ouvrages sur la théorie copernicienne.

Enfin, Galilée s'était « accroché » dans des discussions scientifiques avec deux jésuites éminents, les PP. Christopher Scheiner et Orazio Grassi. Pour l'historien italien Pietro Redondi, qui se base sur une dénonciation de Galilée trouvée dans les archives romaines de la Congrégation pour la doctrine de la foi, ce serait probablement le P. Grassi qui mena l'offensive contre Galilée. Pietro Redondi, *Galilée hérétique*, Gallimard, 1985 ; Egidio Festa, « La querelle de l'atomisme, Galilée, Cavalieri et les jésuites », *in La Recherche*, n° 224, septembre 1990 ; A. Koyré, *op. cit.*

3. J.A.L. Singh et R.M. Zingg, *L'Homme en friche — De l'enfant-loup à Kaspar Hauser*, Éditions Complexe, Bruxelles, 1980. Il est admis que, faute d'apprentissage du langage entre deux et cinq ans, le cerveau subit des dommages irréparables dans son développement.

4. Jean-Jacques Hublin, directeur de recherches au CNRS, dans une interview au *Figaro*, 26 juin 1996 (Anne-Marie Romero, « L'homme de Cro-Magnon n'avait pas l'oreille du neandertalien »). L'homme de Néanderthal n'avait pas le même système phonatoire que celui de Cro-Magnon. En témoigne un vestige rare découvert en 1989, au mont Carmel, en Israël : un os hyoïde, celui qui est situé entre la racine de la langue, qui repose sur lui, et le larynx. Cet os est « chez nous » relié au larynx par douze muscles répartis en deux groupes, qui modifient sa structure et donc l'émission des sons. Encore à l'étude, ce vestige semble confirmer une étude du paléontologue P. Liebmann sur un crâne de La Chapelle-aux-Saints selon laquelle l'homme de Néanderthal ne pouvait donc pas prononcer les mêmes sons et notamment les voyelles *i, u* et *a*.

5. Jean-Jacques Hublin et Yves Coppens, *id.*

6. Le premier récit sumérien du Déluge remonte aux environs de 2000 avant notre ère. Mais des dépôts de limon et de sable, témoins d'inondations diluviennes, retrouvés à Kish et Ur en Mésopotamie, indiquent des inondations remontant respectivement à deux mille huit cents et trois mille cinq cents ans environ. À Ninive, on a retrouvé treize couches de dépôts, indiquant autant de « déluges ». « Flood in Religion and Myth », *Encyclopaedia Britannica*.

7. Cardinal Jean-Marie Lustiger, *Dieu merci, les droits de l'homme*, Critérion, 1990. On pourrait dire de façon symétrique que la Sainte Russie tsariste engendra les pogroms et les goulags !

8. Cité par Jean-Jacques Szczeciniarz, « La révolution copernicienne », *L'Aventure humaine*, revue trimestrielle, n° 5 sur « La raison », avril 1996.

9. « Intelligence animale : les nouvelles preuves », par l'auteur, dossier de *Science & Vie*, n° 919, avril 1994. Les travaux les plus récents des éthologistes montrent que l'animal est capable d'organiser des actions complexes, de former des images mentales, d'élaborer une stratégie psychologique et de maîtriser les techniques, et enfin qu'il a le sens de l'individualité. Il possède des rudiments de langage. Ainsi d'Alex, perroquet du Gabon, animal d'étude de l'éthologiste Irène Pepperberg ; laissé par sa maîtresse chez le vétérinaire pour une intervention chirurgicale, il s'écria : « Viens ici. Je t'aime. Je regrette. Je veux rentrer », utilisant donc dans l'ordre logique quatre phrases qu'il avait déjà entendues, mais dont il semblait avoir assez bien perçu le sens. Contrairement à l'assertion de Descartes, il a une affectivité et, contrairement à celle d'Henri Bergson, il peut rire : l'éthologiste Hans Kummer a vu rire des singes hamadryas qui s'esbaudissaient des mésaventures d'un congénère (*Vies de singes*, Odile Jacob, 1992).

10. *The Born-Einstein Letters*, p. 117, Macmillan, Londres et Basingstoke, 1971.

11. Cité par Loup Verlet, *La Malle de Newton*, Gallimard, 1993. Il faut signaler que

Newton fut, comme Galilée et Descartes, en butte aux attaques des jésuites, parce qu'il était, lui aussi, atomiste.

12. Newton faillit même entrer dans les ordres, pour continuer à bénéficier de son appartenance au Trinity College d'Oxford, mais cela lui eût imposé de prêter serment aux trente-neuf articles de l'Église anglicane, ce qu'il ne pouvait se résoudre à faire. John Hedley Brooke, *Science and Religion — Some Historical Perspective*, Cambridge University Press, Cambridge, 1991.

13. Certains historiens (Michael White, par exemple, dans *The Last Sorcerer*, Weidenfeld & Nicolson, Londres, 1993) attribuent toutefois cette dépression au fait que son collaborateur et alter ego, le Suisse Fatio de Duillier, l'avait quitté. S'il est peu probable que Newton ait entretenu des relations spécifiquement sexuelles avec ce dernier, il est certain que son attachement exceptionnel pour le jeune Duillier, le seul qu'on lui ait connu, comportait une forte coloration homosexuelle. Newton ne se maria jamais et quand ses collègues de la Royal Academy, soucieux de son vieil âge, vinrent lui proposer d'épouser une dame veuve et possédant du bien, il entra dans une violente colère et les mit à la porte.

14. M. White, *op. cit.*

15. Richard Westfall, *Never at Rest : A Biography of Isaac Newton*, Cambridge University Press, Cambridge, 1980.

16. *Id.* La traduction est de Marie-Anne Lescourret, dans l'édition française (Flammarion, 1994). J'y ai simplement remplacé le mot « Baptisme » par « Baptême ». Je me suis référé à l'original : on ne pouvait mieux faire.

17. Selon Piyo Rattansi, professeur d'histoire et de philosophie à l'University College de Londres, « Newton and the wisdom of the ancients », *in Let Newton Be ! — A new perspective on his life and works*, sous la direction de John Fauvel, Raymond Flood, Michael Shortland et Robin Wilson, Oxford University Press, Oxford, 1988.

18. John H. Brooke, « The God of Isaac Newton », *in Let Newton Be !, op. cit.*

19. J.H. Brooke, *Science and Religion, op. cit.*

20. L'idée de l'évolution des espèces n'était certes pas neuve à l'époque où Darwin la formula : Lamarck et Cuvier, pour ne citer que ceux-là, l'avaient déjà avancée, sans pouvoir l'imposer, faute de données paléontologiques suffisantes et, aussi, de cohérence. Lamarck avait postulé que les espèces se transformaient par transmission des caractères acquis, Cuvier qu'elles se succédaient les unes aux autres à la faveur de catastrophes, deux explications désormais caduques (sauf, en ce qui concerne l'hérédité des caractères acquis, pour les bactéries et virus). Ni l'une ni l'autre théorie n'offraient ni preuves ni schéma plausible pour l'évolution de l'être humain, encore moins à partir du singe. Elles ne connurent donc pas le retentissement extraordinaire des écrits de Darwin.

21. Il est notoire qu'en un siècle et quart environ un nombre considérable de découvertes paléontologiques et biologiques ont enrichi et modifié le darwinisme, qui est devenu le néo-darwinisme. Darwin n'avait à sa disposition ni les fossiles africains, qui ont permis de reconstituer plus précisément l'émergence de la lignée humaine, ni les données de la biologie moléculaire, qui ont permis d'établir des modèles génétiques pour les mutations aussi bien que des relations interspécifiques. L'intuition de Darwin reste néanmoins à peu près exacte : l'homme et le singe descendent *tous deux* de la même lignée : leurs capitaux génétiques respectifs ne diffèrent que de 3 %. L'homme n'est donc pas le descendant du singe, mais son « cousin ». L'origine des formations d'espèces nouvelles, sur lesquelles Darwin ne pouvait avoir que des idées générales, fut longtemps expliquée par des « sauts », comme le soutinrent jadis Hugo De Vries, puis Richard Goldschmidt. Mais des cytogénéticiens comme Jean de Grouchy ont établi que ces transitions ne peuvent se faire que par le biais d'un individu isolé porteur d'un remaniement chromosomique viable, et qu'elles sont lentes. Les tendances spiritualistes ont tenté (et tentent encore) d'investir le darwinisme en postulant que l'évolution serait programmée ; ce

fut, entre autres, la théorie de Teilhard de Chardin. « L'admettre, c'est retomber dans le créationnisme, ou tout au moins remplacer Dieu par le "programme des programmes". Ce n'est pas résoudre le problème, mais le reculer » (Jacques Ruffié, *Traité du vivant*, Fayard, 1982). En réalité, ou bien l'évolution s'adapte au milieu (mais elle peut dans une certaine mesure le modifier), ou bien l'espèce disparaît ; à cet égard, les conclusions de Darwin restent actuelles.

22. Le mythe du Déluge et de l'Arché de Noé avait suscité depuis saint Augustin une littérature aussi abondante que fantaisiste. Augustin d'Hippone, confronté au problème logistique effroyable de l'encombrement, posé par l'embarquement de couples de toutes les espèces vivantes sur la fameuse nef de Noé, avait déclaré, en effet, qu'il n'y avait pas besoin d'embarquer les poissons, pour commencer. Grave erreur, car si l'eau du Déluge était salée, les poissons d'eau douce n'auraient pas pu y survivre, et si elle avait été douce, c'étaient les poissons d'eau salée qui ne l'auraient pas pu. Pierre Thuillier a consacré un chapitre aussi divertissant que riche d'informations à ce sujet dans *Le Petit Savant illustré*, Seuil, 1980.

23. P. Thuillier, *Le Petit Savant illustré*, *op. cit.*

24. *La Force du psychisme*, Time-Life, Amsterdam, 1989. Cet aspect de la recherche de Dieu est analysé dans le chapitre 12 du présent ouvrage.

25. E.T. Bell, *Les Grands Mathématiciens*, Payot, 1950.

26. P. Thuillier, « Dieu, Cantor et l'infini », *in Le Petit Savant illustré*, *op. cit.*

27. *Mort, voici ta défaite*, Albin Michel, 1979.

28. P. Thuillier, *Les Savoirs ventriloques*, Seuil, 1983.

29. Cité par Dominique Leglu, « L'homme entre Dieu et Big Bang », *Libération*, 4 juin 1996.

30. Il s'agit d'Hubert Reeves. Cet excellent astrophysicien n'osa sans doute pas reprendre à son compte la formule, à la vérité un peu éculée, des créationnistes : croire que l'homme est né du hasard équivaut à croire qu'un ouragan traversant un atelier de pièces détachées laissera à sa sortie un Boeing 747. On veut espérer en tout cas qu'un ouragan divin aurait mieux à faire que de créer un Boeing 747, similaire inattendu de l'homme...

31. *L'Horloger aveugle*, Robert Laffont, 1989.

32. *La Mélodie secrète*, Fayard, 1989. Il est vrai que l'auteur « annonce la couleur » en précisant qu'il préfère, « comme Pascal, parier sur l'existence d'un Être suprême ».

33. Friedrich Wilhelm Joseph von Schelling, *Recherches sur la liberté humaine*, *in Œuvres métaphysiques*, Gallimard, 1980. Citant cette phrase lors d'un séminaire sur Schelling en 1925, Heidegger ajoute à l'intention de son auditoire : « Messieurs, pouvez-vous m'indiquer une seule phrase d'une telle profondeur chez Hegel ? » (Hans-Georg Gadamer, « Heidegger et l'histoire de la philosophie », *in* « Heidegger », *Cahier de l'Herne*, 1983).

34. Certains d'entre eux expriment d'ailleurs clairement leur impatience ; ainsi d'Evry Schatzman, considéré comme le fondateur de l'astrophysique française, qui déclarait dans une interview sur le sujet : « Les mystiques me cassent les pieds. » Interrogé sur le Big Bang, il précisait : « On ne sait pas s'il y a eu un Big Bang » (*Le Nouvel Observateur*, 16-22 mars 1989).

35. Seuil, 1970.

36. Ce rapprochement est analysé par Pascal Nouvel, « La raison et le vivant », *in L'Aventure humaine*, revue trimestrielle, n° 5 sur « La raison », avril 1996.

37. *In Le Jeu des possibles*, Fayard, 1981.

38. *Le Sourire du flamant rose*, Seuil, 1991.

39. « *Raffiniert ist der Herrgott, aber boshaft ist er nicht.* »

40. Phil Cohen, « Let there be life », *New Scientist*, 6 juillet 1996. Les deux chercheurs sont Tom Cech et Sydney Altman. Il faut ajouter ceci : pour être opératoire, l'ARN avait besoin de quatre acides nucléiques de base, l'adénine, la cytosine, la guanine et l'uracil. Dans les années cinquante, le biologiste Stanley Miller, de l'uni-

versité de Chicago, réalisa une expérience célèbre : il bombarda de décharges électriques un tube contenant de l'ammoniac, de l'hydrogène, de la vapeur d'eau et du méthane, quatre éléments qui existaient en abondance sur la Terre il y a quatre milliards d'années ; il obtint d'abondantes quantités d'adénine et de guanine, ainsi que des traces d'autres substances, mais non de cytosine ni d'uracil, ce qui laissa ses collègues sceptiques. En 1995, Miller, qui ne se tenait pas pour battu, et son assistant Michael Robertson ajoutèrent les traces de deux éléments obtenus dans la première expérience, l'urée et le cyanoacétaldéhyde, mais cette fois-ci en grandes quantités. Ils obtinrent en grandes quantités les deux bases qui avaient fait défaut lors de la première expérience, la cytosine et l'uracil, donc. C'était la démonstration de la possibilité de créer la vie à partir de composants inertes. Il s'agit là probablement de la plus importante démonstration de biologie depuis la parution de l'*Origine des espèces* de Darwin, mais assez curieusement la presse française ne s'en est même pas fait l'écho. Sans doute les dieux olympiques captaient-ils son attention...

41. *Et si l'homme était seul dans l'univers ?*..., Grasset, 1994.

42. L'Anglais Mitchell et le Français Laplace en avaient d'ailleurs imaginé l'existence au XVIIIᵉ siècle.

43. La vraisemblance de cette hypothèse dépend de la masse manquante de l'univers car, selon les calculs théoriques, il manquerait dans l'univers une fraction importante de cette masse (dans le cadre de l'hypothèse du Big Bang), ainsi que de la masse du neutrino, particule qui aurait été produite en masse à la naissance de l'univers. Si cette masse est nulle ou très faible, cela « changerait complètement nos conceptions sur son histoire [celle de l'univers] : l'expansion s'arrêterait pour laisser place à un crunch », M. Felden, *op. cit.*

44. Cette démonstration, ici résumée, est empruntée à l'ouvrage de Marceau Felden, *op. cit.* Elle doit être nuancée par le fait que l'impossibilité de concilier la relativité générale et la mécanique quantique tient à l'impossibilité d'expliquer le Big Bang sans le paramètre de l'inflation énergétique dans un temps très bref. Cette hypothèse de l'inflation n'est malheureusement pas démontrable, car elle se fonde sur un concept invérifiable, celui du « vide quantique »...

45. Sir Karl Popper, *L'Univers irrésolu*, Hermann, 1984.

46. *Methanococcus jannaschii* appartient à un groupe de micro-organismes très anciens, les archéobactéries, dont la première fut trouvée en 1977, et qui ne font partie d'aucun des deux groupes déjà connus, les prokaryotes, qui n'ont pas de noyau cellulaire, et les eukaryotes, qui en ont comme les cellules qui composent les organismes pluricellulaires, dont les bactéries et les plantes. Cette bactérie produit du méthane, ce qui peut jeter une lumière sur les conditions de vie primitives. Le génome de *M. jannaschii* a été déchiffré en 1996 et, à la surprise des généticiens, 56 % de ses gènes ne ressemblent à rien de ce qu'on connaît chez les animaux et les végétaux. Ce qui, selon les termes de Douglas W. Smith, biologiste moléculaire, démontre combien peu nous en savons sur la vie. Virginia Morell, « Life's Last Domain », *Science*, vol. 273, 23 août 1996 ; « Complete Genome Sequence of the Methanogenic Archeon, *Methanococcus jannaschii* », *id.*

11

La petite monnaie du sentiment divin

Culte des saints, rites populaires et superstitions — Multiplication des interprétations de la divinité, Églises mineures et sectes — Dangers des sectes et difficultés d'y mettre fin — Sur le paradoxe posé par les sectes de mettre en contradiction Dieu et l'éthique — Sur le besoin populaire de réponses personnelles — Mystifications et énigmes du spiritisme — Sur le caractère *insignifiant* des phénomènes spirites — Sur les théories récentes du psychisme — Les phénomènes physiques du mysticisme, leurs rapports avec l'autohypnose et leurs interprétations erronées.

Lors d'un séjour à Rome, voilà quelque trente ans, j'assistai à une querelle assez surprenante, puisque c'était celle que faisait un être humain à un personnage céleste. Dans la chapelle de Sainte-Rita-di-Caccia, patronne des causes désespérées, qui se trouve dans l'église de Notre-Dame-de-la-Miséricorde (della Mercede), via della Mercede, une femme âgée invectivait de la parole et du geste la statue de la sainte. Je m'arrêtai pour tenter de saisir l'objet du litige. Je finis par comprendre que l'accusatrice avait promis et donné de l'argent au tronc de la sainte dans le cas où elle dissuaderait sa fille d'épouser un certain individu. D'après le discours, le parti était peu recommandable, « un' mascalzone ». Or, le mariage avait quand même eu lieu.

La dévote frustrée parlait à haute voix et, la porte de l'église étant grande ouverte sur la rue, quelques passants prêtèrent attention à l'algarade, certains entrèrent et témoignèrent de l'amusement, d'autres de l'intérêt. Une femme se tourna vers moi et me dit : « Elle a raison. Que fera-t-on si les saints ne nous écoutent pas ? » Je lui objectai que le beau-fils de la plaignante avait peut-être fait appel, lui aussi, à l'intercession de sainte Rita, hypothèse qui parut contrariante à mon interlocutrice.

La religion catholique est ainsi pleine de pratiques mineures qu'on s'attendrait plus à trouver dans la brousse africaine ou amazonienne que dans des villes où l'on débat encore de la consubstantialité de Jésus avec Dieu. Mais l'intransigeance dogmatique de Rome semble s'accommoder assez bien de pratiques qu'elle eût en d'autres temps qualifiées de « païennes ». On ne compte pas les cultes secondaires du christianisme. Que d'automobiles sur le tableau de bord desquelles est vissée une médaille de saint Christophe (alors qu'on n'y transporte pourtant pas l'Enfant Jésus), que de foyers où l'on trouve une statue de saint Antoine de Padoue (pas celui du Désert, car le problème n'est pas de sa compétence) qui aide à retrouver les objets perdus ! Un coup d'œil sur l'annuaire des saints patrons[1] apprend que saint Georges (qui paraît-il n'exista pas) protège contre les maladies dartreuses et saint Gilles contre les frayeurs nocturnes. Tous les métiers ont leurs saints patrons : les alpinistes ont saint Bernard de Menthon et les vinaigriers saint Vincent.

Les églises des ports exposent des ex-voto en forme de bateau, celles de l'intérieur, en forme de jambe, de pied ou d'autres parties anatomiques modelées en cire, en terre cuite, en argent sur fond de velours, touchants témoignages de reconnaissance à une madone ou à un saint qui a sauvé le donateur d'un naufrage, d'une fracture ou d'une goutte. On peut déplorer, d'ailleurs, que les églises modernes répugnent à ces déploiements d'objets naïfs : ou bien la foi s'est affadie, ou bien les curés sont devenus austères.

On peut s'en gausser peut-être. L'Église est partagée au sujet de ces pratiques, certains de ses membres flairant là un relent de magie, d'autres y voyant au contraire un geste de foi qui rappelle les foules se pressant autour du Christ. Chacun assure que les invocations aux saints leur sont adressées en tant qu'intercesseurs, car c'est Dieu seul qui exauce les prières. Non sans quelque sagesse, les Églises catholique et orthodoxe tolèrent cependant ces latries, pour deux raisons qu'elles n'affichent évidemment pas. La première est que celles-ci souvent renforcent l'enracinement des Églises dans des traditions antérieures au christianisme. Par exemple, et bien que patron officiel du Royaume-Uni, saint Georges n'est en réalité qu'une « transmogrification » du héros parfaitement païen Persée ; Georges aurait délivré une vierge des griffes d'un dragon, justement ce qu'avait fait Persée pour Andromède[2]. Il est vrai qu'il y a beaucoup de dragons dans le monde et qu'ils sont friands de vierges. Mais c'était un guerrier populaire et l'on ne perdait certes rien à l'inclure dans le calendrier.

La seconde raison est humaine. La tolérance ecclésiale semble inspirée par la sagesse : l'absolu a besoin de petite monnaie. Toutes les religions en ont émis et pourtant, contrairement à ce qu'on penserait, les religions ni les philosophies antiques n'étaient guère favorables à leur circulation ; les superstitions constituaient, en effet, un recours direct aux puissances surnaturelles, donc une infraction aux lois de la Cité, lesquelles prescrivaient que les invocations aux dieux devaient être collectives. C'est de là que procède le mot « superstition », *superstare*, c'est-à-dire « se tenir au-dessus ». Le superstitieux, en effet, passait outre au lien social qu'était la religion pour traiter ses affaires privées avec les puissances célestes ou infernales. L'être humain a toujours considéré que son moi est assez précieux pour mériter l'attention suprême.

Relevons incidemment le caractère politique de la notion officielle antique de religion : selon celle-ci, les dieux n'écoutaient que les collectivités, ce qui est une interprétation intéressante du caractère des divinités. Voilà pourquoi Platon, personnage décidément austère et peu porté à l'indulgence, condamne magie, superstition et tutti quanti dans de nombreux textes[3]. Mais on en tire un enseignement précieux pour ce qui va suivre : la superstition est un système particulier et minoritaire d'interprétation du monde, donc des rapports à la divinité ou aux puissances surnaturelles. Son statut social dépend du nombre des adhérents : traités d'athées et de superstitieux par les Romains, les chrétiens traitèrent à leur tour d'athées et de superstitieux les peuples qui pratiquaient d'autres religions.

Licites ou pas, les superstitions allaient bon train et sorciers, magiciens, devins, prêtres pressés de boucler leurs fins de mois fabriquaient des oracles, concoctaient des philtres, récitaient des formules kabbalistiques, invoquaient des divinités infernales de toutes les religions et même des divinités inexistantes, faisaient des sacrifices particuliers pour satisfaire à des vœux plus ou moins clandestins : séduire un amant rebelle, gagner aux courses, conjurer le mauvais sort, ensorceler un quidam et autres carabistouilles.

> « Salut à toi, Raharakhtès, père des dieux ! Salut à vous, les Sept Hathors parées de rubans rouges ! Salut à vous, divinités maîtresses du ciel et de la terre ! Faites qu'une telle, fille d'une telle, me recherche, comme un bœuf recherche son fourrage, comme une servante recherche ses enfants, comme un berger recherche son troupeau ! Si vous ne faites pas qu'elle me recherche ainsi, je mettrai le feu à Bousiris et la consumerai[4] ! »

Telle est, à titre d'exemple, une formule rédigée par un sorcier égyptien. Elle est, relevons-le, insolente, parce qu'elle menace les dieux de vengeance s'ils n'obtempèrent pas. Les Égyptiens supposent alors que la divinité épouvantée va s'exécuter sur-le-champ par peur des sévices que lui infligera le mortel quémandeur.

Tout cela était évidemment de la belle et bonne charlatanerie. Quand un prêtre mendiant des siècles antérieurs au christianisme frappait à la porte d'une demeure d'Athènes, de Corinthe, de Rome ou d'Alexandrie et annonçait qu'il était capable par ses pratiques de faire pardonner la faute d'un ancêtre, il est douteux que beaucoup de clients prêtaient foi soit à la réalité de la faute ancestrale, soit aux pouvoirs rédempteurs du gyrovague ; Égyptiens, Grecs ou Phéniciens n'étaient guère plus sots que nous ; mais l'on voyait qu'il avait faim, que c'était son gagne-pain, et on lui donnait donc la pièce parce qu'il offrait après tout un spectacle intéressant. Et puis on ne savait jamais ce qu'on allait voir. L'ancêtre impie ou prévaricateur pouvait peut-être apparaître dans les fumées de la jusquiame, de l'asclépiade ou du pétunia[5] que le prêtre faisait brûler en marmonnant ses incantations.

Des chamans de Sibérie aux sorciers d'Afrique, des rebouteux d'Europe aux *medicine-men* d'Amérique du Nord, ces pratiques sont immémoriales. Elles constituent le tuf des religions d'avant l'écriture, donc dites « primitives », qui constituent à leur tour le socle des religions de l'écriture. Elles ont servi et servent encore de consolation à des dizaines de millions de gens dans le monde. Le Dieu des monothéismes est pour beaucoup de gens abstrait ; il convient de ne L'invoquer que pour des motifs dignes de Lui et, contrairement au dicton, mieux vaut parfois s'adresser à des divinités mineures pour des questions mineures, secrètes, voire honteuses. Le christianisme, qui a occupé les territoires de l'Empire romain et qui a donc dû absorber de très nombreuses cultures, plus celles que lui ont values plus tard les empires coloniaux et les missions, comporte ainsi beaucoup plus de superstitions licites que le judaïsme et l'islam ; ces deux derniers monothéismes se sont, en effet, insurgés avec violence contre les idolâtries. Le premier n'a jamais eu d'empire, le second n'a occupé le sien qu'un temps relativement court[6]. Le christianisme, lui, a toléré des mythes anciens qu'il a incorporés en les frappant de son label : la date de naissance de Mithra est ainsi devenue celle de Jésus et le jeune arbre que plantaient les mithraïstes pour célébrer le renouveau de la lumière après le solstice d'hiver est devenu le sapin de Noël, etc.

Mais il est d'autres petites monnaies du Divin. Par exemple, les sectes.

L'adoption du Diable par le christianisme[7] devait considérablement étendre le délire logique et les catégories de superstitions chez les inquisiteurs autant que chez les fidèles. Par-dessus le marché commença le long catalogue des sectes et des hérésies, depuis les adamiens du Moyen Âge, qui vivaient nus avec leurs femmes, jusqu'aux tessaradescadites de la même époque, qui ne voulaient célébrer Pâques qu'à la quatorzième lune écoulée depuis la précédente. Depuis les tnétopsychiques des débuts de l'Église, qui soutenaient la mortalité de l'âme, jusqu'au shakers du XVIIIe siècle, qui rejetaient la divinité de Jésus et qui, lorsqu'ils étaient possédés par l'Esprit, se livraient à des danses jugées « bizarres » (mais en réalité très proches de la polka[8]). Depuis les borborites, gnostiques des débuts de l'Église qui affirmaient que Jésus n'était que le fils adoptif de Dieu et que Marie avait cessé d'être vierge dans l'enfantement (ce qui paraît une évidence), jusqu'aux Frères moraves du XVIIIe siècle, dits encore hernhuters ou zinzendorfiens, de Moravie comme leur nom l'indique, mais aussi de Vétéravie, de Hollande et d'Angleterre, qui gardaient dans toutes leurs communautés, de jour et de nuit sans interruption, une personne chargée de prier pour eux. On en a empli des volumes : on pourrait en emplir d'autres. C'est toujours la petite monnaie évoquée plus haut. La divinité étant une création de la logique, et celle-ci étant une production du mental, lequel est enfin le produit de la culture, chaque région produisait sa variété de croyances comme les régions viticoles fabriquent des vins différents.

Un coup d'œil cursif sur les Églises catholiques et orthodoxes orientales montre d'ailleurs qu'en dehors des sectes la foi en un Dieu unique a engendré une assez remarquable diversité de rites et d'autorités ecclésiastiques officiels : onze rites pour les Églises catholiques, vingt-six territoires et patriarcats pour les orthodoxes[9].

On peut situer aux environs du XVIIIe siècle l'affirmation d'un type de dissidence religieuse qui a produit depuis lors une étonnante variété de mouvements dont la définition est embarrassante : étaient-ce des schismes proprement dits, c'est-à-dire des communautés fondées sur de véritables différences doctrinaires avec une Église majeure, comme l'avaient été les arianistes ? Ou bien des sectes, c'est-à-dire des groupements de personnes suivant des meneurs plus ou moins charismatiques et habiles, qui cherchaient à se tailler une place dans la société (et accessoirement, à se procurer des fonds) ? La nuance paraîtra peut-être d'intérêt secondaire ; la suite démontrera qu'elle est essentielle.

Deux exemples peuvent éclairer le lecteur. Le premier est relativement récent. Dans les années vingt, Frank Buchman, un obscur pasteur d'Overbrook, près de Philadelphie, lança un mouvement de « purification des âmes » dont le succès stupéfia les Églises réformées et dont l'influence gagna même l'Europe : au milieu des années trente, C.J. Hambro, président du Parlement norvégien, déclara même que sa vie avait été changée par le buchmanisme, alors connu sous le nom d'« *Oxford Groupers* », et que la Norvège entière pourrait être changée à l'instar. Était-ce un schisme, ou bien une secte ? Son enseignement n'était certes pas schismatique, mais son indépendance à l'égard de l'Église réformée inclinait à le penser.

Deuxième exemple : au XVIIIe siècle, un groupe épars de Russes de la région de Kharkov, scandalisés par ce qu'ils jugeaient être la corruption de l'Église orthodoxe, y renoncèrent, s'opposèrent à l'ostension des icônes et exigèrent que les prêtres s'habillassent comme des hommes et non comme des femmes. Ils se donnèrent le nom de lutteurs de l'âme, *doukhobors*. Ils voulaient, comme les pères fondateurs américains d'ailleurs, fonder une communauté évangélique basée sur le travail et la vertu. Un Prussien inconnu vint les structurer, ils s'étendirent dans la région du Dniepr où ils créèrent des villages prospères et, là, ils entrèrent évidemment en conflit avec l'Église orthodoxe.

Les chefs envoyés par Dieu aux doukhobors se succédèrent : après le Prussien inconnu, ce fut un certain Sylvan Kolesnikof, puis Illarian Pobirokine, Savely Kapoustin, Vassili Kalmikof, son fils Illarion, Peter le fils d'Illarion... Il devait y en avoir onze au total jusqu'à l'époque actuelle, dont le plus charismatique fut Peter Vassilivitch Veriguine[10].

La police s'allia au clergé, comme il se devait, et la persécution commença. On arrêta leurs chefs, on les exila en Finlande et en Sibérie, on confisqua leurs terres. En 1899, les quakers anglais et américains, ainsi que le célèbre écrivain Léon Tolstoï, dont ils avaient appliqué les principes, vinrent à leur secours et payèrent leur passage au Canada. Ils se fixèrent dans la province de Colombie-Britannique.

L'installation des doukhobors au Canada ne mit certes pas fin à leurs tribulations. Ils se scindèrent en deux factions divergentes, la Communauté chrétienne de la fraternité universelle d'une part et les Enfants de la liberté de l'autre. Travailleurs acharnés, industrieux, d'un pacifisme absolu, d'une piété profonde, végétariens, ils plantèrent des dizaines de milliers d'arbres fruitiers, bâtirent des centaines de kilomètres de routes, des scieries, des briqueteries, des conserveries, des villages modèles... Dans les années trente, leur communauté disposait d'un capital social d'un million de dollars, alors considérable pour l'époque et pour des immigrants venus quasiment sans rien. Toutefois, leurs pratiques singulières leur valurent des conflits avec le Canada : ils n'envoyaient pas leurs enfants aux écoles publiques, ne payaient pas d'impôts, refusaient de déclarer les naissances, les mariages et les morts, et chaque fois que les autorités sévissaient contre les extrémistes de la communauté, les Enfants de la liberté, ceux-ci se mettaient tout nus (et souvent par les froids les plus rigoureux). Les prisons de Colombie-Britannique furent remplies de gens nus.

À la longue (et surtout après avoir commis l'erreur de menacer de rentrer en URSS, menace que le gouvernement canadien prit au mot), les doukhobors finirent par se plier aux mœurs des autres Canadiens et, en 1959, acceptèrent d'envoyer leurs enfants à l'école. À l'heure qu'il est, ils attendent toujours la venue d'un chef qui sera le douzième et leur vrai Christ. Schisme ? Secte ? Si l'on se replace dans l'optique du 1er siècle de notre ère, où le concept même de schisme était évidemment inconnu, les premiers chrétiens, avec leurs agapes vespérales, le partage du pain et du vin et leurs querelles infinies sur le prépuce, étaient des sectateurs. Depuis lors, ils sont devenus une Église et ce sont même eux qui accusent désormais les autres de sectarisme. Faudrait-il donc considérer, du point de vue pratique, qu'une secte qui a droit d'existence est celle qui a réussi au regard de l'histoire ? Assignera-t-on alors Dieu à l'épreuve de l'histoire ? Faudra-t-il imaginer un match gigantesque entre Dieu, Yahweh, Allah, Vishnou et Shiva et décider que celui qui, à la fin, aura gagné les élections sera le vainqueur et le vrai Dieu ?

Là ne s'arrête pas la fabrication de « petite monnaie ». L'exemple des doukhobors constitue un cas de figure et pose un problème ancien et un nouveau qu'aucun gouvernement ni aucun philosophe n'ont résolus : c'est celui du comportement souhaitable à l'égard des sectes. Le problème ancien est celui de la liberté de croyance. Les doukhobors, par exemple, étaient et restent des croyants convaincus ; pour quelle raison le clergé russe, soutenu par le tsar Nicolas Ier, les persécuta-t-il ? Parce qu'ils refusaient son autorité. Or, la décision du patriarche de Moscou constituait un aveu significatif : le prélat revendiquait le gouvernement des esprits et exerçait donc la fonction de police de Dieu. Or, celle-ci n'est pas plus tolérable en cette fin de XXe siècle que celle de l'Inquisition et encore moins des éliminatoires électorales évoquées plus haut.

La liberté de culte, qui est un des fondements de l'éthique républicaine, étant plus ou moins garantie de nos jours par les gouvernements démocratiques, un nouveau problème est apparu : celui de la manipulation des esprits par les sectes. Il existe, en effet, des méthodes assez efficaces d'imprégnation et de conditionnement psychologiques, dont certaines font même appel à l'hypnose ; ces méthodes peuvent priver de leur libre arbitre des esprits émotionnellement ou intellectuellement fragiles et les mener au désastre : dépression nerveuse, exploitation sexuelle, suicide. On en a vu dans les récentes décennies de nombreux et tragiques exemples, qui menaient à des suicides collectifs et à des bains de sang. Aux États-Unis, l'affaire de l'assaut armé mené par des institutions fédérales contre une secte, les Branch Davidians, a défrayé la chronique dans les années quatre-vingt-dix et elle continue de troubler les esprits américains à l'heure où j'écris ces pages[11]. En Allemagne, l'hostilité des autorités fédérales et d'une partie de l'opinion publique envers l'« Église de scientologie » a ouvert un dossier qui n'est pas clos. En France, l'affaire du Temple solaire, puis les accusations d'abus sexuels portées contre le chef d'une autre secte, celle du Mandarom, témoignent que le problème des sectes est aussi aigu de part et d'autre de l'Atlantique. Et au Japon, par exemple, l'affaire de la secte Aum et de l'utilisation de gaz sarin perpétrée dans le métro de Tokyo est dans toutes les mémoires.

Il en ressort que certaines sectes sont potentiellement dangereuses. Mais à partir de quel moment peut-on et doit-on considérer qu'une secte nuit au bien-être de ses adeptes et représente un risque pour la société ? Faut-il faire subir des examens psychologiques réguliers aux membres des sectes et procéder à des interrogatoires également réguliers de leurs familles ? Ou bien faut-il interdire toutes les sectes ? Et dans ce cas-là, est-il possible de donner une définition du terme de secte, et laquelle[12] ? On en a vu, en effet, qui se sont insurgées contre l'appellation de « sectes », revendiquant celle d'« Églises », c'est-à-dire réclamant un statut égal à celui des institutions anciennes que sont les Églises catholique, orthodoxe et réformée, ainsi que les communautés anciennes du judaïsme et de l'islam.

Or, la distinction entre les sectes tolérables et les autres aux fins d'interdire ces dernières est une entreprise qui serait vaine autant que ridicule et qui n'est d'ailleurs pas de la compétence républicaine. Au nom de quel principe irait-on préférer, par exemple, le Collège druidique de Bibracte à la Conscience de Krishna ou, encore, la « Faculté » de parapsychologie de Paris au Mouvement raëlien français ? Il faut, par ailleurs, souligner que le problème des sectes n'est pas une exclusivité européenne, ni même occidentale. Faudrait-il considérer la célèbre Soka Gakkai, la plus importante des « nouvelles religions » du Japon, comme une secte, une religion ou une association philosophique[13] ? Et l'Église de Jésus-Christ sur Terre, du Zaïrois Simon Kimbangu[14] ? Et le vaudou, le candomblé[15] ? Ces « Églises » regroupent des dizaines de millions d'adeptes et aucune autorité, encore moins aucune législation internationale n'en viendrait à bout.

Ensuite, la surveillance mentale des adeptes par les services de santé officiels, ceux des départements, des régions ou des Länder serait une fiction en raison des difficultés pratiques posées ; par ailleurs, elle équivaudrait à établir une police préventive des esprits, dont le principe même serait intolérable. Enfin, l'interdiction de toutes les sectes contreviendrait au principe de la liberté de pensée, qui est également l'un des fondements des démocraties républicaines. Ne reste que la guéguerre pragmatique, d'ailleurs pratiquée par la plupart des États, qui consiste à exercer une surveillance fiscale particulièrement vigilante sur ces organisations. Mais elle ne répond pas aux questions posées plus haut.

Il s'ensuit que la croyance même à Dieu ou à une divinité ou la poursuite d'objectifs mystiques peut mettre en péril l'éthique. Une secte bien implantée et décrétant du jour au lendemain qu'elle est persécutée et que la fin du monde est proche pourrait déclencher des centaines, voire des milliers de suicides, assortis ou non d'attentats. Les amateurs d'histoire se penchent avec un intérêt peut-être désincarné sur des épisodes de l'histoire ancienne, mais il n'est peut-être pas superflu de rappeler que le millier de zélotes retranchés dans la forteresse de Masada, dans le désert de Judée, préféra se donner la mort en l'an 66 plutôt que de se rendre aux assiégeants romains, et que le nom même de la secte qui commit un suicide collectif à Wacco en 1993, Branch Davidians, c'est-à-dire « de la Branche de David », est celui-là même que les « Esséniens » s'attribuaient...

La relative nouveauté du paradoxe qui veut qu'une certaine idée de Dieu soit toxique n'en atténue aucunement l'acuité. L'estimation des risques causés aux individus et à la communauté républicaine par les sectes est pour le moment empirique et dépend du flair des services de police. Mais on ne peut d'une part confier la sauvegarde de l'éthique républicaine à des services de police[16], ni d'autre part négliger les risques de suicides collectifs et d'attentats déclenchés par des délires mystiques comme ceux de la secte Aum, pour ne citer que celle-là. Force est donc de considérer que les concepts nouveaux de la divinité sont potentiellement contraires à l'éthique. Le paradoxe d'un conflit entre divinité et éthique est peut-être choquant, mais il est incontournable. C'est l'un des intérêts du dossier des sectes que de l'avoir mis en lumière.

Un autre intérêt est de révéler les difficultés d'adaptation au siècle des grandes Églises organisées. La prolifération des sectes dans les pays occidentaux démontre le désarroi croissant de populations à l'attente desquelles ne peuvent plus répondre des dogmes et des rites élaborés voici une quinzaine de siècles. La vitalité de religions syncrétiques telles que le candomblé démontre, elle, la peine de ces mêmes Églises à progresser réellement en dehors des frontières de l'Europe. On mesure mal le fait que beaucoup de conversions ou d'appartenances aux Églises catholique ou réformée sont formelles : tel fidèle qui se dit baptisé et chrétien participera en fait sans se poser même de problème à des rites vaudous. L'image de Dieu forgée en Occident s'exporte et s'implante mal dans des pays où les cultures indigènes restent puissantes et où, de surcroît, persiste un ressentiment plus ou moins structuré à l'égard de la religion de pays considérés comme riches et colonisateurs.

Le monde est-il donc figé et clos ? Tout est-il donc dit ? Faudra-t-il donc être prisonnier de l'histoire et s'en tenir aux Églises existantes ? Telles sont les questions que peut susciter le besoin de Dieu, un besoin qui n'accepte jamais de réponse prête, car celle-ci a été conçue par d'autres pour les autres, alors que le Moi exige une réponse qui lui soit intrinsèquement destinée.

Telle est la raison pour laquelle, outre la métaphysique, qui est une discipline exigeante et trop rigoureuse pour l'urgence du désir, un certain nombre de mouvements diffus ont recherché, parmi d'autres buts, à « prouver » la survivance de l'« âme », quel que soit le sens qu'ils assignent à ce mot.

Le plus connu de ces mouvements est le spiritisme. Celui-ci procède de croyances millénaires et d'un certain nombre de rites magiques pratiqués jusqu'à nos jours par les chamans (le nom est emprunté aux Toungouzes) de Sibérie, d'Asie centrale, des Amériques, d'Australie, les *ojuns* yakoutes, *bögä* mongols, *kams* turco-tatars, *mudangs* coréens... L'invocation des morts procède de l'axiome logique que, n'étant plus de ce monde, ils partagent le savoir divin et prodigueront les explications et conseils que demandent les vivants, surtout les descendants auxquels ils sont attachés. Mais on peut considérer que les pythies grecques, qui du haut de leurs trépieds proféraient les décisions des dieux invoqués, étaient, à leur manière, des médiums.

Qualifié d'illogique et d'irrationnel par bon nombre de critiques, le spiritisme paraît être au contraire motivé par un excès de logique :

il émane, en effet, d'un des sentiments les plus profonds du Moi, le refus de la mort et la foi dans une survie au moins spirituelle. À cette composante instinctive s'ajoute la composante culturelle : toutes les religions passées et présentes sans exception ont postulé et postulent la survie de l'entité indéfinissable dite « âme ».

Le spiritisme proprement dit procède d'une mystification avérée, celle des sœurs américaines Maggie et Kate Fox, qui dans les années 1850, aux États-Unis, s'amusèrent à faire retentir des bruits étranges dans la maison familiale. Elles faisaient claquer une corde sur le plancher de leur chambre à coucher, au-dessus de celle de leurs parents, prétendant que c'étaient des esprits qui provoquaient les bruits en cause. Leur sœur aînée, Leah Fox Fish, décidément douée d'un excellent esprit... commercial, exploita l'intérêt de la région pour les racontars qui s'ensuivirent et, bientôt, l'Amérique du Nord entière se mit à l'écoute des esprits. La croyance chrétienne dans l'immortalité de l'âme, un certain nombre de théories fumeuses, dont celle de l'Autrichien Franz Mesmer sur le « fluide animal » et celle du philosophe et surtout mystique suédois Emmanuel Swedenborg[17], qui assurait recevoir des visites d'esprits de défunts, avaient d'ailleurs pavé le terrain.

Le philosophe américain Ralph Waldo Emerson eut beau faire valoir que le spiritisme était « une révélation de basse-fosse », et des démystificateurs ayant démontré que les sœurs Fox, devenues matrones du spiritisme, déclenchaient les bruits mystérieux de maintes façons, notamment en faisant craquer les articulations de leurs orteils sur le plancher, la mode avait pris. Quelques-uns des esprits les plus éminents du xixe siècle s'entichèrent de cette marotte. Des physiciens tels que l'illustre Michael Faraday, qui était un mystique comme Newton, Thomas Edison, et Sir William Crookes, inventeur du tube qui porte son nom, l'astronome Camille Flammarion, des médecins tels que Charles Richet, prix Nobel, des philosophes tels que William James, des hommes de lettres tels que le romancier Ivan Tourgueniev, le poète Robert Browning et Sir Arthur Conan Doyle, le « père » de Sherlock Holmes, des hommes politiques comme le Premier ministre Arthur Balfour et le tsar Nicolas Ier, recoururent à des médiums et firent tourner des tables. Des organismes de recherches sur les phénomènes psychiques, trop peu nombreux d'ailleurs, furent fondés pour tenter d'élucider le mystère.

D'innombrables enquêtes réalisées à l'époque ont démontré que presque tous les médiums professionnels[18], Daniel Home, Eusapia Palladino, Elizabeth Hope dite « Madame Espérance » et maints autres, étaient des charlatans et qu'un très faible pourcentage des phénomènes observés par des témoins restait inexplicable ; estimé selon les cas à cinq ou dix pour cent, il était attribué à des ruses que les observateurs n'avaient pas décelées. Le célèbre prestidigitateur

Harry Houdini fut un des fléaux de ces médiums ; instruit dans les règles du métier, il dénonça sans relâche leurs supercheries.

Reste le petit pourcentage, constitué de phénomènes spontanés tels que les apparitions survenant devant des esprits non préparés et donc peu susceptibles d'être expliqués par l'autohypnose (forme d'auto-suggestion dont le rôle dans la vie courante me semble avoir été sous-estimé aussi bien par la psychologie classique que par les recensements de phénomènes inexplicables qu'on désigne sous le nom de parapsychologie). Une littérature considérable lui a été consacrée. Je serais fort embarrassé de désigner ceux des ouvrages qui me semblent mériter le plus d'attention[19]. Ces phénomènes sont remarquables par leur profonde *insignifiance* : meubles pesants qui se déplacent seuls, pluies de pierres dans des chambres closes, vaisselle qui se casse après avoir effectué un tour en l'air sans intervention humaine sous les yeux de gendarmes, spectres anciens, tout cela ne démontre rien.

L'existence de pareils phénomènes irréductibles et pour le moment inexplicables (autant que celle de pseudo-phénomènes tels que les « souvenirs de vies antérieures[20] ») a suscité en cette fin du XXᵉ siècle un certain nombre de mouvements diffus, pour ne pas dire confus, qu'on désigne sous le nom générique de « *New Age* ». S'y engouffrent allègrement des disciplines faites de toutes pièces et se réclamant d'un Orient élusif, techniques de « canalisation des énergies psychiques », élucubrations astrologiques, bref, une renaissance de la plus suspecte théosophie du début du siècle. Il semble qu'il s'agisse là d'une politique de l'extase qui, comparée à la « petite monnaie » de la foi évoquée plus haut, consisterait plutôt en chèques en bois.

Pourtant, ces phénomènes se situent, contrairement à toute attente, en dehors du champ de la foi, de la mystique et de la philosophie. En effet, de la vaisselle qui s'élève en l'air pour se fracasser ensuite sur le sol, l'intuition immédiate d'événements passés, présents ou futurs, ou des fantômes de gens morts depuis des siècles n'impliquent d'aucune manière, ni logique ni religieuse, l'existence de Dieu ou de l'âme ; ils contrarieraient même les croyances religieuses : sauf à se laisser aller à des farces de potache, ce qui le déconsidérerait définitivement, le Diable (qui n'existe d'ailleurs pas) n'aurait aucun intérêt à ce genre d'exploit et Dieu non plus, ni ses saints. Et l'existence de spectres errant des siècles après leur mort, y compris des spectres d'animaux, contredit l'existence du Purgatoire, si ce n'est celle de l'Enfer. D'où, sans doute, le manque à peu près complet d'intérêt officiel des Églises pour ces manifestations. Si c'est un membre du clergé qui en est l'objet, il risque de se trouver, comme Padre Pio, en butte à la persécution ecclésiastique[21]. Dans les autres cas, le curé local soupçonne des diableries et procède à des exorcismes et, dans la majorité de ces cas si ce n'est la totalité, ce rite se révèle inopérant. Les manifestations en question ne servent aucune cause ; elles semblent posséder le caractère inéluctable des phénomènes biologiques et, plus spécifiquement, de désordres biologiques. Elles sont, en effet, incohérentes et irrégulières.

Elles ont intéressé indirectement la science, bien que leur étude clinique soit souvent décevante : J.B. Rhine, par exemple, l'un des plus scrupuleux parmi les savants qui en aient étudié l'un des aspects, la transmission de pensée, y a consacré sa vie sans parvenir à la moindre démonstration concluante (en fait, son assistant y parvint, mais ce fut par des manipulations de résultats, ce dont s'avisa Rhine, qui se sépara de lui). Il existe pourtant en neurologie un courant de pensée « non orthodoxe », représenté par deux savants de première grandeur, Sir Roger Penrose et Sir John Eccles, prix Nobel de médecine, et dont la théorie permettrait d'avancer un essai d'explication pour certains des phénomènes évoqués plus haut.

Pour apprécier la théorie de Penrose[22], il faut d'abord rappeler que le cerveau, comme tous les organes, est le siège d'activités électriques résultant des intenses échanges chimiques qui s'y produisent[23]. Ces échanges produisent un champ électrique et donc électromagnétique, qui a été décelé il y a plus d'un siècle et qui fait depuis lors l'objet de mesures de plus en plus fines[24]. Or, qui dit champ électrique dit phénomènes quantiques, c'est-à-dire phénomènes faisant intervenir non pas des particules atomiques isolées, mais des « paquets d'énergie » ou quanta portés par des ondes, puisque les électrons se propagent, en effet, de manière ondulatoire[25]. Selon Penrose, l'activité électrique qui se produit dans les milliards de neurones du cerveau est beaucoup plus intense que celle que créeraient les seuls échanges d'un neurone à l'autre ; à l'intérieur des neurones, en effet, de petits éléments en forme de tube, les microtubules, se contractent et se dilatent sans arrêt, multipliant les échanges électriques par un facteur de dix milliards[26]. Ce qui signifie que l'activité électrique globale du cerveau serait beaucoup plus importante qu'on ne le supposait. Et que le cerveau serait donc le siège d'une activité quantique qui le relierait à son environnement.

Si elle était prouvée, cette théorie n'expliquerait toutefois que certains phénomènes éventuels de transmission de pensée et, très hypothétiquement, certains phénomènes de déplacement d'objets à distance (psychokinèse). En tout état de cause, elle ne ferait que confirmer la nature « matérielle » de l'activité psychique, et rien n'incite à penser qu'elle apporterait de confirmation sur la nature morale généralement attachée par la tradition au concept d'ailleurs flou d'« âme ». Rien non plus ne laisse prévoir qu'elle autoriserait des déductions sur l'existence ou l'inexistence de Dieu, sa nature, son immanence, etc.

Reste le problème, souvent rattaché aux précédents, mais qui en est néanmoins tout à fait distinct, des phénomènes physiques du mysticisme. Stigmates et modifications physiologiques apparaissant le Vendredi saint, indifférence à la douleur et autres étrangetés médicales ont été rapportés au cours des siècles dans la vie des saints catholiques. Peu d'attention a été portée au fait que les mêmes phénomènes ont été enregistrés dans d'autres religions et notamment dans le bouddhisme et l'hindouisme. De nombreux voyageurs en Asie, dont moi-même, ont été témoins dans les dernières décennies de phénomènes qui défient les notions médicales classiques internationales : des sujets se transperçant en public diverses parties du corps, langue, joues, reins, dos, bras, avec des objets métalliques, surtout cylindriques, câbles, poinçons, épieux d'un diamètre allant de cinq à cinquante millimètres, sans paraître en souffrir et, surtout, sans le moindre épanchement de sang externe ni interne. Fakirs se faisant suspendre par dix, vingt, trente crochets métalliques à des arbres et demeurant ainsi pendant des heures, la peau étirée aux limites de son élasticité, sans souffrir non plus de saignement d'aucune sorte. Effectuées sur des sujets ordinaires, ces mutilations eussent nécessité l'hospitalisation d'urgence ; là, les sujets allaient et venaient pendant des heures (sauf ceux qui étaient suspendus aux arbres, évidemment) et, si leur bouche ou leur langue n'était pas immobilisée par les objets contondants qu'ils y avaient fichés, ils s'entretenaient normalement avec des interlocuteurs (dont moi-même[27]). Or, il est notoire que, pour réprimer l'hémorragie qui eût normalement dû se produire, il faudrait idéalement agir sur trois facteurs sanguins, le fibrinogène, les plaquettes et le taux de prothrombine, sans parler de la vaso-constriction. Si une telle action était facile, les chirurgiens en seraient fort aises.

De plus, les objets utilisés n'ayant pas été stérilisés, les sujets s'exposaient aux risques de tétanos et de septicémie. Or, ayant obtenu les adresses de deux ces « automartyrs », je leur ai rendu visite deux semaines plus tard et ai pu constater qu'ils étaient en bonne santé apparente, les plaies s'étant cicatrisées de façon optimale.

Un cas célèbre autant que déconcertant est celui de la « femme lumineuse de Pirsano », qui jeûnait régulièrement pendant la Semaine sainte, devenait phosphorescente dans la nuit du jeudi au vendredi et le demeurait pendant toute la journée du vendredi. Elle « s'éteignait » dans la soirée du samedi et transpirait alors abondamment. Des médecins de l'Université de Pise allèrent l'observer en 1934 et ne purent expliquer son cas[28].

Or, il est acquis que l'autohypnose permet de contrôler à volonté un certain nombre de mécanismes physiologiques, y compris ceux qui sont sous le contrôle du système nerveux végétatif, donc en principe étrangers aux centres de la volonté, comme le rythme cardiaque[29]. S'il est établi que l'on peut désormais et couramment rendre un sujet insensible à la douleur et se passer de l'anesthésie dans des interventions de chirurgie dentaire, par exemple, il est moins connu que, dans les mêmes interventions, il est possible d'inciter le sujet à contrôler lui-même les saignements.

« Autohypnose » est un terme savant pour désigner une pratique dont tout le monde a l'expérience sans savoir ce que c'est, de même que Monsieur Jourdain faisait de la prose sans le savoir : c'est un état mental de moindre vigilance et de relaxation dans lequel nous cessons de diriger volontairement le cours de nos pensées et nous mettons involontairement en rapport avec notre subconscient, nos émotions profondes et les idées écartées durant les phases de pensée volontaire parce qu'elles sont inutiles ou importunes ; notre résistance à la suggestion s'y affaiblit et certains auteurs comparent cet état, qui est en fait celui de la transe hypnotique, à une psychose transitoire[30]. Nous pouvons, en effet, nous persuader nous-mêmes de la réalité de fantasmes, de l'extraordinaire justesse d'une intuition ou de l'interprétation d'une expérience réelle, comme dans les cas de paranoïa. Ces états sont propices aux hallucinations, tout comme l'hypnose professionnellement dirigée, qui persuade les gens de la réalité de visions, d'odeurs ou de bruits, sinon de souvenirs fabriqués. Les gens qui assurent avoir été kidnappés par des « Martiens » sont probablement victimes de pareilles transes.

Celles-ci peuvent être légères, moyennes ou profondes, en proportion inverse de la résistance intellectuelle et de l'intensité de l'émotion subconsciente. Les mystiques assurent voir une lumière surnaturelle ou des personnages divins, qu'ils décrivent ensuite en détail. Ceux qui sont capables de contrôler le flux de leur pensée inconsciente peuvent modifier leur physiologie, comme dans la technique de relaxation dite « training autogène » pratiquée par des psychothérapeutes ; ils se sentent alors extraordinairement légers ou, au contraire, très lourds, et peuvent se rendre insensibles à la douleur et modifier leurs perceptions du chaud et du froid, de la luminosité ambiante, du goût des aliments. Les expériences d'hypnose dirigée ont démontré expérimentalement cette modification des perceptions (violonistes qui croient jouer de leur instrument alors qu'ils se servent d'une règle et d'un bâton, par exemple, sujets qui ne ressentent pas la brûlure du froid et du chaud extrêmes, etc.). L'isolement et la méditation favorisent de telles transes et il semble vraisemblable que les prophètes et les mystiques se soient ainsi conditionnés et qu'ils aient ainsi développé des visions « surnaturelles » qui ne faisaient, en réalité, que traduire des idées et des sentiments inconscients. Mais la preuve a été faite que des sujets tout à fait ordinaires peuvent parvenir volontairement ou involontairement à des résultats comparables.

En tout état de cause, un grand nombre, sinon la totalité des phénomènes physiques du mysticisme, y compris les très réelles guérisons miraculeuses, ressortissent à des modifications de la conscience induites par le sujet lui-même. Ils ne sont pas l'effet d'une intervention surnaturelle et, comme tels, n'apportent pas d'éléments de réponse à la recherche de la divinité. Ils ne témoignent que du besoin irrépressible de croire qu'il y a « autre chose au-dessus ». Dieu ? Mais Dieu peut-il se réduire à ces phénomènes ? Dieu, l'immense autorité de l'univers ? La petite monnaie de la métaphysique ne semble d'un grand secours ni pour la foi ni pour la philosophie. Mais elle peut certes enrichir l'ethnologie.

Reste qu'on ne fait pas de l'or avec des pièces de bronze. Encore moins avec de fausses pièces.

Bibliographie critique

1. *Nouvelle Encyclopédie catholique Théo*, Droguet & Ardant/Fayard, 1989.

2. On peut encore visiter la tombe présumée de saint Georges, à Lydda, en Israël. Justement, le site de la légende de Persée, autre délivreur de vierges, est à une cinquantaine de kilomètres de Lydda, c'est Jaffa ou Arsouf. Nonobstant, les Croisés virent saint Georges dans le ciel tandis qu'ils faisaient le siège d'Antioche en 1098...

3. Par exemple dans *Les Lois*, X, 909 a-b et XI, 932 e-933 d, dans *La République*, II, 364 b-c, dans l'*Eutyphron*, 3 b-C... *Œuvres complètes*, la Pléiade, Gallimard, 1950.

4. Cité par André Bernand, *in Sorciers grecs*, Fayard, 1991.

5. Plantes contenant des substances hallucinogènes. *Cf.* Richard Evans Schultes et Albert Hofman, *Les Plantes des dieux*, Berger-Levrault, 1981. Les propriétés de l'asclépiade sont apparentées à celles de la digitale. *Cf. Plantes médicinales — Botanique et ethnologie*, sous la direction de William A.R. Thomson, Berger-Levrault, 1981.

6. L'Empire musulman dura environ dix siècles, du VIIIe, où il s'étendit de l'Espagne aux frontières de l'Inde, où le pouvoir du dernier Grand Mogol, Aurangzeb, s'effondra en Inde. L'empire de Charlemagne et l'Empire romain d'Orient lui opposèrent une résistance qui n'était pas seulement militaire, mais également culturelle et assez ancienne. Le symbole de son échec fut la Reconquista espagnole, qui mit fin à des dynasties plus exilées que colonisatrices (fin des Almohades à Las Navas de la Tolosa en 1212, fin des Nasrides, chefs de Grenade, dernier État arabe en Europe en 1492, l'année même de la découverte de l'Amérique).

7. On me pardonnera de ne pas m'étendre ici sur le sujet du Diable, que j'ai déjà traité dans l'*Histoire générale du Diable*, Robert Laffont, 1991.

8. Ces danses, où les hommes étaient rangés sur une ligne et les femmes en vis-à-vis sur une autre, semblent d'ailleurs à l'origine des *square dances* tout à fait laïques des milieux ruraux américains.

9. Les rites des Églises catholiques orientales sont : le maronite, le chaldéen (en syriaque oriental, commun aux Églises séparées nestorienne et assyrienne, ainsi qu'aux catholiques du patriarcat de Babylone), le malayalam des Syro-Malabars, le rite byzantin, l'arménien (des Églises chalcédoniennes), le paulicien, le rite d'Alexandrie, le rite copte et le rite éthiopien. Les territoires de l'Église orthodoxe soumis à l'autorité de patriarches, d'exarques et de primats selon les cas sont : le patriarcat œcuménique de Constantinople, les territoires semi-autonomes de Crète et du mont Athos, le territoire de Finlande, soumis à l'autorité d'un primat, le patriarcat d'Alexandrie, celui de Jérusalem, l'Église autocéphale de Chypre, celle de Grèce, le territoire du mont Sinaï ; puis les patriarcats orthodoxes non grecs, celui d'Antioche, le catholicosat de Tiflis, le patriarcat de Bucarest (qui est orthodoxe, mais de tradi-

tion latine), celui de Moscou, celui de Belgrade et celui de Macédoine ; enfin les Églises non patriarcales d'Albanie, d'Amérique (dont l'évêque siège à New York, mais dépend théoriquement d'Irkoutsk), des États baltes (Estonie, Lettonie, Lituanie), de Hongrie, de Pologne, de Russie, de Tchéquie et de Slovaquie, d'Ukraine. Nous n'avons pas inclus dans ce décompte les organisations orthodoxes de France, l'Église orthodoxe grecque, la Paroisse orthodoxe géorgienne de Ste. Nino, l'Église autocéphale orthodoxe ukrainienne, l'Église orthodoxe serbe, les Églises roumaines, l'Église orthodoxe d'Antioche et l'Église catholique orthodoxe de France, qui dépend de l'Église russe hors frontières... (Sources : « Religions », *Quid*, Robert Laffont, 1996).

10. Marcus Bach, *Strange Sects and Curious Cults*, Dorset Press, New York, 1992.

11. Dirigée par un certain David Koresh, la secte des Branch Davidians, dissidente des adventistes du septième jour, comme de nombreuses autres sectes contemporaines, œuvrait à provoquer la fin du monde, celui-ci étant jugé corrompu. Les États-Unis, en particulier, étaient considérés comme compromis par une conspiration mondiale juive et satanique, rien de moins. Les alarmes suscitées par la présence d'enfants dans la place forte des sectateurs, à Wacco, Texas, inspirèrent au FBI et au BTF (Bureau of Tobacco and Firearms) l'initiative d'un assaut. Menée de façon maladroite et excitant le délire apocalyptique de Koresh, l'opération se solda par l'incendie de la forteresse et la mort de quatre-vingts personnes, y compris des enfants en bas âge. Dans les ruines de la forteresse, on trouva deux cent quatre-vingt-douze armes à feu et des grenades, accessoires à vrai dire peu évangéliques.

12. En ce qui concerne les sectes religieuses et mouvements divers, je me permets de renvoyer le lecteur à l'inventaire exhaustif autant que riche d'informations de l'encyclopédie *Quid*, propre à donner le vertige. On y apprend ainsi que l'« Église universelle de Dieu » compte cent mille « baptisés » et que le « Guide » du Mouvement raëlien procède à la réincarnation de ses adeptes par la greffe de fragments osseux prélevés sur des adeptes morts...

13. Il s'agit en fait d'une organisation laïque fondée en 1930, affiliée à la Nichiren Soshu, groupe issu de l'action du réformateur bouddhiste du XIIIᵉ siècle Nichiren. Sa doctrine est que tout homme peut parvenir à l'illumination et au bonheur par la pratique du bouddhisme selon ce maître. La Soka Gakkai a toutefois été soupçonnée ces dernières années d'activités assez peu religieuses...

14. Fondée en 1887 au Zaïre (alors Congo belge) par Simon Kimbangu, catéchiste et prédicateur baptiste, elle connut rapidement un grand succès grâce à ses prophéties de l'arrivée imminente de Jésus sur la Terre et l'instauration d'une Jérusalem céleste. Bien qu'il ne prêchât qu'une vie austère, sans alcool ni tabac, ainsi que la monogamie, Kimbangu alarma les autorités ecclésiastiques et civiles et, en 1921, il fut condamné à mort par un conseil de guerre belge ; la peine fut commuée par le roi Albert Iᵉʳ en détention à perpétuité. Kimbangu mourut donc en prison le 3 octobre 1951. Ses fils prirent sa succession et la « religion » kimbanguiste, qui compte quelque six millions et demi de fidèles, a essaimé en Zambie, au Ruanda, au Burundi, en République centrafricaine, au Gabon, en Angola... Elle compte des paroisses dans de nombreux pays européens, dont la France, ainsi qu'aux États-Unis et au Canada.

15. Le candomblé est une religion composite (syncrétique) du Brésil, où l'on retrouve des éléments du christianisme (cultes de Jésus, de la Vierge Marie et des saints) et des éléments de religions indienne dans le nord du pays (candomblé de caboclo) et bantoue dans le Sud (candomblé d'Angola et du Congo, macumba) ; à cette union d'éléments animistes et chrétiens se mêlent des pratiques occultistes et spirites, avec sacrifices et initiation (René Bastide, *Religions africaines au Brésil*, PUF, 1960).

16. Sauf, en effet, à imposer une formation philosophique et critique aux services de police spécialisés dans la surveillance des sectes. On a vu, aux États-Unis, que la

surveillance et les enquêtes sur des affaires de satanisme et de sacrifices rituels d'enfants, vrais ou supposés (heureusement imaginés par des délirants dans la majorité des cas), ont eu un effet pervers imprévu : elles ont persuadé ces services de l'existence de Satan ! *Cf.* Robert D. Hicks, *In Pursuit of Satan*, Prometheus Press, Buffalo, New York, 1991.

17. Une secte, l'« Église de la Nouvelle Jérusalem », se constitua même en 1840, pour propager les idées de Swedenborg. Il faut signaler que Schopenhauer s'intéressa, lui aussi, à l'occultisme et aux fantômes, visiblement déchiré entre l'envie de croire à « quelque chose » et son scepticisme naturel *(Essai sur les fantômes,* Critérion, 1992).

18. Les exceptions, peu nombreuses et datant du début du xxe siècle, sont Hélène Smith, Eileen Garrett et le Brésilien Carlos Mirabelli. Hélène Smith était visiblement une naïve mythomane, ayant souffert dans son enfance d'hallucinations éveillées, comme l'établit le Pr Théodore Flournoy de l'université de Genève ; elle prétendait avoir été instruite sur la planète Mars, qu'elle décrivait dans une écriture inventée, maladroitement copiée du hindi ; elle prétendait aussi, entre autres fables, être une réincarnation de Marie-Antoinette et être protégée entre autres par le comte Cagliostro, charlatan fameux contemporain de la reine. J'ai personnellement eu affaire, hélas, et parfois à la télévision française, à des gens qui étaient toujours des réincarnations de gens illustres, Cléopâtre et autres personnages royaux (j'attends encore de rencontrer un simple cocher de fiacre du siècle dernier...). Hélène Smith apparaît donc comme un cas pathologique plutôt qu'une « charlatane ». L'Irlandaise Eileen Garrett, décédée en 1971, est à coup sûr le cas le plus intéressant, car sa culture et son scepticisme lui firent deviner que les quatre voix qui s'exprimaient en elle (un soldat arabe du Moyen Âge, un médecin perse du XVIIe siècle et Tehotah et Rama, deux entités imaginaires symbolisant respectivement le verbe et la force de vie) étaient en fait des émanations de son inconscient.

En ce qui concerne les truquages des médiums-escrocs, je renverrai le lecteur à l'ouvrage *L'Invocation des esprits,* collection « Les mystères de l'inconnu », Time-Life, Amsterdam, 1989.

19. Je dois confesser qu'en plus d'un tiers de siècle passé dans une revue scientifique, où mes collègues et moi étions parfois littéralement assiégés par des zélateurs de la parapsychologie, j'ai développé un réflexe de méfiance à l'égard d'assertions qui émanent dans l'immense majorité des cas de prosélytes naïfs ou de marchands d'orviétan, quand ce n'est pas de psychopathes. Cette méfiance a été justifiée dans le plus grand nombre des cas. Toutefois, et fondée sur le principe qu'en science il n'existe pas de certitudes absolues, elle a stimulé par réaction un intérêt scrupuleux pour ces assertions et rapports.

Je citerai toutefois les moins « orientés » des ouvrages que j'ai consultés : Robert H. Ashby, *The Guidebook for the Study of Psychical Research,* Samuel Weiser, New York, 1972 ; Nandor Fodor, *Encyclopaedia of Psychic Science,* University Books, New Hyde Park, New York, 1966 ; Andrew Mac Kenzie, *The Unexplained : Some Strange Cases in Psychical Research,* Arthur Barker, Londres, 1966 ; Colin Wilson, *Afterlife : An Investigation of the Evidence for Life after Death,* Doubleday, Garden City, New York, 1987.

Un des ouvrages que j'ai lus et relus pour tenter d'y déceler un élément d'explication rationnelle classique est aussi l'un des moins « argumentés » ; il est même quasiment dénué d'explication théorique ; il est dû au commandant de gendarmerie Émilé Tizané, *Il n'y a pas de maisons hantées ?,* Omnium littéraire, Paris, 1971. L'auteur y décrit par le détail des enquêtes de gendarmerie sur des cas de maisons hantées. Outre qu'il est écrit avec un humour appréciable, il est d'une louable précision.

20. Les années quatre-vingt ont vu, presque exclusivement aux États-Unis, proliférer des cas qui défrayèrent la chronique juridique et judiciaire. Des sujets adultes sous hypnose se sont « rappelés » avoir été victimes dans leur enfance ou leur jeunesse de sévices sexuels. On sait les effets de l'hypnose : elle peut, lorsqu'elle est mal dirigée,

transformer des fantasmes en réalités vécues. À leur éveil, ces sujets entreprenaient alors des actions en justice contre les responsables des sévices en question. Des délais de plusieurs années s'étaient parfois écoulés entre le délit vrai ou supposé et les tribunaux se trouvaient donc chargés d'affaires d'un type nouveau et fort malaisées à débrouiller. Dans plusieurs cas, il apparut que les accusations étaient infondées et des psychologues dénoncèrent alors les dangers des régressions dans la mémoire sous hypnose.

À la faveur de cette révision, psychologues et psychiatres s'avisèrent d'un autre type de danger, celui, bien plus ancien, de la pratique de l'hypnose aux fins de provoquer l'affleurement à la conscience de la mémoire supposée de « vies antérieures ». Ces fantaisies romanesques, à vrai dire d'une banalité et d'une indigence qui ne pourraient inspirer que l'indulgence, peuvent entraîner des troubles de la personnalité, voire un comportement criminel que l'intéressé met ensuite sur le compte de sa « possession ».

21. Sujet de plusieurs manifestations que le langage commun qualifie de « paranormales », dont des stigmates et une bilocation vérifiée par des témoins, Padre Pio, capucin au monastère de Sainte-Marie-des-Grâces, à San Giovanni Rotondo, fut soumis à une persécution extraordinaire des autorités ecclésiastiques qui dura des années et qui fut assortie de dénonciations au pape Jean XXIII ; cette campagne, organisée par Mgr Maccari, archevêque d'Ancône, aboutit même à l'installation clandestine de micros dans le confessionnal du capucin. La presse italienne, sans doute égarée par les autorités ecclésiastiques, s'associa à une campagne de dénigrement sans précédent et Padre Pio échappa de justesse à l'internement psychiatrique. Ce fut le cardinal Lercaro qui mit fin, mais en 1968, après la mort de Padre Pio, à la campagne malveillante. Padre Pio était un mystique sujet à ce qu'il est convenu d'appeler les phénomènes physiques du mysticisme. Deux ans après la mort de ce capucin, le pape Paul VI lui rendait publiquement hommage. *Cf.* Ennemond Boniface, *Padre Pio le Crucifié*, Nouvelles Éditions latines, 1971.

22. La théorie de Sir Roger Penrose est exposée dans *Shadows of the Mind : A Search for the Missing Science of Conciousness*, Oxford University Press, 1994.

23. Cet aspect des échanges neurochimiques est résumé au chapitre suivant.

24. C'est en 1875 que l'Anglais Richard Caton décela pour la première fois des potentiels électriques cérébraux grâce à des électrodes implantés sur le crâne ; le monde scientifique n'en tint pas compte. Quand l'Allemand Hans Berger, près d'un demi-siècle plus tard, en 1924, produisit les premiers enregistrements des variations de ces potentiels, on le tint pour un illuminé ; c'étaient pourtant les premiers vrais encéphalogrammes. Ce furent les Anglais Adrian (prix Nobel) et Matthews qui imposèrent la réalité et l'utilité médicale des électroencéphalogrammes en 1934 (*Les Grandes Découvertes de la science*, de l'auteur, Bordas, 1992).

25. Pour un exposé plus détaillé de la mécanique quantique, sujet qui requiert des compétences bien plus grandes que les miennes et qui n'est pas ailleurs pas essentiel à la compréhension de ces pages, je me permets de renvoyer le lecteur à l'excellent exposé *L'Objet quantique*, de Georges Lochak, Simon Diner et Daniel Fargue, Champs-/Flammarion, 1989.

26. Mathématicien hors pair, collaborateur de Stephen Hawking pour un ouvrage sur les trous noirs, Penrose est moins réputé dans le domaine de la neurologie ; ce qui lui a valu d'être publiquement pris à partie par Gerald Edelman, prix Nobel de médecine, pour sa théorie de mécanique quantique neurologique à un symposium de neurologie à Cambridge en 1992. Néanmoins Sir John Eccles, lui-même prix Nobel de médecine et vétéran de la neurologie, s'est rangé aux côtés de Penrose.

Il faut relever qu'un autre savant célèbre qui s'est penché sur le problème de la conscience (*The Astonishing Hypothesis : The Scientific Search for the Soul*, Touchstone/Simon and Schuster, New York, 1995), Francis Crick, codécouvreur de la structure de l'ADN et prix Nobel, n'est pas non plus neurologue de métier, mais généticien.

27. J'ai publié entre autres, pour illustrer un article sur ces phénomènes, les photos d'un jeune homme qui s'était introduit à travers la joue droite un câble d'acier torsadé de trente millimètres de diamètre et d'un homme qui s'était transpercé la langue de six poinçons, dont l'un de dix millimètres de section, au cours d'un festival religieux en Thaïlande (« Le cerveau qui guérit », de l'auteur, *Science & Vie*, mai 1994, n° 920). Certains sceptiques m'ont objecté que ces sujets avaient sans doute absorbé des drogues qui les rendaient insensibles à la douleur ; or, tous les anesthésistes savent que les drogues sont sans effet sensible sur la coagulation du sang et tout autant sur les risques d'infection.

28. Herbert Thurston, S.J., *Les Phénomènes physiques du mysticisme*, Éditions du Rocher, 1973. La seule substance connue qui puisse expliquer la bioluminescence est la luciférine, présente chez certains invertébrés tels que les lucioles. Mais il n'existe pas de données médicales sur la possibilité pour un vertébré supérieur de synthétiser de la luciférine. Une telle synthèse supposerait par ailleurs celle de l'enzyme chargée de la dégrader, la luciférase, et il n'y a pas non plus d'indication sur la faculté d'un vertébré de la synthétiser (encore moins sur commande du système nerveux central).

29. La littérature sur ce sujet est trop abondante pour être citée ici. Je signalerai trois études qui m'ont été particulièrement utiles, l'*Abrégé de médecine psychosomatique* de Haynal et Pasini, Masson, 1984, *Les Médecines douces* de Jean-Jacques Aulas, Odile Jacob, 1993, et « Power of the Mind More Powerful than Previously Thought » d'Alan Roberts, *Clinical Psychology Review*, 1er juillet 1993.

30. Christine Le Scanff, *La Conscience modifiée*, Payot & Rivages, 1995.

12

Le « Quoi ? » de « Qui ? »

Dieu est une exigence logique et la logique est produite par la conscience — Les données neurologiques de la pensée et de la conscience — La fausse « erreur » de Descartes et la vraie — L'embarras des savants — L'étonnante affaire Phineas Gage et l'existence d'un centre moral dans le cerveau — L'idée de Dieu est liée à la représentation du monde, donc à un centre cérébral — Le caractère logique obligé de la représentation du monde — La nature innée de la logique et son caractère mystique — La folle aventure de Georg Cantor, l'homme qui voulut démontrer l'existence de Dieu par les maths — Le postulat de Wittgenstein : la logique ne doit pas être logique — L'« épouvantable » principe de Gödel — L'échec de l'entreprise de réaliser un « langage divin » — Le Moi est un « Qui ? », comment peut-il définir son « Quoi ? »

La première intuition d'une divinité immanente fut le fruit de la logique devant un phénomène extraordinaire. Par exemple, la foudre. Quoi ou qui déclenchait cette effrayante merveille ? Car il y avait une cause, il ne pouvait pas ne pas y avoir de cause. Ainsi l'esprit humain manifestait-il une faculté qui, quarante mille ans plus tard, dans les années vingt, faisait énoncer l'axiome suivant à quelques-uns des esprits les plus aigus des temps modernes, les logiciens du Cercle de Vienne : « Tout ce qui a un commencement dans le temps doit avoir une cause. »

Comme on le verra plus bas, cette logique ne pouvait offrir plus qu'une conviction confuse de l'ordre du monde. Il *devait* exister une relation universelle des causes aux effets, et les causes les plus infimes, par exemple, les réactions du système immunitaire sous la peau, dans les cellules, dans les fluides du corps, engendrent des réactions cruciales telles que la résistance de l'organisme à la maladie ou sa défaite ; c'est-à-dire la vie ou la mort. Mais à quelle finalité est soumis l'ensemble des relations des causes aux effets ? Existe-t-il une Cause suprême ? De l'intelligence des virus qui forcent le système immunitaire à l'expansion apparente de l'Univers, à quoi sert tout cela ? Y a-t-il un Gouverneur ?

De la sorte, des civilisations échelonnées dans le temps et l'espace imaginèrent des systèmes mentaux qui produisirent à leur tour la divinité. S'appuyant sur les preuves apparentes d'une logique qui gouvernerait le monde, c'est-à-dire sur l'observation du monde physique, la conscience élabora d'abord des lois : « Tout liquide mis dans un pot sur le feu bout au bout d'un temps, lequel dépend de la nature du liquide et de l'intensité du feu. » La conscience devint ensuite ambitieuse et énonça des lois pour ce qui échappait à son emprise directe, les corps célestes par exemple : « Le mois lunaire est de vingt-neuf jours. » Puis la conscience passa à la métaphysique, c'est-à-dire à la conception ou plutôt à des conceptions d'une volonté suprême qui régirait le Tout.

Les chapitres précédents ont exposé l'immense diversité de ces conceptions. Elles vont d'une divinité universelle féminine à une autre, qui est masculine. De divinités multiples à un Dieu unique. D'un Dieu bon lié avec un Dieu méchant dans un duel qui ne s'achèvera qu'à la fin des temps, à un Dieu suprême, indifférent aux péripéties des dieux inférieurs. Elles présentent toutes un trait commun : elles sont anthropomorphiques, c'est-à-dire qu'elles sont le reflet de désirs et de besoins de l'être humain à un moment donné de son histoire. Quand sa race était en danger par la faute de la disette, il prêta à la divinité les traits d'une femme féconde, et quand sa société fut commandée par des hommes, ceux d'un patriarche. La divinité présenta aussi des traits divers, empruntés au milieu ; elle s'appela Ganesha et eut une tête d'éléphant dans un pays où il y a beaucoup d'éléphants, et elle s'appela Anubis dans un pays où il y avait beaucoup de chacals et où ceux-ci étaient majestueux. Les dieux eurent beaucoup de femmes et d'aventures légères, dans les pays qui étaient d'humeur aimable, mais le dieu fut et reste célibataire dans les pays où l'on considérait désormais les femmes non plus comme l'assurance de survie de la race, mais comme un danger excessif de séduction, c'est-à-dire de « gaspillage » des énergies masculines. La divinité est donc inéluctablement le reflet d'une culture, guerrière comme avec Odhin le dieu scandinave, pastorale comme avec Cérès, ou intellectuelle, comme avec le Dieu légué par les Grecs aux Byzantins, puis aux chrétiens.

Nul n'a jamais vu Dieu, ni Zeus, ni Odhin. Et aucune religion, aucune philosophie, aucune science n'a jamais répondu à la question primordiale : ce qu'Il fait a-t-il un sens ? Et dans ce cas, que veut-Il ? N'existe-t-Il et n'a-t-Il créé le monde que pour se glorifier Lui-même ? La question semble intellectuelle : elle se trouve pourtant au cœur de l'angoisse existentielle. Depuis Héraclite au moins, depuis les jinistes en tout cas, la réponse est introuvable et Shakespeare fait dire au roi Lear, dans la pièce du même nom : « Rien ne sortira de rien » (« *Nothing will come of nothing* »). Mais le nihilisme est insupportable à l'être humain. Tant d'efforts, tant d'amour et tant de peine sont-ils destinés à se résoudre en poussière, sans laisser d'autre trace que dans la mémoire d'autres mortels qui suivront le même chemin, sans laisser plus que des mots incertains sur des pierres qui s'effritent, du papier qui se délite, des ordinateurs qu'un court-circuit condamne au coma terminal ? Telle est la raison pour laquelle, à la logique du réel, on a ajouté celle de l'irréel, assujettissant l'idée de Dieu à des catégories marquées au sceau de la gratuité, sinon du délire logique connu des psychologues et psychiatres.

Il n'est pas dans le cadre de ce livre d'aborder le débat — interminable — sur la subjectivité ; même Kant n'y a pas mis fin. Dans la perspective historique que nous nous sommes assignée, la question qui s'impose est scientifique, et c'est la conscience. Qu'est donc cette entité qui a conçu Dieu, la conscience ? Tout ce qu'on peut en dire avec une certitude relative est qu'elle siège dans le cerveau, à l'intérieur de la boîte crânienne, le cerveau humain postule-t-on, bien que les animaux aussi aient une conscience. Qu'est le cerveau ? Une masse de cellules spécialisées, les neurones : des cellules comme les autres, avec un noyau et une membrane, mais avec, en plus, un prolongement filiforme qui s'appelle un axone ; celui-ci se termine par ce qu'on appelle un bouton, petit renflement. À l'opposé de l'axone se trouvent des bourgeons, les dendrites. Le neurone reçoit ses informations par les dendrites, les traite et les réexpédie, traitées, par un message électrique le long de l'axone vers les dendrites du neurone suivant. Ou plutôt vers l'une des dendrites, laquelle accueille le bouton de l'axone dans une cupule qui est la synapse[1].

Cette représentation est schématique, par souci de clarté. En réalité, un neurone ne ressemble absolument pas aux jolis dessins des textes de vulgarisation, mais plutôt à un pois qui viendrait de germer et qu'on aurait fraîchement arraché de terre, hérissé de dizaines de radicelles en bas, les dendrites, et dont la tige naissante, l'axone, se dégagerait « en haut » d'un fouillis d'autres radicelles qui sont également des dendrites. C'est finalement dans ce paquet mortel que siège l'idée de Dieu.

Il faut ici préciser qu'un neurone forme en moyenne mille synapses, mais que certains en comportent cinq ou six mille et qu'un cerveau ordinaire comporte, lui, dix mille milliards de synapses. Par ailleurs, les communications entre neurones semblent locales : un neurone communique avec les neurones voisins, mais apparemment pas avec ceux qui se trouvent à quelques centimètres de distance, dans le lobe cérébral opposé par exemple.

Le message est bien électrique, mais il ne se transmet pas d'une manière analogue à celle du courant qui circule le long d'un fil de lampe : il est déclenché par la circulation de substances chimiques, les neurotransmetteurs, qui vont du bouton de l'axone d'un neurone à la dendrite du neurone suivant. Ces substances échangent des groupes d'atomes chargés électriquement, les ions, avec le milieu où elles coulent, déclenchant de la sorte des différences de potentiels. La membrane de la dendrite s'ouvre alors ou se ferme ; cela modifie ensuite le potentiel électrique du neurone et commande la libération d'ions vers le neurone suivant. Et ainsi de suite de neurone en neurone. Chez une personne donnée, le mot « Dieu », par exemple, va entraîner la libération d'un neurotransmetteur spécifique, la sérotonine, qui va à son tour provoquer un état d'apaisement ; mais chez une autre personne, le même mot peut, au contraire, déclencher la libération d'un neurotransmetteur antagoniste, la noradrénaline, qui va, elle, susciter un état d'alerte avec une attention accrue. La différence dans la sécrétion des effets, qui sont d'une instabilité notoire, dépend des souvenirs associatifs et, bien évidemment, de l'expérience de la personne. Un individu qui associe le mot « Dieu » au bien suprême va sécréter à cette évocation de la sérotonine, mais un autre auquel le même mot pose des problèmes philosophiques non encore résolus va redoubler d'attention lorsqu'il l'entendra.

La circulation électrique de l'information traitée par les milliers de milliards de neurones (le chiffre varie de dix à cent milliards selon les neurologues[2]) se situe dans la fréquence moyenne de 40 Hertz, mais peut descendre aussi bas que 35 Hz et monter jusqu'à 75 Hz, selon le niveau de l'activité cérébrale[3]. Le fonctionnement de cet ensemble détermine la conscience. Celle-ci est produite par l'activité cérébrale, mais en même temps, elle en est une caractéristique. La conscience n'est pas plus dissociable du cerveau que celui-ci ne l'est de la conscience. C'est là que réside l'une des grandes différences entre la neurologie du XXe siècle et la philosophie des siècles précédents depuis Descartes : celui-ci considérait, en effet, que la conscience échappait au champ d'investigation de la science ; il établissait une distinction fondamentale entre la matière « inconsciente » du cerveau et l'esprit conscient. Mais, comme l'écrit l'un des plus grands neurologues contemporains, John R. Searle, « depuis les Grecs anciens jusqu'aux premiers modèles électroniques de la cognition, tout le sujet de la conscience et de son rapport avec le cerveau a été passablement confus[4] ». Et il est vrai qu'un grand nombre des textes publiés sur la question souffrent à la fois d'une lourdeur qui favorise cette confusion et de la volonté préliminaire de démontrer une idée.

Il ne sera pas ici question de la psychanalyse. L'ethnologie a démontré depuis les années vingt que ses prédicats ne sont pas universels : en Océanie, par exemple, le « complexe d'Œdipe » est introuvable. Et si l'inconscient existe, il semble que ce soit un ensemble d'émotions ou de structures d'émotions emmagasiné par la mémoire, comme tout le reste des expériences qui ne sont pas immédiatement utiles (nous ne passons pas notre temps à nous remémorer la date de la bataille de Marignan, 1515 pour être précis, même si son ignorance nous a valu des déboires scolaires). Les distinctions entre « subconscient » et « inconscient » restent hautement aléatoires. La psychanalyse n'a strictement rien apporté de neuf à la connaissance de la conscience au sens strict de ce mot.

De la naissance à la mort, la conscience est constante, elle est le moins active durant le sommeil, où le cerveau ne fait pas d'effort, pour ainsi dire, pour arrêter et enclencher certains circuits et où le cerveau est « en récréation », et l'état de veille où elle est le plus active et où un effort continu s'effectue pour rechercher certains éléments dans la mémoire, certains schémas de raisonnement nécessaires à l'analyse et à la synthèse, etc. Le jour où les neurones ne communiquent plus électriquement, la conscience s'arrête. À l'électroencéphalogramme plat, qui constitue le critère principal de la mort clinique et qui signifie tout simplement qu'il n'y a plus d'activité électrique dans le cerveau, correspond la disparition de l'individualité : le corps n'a plus de sensations, plus de perceptions, donc plus d'émotions, plus de mémoire, donc plus d'identité, plus de volonté, donc plus de capacité d'expression ni de libre arbitre. Le cœur peut continuer de battre et un métabolisme minimal peut s'instaurer grâce au système végétatif et permettre à l'individu physiologique de vivre, alors que son individualité est morte. Mais ce citoyen-là n'aimera plus, n'espérera plus et ne votera plus. Il ne saura plus non plus ce qu'est Dieu.

Le dualisme de Descartes, traduit dans le langage contemporain, n'est donc pas celui de l'« âme » et du corps, mais celui des échanges électriques dans la région noble du système nerveux dite cortex et plus communément « matière grise », d'une part, et celui des échanges électriques dans le système limbique, système nerveux primitif hérité des reptiles, siège du système végétatif qui commande les activités involontaires de l'organisme, telles que le rythme cardiaque et respiratoire, les sécrétions glandulaires, le métabolisme, les réflexes, etc., ainsi que les émotions fondamentales, la faim, la soif, la peur, l'agressivité, l'instinct de fuite et l'instinct génésique. Ce système limbique mérite ici une incidente : formation relativement petite, située « en dessous » du cerveau, il existe chez tous les vertébrés et même chez l'un des plus petits mammifères connus, l'opossum ; c'est pourquoi on l'appelle parfois paléo-cortex ou cortex ancien. Ce qu'on appelle généralement cerveau ou néo-cortex, est un tissu qui s'est développé au cours de l'évolution, qui a en quelque sorte « coiffé » le paléo-cortex et qui est le siège des « fonctions nobles », analyse, abstraction, langage, actes volontaires, etc. D'où un état conflictuel permanent à l'intérieur même de notre système nerveux, le système limbique étant le déclencheur d'émotions violentes, comme la peur, que le néo-cortex est « chargé » de contrôler.

On semble trop souvent reprocher à Descartes d'avoir commis « une grossière erreur spiritualiste » en distinguant l'« âme » et le corps ; mais on oublie bizarrement qu'à son époque il n'y avait pas de neurologie à proprement parler et que le célèbre philosophe n'avait pas la moindre possibilité d'avoir la moindre moindre intuition de ce que sont, par exemple, la structure d'une cellule cérébrale et la nature des neurotransmetteurs.

Si Descartes, qui reste l'un des génies fondateurs de la science moderne, avait travaillé au service de neurologie d'un hôpital contemporain et s'il avait pu constater qu'à l'extinction du signal électrique dans l'encéphalogramme plat la conscience disparaît, il n'aurait sans doute pas écrit ces mots qu'on s'obstine à porter à son débit, « l'âme par laquelle je suis ce que je suis ». Descartes ne dispose à son époque que du vocabulaire en cours, et d'un seul mot, « âme », pour définir un ensemble de caractéristiques de la personne, l'intelligence, la sensibilité, l'individualité ; le mot « conscience » désigne alors surtout la faculté morale de distinguer le mal du bien, au sens théologique[5]. Pour lui, « l'âme », c'est la pensée.

C'est dans le système neuronal que se produit la pensée. De la reconnaissance (cognition) du réel par les sensations, synthétisées sous forme de perceptions (visuelles, auditives, tactiles, gustatives, odorantes) à l'abstraction, un va-et-vient constant établit et modifie un repérage qui aboutit à une représentation du monde. Le cerveau, c'est-à-dire la conscience, voit-il le monde tel qu'il est ? Cela paraît de moins en moins probable. On savait depuis quelques années que les abeilles, par exemple, ne « voient » que les fleurs qui réfléchissent les ultraviolets. La mouche, elle, avec son œil à facettes, ne « voit » certes pas le monde tel qu'il est, mais multiplié des centaines de fois. Quant au système visuel humain, il apparaît de plus en plus évident qu'il adresse au cerveau des *réactions* des cellules de l'œil, les cônes et les bâtonnets, aux stimulations externes. En 1995, à Londres, le physiologiste Semir Zeki a localisé les neurones qui, dans le cerveau, produisent les couleurs. Nous ne pouvons ainsi plus être certains que le rouge soit « rouge » en lui-même, ni le blanc, « blanc » en lui-même, mais simplement que notre vision réagit d'une certaine manière à différentes longueurs d'onde de la lumière. En fait, nous construisons des représentations mentales du monde.

Personne n'a jamais vu la planète Mars tourner autour du Soleil, par exemple, mais une masse d'observations astronomiques ont permis d'établir ce mouvement qui est ensuite représenté à l'échelle réduite dans les musées scientifiques et que chacun peut observer. Mais ceux qui n'ont pas visité de tels musées savent quand même que cette planète tourne bien autour du Soleil, car ils sont capables de la représentation mentale d'un corps sphérique massif effectuant une révolution autour du Soleil, c'est-à-dire qu'ils sont capables d'abstraction. Personne ne s'est jamais *vu* dormir et n'a du sommeil qu'une connaissance indirecte tirée de l'observation d'autrui, mais chacun sait qu'à des heures plus ou moins régulières, sa vigilance baisse et qu'ayant fermé les yeux, il perd la connaissance sensorielle de son environnement. L'éclairement de l'environnement au réveil, comparé avec celui du coucher, à défaut d'une montre, l'informe ensuite que cette « absence » a duré tant d'heures ; il est donc capable d'une représentation abstraite de son propre sommeil. Il n'en a pas la preuve ; il ne dispose que des déductions logiques de son expérience.

Cette capacité de concevoir ce dont on n'a pas l'expérience est ce qu'on appelle la pensée. Tous les neurologues ne s'accordent pas entre eux sur l'identification de la pensée à la conscience. Certains persistent à évoquer « le mystère de la conscience[6] », d'autres[7] se plaisent à opposer les « matérialistes », qui estiment que les processus mentaux sont produits par les cellules nerveuses et rien d'autre, et les « interactionnistes », qui continuent de penser que l'esprit et le cerveau seraient des entités séparées, susceptibles d'interactions. Le terme « matérialisme » a été teinté de tant de connotations négatives depuis quelques décennies, et surtout depuis qu'il a été presque automatiquement accolé à celui de « marxisme », que la distinction est subtilement faussée au départ. On n'a encore rien, absolument rien trouvé qui permette d'imaginer que la pensée soit produite par autre chose que les cellules nerveuses, ni que la conscience puisse être différenciée de la pensée. Les matérialistes ne sont pas plus « matérialistes » à cet égard que les physiciens qui expliquent que le courant électrique est produit par le passage d'électrons dans un milieu conducteur. Faudra-t-il rappeler qu'avant les travaux de Benjamin Franklin, la foudre passait pour un phénomène surnaturel ? Quant aux interactionnistes, qu'il vaudrait mieux appeler du vrai nom qui leur revient, panpsychistes, leur hypothèse est en contradiction formelle avec la loi de conservation de l'énergie ; elle supposerait que le monde de l'énergie en question, vaste réservoir d'« énergie psychique » (quel que soit le sens de cette expression) flottant on ne sait où, n'est pas clos et qu'il se produirait des « fuites » plus ou moins constantes entre ce monde et les cerveaux des humains. C'est là une idée antiscientifique autant qu'extravagante.

Le « mystère de la conscience » semble procéder bien plus de considérations extrascientifiques qui appartiennent bien, elles, à deux catégories. Les premières tiennent au fait que les neurologues, tout comme les astronomes et les biologistes, courtisent l'opinion publique et que, celle-ci étant assez souvent défavorable à la science, les neurologues répugnent à avancer que l'antique notion d'« âme » est un concept d'origine religieuse. Chaque époque a ses barrières culturelles diffuses, toutes d'origine religieuse, elles aussi, et de même que le XVIIe siècle était hostile à la proclamation publique du fait que la Terre tourne autour du Soleil (affaires Copernic et Galilée), que le XVIIIe siècle était scandalisé par l'idée de l'évolution des espèces (affaires Buffon et Lamarck) et le XIXe, par celle des origines animales de l'être humain (affaire Darwin), le XXe finissant s'effraie de l'idée que ce soient des échanges chimio-électriques entre les neurones qui définissent un terme chargé d'immenses sous-entendus philosophiques. Dans le dernier tiers du XXe siècle, Jacques Monod, prix Nobel de médecine, appelait le problème du système nerveux central « la seconde frontière » du savoir, la première étant l'origine de la vie.

Les secondes considérations tiennent au fait que, si la conscience se définit par ces échanges chimio-électriques, il faudra l'accorder aux animaux, ce qui constitue pour un très grand nombre de neurologues un pas comparable au blasphème, en dépit de tout ce que leurs propres travaux leur démontrent. Même les darwiniens ont prudemment contourné le problème et Sir John Eccles, prix Nobel de médecine 1964 pour ses remarquables travaux en neurologie, le souligne en ces termes : « Il est gênant que les évolutionnistes se soient si peu préoccupés de la formidable énigme qu'oppose à leur théorie matérialiste l'apparition du mental au cours de l'évolution des espèces[8]. » L'illustre savant semble plus agacé par le matérialisme que conscient du fait qu'à l'époque de Darwin et dans les décennies qui suivirent, il était déjà assez scandaleux de dire que les ancêtres de l'homme (et de la femme) avaient jadis marché à quatre pattes (en fait, ils grimpaient aux arbres, car nous descendons des lémuriens), sans aller encore dire que les animaux avaient une conscience et, pourquoi pas, une « âme » ! Nous sommes toujours, à cet égard, prisonniers de la véritable erreur qu'on peut imputer justement à Descartes, celle de croire que les animaux n'étaient que des « machines » dénuées de sensibilité et d'intelligence, l'« âme » n'ayant été conférée, par Dieu évidemment, qu'à l'homme.

Le grand Sir Karl Popper écrivait, lui, que « l'apparition de la conscience dans le règne animal est peut-être un aussi grand mystère que l'origine de la vie même ». Et, assez bizarrement, il poursuivait : « Cependant, il faut bien supposer, bien que cela pose un problème impénétrable, qu'il y a là un effet de l'évolution, un produit de la sélection naturelle[9]. » Le problème n'est pas celui qu'on pense et il n'est peut-être pas aussi impénétrable que l'avance Popper : c'est plutôt la disposition intellectuelle de la science à l'examiner qui est en jeu[10]. Il existe un vaste fonds de données de neurologie animale et d'éthologie qui permettrait d'avancer dans la connaissance des animaux, de savoir pourquoi, et contrairement à ce que postulait Bergson, les animaux rient et tombent amoureux (euses) d'individus spécifiques qui sont pour eux comme pour nous irremplaçables. L'essentiel est de bien vouloir poser l'hypothèse de l'intelligence animale (qui n'est déjà plus une hypothèse) et de la conscience animale (qui reste mal explorée). Cependant, l'objectivité sera encore plus indispensable en neurologie, qui reste avec la cosmologie l'un des domaines de la science les plus inconfortablement proches de la philosophie et de la religion.

On comprendra sans doute mieux l'embarras des chercheurs (et des « trouveurs ») quand ils abordent le chapitre du Moi, qui est indissociable de celui de la conscience. Car l'ensemble du fonctionnement cérébral, le prodigieux bruit de fond des échanges neuronaux, est gouverné par un ensemble de structures mentales qui s'appelle le Moi. C'est lui qui délègue telle sensation ou tel sentiment, telle idée ou tel projet d'action à telle ou telle zone du cerveau, par exemple aux aires de la mémoire, pour tenter de savoir où il a déjà vu telle personne qu'il rencontre dans la rue, quel est son nom, quelle était la nature de leurs derniers rapports. Ou bien encore si, au volant de sa voiture, il peut passer un feu de signalisation dans un délai et à une vitesse donnés. Car il existe dans le cerveau des zones ou aires spécialisées dans le traitement de telle et telle information, des perceptions auditives, musique et langage, visions, etc. Ces aires ne sont pas symétriques dans les deux lobes du cerveau, ni les mêmes chez tout le monde.

Bien que les généralisations soient un peu malaisées et légèrement risquées, on peut avancer que, jusqu'à la fin des années quatre-vingt de ce siècle, un consensus existait chez la majorité des neurologues, classe d'aristocrates de la science qui peuvent s'offrir le luxe d'incursions philosophiques sans susciter les haussements de sourcils dubitatifs que ces mêmes incursions provoquent quand même chez les cosmologues, par exemple. Un neurologue peut ainsi s'aventurer dans un commentaire sur le Titien et être écouté avec curiosité et même admiration, tandis qu'un cosmologue qui parle de la Bible risque d'être accueilli avec le même scepticisme qu'un marchand de voitures d'occasion qui aborderait le même sujet. Le consensus était celui-ci : le cerveau est quand même une magnifique machine qui produit des concepts admirables, de la relativité d'Einstein (dont le cerveau, matériellement parlant, macère dans un bocal actuellement impossible à localiser) à la mécanique quantique de Max Planck, sans parler de Mozart, Beethoven et Schubert. Le cerveau de Platon avait conçu le *Phédon* et celui d'Aristote, l'*Éthique à Nicomaque*, celui de Dante *La Divine Comédie* et celui de Shakespeare *Le Songe d'une nuit d'été* et ainsi de suite. C'était un organe capable de capter les résonances de l'univers et c'était lui qui avait conçu l'idée la plus élevée du monde, le Secret et la Révélation tout à la fois, Dieu. Il pouvait occasionnellement errer, comme toute chose ici-bas, mais il était la seule clef du bien suprême dans ce monde matériel, la morale. Et moyennant quelques ajustements historiques, on pouvait concilier la philosophie antique et la pensée moderne et continuer à représenter le cerveau comme le siège de la liberté qui ne pouvait, immanquablement, que mener à Dieu, par les voies ordinaires qui mènent à Rome : la logique, les mathématiques, l'astrophysique ou la biologie[11].

En d'autres termes, on sauvait le concept d'« âme » par des voies plus ou moins détournées.

Vinrent alors, dans le dernier quart du xxe siècle, une série de travaux déconcertants, qui démontrèrent que la localisation des fonctions cérébrales était bien plus poussée qu'on l'avait cru ou espéré ; elle intéressait, en effet, des aspects de la conscience qu'on avait supposés produits par le pur intellect. À vrai dire, plusieurs de ces travaux étaient déjà parus dans des revues savantes ou des ouvrages de lecture réservée aux spécialistes. En 1969, par exemple, l'éminent neurologue J.M.R. Delgado avait rapporté[12] le cas singulier d'une jeune fille qui, ayant souffert d'une encéphalite à l'âge de dix-huit mois, souffrait à vingt ans de troubles du caractère de nature nettement pathologique, en l'occurrence de crises de violence incontrôlables. L'analyse hospitalière révéla des anomalies électriques dans l'hippocampe et l'amygdale (deux régions assurant la jonction entre le système limbique et le néo-cortex qui régissent l'expression des émotions) ; ces crises cédèrent à une électro-coagulation de l'amygdale. Cela démontrait que le Moi était bien plus lié à la nature matérielle du cerveau qu'il ne l'avait prévu.

Eccles dresse une longue liste des travaux qui indiquaient en fait depuis la fin des années cinquante qu'on devinait, sur des bases expérimentales solides, un rapport entre des altérations physiques du système nerveux et diverses manifestations de la conscience jusqu'alors attribuées soit à l'histoire psychologique de l'individu, soit à une disposition dictée par des choix moraux (ou immoraux) : bonne humeur, agressivité, recherche du plaisir, sociabilité, enthousiasme, etc. Ainsi, une implantation latérale d'électrodes dans l'amygdale chez des sujets souffrant de crises d'épilepsie incontrôlables suscitait chez eux une impression de chaleur, de flottement et d'exaltation[13]. On l'avait déjà vu avec les fameux travaux d'Olds, qui démontraient que des animaux auxquels on offrait la possibilité de stimuler des centres de plaisir par l'activation d'électrodes plantés dans une autre région du système limbique, le septum, n'arrêtaient pas de le faire.

Mais enfin, les animaux étaient des animaux et les extrapolations à l'humain eussent été de mauvais goût. Il existe en science, comme dans toute activité sociale, des non-dits et des tabous. Il serait immoral de dire à quelqu'un de coléreux qu'il a probablement des troubles de l'amygdale et à un débauché qu'il a des troubles du septum : ce serait là négliger un présupposé moral, celui du libre arbitre et de la volonté.

Ces découvertes ne semblaient à première vue intéresser que la pathologie. Mais comme le savent les étudiants en médecine dès leur première année, le pathologique éclaire le normal, et ces travaux indiquaient que les émotions dépendent au moins autant du libre arbitre que de l'état, lui incontrôlable, de certaines régions du cerveau. Il ne me semble pas que des déductions aient été tirées de ces observations ; elles s'imposaient toutefois, car étant donné que les émotions commandent les idées, il se trouvait que beaucoup d'idées pouvaient être commandées par des émotions elles-mêmes commandées par des états physiologiques qui ne sont pas du ressort de notre volonté.

Vint l'affaire Phineas P. Gage. Elle remontait à 1848 ; on l'exhuma, presque littéralement, en 1993. Vigoureux gaillard de vingt-cinq ans, contremaître dans une entreprise de construction de voies ferrées en Nouvelle-Angleterre, Gage était un employé modèle, ponctuel, courtois, « responsable », intelligent. Puis l'accident advint. Il fallait faire exploser des blocs rocheux qui gênaient le tracé d'une voie de chemin de fer. On bourra d'explosifs un trou de mine. Dans un moment d'inattention, Gage tassa l'explosif dans le trou à l'aide d'une barre de mine. L'explosion se produisit, projetant la barre dans le crâne de Gage. Celle-ci y entra par la joue gauche, lui fit sauter des dents et un œil, traversa les lobes frontaux de son cerveau et ressortit à grande vitesse par le sommet du crâne pour aller s'abattre à une trentaine de mètres de là, souillée de matière cérébrale et de sang. De moins vigoureux que Gage n'y eussent pas survécu. Pourtant, il retrouva ses esprits et la parole quelques minutes après avoir été jeté à terre, et ce fut assis tout droit sur le banc d'une charrette et jouissant de sa conscience qu'il arriva chez les médecins. Ceux-ci désinfectèrent ses plaies et s'émerveillèrent évidemment de sa résistance. Il devint un cas célèbre. Deux mois plus tard, il était sur pied.

Mais, conséquence inattendue de cet extraordinaire épisode, Gage avait changé de personnalité. Les témoignages concordent sur ce point, il avait gardé toutes ses facultés physiques et mentales, attention, perception, mémoire, langage, intelligence, ainsi que la parfaite connaissance de son métier ; il reprit donc du travail. Or, il était devenu irrégulier, indécis, nerveux et, en particulier, insupportablement grossier. Son comportement social avait été profondément altéré par l'accident, de même que sa capacité de projeter sa conservation dans un milieu donné par un comportement adapté. On ne put plus l'employer. Il fut engagé par un cirque comme objet de curiosité et, après une vie de vagabondage, succomba à trente-huit ans, donc treize ans, après l'accident, à des troubles nerveux de nature épileptique. Il sembla voué à n'occuper après sa mort qu'une niche de plus dans la longue série des histoires étranges.

Pour la chance de l'histoire de la neurologie, en 1868, le physiologiste américain, John Harlow fit exhumer le cadavre de Gage et préleva le crâne, qui fut conservé au Warren Anatomical Museum, à l'université Harvard. En 1993, des neurologues reprirent l'affaire et firent une copie tridimensionnelle exacte du crâne en imagerie informatique, comportant l'entrée et la sortie de la barre de mine, afin de localiser le plus exactement possible les régions du cerveau qui avaient été lésées par l'accident. Ils reconstituèrent également la barre de mine par les mêmes méthodes. Ils établirent ainsi que la région lésée avait été celle du cortex préfrontal dans les deux lobes du cerveau[14].

Les déductions étaient évidentes ; non seulement il existe bien des centres cérébraux spécialisés dans certaines fonctions cérébrales, mais encore certains de ces centres sont les sièges des manifestations les plus élevées du Moi, en l'occurrence le sens social et l'aptitude à entretenir des rapports de respect avec ses semblables. Une étude comparative sur douze patients souffrant de lésions frontales indique que celles-ci entraînent des altérations de deux fonctions spécifiques : la capacité de prises de décisions rationnelles et le contrôle de l'émotion.

Si des cas tels que ceux de Gage sont rares[15], les annales de la neurologie abondent en exemples d'altérations de fonctions mentales différentes consécutives à une tumeur, à un accident vasculaire cérébral, à un traumatisme. Là, force est de déduire que la structure du Moi est intrinsèquement dépendante des structures neurologiques. Et l'on ne peut donc exclure qu'il existe une région du cerveau qui serait spécialisée, par exemple, dans le sentiment du divin, tout comme il en est d'autres qui sont spécialisées dans le sens social.

L'idée de la divinité, comme les autres, est en effet produite par le cerveau. Elle l'est pour des raisons logiques. Comme les autres, elle implique l'exigence d'un modèle du monde, c'est-à-dire qu'elle fait appel aux fonctions d'intégration du cerveau, qui sont des fonctions supérieures. Mis en face du monde sensible, en effet, l'être humain est comparable à la jeune héroïne du *Magicien d'Oz*, le célèbre conte fantastique moderne ; il veut savoir qui gouverne ce pays. Il a toujours l'espoir de trouver un vieux monsieur installé dans la cabine de commandes qui actionne des leviers grâce auxquels s'enclenchent des machineries considérables. Ces machineries sont censées être la logique divine.

Et qu'est-ce que la logique ? Au premier regard, c'est l'art vital d'établir des relations exactes de cause à effet. Un rat de laboratoire apprend vite que, s'il appuie sur une manette, il aura de la nourriture ; manette donne nourriture, c'est là une relation de cause à effet. Même si on ne lui donne la nourriture qu'une fois sur trois, par exemple, il apprendra à appuyer trois fois de suite, la relation étant plus complexe, mais néanmoins établie. Mais un chien qui a appris à accourir sur un coup de sifflet spécifique — selon la relation logique, sifflet signifie « je dois aller vers maître » — deviendra neurasthénique si on fait retentir le même sifflet de deux points différents : on aura détruit sa relation logique avec le monde. Même un chien ne supporte pas un monde absurde, comme l'a démontré Pavlov.

Un rat à l'entrée d'un labyrinthe expérimental trouvera la sortie en appliquant un raisonnement logique associé à la mémoire : première issue mène à un cul-de-sac ; à éviter ; deuxième issue mène à un cul-de-sac, à éviter aussi. Troisième issue bonne, premier virage à gauche bon, deuxième virage à gauche mène à un cul-de-sac, à éviter, etc. Donc ce rat apprendra à trouver la sortie grâce à un schéma de données, les unes justes, les autres fausses : exactement comme l'ordinateur, qui ne connaît que les deux valeurs 1 et 0. Le stoïcien Chrysippe, disciple de Zénon, disait déjà au IIIᵉ siècle avant notre ère qu'un chien qui poursuit une proie et qui arrive à une fourche de trois chemins suit d'emblée le bon chemin en suivant son flair, et que ce chien est donc logicien, puisqu'il procède par élimination. De manière formelle, la logique moderne est l'étude de la structure de propositions et des conditions de déduction ; dans son ensemble, elle ne s'intéresse pas au contenu de ces propositions, mais à leur forme. C'est donc un langage et un langage strictement formalisé, avec ses signes et ses méthodes.

Mais il n'est pas besoin d'être logicien pour faire de la logique. Dès Aristote, on comprenait le syllogisme suivant :

Tous les hommes sont mortels ;
Socrate est un homme ;
donc Socrate est mortel.

Un autre exemple célèbre est celui des logiciens hindous de l'école Nyanya du Iᵉʳ siècle, qui dit que :

Un pot est produit ;
donc il est destructible.
Un mot est produit ;
donc il est destructible.

La logique est probablement aussi ancienne que le langage. Ses noces inévitables avec les mathématiques, autre langage formel, furent cependant célébrées assez tard ; on peut considérer que les fiançailles advinrent à la publication de la *Logica Hamburgensis* de Joachim Jungius en 1638, que les bans furent publiés avec *La Logique ou l'art de penser* des célèbres Antoine Arnaud et Pierre Nicole de Port-Royal en 1662, et que le mariage fut proprement célébré par les *Nouveaux Essais* de Gottfried Wilhelm Leibniz sur le calcul logique, rédigés dans les toutes premières années du XVIIIᵉ siècle[16]. La consommation des noces fut sans doute retardée, car l'ensemble des historiens s'accorde à reconnaître que la logique s'identifia réellement aux mathématiques dans les œuvres de Gottlob Frege[17], véritable fondateur de la logique moderne, à cheval entre la fin du XIXᵉ siècle et le début du XXᵉ, géant de la pensée, pour lequel l'arithmétique est une branche de la logique.

Dès Frege, il devint évident que la logique était non seulement la mère de l'arithmétique, mais encore si l'on m'autorise une comparaison impertinente, la sœur incestueuse de la métaphysique et de la philosophie. Le moyen nouveau d'accéder à la divinité était la logique. Elle permettait de « sauter » par-dessus le langage intuitif de la théologie et elle était ce langage parfait dont la perfection même réalisait l'antique rêve platonicien du franchissement des appa-rences[18], c'est-à-dire des fameuses ombres dans la caverne. Frege, d'ailleurs, était platonicien. Pour lui, quand on faisait de la logique, on parlait le langage des dieux et, en fait, on parlait de Dieu si l'on ne parlait avec Lui. Leibniz l'avait, d'ailleurs, avoué tout cru : le monde tel que nous le connaissons est le résultat d'un calcul divin. Au terme de la formidable ascèse qui avait commencé vingt-cinq siècles plus tôt avec Pythagore, la conscience avait enfin trouvé le langage qui calmait (ou était censé calmer) l'angoisse existentielle. Finalement, les logiciens étaient, autre impertinence, des dévots qui allaient à des vêpres réservées, disant leurs prières dans un espéranto mathématique. De fait, les deux grands héritiers de Frege, l'Anglais Bertrand Russell et l'Autrichien Ludwig Wittgenstein, sont aussi connus comme philosophes que comme logiciens. La tâche qu'ils s'étaient assignée était d'établir une syntaxe de la logique, qui serait une langue « divine » universelle.

Quatre personnages-événements extraordinaires devaient néan-moins fissurer en moins d'un siècle l'admirable édifice de la logique érigé depuis des siècles : Georg Cantor, Bertrand Russell et Ludwig Wittgenstein eux-mêmes, et enfin Kurt Gödel.

Cantor (1845-1918), personnage hors série évoqué précédemment et qui semble issu de l'imagination d'un Thomas Mann ou d'un Mikhaïl Boulgakov, était un luthérien d'origine juive[19] de Saint-Pétersbourg, éperdument épris du pape Léon XIII, et qui se mit en tête de vérifier la théologie par les mathématiques. L'idée peut paraître d'une fulminante étrangeté, mais, en fait, elle était de la plus parfaite banalité, d'abord parce que les philosophes et mathémati-ciens depuis Pythagore n'avaient fait, comme on l'a vu plus haut, que s'efforcer de transcrire la musique des sphères, c'est-à-dire le langage divin, et ensuite parce que les théologiens eux-mêmes s'en étaient mêlés. Thomas d'Aquin, par exemple, avait déjà témoigné de son opposition formelle à l'utilisation de l'infini dans le raisonnement, étant donné que Dieu seul est infini. La logique avait donc exclu également les termes infinis. Ce qui fut extraordinaire, ce fut la méthode de Cantor pour braver cette interdiction.

En effet, Cantor, authentique révolutionnaire, décida d'introduire dans son arithmétique les « nombres transfinis », en fait les nombres au-delà du fini, donc infinis que, audace suprême, il voulut élever à la dignité de nombres réels[20]. Ce fut un tollé, parce qu'on n'admettait alors — et l'on recommença à n'admettre par la suite — que les nombres finis. Même les mystiques, et Dieu sait si le mysticisme han-tait la logique, s'accordaient sur le superdogme selon lequel Dieu ne s'exprime que par nombre entiers. Comme l'avait dit l'illustre Leo-pold Kronecker : « Dieu a fait les nombres entiers, tout le reste est le travail de l'homme. » Non seulement les mathématiciens s'en émurent, mais encore les théologiens, et Cantor dut adresser le 22 janvier 1896 une lettre d'amendement au cardinal Franzelin, alerté et alarmé, pour lui expliquer que son infini était en quelque sorte... relatif et que seul l'infini absolu appartenait à Dieu[21] ! Tant d'épreuves et d'efforts intellectuels eurent finalement raison, c'est le mot, du pauvre Cantor : il mourut dans une maison de repos à Halle au terme d'une grave dépression nerveuse, sa quatrième ou cinquième on ne sait.

En s'insérant dans la logique, l'infini cantorien posait un cercle vicieux, parce qu'en essayant de penser l'infini, on tombait dans une tautologie et on ne démontrait rien du tout. Un petit spécimen du problème peut permettre de comprendre cela. Imaginons une ligne droite ; elle est composée d'un ensemble de points. Si l'on décide que ces points ont une valeur finie, on peut découper la ligne en autant de valeurs finies. Mais si ces points ont une valeur infinie, la ligne est « incomptable », parce que dès qu'on aura commencé la numérotation des points, 1, 2, 3, etc., on risque de devoir intercaler entre 1 et 2, par exemple, un « 2 *bis* » qui aurait une valeur infinie, puis un « 2 *ter* », un « 2 *quater* », etc.[22]. On tombe alors dans le paradoxe poétiquement décrit par Paul Valéry :

> « Zénon, cruel Zénon, Zénon d'Élée,
> m'as-tu percé de cette flèche ailée,
> qui vibre, vole et qui ne vole pas ? »

Il en découle qu'il est impossible de faire entrer l'infini (c'est-à-dire Dieu) dans le raisonnement logique, parce qu'il annule ce raisonnement. Mais à partir du moment où l'on ne peut plus faire entrer de grandeur infinie dans une proposition logique, il en ressort qu'aucune proposition ne rendra jamais compte de l'infini. Donc, que la valeur métaphysique du raisonnement logique est limitée d'emblée. Or, que cherchait la logique, sinon la métaphysique ?

Bien qu'assez durement persécuté par ses contemporains, dont Kronecker, qui lui voua une hostilité féroce, Cantor avait rallié à sa théorie le grand mathématicien allemand Richard Dedekind, auquel Frege emboîta le pas ; on parla donc au début du siècle de la théorie Cantor-Dedekind-Frege. La critique du jeune Russell adressée à Frege la fit voler en éclats. L'aveu d'échec de Frege fut pathétique : « Il n'est rien de plus désagréable pour un homme de science que de voir ses fondations s'écrouler juste au moment où son œuvre se termine. J'ai été mis dans cette situation par une lettre de M. Bertrand Russell reçue au moment où ce travail était presque sous presse. » En effet, Russell avait en quelque sorte démontré que la théorie Cantor-Dedekind-Frege se mordait la queue, à l'instar du fameux serpent aztèque qui était le symbole de l'éternité[23].

La logique reçut un coup non pas fatal, mais invalidant. Elle ne traiterait plus jamais (ou presque) de l'infini. Il fallut tout reprendre de zéro, avec un nouvel objectif : à défaut de parler un langage divin, était-il au moins possible de rendre compte de la réalité ? Ce fut la tâche que s'assigna le Cercle de Vienne ou *Wienerkreis*, avec des esprits d'une brillance hors pair, Morris Schlick, Rudolf Carnap, Friedrich Waisman, et surtout le prodigieux Ludwig Wittgenstein. Née dans les années 1920, cette école fut appelée celle du positivisme logique (en réalité, elle n'était guère positiviste). Elle s'appuyait sur deux principes de base : d'abord, les théories métaphysiques ne sont pas fausses, mais simplement sans intérêt, parce qu'elles sont invérifiables et les « problèmes » métaphysiques sont des fictions, *Scheinprobleme* (c'était la leçon de l'échec de la théorie Cantor-Dedekind-Frege). Ensuite, la seule question intéressante est de savoir ce qu'est le langage, c'est-à-dire de savoir ce qui a un sens et ce qui n'en a pas, de distinguer le vrai du faux, etc., et pour cela, il est indispensable de disposer d'une syntaxe (dont on n'avait toujours pas établi de version qui satisfît tout le monde).

Dans les sciences de la nature, l'immense mérite du Cercle de Vienne a été de mettre fin à la notion philosophique et antiscientifique de certitude, qui avait prévalu depuis Aristote. Une relation de cause à effet ne peut être qu'approximative étant donné qu'un rapport de causalité parfait ne serait possible que si l'on connaissait toutes les causes et tous les effets. Or, cela ne se produit jamais. Les biologistes le mesurent chaque jour dans l'étude des maladies : aucune d'elles n'a une cause unique, universelle et inéluctable ; même dans le sida, par exemple, force a été d'admettre qu'il y a des personnes naturellement immunes au virus responsable, ce qui implique que celui-ci n'est actif que dans certaines circonstances et qu'il n'est pas universellement contagieux. La validité d'aucune loi scientifique n'atteint jamais cent pour cent. S'il est vrai qu'on ne peut concevoir un modèle de la représentation du monde qu'avec une théorie ou plus exactement un paradigme, il est en revanche aussi vrai que ce modèle est inéluctablement voué à la désuétude au bout d'un certain temps et donc que toute représentation du monde est provisoire, comme l'a démontré, entre autres, Thomas S. Kuhn[24]. On voit ce qu'on voit, mais un autre le verra mieux après nous, parce que notre interprétation de ce que nous voyons est forcément imparfaite et qu'il en aura tiré les leçons.

Il est désormais admis que la certitude est du domaine de la foi et que la science est le domaine du doute, illustration inattendue du postulat de Nietzsche : « Ce n'est pas le doute qui rend fou, c'est la certitude. »

La grande ambition de la logique avait alors été de s'affranchir le plus possible des « impuretés » de l'intuition, qui joue un si grand rôle dans le langage courant, si ce n'est comme on le verra plus loin, le rôle majeur. Ce fut d'abord l'ambition de Ludwig Wittgenstein, héros de l'histoire de la pensée : d'une beauté apollinienne et immensément riche, l'homme qui devait influencer de vastes domaines de la pensée moderne, des mathématiques à la philosophie, naquit le 26 avril 1889 à Vienne et mourut à Cambridge en 1951. En juin 1916, durant « l'été de la défaite » de la Première Guerre mondiale, une série d'intuitions (car l'intuition est comme le diable, on la met à la porte et elle rentre par la fenêtre) lui fit apparaître qu'il existait un rapport étroit entre les problèmes de logique les plus abstraits et les « problèmes de la vie », autrement dit, entre une compréhension correcte d'une proposition logique et l'attitude correcte à adopter à l'égard de la vie. C'était ce qui s'appelle en langage familier « casser la baraque », puisque cette relation établissait un rapport incongru entre la logique et l'éthique.

En sortit un des ouvrages les plus difficiles et les plus célèbres du monde, au titre rebutant de *Tractatus logico-scientificus*. C'était un traité de logique proprement dit, et nul ne s'y trompa, encore moins les membres du Cercle de Vienne que les autres. Il s'y montrait d'une rigueur digne de Frege : une proposition qui n'aurait pas de sens serait une proposition dans laquelle on n'aurait pas donné de sens à l'un de ses termes[25]. Mais en même temps, il assignait à la logique les limites du monde même[26]. Il la rappelait aussi à sa nature de langage et la détachait des sciences, étant donné que (et là Wittgenstein abordait plus spécifiquement la philosophie), « Tout ce que nous voyons pourrait être aussi autrement[27] », pressentiment lumineux des conclusions de la neurologie plus de trois quarts de siècle plus tard, évoquées plus haut.

On reconnaîtra là, incidemment, le relativisme caractéristique du Cercle de Vienne : une description scientifique est ce qu'elle est, rien n'assure qu'elle soit absolument exacte. C'était un principe étroitement apparenté qu'en physique théorique, Werner Heisenberg allait reprendre quelques années plus tard sous le nom fameux de « principe d'indétermination », une particule X observée en A pourrait également se trouver en A', parce que le seul fait de l'observer change sa localisation. Nous ne pouvons pas connaître la trajectoire réelle d'une particule atomique si elle n'avait pas été déviée par un compteur à scintillation. Si l'on pouvait observer Dieu scientifiquement, on ne serait donc jamais sûr que c'est bien Lui.

Le pire était la formule confondante de Wittgenstein : « Il est clair que les lois logiques ne doivent pas être subordonnées elles-mêmes à des lois logiques[28]. » Leibniz, s'il l'entendit, dut se retourner dans sa tombe. C'en était fait de la logique comme tentative d'appropriation du monde. Pour enfoncer le clou, Wittgenstein écrivit : « Nous sentons que même si toutes les *possibles* questions scientifiques ont trouvé leur réponse, nos problèmes de vie n'ont même pas été effleurés. Assurément, il ne subsiste plus alors de question ; et cela même constitue la réponse[29]. » Dans sa préface au *Tractatus*, Russell évoque le mysticisme de celui qui avait été son élève.

Autre coup de tonnerre dans le ciel de la logique qui, à vrai dire, n'était plus si bleu, l'« épouvantable » principe d'incomplétude de Kurt Gödel. Né en 1906, à Brünn, en Autriche-Hongrie, mort à Princeton, aux États-Unis en 1978, mathématicien et logicien de grandeur hors pair lui aussi, Gödel s'attaqua très tôt à un problème qui hantait les maths et la logique depuis près d'un siècle : comment établir des axiomes (un axiome est une proposition qui est évidente par elle-même et qui n'a besoin d'aucune démonstration, par exemple, 1 n'est pas 2) qui puissent fournir une base rigoureuse à toutes les mathématiques et donc à la logique. Jusqu'alors, on s'était satisfait du formidable travail de Bertrand Russell (en collaboration avec Alfred North Whitehead), les célèbres *Principes de mathématiques*, publiés entre 1910 et 1913.

Gödel montra d'abord, en 1931, que les axiomes de Russell et Whitehead n'étaient pas tous fiables ; bien pis, il démontra ensuite que dans n'importe quel système mathématique et logique rigoureux, il existe des propositions qui ne peuvent être ni confirmées ni infirmées par les axiomes de base de ce système même. Par conséquent, on pouvait craindre que les axiomes, tous les axiomes de base de l'arithmétique, pussent mener à des contradictions[30].

On en discute encore.

Lorsqu'il donne à un ordinateur des opérations à accomplir, le mathématicien résume souvent sa programmation par les trois lettres *etc.*, par exemple, pour résumer une série trop longue ; l'ordinateur est chargé de prolonger les calculs et de passer à la limite ; c'est ce qui s'appelle en langage spécialisé « idéaliser ». En 1993, un mathématicien anglais installé aux États-Unis, Brian Rotman, montrait que l'ordinateur chargé d'effectuer ces calculs fastidieux demandait des données sur l'idéalisation, c'est-à-dire qu'en quelque sorte il prenait, lui, la commande des opérations et s'appropriait cette opération, modifiant donc la notion de l'idéal du mathématicien[31]...

Peut-être la logique parviendra-t-elle un jour à la syntaxe parfaite censée refléter, sinon constituer, le langage de Dieu. Cela n'aura peut-être pas la portée rêvée, car l'action de Dieu, justement, ne présente pas la rigueur qu'avait jadis imaginé Newton : depuis 1993 on sait en effet que dans le seul système solaire, il existe un nombre considérable de variables dont on ignore les interactions[32] : le jour, l'année tropicale, le mois lunaire s'allongent en raison du frottement des marées, la précession des équinoxes est irrégulière, les mouvements des planètes du système solaire sont chaotiques... C'est l'anomalie qui a inspiré la célèbre théorie de l'« effet papillon » : l'équilibre instable de toutes ces irrégularités combinées peut atteindre un point critique où le seul battement d'ailes d'un papillon suffirait à tout précipiter dans le chaos. Aucun calendrier au monde ne peut prévoir la distance qui sépare minuit du 31 décembre 2000, qui marque la fin du IIe millénaire, et minuit du 31 décembre 3000 ; il se peut que ce minuit-là arrive à minuit onze, par exemple... Ou qu'il n'arrive pas[33].

Les exposés savants sur la pensée artificielle ne changent rien au fait que la pensée humaine est raisonnablement chaotique : les connexions entre les milliers de milliards de dendrites et de neurones ne suivent aucun trajet logique connu. La particularité du cerveau est de ne pas fonctionner de manière linéaire, mais de manière associative. Lorsque dix mille neurones d'une région donnée du cerveau, par exemple, se mettent à communiquer pour traiter une information donnée, ce ne sont pas toujours les seuls neurones intéressés par l'opération qui se mettent en jeu : le champ électrique qu'ils produisent peut activer des neurones voisins. Les conséquences sur le déroulement des opérations cérébrales en sont alors strictement imprévisibles en l'état actuel de la neurologie. Activation de souvenirs intempestifs, sentiment d'exhilaration ou au contraire d'angoisse (ou d'ennui), désir de fuite, etc., tout est possible selon la nature de ces opérations, l'intensité du champ et les aires cérébrales en jeu. Le cerveau est un chaos énergétique, ce qui ne signifie certes pas un désordre, étant donné que le chaos, lui, a ses lois. Mais, étant donné aussi que ces lois sont constituées de séries causales infinies, le chaos est imprévisible.

Le Moi est donc indéfinissable, comme la particule atomique de Heisenberg : il est ici et il est là, c'est un équilibre instable, et si l'instabilité diminue, il est altéré comme dans la schizophrénie ; si elle s'arrête, il est mort « par suite d'encéphalogramme plat ». Le seul mystère du Moi, comme de la conscience, réside dans cette instabilité définie par les calculs de probabilités, mais qui peut dériver vers l'imprévisibilité. Une phalange des meilleurs esprits de ce siècle s'attache à établir les lois du chaos, elle ne les a pas encore trouvées, si elle doit jamais les trouver, mais pour le moment, le Moi reste un chaos. C'est un « Qui ? », partiellement défini par son histoire et totalement conditionné par son existence physique, neurologique, chimio-électrique, mais aussi par son milieu, lequel obéit exactement aux mêmes « lois chaotiques » que lui.

Car la chambre, l'immeuble, la ville, la société, le pays, le continent, la Terre et l'univers sont soumis à la même instabilité : les échelles d'instabilité ne se mesurent que dans le temps. Un individu est immédiatement instable, les plaques tectoniques ne bougent qu'à des intervalles de plusieurs années, qui sont eux aussi imprévisibles. On est raisonnablement certain qu'un tremblement de terre se produira en France dans un avenir prévisible, et l'on peut seulement prévoir que lorsqu'il se produira, les Moi de la région où il aura lieu en seront fondamentalement modifiés. Mais un événement affectif peut se produire pour un Moi particulier dans un délai beaucoup plus proche, et dans ce cas, ce Moi sera aussi fondamentalement modifié. Rien ne nous arrachera jamais à la condition du « Qui ? ». Car même après la mort, la destinée d'un individu mort peut changer la représentation qu'on s'en faisait de son vivant.

Il s'ensuit que, quelle que soit la capacité d'abstraction du cerveau, le langage qu'il formulera portera toujours les signatures, pour ne pas dire les stigmates, de ce fonctionnement aléatoire, qui est dans son destin de tissu organique. Aucun cerveau ni ses créations n'échapperont à l'imperfection même qui leur fait justement désirer Dieu. Aucun ordinateur non plus ne sera jamais habité par Dieu, car il n'est jamais que le réceptacle du langage humain. Si nous pouvons définir les limites de l'état conscient, nous ne savons pas ce qu'est la conscience, parce que nous ne savons pas plus ce que nous entendons par ce mot que ce que nous entendons par le mot « Dieu ». Nous ne pouvons donc ni la quantifier, ni la circonscrire, et encore moins, comme l'avait imaginé le psychanalyste Jacques Lacan dans une déconcertante utopie, ramener tout le signifiant psychanalytique à un pur calcul, pour la simple raison qu'on ne peut définir un objet dont le sens est indéterminé. C'est au mieux un « Qui ? ».

L'idée de Dieu est donc irréductible à n'importe quel langage, fût-ce la logique. Par son essence infinie même, elle porte, comme la logique, la signature de notre chaos. C'est au mieux un « Quoi ? ». Et le « Quoi ? » de « Qui ? ».

Bibliographie critique

1. Certains neurologues, tel Roger Penrose *(Shadows of the Mind : A Search for the Missing Science of Conciousness*, Oxford University Press, 1996), estiment que le neurone serait une unité trop « grosse » pour expliquer tous les processus cérébraux. Penrose, donc, postule l'existence de sous-unités.

2. Dans *Descartes' Error* (Grosset/Putnam, New York, 1994), un ouvrage qui a eu un retentissement appréciable aux États-Unis, le neurologue américain Antonio R. Damasio l'estime à dix milliards, son collègue John R. Searle (« The Mystery of Consciousness », *The New York Review of Books*, 2 novembre 1995) à cent milliards.

3. Francis Crick, *The Astonishing Hypothesis : the Scientific Search for the Soul*, Touchstone/Simon & Schuster, New York, 1995.

4. John R. Searle, *op. cit.*

5. Dans *Descartes' Error*, *op. cit.*, Damasio écrit : « Voilà l'erreur de Descartes : la séparation abyssale entre le corps et l'esprit, entre la matière corporelle, mesurable, dimensionnée, activée mécaniquement, infiniment divisible, et la substance mentale, incommensurable, non dimensionnée, non activable, non divisible... » Damasio précise ensuite que, s'il ne s'en prend pas aux idées de Platon sur le corps et l'esprit telles qu'elles sont exposées dans le *Phédon*, qu'il juge beaucoup plus « exaspérantes », c'est que nous aurions tous su qu'elles étaient fausses. Mais les idées de Platon continuent d'exercer dans certains milieux autant d'influence que celles de Descartes. Et en dépit de ses lacunes, le « mécanicisme » tant reproché au philosophe français fit accomplir un progrès considérable dans l'approche de l'être humain : il offrit un modèle d'actions et de réactions dans l'être et la nature grâce auquel l'être humain cessa d'être l'enjeu imaginaire de puissances également imaginaires.

6. John R. Searle, *op. cit.*

7. Sir John Eccles, prix Nobel de médecine, *Évolution du cerveau et création de la conscience*, Champs/Flammarion, 1992. Eccles caricature l'opposition entre les deux prétendus courants de la neurologie : les interactionnistes n'ont aucun crédit en neurologie ; ils mélangent les genres et introduisent des hypothèses philosophiques (sinon théosophiques), sans l'ombre de vérification expérimentale, dans un domaine où elles n'ont que faire.

8. *Id.* Eccles s'étonne également que ni l'ouvrage classique de Mayr, *Animal Species and Evolution* (1973), ni Jacques Monod dans *Le Hasard et la Nécessité* n'abordent l'évolution du mental.

9. *L'Univers irrésolu — Plaidoyer pour l'indéterminisme*, Hermann, 1984.

10. *Cf.* IIe partie, ch. 1.

11. Le lecteur voudra bien me pardonner de ne pas faire de citations ; la polémique

n'est pas le but de ces pages, et l'acidité du papier moderne, qui détruit les livres plus sûrement que le mépris, rendra miséricordieusement justice à des discours qui tentaient avec une touchante obstination de préserver l'« héritage de l'Occident », mais qui ne reposaient que sur des idées désuètes, non sur des faits.

12. *Physical Control of the Mind*, Harper & Row, New York, 1969.

13. V.H. Mark & F.R. Erwin, *Violence and the Brain*, Harper & Row, New York, 1970.

14. Hanna Damasio, Thomas Grabowski, Randall Frank, Albert M. Galaburda, Antonio R. Damasio, « The Return of Phineas Gage : Clues About the Brain from the Skull of a Famous Patient », *Science*, vol. 264, 20 mai 1994 ; Gerald Messadié, « L'étrange affaire Phineas P. Gage : il existerait un "centre moral" dans le cerveau », *Science & Vie*, nº 923, août 1994.

15. Damasio cite le cas d'un nommé « Elliott », qui souffrit d'un changement de personnalité à la suite de l'ablation d'un méningiome localisé également sous les deux lobes frontaux. Peu de cas a malheureusement été fait de ces observations en criminologie : aucun pays n'a même abordé l'hypothèse que les grands criminels soient justiciables, non des assises, mais de l'expertise neurologique. Fidèles aux vieilles conceptions de la conscience héritées du thomisme et à la conviction que l'être humain apparemment sain est responsable de ses actions, les systèmes juridiques n'acceptent de recourir qu'à des opinions de psychiatres, certes appréciables, mais forcément superficielles.

Il y a à vrai dire près de deux siècles que des physiologistes ont eu l'intuition d'un rapport entre les facultés intellectuelles et les lobes cérébraux, en commençant par Franz Gall et en poursuivant avec Cesare Lombroso ; la science qui en naquit, la phrénologie, n'a pas laissé toutefois une trace valide. L'état de la neurologie ne permettait alors que des approximations certes intuitives, mais le plus souvent erronées, basées sur la forme du crâne.

16. Le lecteur voudra bien me pardonner de ne pas entrer plus dans le détail de l'histoire de la logique, qui exigerait à elle seule une encyclopédie, qui n'est pas l'objet de ce livre et sur laquelle des esprits bien plus compétents que le mien ont publié des textes de référence.

17. Fondateur de la logique moderne, l'Allemand Frege (1848-1925), natif de Wismar, exerça une influence déterminante sur les plus grands esprits de son temps et des décennies ultérieures par des œuvres dont la complexité défiait à la fois l'entendement ordinaire et les habitudes de pensée de son temps. Il imposa à la logique une rigueur dont les logiciens n'avaient guère l'intuition alors, en donnant dans le *Begriffschrift* de 1879 la première définition claire d'une fonction de proposition et le premier ensemble d'axiomes suffisants pour le calcul restreint de telles fonctions, ainsi que la première définition de ce qu'on appelle en logique la relation ancestrale.

Le jeune Bertrand Russell, autre géant de la logique, fut l'un des rares lecteurs d'un ouvrage ultérieur de Frege, les *Grundgesetze der Arithmetik* de 1893, qui lui inspira en 1902 une critique géniale, démontrant que, selon Frege, il existerait une classe de toutes les classes qui ne ferait pas partie d'elle-même ! C'était une façon de dire que l'arithmétique ne faisait pas partie de la logique. En 1903, dans une réédition des *Grundgesetze*, Frege s'inclina devant l'objection de Russell et réitéra sa conviction qu'il était quand même possible d'assujettir l'arithmétique à la logique.

Incidemment, l'objection de Russell, restée célèbre sous le nom de « paradoxe de Russell » et aussi d'« axiome d'irréductibilité », ne faisait en fin de compte que reprendre le débat suscité par l'antique sophisme : Épiménide de Crète dit que les Crétois sont menteurs ; or, Épiménide est crétois ; donc il ment ; s'il ment, les Crétois ne sont pas menteurs ; s'ils ne sont pas menteurs, Épiménide dit donc la vérité ; s'il dit la vérité..., etc.

L'œuvre de Frege est peu traduite. Son ouvrage principal, les *Grundgesetze*, a été traduit en français sous le titre *Les Fondements de l'arithmétique*, Seuil, 1969, et *Écrits logiques et philosophiques*, Seuil, 1971. On peut trouver en France deux ouvrages qui exposent sa pensée : *Frege, les paradoxes de la représentation,* de Philippe de Rouilhan, Éditions de Minuit, 1989, et *Wittgenstein, la philosophie et les mathématiques,* de François Schmitz, PUF, 1989.

18. Il faut relever, car c'est piquant, que l'auteur d'*Alice au pays des merveilles,* le révérend Charles Dodgson, qui était mathématicien autant qu'amateur de photos de petites filles, donna à la seconde partie de son immortel récit le titre de *La Traversée du miroir.*

19. Selon certains (I. Grattan-Guinness, « Towards a Biography of Georg Cantor », *Annals of Science,* n° 27, 1971), Cantor aurait été d'origine chrétienne ; selon d'autres (E.T. Bell, *Les Grands Mathématiciens,* Payot, 1950), il aurait été d'ascendance juive des deux côtés. Le point est sans doute brouillé par le fait que sa mère, Marie Bohm, avait été convertie au catholicisme et le père, Georg Waldemar Cantor, danois de naissance, au luthérianisme. L'hypothèse du judaïsme de Cantor semble renforcée par le fait qu'il épousa une jeune fille juive, Vally Guttmann, et surtout par le fait qu'on retrouve dans son œuvre de profonds échos du kabbalisme juif médiéval, qui de fait l'intéressait beaucoup. Le point n'aurait pas grand intérêt n'était l'hostilité forcenée que le mathématicien Kronecker, juif, lui avait vouée et dont on fait un peu exagérément la cause de la dépression nerveuse périodique de Cantor. Ce fut, en effet, l'hostilité de Kronecker qui empêcha Cantor d'obtenir une chaire convoitée à l'université de Berlin.

20. « Pour introduire de nouveaux nombres, les mathématiques sont seulement obligées d'en donner des définitions grâce auxquelles ils sont si bien déterminés et, le cas échéant, si bien mis en relation avec les nombres plus anciens que, dans les cas donnés, ils peuvent être distingués sans ambiguïté des autres. Dès lors qu'un nombre satisfait à toutes ces conditions, il peut et doit être doué d'existence et de réalité en mathématiques » *(Gesammelte Abhandlungen mathematischen und philosophischen Inhalts,* éd. Ernst Zermelo, Georg Olms Verlagsbuchhandlung, Hildesheim, 1932).

21. On trouvera un récit aussi précis et détaillé que savoureux de l'« affaire Cantor » dans *Le Petit Savant illustré* de Pierre Thuillier (Seuil, 1980). La teneur des théories de Cantor est remarquablement exposée dans l'ouvrage de Bell cité plus haut.

22. Le problème du continu qui intéresse la physique théorique autant que la logique et les mathématiques n'est certes pas résolu quelques trois quarts de siècle après la mort de Cantor : pour donner un exemple des problèmes qu'il pose, les théoriciens ne sont pas d'accord sur le fait que le continu géométrique et le continu arithmétique soient superposables...

23. Il faut préciser que l'utilisation des nombres transfinis n'est certes pas révolue : même si l'essentiel des travaux de logique s'effectue avec les nombres entiers, certains logiciens font toujours appel à deux ou trois grandeurs infinies.

24. *The Structure of Scientific Revolutions,* The University of Chicago Press, Chicago, 1970.

25. 5. 4733, *Tractatus logico-scientificus,* Routledge & Kegan Paul Ltd., Londres, 1961. Ce fut indirectement à cette réduction de la logique à une syntaxe, telle que la défendaient Wittgenstein et Rudolf Carnap, que s'en prit Gödel dans un article non publié : « Les mathématiques sont-elles une syntaxe du langage ? »

26. « *Les limites de mon langage* signifient les limites de mon propre monde », 5. 6, *id.* Ce postulat éclaire l'influence de Wittgenstein sur Carnap, qui a été exposée par plusieurs auteurs, notamment par François Rivenc, dans *Recherches sur l'universalisme logique — Russell et Carnap,* Payot & Rivages/CNL, 1993. C'est à elle qu'on devrait ainsi la notion du « vrai par convention » qu'introduisit Carnap.

27. 5. 634, *id.*

28. 6. 123, *id.*

29. 6. 52, *id.* L'aridité du point de vue de Wittgenstein fit qu'à partir des années soixante-dix, la philosophie se détourna momentanément de son œuvre, notamment

aux États-Unis, où le postpositivisme crut pouvoir présenter la philosophie comme une dérivation des sciences et lança la mode de la « science cognitive ». Les ambitions de l'école américaine de reconstituer la pensée par des modèles informatiques entraînèrent les dérapages qu'on sait dans les fictions de la « pensée artificielle ». Puis Wittgenstein revint progressivement en faveur et devint même... un personnage de roman ! Incarnation du romantisme moderne, personnage tourmenté, Wittgenstein était, en effet, homosexuel, comme l'autre grand mathématicien que fut Alan Turing (et que le gouvernement britannique condamna à se suicider pour cette raison en 1952).

30. John R. Searle, *op. cit.*, offre une version légèrement différente du principe d'incomplétude, qui est en fait une version de celle que Penrose donne de celle d'Alan Turing et de celle de Gödel (comme on le voit, le fameux principe a occupé et occupe encore quelques-uns des meilleurs esprits du XXe siècle)... Je la cite ici en raison de son originalité, et sous une forme simplifiée. Certaines opérations informatiques s'arrêtent et d'autres pas. C'est ainsi que, selon le programme, si l'on demande à un ordinateur de chercher un nombre plus élevé que 8, certains ordinateurs s'arrêteront à 9, d'autres iront au-delà. Si l'on demande, par exemple, à un ordinateur de chercher un nombre impair qui soit la somme de deux nombres pairs, nombre qui n'existe pas, il ne s'arrêtera jamais. On peut donc dire qu'il y a des opérations qui s'arrêtent, d'autres pas. On peut à l'étape suivante imaginer un protocole d'opérations qui arrêteront l'ordinateur quand la recherche est sans issue, c'est-à-dire quand en principe il ne devrait pas s'arrêter. Ce protocole, dit A, intégrerait toutes les méthodes connues et valides de décider qu'une opération doit s'arrêter ; il n'aurait qu'à aller jusqu'au terme d'une série n, au-delà de laquelle il s'arrêterait. Un autre protocole, dit C, intégrerait, lui, les méthodes connues et valides de décider qu'une opération doit se poursuivre. Mais si l'on suppose que le terme ultime de la recherche de solution n'est pas n, mais k dans la série n, il se trouve alors que n = k et que l'ordinateur se trouvera devant un dilemme, car il devra à la fois continuer et s'arrêter !

31. *The Ghost in Turing Machine — Taking God out of Mathematics and Putting the Body Back In*, Stanford University Press, Stanford, 1993.

32. Ian Stewart, « A Day in the Life of a Year », *New Scientist*, n° 6 janvier 1996.

33. En 1994, un gros astéroïde tomba sur Jupiter et les astronomes et astrophysiciens du monde entier suivirent l'événement avec une attention maximale, d'abord parce que les perturbations considérables provoquées par cette collision pouvaient renseigner (et de fait le firent) sur la composition de l'atmosphère jupitérienne. Mais aussi parce que la collision pouvait avoir changé l'axe de rotation de la planète ; dans ce cas, l'orbite même de Jupiter pouvait changer. La mécanique du système solaire tout entier pouvait aussi changer. Et rien n'assurait qu'un des satellites de Jupiter ne se détacherait pas pour aller heurter une autre planète et ainsi de suite...

Postface

Jésus contre Dieu ?

.

J'espère avoir été de quelque utilité au lecteur.

Ces pages ayant, dans le meilleur des cas, créé quelque intimité entre lui et moi, je suppose qu'il me poserait une question pareille à celle de ce calife qui avait chargé ses lettrés de lui rédiger une histoire du monde et qui, voyant sa fin arriver plusieurs années plus tard et bien avant celle de l'ouvrage, leur demanda : « Résumez-moi tout en peu de mots. » (Ils répondirent : « Ils naquirent, ils vécurent, ils souffrirent, ils moururent. »)

Ma réponse sera simple : la notion de Dieu est irrésistible. Elle est une projection d'un Moi qui ne peut admettre ses limites et particulièrement celle de la mort. Contrairement à ce que laisse croire un malentendu courant chez les croyants de toutes religions et chez les athées, elle est logique. Rien n'est plus rationnel que l'idée de Dieu ; c'est même le produit suprême de la raison. Et, dans ma longue carrière de journaliste et d'écrivain scientifique, je me suis toujours étonné de l'hostilité qui oppose les rationalistes et les religieux. La seule différence que je trouve (mais elle est de taille, j'en conviens) est que les premiers sont modestes et ne prétendent pas avoir tout compris, alors que les seconds assurent qu'il n'y a plus rien à apprendre.

Qu'on essaie d'approfondir l'idée de Dieu et l'on tombe dans le délire, car il y a aussi un délire logique. Les plus fins logiciens n'y sont pas parvenus. C'est le Mur. Qu'on essaie de la rejeter et l'on se retrouve confiné au Moi. C'est le Désert.

S'attacher aux religions est périlleux. C'est d'abord faire de soi un assassin en puissance, et le pire de tous les assassins, celui qui a la conscience tranquille ; la chronique contemporaine autant que celle des siècles passés abonde en exemples de gens qui tuent au nom de Dieu, sans jamais se soucier d'un blasphème qui devrait les précipiter sans jugement dans le tréfonds de l'Enfer, si celui-ci existait. La conviction de détenir seul la vérité divine est un méprisable cas de méchanceté. C'est ensuite s'enfermer dans un mélange d'ignorance et d'arrogance oublié par Dante dans sa célèbre visite du même imaginaire Enfer. La dignité humaine est dans le doute ; il est certes inconfortable, mais le confort est le privilège des fauves (et j'en médis), des fous et des meurtriers. Les exemples de l'arrogance nous ont été prodigués par toutes les religions qui revendiquaient le privilège d'avoir vu Dieu et de l'avoir entendu. Les exégètes les plus prudents conviennent qu'Ézéchiel, par exemple, est un dérangé. Je me refuse à toute Révélation. Je ne crois pas qu'Ézéchiel ait jamais entendu Dieu lui dire qu'il arracherait les poils pubiens d'Israël, et je le dis en toute modération. Ce discours de vieillard possessif et délirant est celui d'Ézéchiel lui-même. Je crois que les yeux d'Ézéchiel étaient fermés.

Vivre sans religion expose à l'égarement. Les sectes guettent, comme le vautour surveille le mourant dans le désert. Le désespoir aussi. Quelques hommes prodigieux ont traversé les millénaires récents ; pour moi, il n'en est qu'un dont la voix ne soit pas éteinte, qui ne soit pas nihiliste comme Bouddha, ni Vardhamana, las comme Lao Tseu, cynique comme Confucius. On aura deviné que c'est Jésus. C'est le seul qui puisse éviter le désespoir et la folie.

Il croit en Dieu, certes, et il s'est beaucoup, énormément, effroyablement contredit. Tantôt il dit : « Bienheureux les pacifiques, car ils seront appelés les enfants de Dieu » (Mt. XXVI, 52) et tantôt il dit : « Croyez-vous que je sois venu apporter la paix sur la Terre ? Je vous le dis, non, je suis venu apporter la division » (Lc. XII, 51). Tantôt il dit : « Je suis avec vous, même jusqu'à la fin du monde » (Mt. XXVIII, 20) et tantôt il dit : « Vous ne m'aurez pas toujours » (Mt. XXVI, 11). Tantôt il dit : « Toute puissance m'est donnée au ciel comme sur la terre » (Jn. III, 35 et XIII, 3) et tantôt il dit : « S'asseoir à ma drcite et à ma gauche, ce n'est pas à moi de le concéder » (Mt. XXVIII, 18). Tantôt il dit : « Que votre lumière brille devant les hommes, afin qu'ils voient vos bonnes œuvres » (Mt. V, 16) et tantôt il dit : « Ne faites pas vos aumônes devant les hommes, pour être vus par eux, sans quoi vous n'aurez pas de récompense de votre Père qui est au ciel » (Mt. VI, 1). Et les Évangiles, hélas, abondent en autres contradictions. Les évangélistes eussent dû s'en tenir à l'essentiel, ils eussent évité bien des bévues. Puis la plus grande épreuve que le temps ait infligée à l'Église fut l'invention de l'imprimerie...

Mais ce sont les contradictions mêmes de Jésus qui le rendent attachant : elles répercutent une voix d'homme déchiré et pas du tout le discours péremptoire qu'une Église créée en dehors de sa volonté a prétendu imposer. Il croit en Dieu, mais il rejette le carcan de la religion, bafoue le sabbat, injurie ses prêtres et le Temple dont ils tirent tant de fierté bien qu'il ait été construit par un Arabe, le

Nabatéen Hérode. Et il est le premier, avec Bouddha, à tenir un discours de compassion pour l'autre, le prochain. Sa morale est fondée sur l'altérité, comme on dit de nos jours.

Les Égyptiens n'ont certes pas manqué de dieux. Aucun d'entre eux ne nous a légué une manière de vivre sur terre. Seule la pauvre Isis, veuve éternelle de son frère-amant Osiris, parvient à nous émouvoir encore. Mais elle ne dit que le manque. Les Grecs, dont la lumière continue de nous aveugler et vers lesquels nous retournons inlassablement quand nous avons besoin de réflexion et de beauté, ont aussi eu beaucoup de dieux. Hélas, ils sont tous assommants et ce serait un pensum que de souper avec Zeus et son épouse, ou pis, avec ce bellâtre vindicatif d'Apollon (à la rigueur Dionysos, encore que la nuit s'annonce longue et le réveil pénible). Même le suicide d'Héraklès trahi par sa femme Déjanire ne parvient guère à nous inspirer plus que de la pitié.

Poétique et même parfois obscur, tendre, vindicatif, coléreux et ne dédaignant ni les soupers fins, fussent-ils chez des pharisiens comme Simon le Lépreux, ni la compagnie des femmes, ni les parfums qu'on verse sur sa tête en public (et pourquoi pas en privé), mais surtout habité par le besoin de Dieu et de liberté, Jésus, lui, est étonnamment contemporain. Il ne lui manque que le rire. Ma conviction est qu'on l'a censuré.

Or, devenu Dieu pour certains, il est d'abord un humain. Sa présence contradictoire est même antinomique de celle du Dieu juge, sourcilleux et éternellement furieux, des Juifs qui étaient pourtant les siens, et des chrétiens qui se réclamèrent de lui. Opposera-t-on Dieu à Jésus ? Ce serait contrarier des esprits religieux, bien qu'à la fin l'on finisse par se demander si ce ne serait pas vers quoi l'on tend secrètement, presque inconsciemment, quand on laisse entendre que pendant trente-cinq mille ans les humains auraient été privés de rédemption.

Critiquer le christianisme ? Ses bienfaits sont désormais aussi évidents que ses vices, et ses consolations que son manque d'inspiration divine, si celle-ci existait. Les intégristes islamiques, partis avec sept siècles de retard sur le christianisme, nous renvoient chaque jour le reflet de l'intolérance qui mit sur le bûcher Giordano Bruno et Jeanne d'Arc, détruisit des manuscrits et des temples et lança des croisades dénuées de tout sens commun. Et au bénéfice de quelles autres religions le délaisserait-on ? Elles sont toutes les reflets de leurs époques, elles ne sont même que cela, les reflets du besoin du divin en un temps et un lieu dits. Telle est la raison pour laquelle la divinité des cités grecques du VIIIe siècle avant notre ère était foncièrement différente de celle du paléolithique, de Babylone, de Bénarès ou de Thèbes. Il est vain d'idéaliser le passé et des religions perdues. Elles ont toutes eu des clergés vétilleux, des commandements absurdes, des aveuglements, et quel citoyen du XXe siècle voudrait, comme à Athènes ou à Rome, soumettre le sort de sa ville aux élucubrations d'une pythie ou aux manigances d'un haruspice ?

Certains scientifiques et philosophes ont évoqué ces dernières années un phénomène qui serait nouveau, le « désenchantement du monde ». Déconcertante référence à un enchantement dont on peut se demander où et quand il régna jamais ? Au siècle de Périclès, quand la mortalité infantile était si grande qu'il fallait faire dix enfants pour en garder deux ou trois qui atteindraient l'âge adulte ? Dans la Chine des Royaumes combattants, où les famines tuaient des populations entières ? Au XVIIIe siècle, où la variole, la peste et la famine encore, l'obscurantisme religieux et les caprices des princes décimaient l'Europe ? Au XIXe siècle alors, qui nous prépara dans son arrogance les deux guerres mondiales les plus effroyables de toute l'histoire et qui envenima la haine dans ses colonies ? Redoutable et ridicule nostalgie : on croit entendre la comtesse dans l'opéra *La Dame de pique* qui déplore les fastes de la cour de Louis XV ! Encore des mirages du Moi !

À l'heure où j'achève ces lignes, des hommes se tuent, une fois de plus, pour des lieux saints. L'histoire n'enseigne donc rien. Des vies sont coupées net, de part et d'autre. Des cœurs sont brisés, des haines s'enveniment, du sang coulera encore. Tolérera-t-on longtemps que l'inculture et le fanatisme laissent représenter Dieu comme un meurtrier, sur l'invocation de paroles qu'Il n'a jamais dites ?

Il est un édifice religieux au monde, un seul, qui mérite le respect universel. Il est modeste et dépouillé. On le trouve à Houston, à courte distance du Musée d'art moderne. Construit par les soins d'une femme, Jacqueline de Mesnil, il est offert à tous les rites, shintoïste ou juif, musulman ou chrétien, mariages, baptêmes, funérailles. C'est lui qui, voici bien des années, m'a en grande partie inspiré ce travail.

Paris, en cette fin de septembre 1996

Index

A

Table

La composition de cet ouvrage
*a été réalisée par l'**Imprimerie Bussière***
l'impression et le brochage ont été effectués
sur presse Cameron dans les ateliers
*de **Bussière Camedan Imprimeries***
à Saint-Amand-Montrond (Cher)
pour le compte des éditions Robert Laffont
24, avenue Marceau, 75008 Paris
en août 1997

Nº d'édition : 37809. Nº d'impression : 510-4/233.
Dépôt légal : août 1997.
Imprimé en France